权威·前沿·原创

皮书系列为
"十二五""十三五""十四五"时期国家重点出版物出版专项规划项目

B
BLUE BOOK

智 库 成 果 出 版 与 传 播 平 台

广东蓝皮书

BLUE BOOK OF GUANGDONG

广东经济社会形势分析与预测
（2024）

THE SOCIOECONOMIC ANALYSIS AND FORECAST OF
GUANGDONG (2024)

主　编／郭跃文　　王廷惠
副主编／向晓梅

社会科学文献出版社
SOCIAL SCIENCES ACADEMIC PRESS (CHINA)

图书在版编目（CIP）数据

广东经济社会形势分析与预测.2024／郭跃文，王
廷惠主编；向晓梅副主编.--北京：社会科学文献出
版社，2024.3
（广东蓝皮书）
ISBN 978-7-5228-3345-3

Ⅰ.①广… Ⅱ.①郭… ②王… ③向… Ⅲ.①区域经
济-经济分析-广东-2024②社会分析-广东-2024③区
域经济-经济预测-广东-2024④社会预测-广东-
2024 Ⅳ.①F127.65

中国国家版本馆 CIP 数据核字（2024）第 042907 号

广东蓝皮书
广东经济社会形势分析与预测（2024）

主 　编／郭跃文　王廷惠
副 主 编／向晓梅

出 版 人／冀祥德
责任编辑／佟　譞　韩莹莹
文稿编辑／张　爽　李铁龙　白　银 等
责任印制／王京美

出 　 　 版／社会科学文献出版社·人文分社（010）59367215
　　　　　　地址：北京市北三环中路甲 29 号院华龙大厦　邮编：100029
　　　　　　网址：www. ssap. com. cn
发 　 　 行／社会科学文献出版社（010）59367028
印 　 　 装／天津千鹤文化传播有限公司

规 　 　 格／开 本：787mm×1092mm　1/16
　　　　　　印 张：34.5　字 数：571 千字
版 　 　 次／2024 年 3 月第 1 版　2024 年 3 月第 1 次印刷
书 　 　 号／ISBN 978-7-5228-3345-3
定 　 　 价／248.00 元

读者服务电话：4008918866

《广东经济社会形势分析与预测（2024）》
编 委 会

主要编撰者简介

　　郭跃文　广东省社会科学院党组书记、研究员，广东省社会科学界联合会兼职副主席，广东省习近平新时代中国特色社会主义思想研究中心常务副主任、首席研究员。主要从事党的创新理论、党史党建和广东改革开放史等研究。代表作有《国家能力支撑下的市场孵化——中国道路与广东实践》《中国经济特区四十年工业化道路：从比较优势到竞争优势》《使命型政党塑造的有效国家》《粤港澳大湾区世界级城市群建设》等。

　　王廷惠　广东省社会科学院党组副书记、院长，教授，全国高等财经院校《资本论》研究会副会长。主要从事规制经济学、发展理论与政策、现代奥地利经济学等研究。主持国家社会科学基金重大项目"提高发展的平衡性、包容性和可持续性的动力机制研究"等10余项省部级及以上项目。代表作有《微观规制理论研究——基于对正统理论的批判和将市场作为一个过程的理解》《广东深化改革的主攻方向、重点难点和有效路径》等。

　　向晓梅　广东省社会科学院党组成员、副院长，二级研究员，第十二届全国人大代表、广东省第十二次党代会代表，中宣部文化名家暨"四个一批"人才，广东省政府决策咨询专家，广东经济学会常务副会长。主要从事产业经济、区域经济、海洋经济和"一带一路"等研究。代表作有《深蓝广东——广东建设海洋经济强省的优势、挑战与战略选择》《粤港澳大湾区海洋经济协同创新机制研究》《海洋经济供给侧结构性改革研究》等。

摘　要

2023 年，广东深入学习贯彻党的二十大精神和习近平总书记视察广东重要讲话、重要指示精神，坚定不移把高质量发展作为现代化建设的首要任务和总抓手，完整、准确、全面贯彻新发展理念，服务和融入新发展格局，围绕落实省委"1310"具体部署和全省高质量发展大会精神，在实施"百县千镇万村高质量发展工程"、纵深推进新阶段粤港澳大湾区建设、打造现代化产业体系、实现高水平科技自立自强、着力推进城乡区域协调发展、全面推进海洋强省建设、深入推进绿美广东生态建设、扎实推进文化强省建设、抓好民生保障、建设法治广东平安广东等方面取得新成绩，经济运行整体好转，高质量发展基础不断夯实，在现代化建设新征程中开好局起好步。展望 2024 年，广东要坚决扛起经济大省要"真正挑起大梁"的政治责任，激活改革、开放、创新"三大动力"，巩固增强经济回升向好态势，强韧发力拉动"三驾马车"，不断优化城乡区域协调发展格局，持续有效防范化解重点领域风险。预计2024 年，广东地区生产总值增长 5%，总量达 14.3 万亿元。建议重点做好深化粤港澳合作、坚持制造业当家、加强科技创新、深入实施"百县千镇万村高质量发展工程"、打造海上新广东、加快绿色转型、坚定文化自信自强、突出民生导向、筑牢安全防线等方面的工作。

关键词： 中国式现代化　"1310"具体部署　高质量发展　"百县千镇万村高质量发展工程"

目 录 ⟩

I 总报告

II 经济篇

Ⅲ 社会篇

Ⅳ 专题篇

皮书数据库阅读**使用指南**

总 报 告

B.1
2023~2024年广东经济社会形势
分析与预测

广东省社会科学院课题组*

摘 要： 2023年，面对复杂的国内外形势，广东围绕省委"1310"具体部署，扎实推进粤港澳大湾区建设、"百县千镇万村高质量发展工程"、制造业当家、海洋强省建设、绿美广东生态建设、文化强省建设等重大战略任务，经济高质量发展稳中有进，社会大局平安稳定，各项事业取得新进展新成效，中国式现代化的广东实践迈出坚实步伐。面对经济社会发展的问题与挑战，2024年广东要深刻把握推进中国式现代化这个最大的政治，切实扛起经济大省要

---

* 课题组成员：郭跃文，广东省社会科学院党组书记、研究员，广东省习近平新时代中国特色社会主义思想研究中心首席研究员，研究方向为中国特色社会主义理论；邓智平，博士，广东省社会科学院改革开放与现代化研究所所长、研究员，研究方向为社会发展与现代化、社会政策与社会治理；欧阳卿，广东省社会科学院改革开放与现代化研究所副研究员，研究方向为经济与社会管理；余欣，广东省社会科学院改革开放与现代化研究所副研究员，研究方向为国际贸易与国际经济；谷雨，博士，广东省社会科学院改革开放与现代化研究所助理研究员，研究方向为科技创新、产业集群；蔡丽茹，广东省社会科学院改革开放与现代化研究所助理研究员，研究方向为城市创新、城市与区域发展战略、农村现代化；廖炳光，博士，广东省社会科学院改革开放与现代化研究所助理研究员，研究方向为城乡融合与土地问题。

"真正挑起大梁"的政治责任,坚持稳中求进、以进促稳、先立后破的工作总基调,完整、准确、全面贯彻新发展理念,围绕落实省委"1310"具体部署,统筹推进深层次改革和高水平开放,统筹推进实施扩大内需战略和深化供给侧结构性改革,统筹推进城乡融合和区域协调发展,统筹推进物质文明和精神文明建设,统筹推进高质量发展和高水平安全,坚定不移推动经济社会高质量发展,推动广东现代化建设行稳致远。

关键词: 广东 高质量发展 中国式现代化的广东实践 粤港澳大湾区

2023年,在全面建设社会主义现代化国家开局起步的关键时刻,4月10~13日,习近平总书记视察广东发表重要讲话,寄望广东在推进中国式现代化建设中走在前列,为奋进新征程、推进广东现代化建设指明了前进方向,注入了强大动力。广东坚持以习近平新时代中国特色社会主义思想为指导,深入学习贯彻党的二十大精神和习近平总书记视察广东重要讲话、重要指示精神,围绕实现总书记赋予的使命任务,形成"锚定一个目标,激活三大动力,奋力实现十大新突破"的具体部署,奋力推进中国式现代化的广东实践。全省上下围绕省委"1310"具体部署,细化实化具体化实施方案,一锤一锤接着敲、一件一件钉实钉牢,推动全省高质量发展事业在纵深推进粤港澳大湾区建设、打造现代化产业体系、实现高水平科技自立自强、推进城乡区域协调发展、推进海洋强省建设、推进绿美广东生态建设、推进文化强省建设、做好民生保障工作、建设法治广东平安广东、加强党的全面领导和党的建设等方面取得显著成绩,为广东奋力在推进中国式现代化建设中走在前列打下坚实基础。同时,广东高质量发展还面临经济发展方式转型放缓、科技自立自强不够、发展协调性平衡性不足等方面的制约。为实现在中国式现代化建设中走在前列的目标,2024年,广东要坚决扛起经济大省要"真正挑起大梁"的政治责任,做好强化改革开放创新"三大动力"、坚持制造业当家、增强发展平衡性、锻造海洋经济新增长极、加强绿色转型、坚定文化自信、突出民生导向、筑牢安全防线等方面的重点工作。

一 2023年广东经济社会高质量发展稳中有进

广东坚决贯彻落实习近平总书记、党中央决策部署，以"再造一个新广东"的意志和干劲奋力开拓、攻坚克难，推动粤港澳大湾区建设向纵深推进，产业和科技加快融合发展，"百县千镇万村高质量发展工程"实现良好开局，绿美广东生态建设扎实有力，文化强省建设深入推进，民生社会事业稳步发展，法治广东平安广东建设有力有效，党的全面领导和党的建设持续加强，中国式现代化的广东实践迈出坚实步伐。

（一）经济形势持续向好，高质量发展迈出新步伐

2023年，广东经济延续恢复发展态势，农业生产持续向好，工业生产稳步回升，新动能加快发展，供需两端稳步改善，高质量发展稳步推进，成为全国首个地区生产总值突破13万亿元的省份，地区生产总值连续35年居全国第一。

1.三大产业协同发力，三产增加值再上新台阶

经济运行延续总体平稳恢复态势。2023年前三季度，广东实现地区生产总值96161.63亿元，同比增长4.5%（见图1）。第一、第二产业持续向好，服务业发挥稳定支撑作用。其中，第一产业增加值为3820.31亿元，同比增长4.8%；第二产业增加值为38008.92亿元，同比增长4.0%；第三产业增加值为54332.41亿元，同比增长4.8%；三大产业对广东地区生产总值的贡献率分别为4.5%、35.9%和59.6%。地方一般公共预算收入同比增长4.5%，其中税收同比增长12.1%。本外币贷款余额26.9万亿元，同比增长10.1%，有力支持实体经济增长。868家境内上市公司实现营业收入7.16万亿元，同比增长2.5%，实现归属于母公司股东的净利润5902.4亿元，同比增长5.6%，业绩增速高于全国平均水平。经营主体发展态势持续向好。2023年前三季度，广东经营主体总量为1766.31万户。广东经营主体总量、企业总量、外资企业总量、民营经济主体总量位居全国第一。

2.居民消费价格总体稳定，升级类商品需求持续释放

2023年，广东出台"促消费7条"、扩大汽车消费、促进家电消费等政

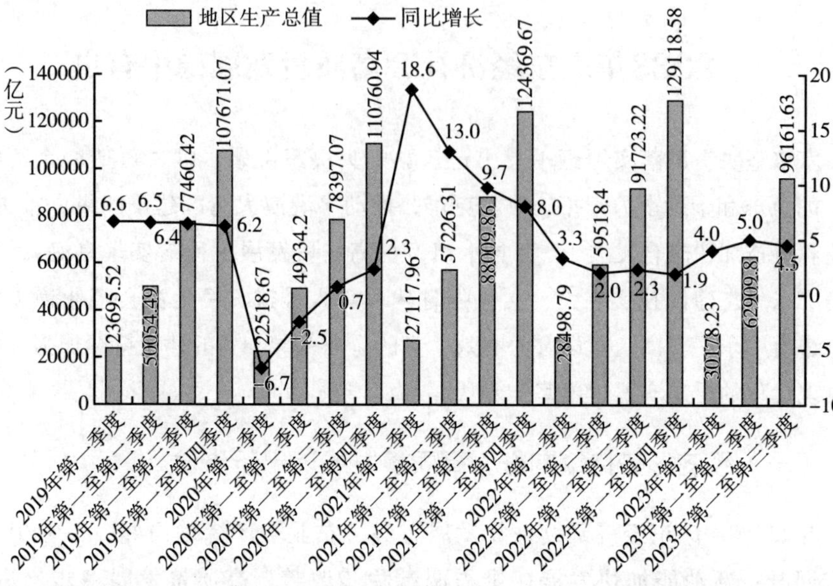

图1 2019~2023年广东季度累计地区生产总值及其同比增速

资料来源：广东统计信息网。

策，举办重大促消费活动超340场，发放消费券5.7亿元，拉动消费83.9亿元，带动文旅、餐饮、住宿、夜间消费加快恢复，网络零售额同比增长9.4%、规模位居全国第一，城乡居民消费潜力进一步激活释放。继广州之后，深圳成为广东第二个万亿元消费城市。经济内循环进一步畅通，货运量同比增长5.1%，客运量和旅客周转量同比分别增长74.1%、117.8%。2018~2022年，广东农村地区网络零售额增至879.3亿元，年均增速达20.8%，实现5年倍增；农产品网络零售额增长至792亿元，规模扩大近3倍①。2023年前三季度，广东居民消费价格指数（CPI）同比上涨0.6%，工业生产者出厂价格指数（PPI）同比下降1.2%，社会消费品零售总额为3.51万亿元，同比增长5.4%（见图2）。

3. 固定资产投资规模扩大，工业投资持续发力

充分发挥投资关键作用。2023年，广东推进省重点建设项目1530个，

---

① 唐亚冰：《粤农村电商市场规模5年扩大近3倍》，《南方日报》2023年10月28日，第A04版。

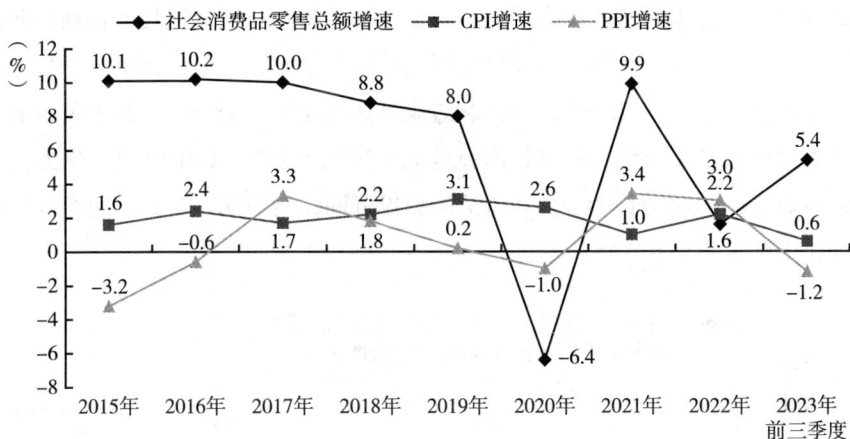

图2 2015年至2023年前三季度广东社会消费品零售总额、CPI和PPI增速

资料来源：广东统计信息网。

年度计划投资1万亿元（实际完成率为120.3%），较2022年增加1133亿元。深中通道、黄茅海通道、白云机场三期、广湛高铁、深南高铁、梅武高铁、环北部湾水资源配置工程等基础设施项目加快建设，中海壳牌三期、巴斯夫、埃克森美孚、现代氢燃料电池等重大产业项目稳步推进，广汕铁路、广州白云站、从埔高速、惠龙高速、小鹏汽车广州工厂等一批项目建成投产。完成水利建设投资1006亿元，建立总投资超1.3万亿元的水网项目储备库，全面开工环北部湾广东水资源配置工程，总投资354亿元的珠三角水资源配置工程即将通水。加快韶关数据中心集群等新型基础设施建设，新增5G基站5.6万座、公共充电桩11万个。投产约870万千瓦骨干电源，电力供应能力持续提升。争取地方政府专项债4633亿元，规模居全国第一，争取增发国债254.7亿元，向民间资本推介146个优质项目。全社会用电量达8502亿千瓦时，同比增长8.0%，是全国首个用电量突破8000亿千瓦时的省份。

固定资产投资平稳增长，工业投资持续发力。2023年前三季度，广东固定资产投资同比增长3.1%。分三次产业看，第一产业投资同比下降0.4%，第二产业投资同比增长24.0%，第三产业投资同比下降4.9%。分领域看，工业投资同比增长23.9%，其中采矿业投资同比增长88.1%，制造业投资同比增长20.0%；高技术制造业投资同比增长21.4%，其中电子及通信设备制造业投资同比增长18.7%，医药制造业投资同比增长34.5%，电子计算机及办公设备制造业投资同比增长52.6%；先进制造业投资同比增长18.8%，其中装备制造业投资同比增长23.9%；基础设施投资同比增长6.0%，其中电力、热力生产和供应业投资同比增长31.8%，清洁能源投资同比增长37.6%；房地产开发投资同比下降8.4%（见图3）。

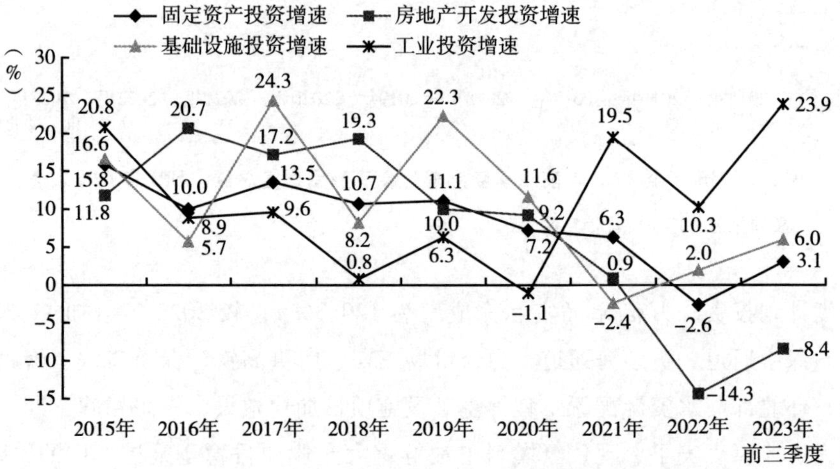

图3 2015年至2023年前三季度广东固定资产投资增速

资料来源：广东统计信息网。

4.外贸进出口实现正增长

2023年，广东打好"五外联动"组合拳。在外需走弱、世界主要经济体经济增长乏力的国际贸易环境下，广东外贸展现出较强韧性和活力，继续成为全国外贸第一大省。出台《促进外贸稳定增长若干措施》等政策，促进内外贸一体化发展。"综保区+中欧班列"联运新模式有力促进企业拓展共建"一带一路"国家市场。广东积极参与共建"一带一路"。2023年1~11月，广东开行中欧、中亚、东南亚等国际货运班列1258列，首次突破千列大关，同比增加约30%。2023年，广东省内签发RCEP出口原产地证书8.4万份，增长31.3%。粤港澳大湾区全球贸易数字化领航区和广州知识城综保区、佛山综保区获批落地。在全国率先开展跨境电商零售出口跨关区退货试点，创新打造全球中心仓,支持出口货物多模式拼箱出境。2023 年,跨境电商进出口总额突破 8000 亿元,占全国比例超过 1/3,实现跨境电商综合试验区全省覆盖。成功举办高交会、加博会、中博会和"粤贸全球"系列展会。2023 年粤港澳大湾区全球招商大会达成投资贸易项目 859 个,总金额超 2.24 万亿元。广交会全面恢复线下举办,出口成交额达 440 亿美元,展览总面积和参展企业数量均创历史新高。

2023 年前三季度,广东外贸进出口总额为 6.10 万亿元,同比下降 0.1%。其中,出口总额为 4.04 万亿元,同比增长 3.9%;进口总额为 2.05 万亿元,同比下降 7.2%(见图 4)。一般贸易、保税物流进出口额分别为 3.53 万亿元、1.05 万亿元,均同比增长 5.9%,分别占广东进出口总额的 57.9% 和 17.2%。贸易结构持续优化,民营企业成为广东外贸的稳定器。民营企业外贸进出口额为 3.69 万亿元,同比增长 6.6%,占广东外贸进出口总额的 60.5%,拉动同期广东整体外贸进出口总额增长 3.8%。出口结构进一步优化,新能源产品、农产品、跨境电商等出口增长较快。2023 年前三季度,机电产品出口额增长 1.9%,占广东出口总额的 65.3%,稳住了全省外贸出口基本盘。以锂离子蓄电池、太阳能电池、电动载人汽车为代表的"新三样"产品出口额分别增长 20.6%、29.6%、4.3 倍。

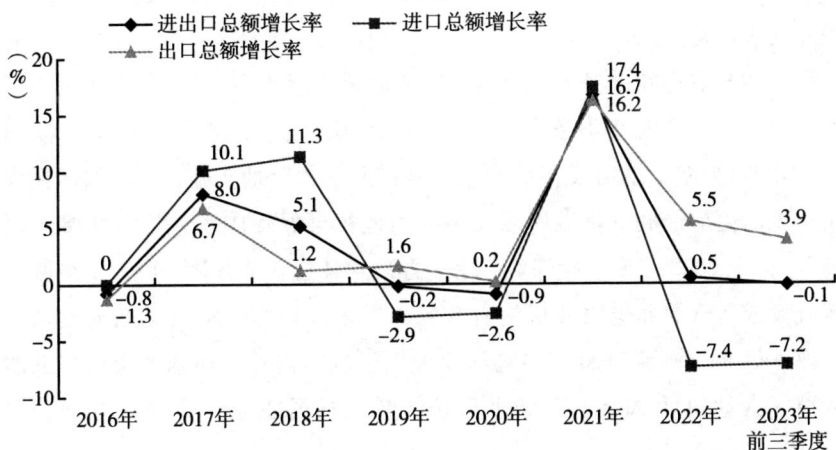

图 4　2016 年至 2023 年前三季度广东外贸进出口总额、进口总额和出口总额增速

资料来源:广东统计信息网。

（二）深入推进粤港澳大湾区建设，全面深化改革向纵深推进

广东锚定粤港澳大湾区"一点两地"全新战略定位，以全面深化改革、高水平扩大开放为主线，聚焦要素市场化、投融资、营商环境建设、数字政府等重点领域，推动实施更多创造型引领型改革，推进粤港澳大湾区各地在基础设施、规则机制衔接、科技创新、民生改善等方面全面融合，携手港澳加快建设富有活力和国际竞争力的世界级湾区、发展最好的湾区。

1. 粤港澳大湾区软硬联通一体化水平不断提升

金融融合发展稳步推进。推动"深港通"、债券"南向通"、跨境理财通等金融创新，人民币成为粤港澳跨境收支第一大结算货币。截至 2023 年底，跨境理财通试点投资者数量同比增长 49.5%，累计资金汇划 128.1 亿元。南沙跨境贸易投资高水平开放试点 13 项政策全面实施，其中 8 项政策推广到全省，业务额达 304.5 亿美元。截至 2023 年底，境外人员开立账户 515.6 万户，交易额超过 200 亿元；自由贸易账户达 1.29 万户，资金业务折合人民币 3.36 万亿元。跨境贸易投融资便利化水平提升，南沙试点政策全年办理业务 1.3 万笔，金额达 304.5 亿美元。跨国公司本外币跨境资金管理试点成功。优质企业贸易便利化试点扩容，截至 2023 年底，广东地区累计办理试点业务超 1800 亿美元[①]。粤港澳大湾区企业实现"一地注册多地营业"，香港公司可在广东 9 市设立代表机构。

民生融合取得新进展。全面加强规则机制"软联通"，发布 110 项"湾区标准"，108 项高频政务服务事项实现粤港跨境通办，"港车北上"、"澳车北上"、"经珠港飞"、人才签注、利率"互换通"等落地实施，三地居民在大湾区工作生活更加便利。将港澳居民纳入内地社会保障体系，实施社保卡"一卡通"，截至 2023 年底，社保业务跨境办理累计达 6.7 万笔，广东港澳服务提供者开设或运营的养老服务机构有 8 家。广东以单边认可带动双向互认，医师、教师等 8 个领域 3100 多名港澳专业人士取得内地注册执业资格，港澳律师大湾区内地执业试点期限获批延长 3 年。开展职业年金互认互通，实现

[①] 《中国人民银行广东省分行举行 2023 年广东省金融运行形势新闻发布会》，中国人民银行广东省分行网站，http://guangzhou.pbc.gov.cn/guangzhou/129136/5219847/index.html，2024 年 1 月 25 日。

2676 个药品品种的审评审批互认。首批 15 项"湾区认证"项目公布，覆盖衣、食、住、用等领域。"湾区认证"公共服务平台正式启用，实现"一次认证，三地通行"①。国家市场监管总局批复同意广东筹建粤港澳大湾区计量区域中心。

推动科技创新合作，提升科技产业协同发展水平。广东率先支持港澳机构申报省级科技计划，批准科研经费累计超过 3.7 亿元。"深圳—香港—广州创新集群"在全球创新指数排名中连续 4 年居第二。广州超算中心等重要科技基础设施实现科技资源共享。深港"联合政策包"提供 28 项具体措施，确保科创项目和人才在深港两地同步受惠。发布《"数字湾区"建设三年行动方案》。"港澳高校—港澳科研成果—珠三角转化"的科技产业协同发展模式更加成熟。

基础设施硬联通水平不断提升。打造"轨道上的大湾区"，截至 2023 年底，广东铁路总里程达 5672 公里，其中高速铁路总里程达 2764 公里，高速公路通车总里程超过 1.15 万公里。推动皇岗口岸重建、深江高铁、广佛环城际等重大项目，广州站至广州南站联络线、南珠（中）城际、广河高铁机场段开工建设，深圳枢纽西丽站、广州东站开展前期工作。深中通道主线全线贯通，芭洲港澳客运码头投入运营，大湾区"半小时交通圈"加快构建。打造环珠江口 100 公里"黄金内湾"，"大湾区组合港"改革累计开通 36 条线路、100%覆盖粤港澳大湾区内地 9 市，进出口货物达 60 万标箱，世界级港口群加速形成。港珠澳大桥车流量创历史新高，并开通旅游试运营，经港珠澳大桥口岸进出口货物收发地实现内地 31 个省（区、市）全覆盖。截至 2023 年 10 月底，"港车北上"车辆进出境 10.3 万辆次，"澳车北上"车辆进出境超 85 万辆次。

2. 四大合作平台建设跑出加速度

前海、南沙、横琴、河套重大合作平台建设步伐加快，推动出台《横琴粤澳深度合作区发展促进条例》《南沙深化面向世界的粤港澳全面合作条例》

---

① "湾区认证"项目指在国家市场监管总局和粤港澳有关部门指导下，由粤港澳三地经营主体及人员共同建立大湾区认证联盟、湾区认证专业技术委员会、广东粤港澳大湾区认证促进中心，共同组织认证项目研发。参见宾红霞《"湾区认证"首批 15 个项目公布 一次认证三地通行 覆盖衣食住用等领域》，《南方日报》2023 年 12 月 20 日，第 A02 版。

《河套深港科技创新合作区深圳园区发展规划》，实施"横琴金融 30 条""前海金融 30 条"，将 266 项省级行政职权调整为由几大平台实施，打造带动粤港澳大湾区发展的强劲引擎。

前海建设高水平对外开放门户枢纽迈上新台阶。实施"前海全球服务商计划"，累计引进全球头部服务商 152 家，在前海推进新型离岸租赁贸易等业务。港澳专业人士备案执业范围增至 22 类，全国首家"双牌照"境外银行正式落地。2023 年，前海合作区地区生产总值增长 15%，前海联合交易中心交易额达 794 亿元，增长 1.4 倍。《前海深港现代服务业合作区总体发展规划》获批，推出金融支持前海全面深化改革开放 115 条"硬措施"，稳步推进香港居民代理见证开立内地个人Ⅱ、Ⅲ类银行账户试点，支持前海合作区的证券公司申请跨境业务试点。设立"前海港澳 e 站通"，为港澳人士免费提供 238 项政务服务。

南沙深化面向世界的粤港澳全面合作取得新进展。国家出台《关于支持广州南沙放宽市场准入与加强监管体制改革的意见》，省、市、区三级 152 个单位扁平化联动推动落实《广州南沙深化面向世界的粤港澳全面合作总体方案》。庆盛、南沙湾和南沙枢纽三个先行启动区项目工程投资进度分别达58.6%、40.3% 和 70.0%。新增 140 项改革创新成果（累计 997 项），制度创新指数综合排名全国前三，其中投资自由化指数连续两年排名第一。成立南沙粤港咨询委员会、粤澳发展促进会，集聚 61 个港澳商协会组织。截至 2023 年底，南沙港区开通 156 条国际班轮航线。2023 年，南沙港区集装箱吞吐量达1937 万标箱，同比增长 5.4%。国际通用码头工程开工，中国企业"走出去"综合服务基地正式挂牌。2023 年，引进世界 500 强企业投资项目 29 个，引入中国金融四十人论坛、大湾区财富论坛等，向世界"讲好中国故事"①。

横琴合作区加快构建"琴澳一体化"新格局。推动出台《横琴粤澳深度合作区总体发展规划》，《横琴粤澳深度合作区建设总体方案》21 项重大政策落地 12 项，持续完善粤澳共商共建共管共享新体制。放宽市场准入特别措施、鼓励类产业目录等顺利落地，"一线放开、二线管住"分线管理稳步推进。2023 年，横琴合作区实现地区生产总值 472.53 亿元，同比增长 2.3%；澳资

---

① 李卓、柳时强：《〈南沙深化面向世界的粤港澳全面合作条例〉发布立法为南沙放权有何深意?》，《南方日报》2024 年 1 月 21 日，第 A04 版。

企业达 5952 家，同比增长 11.8%；在合作区生活就业居住的澳门居民达 11104 人。粤澳两地合作建设的首个综合民生工程横琴"澳门新街坊"开始认购。

河套加快打造粤港澳大湾区国际科技创新中心的重要极点。新引进中国一汽大湾区研究院、香港应用科技研究院等 30 家高端科研机构，香港大学等 5 所国际知名高校设立 10 个创新研发平台，建设河套港澳青年创新创业谷等创新孵化载体，河套香港科学园深圳分园顺利开园。聚集科技企业 447 家，包括一批世界 500 强研发中心和"独角兽"企业。推出非企业科研机构跨境资金调拨"科汇通"试点，三大科创金融服务平台正式建立。

3. 全面深化改革取得新突破

广东重点领域改革向纵深推进，释放发展新动能。广东自贸试验区高水平对外开放门户枢纽作用更加凸显。截至 2023 年上半年，累计形成 696 项制度创新成果，在全省复制推广 216 项改革创新经验，发布 301 个制度创新案例，成为中国对接国际高标准、推进制度型开放的重要"桥头堡"。《东莞深化两岸创新发展合作总体方案》获国务院批复。国际友城和外国驻穗总领馆分别增至 208 对和 68 家，广东对外开放的大门进一步敞开。

深化数字政府改革，推动省域治理由数字化向智慧化转变。拓展省域治理"一网统管"应用体系，推动数据资源"一网共享"直达基层。强化"粤系列"平台建设，通过省域经济运行调节数字化支撑平台"粤经济"，率先启动数据要素市场化配置改革。2023 年 5 月 10 日，广州首个公共数据运营产品"企业经营健康指数"在广州数据交易所挂牌交易；8 月，广东省产业有序转移招商引资对接平台正式上线；12 月 8 日，广东省"出生一件事"集成化办理系统正式上线"粤省事"客户端，与新生儿相关的七大事项实现"一站式"在线办理①。加快推广全省定点医药机构接入医保移动支付服务，2023 年在线社保经办量占社保业务总量的比例在 90% 以上。逾 350 项高频公安服务事项上线"粤省事""粤商通"等平台，"粤执法"相关经验被纳入首批地方创新服务案例向全国推介应用。

国际一流营商环境进一步优化，广东连续 4 年获评全国营商环境最佳口碑

---

① 这 7 项集成化办理的事项分别是生育登记凭证办理、出生医学证明申领、预防接种电子档案申领、国（境）内出生登记、城乡居民参保登记（基本医疗保险）、社会保障卡申领和城乡居民基本医疗保险费申报（新生儿医保缴费）。

省份。出台《广东省优化营商环境条例》《广东省优化营商环境三年行动方案（2023—2025 年）》，强化营商环境改革的法治保障。2023 年，经营主体突破1800 万户，新增 172.8 万户，其中个体工商户突破 1000 万户，企业达 780 万户，占全国的比例为 1/7。推出两批助企高质量发展政策，金融信用、数字经济、用地用海等要素赋能实体经济发展，形成政策支撑合力，新增减税降费及退税缓费超 2000 亿元。推行智能审批标准化、智能导办服务，实现企业开办"一网通办、一窗通取"。在住宿餐饮、批发零售等行业推行"一照通行"改革，对关联许可实行一次申请、并联审批，审批时间压缩 70%。聚焦 100 个重点产品和行业开展质量强业活动，帮扶个体工商户免费检定计量器具超 6 万台件。优化民营小微企业融资环境，2023 年末，普惠小微贷款余额达 4.3 万亿元，同比增长 22.8%。实施部分财政资金"补改投"改革试点，地方国企改革、省级政府质量工作获评国家 A 级。

城乡融合发展体制机制不断完善。发布广州、深圳、珠江口西岸、汕潮揭、湛茂五大都市圈发展规划。将 60 项省级行政职权调整为由有关地级以上市和县（市、区）实施，财政省直管县改革扩围至全部 57 个县（市、区），强县扩权改革迈出关键一步。进一步完善农村"三权分置"等土地制度改革，推进农村集体经营性建设用地入市试点，实施连片经营、土地股份合作等新模式，新增规模化耕地面积 130 万亩，促进土地要素优化配置。深化国家级宅基地制度改革试点，完成 2.3 亿宗宅基地认定登记。云浮等地积极探索新型农村集体经济实现方式。深化农村治理体制改革，80%以上乡镇完成权责清单制定和"一网融合"改革。获批国家级乡村振兴试点县 7 个，形成 38 项可复制、可推广的制度创新经验。

4. 深圳示范区建设不断取得新成就

深圳坚持以综合改革试点为牵引，推动全面深化改革，助推高质量发展取得新突破。出台优化市场化、法治化、国际化营商环境三个工作方案，放宽市场准入 24 条措施取得新进展，连续 4 年获评"全国营商环境最佳口碑城市"。深化全要素保供稳价降成本改革，推出"腾飞贷""小微通""个体通"，完善大宗商品、电子元器件和集成电路、科技成果、数据等交易机制。深化基础设施领域不动产投资信托基金（REITs）试点，创新预付式消费监管机制等。推进个人破产制度改革，全国首宗个人破产重整案件执行完毕。全国首创"基本医保+大病保险+深圳惠民保"的罕见病用药保障机制，推出"一次挂号管三天"等就诊服务新模式。高质量完成全国市域社会治理现代化试点。构建"一网统管、开放共享、一键预约"的公共文体服务供给模式。出台《深圳经济特区人工智能产业促进条例》《深圳经济特区低空经济产业促进条例》等，以特区立法促进新业态发展。出台全国首部"飞出地"地方性法规——《广东省深汕特别合作区条例》。2023年，深汕特别合作区地区生产总值同比增长30%左右。深圳22条典型经验在全国推广，2021~2023年累计有87条改革创新举措在全国推广①。

2023年，深圳实现地区生产总值3.46万亿元，同比增长6.0%，增速居国内大中城市前列；出口额增长12.5%，总量连续31年居内地城市首位；规模以上工业总产值、工业增加值连续2年实现全国城市"双第一"；全社会研发投入达1880.5亿元，占地区生产总值的比例提升至5.81%；PCT国际专利申请量连续20年居全国各城市首位；新增国家高新技术企业超1000家，总量超2.4万家，商事主体总量突破420万户；高层次人才超2.4万人，各类人才总量突破679万人；深圳数据交易所交易额达64.9亿元，居全国第一。

（三）加快建设更具国际竞争力的现代化产业体系，实体经济支撑更加有力

广东坚持实体经济为本、制造业当家，大力实施制造业"五大提升行动"②，提升产业链供应链韧性和安全水平，推进产业智能化、绿色化、融合化发展，优化产业结构，加快培育新质生产力，制造强省建设迈出坚实步伐。2023年，广东规模以上工业企业数、规模以上工业营业收入、民营经济单位数、数字经济规模、国家制造业创新中心数、5G基站数、5G用户规模等重要指标均居全国第一。

1. 加大惠企政策实施力度，工业经济持续恢复向好

2023年，广东深入落实国家和省支持新型工业化系列政策，推动"降低制造业成本10条""技改10条"等惠企政策落地见效，出台促进汽车出口、发展新型储能产业、建设人工智能产业创新引领地等产业扶持专项政策，在税

---

① 《2023年深圳改革十件大事》，《深圳特区报》2024年1月30日，第A01版。
② "五大提升行动"包括"大产业"立柱架梁、"大平台"提级赋能、"大项目"扩容增量、"大企业"培优增效、"大环境"生态优化。

费、用电、物流、融资、社保等方面大力支持企业降本增效。打好减税降费增利"组合拳"，加大对中小企业的纾困帮扶力度。2023 年上半年，新增减税降费及退税缓费 668 亿元，其中中小微企业占 67.37%。

支柱产业加快复苏，带动全省工业增加值再上新台阶。2023 年，广东规模以上工业增加值为 4.13 万亿元，同比增长 4.4%，工业投资连续 36 个月保持两位数增长；制造业增加值同比增长 4.0%，其中汽车制造业，电气机械和器材制造业，计算机、通信和其他电子设备制造业三大支柱产业增加值同比分别增长 11.2%、8.8% 和 3.6%；新动能产业发展势头较好，先进制造业增加值同比增长 6.1%，其中先进装备制造业增加值同比增长 7.6%，石油化工产业增加值同比增长 12.5%；高技术制造业增加值同比增长 3.2%，其中，航空、航天器及设备制造业增加值同比增长 31.5%，电子及通信设备制造业增加值同比增长 6.1%（见表1）。新产品生产向好，2023 年 1~11 月，新能源汽车、集成电路、光电子器件、太阳能电池（光伏电池）产品产量同比分别增长 85.3%、21.8%、17.4%、5.8%。佛山成为全国第 4 个、广东第 2 个"工业规模 3 万亿元"城市。广东形成工业规模从 4 万亿元（深圳）、3 万亿元（佛山）、2 万亿元（东莞和广州）到 1 万亿元（惠州）的阶梯式城市发展格局。

表1 2022~2023 年广东新动能产业增加值及同比增速

单位：亿元，%

时间	先进制造业		高技术制造业	
	增加值	同比增速	增加值	同比增速
2022 年第一季度	4844.70	5.9	2548.61	5.5
2022 年上半年	10281.87	4.1	5541.55	6.4
2022 年前三季度	15799.77	4.7	8500.75	5.8
2022 年全年	21792.10	2.5	11836.18	3.2
2023 年上半年	10635.57	3.4	5514.68	-0.5
2023 年前三季度	—	4.5		1.3
2023 年全年	—	6.1		3.2

资料来源：《2023 年上半年广东宏观经济运行情况分析》，广东统计信息网。

2. 积极培育战略性产业集群和未来产业，产业链供应链韧性显著提升

坚持传统产业、新兴产业、未来产业并举，加快培育形成新质生产力。落实"制造业当家22条",加大力度培育20个战略性产业集群、5个未来产业集群,形成"8372"战略性产业集群发展格局①。2023年,20个战略性产业集群增加值同比增长5.2%,电子信息产业规模连续32年居全国第一。加快培育壮大战略性新兴产业"新引擎",推动半导体与集成电路、高端装备制造等新兴产业集群跃增发展,打造中国集成电路第三极,努力开辟新型储能、海洋工程装备等新赛道。新能源汽车产业突飞猛进、产销两旺。2023年前三季度,新能源汽车累计生产177.17万辆,占全国的比例达29.09%。深汕比亚迪汽车工业园、小鹏汽车广州工厂等全面投产,广汽埃安智能生态工厂入选为全球唯一新能源汽车"灯塔工厂"。截至2023年底,新型储能产业链在建、签约待建和在谈重点项目达171个,总投资约3230亿元。积极培育未来电子信息、未来材料、未来智能装备、未来生命健康、未来绿色低碳等产业集群,超前布局和抢占6G、新一代人工智能、量子科技、深海空天等产业战略制高点。出台《关于加快建设通用人工智能产业创新引领地的实施意见》,推动大模型应用于广东制造企业研发、生产、供应等环节②。广东积极构建"20个战略性产业集群+N条重点产业链+多链主"体系,先后共评定两批41家重点产业"链主"企业,强化"链主"企业产业带动、强链补链功能,加快培育一批深耕细分领域的"单项冠军"和"隐形冠军"企业,努力将自身打造成全球产业链供应链最完善的地区之一。

"大平台"提级赋能行动初见成效。高标准建设承接产业有序转移主平台、大型产业集聚区和省产业园,重点打造一批"万亩千亿"园区载体。2023年,15个主平台实现规模以上工业增加值2311亿元,同比增长8.9%;7个大型产业集聚区实现规模以上工业增加值5446亿元,同比增长6.4%。园区成为"制造业当家"的主战场、主阵地和主引擎,揭阳广东石化、湛江巴斯夫、茂名东华能源、肇庆宁德时代、江门中创新航、湛江中纸等一批投资超百亿元重点项目相继落户园区。支持金融资源向产业园区和制造业集聚、倾斜。截至2023年底,制造业贷款余额达3.1万亿元,同比增长24.4%。推出"千亿基金 千亿信贷"助力"千亿园区",截至2023年底,国有银行园区贷款

---

① "8372"指8个超万亿元级、3个5000亿~1万亿元级、7个1000亿~5000亿元级、2个百亿元级产业集群。稳步提升现有新一代电子信息、现代轻工纺织、先进材料、绿色石化、智能家电、汽车等8个超万亿元级产业集群。

② 郑杨、张建军:《广东构筑现代制造业新优势》,《经济日报》2023年12月15日,第9版。

累计超 1000 亿元。10 个城市上榜先进制造业百强市名单，65716 家企业入选"高新技术企业"，入选企业数量位居全国第一①。

3. 数字经济和实体经济深度融合，数字经济强省建设稳步推进

广东将数字经济作为引领经济高质量发展的新动能和新引擎，在加强关键核心技术攻关、做大做强数字产业、加快推进产业数字化、加强信息基础设施建设、深化企业数据要素资源挖掘与应用等方面持续发力。

加快数字经济与实体经济深度融合，以制造业为核心，推动产业数字化和数字产业化"双轮驱动"发展。2022 年，广东数字经济规模达 6.41 万亿元，占地区生产总值的比例达 49.7%，连续 6 年居全国第一。电子信息制造业经济规模连续 32 年保持全国第一，5G 基站、光纤用户数、4K 电视产量等均居全国前列。推动约 5000 家规模以上工业企业开展数字化转型，拥有 9 家国家级跨行业、跨领域工业互联网平台，数量均居全国首位。腾讯工业互联网平台覆盖 22 个工业子行业，开放 3000 多个工业 App，沉淀工业模型 5300 个，链接工业设备 120 万台。2018~2022 年，投入 16.4 亿元财政资金，培育 300 多个工业互联网标杆示范项目。实施外贸主体数字化转型工程，培育一批贸易数字化标杆企业。深圳、东莞入选国家中小企业数字化转型试点城市。启动 14 个省级中小企业数字化转型示范城市建设。

推动先进制造业融合化发展，推动人工智能赋能制造业高质量发展。2022年，广东人工智能核心企业超过 900 家，人工智能核心产业规模超 1500 亿元，位列全国第一。以广东省实验室和 6 个新一代人工智能开放创新平台为主体，形成"1+6+N"科技创新体系②，积极抢占人工智能发展制高点。2023 年，安排 7 亿元实施国家重点研发计划，同时支持"天河二号"超算中心和大数据科学研究中心项目。持续推进以 5G 网络建设为代表的数字基础设施建设，形成"双核九中心"③ 总体布局。全国一体化算力网络粤港澳大湾区国家枢

---

① 赛迪顾问先进制造业研究中心：《2023 先进制造业百强市研究报告》，2023 年 11 月。
② 构建以人工智能与数字经济广东省实验室为引领，6 个广东省新一代人工智能开放创新平台为主体，广东智能无人系统研究院等 6 家省级高水平创新研究院为支撑，国家级和省级重点实验室、省级新型研发机构、企业技术中心为代表的"1+6+N"科技创新体系。
③ 推动建设广州、深圳两个低时延数据中心核心区和汕头、韶关、梅州、惠州、汕尾、湛江、肇庆、清远、云浮 9 个数据中心集聚区。

纽节点韶关数据中心集群以及惠州、汕头数据中心建设稳步推进，中国电子、华为、腾讯、中兴等广东科技公司积极储备算力资源，中国电信联合华为打造全国最大的省级智算平台——"广东电信超级智算平台"。

4. 中小企业技改加快推进，中小企业特色产业集群全国领先

广东推动企业加快实施新一轮技术改造，组织开展技术改造"双增"行动、"百企千项"示范行动，支持引导工业企业加快实施高端化、智能化、绿色化、融合化技术改造。2023年，印发《广东省新形势下推动工业企业加快实施技术改造若干措施》（"技改十条"），推动超9300家工业企业开展技术改造，工业技改投资同比增长22.4%，增速创近6年新高；推动"个转企"1.9万家，创近5年新高，推动"小升规"超7000家；首次认定建设省级中小企业特色产业集群35个，数量居全国第一；累计获批建设14个国家级中小企业特色产业集群，数量居全国前列；累计培育省级"链主"企业53家、省级制造业单项冠军企业251家、创新型中小企业41672家、专精特新中小企业24454家、专精特新"小巨人"企业1459家，均居全国前列。

（四）坚持教育、科技、人才一体化发展，科技自立自强迈向更高水平

广东坚持科技是第一生产力、人才是第一资源、创新是第一动力，加快构建"基础研究+技术攻关+成果转化+科技金融+人才支撑"全过程创新生态链，持续提升区域综合创新能力。

1. 高质量教育体系建设稳步推进

推动广东由教育大省向教育强省迈进。"一盘棋"推动基础教育提质升级。2023年，安排13.12亿元发展奖补资金，支持29个基础教育高质量发展实验区、示范区试点工作；公示第三批100个省优质基础教育集团培育对象，省优质基础教育集团培育对象实现21个地级及以上市全覆盖，进一步缩小区域、城乡、校际办学差距；大力推进基础教育提质工程，办好乡镇"三所学校"和县域高中；新增学前教育公办学位超6万个、义务教育公办学位超30万个、普通高中公办学位超5万个，完成义务教育招生365万人，招生数量创近年新高；组织18.03万名粤东、粤西、粤北地区骨干教师、校（园）长参加轮训，打造高素质教师队伍。

深化高等教育综合改革，加快高等教育内涵式发展。2023 年，广东 205 个学科（包括工程科学、生物与生化、环境/生态学、分子生物与遗传学等基础性学科）入围 ESI 排名前 1%，较 2020 年增长 95.24%，增幅居全国第一；27 个学科入围 ESI 排名前 1‰。华南理工大学、南方科技大学获批建设国家卓越工程师学院，中山大学等 6 所高校立项建设省高等学校基础研究卓越中心，香港科技大学（广州）首次招收本科生。2023 年，高等教育毛入学率达60.07%，全省高校新增 11 个二级学科、5 个交叉学科。坚持把马克思主义学院建设作为基础性、战略性工程，131 所高校成立马克思主义学院，创建 2 家全国重点马克思主义学院和 10 家省级重点马克思主义学院。

强化高校基础研究主力军、原始创新主战场和创新人才培养主阵地的重要作用。瞄准世界科技前沿和关键技术领域，科研、专利、成果转化等领域取得新突破。广东高校牵头获批 6 家全国重点实验室（含优化重组）、7 家教育部重点实验室等一批高水平科研平台，立项建设 8 家卓越中心，不断增强"从 0 到 1"的原始创新能力[1]。中山大学王猛团队高温超导研究取得突破性成果。截至 2023 年底，广东 50 所本科高校建有 285 个产业学院，85% 的产业学院直接服务于"双十"产业集群发展，专业覆盖电子信息、石油化工、现代农业、生物医药等战略性支柱产业，以及集成电路、智能制造、机器人等战略性新兴产业；广东高校现代产业学院的本科生培养规模达 17.5 万人；建设省级示范性产业学院 50 个，数量居全国第一。

2. 区域综合创新能力保持全国领先，打造关键核心技术攻坚先行地

广东区域综合创新能力连续 7 年领跑全国，"深圳—香港—广州"科技集群连续 4 年位居全球创新指数（GII）"科技集群"第二。2023 年，广东研发经费支出约 4600 亿元，占地区生产总值的比例为 3.39%，研发人员数量、发明专利有效量、高价值发明专利拥有量、有效注册商标量、PCT 国际专利申请量、高新技术企业数量等创新能力关键指标均居全国第一。持续优化战略科技力量布局，强化原始技术创新，将 1/3 以上的省级科技创新发展战略专项资金投向基础研究。依托鹏城实验室、广州实验室两大"国之重器"，构建起包

---

[1] 卞德龙、马立敏、钟哲：《新质生产力输送发展强动力》，《南方日报》2023 年 12 月 15 日，第 T06 版。

括 10 家省实验室、30 家国家重点实验室、460 家省重点实验室、20 家粤港澳联合实验室、4 家"一带一路"联合实验室等在内的高水平多层次实验室体系,实验室及分支机构覆盖 10 余个地市。积极推进综合性国家科学中心建设,建设以广州超级计算中心、中国(东莞)散裂中子源、大亚湾核能环保产业基地等为代表的世界一流重大科技基础设施集群,人类细胞谱系、先进阿秒激光、冷泉生态系统等重大科技基础设施获批立项。

强化产业链自主可控,推动关键核心技术取得新突破。启动"突围工程",开展"百链韧性提升"专项行动,成功突破 5G、超高清视频、高端电子元器件等技术瓶颈,体外膜肺氧合系统、高端核磁共振设备、高端手术机器人等打破国外垄断。"广东强芯"工程取得阶段性重大成果,国内首条高端纯商业化光掩模产线、省内第一条碳化硅产线等建成投产,中微半导体、华芯微等项目落地,广东微技术工业研究院揭牌成立,麒麟高端芯片实现规模化应用。核心软件攻关工程推进顺利,组建广东省工业软件创新中心,7 款工业软件被工业和信息化部评为优秀工业软件。获批建设全国唯一的国家地方共建新型储能创新中心。"广州造"力箭一号遥二运载火箭在 2023 年 6 月 7 日成功发射。截至 2023 年底,国家级制造业创新中心增至 5 家,数量居全国第一。

企业科技创新主体地位进一步凸显。广东约 90% 的科研机构、90% 的科研人员、90% 的研发经费、90% 的发明专利申请来源于企业。在全省重点领域研发计划中,企业牵头项目占 53%,企业参与项目占比超 90%,依托企业建立的省级工程技术研发中心占比近 90%[①]。2023 年,广东在企业研究开发投入、技术能力提升综合指标等方面均居全国第一[②]。企业科技创新和研发投入保持高速增长态势,2023 年前三季度,广东 833 家上市公司研发支出达 2036.8 亿元,同比增长 14.9%;上市公司研发费用占企业净利润的 34.5%,占营业收入的 2.8%。2023 年,新认定 156 家省级企业技术中心,总数达 1621 家;采埃孚华南研发中心、苹果大湾区创新中心等一批制造业高水平外资研发中心相继落户,全省外资研发中心累计达 403 家。截至 2023 年底,高新技术企业超 6.9 万家,5 年增长 2 倍多,高新技术企业数量连续 7 年居全国第一;科技型中小

---

① 王绍华:《打造全球产业科技创新中心,广东这样干!》,奥一新闻网,2024 年 1 月 24 日,https://www.oeeee.com/html/202401/24/1456634.html。
② 中国科学技术发展战略研究院:《中国区域创新能力评价报告 2023》。

企业有 7.6 万家。华为、大疆等一批具有全球竞争力和影响力的高新技术企业快速崛起。推动产学研深度融合，打通科技成果转化闭环。2023 年，广东高校与企业共建产学研合作平台近 500 个。6 家高校院所参与职务科技成果赋权改革试点，完成成果转化 891 项。截至 2023 年底，华南技术转移中心促成 1172 项关键技术成果转化，交易额超 8 亿元。

创新生态持续优化。出台"科创 12 条"等政策，营造良好的创新软环境。2023 年前三季度，广东专利授权量为 54.69 万件，保持全国首位；战略性产业集群有效发明专利量达 44.38 万件，居全国第一。珠海等 4 个城市、广州市番禺区等 11 个县区分别获批国家知识产权强市建设试点示范城市、强县建设试点示范县。2023 年，广东企业享受研发费用税前加计扣除金额超 6800 亿元，技术合同认定登记金额超 4400 亿元，约占全国的 1/10；科技金融深度融合领域，新增科技型上市企业 50 家，科技信贷余额超 2.3 万亿元，规模居全国首位；知识产权质押融资达 2307 亿元，同比翻了一番。

3. 粤港澳大湾区高水平人才高地建设扎实推进

组织实施人才强省建设"五大工程"和制造业人才"十百千万"专项行动，组建产业创新人才联盟，吸引一批科技领军人才和高水平创新团队来粤。出台《关于加强新时代广东高技能人才队伍建设的实施意见》《广东省人才优粤卡实施办法》，将国内户籍科研型中青年人才纳入服务对象，进一步完善针对高端人才的住房、社保、子女教育等全方位服务，营造一流人才发展环境。截至 2023 年底，全职在粤工作的两院院士达 135 人，研发人员达 130 万人，持证工作外国人才达 4.5 万人，技能人才达 1934 万人，高层次、高技能人才分别达 94 万人、690 万人，为广东高质量发展提供了坚实的人才支撑。博士后人才建设走在全国前列，截至 2023 年底，博士后科研平台和博士工作站分别达 1301 家和 1266 家。

以"人才链"赋能"产业链"，促进产业链现代化。积极打造现代技工教育体系，截至 2023 年底，有 148 所技工院校，实现 21 个地市技工院校全覆盖；技工院校在校生有 65 万人，占全国的 1/7；技工院校招生人数、教研成果、技能竞赛、就业率等 9 项主要指标均居全国第一。支持并引导院校增设、优化高端装备制造、智能机器人等相关专业，推动重点企业与院校、研究机构、行业协会等合作，组建产业数字化复合型人才培训共同体。瞄准 20 个战略性产业集群，积极打造63条"产教评"技能生态链,推动中国特色学徒制,组织企业提供10.31万个岗位开展学徒培养和技能培养。设立100亿元人才创新创业基金,每年评聘并支持一批首席技师、特级技师,发展壮大技能粤军队伍,形成"南粤工匠""羊城工匠""深圳工匠"等一批技能人才品牌。深圳成功举办粤港澳大湾区第三届职业技能大赛。佛山入选"首批国家市域产教联合体"。

(五)大力度推进"百县千镇万村高质量发展工程",乡村振兴取得重要突破

2023年,广东以"头号工程"力度,推进"百县千镇万村高质量发展工程"走深走实,以22个县(市、区)110个镇1062个村(社区)为首批典型,一体推进县镇村高质量发展,迎来了城乡区域协调发展新局面。

1. 深入实施"百县千镇万村高质量发展工程",县域高质量发展基础不断夯实

推动"百县千镇万村高质量发展工程"工作机制不断完善,形成上下贯通、协同联动的工作格局和"1+N+X"政策体系,产业转移、城乡建设、空间保障、金融信贷、数字经济等政策向县域倾斜。组织创先、进位、消薄行动,加大对粤东、粤西、粤北县域的激励力度、完善考核机制。2023年,广东一般公共预算共投入1490亿元,用以支持"百县千镇万村高质量发展工程",其中超70%的资金投向粤东、粤西、粤北地区[①]。启动百校联百县助力"百县千镇万村高质量发展工程"行动,首批省内82家高校院所与57个县(市)完成合作签约,近百所院校结成乡村建设规划高校联盟、乡村公共服务高校联盟、乡村产业发展高校联盟三大联盟,为县镇村发展提供人才、智力和科技支撑。创新帮扶协作机制,实现对粤东、粤西、粤北市县两级横向帮扶全覆盖。

重点推动产业有序转移,县域高质量发展的产业基础进一步夯实。设立总规模240亿元的省产业转移基金,安排1万亩用地指标支持粤东、粤西、粤北地区建设高水平产业园区。以"总部+基地""研发+生产"等形式投资布局,

---

① 《广东财政今年投入1490亿元支持"百千万工程"》,新快网,2023年11月22日,https://www.xkb.com.cn/articleDetail/268090。

高标准推进 7 个大型产业集聚区和 15 个承接产业有序转移主平台建设，新承接产业转移项目超 650 个，总投资超 3200 亿元。新设连南产业园、紫金产业园，省产业园增至 96 个，实现粤东、粤西、粤北地区县域全覆盖。支持各县培育 1~2 个特色支柱产业，同时大力发展食品加工、文化旅游等强县富民产业。博罗、惠东两县上榜"2023 中国县域投资竞争力百强"，博罗县上榜"2023 中国百强县"。广东"2023 年中国工业百强区"数量居全国第一，包揽前 6 名①。珠三角工业强区在新一代电子信息、绿色石化、智能家电、先进材料、汽车等产业上竞争优势显著。

进一步补齐粤东、粤西、粤北地区基础设施和公共服务短板。2023 年，省下达对市县税收返还和转移支付及债务转贷支出 6670 亿元，同比增长10.4%，其中 7 成投向粤东、粤西、粤北地区。深南高铁、梅武高铁开工建设，贵广高铁完成提质改造，从埔高速、惠龙高速、惠州机场飞行区扩建等项目顺利建成，广汕高铁开通运营，粤东、粤西地区加速融入粤港澳大湾区"一小时交通圈"。办好办强乡镇中心幼儿园、中心小学和公办寄宿制学校"三所学校"以及县域高中，创新县中镇中托管帮扶模式，优化乡镇学校管理模式，缩小城乡间、区域间教育发展差距。截至 2023 年底，建成县级电商公共服务中心 53 个、镇村级电商服务站点 8300 多个，形成覆盖县镇村三级的农村电商公共服务体系。推进全域土地综合整治试点，强化县域高质量发展的空间保障，截至 2023 年底，动工农用地整理 6.1 万亩、建设用地整理 6.4 万亩、生态保护修复 13.1 万亩；全省涉农贷款突破 2.3 万亿元，县域贷款达 1.48 万亿元。

2. 镇域发展势头良好，连城带乡功能进一步凸显

强化乡镇连城带村节点功能。建强中心镇、专业镇、特色镇，支持有条件的镇打造县域副中心、发展成为小城市，形成一批名镇名品，培育更多全国经济强镇。深化镇街体制改革，把乡镇打造为乡村治理中心、农村服务中心、乡村经济中心，增强综合服务功能。深入实施供销社联农扩面五项工程。深化拓展驻镇帮镇扶村工作，深入开展"千企帮千镇、万企兴万村"行动。专业镇、特色镇和经济强镇的经济优势进一步巩固。2023 年，112 个

---

① 《工业强区领跑全国，广东何以炼成？》，"南方 Plus"百家号，2023 年 12 月 17 日，https：//baijiahao. baidu. com/s？ id = 1785530391987560025&wfr = spider&for = pc。

镇入选全国"千强镇",总数位居全国第三;佛山市南海区狮山镇、珠海市香洲区横琴镇分别居全国"千强镇"第三、第四。美丽圩镇建设成效初现,乡镇连城带村枢纽作用更加凸显。将全省1612个镇街分成城区镇554个、中心镇239个、专业镇260个、特色镇315个、普通镇244个,推动乡镇差异化、品质化、特色化发展。全省348个圩镇达到示范标准,圩镇整体面貌焕然一新,110个典型镇建设取得阶段性成效,韶关、云浮、揭阳、东莞等地探索出一批可复制推广的美丽圩镇建设经验。

3. 乡村建设行动有序推进,农业强省建设取得新进展

加快补齐农村基础设施短板,让农民就地过上现代文明生活。《广东省农村供水条例》审议通过。2023年,农村供水总投资超100亿元,推进农村供水"三同五化"① 改造提升,农村自来水普及率达99.3%,农村供水规模化率提升至83%以上,水质合格率连续3年稳定在90%以上,农村供水保障水平提升至全国上游位置②;新建和改造提升农村公路6958公里,供销公共型农产品冷链骨干网组网投产。乡村风貌显著提升,美丽乡村更加宜居宜业。近年来,全省推动建设45个全国乡村旅游重点村、259个省级文化和旅游特色村,打造200余条国家级、省级乡村旅游精品线路,推动近百个乡村创建A级旅游景区。2023年,新增国家乡村振兴示范县3个,累计达7个;新增中国美丽休闲乡村10个,累计达62个;新增全国乡村治理示范镇5个、示范村49个;基本消除年收入10万元以下的薄弱村。2023年,全省城乡居民对美丽乡村建设、农村基础设施建设、城乡基本公共服务均等化三项工作的满意度分别为67.21%、44.39%、39.06%(见图5)。

2023年,农林牧渔业延续良好发展态势,农林牧渔业总产值为0.92万亿元,同比增长5.0%;粮食安全基础进一步夯实,粮食作物播种面积为3344.26万亩,粮食产量为1285.19万吨;全面实施"田长制",建成高标准农田169.8万亩,粮食产量和高标准农田建设均超额完成国家下达任务;

---

① "三同五化"指城乡供水同标准、同质量、同服务,规模化发展、标准化建设、一体化管理、专业化运作、智慧化服务。

② 截至2023年底,深圳、珠海、佛山、东莞、中山5市实现城乡供水一体化,广州、汕头、江门等市农村供水规模化率接近100%。参见《我省农村供水总投资再超百亿元》,《南方日报》2023年12月14日。

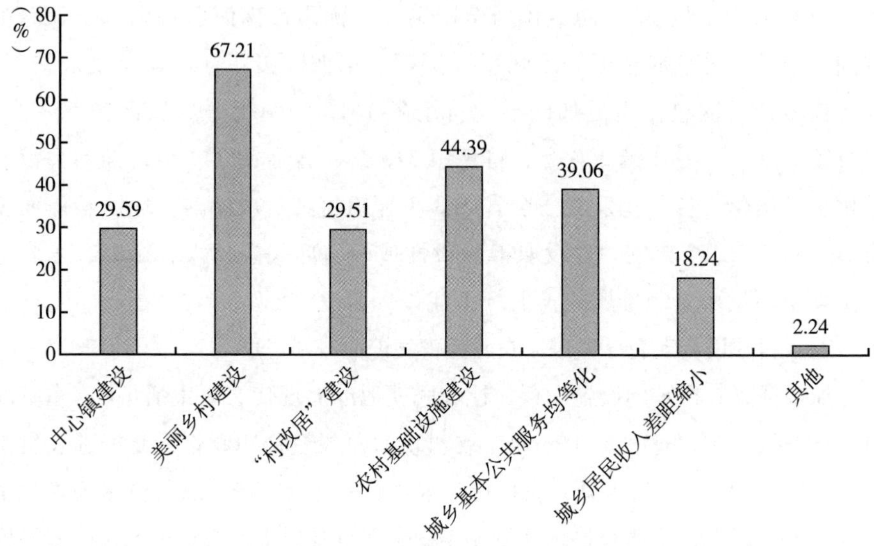

图 5 广东城乡居民对"广东农村建设工作"满意度

资料来源：广东省社会科学院"十四五"规划中期评估课题组问卷调查资料。

推动南雄盆地、韩江粤东灌区纳入国家大型灌区名录，55 宗灌区改造项目开工建设，农田受益面积达 324.61 万亩①，河源灯塔盆地灌区工程建成通水；重要农产品供给保障有力，蔬菜及食用菌产量同比增长 2.5%，园林水果产量同比增长 5.6%，茶叶产量同比增长 11.2%，中草药产量同比增长 6.1%，猪肉产量同比增长 6.5%，禽肉产量同比增长 2.7%，禽蛋产量同比增长 5.7%，水产种苗产量、水产品总产量、农产品进出口总额均居全国首位；新创建国家优势特色产业集群 2 个、国家现代农业产业园 3 个；深化农产品市场体系建设，实施农产品加工业提升行动，做好农产品深加工和补链延链，菠萝、柚子等特色农产品产销两旺，荔枝出口总量增长 59.2%；加大金融支农力度，对 1.67 万个信用村和 107 个农业园区开展"整村授信"和"整园授信"。截至 2023 年底，涉农贷款余额达 2.6 万亿元，同比增长 21.4%，创近 10 年新高。

---

① 李赫：《广东水利建设投资历史性突破 1000 亿元》，《南方日报》2024 年 1 月 23 日，第 A05 版。

（六）全面推进海洋强省建设，海洋经济优势持续扩大

广东全面推进海洋强省建设三年行动，做大做强做优海洋牧场、海上新能源、临港工业、海洋旅游等现代海洋产业，强化涉海基础设施、海洋科技、海洋生态等支撑保障，构建科学高效的海洋经济发展格局，为高质量发展注入源源不断的"蓝色动力"。

1. 强化海洋资源开发保护，扩大海洋经济新优势

聚焦海洋牧场、海上新能源、海工装备等产业发展，海洋强省建设开局良好。2023年，全省海洋生产总值连续29年居全国首位，占地区生产总值的比例达14%。现代化海洋牧场建设稳健起步，"粤海粮仓"战略稳步推进。全力推进3个国家级渔港经济区建设，创建全省首个中欧海洋渔业产业创新园[①]。2023年，新开工现代化海洋牧场项目40个，总投资超120亿元。潮州饶平花鲈鱼种苗培育填补省内空白，卵形鲳鲹等一批重要经济鱼类品种繁育取得新突破。打造种业创新平台、装备创新平台和产业发展平台"三大平台"和开放共享的水产种质资源库，打造国家现代化海洋牧场（南方）种业基地[②]，构建从种业、养殖、装备到精深加工的现代化海洋牧场产业全链条。推动海工装备产业"跨越式"发展。全国最大的水体自然交换型养殖工船"九洲一号"开工建设，全国首个风渔融合智能化养殖平台阳江"明渔一号"、全国首台自升式桁架类网箱正式投产。全球首艘具有自主航行功能和远程遥控功能的智能型海洋科考船"珠海云"号交付使用。液化天然气单一燃料动力船舶运力规模居全国第一。加快阳江国际风电城、汕头国际风电创新港、汕尾海工基地、揭阳运维基地等建设，风电整机制造年产能约1000台（套）。2023年，新增海上风电装机规模超200万千瓦，总量突破1000万千瓦。汕潮揭、惠州、广州、茂名、湛江五大油气化工产业基地自东向西沿着海岸线"串珠成链"，惠州大亚湾石化区炼化一体化规模位居全国前列，湛江东海岛集聚12个世界500强临港重化产业项目。

---

① 黄进、彭琳：《广东现代化海洋牧场建设又有新进展　全省首个中欧海洋渔业产业创新园签约》，《南方日报》2024年1月17日，第A07版。

② 黄进等：《加快打造万亿级现代化海洋牧场全产业集群》，《南方日报》2024年1月24日，第A09版。

支撑海洋强省建设的资金和政策保障机制不断完善。2023 年,海洋经济发展专项投入 2.05 亿元,支持海洋电子信息、海洋生物医药、天然气水合物等新兴产业项目创新发展。建立涉海项目审批联动机制,实现"拿海即开工"。2023 年,批准用海 26.36 万亩,同比增长 20%。完成全省首宗用海项目立体分层设权项目,率先启动全国范围内首个省级近海海底基础数据调查项目,稳步推进海岸线占补制度、无居民海岛及养殖用海市场化出让、海岛保护条例立法等改革试点工作①,海洋综合管理现代化水平显著提升。

2. 加快"智慧海洋"建设,海洋科技创新成果丰硕

深入实施"智慧海洋"工程,推动数字技术与海洋产业融合发展。积极推动 5G 网络应用向海洋延伸,在广州、深圳、江门等沿海地区投入使用 5G 数字渔船系统。大亚湾智慧海洋智能平台正式运行,在涉海违法行为发现预警、海洋灾害(台风、赤潮)影响观测预测和防台监管等八大应用领域全面提升海洋管理和开发利用能力。全国首家平安智慧海洋研究中心在广东阳江成立。

稳步推进海洋科技创新,海洋 R&D 人员全时当量和 R&D 经费均保持快速增长态势,海洋渔业、海洋可再生能源、海洋油气及矿产、海洋药物等领域专利公开数量众多,获评海洋科学技术奖一等奖、二等奖多项,以及中国航海学会科技进步奖二等奖、三等奖多项②。海洋强省建设的科技支撑更加坚实:加大力度支持海洋电子信息、海上风电、海洋工程装备、海洋生物、天然气水合物、海洋公共服务等 36 个项目关键核心技术攻关;全国首艘超深水科考钻探船在广州市南沙区实现主船体贯通;国内规模最大的科考专用码头以及世界一流的大洋样品和岩心库正式启用,天然气水合物勘查开发国家工程研究中心挂牌运作;深圳海洋大学、深海科考中心、海洋博物馆一体化建设加速推进;国家海洋综合试验场(珠海)正式落户广东;自主研发的近海底面移动探测系统"海蜇号"在超 3000 米深海区海试成功,具备海域 1.1 万米钻探能力的首艘自主研制超深水大洋钻探船"梦想"号成功完成首航。

---

① 陈薇、黄叙浩:《广东做强做优现代海洋产业体系 推动海洋强省建设迈出新步伐》,《南方日报》2024 年 1 月 17 日,第 A05 版。
② 《广东省 2023 年世界海洋日暨全国海洋宣传日新闻发布会实录》,广东省自然资源厅,2023 年 6 月 7 日,http://nr.gd.cn/xwdtnew/xwfbh/fbhsl/content/post_4194613.html。

3. 实施海洋生态保护修复"五大工程"，改善海洋生态环境

2020~2023 年，省财政累计安排 32.7 亿元，持续推进海岸线整治修复、魅力沙滩打造、海底生态化、滨海湿地恢复、美丽海湾建设五大海洋保护修复工程，有效带动了旅游业发展，改善了沿海人居环境。截至 2023 年底，累计完成红树林造林和退化红树林修复超过 1500 公顷，红树林总面积达 1.06 万公顷，占全国红树林总面积的 39.9%①。全面启动海水养殖污染治理，大力推进珠江口邻近海域综合治理。2023 年，近岸海域水质创历史最好水平，优良面积比例达 92.3%。加快推进海岸线综合整治，汕头南澳岛等 7 个海岛入选国家级"和美海岛"。成立全国首个关注海洋活动组织委员会，成功举办 2023 中国海洋经济博览会等活动。增强公众保护海洋意识，凝聚海洋事业建设向心力②。

（七）深入推进绿美广东生态建设，持续改善生态环境质量

牢固树立绿水青山就是金山银山的理念，深入实施河湖长制、林长制，严格落实"三区三线"，推进绿美广东生态建设"六大行动"，努力打造人与自然和谐共生的现代化"广东样板"。

1. 打好污染防治攻坚战，实施环境全方位治理

深入打好蓝天、碧水、净土三大保卫战，生态环境质量持续向好。6 项主要污染物浓度连续 9 年全面达标，在国家污染防治攻坚战成效考核中连续 3 年获优秀等次。打好蓝天保卫战，实施挥发性有机物（VOCs）和氮氧化物协同减排，推进全省钢铁、水泥行业超低排放改造，开展玻璃、石油、化工等重点行业企业深度治理，开展"十百千企"大气污染治理帮扶、擂台比武实战练兵，加大空气污染精准防控力度。2023 年，广东 $PM_{2.5}$ 平均浓度为 21 微克/米^3，空气质量优良天数比例达 94.8%，同比提升 3.5 个百分点，环境空气质量在 6 个经济大省中连续多年保持第一。打好碧水保卫战，针对入河排污口，推进"查、测、溯、治"，推动总氮削减追因溯源和排查整治，正式建立饮用水水源保护区分级管理制度。2023 年，新建城镇污水管网超 8000 公里，地表

---

① 《推进海洋生态修复　省财政四年投 32.7 亿元》，南方日报网络版，2023 年 5 月 22 日，http：//www. gd. gov. cn/gdywdt/dczl/content/post_4184491. html。

② 《广东成立全国首个关注海洋活动组委会》，南方日报网络版，2023 年 8 月 16 日，http：//www. gd. gov. cn/gdywdt/bmdt/content/post_4237118. html。

水国考断面水质优良率（Ⅰ-Ⅲ类）达91.9%，劣Ⅴ类国考断面全面消除，市级、县级集中式饮用水源水质达标率为100%。打好净土保卫战，重点加强耕地土壤污染源防控、建设用地风险管控，以及危险废物全过程规范化管理。"无废城市"建设试点工作成效显著。2023年，新增生活垃圾日处理能力4100吨。加强在产企业源头预防和建设用地风险管控，建立并公开地下水污染防治重点排污单位名录，启动渗漏排查、周边地下水环境监测。2023年3月1日，《广东省建筑垃圾管理条例》和《广东省气候资源保护和开发利用条例》正式印发。

2.提升生态环境质量，构建良好生态空间

广东全域推进绿化美化提质增效，依托森林公园、湿地公园、风景名胜区，积极打造193个绿美广东生态建设示范点，2023年新建森林步道和绿道193公里、碧道461公里、生态海堤36公里，形成通山达海的绿美生态网络和丰富多样的点状生态空间。高标准落实林长制，共设立93067名林长、36158名护林员、32501名监管员，2023年巡林约168万人次，林长绿美园数量增加至26个，实现珠三角、粤东、粤西、粤北地区全覆盖。印发《广东省森林质量精准提升行动方案（2023—2035年）》。林分优化和森林抚育提升超400万亩，超额完成年度任务。截至2023年底，建成森林乡村104个、绿美古树乡村53个、绿美红色乡村51个，评选首批35个广东省森林城镇，参与植树人数超56.7万人次，植树约213万株①，累计开放城市绿地5.4万亩，省级以上生态公益林达7150万亩。扎实推进古树名木保护提升行动，建成古树公园24个，建立8.5万株古树名木档案和图文数据库。积极创建南岭国家公园、丹霞山国家公园，推进华南国家植物园和4个万亩级红树林示范区建设，国际红树林中心正式落户深圳。印发《广东省候鸟及迁徙通道保护行动计划（2023—2035年）》，科学规划广东候鸟迁徙区、功能区和保护优先区，全面提升鸟类生物多样性保护水平。首个正式获得政策性金融支持的生态、环境导向的开发项目——肇庆市广宁县"碧水—竹海—文旅"项目落地。以"三区三线"为基础，积极推进国土空间保护、开发、利用和修复。广东首部"多规合一"的规划《广东省国土空间规划（2021—2035年）》正式获批。

---

① 邵一弘、林荫：《广东新增15个林长绿美园》，《南方日报》2024年1月5日，第A03版。

3. 加快形成清洁能源体系，有力助推绿色低碳转型

大力发展海上风电、光伏发电等清洁能源，积极安全有序发展核电，加快构建新型能源体系。印发《广东省推进能源高质量发展实施方案》《广东省推动新型储能产业高质量发展指导意见》等，绿色转型发展政策体系进一步完善。截至2023年底，新型储能电站累计装机规模突破160万千瓦，同比增长125%。粤港澳大湾区规模最大的储能电站——佛山宝塘项目正式投产。培育壮大阳江市风电产业，形成国内规模最大、产业链最全的风电产业制造基地。2023年，新增海上风电7个省管海域场址1830万千瓦和7个国管海域场址3570万千瓦；推动584万千瓦集中式风电、光伏等新能源并网发电；绿电交易电量达39.7亿千瓦时，同比增长160%，折合减少二氧化碳排放量253.2万吨①。开工建设陆丰核电6号机组和肇庆浪江、惠州中洞抽水蓄能项目，惠州太平岭核电二期项目获批核准。全省清洁能源装机容量占比达62.6%。2013~2022年，广东能源清洁化率和能源终端电气化率显著提升，天然气、一次电力及其他能源占一次能源消费量比重上升13.8个百分点，电力占终端能源消费量比重上升10.3个百分点（见图6）。

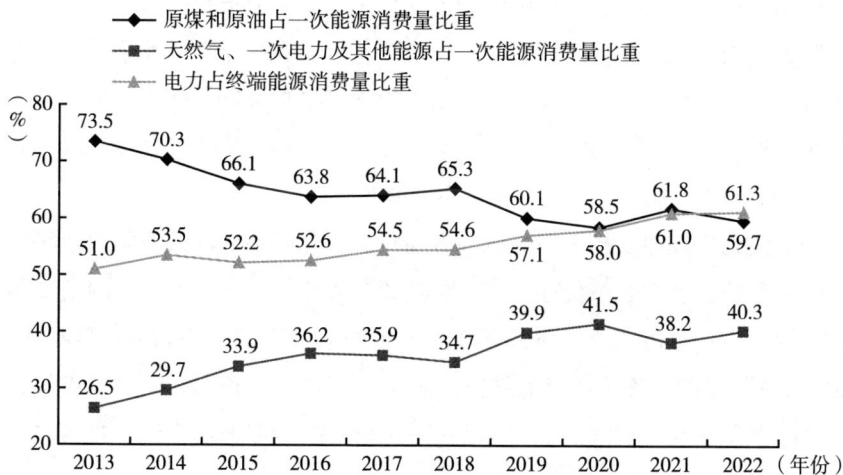

图6 2013~2022年广东能源消费结构

① 刘倩：《我省去年全社会用电量达到8502亿千瓦时》，《南方日报》2024年1月20日，第A07版。

积极稳妥推进碳达峰碳中和，打造绿色低碳生产生活方式。出台《广东省碳交易支持碳达峰碳中和实施方案（2023—2030 年）》《广东省碳达峰碳中和标准体系规划与路线图（2023—2030 年）》，稳步推动能耗"双控"向碳排放总量和强度"双控"转变。钢铁等传统产业绿色转型步伐加快、节能减排成效显著，国内首套百万吨级氢基竖炉项目在湛江宝钢点火投产。不断健全碳排放权市场交易机制，完善产品碳足迹标准体系，推动陶瓷、纺织、数据中心、交通等行业领域纳入碳交易市场。广东碳排放配额累计成交量、累计成交金额均居全国区域碳市场首位[1]，绿色贷款余额超过 3 万亿元，两年翻了一番。广州市、深圳市和肇庆高新技术产业开发区入选国家首批 100 个碳达峰试点城市和园区，国家碳计量中心（广东）落户广州市南沙区，遴选发布广东第一批 48 个碳达峰碳中和试点，广州组建省内首个碳达峰碳中和产业联盟。深入推进海洋碳汇项目开发和碳汇渔业养殖新模式，生态系统"蓝碳增汇"能力进一步提升。

（八）扎实推进文化强省建设，更好满足人民群众精神文化需求

广东坚持以习近平新时代中国特色社会主义思想为指引，着力强化理论武装，紧紧围绕文化高质量发展要求，推动文化事业和文化产业繁荣发展，进一步丰富高品质文化供给，为现代化建设提供坚强思想保证、强大精神力量、有利文化条件。

1. 抓好精神文明建设，推动文化事业繁荣发展

积极实施主旋律弘扬工程，巩固宣传思想文化阵地。深入实施习近平新时代中国特色社会主义思想传播工程，打造以"两端一云"[2] 为代表的新型传播矩阵，探索出一条传统媒体与新兴媒体深度融合之路。"粤学习""学习日历""进村入户"等网上理论传播品牌应运而生，"南方+"连续多年位居省级党报自有 App 传播力排行榜第一，"学习强国"地市级学习平台实现全覆盖。夯实

---

[1] 邵一弘等：《深入推进绿美广东生态建设，擦亮广东高质量发展绿色底色》，南方网，2024 年 1 月 17 日，https://gddj.southcn.com/node_90e812bd4a/81705fa579.shtml。

[2] 2023 年 11 月 15 日，南方报业传媒集团正式发布"两端一云"方案，全力推动"南方+"提档升级，建设今日广东国际传播中心（GDToday），打造支撑服务全省媒体融合的统一技术平台"南方智媒云"。

筑牢意识形态主阵地，举办多场聚焦研究阐释党的理论创新成果的研讨会，打造全省首批基层宣讲示范队伍，打通宣传服务群众的"最后一公里"。截至2023年底，建成新时代文明实践中心（所、站）28018个，实现县乡村三级全覆盖，拓展基地（点）等特色阵地2.4万个。注重家教家风建设，2021~2023年打造22个家教家风实践基地、500个家庭文明建设示范点，实现21个地市全覆盖①。近年来，推选出"广东好人"1860名、"中国好人"563名，其中43人获评"全国道德模范"或获提名奖，在南粤大地汇聚成一股奋进新征程的强大正能量。

推动文化事业持续繁荣发展。实施文艺精品创作扶持计划，推出电视剧《珠江人家》、舞剧《咏春》等一批广受好评的岭南精品力作，粤剧电影《白蛇传·情》《谯国夫人》分别荣获中国电影华表奖、金鸡奖。截至2023年底，30部作品获全国"五个一工程"奖，逾百人次荣获文华奖、华表奖、荷花奖、金钟奖等专业大奖。实施早期岭南探源工程，强化云浮郁南磨刀山和清远英德青塘、岩山寨等遗址考古发掘。潮州入选国家文物保护利用示范区。"南海Ⅰ号"水下考古发掘创全国单个考古项目文物发掘数量之最。推动"南海Ⅰ号"打造世界级水下文化遗产保护利用品牌，推动成立大湾区水下考古国际合作中心、广东省海洋文化遗产科技联盟②。在海外举办"2023魅力中国——广东文化海外行"等一系列文化交流活动，向世界宣传中华文明和岭南文化。

2.文化产业领跑全国，积极打造旅游业高质量发展示范省

文化产业延续高质量发展势头。积极发展数字创意、线上演播等新业态。截至2023年底，国家级文化产业示范园区增至3家，数量居全国第一。文化及相关产业增加值连续19年居全国首位。2023年前三季度，广东规模以上文化产业企业营业收入为16349.9亿元，同比增长5.7%，其中文化新业态特征较为明显的16个行业小类营业收入同比增长10.3%。截至2022年末，广东省文化企业数量超66万家，规模以上文化企业超1万家，从业人员数量超30万人，文化产

---

① 王涵琦：《广东宣传思想文化工作高质量发展呈现新气象新作为　扎实推进更高水平文化强省建设》，《南方日报》2024年1月19日，第A05版。

② 王涵琦：《广东宣传思想文化工作高质量发展呈现新气象新作为　扎实推进更高水平文化强省建设》，《南方日报》2024年1月19日，第A05版。

业发展指数连续 5 年居全国前 3 位①；建成文化产业园区基地 300 多个，拥有超过 90 万个文化产业相关商标和 30 万个专利、软著等文化产业相关知识产权。

文旅市场复苏动力强劲，全面走出疫情低谷期。2023 广东国际旅游产业博览会吸引来自 50 多个国家及地区约 3000 家参展商参展参会，4 万人次入场参展参观。创新打造"活力广东·时尚湾区"文旅品牌，面向全国集中宣传展示广东文旅形象，建成江门赤坎华侨古镇等项目。潮州被联合国教科文组织授予"世界美食之都"称号，清远磁浮旅游专列上线试运行。全力推进粤港澳大湾区世界级旅游目的地建设。实施文旅促消费"七个一"举措②，释放文旅"大礼包"，促进文旅消费提质升级。2023 年，广东成功举办超 1000 场岭南特色文旅活动，接待游客 7.77 亿人次，旅游总收入超 9500 亿元，均居全国首位。

3. 持续实施高品质文化供给工程，公共文化服务体系更加健全

文化基础设施全面提档升级，高品质文化供给更加丰富。广州国家版本馆特色版本体系不断完善，白鹅潭大湾区艺术中心主体工程基本完成，广州文化馆、广州粤剧院、广州美术馆和深圳美术馆等一批文化新馆建成，广东文化设施建设驶进"快车道"。扩大优质公共文化数字产品和服务供给，建设地方特色公共数字文化资源库，推出广东文旅新版 App，推进智慧图书馆、博物馆、美术馆、数字文化馆和国家公共文化云项目建设，打造覆盖省市县三级并互通互认的"粤读通"服务体系，推动 10 家岭南书院建设为全国弘扬传承优秀传统文化高地。截至 2023 年底，累计建成县级以上公共图书馆 150 个、文化馆 144 个，打造 4000 多家"粤书吧""粤文坊"等新型文化空间，实现省市县镇村五级公共文化设施历史性全覆盖。57 个图书馆、文化馆以及 3538 个服务点引入社会力量参与建设运营③，更好满足人民群众精神文化需求。广州市从化区"构建文教联动阅读体系 提升城乡青少年精神素养"等 3 个案例入选

---

① 数据出自中国人民大学文化产业研究院发布的"2022 中国省市文化产业发展指数"。

② 2023 年 4 月 27 日，广东省文化和旅游厅在"活力广东 心悦之旅"启动仪式上，宣布开展"七个一"文旅促消费活动，即"发放一亿元文旅消费券和一百万张景区优惠门票，提供一百万张优惠机票和一万间优惠客房，组织一千场文艺演出进景区，推动一亿辆次自驾车进乡村和民族文化廊道，开展一百场岭南特色重大文旅节事活动"。

③ 杨逸等：《"公共文化+"浸润南粤百姓精神生活》，《南方日报》2023 年 3 月 29 日，第 A03 版。

"国家基层公共文化服务高质量发展典型案例"，县级文化馆、图书馆总分馆制建设经验被列为"广东省第一批基层改革复制推广经验"。

（九）深入推进"民生十大工程"，人民生活品质稳步提升

广东坚持在高质量发展中保障和改善民生，谋划实施就业、教育、医疗、住房、养老、育儿、交通、食品安全、消费者权益保护、平安"民生十大工程"。2023年，民生类支出占一般公共预算支出的比例超70%[①]。基层"三保"底线兜实兜牢，省政府承诺的十件民生实事全部兑现，不断将群众的民生愿景转变为幸福实景。

1. 坚持"就业是最大的民生"，城乡居民收入水平持续提高

出台"稳就业十六条"，延续阶段性降低失业保险费率政策，加强粤东、粤西、粤北地区就业激励，推动就业驿站、零工市场、就业服务管理一体化系统等服务载体建设，重点保障高校毕业生、就业困难人员等群体就业。自2022年"百城千社万企助就业"专项活动开展以来，广东持续发动超2万家社会组织提供超11万个就业岗位，签署就业签约意向书超3.5万份[②]。实施高校毕业生就业创业十大行动，累计提供机关事业单位、国有企业、科研助理等政策性岗位38.5万个，比计划岗位数增加了3.9万个。实施"南粤春暖"特别行动，分片区集中举办"稳就业促发展"示范招聘活动，提供近300万个岗位。依托广东学生就业创业智慧服务平台，面向2024届毕业生举办81场招聘活动，参会企业2万余家，就业岗位信息达81万条[③]。首次在粤港澳大湾区内地9市同步开展大规模人才对接活动，提供超2.2万个岗位。进一步支持自主就业退役士兵和脱贫人口、持就业创业证或就业失业登记证的重点群体就业创业，以最高扣减标准落实两类人群创业就业税收优惠政策[④]，预计每年减免税额超10亿元。截至2023年底，"粤菜师傅""广东技工""南粤家政"三项

[①] 2023年，广东一般公共预算支出为1.85万亿元，其中民生类支出为1.3万亿元，占70.3%。

[②] 吴晓娴：《粤发动社会组织提供11.6万个就业岗位 在助力稳岗就业方面取得显著成效》，《南方日报》2023年7月7日，第A02版。

[③] 汪棹桴：《多向发力出实招 打造就业"直通车"》，《南方日报》2023年12月5日，第A08版。

[④] 在中央授权范围内，广东将按照最高扣减限额标准，为两类人群和相关企业扣减当年应缴纳的增值税、城市维护建设税、教育费附加、地方教育附加和个人所得税或企业所得税。

工程培训 134 万人次，在广东就业的农民工新增 117 万人，总数达 4365 万人，城镇新增就业 139.3 万人，超额完成国家下达的 110 万人的任务，城镇调查失业率均值为 5.3%，就业形势总体保持稳定。2023 年，广东居民人均可支配收入为 49327 元，同比名义增长 4.8%，农村居民人均可支配收入同比名义增长 6.5%，城乡居民收入比缩小至 2.36∶1，持续低于全国平均水平（见图 7）。

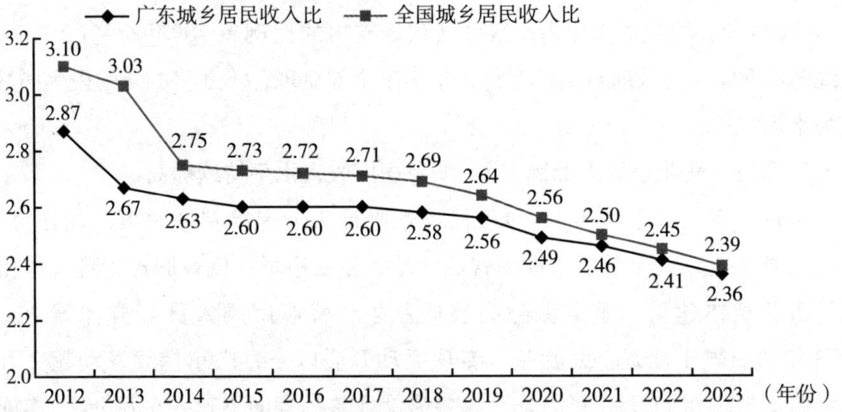

图 7　2012~2023 年全国和广东城乡居民收入比

资料来源：国家统计局网站、广东统计信息网。

2. 建设更高水平的卫生健康体系，医疗卫生质量显著提升

中共广东省委、广东省人民政府印发《关于推进卫生健康高质量发展的意见》《广东省进一步完善医疗卫生服务体系的实施方案》等，明确深化医疗卫生体制机制改革路径。启动卫生健康高质量发展示范省建设。2023 年，新增 3 家医院入选国家区域医疗中心，新增三甲医院 6 家，全省三甲医院实现 100% 开设互联网医院，首家中医类全国重点实验室落户广东。全面落实医疗保障待遇清单制度，完成职工医保门诊共济保障改革，率先实现基本医保门诊特定病种省内跨市异地认定和住院支付方式改革，异地就医费用实现可结算项目、联网医疗机构、结算人群全覆盖。2023 年，全省药品价格指数同比下降 17.55%[①]。截至 2022 年底，全省有医疗卫生机构

---

① 《2024 年广东省政府工作报告》，广东省人民政府网站，2024 年 1 月 27 日，http://www.gd.gov.cn/gkmlpt/content/4/4341/post_4341257.html#45。

59531家，同比增长2.7%；住院床位60.80万张，同比增长3.30%；每千人口床位4.81张，同比增加0.16张；卫生技术人员4.30万人，同比增长4.90%①。

3. 推进社会保障扩面提质，切实兜住民生底线

稳步提升企业退休人员养老金、城乡居保基础养老金最低标准，进一步提高低保、特困人员、孤儿及事实无人抚养儿童基本生活补贴、残疾人两项补贴保障水平，加大社会救助力度。出台《广东省最低生活保障边缘家庭和支出型困难家庭救助办法》，将救助对象扩展至非本省户籍的共同生活家庭成员。2023年，认定救助对象12.8万人，以3.5%的增幅提高四类地区城乡低保最低标准和补差水平；下达困难群众救助补助资金84.5亿元，惠及136.22万名城乡低保对象和22.89万名城乡特困人员。统筹建设"粤众扶"大救助综合服务平台。截至2023年底，低收入人口动态监测信息系统汇集12个部门机构的18类困难群众基本信息，覆盖440多万低收入人口，2023年纳入民政救助19752人。2023年，困难残疾人生活补贴和护理补贴分别提高至每人每月195元和261元，下达残疾人两项补贴22.9亿元，享受残疾人两项补贴160.1万人次，补贴标准和覆盖范围位居全国前列，同时将39.47万名残疾人纳入低保，将8.49万名残疾人纳入特困供养；为超过3万户特殊困难老年人家庭实施适老化改造，超额完成年度目标任务②。提高集中供养孤儿、散居孤儿基本生活保障标准，在全国率先开展集中供养儿童照料护理补贴工作，推动儿童福利机构养育、医疗、特教、康复、社工一体化建设。开展全省域新就业形态就业人员职业伤害保障试点。全面实施"广东兜底民生服务社会工作双百工程"。截至2023年底，建成1631个乡镇（街道）社工站、9218个村（居）社工点，配备2.8万名社工，"双百"社工累计服务困难群众和特殊群体超1500万人次③。积极培育发展慈善组织，截至2023年7月底，共有1951家慈善组

---

① 《2022年广东省医疗卫生资源和医疗服务情况简报》，广东省卫生健康委员会网站，2023年7月3日，http://wsjkw.gd.gov.cn/gkmlpt/content/4/4210/mmpost_4210974.html#2574。

② 李秀婷：《广东民生社会事业交出暖答卷绘就新蓝图 在高质量发展中创造高品质生活》，《南方日报》2024年1月18日，第A03版。

③ 张伟涛：《广东精准兜牢基本民生底线 办实细办好惠民实事》，《中国社会报》2023年12月22日，第A04版。

织，慈善财产总规模超 350 亿元；志愿者人数超 2200 万人；福彩公益金连续 15 年位居全国第一。

4. 加快推进老旧小区改造，提升城乡居民住房保障水平

将老旧小区改造作为惠民生、补短板、扩内需的重要举措。2023 年，省财政投入 51.88 亿元，支持推进保障性安居工程及城镇老旧小区改造，新开工筹集保障性租赁住房 27.10 万套，新开工老旧小区改造 2047 个，发放租赁补贴 5.99 万户。出台《广东省城镇老旧小区改造可复制政策机制清单》等，积极拓宽住房保障领域筹资渠道，鼓励社会资本有序参与老旧小区改造。持续推进老旧小区改造"三大革命"（"楼道革命""环境革命""管理革命"）。2023 年前三季度，累计改造供排水管网 94 万米，接入管道天然气小区 166 个，设置消防设施小区 191 个，加装电梯 1343 台，促使小区安全隐患基本得到排除；333 个小区实现垃圾分类，411 个小区实现"三线规整（入地）"，274 个小区实施照明设施改造等；105 个小区成立党支部，46 个小区成立业主大会、选举业主委员会，109 个小区实施物业管理①；新建城市道路无障碍设施建设率超 93%，新建公共建筑无障碍设施建设率超 90%。推动老旧小区优化交通流线、规范停车位、改建充电设施，补齐"一老一小"服务设施，系统化提升居民生活环境。2023 年前三季度，累计创建宜居社区 3107 个、绿色社区 3293 个。2023 年，全面实施适老化无障碍改造的小区超过 1500 个。落实新建居住区与配套养老服务设施同步规划、同步建设、同步验收、同步交付。

5. 加快补齐养老服务短板，提升"一老一小"保障水平

印发《关于推进基本养老服务体系建设的实施意见》，初步建立覆盖城乡、权责明确、保障适度的基本养老服务体系。全面推进基本养老保险体系建设，截至 2023 年底，城镇职工基本养老保险参保人数达 2190 万人，参保率保持在 95% 以上；农村基本养老保险覆盖面达 1100 万人，实现全省各县（市、区）全覆盖。积极开展企业年金、职业年金和个人养老金制度建设，为老年人提供多层次的养老保障。截至 2023 年底，全省社保基金累计结余 1.8 万亿

---

① 张子俊、岳建轩：《粤老旧小区改造完成年内指标》，《南方日报》2023 年 10 月 12 日，第 A07 版。

元，其中养老保险结余 1.78 万亿元，实现省内养老金统收统支。截至 2023 年 10 月底，广东先行地区开立个人养老金账户超 600 万户①，居全国前列。出台集体经济组织对参保老人给予补贴办法，拓宽农村养老保险筹资渠道。及时调整退休人员基本养老金标准，2022 年底涉及退休人员约 700 万人，人均增加近 60 元。截至 2023 年 8 月底，养老床位总数为 45.25 万张，养老机构有 1726 家，长者日间照料中心、社区养老服务站点等社区养老服务机构超 2.1 万个，初步构建起"15 分钟养老服务圈"。2023 年，积极推进"长者饭堂"建设，建成各类老年助餐服务点 3431 个；建立特困老人生活补贴制度，对特困老人每人每月补贴 300 元；开展老年人关爱服务活动超 10 万场次。建立健全生育支持政策体系，大力发展普惠托育服务体系，推动建设生育友好型社会。率先实施集中供养儿童照料护理补贴。《广州市 3 岁以下婴幼儿照护服务体系建设三年行动计划（2023—2025 年）》明确提出，到 2025 年，全市所有乡镇（街道）至少建有 1 个公建民营普惠托育机构，新建居住区配套托育服务设施覆盖率达 100%。

（十）坚持贯彻总体国家安全观，建设更高水平的法治广东平安广东

广东坚定不移贯彻总体国家安全观，紧紧围绕"把广东建设成为全国最安全稳定、最公平公正、法治环境最好的地区之一"目标，扎实推进法治广东平安广东建设，全力防风险、保安全、护稳定、促发展，政治安全和社会稳定基础更加坚实。

1. 织密织牢公共安全防护网，人民群众安全感不断提升

突出"大平安"理念，构建"大安全"格局，把平安建设融入经济社会发展全局一体谋划、整体推进。夯实平安建设体系"四梁八柱"，出台《广东省平安建设条例》，成立由党委主要负责同志任组长的平安建设领导小组，乡镇（街道）探索建立平安建设协调运作机制，建立健全重点行业领域平安建设协调机制。严密防范和严厉打击敌对势力各类渗透、颠覆、捣乱、破坏活动，社会大局保持平安稳定。

---

① 杜玮淦：《省人社厅回应社保业务经办等民生问题　全省社保基金累计结余 1.8 万亿元》，《南方日报》2023 年 12 月 13 日，第 A07 版。

常态化开展扫黑除恶斗争，首次开展省市县三级联动督导，社会治安形势稳定向好。加强公安武警联合武装巡逻，建设社会治安巡防管控"四个一"体系；全省设置"1、3、5分钟"快反圈，强化最小应急单元防控体系建设，有效解决突发事件处置"最后一百米"问题；积极开展"粤居码"申报、校园安全应急防范演练，推动二级以上医院完成安全风险排查整改等；深化教育、金融放贷、市场流通等重点行业整治；深入推进禁毒攻坚行动；部署"1+N""鹰击""夏季""涉诈重点人管控"等专项行动。刑事治安警情数、刑事立案数、破案数、现案破案率4项主要指标创近5年最好成绩；12337平台线索按期核查完结率达100%，目标逃犯到案数全国第一。2023年，全省群众对平安建设满意度达98.44%、群众安全感满意度达98.68%、政法工作满意度达96.74%，均创历史新高。

2.健全矛盾纠纷多元化解机制，推进基层治理现代化

持续完善基层治理体系，出台《广东省推进民政领域基层社会治理体系和治理能力现代化的若干措施》等文件，逐步完善基层治理现代化政策体系。坚持和发展新时代"枫桥经验"，立足预防、立足调解、立足法治、立足基层推进"1+6+N"工作体系建设，聚焦镇村风险排查、就地矛盾化解，强化诉源治理，促进讲信修睦①。强化乡镇（街道）作为"一站式"矛盾纠纷调处中心的作用，以1609个镇街综治中心为枢纽，以12.70万个综合网格（配备专兼职网格员19.60万名）为单元，以"粤平安"社会治理云平台为支撑，整合法院、检察、公安、司法行政等基层力量，不断夯实平安建设根基。印发《广东省群防群治组织监督管理规定》。截至2023年9月底，建立各类群防群治组织9.20万个，各地城区"一社区一警两辅"、农村"一村一警（辅）"覆盖率达100%。加强对重点人群的人文关怀和跟踪帮扶，省市县三级社区矫正委员会全覆盖，社会心理服务站（室）乡镇（街道）全覆盖。大力推进市域社会治理现代化试点建设，涌现广州"最小应急处置单元"、深圳光明区"群众诉求服务圈"、珠海"平安+市域社会治理指数应用"、东莞"织网工程"、汕尾"民情地图"等一批创新经验。

---

① 吴晓娴等：《驰而不息筑牢平安之基　凝心聚力护航发展大局》，《南方日报》2024年1月26日，第A07版。

全面提升社会治理社会化、法治化、智能化、专业化水平，强化矛盾纠纷源头防范化解。启动信访问题源头治理三年攻坚，有效化解一批重点领域信访类案件和久拖不决的信访积案。完善调解、仲裁、行政裁决、行政复议、诉讼等有机衔接的多元化解纠纷机制。2023年，全省32646个人民调解组织化解社会矛盾纠纷46.01万件。完善认罪认罚从宽制度，推进民事诉讼程序繁简分流改革。2023年，法院小额案件小额诉讼程序适用率提升至52.9%，民事、刑事一审服判息诉率分别达84.39%、86.23%。深圳、珠海、梅州、东莞等市4个基层单位获评全国"枫桥式工作法"单位，涌现潮州"茶文化六步调解法"、梅州客家"和文化"、茂名"平安大走访"等岭南特色矛盾纠纷化解品牌。首次召开全省见义勇为英雄模范表彰大会，颁授"平安鼎"。

3. 扎实推进法治广东建设，持续营造平安和谐社会环境

严格执行重大行政决策程序规定，深化行政执法体制改革，推动政府行为全面纳入法治轨道。出台《关于贯彻实施民法典进一步加强法治政府建设的意见》《关于进一步加强行政诉讼应诉工作的若干措施》，建立府院联动新机制，推动各类行政纠纷化解。2023年，审结行政一审案件2.6万件，行政机关负责人出庭应诉率提高至97%。率先建成行政执法"两平台"（信息平台和监督网络平台），并实现省市县镇四级应用全覆盖，行政执法水平稳步提升。深圳、珠海、广州南沙获评全国首批法治政府建设示范地区。地方立法有效保障各地经济社会健康有序发展，现行有效的设区市法规超360件，涵盖城乡建设与管理、生态文明建设、历史文化保护和基层治理等各个领域。推动全面贯彻《广东省党委政法委执法监督工作实施办法（试行）》，建成省级政法跨部门大数据办案平台并上线试点运行，执法司法制约监督体系不断健全。

深化司法体制综合配套改革，更好服务保障高质量发展。2023年，各级法院新收各类案件272.1万件，同比下降1.4%；审执结案282.4万件，同比上升1.9%，居全国首位；存案同比下降26.7%。深入实施"八五"普法规划，全面落实"谁执法谁普法"普法责任制。推进"一站式"诉讼服务体系建设，全省法院跨域立案服务覆盖率达100%，持续加大公益诉讼办案力度。首次召开全省涉外法治建设工作会议，打造涉外法治建设综合平台。司法责任制全面准确落实，推动法官检察官遴选、惩戒委员会设立。出台《广东省公共法律服务体系建设规划（2023—2025 年）》。2023 年，广东法律服务网为群众提供服务超 1300 万次，全省法院网上立案 219.5 万件、网上阅卷 17.6 万次、网上开庭 21.0 万场、电子送达 2096.4 万次，省法院"12368"诉讼服务热线获评"2023 年度中国最佳政务服务热线"。实行法律援助申请"市域通办"，不断加大司法援助力度，为经济困难群众减免诉讼费 1537.7 万元，发放司法救助金 3898.5 万元[①]。以法治力量引导社会矛盾减少。2021~2023 年，全省法院诉前调解纠纷 172.5 万件，诉中调解纠纷 15.4 万件，调解成功率为 60.0%。

4. 提升重大风险防范化解能力，以新安全格局护航广东高质量发展

强化安全生产综合治理，全覆盖推进道路交通安全风险防范排查、重大危险源企业和重大危险源排查、城镇燃气安全隐患排查等专项整治。印发《部分新业态新领域安全生产工作职责》，厘清 13 个新业态新领域 71 项部门安全监管职责，进一步消除安全监管空白和盲区。落实全国重大事故隐患专项排查整治 2023 行动，依托"一库七制"[②] 加大监管执法力度，提升监管实效。2023 年，开展两轮重大危险源专项检查督导行动，督促全省 349 家重大危险源企业、1165 个重大危险源开展自查自纠，排查整治隐患 6225 项。广东首支整建制机器人灭火专业队在东莞消防救援支队南城大队揭牌成立。2023 年，广东生产安全事故起数下降 7.6%，未发生重大公共安全事故和道路交通事故。省级政府食品安全工作连续 5 年获评国家 A 级。2023 年，高标准抓好防汛防旱防风工作，成功应对 30 轮强降雨、6 次台风天气和长达 219 天的汛期，及时启动、调整应急响应 28 次，响应时长达 783 小时；全年累计出动抢险救援人员 162.34 万人次，处置险情 1.23 万处，组织危险区域人员转移 240.51 万人次；对 849 座危险水库除险加固，提前两年完成国家下达的攻坚任务。全力保障煤炭、天然气等供应，电力运行安全有序。稳妥推进房地产企业风险化解，巩固中小金融机构改革成果，政府债务风险总体安全可控。

---

① 吴笋林：《数读广东省高级人民法院工作报告》，《南方都市报》2024 年 1 月 25 日，第 GA12 版。

② 一库：广东省重大事故隐患数据库；七制：实时排名、适时调度、定期通报、挂牌督办、动态预警、联合检查、综合考评。

二 广东经济社会发展面临的问题与挑战

2023年，广东经济社会运行总体稳定有序。但是，外部经贸环境仍有诸多不确定性因素，世界经济复苏乏力，地缘冲突影响复杂；国内经济仍面临有效需求不足、社会预期偏弱等问题和压力，与外部市场密切相关的供应链产业链仍面临不稳定因素冲击。在上述因素和挑战的影响下，广东经济社会发展过程中的"经济模式急待转型""科技自立自强不够"等"发展"问题比较突出，医疗、教育等公共服务仍存短板。

（一）粤港澳大湾区建设亟须向纵深推进

粤港澳大湾区主要城市和产业区在金融、航运、制造等多个领域存在重复建设和同质化竞争的问题。究其原因，既有不同行政区之间社会和法律等方面的体系差别，即存在"一国两制"、三种货币体系和法律体系、三个关税区；也有局部利益导致的地区封锁、市场分割。要素流动、设施联通、基本公共服务对接共享等方面仍存在一定障碍。

1. 亟须推进制度化的法律规范衔接

内地与香港、澳门虽然分属不同法系，但很多法律原则相通，很多法律规范一致。当前，粤港澳法律制度衔接障碍主要体现在技术和操作层面。一是港澳律师在内地的执业存在一定局限性，亟须扩大其在内地的执业范围。二是内地与港澳的许多行业技术标准或监管措施存在较大差异，港澳专业人才在内地执业和内地专业人才在港澳执业仍面临诸多障碍。三是社保、医疗等制度政策仍存在较大差异，如香港强制性公积金与内地社保制度无法直接关联、国家尚未出台医疗保险关系和工伤保险关系转移至港澳的政策、内地大部分医院不接受非内地医疗保险。

2. 亟须推动合作事项的联动机制衔接

一是科技创新缺乏机制衔接。突出表现在粤港澳三地的科研资金跨境使用监管政策存在差异，在资金用途、经费报销和事后审计等方面难以实现有效对接；知识产权法规和管理体制不同，阻碍了知识产权等创新要素的自由流动；科技政策法规不同，科技资源开放共享难度较大，出入境流程较烦琐，影响相关服务共享。二是服务贸易和投资仍存在操作性、门槛性障碍。CEPA 及相关协议对港澳服务提供者的认定门槛较高，港澳投资准入后环节仍存在"准入不准营"的制度性障碍；港澳企业在粤项目需多次注册，导致运营成本升高；港澳企业期望得到的服务规则、标准、认证和准入等法律法规层面的实质性对接还不够；港澳居民在内地注册企业并开立银行账户受到限制，程序复杂。

3. 亟须推动交通基础设施互联互通

粤港澳大湾区交通枢纽功能和跨区域协调能力需要增强，在机场航线、海运航线等布局方面存在同质化竞争，港澳航线船舶进出内地口岸需重复办理手续，导致运营效率降低。① 轨道交通、公路、机场和港口等基础设施"硬联通"仍然不足，轨道交通不同制式线网尚不能互联互通，铁水联运发展仍处于起步阶段。

（二）"制造业当家"的现代化产业体系有待进一步完善

1. 宏观经济回升承压

广东宏观经济虽然持续企稳恢复，但 2023 年第三季度开始回升承压。2023年前三季度，广东地区生产总值同比增长 4.5%，增速较上半年下滑 0.5 个百分点。剔除基数效应影响后，广东第三季度名义 GDP 的两年复合增速呈小幅下降态势。从产业结构来看，第三产业增加值增速在第二季度冲高后有所回落，从侧面反映出消费动能有所减弱。从供需结构来看，广东产业供给侧修复速度相对较快。2023 年前三季度，广东规模以上工业增加值同比增长 3.1%，增速比上半年提高 0.6 个百分点。但需求侧修复速度相对较慢且内需有所下滑，第一至第三季度出口额（按人民币计）逐季抬升，前三季度同比增长 3.9%，增速较上半年提升 0.3 个百分点；社会消费品零售总额同比增长 5.4%，增速较上半年下降 2.0个百分点；固定资产投资同比增长 3.1%，增速较上半年下降 1.3 个百分点。

2. 债务经济风险较大

从短期看，"债务经济"特征显著的房地产及相关虚拟经济部分，在全球高利率环境下将持续深陷流动性危机且存在较高违约风险。2023 年前三季度，

---

① 韩永辉、麦炜坤、沈晓楠：《粤港澳大湾区打造高质量发展典范的实现路径研究》，《城市观察》2023 年第 1 期。

广东房地产开发投资额为1.03万亿元，同比下降8.4%，其中，商品住宅投资额同比下降6.9%。同时，广东地方政府债务仍存在一定风险。2023年前三季度，广东城投债净融资额达465亿元，其中AAA级城投平台净融资额下滑，获得外部融资的平台信用等级被下调。

3. 实体经济结构亟待调整

2023年前三季度，广东仍稳坐全国经济排头兵位置，但增速较全国平均水平稍低。江苏加速追赶广东，其地区生产总值同比增长5.8%，与广东地区生产总值的差距缩小了近一半，从2019年的5783.8亿元减少至2981.6亿元。差异不仅在于增速，更彰显了产业结构的差异化对区域经济发展的影响。首先，江苏的第二产业占比较高，为44%，而广东为40%。在政策积极扶持下，江苏基建和制造业投资高速增长，第二产业增加值增速达6.6%，规模以上工业增加值同比增长7.2%，增速均超过广东。2023年前三季度，广东规模以上工业增加值仅同比增长3.1%，低于4.0%的全国平均增速。其次，广东经济对外依存度较高，在外需疲弱的情况下受出口下行影响较大。2023年前三季度，广东出口贸易依存度达41.3%，远高于江苏（28.3%）。

4. 主要制造业城市面临转型阵痛

2023年前三季度，广东制造业出现转型阵痛，尤其是深圳、广州、佛山、东莞的地区生产总值相对较低，仅有深圳地区生产总值增速超过全国平均水平，达到5.4%。而广州、佛山和东莞的地区生产总值分别为4.2%、4.9%和2.0%。这反映了外向型制造业主导的城市在宏观形势和产业趋势的转变下面临不小冲击。

分城市来看，广州主要面临汽车制造业向新质生产力转型的压力。尽管广州在孵化造车新势力方面略有成就，但其增速难以改变传统汽车制造业整体疲软的局面。2023年前三季度，广州规模以上工业增加值同比下降1.0%，其中汽车制造业增加值同比下降6.4%。东莞主要面临外需衰退、产业链重构等多重不利因素和外向型产业结构转型的压力。2023年前三季度，东莞外贸进出口额同比下降12.8%，出口额同比下降13.0%。外向性显著的东莞电子信息制造业营业收入在全市规模以上工业营业收入中的占比高达43.26%，存在"一业独大"的风险。佛山主要面临与房地产相关联的传统产业转型压力，其支柱产业家电、家具、陶瓷等均与房地产产业链关联紧密。在房地产销售收缩、投资降幅扩大的形势下，佛山 2023 年前三季度规模以上工业增加值增速为 6.3%，急需新质生产力的补充和提升。

（三）科技自立自强仍需克服深层次矛盾

1. 投入强度和基础投入比例较低

近 10 年，广东在研发经费支出方面取得显著进展。2022 年，广东 R&D 支出达 4411.90 亿元，投入强度从 2012 年的 2.17% 提升至 3.42%，但仍与北京（投入强度为 6.83%）、上海（投入强度为 4.44%）等先进地区存在一定差距。基础研究方面，广东基础研究投入呈上升趋势，但占全省 R&D 经费的比例仅为 5.4%，远低于经济合作与发展组织（OECD）国家的基础值（10%）。广东创新投入方面的"政府牵引力"有所弱化甚至下滑。2022 年，全省财政科学技术支出为 983.78 亿元，同比增长 0.1%；省本级财政科学技术支出为 64.02 亿元，同比减少 37.3%。

2. 战略科技力量仍旧薄弱

领军性人才、高校和科研机构是从事基础研究和原始创新的主力军与战略性力量。当前，广东高校和科研机构的综合实力相对薄弱，高层次创新人才仍显不足，达到国内一流水平的研究型大学和综合性科研机构较少。在两院院士当选周期中，江苏有 500 位两院院士，高居全国之首；浙江有 415 位两院院士，排名第二；广东有 150 位两院院士，位居第五，不足江苏的 1/3。截至 2022 年底，广东累计有 63 人获得"国家杰出青年科学基金项目"，而江苏有 454 人，山东有 391 人，浙江有 371 人。从国家级研发平台来看，2022 年，广东有 30 个国家级重点实验室（江苏有 34 个）、23 个国家工程技术研究中心（山东有 30 个、江苏有 25 个），国家重点实验室数量仅为全国的 6.6%，特别是半导体、工业软件等卡脖子领域尚未实现省实验室零的突破，在数量和综合实力上落后于国内先进地区。这反映出广东在前沿领域的科技创新力仍然较弱。

3. 关键核心技术"受制于人"局面仍未扭转

尽管中国已采取措施突破技术封锁，但广东产业链中的一些核心零部件仍"受制于人"，核心技术攻关投入不足，部分领域处于产品价值链低端，产业链协同联动发展不足。生物医药、智能制造的关键零部件及设备长期依赖进口，高端芯片、精密轴承、工业软件等甚至100%依赖进口。电子信息产业主要在核心基础零部件、先进工艺、关键基础材料、高端通用芯片、基础软件以及高端装备制造等方面面临"卡脖子"问题。自2018年以来，频繁的科技制裁导致广东企业正常科研活动受阻，研发链、产业链安全面临较大冲击。汽车产业关键零部件，如发动机、变速箱对外依存度较高，高端芯片、高档数控系统、电主轴等关键部件及智能机器人减速器、伺服电机等自给率较低，如高端芯片自给率仅有14%左右，"缺芯少核"问题依然严重。

（四）发展不充分不平衡问题仍较突出

1. 区域发展不平衡

2023年，珠三角地区生产总值占全省比例高达81.27%，其中，广州、深圳、佛山、东莞4市地区生产总值占全省比例为66.17%，粤东、粤西、粤北地区12个市地区生产总值仅占18.73%（分别较2022年、2021年同期下降0.21个百分点和0.41个百分点），区域经济差距持续扩大。在人均收入方面，2023年前三季度，全省居民人均可支配收入最高的深圳（59947元）与最低的揭阳（20167元）倍差扩大至2.97；珠三角地区与粤东、粤西、粤北地区的居民人均可支配收入差距2017年以来持续保持在2.17倍以上。

2. 城镇化水平存在差异

2022年，广东人口城镇化率达74.79%，比同期全国平均水平（65.22%）高9.57个百分点，处于全国前列，接近发达国家水平。但从区域结构来看，仍呈现显著的区域不平衡特征。2022年末，珠三角9市城镇人口达6849.2万人，占广东城镇人口总量的72.36%；珠三角9市平均城镇化率高达87.48%，与北京持平，略低于上海；粤东、粤西、粤北地区城镇人口合计2616.37万人，平均城镇化率仅为54.20%，比全国平均水平低11.02个百分点。城镇化率总体水平高而结构差异大的特征，一方面决定了广东未来城镇化的主战场在城镇化水平较低的粤西（城镇化率为48.04%）、粤北（城镇化率为53.06%）和粤东（城镇化率为61.26%）地区；另一方面可能会导致产业、创新要素进一步向珠三角地区集聚，在数字等新基建领域形成新的区域发展鸿沟。

3. 城乡差距呈多维特征

广东城乡差距的核心特征是城乡收入分配不均衡。广东城乡居民人均可支配收入比值排在全国第 20 位，排名依然较为靠后；城乡恩格尔系数除低于海南外，高于其他省份和全国平均水平，且农村与城镇恩格尔系数倍差在各省份中位居第一。此外，广东城乡差距还反映在公共服务、民生需求、基层治理等方面。在公共服务方面，广东城乡每千人口医疗卫生技术人员数、执业（助理）医师数和注册护士数的差距均在 40% 以上。在民生需求方面，粤东、粤西、粤北地区老龄化水平相对较高，但受"编制少、人才缺、服务品质提不上去"等问题制约，上述地区民生资源水平与其需求出现错配，如上述三地老年人口数量占全省的 52.5%，而长者饭堂仅有 500 家，占全省比例仅为 20.8%。在基层治理方面，粤东、粤西、粤北地区存在基层人才队伍老化、激励不足和晋升机会欠缺等问题。广东省社会科学院省情调研网 2023 年社区基层工作人员问卷调查结果显示，深圳（34.6 岁）与梅州（43.8 岁）基层工作人员的平均年龄差距达 9.2 岁；梅州基层工作人员的受教育年限比深圳少 2.5年，仅有 11% 的基层工作人员获得晋升机会。

（五）稳就业保民生面临较大压力

1. 出生人口和劳动力数量持续下降

自 2000 年以来，广东生育率虽有所波动，但持续低于 1.5% 的总趋势未改变。广东出生人口 2020 年达 129 万人，之后持续下降，2022 年仅为 105 万人（相当于 2000 年水平）。出生率持续低位已传导影响至劳动力。2022 年，广东劳动年龄人口降至 9105 万人，劳动年龄人口占总人口的比例降至 71.94%（比 2010 年减少 4.39 个百分点）。上述指标的持续下降将进一步导致就业人口减少、劳动参与率下降，加剧广东就业难与就业不充分并存的现象，导致就业总量矛盾和结构性矛盾持续并存。

2. 医疗资源总量不足

在持续人口老龄化背景下，广东医疗资源总量不足的矛盾十分尖锐。《全国卫生统计年鉴 2023》显示，2022 年末广东每千口卫生技术人员数（7.24人）和每千人口执业（助理）医师数（2.63 人）在 31 个省（区、市）中均居第 30 位，每千人口注册护士数（3.32 人）居第 27 位，全面落后于江苏、浙江和山东三省，其中每千人口执业（助理）医师数仅为浙江的 57.41%、山东的 69.20%；医疗卫生支出占全省地区生产总值的比例为 6.5%，低于全国平均水平（7.0%），远低于国际平均水平（14.0%~20.0%）。2022年，广东人均养老服务资源落后于全国平均水平，每千老年人口养老服务床位数为26.6张，低于29.6张的全国平均水平，落后于江苏（37.5张，排第三）、山东（30.8张，排第11位）和浙江的29.0张（排第15位）。

3. 教育师队伍有待进一步壮大

2022年，广东已成为义务教育阶段在校生第一大省，但教师队伍建设和教师编制总量相对不足。广东省基础教育生师比高于全国平均水平，教师队伍缺口较大。2022年，小学阶段全国的生师比为16.2，而广东为18.0，高出全国11.1%，与经济发展水平基本相当的浙江（16.93）、江苏（16.16）等省份差距明显；初中阶段全国生师比为12.7，广东为13.8，高出全国8.7%，广东初中阶段生师比仅次于广西和贵州，排全国第三。

三 2024年广东经济社会发展态势

2024年是广东实现"十四五"规划目标任务的关键一年，广东经济社会发展仍将面临较大的外部压力和内部困难，但广东经济韧性强、活力足、潜力大，回升向好、长期向好的基本趋势没有改变，广东现代化建设将为国家发展大局做出更大贡献。具体来说，2024年广东经济社会发展将呈现以下态势。

（一）经济回升向好态势持续巩固

1. 经济恢复向好态势，实体经济持续发挥当家优势

2024年，广东将更加自觉运用习近平经济思想指导全省经济工作，聚焦推进中国式现代化这个最大的政治、坚持高质量发展这个新时代的硬道理，完整、准确、全面贯彻新发展理念，推动经济实现质的有效提升和量的合理增长，不断夯实物质技术基础，增强现代化建设的硬实力。坚持实体经济为本、制造业当家，持续推动产业高端化、智能化、绿色化、集群化发展，确保制造业底盘稳固牢靠。深化供给侧结构性改革和着力扩大有效需求协同发力，内需主动力的作用进一步发挥。预计2024年全省地区生产总值增长5%，达到14.3万亿元。

2. 创新驱动经济高质量发展的动能不断增强

在积极争取全球创新资源的同时，广东将以构建高质量区域创新体系为重要支撑，积极探索关键核心技术攻关新型举国体制"广东路径"，努力实现高水平科技自立自强。强化创新链与产业链的深度融合，强化科技创新对经济发展的引领作用，以颠覆性技术和前沿技术催生新产业、新模式、新动能，积极发展新质生产力，特别是在高端科技和装备制造领域有所突破。通过解决"卡脖子"技术难题，提升产业链供应链韧性和安全水平，推动制造业实现转型升级和高质量发展。强化内生性技术创新，突出企业主体作用，形成国有企业和民营企业、大规模企业和中小微企业的创新联合体。为确保科技创新的可持续发展，广东将进一步加强人才培养与引进，建设更多高水平科研机构，激发创新主体活力，为经济注入源源不断的科技动能。

3. 挺起现代化产业体系"脊梁"

在宏观经济回暖受阻的情况下，广东将进一步加大惠企政策支持力度，特别是加大对民营经济、实体经济的扶持力度，扎实有序推进新型工业化进程，写好工业化深化"后半篇文章"。2024 年，广东将通过抓大产业、大平台、大项目、大企业、大环境，高水平推进以制造业为核心的现代化产业体系建设，特别是面向新一轮科技革命和产业变革，重点强化数实融合，推动平台服务商与制造业企业跨界合作，为中小企业提供数字化产品和服务，提高企业业务效率。为支持数字化转型，广东将建设更加完善的数字基础设施，进一步加大 5G、工业互联网、云计算中心等新基建投资和技术开发力度。集成电路、新能源汽车、新型储能、人工智能、低空经济等新兴产业将进一步发展壮大。

（二）高水平对外开放下制度型开放持续扩大

1. 稳步扩大制度型开放

高水平对外开放是构建新发展格局的关键一环，广东作为中国改革开放的排头兵、先行地、实验区，将持续扩大高水平对外开放，从商品和要素流动型开放向更高水平的制度型开放转变。2024 年，广东将抓住中国取消制造业领域外资准入限制、实施新版外资准入负面清单和 RCEP 全面生效的机遇，不断提高利用外资质量和水平，广泛集聚全球高端生产要素；加速推动国内外标准接轨，完善涉外法律法规体系，大力加强涉外法治人才培养，建设市场化、法治化、国际化营商环境；发挥自贸区先行先试作用，实施开放压力测试，持续释放改革开放红利；优化对外开放布局，深化与"一带一路"共建国家和地区的合作，拓展多元国际市场。

2. 纵深推进粤港澳大湾区建设

随着"港车北上""澳车北上"以及一系列利好政策的实施，粤港澳三地的人、财、物、数据等要素的流动将更加自由顺畅，区域市场一体化程度将不断提升，新发展格局战略支点的地位将更加凸显。面对经济高质量发展的共同需求，粤港澳三地科技创新合作将更加紧密，科技研发在港澳、成果转化在广东的新分工格局可能形成。基础设施互联互通、规则衔接和机制对接、人文交流和互动三者协同发力，积极推进轨道上的大湾区、湾区标准、数字湾区、人文湾区等建设。

3. 持续推进经济体制"集成式"改革

2024年，广东将进一步谋划全面深化改革的重大举措，不断完善落实"两个毫不动摇"的体制机制，充分激发各类经营主体的内生动力和创新活力。以市场化、法治化和专业化为重点，深入实施国有企业改革深化提升行动，增强核心功能、提高核心竞争力。着力促进非公有制经济发展，在市场准入、要素获取、公平执法、权益保护等方面出台和落实一批举措，促进民营企业发展壮大。强化各部门政策协调和工作协同，加强各项改革措施的政策取向一致性评估，避免机械加总和可能的合成谬误，形成强大的制度创新供给能力。

（三）"三驾马车"承压强韧发力

1. 消费市场持续回暖，多方发力扩大内需

广东虽然是全国最大的消费市场，但仍面临有效需求不足问题。2024年，广东将采取一系列优惠政策，如优化营商环境、家电下乡、新增小汽车牌照、发放消费券等，进一步激发消费潜能、扩大有效投资。未来随着经济恢复向好，就业形势逐步改善，居民收入将稳步增加，广东消费市场将迎来新一轮回暖，市场活跃度提升，消费者信心提振。消费支出结构也将发生变化，线上线下市场空间全面打开，新业态如直播电商、即时零售、潮流夜市等蓬勃发展，不断满足人们对美好生活的新期待。

2. 工业及基建投资将发挥更大的拉动作用

投资一直是广东发展的关键推动力，2024年广东将继续加大对制造业和基础设施的投资。在政策支持下，广东制造业和基础设施投资将保持两位数高速增长态势。特别是新兴技术产业，如新基建、新能源等将得到更大力度的政策支持。此外，工业技术改造、高技术制造业和先进制造业的投资也将保持增长态势。在基础设施方面，水利工程、城市群交通网络等领域具有较大的增长潜力。然而，房地产行业面临转型挑战，固定资产总投资增速不会过快。随着内地服务业市场的开放，服务业吸纳的外资比重将逐步提高。

3. 外贸出口在稳规模、优结构中承压推进

长期以来，广东对外贸易依赖度较高。2024年，外贸出口将在稳定规模、优化结构的压力下推进。面对国际形势的复杂性、严峻性和不确定性，广东将依托出口优势产品，如电动汽车、锂电池和太阳能电池"新三样"以及集成电路产品，保持韧性。尽管面临出口总量回落的压力，但出口结构将进一步优化，特别是随着RCEP的全面生效，以及全球大宗商品价格下降等利好因素，出口市场的多样化调整和对新兴市场的开拓将推动出口额趋于稳定。在这一进程中，广东将积极适应国际经济环境变化，推动出口质量和效益的提升，提高在全球产业链中的地位。

（四）城乡区域协调发展格局不断优化

1. "百县千镇万村高质量发展工程"深入实施

作为推动高质量发展的"头号工程"，2024年广东将持续扎实推进"百县千镇万村高质量发展工程"，把县域作为城乡融合发展的重要切入点，从互促共进角度对先发地区与后发地区的发展进行通盘考虑，对县镇村各自的功能定位进行科学把握，把县的优势、镇的特点、村的资源更好统筹起来。我们判断，2024年"百县千镇万村高质量发展工程"的"1+N+X"政策体系基本完善，城乡改革"组合拳"更加有力；城乡基础设施"硬联通"不断加强，粤东、粤西、粤北地区与粤港澳大湾区的时空距离不断缩短；各地走特色发展、错位发展之路，乡村产业越来越兴旺，农村居民人均可支配收入不断增长，城

乡居民收入差距进一步缩小;社会力量被广泛调动,有关人才和资金投入被有效引导和规范到重点任务重点项目上;"百校联百县,助力百千万"这一新型帮扶协作机制将推动校地联手合作,在产业发展、城乡建设规划、集体经济发展、基本公共服务、人才培养和改革创新等领域取得新进展,形成互利共赢的可持续发展机制,校地实现双向奔赴。"百县千镇万村高质量发展工程"将有效弥补广东城乡区域发展不平衡的最大短板,推动广东农业农村现代化建设展现新气象、迈上新台阶。

2. 以县城为重要载体的新型城镇化破解城乡二元结构

2024年,广东将持续推进以县城为重要载体的城镇化建设,以此"牛鼻子"破解城乡二元结构。全省将大力推动县域公共服务设施提标扩面、市政公用设施提档升级、环境基础设施提级扩能、产业配套设施提质增效、产城融合发展,不断提升县城综合承载能力。推进就地就近城镇化,提高县城就业容量和就业质量,引导镇村人口向县城转移,承接返乡农民就业创业、生产生活。县城高水平扩容提质,一批有条件的县城按照中等城市的标准规划建设,增强辐射带动能力。加快发展大城市周边县,推动其与邻近地区通勤便捷、功能互补、产业配套,发展成为大城市的卫星城。随着乡村振兴战略的持续推进,城乡融合体制机制不断创新,县域基础设施和公共服务短板得以补齐,县域和镇域经济实力不断壮大,土地制度改革的深入更有助于农民财产净收入提升,城乡区域发展协调性持续提高。

3. 扎实推进人与自然和谐共生的绿美广东建设

2024年,以绿美广东建设为抓手,广东将着力在扩大绿量、提高绿质、增强绿效上下功夫,进入全面绿色转型的攻坚时期。经济上加快推动发展方式绿色低碳转型,大力推动产业绿色化改造,积极抢占新质生产力发展制高点,着力发展壮大绿色环保产业,加快形成绿色生产方式;环保上深入推进环境污染防治,持续打好蓝天、碧水、净土保卫战,持续推行山林田海的生态修复,不断厚植高质量发展的绿色底色;实施全面节约战略,倡导绿色消费,全社会节能环保意识明显提高,绿色健康生产生活方式逐步形成;碳达峰碳中和有序推进,绿美广东和世界一流美丽大湾区建设迈出坚定步伐。

（五）风险防范与安全任务艰巨

1. 房地产行业深度调整期风险加大

2023 年部分地区房地产企业和中小金融机构风险事件频发，给广东宏观经济稳定发展带来挑战。中央和地方层面推出的一系列防范化解措施有效避免了风险事件波及范围的进一步扩大，在多项政策作用下，广东房地产行业销售、融资、投资等多项指标短期回暖，但分化依然显著。考虑到房地产业具有产业链条长、上下游行业多、金融关联强等特征，是国民经济系统性重要行业，未来房地产仍将在经济增长中发挥重要作用。本报告预判，本轮房地产市场受各类基础性结构参数（人均住房存量、适婚人群数量、城镇化进程、老龄化和少子化等）发生拐点性变化的影响，而非单纯受政策变化的影响，故本轮房地产政策的放松难以对冲房地产市场的结构性大调整。房地产行业步入周期性拐点阶段，结构性失衡与风险积累问题突出。在供需双双走弱、融资收缩的背景下，预计 2024 年房地产行业信用分化或将进一步加剧，若后续房地产企业现金流仍未获得实质性改善，或持续面临债务连环违约风险，风险蔓延或引发金融系统风险共振。

2. 地方财政收支平衡压力加大

地方政府债务是财力与支出责任的缺口。① 近年来，在经济下行压力加大、大规模减税降费实施、房地产市场深度调整、土地出让持续低迷等因素影响下，地方政府财政压力加大。虽然广东对土地出让收入的总体依赖度不高，但土地出让收入贡献的收入绝对额以及部分城市对土地收入的依赖度较高，会加大省级政府调控压力。另外，都市圈城市群战略及粤港澳大湾区区域发展战略逐步推进，人口持续流入广东，产生对公共服务的增量需求，民生保障需求上升将对部分地市产生较大压力，区县财政运转需大量的上级转移支付。短期来看，"开源节流""抽肥补瘦"是静态思维下解决收支矛盾和区域不平衡问题的方法。从中长期来看，推动经济转型升级以及省以下财政体制调整是治本之策。2024 年，广东将进一步加大省级财政统筹力度，推动财政体制机制改

---

① 罗志恒：《防范化解地方债务风险：理性认识、当前形势与综合应对》，《清华金融评论》2023 年第 10 期。

革，切实降低粤东、粤西、粤北地区部分市县财政风险。此外，广东将因地制宜精准施策，充分发挥财政在产业结构转型中的引导作用，增强欠发达地区内生发展动力。

3. 社会风险的防范和化解能力要求提高

当前宏观经济的回暖向居民就业和收入状况改善的传导，还存在时滞和阻碍。一方面，伴随经济复苏，整体就业压力一定程度上得到缓解，但青年群体就业的结构性压力仍然突出。另一方面，居民收入的改善幅度小于宏观经济恢复程度，经济低谷期新型违法犯罪可能呈现多发高发态势。2024年，广东社会安全风险治理要更加全面、更加系统、更加协调。为此，广东将落实落细就业优先战略，把促进青年特别是高校毕业生就业工作摆在更加突出的位置。在切实保障好底线民生、基本民生的基础上，广东将创新和完善公共安全风险的防控和管理举措，提高突发公共事件应急能力和自然灾害防御能力，保障人民生命安全和身体健康，维护正常生产生活秩序。进一步防范和打击境外敌对势力渗透、破坏、颠覆、分裂活动，构建海外利益保护和风险预警防范体系，保持对明网、深网和暗网空间苗头性动向的高度警觉，处置现实危害，防范潜在威胁。

四 2024年推进广东在中国式现代化建设中走在前列的对策建议

2024年，广东将以习近平新时代中国特色社会主义思想为指导，全面贯彻落实党的二十大、二十届二中全会和中央经济工作会议精神，深入贯彻落实习近平总书记视察广东重要讲话、重要指示精神，深刻把握推进中国式现代化这个最大的政治，坚定不移推动高质量发展，切实扛起经济大省要"真正挑起大梁"的责任担当，坚持稳中求进、以进促稳、先立后破，完整、准确、全面贯彻新发展理念，围绕落实"1310"具体部署，统筹推进深层次改革和高水平开放，全面深度激发创新活力，统筹推进实施扩大内需战略和深化供给侧结构性改革，全面构建现代化产业体系，统筹推进城乡融合和区域协调发展，全面推动"百县千镇万村高质量发展工程"和"海洋强省"战略走深走实，统筹推进物质文明和精神文明建设，全面打造物质更富足、精神更富有、环境更优美的高品质生活，统筹推进高质量发展和高水平安全，全面建设更高水平的法治广东平安广东，奋力在推进中国式现代化建设中走在前列。

（一）强化改革开放创新三大动力，激发再造一个新广东的活力

1. 激活改革动力

以经济体制改革为主轴，谋划更多创造型、引领型改革，努力在重点领域和关键环节改革上取得新突破，牵引各项改革协同推进、同向共进，再塑"新广东"的制度新优势。不断完善落实"两个毫不动摇"的体制机制，充分激发各类经营主体的内生动力和创新活力。深入实施国有企业改革深化提升行动，增强核心功能、提高核心竞争力。促进民营企业发展壮大，在市场准入、要素获取、公平执法、权益保护等方面落实一批举措。探索基于新一代信息技术的科学监管、弹性监管和包容性监管，进一步降低准入门槛，进一步降低制度性成本，进一步壮大市场主体规模，持续激活市场活力与动能。以粤港澳大湾区建设为引领加快要素市场化改革，促进要素在大湾区范围内便捷低成本流动和高效率配置，同时积极推进国家要素市场化配置综合改革试点，抓紧实施粤港澳大湾区内地 9 市要素市场化配置综合改革试点，促进省内珠三角城市之间、珠三角与非珠三角区域的要素自由流动，拓展要素高效配置空间。加快建设统一大市场，推进粤港澳三地基础设施硬联通、规则机制软联通，尤其推进经济运行的规则衔接和机制对接，提升区域市场一体化水平。

2. 激活开放动力

扩大高水平对内对外开放，在最大程度、更多领域、更深层面扩大高水平开放，全面深度释放开放红利，形成内外双向开放发展的新格局，形成"新广东"的发展空间优势。扩大对内开放，既积极吸引国内企业走进大湾区、进入广东市场，也主动走出大湾区、走出广东，加强与环珠三角地区合作发展，推进与海南自由贸易港、长三角、京津冀、雄安新区等区域的战略协同发展，更加主动深度融入国内大市场大循环。提升对外开放水平，既鼓励企业"走出去"，保护海外投资者权益，拓展全球大市场，又着力稳步推进规则、规制、管理、标准等制度型开放，吸引集聚全球范围的创新要素与资源，积极引进国外大企业、大项目，在巩固和扩大广东外向型经济传统优势的基础上，形成国际竞争新优势。探索创新内外贸融合发展模式，加快促进内外贸标准、

监管等方面衔接，为市场主体内外贸一体化经营创造良好的营商环境。锚定大湾区"一点两地"① 全新定位，突出抓好横琴、前海、南沙、河套等重大合作平台建设，牵引带动全省扩大高水平对外开放。加快建设"轨道上的大湾区"和港珠澳大桥经贸新通道，强化大湾区内外循环交汇处、联结带、枢纽地、对接区功能，切实打通外籍人员来粤经商、就业、学习、旅游的堵点。

3. 激活创新动力

全面深度激发创新活力，大力推进理论创新、实践创新、制度创新、科技创新、文化创新以及其他各方面创新，进一步激发创新活力、优化创新生态、强化创新发展，持续拓展生产可能性边界，形成"再造一个新广东"的强劲动能。把科技创新摆在最突出位置，依托大湾区创新资源富集、创新要素集聚、创新氛围浓郁、创新发展基础扎实的总体优势，发挥创新极点、创新集群、创新园区、创新轴带、创新圈、创新走廊的辐射带动作用，推动更多科技成果在省内沿途转化，推进构建湾区协同创新共同体，加快构建区域创新发展新格局，加快建设国际科技创新中心。全面推进经济社会发展数字化转型，开辟发展新领域新赛道，以新组织、新形态、新渠道、新载体、新模式拓展经济发展新空间，加快打造数字湾区。营造崇尚创新、鼓励创新、勇于创新的浓厚氛围，把全社会的创新创造活力充分激发出来。

（二）坚持制造业当家，构建更具国际竞争力的现代化产业体系

1. 加快构筑新质生产力

深入实施创新驱动发展战略，加快构建"基础研究+技术攻关+成果转化+科技金融+人才支撑"全过程创新链，以科技创新推动产业创新，特别是以颠覆性技术和前沿技术催生新产业、新模式、新动能。抓住新一轮科技革命和产业变革的机遇，统筹"从0到1"的源头创新和"从1到10"的科技成果转化，大力推动"政产学研金服用"深度融合，把完善的产业体系和强大的科技创新能力结合起来，打造具有全球影响力的产业科技创新中心。深入推进"广东强芯"工程、核心软件攻关工程、显示制造装备"璀璨"行动和汽车芯

---

① "一点两地"指使粤港澳大湾区成为新发展格局的战略支点、高质量发展的示范地、中国式现代化的引领地。

片"攀登"计划，优化实施重点领域产业技术攻关旗舰项目，切实解决产业链供应链的"卡点"和"堵点"难题。大力发展依托大数据、云计算等新兴技术的数字经济，加快推动人工智能发展，打造生物制造、商业航天、低空经济等若干战略性新兴产业，培育新增几个万亿元级战略性产业集群和超5000亿元级战略性新兴产业集群，开辟量子科技、人形机器人、生命科学等未来产业新赛道。

2. 加快升级产业结构

在巩固完整产业体系优势、保持制造业比重基本稳定的基础上，深入推进"强链补链稳链"，一体推进产业、企业、产品优化升级，推动广东制造实现结构性调整、系统性优化、整体性跃升。坚持新旧并举，重点打造20个战略性产业集群和5个未来产业集群，打造现代化产业主骨架。坚持抓大育小，培育更多顶天立地的大型领军企业，培育形成铺天盖地的中小企业，推动各类优质企业蓬勃涌现、竞相迸发，打造具有强大竞争力的现代企业体系。坚持品质为先，大力实施广东质量提升工程，打造优质"精品"、潮流"新品"、经典"名品"，推动广东制造从"物美价廉"向"优质高值"攀升，打造产品附加值高和市场美誉度高的产品矩阵。

3. 加快优化产业形态

提高广东制造的"含智量"，持续推动数字技术与实体经济深度融合，构建以"工业互联园区+行业平台+专精特新企业群+产业数字金融"为核心的新制造生态系统，加快制造业数字化转型、智能化升级，实施中小企业数字化赋能专项行动，为产业发展插上腾飞的翅膀。强化"人工智能+"思维，深化人工智能技术在制造业各环节的融合应用，把广东打造为全国人工智能研发制造和场景应用的高地。提高广东制造的"含绿量"，发挥碳排放总量和强度"双控"指挥棒作用，打造绿色园区、绿色工厂、绿色供应链，生产更多绿色产品、低碳产品。坚持三次产业融合贯通，持续推进现代服务业同先进制造业深度融合，大力发展现代物流、电子商务、现代金融、研发设计、检验检测、知识产权交易等生产性服务业，突破产业发展界限，释放产业发展潜能。

4. 加快夯实产业基础支撑

建强产业发展平台，高水平建设一批引领型产业集聚区、承接产业有序转移主平台，推动高新区、经开区、省产业园等省级以上工业园区提质增效，打造更多"万亩千亿"园区载体。适度超前建设产业基础设施，推动科技基础设施成形起势，以新技术赋能传统基础设施，推动新型基础设施提质升级。围绕国家"东数西算"工程，加快建设全国一体化算力网络韶关数据中心集群。优化产业发展环境，加强产业政策与财税、金融、贸易、投资等政策精准对接、协同发力，深化"放管服"改革，做到企业"有求必应、无事不扰"。建立优势互补的区域产业分工协作网络，打造安全有序的产业链供应链生态圈。

（三）增强发展平衡性，推动百县千镇万村高质量发展工程走深走实

1. 推进县域经济高质量发展

立足县域实际，做好"土特产"文章，深挖土地资源，突出发展特色，培育县域优势产业。毫不放松抓好粮食等重要农产品稳定安全供给，改革完善耕地占补平衡制度，提升高标准农田建设投入标准。充分激活文化旅游资源，打造一批民俗游、文化游、红色游、乡村游、滨海海岛游、森林康养游等全域旅游品牌、特色精品路线，以文化旅游赋能县镇村发展。把培育中心镇、专业镇、特色镇放在更加重要的位置，立足镇域功能定位，打造一批人口大镇、工业重镇、商贸强镇、文旅名镇、科创小镇，让镇域经济成为县域发展的重要支撑。

2. 改善和美乡村人居环境

优化村庄布局、产业结构、公共服务配置，以美丽圩镇建设和乡村建设行动为抓手，全面实施人居环境品质提升行动。扎实推进农村厕所、生活污水和垃圾处理"三大革命"，让群众看到更多实实在在的变化。进一步做好农房风貌管控，强化规划刚性约束，强化"六乱"整治（乱拉挂、乱搭建、乱堆放、乱摆卖、乱停放、乱贴画），对新建农房从严把关，对既有农房渐次提升，对特色农房加强保护，延续乡村历史文脉、留住浓郁乡愁。科学有序推进城乡一体绿美提升行动，科学规划建设一批村庄公园、山地公园、郊野公园，持续优化生态廊道、绿道、碧道、古驿道，推动城郊森林化、道路林荫化、水系林带化，建设绿美小镇，织密绿美生态网络。

3. 补齐乡村公共服务短板

坚持县域统筹、城乡一体，扎实推进交通、水利、电力、网络等基础设施

建设,优化便民服务、商超文体等设施布局,加快仓储保鲜、冷链物流等设施建设,持续改善县镇村生产生活条件。顺应群众美好生活新期待,扎实做好教育、医疗、就业、社保等各项民生实事,兜住兜准兜牢民生保障底线,持续推进城乡基本公共服务均等化取得扎实进展。坚持大抓基层、强基固本工作导向,强化党建引领,坚持和发展新时代"枫桥经验""浦江经验",持续构建"1+6+N"基层社会治理工作体系。全面加强乡村精神文明建设,大力推动文明村镇创建,举办更多融入乡土特色、体现群众需求的农村文化活动,助力滋养文明乡风、良好家风、淳朴民风。

4. 加大体制机制改革力度

要把推进新型城镇化与乡村全面振兴有机结合起来,促进各类要素双向流动,推动以县城为重要载体的新型城镇化建设,形成城乡融合发展新格局。注重基层探索,持续深化各领域改革,有效破解各方面体制机制障碍,激发释放县镇村发展活力潜能。注重"放活",深化扩权强县和强县扩权改革,注重为县域解绑松绑,赋予县级更多资源整合使用自主权,让县抓得起来、管得起来、统得起来。注重"盘活",深化资源改革,支持农村集体经济采用"农业+""工业+""资源经济+"等多种模式,促进集体资产保值增值,带动群众实现共同富裕,走出一条具有广东特色的新型农村集体经济发展路子。注重"激活",深化要素改革,加快破除阻碍要素流动的体制机制障碍,吸引资本、技术、人才等要素流向县镇村,为县镇村高质量发展注入新动能。建立健全纵向支持、横向帮扶、内部协作相结合的新型帮扶协作机制,加快推进"千企帮千镇、万企兴万村"提质升级。

(四) 锻造海洋新增长极,点燃中国式现代化发展蓝色引擎

1. 统筹海洋保护开发

坚持保护优先,陆海统筹、山海互济,优化海洋开发时序,把浩瀚大海保护好利用好,全面推进海洋强省建设。整体推进海洋生态系统保护和修复,持续实施海洋生态保护修复"五大工程"①。强化刚性约束,岸线要精细管控,

---

① "五大工程"即海岸线整治修复、魅力沙滩打造、海堤生态化、滨海湿地恢复和美丽海湾建设。

除保障必要基础设施和临港临海重大项目以外，自然岸线原则上都要保护起来、保留下来；海域要疏近用远，腾退近海低效用海方式，集中集约利用近海、中海资源，提高涉足深远海能力；海岛要分类保护利用。推进广州海洋创新发展之都、深圳全球海洋中心城市建设，争取在海洋科技、海洋产业、海洋文明、海洋治理、海洋开放等方面成为全国全球标杆，支持珠海、汕头、湛江等市建设特色型现代海洋城市。

2. 大力发展现代海洋产业

充分发挥广东海洋资源优势，以大平台大项目激活潜在比较优势，加快构建集种业、养殖、装备、精深加工于一体的现代化海洋牧场全产业链，着力打造现代海洋产业集群。探索具有广东特色的"海上牧场+海上风电""海上牧场+粤海粮仓""海洋牧场+休闲渔业""海洋牧场+北斗产业"等融合发展模式，打造一批产加销贯通、渔工贸一体、一二三产融合发展的现代化海洋牧场综合体。增强高端海工装备研发、设计和建造能力，建设世界级船舶与海工装备制造基地，发展绿色石化、绿色钢铁等临港工业。大力发展滨海旅游、海岛旅游、邮轮游艇，加大对海洋电子信息、海洋新材料、海洋生物医药、天然气水合物等产业的孵化力度，整体打造海上矿山、海上药库、海上油田。

3. 全面提升海洋强省建设支撑能力

加快建设世界一流港口群，疏通陆海连接、江海互动的交通大动脉，积极参与西部陆海新通道建设，深入推进琼州海峡港航一体化。高标准打造环珠江口"黄金内湾"，统筹广东全域港口资源，促进区域协同发展。探索建设国际海员培训、认证和服务基地，建设全球海员资源配置中心，推进粤港澳大湾区国际航运服务一体化。高标准建设国家海洋综合试验场、国家深海科考中心、南方海洋科学与工程广东省实验室等创新平台，聚焦深海、绿色、安全等海洋高技术领域，实施重大海洋科技项目。加强海洋通信网络和信息基础平台建设，推动粤港澳大湾区共建"海底光缆+国际海洋数据交换中心"和海洋大数据中心。

（五）加强绿色转型，树立人与自然和谐共生的广东样板

1. 持续深入打好污染防治攻坚战

打好蓝天保卫战，推进氮氧化物和挥发性有机物协同减排，打好"车、

油、路、港"协同治理组合拳,加大餐饮油烟、露天焚烧等环境问题治理力度。打好碧水保卫战,"保好水",扎实推进水源地"划、立、治、管"规范化建设和备用水源地建设;"治污水",推动城市黑臭水体治理范围向建成区所有黑臭水体和县域拓展,做好农村生活污水治理;"添秀水",统筹推进堤坝加固、河道疏浚、水生态修复、景观打造。打好净土保卫战,扎实推进土壤安全利用,大力推动"无废城市"建设,统筹农业面源污染防治与农村土地质量提升。

2. 进一步提升生态系统多样性、稳定性、持续性

大力创建以南岭国家公园为主体的自然保护地体系,建设好以华南国家植物园为核心的全省植物园体系、以穿山甲保护研究中心为龙头的区域性物种保护网络。深入实施红树林保护修复专项行动,高质量打造4个万亩级红树林示范区,高标准建设深圳"国际红树林中心",打造亮丽的"海上森林"。开展重要海湾、海岛生态系统保护修复,强化海草床、珊瑚礁等典型海洋生态系统保护修复,实施海岸线、海堤生态化改造。加强生态保护修复监管,完善陆海统筹、空天一体、上下协同、信息共享的生态环境监测"一张网",推动监测监管向数字化智慧化转型。

3. 多举措推进减污降碳协同增效

积极稳妥推进碳达峰碳中和,加快打造绿色低碳供应链。控制化石能源消费与发展新能源并举,构建清洁低碳安全高效的能源体系,加快新型电力系统和新型储能设施建设,不断提升能源结构绿色化、低碳化水平。持续推进节能降耗,落实重点用能单位节能管理和目标责任,聚焦工业、建筑、交通运输、公共机构等重点领域,推进实施节能降碳重点工程。加强能源产供储销体系建设,积极扩大省外清洁电力送粤规模,提升能源供应保障能力。加强资源节约集约循环高效利用,提高能源资源安全保障能力。深化碳排放权交易试点,统筹推进碳排放权、碳普惠制、中国核证自愿减排量交易等市场机制融合发展,大力发展气候投融资及碳金融,打造具有广东特色并与国际接轨的自愿减排市场。

4. 深入推进植绿爱绿护绿

牢固树立"绿水青山就是金山银山"的理念,营造植绿爱绿护绿良好氛围,建设美丽中国先行区。优化林分、改善林相,针对不同林分状况、立地条

件，宜封则封、宜造则造、宜林则林、宜灌则灌、宜草则草。坚持乔灌结合、适地适树，结合实际选择适应岭南气候、生态效益好的乡土阔叶树种。点、线、面结合优布局，联动建设"森林城市群—森林城市—森林县城—森林城镇—森林乡村"五级创森体系，着力破除生态元素空间隔离，连点成线、以线扩面，用绣花功夫塑造自然与景观水乳交融的绿美空间。加强古树名木保护，全面落实"一树一档"要求，做好健康诊断，加强保护复壮，落实养护责任。加快深化林权制度改革，进一步理顺林业产权经营权关系，积极培育林业专业合作社、家庭林场、股份林场等新型林业经营主体，提高林业经营的规模化、组织化程度。加强森林防火工作，强化隐患排查治理。

（六）坚定文化自信，建设展示中华民族现代文明的广东窗口

1. 用习近平新时代中国特色社会主义思想凝心铸魂

把用习近平总书记思想武装全党、教育人民作为首要政治任务，坚持学思用贯通、知信行统一，更好统一思想和行动。深入学习贯彻习近平新时代中国特色社会主义思想和党的二十大精神，把学习贯彻党的二十大精神与推动广东经济社会发展实践相结合，不断推动习近平新时代中国特色社会主义思想在广东落地生根、开花结果。深化"习近平新时代中国特色社会主义思想与广东实践"的研究阐释，深入解读成功实践背后所蕴含的道理、学理、哲理。以更大力度开展面向基层群众的理论普及，把理论宣传教育同生产生活实际结合起来，把形式和内容有机统一起来，让习近平新时代中国特色社会主义思想为人民群众所认同、所掌握、所运用。加强网络宣讲扶持，推进"粤学习""进村入户"等网络传播工程，让思想旗帜在互联网空间鲜明高扬。

2. 以社会主义先进文化引领向上向善、刚健朴实的文化

大力弘扬社会主义核心价值观，促使平等、公正、法治、敬业、诚信等社会主义核心价值观与商业文化深度融合，使其内化为行为准则。强化理想信念教育，弘扬以伟大建党精神为源头的中国共产党人精神谱系，加强中共三大会址、农讲所、长征国家文化公园（广东段）等红色遗址、革命文物系统性保护和利用。培育良好道德风尚，坚持用主流价值观构建道德规范、指引道德实践，深入实施公民道德建设工程，深入推进家庭家教家风建设。

围绕"百县千镇万村高质量发展工程",深化以城带乡、以乡促城,实施好农村精神文明创建五大行动,打造"干干净净、整整齐齐、长长久久"的美丽乡村。积极构建国际传播能力体系,立体讲好中国故事、大湾区故事、广东故事。

3. 繁荣发展文化文艺事业

深入实施岭南文化"双创"工程,系统挖掘广东历史人文资源,用好广州国家版本馆,建好岭南书院,让岭南文化焕发时代光彩。积极推动"新时代文学攀登计划"、改革开放题材美术创作等系列精品工程,打造更多反映时代之变、中国之进、人民之呼的优秀作品。继续打造岭南戏曲、广东音乐等特色品牌,着力推动粤绣、醒狮、凉茶等广东非物质文化遗产的传承推广,大力支持潮州等市创建国家级文化生态保护区。打造"一刻钟文化圈",常态化开展文化进万家、文艺结对子、非遗课堂等活动,打通公共文化服务"最后一公里"。以省、市、镇、村联动方式统筹各类文化服务进乡村,推动城乡公共文化服务一体化。以数字化为抓手,健全现代公共数字文化服务体系。通过历史文化街区等空间再利用、新建楼盘配套空间、与商业体合作共建、公共文化设施微更新等方式,推动公共文化空间跨界融合发展,打造文化新空间。

4. 高质量发展现代文化产业

健全现代文化产业体系和市场体系,做强数字出版、创意设计、网络视听、文化制造等优势产业,发展文化新场景、新应用,培育战略性新兴文化产业集群,全面提升产业发展能级。根据国家文化产业数字化、广东高质量发展的战略部署,逐步构建物理分布、逻辑关联、快速链接、高效搜索、全面共享、重点集成的广东文化大数据体系,实现大湾区文化的全景呈现和中华文化数字化成果的全民共享。实施重大文化产业项目带动战略,培育文化领域领军企业和"专精特新"中小企业群,高标准打造深圳文博会、广州文交会等平台,高水平建设珠江两岸数字创意产业带等集聚区。推动文化与旅游深度融合发展,对标世界一流湾区建设,打造展现科技之光、文明之光、时尚之光的大湾区世界级旅游目的地,重点培育一批人人皆知、人人向往的文旅大IP,打造一批时尚、美食、体育、生态等网红打卡地,擦亮"活力广东时尚湾区"文旅品牌。

（七）突出民生导向，推动共同富裕走在全国前列

1.切实解决群众急难愁盼问题

加速补齐制约广东经济社会发展的民生短板，深入实施就业、教育、医疗、住房、养老、育儿、交通、食品安全、消费者权益保护、平安等"民生十大工程"，在推动高质量发展中创造高品质生活，让现代化建设成果更多更公平惠及广东人民。针对托幼难、养老难、上学难、就医难、停车难、上楼难等热点焦点问题，采取有力有效措施，一项一项为群众排忧解难。结合广东城镇化、人口老龄化、就业方式多样化等情况，健全覆盖全民、城乡统筹、公平统一、安全规范、可持续的多层次社会保障体系，推动社会保障从"制度全覆盖"转向"人群全覆盖"。深入开展新业态人员职业伤害保障和灵活就业人员参加失业保险试点。加快推进保障性住房建设、"平急两用"公共基础设施建设、城中村改造等"三大工程"，实施城市更新行动，打造宜居、韧性、智慧城市。帮扶救济特殊困难群体，确保兜底保障不漏一户、不落一人，让社会主义制度的光芒照到每位群众。推动更多符合条件的城乡居民从基本养老保险转向职工养老保险，以及参加更高基准的保障。

2.突出做好就业增收工作

多措并举增加城乡居民收入，扩大中等收入群体规模。坚持就业优先导向，从就业服务、创业促进、技能培训、援企稳岗等多方面发力，完善就业支持政策和供需对接服务。大力实施就业领域民生十大工程5年行动计划，落实"稳就业16条"，加大农民工、高校毕业生等重点群体就业工作力度。完善就业见习机制，鼓励企业开拓见习岗位，着力建设一批就业实训基地。加快推进建设零工市场和就业驿站，探索"妈妈岗"等就业新模式。切实保障灵活就业和新就业形态劳动者权益，让外卖骑手、快递小哥、网约车司机等群体消除后顾之忧。巩固拓展脱贫攻坚成果，在促进就业、提高工资性收入的基础上，通过发展个体经济、鼓励创业提高经营性收入，通过深化改革提高财产性收入，盘活集体资产、发展新型集体经济促进群众增收，通过提高群众转移性收入，推动共同富裕取得新的实质性进展。

3. 加快推动人口高质量发展

立足广东第一人口大省实际，着力提高人口整体素质，以人口高质量发展支撑现代化建设。积极应对人口老龄化，加快完善生育支持政策体系，努力保持适度生育水平和人口规模。持续推进基本养老服务体系建设，大力发展银发经济，让老人颐养幸福晚年。加强人力资源开发利用，提升教育质量和教育普及水平，完善终身学习和职业培训机制，深入实施健康广东行动，促进人的全面发展。统筹优化人口布局，完善公共资源、公共服务与人口增减挂钩机制，引导人口和劳动力在城乡区域有序流动。

4. 探索实现大湾区公共服务融通

持续推进粤港澳政策融通，对接港澳两地的民生公共服务和社会保障体系，优先实现三地在养老服务、医疗卫生和公共教育等方面的规则与标准衔接，推动实现社会福利和社会综合援助政策的粤港澳三地互认。加快推动粤港澳大湾区公共服务协同发展，推动三地在养老服务、医疗卫生和公共教育等领域开展合作，在南沙、前海、横琴等地联合开办社会福利机构等。争取中央支持，探索建立福利跨境可携试点或"社会保障可携性"机制，在粤的港澳居民可以通过社会福利"电子券"异地结算或区域协作社会福利基金双重缴纳等形式，享受养老、医疗、教育等社会福利。

（八）筑牢安全防线，守好国家安全"南大门"

1. 打好维护国家政治安全主动仗

广东作为改革开放和意识形态斗争"两个前沿阵地"，始终把维护国家政治安全特别是政权安全、制度安全放在第一位，坚决守好守牢"南大门"。进一步健全集中统一、高效权威的平安广东建设领导体制，坚持全局一体谋划、整体推进，共同构建"大平安"格局。在强化反渗透反颠覆斗争的同时，不断强化反恐怖反分裂斗争，坚持凡恐必打、露头就打的高压态势不动摇，持续推进反恐维稳法治化常态化，坚决守住不发生暴恐案事件的底线。强化意识形态领域斗争，压实意识形态工作责任，把意识形态工作的领导权、管理权、话语权牢牢掌握在手中。适应网络大省和网络斗争新形势的要求，加快构建大网络安全工作格局，加强关键信息基础设施安全保护，筑牢网络安全屏障。

2. 防范化解重大风险

完善"情报先行、风险预警、处早处小、省市联动、协同作战"的维稳安保工作格局，把源头治理、动态管理、应急处置有机结合起来，严防发生"黑天鹅""灰犀牛"事件。统筹化解房地产、地方债务、中小金融机构等风险，严厉打击非法金融活动，稳扎稳打化解一批存量风险矛盾，推动实现风险有序释放，防止经济领域风险向社会、民生等领域传导。聚焦教育培训、劳资纠纷、涉农涉土、涉环保"邻避"等矛盾易发多发领域，加大风险防范力度，完善多元预防调处化解综合机制，做到防范在先、发现在早、处置在小。深入开展新兴领域风险深度治理，牢牢守住不发生系统性风险底线。将安全稳定风险治理与推动行业发展结合起来，建立风险源头防范机制，及时发现处置各领域苗头性风险隐患。

3. 聚焦维护公共安全

深入推进扫黑除恶常态化，健全铲除黑恶势力滋生土壤的长效机制，严厉打击改头换面、变异升级的黑恶势力及潜藏蛰伏的"保护伞"。聚焦严重影响群众安全感的"黄赌毒""食药环""盗抢骗"等违法犯罪以及电信网络诈骗等各类新型违法犯罪行为，坚持严打严防严管严控，重拳出击、凌厉攻坚，全面优化社会治安环境，坚决维护群众生命财产安全。健全社会心理服务体系和危机干预机制，最大限度消解社会不稳定因素。健全全省一盘棋应急响应机制和重大突发事件"四个一"应急处置机制，有效预防、及时控制、妥善处置各类突发公共事件。织牢织密安全生产防护网、责任网，不断完善隐患排查治理和风险防控体系与机制，紧盯危化品运输、建筑施工、重点化工企业等重点领域和重点场所，加强安全监管执法，严格执行交通、消防等安全管理措施，落实企业主体责任，坚决遏制重特大安全事故发生。

经济篇 🔳

B.2
2023~2024年广东宏观经济形势
分析与预测

广东宏观经济形势分析与预测课题组*

摘 要： 2023年，在国外环境总体趋紧、国内经济持续恢复的背景下，广东持续加大稳经济政策实施力度，固定资产投资增速在低基数基础上有所提升，消费稳步增长，外贸进出口相对稳定，物价、就业总体稳定，经济稳步回升。展望2024年，部分主要经济体有陷入衰退风险，世界经济总体将延续低增长态势，将对广东经济增长形成较大制约。国内经济在新的困难挑战下持续恢复、总体回升向好，将为广东提供良好的基础条件和坚实支撑。预计2024年，广东经济运行将回归至合理区间，GDP增长5%左右；第二、三产业稳定发展，投资保持平稳增长，消费增长潜力释放，外贸增长基本稳定，物价和就业总体稳定。要深入贯彻落实中央经济工作会议精神，坚持稳中求进、以进促

---

* 课题组组长：王廷惠，博士，广东省社会科学院党组副书记、院长、教授、博士生导师，研究方向为社会主义市场经济理论与实践。课题组成员：陈再齐，博士，广东省社会科学院人事处处长兼经济研究所所长、研究员，研究方向为宏观经济、跨国公司与国际投资；李震，广东省社会科学院经济研究所副研究员，研究方向为宏观经济、计量经济；宋宗宏，博士，广东省社会科学院当代马克思主义研究所副所长、副研究员，研究方向为宏观经济、经济发展战略与政策。

稳、先立后破，在发展新质生产力、扩大内需、巩固外贸外资基本盘、重点领域改革、防范化解风险方面加大工作力度，促进宏观经济运行回归至合理区间，为中国式现代化及"十四五"时期经济高质量发展做出新贡献。

关键词： 宏观经济　新质生产力　国内需求

2023年，在国外环境总体趋紧、国内经济持续恢复的背景下，广东持续加大稳经济政策实施力度，固定资产投资增速在低基数基础上有所提升，消费稳步增长，外贸进出口相对稳定，居民消费价格相对稳定，经济运行延续恢复态势。展望2024年，广东将继续遵循稳中求进的工作总基调，坚持稳中求进、以进促稳、先立后破，充分发挥市场优势、开放优势和创新优势，促进宏观经济运行回归至合理区间，为中国式现代化及"十四五"时期经济高质量发展做出新贡献。

一　2023年广东宏观经济运行整体研判

2023年是新冠疫情防控转段后经济恢复发展的一年，广东持续加大稳经济政策实施力度，固定资产投资增速在低基数基础上有所提升，消费稳步增长，外贸进出口相对稳定，物价、就业总体稳定，经济稳步回升，为经济回升并长期向好打下了坚实基础。

（一）经济运行延续恢复态势，经济大盘保持稳定

根据广东省统计局数据，2023年前三季度，广东实现地区生产总值9.61万亿元，同比增长4.5%，比上半年回落0.5个百分点，比上年同期增加2.2个百分点；两年平均增长3.4%，比上半年略回落0.1个百分点，经济运行总体上延续平稳恢复态势。分季度看，第一、二、三季度累计地区生产总值同比分别增长4.0%、5.0%、4.5%，两年平均增长3.6%、3.5%、3.4%（见图1）。

2023年前三季度，广东9.61万亿元的地区生产总值规模，超过江苏0.3万亿元，全年经济总量有望继续领跑全国。然而，广东经济增速比全国平均水

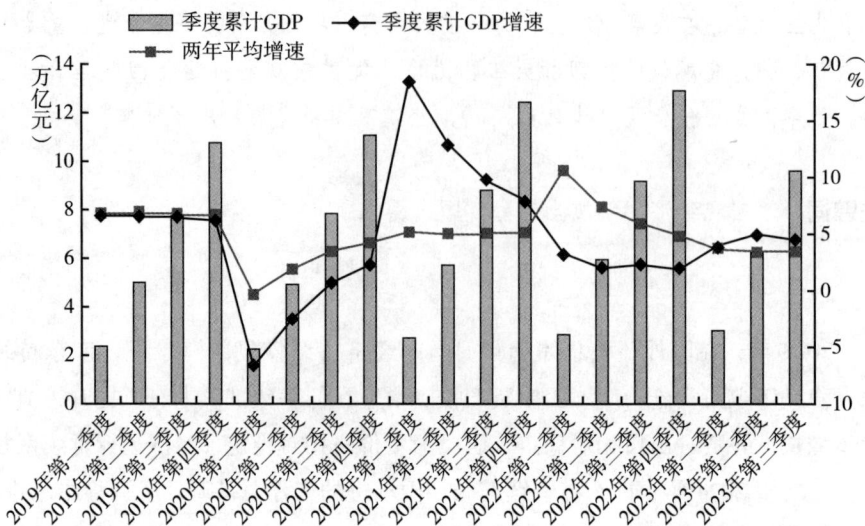

图1 2019年第一季度至2023年第三季度广东季度累计GDP及其增速和两年平均增速

注：两年平均增速是指该季度与上年同期的累计GDP增速的几何平均值。

资料来源：Wind经济数据库。

平低0.7个百分点，比江苏、浙江、山东分别低1.3个、1.8个和1.5个百分
点（见图2）。

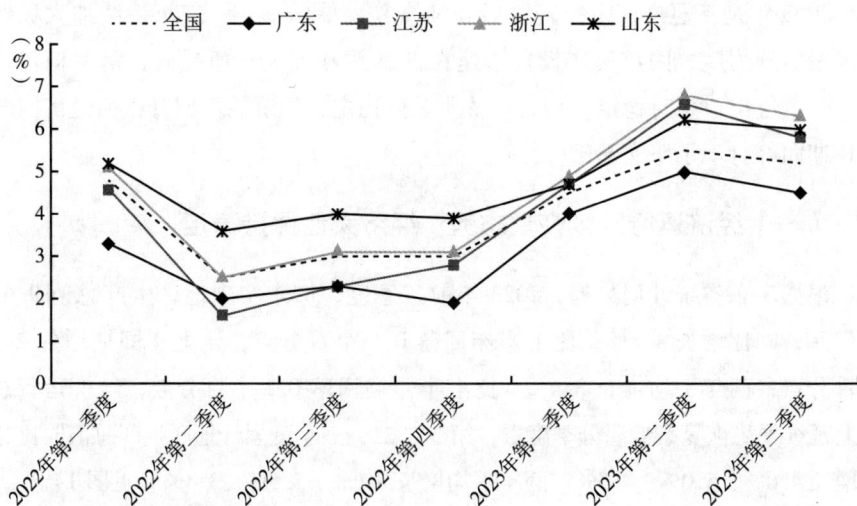

图2 2022年第一季度至2023年第三季度粤、苏、鲁、浙及全国季度累计GDP增速

资料来源：Wind经济数据库。

分产业看，2023年前三季度第一、二、三产业分别实现增加值0.38万亿元、3.80万亿元、5.43万亿元，分别同比增长4.8%、4.0%、4.8%。与上半年相比，第一、二产业增加值增速分别提高0.2个、0.3个百分点，第三产业增加值增速回落1.1个百分点。与上年同期相比，第一产业增加值增速回落0.4个百分点，第二、三产业增加值增速分别提高0.7个、3.5个百分点（见图3）。

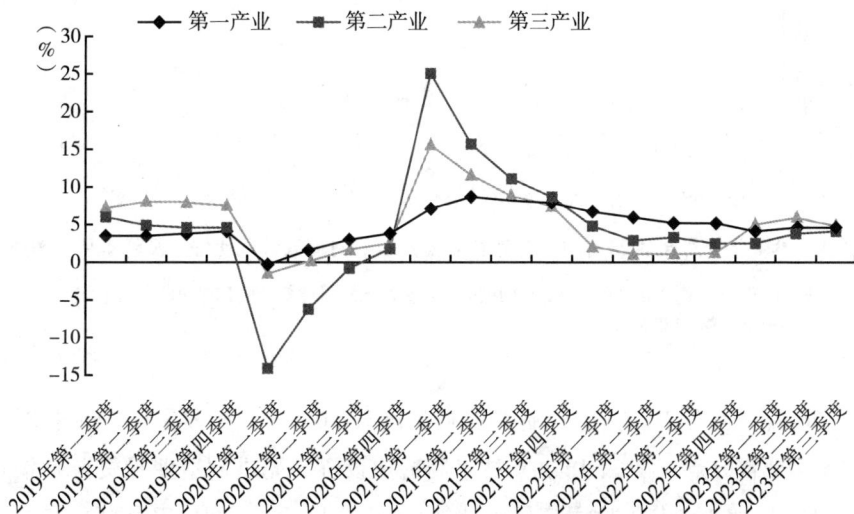

图3 2019年第一季度至2023年第三季度广东季度累计三次产业增加值增速

资料来源：Wind经济数据库。

（二）固定资产投资增速有所提升，结构持续优化

2023年前三季度，固定资产投资累计同比增长3.1%，比上年同期增加4个百分点；两年平均增长1.1%，比上年同期降低3.2个百分点（见图4）。固定资产投资累计同比增长趋势与两年平均增长趋势反映了上年同期低基数的影响。分月看，2023年2月至9月固定资产投资累计同比增长4.7%、7.4%、6.3%、5.1%、4.4%、3.9%、3.4%、3.1%，两年平均增长5.4%、6.8%、5.3%、4.4%、2.7%、1.8%、1.2%、1.1%，基本呈现逐月下降态势。

具体来看，2023年前三季度工业投资增长23.9%，比固定资产投资增

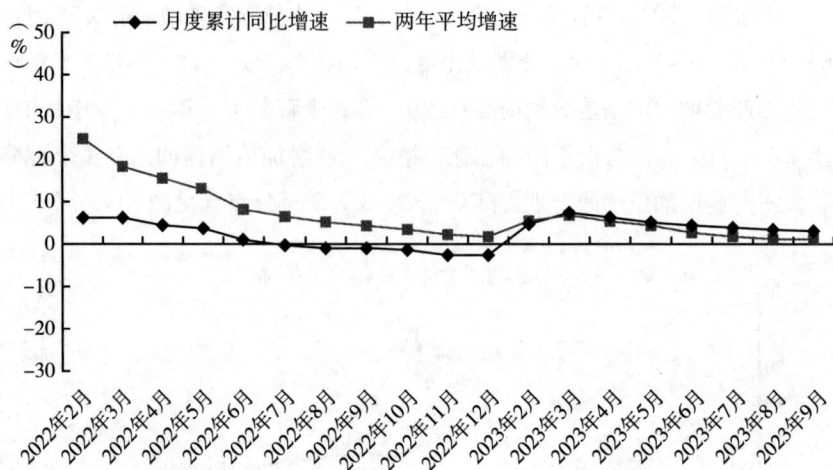

图4 2022年2月至2023年9月广东固定资产投资月度累计同比增速及两年平均增速

注：两年平均增速是指该月与上年同期的固定资产投资月度累计同比增速的几何平均值。

资料来源：Wind经济数据库。

速高20.8个百分点。其中，制造业投资增长20.0%，比固定资产投资增速高16.9个百分点（见表1）。高技术制造业投资、先进制造业投资分别增长21.4%、18.8%，分别比固定资产投资增速高18.3个、15.7个百分点。工业技改投资增速加快，2023年前三季度，全省工业技改投资增长22.1%，自2023年6月起连续4个月增速上升。制造业技改投资增长21.2%，其中，电气机械及专用设备、石油及化学、食品饮料技改投资增长34.9%、39.6%和39.9%。基础设施投资增长6.0%，比固定资产投资增速高2.9个百分点。房地产市场仍处于低位，房地产开发投资下降8.4%。

表1 2023年广东主要类别固定资产投资增速

单位：%

类别	第一季度	上半年	前三季度
固定资产投资	7.4	4.4	3.1
基础设施投资	13.4	10.8	6.0
制造业投资	27.8	18.2	20.0
房地产开发投资	−8.2	−7.4	−8.4

资料来源：广东省统计信息网。

（三）消费稳步增长，乡村消费品零售总额增速快于城镇

2023年前三季度，广东社会消费品零售总额3.51万亿元，同比增长5.4%，比上年同期增加3个百分点；两年平均增长3.8%，比上年同期下降3.5个百分点（见图5）。社会消费品零售总额累计同比增长与两年平均增长的变动趋势反映了上年同期低基数的影响。分月看，2023年2月至9月，社会消费品零售总额累计同比增长1.8%、5.1%、7.5%、8.3%、7.4%、6.4%、5.7%、5.4%，呈现先升后降态势；两年平均增长3.1%、3.4%、3.6%、3.7%、4.1%、3.9%、3.8%、3.8%，虽然也呈现先升后降态势，但相对较稳定。

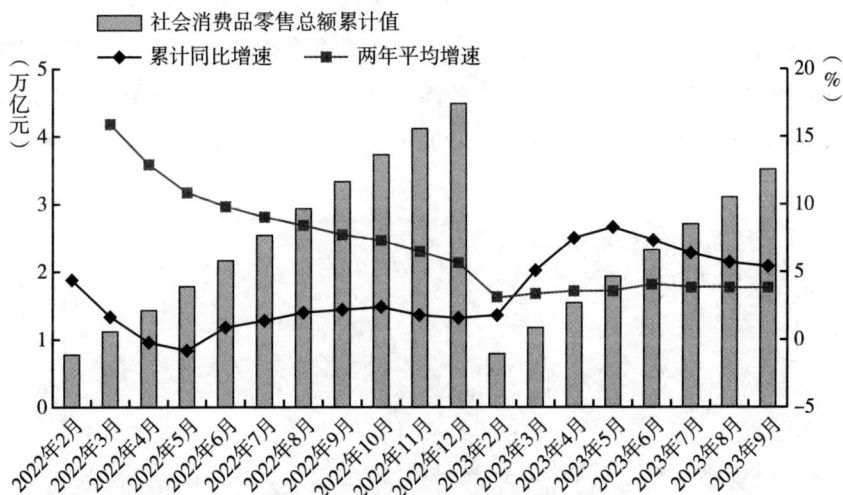

图5 2022年2月至2023年9月广东社会消费品零售总额累计值、累计同比增速及两年平均增速

注：两年平均增速是指该月与上年同期的社会消费品零售总额累计同比增速的几何平均值。

资料来源：Wind经济数据库。

就结构而言，城镇、乡村消费品零售总额分别增长4.9%、9.7%，乡村消费品零售总额增速比城镇高4.8个百分点。在全省限额以上单位18类主要零售商品类别中，零售总额同比保持增长的商品有13类。基本生活类商品零售总额增长较快，其中，限额以上单位粮油、食品类，饮料类，烟酒类，

服装、鞋帽、针纺织品类商品零售总额分别增长 10.4%、2.1%、13.7%、8.6%；升级类商品需求逐步释放，其中，限额以上单位化妆品类，体育、娱乐用品类，通信器材类商品零售总额分别增长 14.3%、9.0%、14.9%，限额以上单位家用电器和音像器材类、家具类商品零售总额分别增长 1.4%、5.3%。

（四）外贸进出口相对稳定，结构进一步优化

2023 年前三季度，全省实现货物进出口总额 6.09 万亿元，同比下降0.1%，降幅比上半年收窄 1.2 个百分点（见图 6）。出口总额增长 3.9%，增速提高 0.3 个百分点（见图 7）；进口总额下降 7.2%，降幅收窄 2.4 个百分点。2023 年 9 月，进出口总额下降 2.0%，其中，出口总额增长 0.9%，进口总额下降 7.7%。分季度看，进出口总额逐季抬升，第二、三季度进出口总额均超 2 万亿元，保持了历史较高水平。月度走势持续向好，环比连续4 个月增长，其中，2023 年 9 月进出口总额达 8098.4 亿元，创下半年内月度新高。

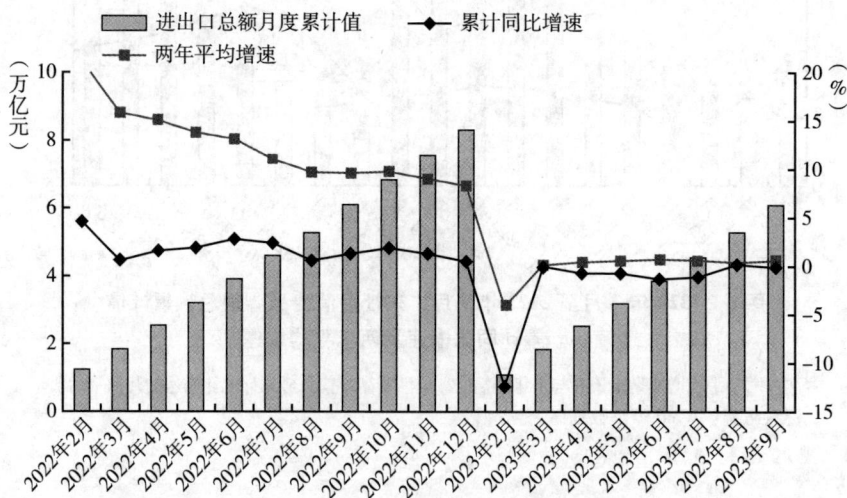

图 6　2022 年 2 月至 2023 年 9 月广东进出口总额月度累计值、累计同比增速及两年平均增速

注：两年平均增速是指该月与上年同期的进出口总额累计同比增速的几何平均值。
资料来源：Wind 经济数据库。

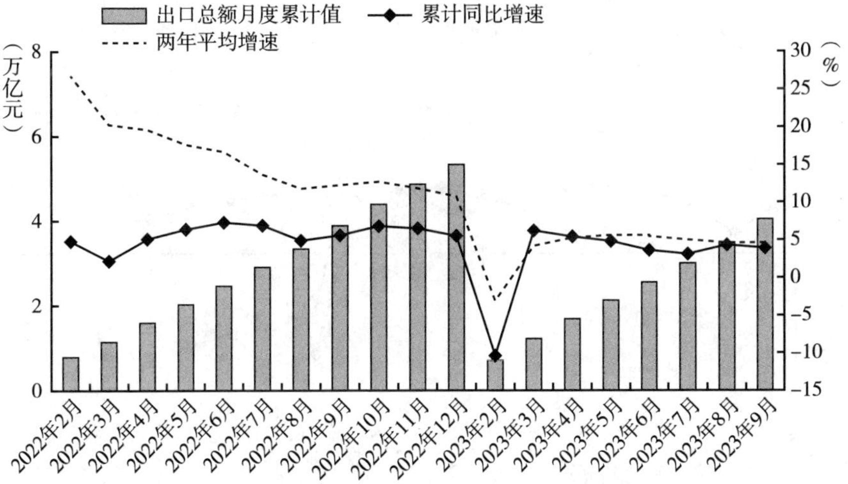

**图7　2022年2月至2023年9月广东出口总额月度累计值、
累计同比增速及两年平均增速**

注：两年平均增速是指该月与上年同期的出口总额累计同比增速的几何平均值。
资料来源：Wind 经济数据库。

从不同贸易方式看，出口结构进一步优化。2023年前三季度，一般贸易出口额累计同比增长14%，比出口总额累计同比增速高10.1个百分点，比加工贸易出口额累计同比增速高22.6个百分点（见图8）。分月来看，一般贸易出口额累计同比增速从2月的-5.6%增至4月的15.6%，之后降至9月的14%，一般贸易出口额占出口总额比重从2月的59.9%增至9月的62.4%（见图9）。

从不同经营主体来看，2023年前三季度，民营企业实现进出口总额3.69万亿元，约占全省进出口总额的60.6%；同比增长6.6%，比全省进出口总额累计同比增速高6.7个百分点。外商投资企业实现进出口总额2.07万亿元，下降9%；国有企业实现进出口总额3347.5亿元，下降7.9%。

从不同产品来看，新兴产品出口贸易增长较快。2023年前三季度，广东机电产品出口额增长1.9%，占全省外贸出口额的65.3%。电工器材、家用电器出口额分别增长5.4%、5.8%，集成电路出口额增长24.4%。2023年9月，自动数据处理设备及其零部件、家用电器、集成电路出口额分别增长15.5%、19.0%和5.2%（见表2）。

**图8　2022年2月至2023年9月广东出口总额及一般贸易出口额与
加工贸易出口额累计同比增速**

资料来源：Wind 经济数据库。

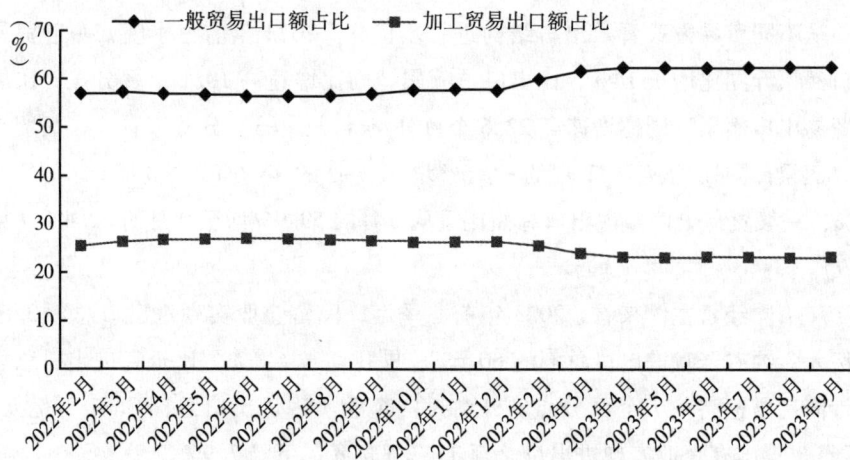

**图9　2022年2月至2023年9月广东一般贸易出口额与
加工贸易出口额占出口总额比重**

资料来源：Wind 经济数据库。

表 2　2023 年前三季度、2023 年 9 月广东省重点商品出口情况

单位：亿元，%

商品	2023 年前三季度		2023 年 9 月	
	总值	同比增长	总值	同比增长
机电产品	26396.5	1.9	3572.3	−0.5
电工器材	2839.3	5.4	326.2	−13.1
自动数据处理设备及其零部件	2610.5	0.5	359.2	15.5
家用电器	2321.3	5.8	304.4	19.0
集成电路	1718.1	24.4	255.7	5.2
手机	1554.6	−13.3	384.3	1.2
塑料制品	1352.2	3.7	179.9	−8.9
服装及衣着附件	1292.8	−9.1	168.2	−12.9
灯具、照明装置及其零件	937.9	3.3	122.0	−6.5
玩具	906.2	−6.8	151.7	−11.0

资料来源：海关总署广东分署。

从外贸市场来看，新兴市场潜力凸显。2023 年前三季度，东盟继续保持广东第一大贸易伙伴地位，广东对东盟进出口总额累计同比增长 1.8%；对美国进出口总额下降 3.4%，但较上半年收窄 4.2 个百分点；对欧盟进出口总额增长 0.2%，扭转上半年下降趋势。广东对共建"一带一路"国家进出口总额增长 2.8%。

（五）物价运行总体可控，就业形势保持稳定

居民消费价格相对稳定。2023 年前三季度，居民消费价格指数（CPI）累计同比上涨 0.6%，涨幅分别比上半年和上年同期回落 0.2 个、1.7 个百分点；9 月，CPI 同比上涨 0.4%，涨幅与上月持平，比上年同期回落 2.2 个百分点。分月来看，CPI 累计同比增速从 1 月的 2.7% 下降至 7 月的 0.6%，并于 8 月和 9 月保持在 0.6%；CPI 当月同比增速从 1 月的 2.7% 下降至 5 月的 0.3%，6 月继续降至负值（−0.4%），7 月虽仍为负值但略升至 −0.2%，之后 8 月升至 0.4%，9 月仍保持在 0.4%（见图 10）。

工业生产者价格同比下降。在国际大宗商品价格整体下行的大背景下，国内外工业品市场需求总体偏小，工业生产者价格总体呈下降趋势。2023 年前

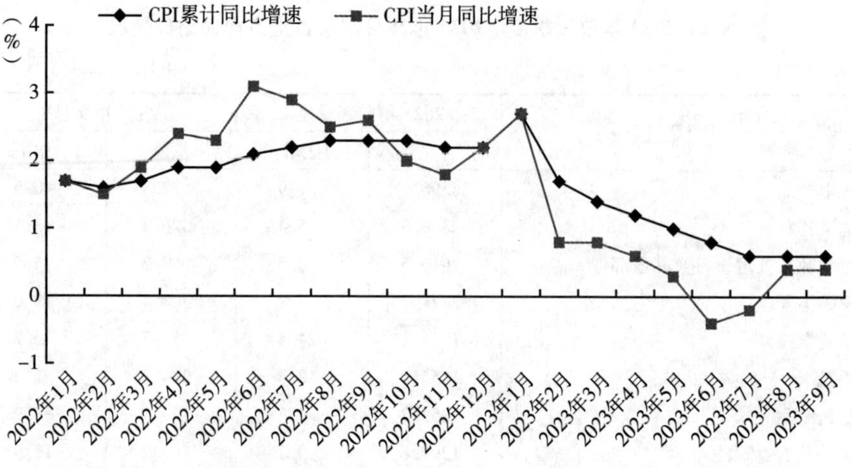

图10 2022年1月至2023年9月广东CPI累计同比增速和当月同比增速

资料来源：Wind经济数据库。

三季度，广东工业生产者出厂价格指数（PPI）、工业生产者购进价格指数（IPI）分别同比下降1.2%、2.1%，降幅比上半年增加0.1个、0.4个百分点。2023年9月，PPI和IPI同比下降1.1%、2.6%，降幅分别比2023年8月收窄0.3个、0.1个百分点（见图11）。

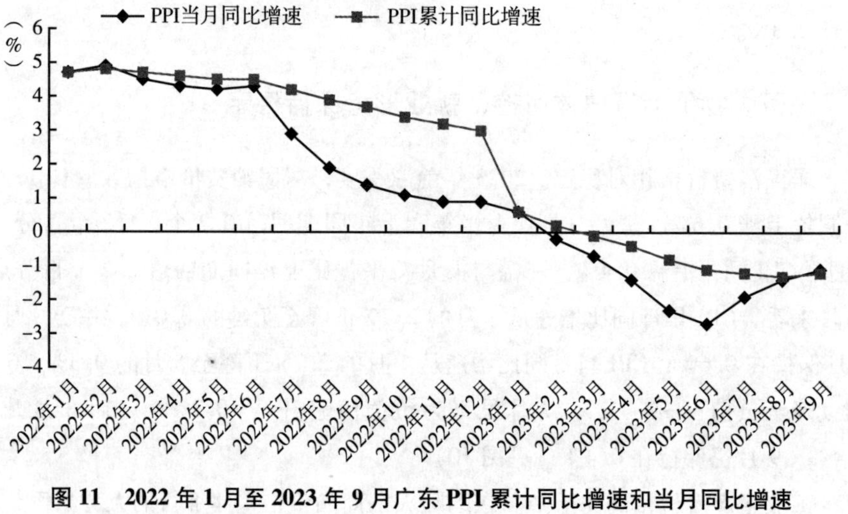

图11 2022年1月至2023年9月广东PPI累计同比增速和当月同比增速

资料来源：Wind经济数据库。

就业运行在目标范围内。2023年前三季度，广东城镇调查失业率平均值为5.4%，与上半年持平，比2022年全年城镇调查失业率平均值高0.5个百分点，在5.5%的目标范围内。其中，2023年9月全省城镇调查失业率为5.2%。

二 国内外发展环境及其对广东经济的影响

2023年，世界变局加速演进，地缘政治紧张局势与地缘经济震荡、金融分裂相互交织，部分国家以"国家安全"名义频繁使用单边经济制裁措施，逆全球化和保护主义进一步发展，世界经济不确定性和脆弱性日益增强。国际组织普遍预计2023年全球经济增长率低于2022年，处于2001年以来的最低水平（除全球金融危机和新冠疫情肆虐的年份外）。展望2024年，世界经济增长前景不容乐观，部分主要经济体有陷入衰退的风险，世界经济总体将延续低增长态势。中国塑造外部发展环境的能力加快提升，但世界经济变局对中国经济和广东经济增长产生较大影响。

（一）全球经济复苏不及预期，广东经济增长承压

2023年以来，全球经济缓慢复苏，新冠疫情影响逐步削弱，但俄乌冲突、巴以冲突等助长了逆全球化和保护主义，推动全球产业链供应链加速区域化、韧性化重组，世界经济增长下行压力加大，仍处于"增速放缓、通胀高企"阶段。受新冠疫情、地缘政治冲突、经济割裂与周期性因素交织影响，全球经济复苏进程不平衡，增长分化态势明显。

国际货币基金组织（IMF）2023年10月发布《世界经济展望》报告，预计2023年全球经济增长3.0%。其中，发达经济体增长1.5%，新兴市场和发展中经济体增长4.0%（见表3）。IMF预计2024年世界经济增长2.9%，比2023年回落0.1个百分点。世界银行预计2023年全球经济增长2.1%，虽然全球主要经济体将继续收紧货币政策以控制通货膨胀，但地缘政治冲突导致的大宗商品价格波动将趋于缓和，且部分国家经济增长好于预期，预计2024年全球经济有望加快恢复，增长2.4%。联合国经济及社会理事会（UN ECOSOC）2023年5月发布的《2023年世界经济形势与展望》中

期报告预测，2023 年、2024 年世界经济将分别增长 2.3%、2.5%。2024 年世界经济增长不会根本好转，广东经济增长面临的外部环境也不会发生根本好转，仍将面临地缘政治冲突加剧、逆全球化和保护主义持续强化、外部需求收缩等多重挑战。

表 3 2023 年、2024 年世界及主要经济体经济增长预测

单位：%

国家或地区	国际货币基金组织		世界银行		联合国	
	2023 年	2024 年	2023 年	2024 年	2023 年	2024 年
世界	3.0	2.9	2.1	2.4	2.3	2.5
发达经济体	1.5	1.4	0.7	1.2	1.0	1.2
美国	2.1	1.5	1.1	0.8	1.1	1.2
欧元区	0.7	1.2	0.4	1.3	0.9	1.4
日本	2.0	1.0	0.8	0.7	1.2	1.0
新兴市场和发展中经济体	4.0	4.0	4.0	3.9	4.1*	4.2*
中国	5.0	4.2	5.6	4.6	5.3	4.5
印度	6.3	6.3	6.3	6.4	5.8	6.7
俄罗斯	2.2	1.1	-0.2	1.2	-0.6	1.4
巴西	3.1	1.5	1.2	1.4	1.0	2.1
南非	0.9	1.8	0.3	1.5	—	—
东盟 5 国	4.2	4.5	—	—	—	—

注：*为发展中经济体数据，不包括东南欧、独联体、格鲁吉亚等转型经济体。

资料来源：International Monetary Fund, *World Economic Outlook: Navigating Global Divergences*, Washington, D. C., October 2023; World Bank, *Global Economic Prospects*, Washington, D. C., June 2023; UN ECOSOC, *World Economic Situation and Prospects as of Mid-2023*, May 2023。

（二）通货膨胀仍处于较高水平，主要经济体宏观政策滞后效应逐渐显现并波及广东

由于食品和能源价格下降以及全球需求疲软，全球通货膨胀率于 2022 年达到峰值后有所下降，IMF 预计全球通胀率将从 2022 年的 8.7% 稳步下降到 2023 年的 6.9% 和 2024 年的 5.8%，但仍远高于 2000 年至 2019 年 3.1%

的平均水平。为抑制通货膨胀，主要发达经济体实施紧缩性货币政策，高利率和信贷紧缩引发了金融动荡，如新兴市场和发展中经济体的资本外流以及2023年第二季度爆发的欧美银行业危机。发达经济体特别是美国，利率高位运行，仍可能通过汇率、资本流动、外债等渠道冲击新兴市场和发展中经济体。经济增长放缓，全球金融环境趋紧，进一步加大了债务风险和金融脆弱性。国际金融协会（IIF）2023年11月发布的《全球债务监测：高债务世界中的政治与气候金融》报告显示，2023年第三季度，全球债务规模高达307万亿美元，发达经济体、新兴市场和发展中经济体债务均大幅增加，预计到2023年底，全球债务将达到310万亿美元，过去5年增长超过25%[①]。广东CPI虽然处于阶段性低位，但从经济增长、货币供应等相关指标看，广东经济并不符合通货紧缩标准，仍需防范大宗商品价格波动带来的输入型通胀风险。此外，在新一轮美联储加息周期中，为稳增长、促复苏，中国实施稳健货币政策，多次下调政策利率，导致中美利差不断扩大，广东承受着汇率贬值和资本流出压力。

（三）全球贸易仍存在重大下行风险，广东稳固外贸基本盘面临较大挑战

受主要经济体持续通胀和货币政策收紧、俄乌冲突、新冠疫情等因素影响，世界贸易增长在2022年第四季度突然放缓，2022年增长3.0%，低于预期，2023年增长进一步放缓。2023年11月，世界贸易组织（WTO）发布最新《全球贸易展望与统计》报告，预测2023年世界货物贸易量仅增长0.8%，比4月预测下调0.9个百分点；随着通胀放缓和利率从高位下降，2024年世界贸易增长将会加快，WTO预测2024年世界货物贸易量将增长3.3%（见表4）。2024年世界贸易继续保持开放和韧性，但面临主要经济体宏观政策不确定性、地缘政治冲突、大宗商品价格不稳定、全球贸易碎片化等重大风险。IMF的一项研究显示，在严重碎片化和高成本调整情景下，全球贸易碎片化将导致全球GDP损失高达7%[②]。全球需求下降、

---

① Institute of International Finance, *Global Debt Monitor: Politics and Climate Finance in a High-Debt World*, November 2023.

② Shekhar Aiyar et al., *Geoeconomic Fragmentation and the Future of Multilateralism*, International Monetary Fund, Washington, D. C., January 2023.

贸易疲弱，将直接制约广东进出口贸易增长，广东稳固外贸基本盘面临较大挑战。

表4 2019年至2024年世界货物贸易量增长

单位：%

	2019年	2020年	2021年	2022年	2023年	2024年
世界货物贸易量	0.4	-5.0	9.6	3.0	0.8	3.3
出口						
北美	0.4	-8.9	6.5	4.2	3.6	2.7
南美	-1.6	-4.9	6.5	2.2	1.7	0.6
欧洲	0.4	-7.7	8.0	3.4	0.4	2.2
独联体	0.0	-1.0	-1.8	-4.5	3.0	1.9
非洲	0.1	-6.8	5.2	-0.8	-1.5	4.1
中东	-1.0	-6.5	-0.4	7.7	2.0	3.8
亚洲	0.8	0.6	13.1	0.4	0.6	5.1
进口						
北美	-0.6	-5.9	12.5	6.0	-1.2	2.2
南美	-2.0	-10.5	26.2	3.6	-1.0	3.3
欧洲	0.2	-7.2	8.5	5.7	-0.7	1.6
独联体	8.5	-5.4	10.3	-5.5	25.0	-4.0
非洲	4.4	-15.2	8.3	6.3	5.1	3.1
中东	11.4	-9.0	12.8	13.7	12.5	4.6
亚洲	-0.5	-0.8	10.6	-0.5	-0.4	5.8

资料来源：WTO，*Global Trade Outlook and Statistics*，October 2023。

（四）全球产业链供应链区域化、碎片化趋势明显，倒逼广东加快构建安全韧性的产业链供应链

近年来，受逆全球化、贸易保护主义、新冠疫情、俄乌冲突等影响，在全球价值链分工体系下形成的国家间高度依赖的产业链供应链逐渐暴露脆弱性，为应对日益不确定的复杂外部环境，确保产业安全，各主要国家及其跨国公司从追求效率转向关注安全，调整全球生产布局，构建自主可控、韧性高效的产

业链供应链。美国、日本推动建立具有长期弹性的关键产业链供应链，为减少对中国等国家的依赖，正加快推进向友邦国家转移供应链的"友岸外包"和"近岸外包"战略。美国将中国视为"最主要竞争对手"和"最严峻长期地缘政治挑战"，构建"同盟小圈子"，对中国实施"小院高墙"式围堵封锁。2023年以来，美国对中国的打压和限制进一步升级。8月，美国总统拜登签署了《关于处理美国在受关切国家的某些国家安全技术和产品领域的投资的行政令》，限制美国主体（包括所有美国企业和自然人）对中国（包括港澳地区）半导体和微电子、量子信息、人工智能三大领域的投资。9月，美国商务部就《2022年芯片和科学法案》发布最终"护栏"规则，禁止获得美国政府资金的公司在华增产和进行科研合作。10月，美国升级AI芯片出口禁令，将13家中企列入实体清单。这些举措，导致全球产业链供应链的区域化和碎片化，阻碍世界经济复苏，将对电子信息产业大省广东造成较大负面影响，倒逼广东加快突破半导体、芯片等关键核心技术，加快构建以我为主、安全高效的产业链供应链。

（五）国内经济持续恢复、总体回升向好，但面临新的困难和挑战

2023年，中国经济保持韧性和活力，成功应对国内外多重复杂严峻挑战，总体持续恢复向好，第一、二、三季度分别增长4.5%、6.3%、4.9%，前三季度累计增长5.2%。从供给侧看，2023年前三季度规模以上工业增加值同比增长4.0%，7月至9月月度同比增速保持稳步回升态势，分别增长3.7%、4.5%、4.5%。前三季度，服务业增加值同比增长6.0%，其中，住宿和餐饮业，信息传输、软件和信息技术服务业，租赁和商务服务业，交通运输、仓储和邮政业，金融业保持快速增长态势，增加值分别增长14.4%、12.1%、9.5%、7.5%、7.0%。9月，服务业生产指数同比增长6.9%，7月至9月持续稳步回升，其中，住宿和餐饮业，信息传输、软件和信息技术服务业，交通运输、仓储和邮政业增长较快，生产指数分别增长17.7%、11.3%、9.3%。从需求侧看，2023年前三季度社会消费品零售总额同比增长6.8%，全国网上零售额同比增长11.6%。社会消费品零售总额月度同比增速从7月的2.5%稳步提升至9月的5.5%。9月当月限额以上单位金银珠宝类，服装、鞋帽、针纺

织品类，体育、娱乐用品类商品零售额同比分别增长 12.2%、10.6%、8.3%。前三季度全国固定资产投资（不含农户）同比增长 3.1%，其中，基础设施、制造业投资同比分别增长 6.2%、6.2%，房地产开发投资下降 9.1%，高技术产业投资同比增长 11.4%。全国固定资产投资月度累计增速从 2023 年初以来持续稳步下降。贸易进出口增势不如预期，2023 年前三季度货物进出口总额同比下降 0.2%，其中，进口总额下降 1.2%，出口总额增长 0.6%。民营企业进出口总额、对共建"一带一路"国家进出口总额分别增长 6.1%、3.1%，占进出口总额比重分别达 53.1%、46.5%。从价格看，2023 年前三季度居民消费价格增长 0.4%，八大类价格中交通通信、居住价格分别下降 2.4%、0.1%；全国工业生产者出厂价格、工业生产者购进价格同比分别下降 3.1%、3.6%。

总的来看，中国经济持续保持恢复态势，生产供给稳中有升，市场需求持续恢复，新动能加快成长，2023 年下半年以来，经济运行中的积极因素不断增多。但与此同时，也要看到经济恢复是一个波浪式发展、曲折式前进的过程，进一步推动经济回升向好需要克服一些困难和挑战。当前外部环境的复杂性、严峻性、不确定性上升，全球金融条件趋紧、地缘政治局势动荡、产业链供应链循环不畅等外部压力依然较大，外需疲软，进出口形势短期内难以改善；国内有效需求不足制约仍较突出，2023 年前三季度房地产开发投资下降 9.1%，全国商品房销售面积、销售额同比分别下降 7.5%、4.6%，仍需加快提振投资需求；建材、玻璃等房地产相关传统行业产能过剩压力加大，锂电、多晶硅、储能等风光电相关产业出现产能相对过剩问题，部分医疗器械、纺织服装、集装箱制造等行业出现结构性产能过剩压力；企业生产经营困难较多，利润萎缩，部分行业高负债经营现象突出，社会预期偏弱；地方政府债务风险和房地产金融风险隐患加剧，部分中小金融机构存在经营风险。展望 2024 年，中国经济有望继续稳定恢复，主要指标增长保持在合理区间，预计增长 5% 左右。

（六）国内经济长期向好的基本面没有变，广东经济增长拥有良好基础条件和坚实政策支撑

中国经济大盘保持稳定，超大规模内需市场和完备产业体系的优势正在

加快显现，国内循环的主体作用不断增强，对世界高端资源要素的吸引力不断提升，中国发展面临的有利条件强于不利因素，经济回升并长期向好的基本趋势没有改变。2023年12月召开的中央经济工作会议明确提出，要坚持稳中求进、以进促稳、先立后破，多出有利于稳预期、稳增长、稳就业的政策，在转方式、调结构、提质量、增效益上积极进取，不断巩固稳中向好的基础。在宏观政策上，要继续实施积极的财政政策和稳健的货币政策，重点支持科技创新和制造业发展。要以科技创新引领现代化产业体系建设，加快发展新质生产力；着力扩大国内需求，积极培育智能家居、文娱旅游、体育赛事、国货"潮品"等新消费增长点，提振新能源汽车、电子产品等大宗消费；深化国资国企、非公有制经济发展、全国统一大市场建设等重点领域改革；扩大高水平对外开放，巩固外贸外资基本盘；要统筹化解房地产、地方债务、中小金融机构等风险；要坚持不懈抓好"三农"工作；推动城乡融合、区域协调发展；深入推进生态文明建设和绿色低碳发展；切实保障和改善民生，兜住、兜准、兜牢民生底线。这些稳定经济大盘、推动高质量发展的举措，将不断推动经济运行持续好转、内生动力持续增强、社会预期持续改善、风险隐患持续化解，将为广东经济持续健康发展提供有力保障和坚实支撑。

三　2024年广东宏观经济主要指标预测

（一）预测思路

根据广东宏观经济运行的态势，运用2023年前三季度数据更新广东宏观经济分析与预测季度模型，并结合专家调查，本报告预测了2024年广东经济走势。

1. 模型更新

广东宏观经济分析与预测季度模型由"广东宏观经济分析与预测模型研究与应用"课题组研制，是需求导向型宏观经济季度模型。模型以凯恩斯的国民收入决定理论为基础，以总需求分析为出发点。模型具体分为消费、投资、进出口、地区生产总值、产业、价格6个模块，涉及一系列的行为方程、技术方程和恒等式。

根据广东省统计局公布的2023年前三季度数据,课题组对广东宏观经济分析与预测季度模型进行更新,为2024年广东宏观经济主要指标预测提供模型基础。

2.专家调查

从研究机构、政府部门、企业选择熟悉广东宏观经济运行的专家,开展2024年广东宏观经济运行环境、态势和指标预测调查。

3.指标预测

根据广东宏观经济分析与预测季度模型,结合专家调查,本报告对2024年广东宏观经济主要指标进行预测。

(二)预测结果

在新发展格局建设战略部署下,广东将继续遵循稳中求进工作总基调,坚持稳中求进、以进促稳、先立后破,充分发挥市场优势、开放优势和创新优势,促进宏观经济运行回归至合理区间,为中国式现代化及"十四五"时期经济高质量发展做出新贡献。

1.经济运行回归合理区间,预计2024年地区生产总值增长5%,达到14.3万亿元

广东经济将主要受到以下因素的影响。综合分析,第一,全球地缘政治紧张局势、滞胀压力、金融不稳定、供应紧张、粮食不安全状况可能有所缓解但仍难消除,引发全球产业链和供应链的再调整。第二,中国经济经受住了国内外多重超预期因素的冲击,持续保持恢复态势。但与此同时,也要看到在世界经济总体将延续低增长态势以及国内阶段性结构性问题凸显的大背景下,中国经济增长恢复将是一个波浪式发展、曲折式前进的过程。第三,国内战略和政策利好逐渐显现。2023年12月召开的中央经济工作会议明确提出,要坚持稳中求进、以进促稳、先立后破,强化宏观政策逆周期和跨周期调节,并部署了扎实做好经济工作的重点任务。这些战略部署的贯彻落实,将为广东稳预期、稳增长、稳就业提供有力保障和坚实支撑。综合分析,经济运行回归合理区间,预计2024年地区生产总值增长5%,达到14.3万亿元。

表5 广东宏观经济主要指标数值及增长率预测

单位：万亿元，%

指标		实际值		预测值
		2022 年	2023 年前三季度	2024 年
地区生产总值	数值	12.9	9.61	14.3
	增长率	1.9	4.5	5
第一产业增加值	数值	0.53	0.38	0.57
	增长率	5.2	4.8	5
第二产业增加值	数值	5.28	3.8	5.73
	增长率	2.5	4.0	4.8
第三产业增加值	数值	7.09	5.43	8
	增长率	1.2	4.8	5.1
固定资产投资	数值	—	—	—
	增长率	-2.6	3.1	4
社会消费品零售总额	数值	4.49	3.51	5.05
	增长率	1.6	5.4	6
出口总额	数值	5.33	4.04	5.6
	增长率	5.5	3.9	1.5
进口总额	数值	2.98	2.05	2.97
	增长率	-7.4	-7.2	0.5
居民消费价格指数	增长率	2.2	0.6	3
工业生产者出厂价格指数	增长率	3.0	-1.2	2.5
城镇调查失业率平均值	数值	4.9	5.4	5.5

资料来源：实际值来源于广东统计信息网，预测值来源于课题组预测。

2. 第二、三产业稳定发展，预计2024年增加值分别增长4.8%、5.1%，分别达到5.73万亿元、8万亿元

广东产业发展将主要受以下因素影响。第一，疫情影响逐步消除，企业生产逐步恢复活力。第二，有效需求逐渐恢复，"新基建"项目加快推进将激发有效投资需求，人民生活恢复将促进消费需求潜力不断释放，从而带动产业发展加快。第三，供给侧结构性改革继续深化，支持实体经济发展的深度、力度进一步加大。第四，居民收入将成为构建新发展格局的重要着力点。综合分

析，第二、三产业稳定发展，预计2024年增加值分别增长4.8%、5.1%，分别达到5.73万亿元、8万亿元。

3. 投资保持平稳增长，预计2024年固定资产投资增长4%

广东投资增长将主要受以下因素影响。第一，在经济高质量发展阶段，"新基建"投资提供数字转型、智能升级、融合创新等服务的基础设施体系，将成为投资增长新动力。第二，房地产投资将逐步回归健康发展。第三，制造业投资虽面临中美贸易摩擦、国际需求疲弱等不利因素，但也面临国内和省内经济复苏促使投资需求增长等有利因素，有望稳步增长。综合分析，投资将保持平稳增长，预计2024年固定资产投资增长4%。

4. 消费增长潜力释放，预计2024年社会消费品零售总额增长6%，达到5.05万亿元

广东消费增长将主要受以下因素影响。第一，疫情影响逐步消除，将为2024年服务消费、线下消费恢复创造良好条件，住宿餐饮、文化旅游、交通运输等接触类消费将成为消费恢复的主要推动力。第二，居民收入有望持续恢复，对未来经济和收入增长的预期将有所改善，边际消费倾向将有所提高，将为消费增长奠定良好基础。第三，房地产市场逐步筑底回升，带动家具家电、建筑装潢等住房相关消费回暖。综合分析，消费增长潜力释放，预计2024年社会消费品零售总额增长6%，达到5.05万亿元。

5. 外贸增长基本稳定，预计2024年出口总额和进口总额分别增长1.5%和0.5%，分别达到5.6万亿元和2.97万亿元

广东外贸将主要受以下因素影响。第一，世界经济不确定性和脆弱性日益增强，拖累外需走弱。第二，美国贸易推行"近岸化""友岸化"，2023年7月，美国自加拿大、墨西哥、越南进口占其总进口比重分别为10.5%、12.3%、3.2%，较2022年12月分别增加0.2个、1.1个、0.5个百分点；自中国进口占比则由2022年12月的11.6%下降至11.2%，给广东外贸带来一定影响。第三，《区域全面经济伙伴关系协定》（RCEP）正逐步重构当前的国际经贸规则。在这一历史机遇下，广东进出口商品结构持续优化，多元国际市场进一步开拓，为广东外贸提供了新的增长点。综合分析，外贸增长将基本稳定，预计2024年出口总额和进口总额分别增长1.5%和0.5%，分别达到5.6万亿元和2.97万亿元。

6.物价和就业总体稳定，预计2024年 CPI 和 PPI 涨幅分别为3%和2.5%，城镇调查失业率平均值为5.5%

广东物价和就业情况将受以下主要因素影响。第一，全球通货膨胀和失业率仍处于较高水平，给广东带来一定压力。第二，中国坚定实施扩大内需战略，培育完整内需体系，内需对经济增长的支撑动能将进一步增强，有助于广东对冲和化解不利冲击。第三，广东经济逐步回归至合理区间，稳价格、稳就业体系不断健全，保持物价和就业平稳运行具有坚实基础。综合分析，物价和就业总体稳定，预计 2024 年 CPI 和 PPI 涨幅分别为3%和2.5%，城镇调查失业率平均值为 5.5%。

四 对策建议

做好 2024 年经济工作，广东要深入贯彻落实中央经济工作会议精神，切实在增强经济活力、疏通循环堵点、防范化解风险、改善社会预期上下功夫，不断巩固和增强经济回升向好态势，以经济大省要"真正挑起大梁"的担当作为，为稳定全国经济做出新的更大贡献。

（一）以科技创新引领现代化产业体系建设，发展新质生产力

着力推进粤港澳大湾区国际科技创新中心、综合性国家科学中心建设，加强光明、松山湖、南沙科学城协调联动和交流合作，切实发挥全国重点实验室和省实验室作用，以重大创新平台集聚高端创新资源、培养战略科技力量和创新型人才、产出重大科研成果，为战略性产业集群发展注入强劲科技动力。探索关键核心技术攻关新型举国体制的"广东路径"，深入实施重点领域研发计划，以"广东强芯"工程、核心软件攻关工程、显示制造装备璀璨行动计划为引领，力争突破一批"卡脖子"关键核心技术，提升关键产业链供应链韧性和安全水平。着力推动创新链、产业链、资金链、人才链深度融合，打造全过程产业创新生态链。实施制造业当家"一把手工程"，采取切实有力举措加快推动 20 个战略性产业集群发展，加快培育发展新一代信息技术、人形机器人、人工智能、量子科技、生物技术、新材料、新型储能、硅能源等产业，抢抓发展新赛道。强化数字经济引领，推进数字经济

试验区建设，强化数字化发展应用场景支撑，培育壮大超高清视频显示、软件与信息服务等优势产业，做强人工智能、大数据、区块链等新兴产业；实施数字化转型促进行动，深化国家工业互联网示范区建设，扩大数字化转型促进中心建设试点，新推动9200家规模以上工业企业实施数字化、智能化转型，深入推动14个省级中小企业数字化转型示范城市建设，促进制造业与数字经济深度融合发展。

（二）着力扩大内需，形成消费和投资相互促进的良性循环

要激发有收入支撑、有潜能的消费，推动城乡消费持续扩大。推进广州、深圳国际消费中心城市和6个区域消费中心城市建设，以国家级试点步行街建设为龙头，带动全省步行街、传统商圈改造提升，支持做强"首店经济"和"首发经济"。稳定和扩大传统消费，进一步放宽购车需求侧管理限制，降低购车门槛，加强停车位、充电桩等配套设施建设，促进汽车消费优化升级；进一步优化房地产市场调控方式，坚持"一城一策""因城施策"支持刚性和改善性住房需求，进一步优化首套房认定、二套房首付比例、贷款利率等政策支持体系，稳定住房消费市场；开展家电等耐用品促销、汽车等工业产品下乡活动。加大文化、旅游、养老等高品质服务供给，积极培育智能家居、文娱旅游、体育赛事、国货"潮品"等新消费增长点。规划布局一批居民消费、商贸流通、会展等项目，加快建设体验式消费、智能消费、绿色消费基础设施，扎实开展县域商业体系建设，抓好冷链物流设施建设，全面营造良好消费环境。充分发挥有效投资的关键作用。谋划好2024年重点建设项目库，争取将更多项目纳入国家规划和方案的"盘子"。加快推进水利、交通、能源、生态环境、市政、新型基础设施等领域投资项目前期工作，充分发挥重大项目并联审批专班及省重大工程建设项目指挥部等机制作用，统筹强化项目建设要素保障，扎实推动重点领域项目落地建设。加快优化投资结构，深入落实《广东省进一步加大力度支持民间投资发展的实施方案》等政策措施，在民营企业市场准入、要素获取、公平执法、权益保护等方面谋划实施一批标志性、引领性改革，破除"玻璃门""弹簧门"，稳定民营企业家投资信心和社会预期。用好专项债券、政策性开发性金融工具、中央预算内投资、设备更新改造贴息贷款，积极争取银行业金融机构对重大项目信贷投放，支持重点领域项目建设。

（三）扩大高水平对外开放，巩固外贸外资基本盘

打好"五外联动"组合拳，大力实施贸易强省建设六大行动，在培育引进贸易总部型企业、跨境电商龙头企业、现代商贸流通领军企业上取得新突破，加快打造一批千亿元级、万亿元级出口产业集群。支持汕头、湛江建设大型出口加工产业区。进一步扩大电动载人汽车、锂电池、太阳能电池"新三样"出口，大力培育生物医药、人工智能等新的出口增长点。深入推进南沙、前海、黄埔等国家进口贸易促进创新示范区建设，抓好大宗商品、中高端消费品、电子元器件、飞机、汽车、农副产品六大进口基地建设，积极扩大先进技术、重要设备、能源资源等产品进口。深入实施"粤贸全球""粤贸全国"计划，办好广交会、高交会等系列重大展会，巩固拓展美欧、日韩等传统市场，加大对俄罗斯、东南亚、中东、非洲、拉美等新兴市场的开拓力度。深入推进粤港澳大湾区全球贸易数字化领航区、跨境电商示范省建设，推动生产性服务外包发展。加大对高质量外资项目的招引力度，创新引资模式，落实好"稳外资12条"和新版外资准入负面清单制度，用好重大外资项目专班机制，协调推动项目落地建设，稳住外资基本盘。积极争取国家出台支持汕头推进经济特区建设的政策，办好梅州世界客商大会、华人华侨粤港澳大湾区大会、粤东侨博会等活动，做好新时代"侨"的文章。深化广东自由贸易试验区制度创新，对标海南自由贸易港打造自贸试验区升级版，支持自由贸易试验区政策在其他重大开放平台和区域推广实施。深度参与共建"一带一路"高质量发展，加强企业海外分销中心、展示中心和海外仓建设，推动广东制造、技术、标准、服务加快走向国际。

（四）深化重点领域改革，增强经济发展活力和动力

重点围绕营商环境、要素市场化配置、投融资、科技创新、乡村振兴、高水平开放等领域，谋划实施一批创造型、引领型改革，为经济发展注入强劲动力。落实《广东省优化营商环境条例》，支持广州、深圳开展国家营商环境创新试点建设，推动粤东、粤西、粤北（地区）城市对标珠三角先进城市，提升营商环境量化指标，开展省级营商环境综合改革示范点建设，打造市场化、法治化、国际化一流营商环境。加快推进数字政府升级建设，完善省域治理

"一网统管"应用体系,为企业和居民提供更加高效、便利的政务服务。积极争取将要素市场化配置综合改革试点纳入国家试点范围,破除制约土地、劳动力、资本、技术、数据等要素自主有序流动的体制机制障碍。改革创新投融资体制机制,优化投资项目审批流程,探索扩大"承诺制"适用范围,全面提高审批效率;建立和完善民间资本投融资合作对接机制,规范发展政府与社会资本合作新机制。深化科技体制改革,推动政府科技管理职能向抓战略、抓改革、抓规划、抓服务转变;依托重大创新平台、重大创新成果、重大创新链条,强化政策支持和服务,打造"基础研究+技术攻关+成果转化+科技金融+人才支撑"全过程创新生态链。深化农村土地制度改革,稳慎推进宅基地制度改革试点、集体经营性建设用地入市试点建设,深入推进农村集体产权制度改革,健全农业支持保护制度、城乡融合发展体制机制,全面激发乡村振兴内生发展动力。稳步推进粤港澳大湾区基础设施"硬联通"和机制规则"软联通",深化粤港澳三地民生融通。支持横琴、前海、南沙、河套探索制度型开放改革,建设国际高标准经贸规则体系。

(五)有效防范化解风险,确保经济大盘稳定

围绕房地产、就业、金融等重点领域,加强风险监测和预警,防止风险交叉、连锁传染,确保经济大盘稳定。稳妥处置个别头部房地产企业债务风险,指导商业银行做好房地产企业开发贷款、信托贷款等存量融资展期工作,继续推动大型民营房企债券、债务展期,进一步缓解房企资金压力,全力做好"保交楼",切实稳地价、稳房价、稳预期。聚焦外贸、房地产等领域存在的高失业风险以及高校毕业生等重点就业人群,深入实施就业优先政策,落实"民生十大工程"五年行动计划就业领域实施方案,扎实开展高校毕业生就业创业十大行动,持续开展"南粤春暖"、春风行动等促进农民工稳岗就业活动,大力推进"产教评"技能生态链建设,深入落实"广东治欠20条",全力促进高质量充分就业。强化金融风险监测与预警,将所有金融活动纳入监管,做好高风险地方法人机构、非法集资等风险防范化解工作。

B.3
2023~2024年广东产业发展形势
分析与预测

广东省社会科学院产业发展研究课题组*

摘　要：　2023年，尽管面临全球经济不确定性持续、全球产业链供应链加速重构等多重压力，但广东锚定高质量发展首要任务，坚持以实体经济为本、制造业当家，加快推进新型工业化，持续推动产业结构优化升级，提升产业链供应链韧性和安全水平，促进产业智能化、绿色化、融合化发展，产业发展总体呈现稳中有进态势。2024年，广东将加速构建现代化产业体系，聚焦体系塑造、转型引领、创新驱动、环境优化和纵深拓展，提升广东产业"含智量""含绿量""含金量"，增强产业发展韧性和竞争力。

关键词：　制造业当家　新型工业化　现代化产业体系

　　2023年，广东坚持以实体经济为本、制造业当家，认真落实省委"1310"具体部署，加快推进新型工业化，深入实施大产业、大平台、大项目、大企业、大环境"五大提升行动"，坚持传统产业、新兴产业、未来产业并举，智能化、绿色化、融合化并进，抓项目、建平台、优环境并推，全省产业发展延续稳定恢复态势。2024年，广东要着力聚焦体系塑造，打造具有国际竞争力的现代化产业体系；数字化赋能，推进产业智能化发展；创新驱动，发展新质

---

* 课题组成员：向晓梅，经济学博士，二级研究员，广东省社会科学院副院长，研究方向为产业经济、海洋经济、区域经济；胡晓珍，经济学博士，广东省社会科学院经济研究所副研究员，研究方向为产业经济、海洋经济；王秀婷，经济学博士，广东省社会科学院经济研究所助理研究员，研究方向为产业经济；林正静，经济学博士，广东省社会科学院经济研究所助理研究员，研究方向为区域经济。

生产力；优化环境，建强产业发展平台；拓展纵深，开辟产业发展新空间；挖掘增量、争创优势，探索新型工业化的广东路径。

一　2023年广东产业发展特征

2023 年，广东产业发展总体稳中有进，产业基础持续加固，多元农产品供给体系加快构建，工业生产恢复势头良好，接触性、聚集性服务业持续改善，数字经济、海洋经济、文化产业繁荣发展，"引擎"作用持续发挥；战略性产业集群培育壮大，梯度培育体系初步形成；协同发展有序推进，产业发展提质升级；全过程创新生态链加快构建，创新动能加速蓄势聚力；产业生态持续优化，高质量发展根基不断夯实。

（一）产业结构：产业运行趋稳向好，保持较强发展韧性

2023 年，广东产业经济总体呈现"企稳恢复、回升承压"增长态势，主要有两大特点：一是产业结构持续优化，呈"一稳二缓三升"态势；二是数字经济、海洋经济等特色产业不断壮大，发展韧性持续彰显。

1.三大产业齐头稳进，产业基础持续加固

广东持续推进经济结构战略性调整，新旧动能接续转换持续发力，质量变革、效率变革、动力变革加速推进，三大产业比例从 2022 年的 4.2∶41.1∶54.7 调整为 2023 年前三季度的 4.0∶39.5∶56.5，"三二一"产业格局稳步夯实。三大产业协同发力，第一产业增加值 3820.31 亿元，增长 4.8%，对地区生产总值的贡献率达到 4.5%；第二产业增加值 38008.92 亿元，增长 4.0%，贡献率为 35.9%；第三产业增加值 54332.41 亿元，增长 4.8%，贡献率达 59.6%（见图 1）①。

根据地区生产总值统一核算结果，2023 年前三季度，广东实现地区生产总值 96161.64 亿元，居全国第一。相比江苏、山东、浙江等经济总量较大省，广东第二产业、第三产业基础雄厚，但增速低于其他省，而第一产业增速优势明显，分别高于江苏、浙江、山东 1.5 个、0.9 个、0.5 个百分点（见图 2）。

---

① 《2023 年前三季度广东经济运行情况分析》，广东统计信息网，2023 年 11 月 15 日，http：//stats. gd. gov. cn/tjfx/content/post_ 4284430. html。

图1 2022~2023年前三季度广东三次产业增加值及增速

资料来源：广东省统计信息网。

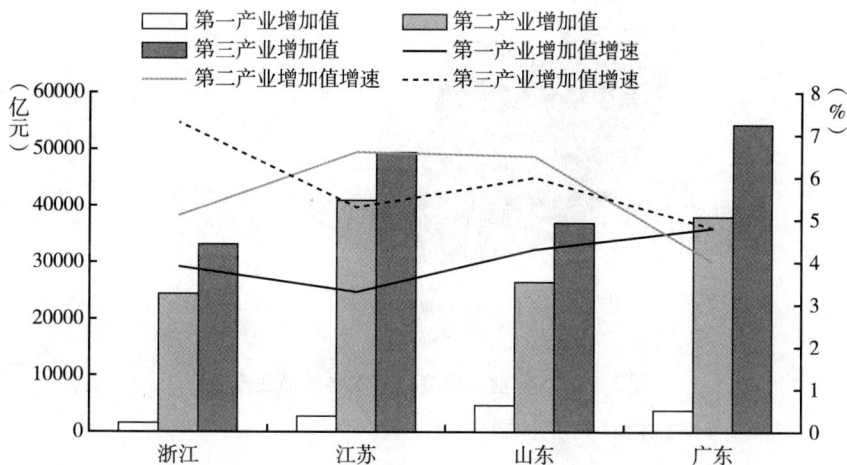

图2 2023年前三季度全国主要省份三次产业增加值及增速对比

资料来源：各省统计局。

2. 农业生产形势总体良好，多元化食物供给稳中有增

2023年，聚焦"百县千镇万村高质量发展工程"，广东扎实推进农业工作,农林牧渔业呈现良好发展态势。2023年前三季度实现总产值6387.27亿元,同比增长5.0%,增速高于全国平均水平。从细分行业来看,农业产值2988.29亿元,增长4.2%;林业产值369.17亿元,增长11.4%;牧业产值1287.34亿元,增长4.0%;渔业产值1390.50亿元,增长4.7%;农林牧渔专业及辅助性活动产值351.97亿元,增长10.6%(见图3)。从区域分布来看,珠三角和粤北地区增长动力较足,农林牧渔业总产值分别为2251.99亿元、1375.69亿元,分别增长5.5%、5.5%,粤东和粤西地区农林牧渔业实现总产值844.60亿元、1915.00亿元,分别增长4.8%、4.2%。

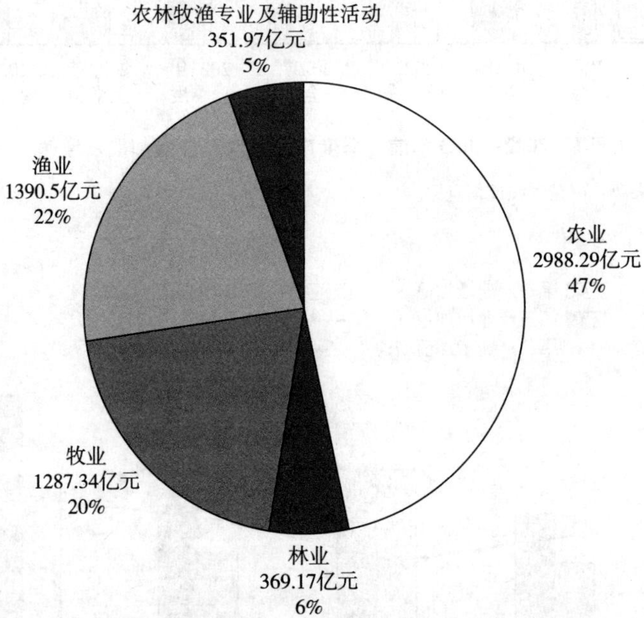

图3 2023年前三季度广东农林牧渔业产值

资料来源:广东省统计信息网。

"米袋子""菜篮子""果盘子"供应充足,多元化食物供给体系逐步完善。2023年前三季度,早稻播种面积、单产、总产量"三增长",同比增长0.2%、1.6%、1.8%;蔬菜供应充足,播种面积1594.69万亩,同比增长1.5%,产量2949.82万吨,增长2.2%;特色水果产业蓬勃发展,园林水果种植面积1630.63万亩,同比增长2.2%,产量1297.68万吨,增长5.9%;生猪出栏 2848.75 万头，增长 5.3%，禽肉产量稳步增加；现代化海洋牧场建设加快推进，2023 年上半年全省水产品产量 412.52 万吨，增长 2.5%①，助力渔业生产提质增效。

3. 工业生产逐季回升，制造业"顶梁柱"作用显现

2023 年，广东大力实施制造业当家发展战略，稳工业增长政策持续发力。2023 年前三季度，广东规模以上工业增加值 29870.63 亿元，同比增长 3.1%，在产 39 个行业大类的增长面达 61.5%。全社会用电量增加，拉动电力、热力、燃气及水生产和供应业增加值增长 10.4%；重大石化项目产能持续释放，带动石油和天然气开采业增加值增长 0.3%。制造业实现增加值 26733.33 亿元，同比增长 2.6%，增速提高 0.5 个百分点，其中，计算机、通信和其他电子制造业增加值增长 1.0%，电器机械和器材制造业增加值增长 8.1%，汽车制造业增加值增长 7.4%。制造业增加值占地区生产总值比重达 27.8%，较 2023 年上半年增加 0.24 个百分点②，支撑经济发展作用显现。

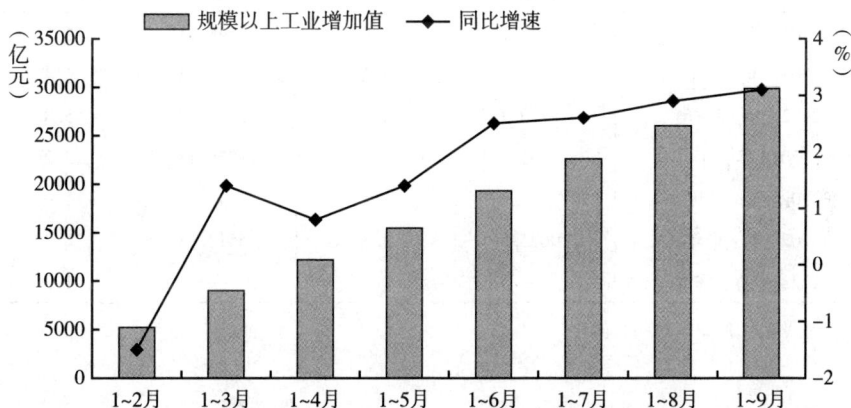

图 4 2023 年前三季度广东规模以上工业增加值走势

资料来源：广东省统计信息网。

---

① 《2023 年前三季度广东农业经济运行情况分析》，广东统计信息网，2023 年 11 月 14 日，http：//stats.gd.gov.cn/tjfx/content/post_ 4283891.html。
② 《2023 年上半年广东工业经济运行情况分析》，广东统计信息网，2023 年 8 月 9 日，http：//stats.gd.gov.cn/tjfx/content/post_ 4233766.html。

现代产业稳步发展，2023年前三季度，广东先进制造业固定资产投资增长18.8%，增速高于全省固定资产投资18.3个百分点，先进制造业增加值同比增长4.5%，增速比上半年提高1.2个百分点，拉动全省规模以上工业增加值提高2.4个百分点，占全省规模以上工业增加值比重为55.1%；高技术制造业固定资产投资增长21.4%，增速高于全省固定资产投资15.7个百分点，高技术制造业增加值增长1.3%，增速提高1.8个百分点，拉动全省规模以上工业增加值增长0.4个百分点，占全省规模以上工业增加值比重为28.7%（见表1）。新产品生产向好，新能源汽车、集成电路、光电子器件、太阳能电池产品产量分别增长91.8%、17.0%、15.0%、10.7%[①]，制造强省根基进一步筑牢。

表1   2022~2023年前三季度广东现代产业增加值及增速

单位：亿元，%

时间	先进制造业		高技术制造业	
	增加值	同比增速	增加值	同比增速
2022年一季度	4844.7	5.9	2548.61	5.5
2022年上半年	10281.87	4.1	5541.55	6.4
2022年前三季度	15799.77	4.7	8500.75	5.8
2022年全年	21792.1	2.5	11836.18	3.2
2023年一季度	—	1.1	—	—
2023年上半年	10635.57	3.3	5514.68	0.5
2023年前三季度	—	4.5	—	1.3

资料来源：广东统计信息网。

4. 服务业回升迅速，接触性、聚集性服务业持续改善

广东加快传统服务业转型升级，大力发展现代服务业，服务业规模持续扩大，在全国保持领先。2023年前三季度，广东服务业增加值同比增长4.8%，规模以上服务业营业收入增长7.3%，在10个行业门类中，有9个门类营业收入保持正增长态势。其中，接触性、聚集性服务业持续改善，信息传输、软件和信息技术服务业延续向好势头，营业收入增长12.6%；文化、体育和娱乐业

---

① 《冲刺完成全年经济社会发展目标任务》，《南方日报》2023年10月25日。

营业收入增长37.7%；租赁和商务服务业营业收入增长7.8%；交通运输、仓储和邮政业营业收入增长1.3%。互联网购物、直播、在线医疗、在线教育等数字消费新业态发展迅速，带动新兴服务业蓬勃发展，现代服务业规模持续扩大。2023年上半年，广东现代服务业增加值占服务业增加值比重为66.6%，同比提高0.6个百分点，行业结构不断优化①。

表2　2023年广东规模以上服务业部分行业营业收入同比增速

单位：%

行业	2023年一季度	2023年上半年	2023年前三季度
交通运输、仓储和邮政业	—	-0.7	1.3
信息传输、软件和信息技术服务业	18.7	16	12.6
租赁和商务服务业	1.4	—	7.8
文化、体育和娱乐业	26.7	35.0	37.7

资料来源：广东省统计信息网。

5. 数字经济发展势头强劲，"数据+智能"推动产业持续改造和优化

广东坚持把数字经济作为推动经济社会高质量发展的新引擎，大力推进数字经济强省建设，数字产业创新发展步伐加快，产业数字化转型进程提速升级。中国信息通信研究院测算数据显示，2022年广东数字经济规模达到6.41万亿元，较2021年增长8.6%，占地区生产总值比重达49.7%，总体规模连续6年居全国第一，其中，电子信息制造业销售产值达到4.4万亿元，规模连续32年居全国第一②。作为全国首批国家级工业互联网示范区之一，广东加速推进数实深度融合，截至2023年9月底，累计推动2.9万家规模以上工业企业数字化转型③，拥有9家国家级跨行业、跨领域工业互联网平台，数量均居全国第一。数字经济赋能传统企业转型升级，推动新模式新业态涌现，例如TCL实业采用协同开发，带动16家合作伙伴企业向服务型制造转型，带动端到端

---

① 《2023年前三季度广东社会消费品市场运行情况分析》，广东统计信息网，2023年11月15日，http://stats.gd.gov.cn/tjfx/content/post_4284442.html。

② 张楠：《我国数字经济发展不断取得创新突破》，《中国工业报》2023年8月22日。

③ 胡健、李刚：《不断提高产业"含智量""含绿量""含金量"——广东加快推进制造强省建设（深入推进新型工业化）》，《人民日报》2023年12月5日。

工作效率提升 30% 以上，供应商库存减少 25% 以上；带动外贸新业态快速发展，2022 年广东跨境电商进出口额增至 6454 亿元，规模占全国总量的 31%。截至 2023 年 2 月，广东 21 个地市全部获批跨境电商综试区，实现综试区全省覆盖，数量居全国第一。

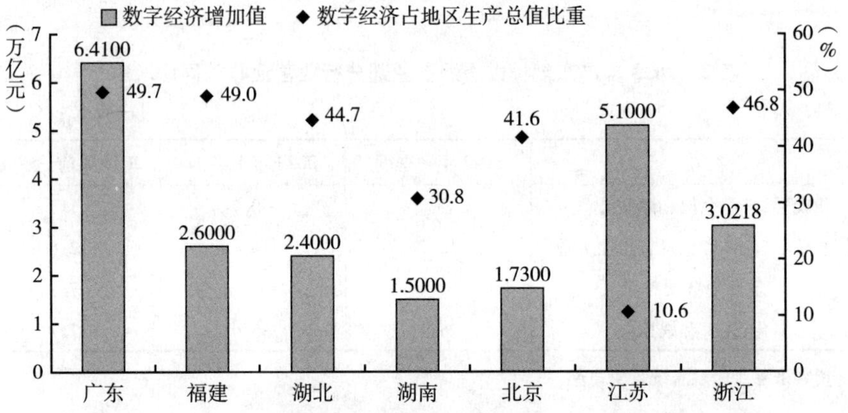

图 5　2022 年部分省市数字经济增加值及占地区生产总值比重

资料来源：相关省市政府网站，其中江苏比重数据为数字经济核心产业增加值占地区生产总值比重。

6. 海洋经济运行韧性彰显，"引擎"作用持续发挥

广东海洋经济顶压前行，2022 年海洋生产总值 18033.4 亿元，同比增长 5.4%，占地区生产总值的 14%，占全国海洋生产总值的 19.1%，稳居全国首位。海洋三次产业结构比由 2021 年的 2.5∶27.5∶70.0 调整为 2022 年的 3.0∶31.9∶65.1，产业升级加速。现代化海洋产业体系建设取得较大进展，海洋产业产值为 6486.3 亿元，同比增长 7.0%；海洋科研教育产值 972 亿元，同比增长 4.0%；海洋公共管理服务产值 5186.6 亿元，同比增长 1.2%；海洋上游相关产业产值 2339.9 亿元，同比增长 7.2%；海洋下游相关产业产值 3048.6 亿元，同比增长 8.5%（见图 6）。积极服务稳住经济大盘，2022 年全省海洋生产总值增速高于地区生产总值增速 1.84 个百分点，拉动地区经济增长 0.74 个百分点，"湾+带"联动优势逐渐显现，沿海经济带生产总值约占全省生产总值的 92.2%，蓝色粮仓建设稳步推进，截至 2022 年底，累计创建国家级海洋牧场示范区 15 个，对全省高质量发展的支撑作用持续增强。

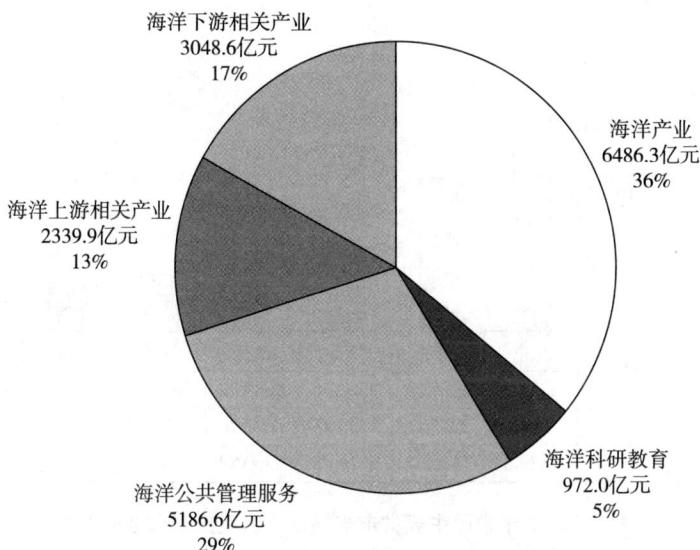

图6　2022年广东海洋生产总值构成

资料来源：广东省自然资源厅、广东省发展和改革委员会编著《广东海洋经济发展报告（2023）》，2023。

7. 文化产业繁荣发展，新兴业态快速崛起

依托丰厚独特的文化资源和产业优势，广东大力推进文化强省建设，文化产业有效供给显著增强。2022年，广东规模以上文化产业以21292.76亿元营业收入领跑全国，文化制造业尤其具有绝对优势（见图7）。2023年前三季度，规模以上文化产业实现营业收入16349.9亿元，同比增长5.7%。其中，文化制造业营业收入7630.4亿元，同比增长1.4%；文化批发和零售业2015.7亿元，增长6.0%；文化服务业6703.8亿元，增长11.0%。大力发展以移动泛在、智能交互、沉浸体验、高清视频呈现为特征的新型文化业态，以"文化+""互联网+"等新业态重塑文化产业格局，2023年前三季度，文化新业态特征较为明显的16个行业小类实现营业收入5798.0亿元，增长10.3%，高于全部规模以上文化企业4.6个百分点，新闻信息服务、创意设计服务、文化传播渠道、文化装备生产、文化消费终端生产等规模领跑全国，数字文化产业新高地建设加速推进。

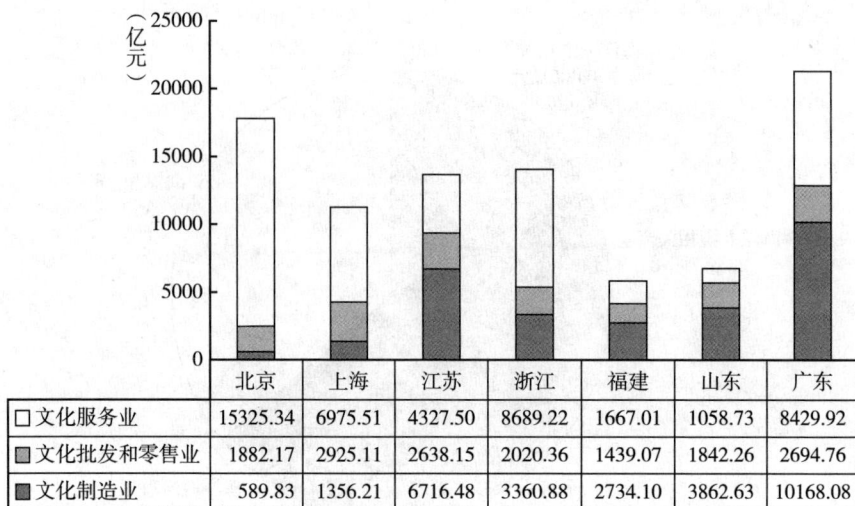

	北京	上海	江苏	浙江	福建	山东	广东
□ 文化服务业	15325.34	6975.51	4327.50	8689.22	1667.01	1058.73	8429.92
▨ 文化批发和零售业	1882.17	2925.11	2638.15	2020.36	1439.07	1842.26	2694.76
■ 文化制造业	589.83	1356.21	6716.48	3360.88	2734.10	3862.63	10168.08

图 7　2022 年中国主要省市规模以上文化产业营业收入

资料来源:《中国统计年鉴 2023》。

（二）产业集聚：战略性产业集群培育壮大，梯度培育体系初步形成

1. 集群规模持续扩大

广东战略性产业集群持续升级，支柱作用进一步凸显，2023 年前三季度，20 大战略性产业集群实现增加值 2.51 万亿元，同比增长 3.5%[①]。产业体系现代化水平稳步提升，拥有新一代电子信息、现代轻工纺织、先进材料、绿色石化、现代农业与食品、智能家电、软件与信息服务、汽车 8 个万亿元级产业集群[②]，新能源、超高清视频显示、数字创意 3 个 5000 亿元至万亿元级产业集群，生物医药与健康、安全应急与环保、高端装备制造、半导体与集成电路、精密仪器设备、激光与增材制造、前沿新材料 7 个 1000 亿元至 5000 亿元级产业集群和智能机器人、区块链与量子信息 2 个百亿元级产业集群，逐步形成"8372"梯度发展格局。

[①] 胡健、李刚:《不断提高产业"含智量""含绿量""含金量"——广东加快推进制造强省建设（深入推进新型工业化）》,《人民日报》2023 年 12 月 5 日。

[②] 《政府工作报告——2023 年 1 月 12 日在广东省第十四届人民代表大会第一次会议上》,《南方日报》2023 年 1 月 18 日。

2. 集群空间布局不断优化

随着都市圈建设加快推进，培育壮大具有全球影响力和竞争力的产业集群成为广东五大都市圈建设现代化产业体系、打造跨区域高质量发展产业带的关键抓手。2022年11月，在工业和信息化部公布的国家先进制造业集群名单中，广东有7个集群入围，分别是深圳市新一代信息通信集群，广州市、佛山市、惠州市超高清视频和智能家电集群，东莞市智能移动终端集群，广州市、深圳市、佛山市、东莞市智能装备集群，深圳市先进电池材料集群，深圳市、广州市高端医疗器械集群，佛山市、东莞市泛家居集群。广州都市圈和深圳都市圈聚焦人工智能、集成电路、生物与生命健康、新材料等战略性新兴产业集群协同发力，珠江口西岸都市圈新型先进装备制造、大健康、海洋新兴产业等产业集群呈多样化、特色化发展趋势，汕潮揭都市圈高端生产性服务业和高端装备制造业协同集聚的产业发展格局逐步夯实，湛茂都市圈绿色石化、先进材料、现代轻工纺织、高端装备制造、绿色能源等世界级产业集群呈现快速发展势头。

3. 集群数字化转型成效显著

广东深入实施产业集群数字化转型工程，支持"链主"企业牵头，探索集群整体数字化转型创新路径，提升供应链数字化水平，推动产业链供应链对接协作。积极推动中小微企业加快数字化普及应用，截至2023年6月，累计推动2.5万家规模以上工业企业开展数字化转型，带动超过70万家中小企业降本提质增效，入选首批2个国家级工业互联网示范区；已培育300多个制造业数字化和工业互联网标杆示范项目，其中有百余项入选各类国家级标杆示范；先后在珠海、汕头、佛山、中山、江门、湛江、肇庆等城市大举建设大型产业集聚区，累计建设16个产业园区数字化转型试点①。

（三）产业质量：发展质效稳步提升，协同发展有序推进

1. 盈利能力稳步提升

工业经济稳定恢复，企业盈利能力持续提升。2023年前三季度，广东规模以上工业企业实现利润总额同比增长10.2%，增速较上半年提升6.5个百分

---

① 许宁宁、昌道励：《粤集群整体数字化转型有新成效　超70万家中小企业降本提质增效》，《南方日报》2023年5月24日。

点。近 40% 行业利润实现增长，在 39 个工业大类行业中，15 个行业利润总额同比增长，增长面达 38.5%。部分行业增长较快，其中，电力、热力生产和供应业营业收入增长 13.6%，电气机械和器材制造业营业收入增长 5.3%，光伏、锂电池和家用电器产品需求稳定，手机新机型市场反应良好，计算机、通信和其他电子设备制造业营业收入下降 3.7%，降幅收窄 2.4 个百分点。

2. 产业协作不断加深

2023 年 3 月《关于推动产业有序转移促进区域协调发展的若干措施》出台后，广东着力搭建推动产业有序转移的"1+14+15"政策体系[①]，支持粤东、粤西、粤北地区 12 个地市和珠三角地区 3 个地市各打造一个承接产业有序转移主平台，形成 15 个承接产业有序转移主平台、7 个大型产业集聚区和 96 个省产业园的梯次配置格局，掀起新一轮产业转移热潮，区域产业协同发展加快推进，园区成为支撑全省"百县千镇万村高质量发展工程"实施和坚持制造业当家的主战场、主阵地和主引擎。2023 年 1~10 月，全省 15 个承接产业有序转移主平台、7 个大型产业集聚区、96 个省产业园规模以上工业增加值分别达 1825 亿元、4418 亿元、2761 亿元，分别同比增长 8.2%、5.9%、7.5%，较全省增速（3.6%）分别高 4.6个、2.3 个、3.9 个百分点。其中，15 个承接产业有序转移主平台承接国内外特别是珠三角产业转移项目超 600 个，总投资 3025 亿元，其中亿元以上项目超 400 个。

3. 绿色发展成效显著

2023 年 2 月，广东印发《广东省碳达峰实施方案》，对工业等行业碳达峰工作做出总体部署和安排，提出坚决把碳达峰贯穿经济社会发展全过程，聚焦碳排放的重点领域和关键环节，大力实施"碳达峰十五大行动"[②]。以"双碳"目标为牵引，立足节约、清洁、低碳的发展理念，在确保安全前提下积极有序发展核电，持续扩大省外清洁电力送粤规模，大力推动产业绿色化发展。广东大力发展风电、光伏、生物质能等新能源，截至 2022 年底，海上风电装机规模达 791 万千瓦，居全国第二；光伏发电装机规模达 1590 万千瓦，

---

① "1+14+15"政策体系指广东省推动产业有序转移政策体系，其中，"1"指《关于推动产业有序转移促进区域协调发展的若干措施》，"14"指 14 个省级配套文件，"15"指 15 个市级实施方案。

② 张子俊、刘倩、李赫：《广东深入推进生态文明建设，多项生态环境指标达近年最好水平　让绿色成为高质量发展鲜明底色》，《南方日报》2023 年 4 月 11 日。

核电、抽水蓄能、气电装机规模均居全国第一;非化石能源发电装机规模已占总装机规模的50%左右。

(四)产业动力:创新要素整合力不断提升,科创产业生态加速成型

1. 创新能力领跑全国

2023年,粤港澳大湾区国际科技创新中心、综合性国家科学中心建设稳步推进,鹏城实验室、广州实验室"入轨"运行。2023年前三季度,战略性支柱产业集群有效发明专利量358247件,居全国第一,占全国相同产业有效发明专利量的比重为18.32%;战略性新兴产业集群有效发明专利量168607件,居全国第二(北京174191件),占全国相同产业有效发明专利量的比重为14.37%[①]。根据《中国区域创新能力评价报告2023》,广东创新能力连续7年第一,其中企业创新、创新绩效和知识获取排全国第一,知识创造和创新环境指标排全国第二,各维度指标均有较好表现。

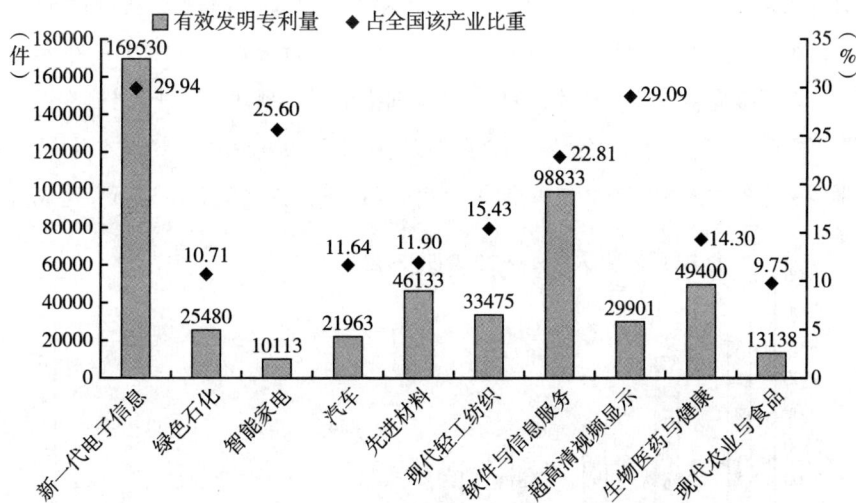

图8 2023年前三季度广东省战略性支柱产业集群有效发明专利量及占全国比重

资料来源:《广东省战略性产业集群发明专利统计简报(2023年第3期)》。

---

① 相关数据均直接引用《广东省战略性产业集群发明专利统计简报(2023年第3期)》,未做机械修改。

2. 协同创新加速推进

广东以"政府搭台，企业唱戏"方式，积极推动企业协同创新，企业协同创新的区域范围不断扩大。深入推进产学研融合发展，2022年广东高校、科研院所研发支出经费中来自企业的资金上涨超5倍。以高校教育改革为抓手，注重针对市场人才需求培养人才，打破专业壁垒，积极打造跨学科、跨学院、多专业横向交叉培养人才模式。科技成果转化活动持续活跃，根据《粤港澳大湾区科技成果转化年度报告2023》，2022年广东全年共认定登记技术合同47892项，预计合同成交额约4525.42亿元，其中技术交易额约2663.57亿元，继续居全国第二。2022年粤港澳大湾区科技成果转化的总合同金额为121.0亿元，同比增长9.8%，广州、深圳和东莞科技成果转化总合同金额排前三。

3. 要素整合力不断提升

在创新投入方面，广东启动制定《广东省科技创新条例》，实施科技体制改革三年攻坚计划，推进省重大科技项目组织管理方式改革，R&D经费投入持续增加，2022年R&D经费投入达4411.9亿元，居全国第一；R&D经费投入强度达3.42%，居全国第三，分别低于北京、上海3.41个、1.02个百分点（见图9）。在人才方面，广东积极完善各类"招才计划"，如深圳推出了"顶才汇""企才汇""创才汇""青才汇"等人才汇聚计划，加强"以赛引才""以会引才""以才引才"，不限地域引进各类人才，2022年粤港澳大湾区（广东）人才港开港运行，建成博士

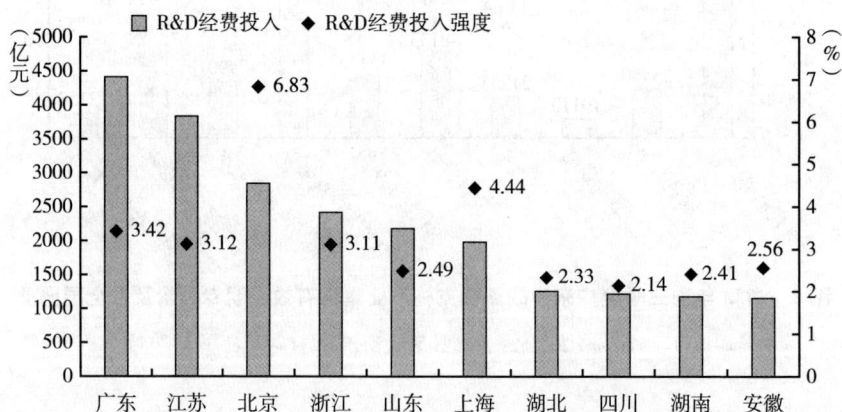

图9 2022年全国主要省、直辖市R&D经费投入

资料来源：《2022年全国科技经费投入统计公报》。

后科研平台 1186 家，在站博士后 1.17 万人。在资本供给方面，广东积极推动科技金融发展，以金融创新解决企业研发资金问题，并利用大湾区几个金融窗口与国内外投资人对接，为企业创新汇集更多源头活水。

（五）广东产业发展存在的问题

1. 产业基础能力短板明显，核心技术壁垒尚未攻克

近年来，广东企业技术自给率持续攀升，在部分领域关键核心技术上实现突破，但在芯片、操作系统、数据库、高端机床、精密仪器、高性能材料等领域，广东关键核心技术仍受制于人。关键环节或核心领域的技术创新尚未实现革命性突破，创新链、产业链、供应链存在明显薄弱环节。广东高端芯片自给率只有 14% 左右，除电子及通信设备制造业外，普通机械及专用设备制造业发展滞后于长三角地区，全省固定资产投资中有 2/3 的设备依赖进口；关键元器件、专用电子设备发展相对滞后；半导体照明产业上游的大功率 LED 芯片、外延设备以及工业机器人精密减速器等核心零部件对外依存度较大；新能源汽车产业相关的电机、电池、电控关键技术受制于人。

2. 要素成本持续攀升，产业生产效率有所下降

制造业生产要素近十年结构性变化明显，劳动力成本上升、资本偏好于服务业、土地供应有所收缩、节能减排约束、数据要素应用不足等因素共同制约制造业转型升级和效率提升。2022 年，广东规模以上工业企业成本费用利润率为 5.98%，同比下降 0.95 个百分点，21 个地市中仅有珠海、汕尾、潮州表现出增长趋势，其他地市均呈下降趋势。2022 年，广东规模以上工业企业全员劳动生产率与 2021 年基本持平，仅上涨 0.7%，但包括广州、东莞在内的 13 个地市的全员劳动生产率均出现下滑，其中，茂名、清远、云浮、韶关下降幅度超 10%（见图 10）。2023 年前三季度，在广东 39 个工业大类行业中，有 24 个行业利润总额同比回落，"增收不增利"现象持续存在。

3. 区域发展极化效应明显，同质化竞争依然存在

广东区域产业发展阶段存在较大差异，珠三角地区整体处于工业化后期，产业发展较为充分，并向现代化产业体系迈进，而粤东、粤西、粤北地区工业化进程大体处于工业化中期阶段，明显落后于珠三角地区。创新要素高度集中于珠三角核心区，沿海经济带东西两翼和北部生态发展区的产业发展空间、载体不足，导致部

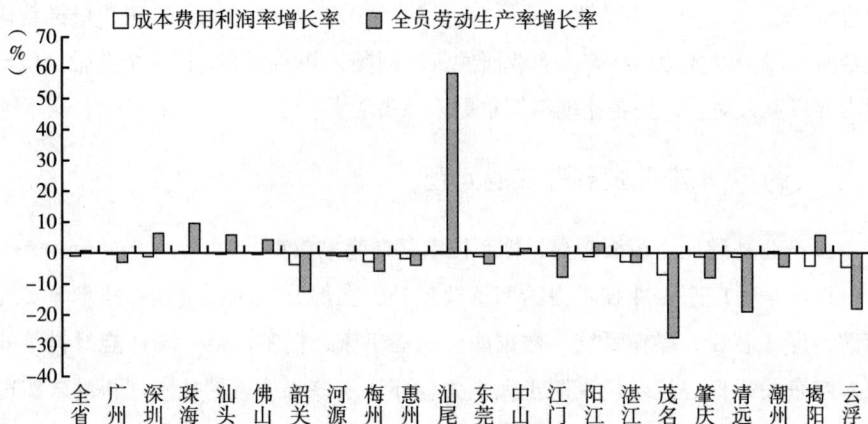

**图10 2022年广东各地市规模以上工业企业成本费用利润率增长率
和全员劳动生产率增长率**

资料来源：《广东统计年鉴2023》。

分产业在扩散过程中向省外城市转移。2022年珠三角地区生产总值占全省生产总值比重达81.1%，且领先优势持续扩大，东翼、西翼、北部生态发展区分别仅占6.1%、7.1%、5.7%（见图11）。此外，产业雷同问题依然严峻，例如多数乡村旅游开发围绕"乡愁"做文章，多数乡村旅游地主要供应农业观光、古村落观光、农产品采摘、吃农家菜、住民宿等乡村旅游产品，引发"千村一面"的同质化竞争，一些乡村产业结构单一，支撑力度弱，缺乏第二产业、第三产业的带动和发展活力。

图11 2020~2022年广东各区域地区生产总值占比

资料来源：广东统计信息网。

二 2024年广东产业发展环境

当前,国内外形势面临复杂而深刻的重大变化,新一代科技革命和产业变革加速推进,《区域全面经济伙伴关系协定》(RCEP)全面生效、新型工业化、"数字湾区"建设、产业有序转移等政策落地,广东产业发展迎来了宝贵的窗口期;但全球经济增速下滑、全球产业链供应链加速重构、区域发展不平衡不充分等问题又在一定程度上加剧了发展的不确定性,2024年,广东产业高质量发展机遇与挑战并存。

(一)发展机遇

1. RCEP政策红利持续释放为广东产业对接全球体系创造机遇期

2023年6月2日,RCEP对菲律宾正式生效,至此,RCEP已累计对15个签署国全面生效。RCEP区域总人口、生产总值、货物贸易金额均占全球比重约30%,在当前全球经济面临困难的情况下,RCEP达成是力推自由贸易、抗衡全球贸易保护主义与逆全球化潮流的有力措施,RCEP对15国全面生效标志着全球人口最多、经贸规模最大、最具发展潜力的自由贸易区进入全面实施新阶段,极大促进区域内原材料、产品、技术、人才、资本、信息、数据等生产要素自由流动,推动逐步形成更加繁荣的区域一体化大市场①。广东是全国开放最早、开放程度最高的省份,RCEP是广东打通与RCEP成员国的贸易"黄金通道",将带动广东与贸易伙伴国的双向投资,推动更多企业"走出去",持续优化全球产业链布局,加快向价值链高端跃升,对于构建更高质量的全国重要开放门户有很大促进作用。

2. 大力推进新型工业化有利于广东塑造产业竞争新优势

2023年11月,广东召开加快推进新型工业化高质量建设制造强省大会,研究部署当前和今后一个时期广东推进新型工业化工作。同月先后印发《广东省新形势下推动工业企业加快实施技术改造若干措施》《广东省降低制造业成本推动制造业高质量发展若干措施》,为引导和鼓励工业企业顺应智能化、绿色化、

---

① 毛雯:《2023年RCEP经贸合作高层论坛将在青岛举办》,《中国贸易报》2023年6月27日。

融合化发展趋势，有力有序推进新型工业化进程提供政策扶持。广东正处于从产业链中低端向高端环节爬坡过坎的关键期，虽然广东拥有制造业全部31个行业大类，且其中15大类规模居全国第一，工业增加值蝉联各省之首长达28年，但从结构来看，存在整体下滑过早过快问题。新型工业化正是实现数字经济与实体经济深度融合发展的关键手段，也是促进制造业绿色、低碳、可持续发展的重要保障。深入推进新型工业化有利于广东构建自主、安全、可控的产业链供应链，提高广东在全球产业链中的地位和竞争力，加快建设制造强省。

3. "数字湾区"建设为推动广东产业高质量发展提供新引擎

广东将"数字湾区"建设作为数字广东战略的先手棋和粤港澳大湾区数字化发展的主战场，牵头启动"数字湾区"建设，加强与香港、澳门对接，并于2023年11月出台《"数字湾区"建设三年行动方案》，提出推动粤港澳数据、人才、物流、资金畅通流动"要素通"；数字化新型基础设施"基座通"；市场主体投资兴业"商事通"；数字产业集聚发展"产业通"；社会数字化治理高效协同"治理通"；公共服务融合便利"生活通"；粤东、粤西、粤北加快"数字融湾"的建设思路。通过"数字湾区"建设，牵引带动大湾区全面数字化发展，打造全球数字化水平最高的湾区。"数字湾区"建设为畅通三地规则机制有效衔接、新型基础设施高效联通提供了纽带，是纵深推进粤港澳大湾区建设的有力抓手。广东积极融入"数字湾区"建设，有利于深化跨境数据流动与交换，打破信息孤岛，提升数据的共享与应用效率，推动广东数字产业化和产业数字化发展，激发新的经济增长点。

4. 推动产业有序转移是促进广东区域产业协调发展的重要抓手

2023年广东省政府工作报告提出，按照"政府推动、企业主体、市场运作、合作共赢"的原则，支持粤东、粤西、粤北地区更好承接国内外特别是珠三角地区产业有序转移[①]。2023年广东以"1+14+15"政策体系为驱动，在产业项目导入、园区开发建设、联合招商引资、利益共享机制等方面加强协同联动，推动产业共建、产业共强，增强粤东、粤西、粤北地区内生发展动力，新一轮对口帮扶协作的结对关系全面覆盖粤东、粤西、粤北地区[②]。推动产业

---

① 《中共广东省委　广东省人民政府关于新时代广东高质量发展的若干意见》，《南方日报》2023年5月29日。
② 林先扬：《推动产业转移与产业振兴同频共振》，《南方日报》2023年3月6日。

有序转移是实施"百县千镇万村高质量发展工程"的重要一环,通过引导产业有序转移与发展一方面可以为珠三角地区等输出地腾出更多发展空间,吸引新产业进入,优化产业结构;另一方面,粤东、粤西、粤北地区的输入地因获得转入产业而形成新动能,为粤东、粤西、粤北产业提供了弯道超车、梯度发展的机会,形成互相促进的新局面。

(二)面临挑战

1. 国内外经济不确定性持续,增大了广东产业经济下行压力

国际地缘政治风险明显上升,美国等西方国家对中国打压遏制持续升级,全球政治经济尚处于大调整、大分化阶段,旧格局逐步解体,新格局尚未完全形成,区域化、产业链安全问题更加凸显,全球经济继续处于不稳定的波动时期。同时,在全球通胀压力下,主要发达经济体和新兴经济体加快收紧货币政策,外部需求进一步萎缩。随着逆全球化思潮上升、贸易保护主义抬头,效率优先的全球产业链价值链分工模式受到巨大挑战,产业链供应链安全的重要性日益凸显。国内一些周期性和结构性问题较为突出,需求收缩、供给冲击、预期转弱三重压力的影响仍在延续,经济运行的不确定不稳定因素较多。广东地处"两个前沿",经济外向度高,产业发展正处在转型升级、新旧动能转换的关键期,外部冲击与自身周期性、结构性问题交织,给产业发展带来较多困难和挑战。

2. 全球产业链供应链加速重构,给广东外向型经济发展带来较大挑战

随着要素成本上升、效率下降,全球产业链供应链正经历重大调整,出现了区域化、碎片化趋势,全球供应链"短链化"特征日趋明显。产业链纵向分工逐渐缩短,横向分工呈现区域集聚特征,越来越多的跨国公司开始将供应网络内部化、区域化。在推进现代化产业体系建设过程中,广东高端产业和传统产业面临发达国家和发展中国家双重挤压。一方面,欧美国家持续推进"再工业化"战略,以多种贸易制裁手段,削弱中国制造业国际竞争力;另一方面,随着要素成本上涨,传统劳动密集型产业的竞争优势不断弱化,制造业产能出现向东南亚、南亚国家转移势头,传统"两头在外""大进大出"模式亟须调整。

3. 区域发展不平衡不充分，增加了广东产业协同联动发展难度

广东不同地区禀赋结构和初始条件有较大差异，区域发展不平衡不充分问题长期存在。粤东、粤西、粤北地区产业发展基础仍然薄弱，基础设施、人才供给、能源保障以及公共服务配套存在短板，特别是县域经济总量较小、增长较慢、总体发展水平较低，县镇村内生动力不足，一体化发展政策体系不健全，资源要素从乡村向城市流出的局面尚未扭转。沿海经济带和北部生态发展区面临承接珠三角核心区产业转移的机遇减少、邻近省市快速发展带来较大竞争压力等现实困境①。广东与产业网络化发展相匹配的区域交通网络与物流体系尚不健全，满足新兴产业链条延长对区域物流配送与供应链体系提出的高要求存在一定困难。区域间不同层级的行政壁垒以及政府服务、营商环境、政策协同与发展程度差异，使合作效率不高，飞地及产业园区配套尚有诸多不足，这些都是对新阶段广东产业转移与区域协调发展的考验。

三　2024年广东产业发展趋势

2024 年是广东加快构建具有国际竞争力的现代化产业体系以及持续深入推进新型工业化的关键期，粤港澳大湾区建设的纵深推进、新一轮产业转移的有序推进、数字经济和海洋经济的加快发展，有利于广东持续推进产业基础高级化和产业链现代化，以科技创新推动产业创新，发展新质生产力，坚持传统产业、新兴产业、未来产业并举，实现由制造大省向制造强省跨越。

（一）粤港澳大湾区建设纵深拓展，形成现代化产业体系建设的重要动力源

粤港澳大湾区是中国开放水平最高、市场活力最强、经济发展质量最高的区域②。2023 年习近平总书记在广东考察时再次为粤港澳大湾区赋予了新定位：使粤港澳大湾区成为新发展格局的战略支点、高质量发展的示范地、中国式现代化的引领地。2024 年，广东将纵深推进新阶段粤港澳大湾区建设，增

---

① 余嘉敏等：《明确产业规划　与珠三角协同互补》，《南方日报》2022 年 6 月 17 日。
② 王廷惠、李娜：《湾区市场一体化：现实逻辑与实施路径》，《开放导报》2023 年第 3 期。

强畅通国内大循环和联通国内国际双循环的功能，打造高质量发展重要动力源、全国经济重要增长极，加快建设中国式现代化的国际一流湾区。推进粤港澳大湾区综合性国家科学中心建设，打造跨地域科研机构，形成系列创新载体，以广深港、广珠澳科技创新走廊为主轴，辐射带动粤东、粤西和粤北地区。推进基础设施"硬联通"与规则制度"软对接"，加快建设"数字湾区""轨道上的大湾区"，深化粤港澳三地民生融通和人文交流，推动人流、物流、资金流、信息流便捷高效流动，引领粤港澳大湾区建设提速推进。高水平建设以横琴、前海、南沙、河套为主的重大合作平台，充分发挥平台对粤港澳大湾区建设引领作用，打造广东现代化产业体系发展的新动能。

（二）新一轮产业转移有序推进，加快拓展产业发展新空间

通过推动产业转移，缩小粤东、粤西、粤北地区与珠三角地区差距，是广东促进区域协调发展、拓展产业发展新空间的重要途径。2024年，广东将持续推进产业有序转移、积极对接对口帮扶协作，激发粤东、粤西和粤北地区内生动力，加快补齐城乡区域发展不平衡的短板，夯实高质量发展的基础。在新一轮产业转移背景下，将大湾区制造业链条不断向粤东、粤西、粤北地区延伸，大力提升珠三角地区的辐射带动力，构建"港澳—珠三角—粤东西北"产业链协同体系，实现产业共建共强。高标准建设承接产业有序转移主平台、大型产业集聚区和省产业园，打造一批"万亩千亿"园区载体。重点改善产业园区"转不多""接不够"困境，增加规模以上工业企业在粤东、粤西、粤北地区的落户数量，加快推动落户企业在共建园区集群成链。推动珠三角地区与港澳，粤港澳大湾区与粤东、粤西、粤北地区，以及广东与国内国际重点区域的协同联动，进一步拓展产业发展腹地。

（三）制造强省加快建设，以战略性新兴产业打造竞争新优势

制造业是广东的产业基石，为深入贯彻习近平总书记关于推动制造业高质量发展的重要论述精神，2023年广东省委、省政府出台关于高质量建设制造强省的意见，提出实施大产业、大平台、大项目、大企业、大环境"五大提升行动"，持续巩固和强化制造业在全省经济社会发展中的"顶梁柱"作用。2024年，广东将加快建设更具国际竞争力的现代化产业体系，坚持

传统产业、新兴产业、未来产业并举，以抓项目、建平台、优环境为抓手，推动制造业智能化、绿色化和融合化发展，加快实现由制造大省向制造强省跨越。广东的战略性产业集群整体处于全国领先水平，战略性新兴产业发展潜力巨大，是推动广东制造强省建设的重要支柱。广东将抢抓全球新一轮科技革命和产业变革重大机遇，把控战略性新兴产业发展趋势，营造良好产业发展生态，促进战略性新兴产业融合集群发展。巩固提升十大战略性支柱产业，培育壮大十大战略性新兴产业，打造一批世界级先进制造业集群。在强链控链中推动产业链向高端跃升，促进广东战略性新兴产业迈向全球价值链中高端。强化战略性新兴产业发展支撑保障，完善战略性新兴产业发展生态体系。

（四）产业基础高级化、产业结构合理化、产业链现代化持续推进，全面提升现代化产业体系竞争力

现代化产业体系是以战略性新兴产业为先导，以先进制造业、现代化服务业、现代化农业为基础，以现代化基础设施为支撑，不断构建产业基础高级化、产业结构合理化、产业链现代化的产业体系[1]。当前新一轮科技革命与产业变革加速演进，全球产业链供应链面临重塑。全面提升产业基础高级化和产业链现代化水平特别是推进产业链现代化，是广东坚持壮大实体经济、构建现代化产业体系的重要一环，也是构建新发展格局、塑造全球竞争优势的战略选择。2023 年习近平总书记在广东视察时强调"推进产业基础高级化、产业链现代化"。2024 年是广东推进产业链现代化的关键时期，要对重点行业产业链供应链进行系统梳理，加快补齐产业链供应链短板。深入推进产业基础再造行动，巩固优势产业领先地位，加快培育壮大新兴产业，持续增强产业链供应链的竞争力和安全性。突破重点产业链的一批关键核心技术、前沿技术和颠覆性技术，不断巩固和提升广东产业在全球价值链分工体系中的地位，全面提升现代化产业体系竞争力。

---

① 黄汉权、盛朝迅：《现代化产业体系的内涵特征、演进规律和构建途径》，《中国软科学》2023 年第 10 期。

（五）数字经济加快发展，赋能现代化产业体系建设

数字经济是当前全球经济发展的"稳定器""动力泵"，也是畅通国内国际双循环、激发增长新动能的重要抓手①。数字经济是广东构建现代化产业体系的重要引擎，通过数字经济赋能，可以推动供需精准匹配、降低制造业成本，并助力新业态新模式发展。广东省数字经济增加值连续多年居全国第一，电子信息制造业规模连续31年居全国第一，广东抢抓数字经济发展新机遇，已走出一条产业数字化和数字产业化"双轮驱动"的发展之路，围绕产业形成多主体、多层次、广覆盖的数字化转型生态，成为赋能产业、推动产业转型和高质量发展的重要驱动力。2024年，广东将瞄准数字产业化与产业数字化双向发力，推动数字技术与产业深度融合，持续做优做强数字经济，赋能现代化产业体系建设。全面深入推进制造业数字化、智能化转型，以数字化赋能推进产业智能化发展，不断提高广东制造的"含智量"。实施数字增值增富工程，在广东积极探索数据基础制度建设，促进数据合规高效流通使用，激发数据要素潜能，推动企业数据资源化、资产化、资本化发展，通过大数据对企业业务进行赋能、扩大与创新，形成数字资产和数字生产力。

（六）海洋强省建设深入推进，打造现代化产业体系建设"蓝色引擎"

广东海洋经济总量连续29年居全国首位，海洋成为广东高质量发展战略要地，海洋经济也是广东经济高质量转型发展的新方向之一。广东省委十三届三次全会将"全面推进海洋强省建设，在打造海上新广东上取得新突破"纳入"1310"具体部署。2024年，广东将围绕现代海洋产业发展、海洋基础设施建设、海洋科技创新、海洋生态转化等，奋力打造海上新广东。不断加强海洋科技创新，高水平建设国家海洋综合试验场、南方海洋科学与工程广东省实验室（广州、珠海、湛江）等创新载体，打造蓝色科技引擎。以海上风电、

---

① 白新华、李国英：《以数实融合提升产业链供应链韧性的现实思考》，《区域经济评论》2023年第6期。

海洋工程装备、海洋电子信息、海洋生物、海洋牧场等产业为抓手，加快构建现代海洋产业体系，不断激活蓝色经济动能；推动海洋牧场大产业全产业链发展，着力打造"粤海粮仓"。持续加大红树林等海洋生态资源保护修复力度，高标准建设深圳"国际红树林中心"，加快创建湛江雷州、湛江徐闻、惠州惠东、江门台山等4个万亩级红树林示范区，筑牢蓝色生态屏障。

（七）未来产业集群加快谋划，抢占现代化产业体系建设制高点

处于孕育孵化阶段的未来产业具有高成长性、战略性、先导性，只要加以引导培育，就可能形成全球经济新的增长极，驱动经济社会变革式发展。未来产业是广东构建现代化产业体系的重要组成部分，也是面向未来塑造产业新动能的重大战略选择。2024年，广东将在深刻把握全球未来产业发展趋势的基础上，以未来技术突破催生新动能，统筹推进科技和产业融合，发挥粤港澳大湾区超大城市群的产业引领带动作用，聚焦优势领域兼顾短板环节，选择有望形成千亿元级、万亿元级规模的前沿产业方向，打造广东省未来产业发展矩阵。重点发展未来电子信息、未来智能装备、未来生命健康、未来材料、未来绿色低碳等五大未来产业集群，抢占6G、人形机器人、量子科技、基因技术、深海空天等产业发展战略制高点。在智能算力基础底座、核心算法、前沿技术研究、创新应用等战略方向上开展技术攻关，推动人工智能从跟随型创新向引领型创新转变，加快赋能新型工业化。超前布局下一代新能源汽车关键核心技术，推动智能汽车产业链向纵深拓展。加大对新型储能关键技术和装备的研发力度，将广东打造成具有全球竞争力的新型储能产业创新高地。

四 广东加快建设具有国际竞争力的现代化产业体系的政策建议

2024年，广东着力聚焦体系塑造、新动能培育、产业形态优化、区域协同发展、新兴与未来产业发展等，加快构筑新质生产力，打造安全有序的产业链供应链生态圈，持续拓展产业纵深和发展腹地，提升制造业当家本领和现代化产业体系整体效能。

（一）聚焦体系塑造，深入推进"强链、补链、稳链、建链"

全球经济竞争的关键是产业链竞争，通过强链、补链、稳链、建链，持续提升产业链供应链韧性和安全水平至关重要。广东部分产业链依然存在断点、堵点和短板，广东将扎实推进新型工业化，以"链长制"深入推进强链、补链、稳链、建链，增强产业链供应链韧性和抗冲击能力。对汽车、电子等优势行业，围绕产业前沿，通过创新化、智能化、数字化、品牌化等工程建设"稳链"和"强链"；对新材料、新能源、基础软件等增长潜力巨大的行业，在高端芯片制造、共性支撑技术等方面抓紧"补链"；对区块链、人工智能、量子通信等未来产业领域，通过引进领军人才、吸引企业集聚等推动产业发展壮大来"建链"。围绕重点产业链自主可控能力建设，健全产业链图谱，推动创新链、产业链、资金链、人才链"四链"深度融合，全方位提升产业链韧性和安全水平，为实体经济行稳致远提供高效精准支持。

（二）聚焦转型引领，提升制造业当家本领

实体经济特别是制造业是推动国家现代化的物质技术基础，是推动国家进入现代经济增长轨道的主导力量[1]。广东要坚持以实体经济为本、制造业当家，加快形成新质生产力，全面提升制造业在现代化产业体系中的地位和作用。要聚焦体系塑造，坚持新老并举打造现代化产业体系，巩固提升支柱产业，培育壮大新兴产业，前瞻谋划未来产业，全面提升广东制造在全国乃至全球的地位和作用。开展传统产业改造升级专项行动，大力发展新能源汽车、以储能电池为代表的新型储能、海洋工程装备、农业机械、食品等产业，培育新增3~4个万亿元级战略性产业集群和4~5个超5000亿元级战略性新兴产业集群。要聚焦转型引领，以数字化赋能推进产业智能化发展，以完善绿色制造体系为抓手打造绿色增长新动能，以创新驱动推进制造业企业提质增效，不断提高广东制造的"含智量""含绿量""含金量"，推动广东制造实现结构性调整、系统性优化、整体性跃升，夯实新型工业化体系根基。

---

① 张其仔：《加快建设以实体经济为支撑的现代化产业体系》，《红旗文稿》2023年第9期。

（三）聚焦创新驱动，培育壮大现代化产业体系新动能

实现高水平科技自立自强，努力在突破关键核心技术难题上取得更大进展，是中国式现代化建设的关键，也是习近平总书记对广东的重要指示。广东要聚焦创新驱动，加快构筑新质生产力，夯实科技自立自强根基，打造具有全球影响力的产业科技创新中心。要以粤港澳大湾区国际科技创新中心建设为"纲"，积极融入全球产业链、供应链和价值链，提升主导产业在全国乃至全球产业链关键环节的把控力和竞争力。加快建设网络化、智能化、服务化、协同化的融合基础设施，夯实新质生产力发展根基。围绕广深港、广珠澳科技创新走廊建设，打造一批以国家实验室为核心的世界一流实验室。围绕产业链"卡脖子"环节加强基础研究，增强科技创新成果供给力，整合技术链、创新链、产业链，为战略性新兴产业和未来产业发展服务。加快构筑新质生产力的主力军，以"链主"带动新质生产力产业集群发展。营造良好的创新生态，加快构建"基础研究+技术攻关+成果转化+科技金融+人才支撑"全过程创新生态链，为实现高水平科技自立自强提供有力支撑，推动现代化产业体系提质增效。

（四）聚焦新兴产业与未来产业，大力推进现代化产业集群建设

习近平总书记多次强调，积极培育新能源、新材料、先进制造、电子信息等战略性新兴产业，积极培育未来产业，加快形成新质生产力，增强发展新动能①。广东将全面扩大当家产业优势，争创国家新型工业化示范区，持续巩固制造业的"顶梁柱"作用，高质量推进制造强省建设。大力推进20个战略性产业集群建设，壮大现有8个万亿元级产业集群，重点加快发展集成电路、新能源汽车、新型储能、海洋牧场等产业。围绕战略性新兴产业，在产业布局优化、关键核心技术、产业生态、激发人才创新创造活力动力的体制机制等方面不断取得新的实质性突破。聚焦战略性产业集群及未来产业，着力健全产业创新平台体系，参与国际领域的重点创新联盟、标准化组织和高端交流平台建

---

① 《习近平主持召开新时代推动东北全面振兴座谈会强调：牢牢把握东北的重要使命　奋力谱写东北全面振兴新篇章》，中国政府网，2023年9月9日，https://www.gov.cn/yaowen/liebiao/202309/content_ 6903072. htm？zbb＝true。

设。实施五大未来产业集群行动，增强广东在 5G、超高清显示等领域产业技术优势，支持量子通信、信息光子、太赫兹、新材料、生命健康等领域努力抢占未来发展制高点。

（五）聚焦产业形态优化，持续推进现代服务业同先进制造业深度融合

先进制造业与现代服务业融合发展，既促进了制造业高质量发展，又提升了生产性服务业的专业化水平和价值链水平，催生新产业、新业态和新模式[①]。随着新一轮科技革命和产业变革的发展，推动先进制造业和现代服务业深度融合发展，是提升产业竞争优势、建设现代化产业体系的重要路径。广东将实施生产性服务业供给质量改造提升行动，支持利用大数据、物联网等新技术改造传统生产性服务业。加速生产性服务业嵌入先进制造生产环节，持续加快促进产业向高端化、高质化和高效化转型，推动现代服务业同先进制造业深度融合。谋划落实两业融合发展标杆引领工程，努力打造一批两业深度融合的优势产业链条、标杆企业、新型产业集群和融合示范载体，强化高质量发展的产业根基。支持深圳前海等地建设现代服务业与先进制造业融合发展示范区，助力制造业企业由提供"产品"向提供"产品+服务"转变，提升广东现代化产业体系整体效能。

（六）聚焦拓展纵深和区域协同联动，锻造现代化产业体系潜力板

产业体系具有产业组织和空间组织的双重形式，部门结构和功能结构分别从不同维度刻画了产业组织形式的特征，而空间形式则是产业组织形式在地理空间上的投射，其形成则是区域专业化分工深化的结果[②]。因此，从空间结构维度来看，广东建设现代化产业体系还要求拓展经济纵深，建立优势互补的区域产业分工协作网络。实施区域质量发展示范工程，创建珠三角核心区、沿海经济带、北部生态发展区等质量品牌提升示范区，打造区域质量发展新优势。要聚焦拓展产业发展新空间，内外发力挖掘县域、海洋和区域协作的发展增量，纵深

---

① 黄群慧等：《正确理解和大力推进中国式现代化》，《国际经济评论》2023 年第 3 期。
② 赵祥：《准确把握新时代建设现代化产业体系的多维路径——基于部门、功能和空间三维视角的研究》，《经济学家》2023 年第 5 期。

布局产业链供应链。进一步健全县域发展机制，深化扩权赋能强县改革，持续激发镇村（社区）发展内生动力，发展壮大县域经济、现代农业产业和农村集体经济。全面实施"百县千镇万村高质量发展工程"，把村、镇、县连为一体，结成生产要素内外循环网络，推动城乡区域协调发展向更高水平和更高质量迈进，将突出短板逐步转化为潜力板。坚持内外双向发力，用好国内国际两个市场两种资源，持续增强广东产业发展韧性、区域协同联动能力和竞争活力。

（七）聚焦要素集约集聚，打造安全有序的产业链供应链生态圈

现代化产业体系是由一系列相互联系和相互支撑的产业部门、主导力量、要素条件等构成的有机系统，是三次产业、产业要素、产业环境相互支撑、相互促进的整体，不能割裂式、碎片化、孤立型发展。广东加快推进新型工业化，关键是要调整优化部门之间、主体之间、要素之间的关系，更好促进其有序连接、高效畅通。从要素条件看，科技创新、现代金融、人力资源、数据要素等需协同优化，在构建促进产业融合的体制机制与政策环境的基础上，要着力推动产业多方位、多层次、多环节、多方式分工协作、有效衔接、耦合共生、互动发展，加速形成深度有机融合的产业链供应链生态圈。以"高精尖缺"为导向，聚焦科技前沿和关键核心技术等重点领域，充分发挥横琴、前海、南沙、河套等重大创新合作平台的特殊作用，依托大平台、大项目规模化聚才育才，吸引集聚海内外科学家、优秀科创人才和团队来粤创新创业。要强化人才保障，统筹抓好各类人才队伍建设，加快建设粤港澳大湾区高水平人才高地。围绕战略性产业集群发展需求，吸引更多青年科技人才、卓越工程师、大国工匠等集聚广东。探索在数据交易、普惠金融、供应链等领域开展业务场景试点工作，深化产业链、供应链数字化转型，形成规范有序的数据要素市场基础运营体系。

B.4
2023~2024年广东科技创新发展形势
分析与预测

广东省社会科学院企业研究所课题组*

摘　要： 2023年，广东以"基础研究+技术攻关+成果转化+科技金融+人才支撑"全过程创新生态链建设为牵引，粤港澳大湾区国际科技创新中心和综合性国家科学中心建设取得实质性进展，企业创新主体地位进一步增强，科技成果转化能力进一步提升，区域创新能力连续7年排全国第一。2024年，广东既面临全球更加激烈的科技创新竞争，也面临重大基础研究成果不断涌现的机遇，国家推动国际科技合作的力度和广度将不断加大。广东要以重大平台建设为引领，增强区域原始创新能力；以"四链"融合为抓手，突破关键核心技术；以体制机制创新为突破口，构筑开放创新新优势；以优化营商环境为抓手，打造一流创新生态；持续扩大科技领军企业规模，不断提升创新投入产出水平，在打造具有全球影响力的产业科技创新中心、建设科技创新强省、实现高水平科技自立自强上取得新突破。

关键词： 科技创新　全过程创新生态链　科技自立自强

广东以习近平总书记对科技创新的重要论述为指导，牢记习近平总书记赋予的使命任务，深入学习贯彻党的二十大精神、中央经济工作会议精神和习近平总书记视察广东重要讲话、重要指示批示精神，认真落实省委"1310"具

---

* 课题组成员：李源，广东省社会科学院企业研究所所长、研究员，管理学博士，研究方向为创新管理、企业经济与产业经济；陈志明，广东省社会科学院企业研究所研究员，管理学博士，研究方向为技术经济与创新管理；陈斐然，广东省社会科学院企业研究所助理研究员，管理学博士，研究方向为系统分析与管理决策、平台经济与创新管理；何花，广东省社会科学院企业研究所助理研究员，研究方向为企业创新、企业竞争力。

体部署，锚定打造具有全球影响力的产业科技创新中心的目标，一体化推进教育强省、科技创新强省、人才强省建设，奋力在实现高水平科技自立自强上取得新突破。2023年，广东着力打造"基础研究+技术攻关+成果转化+科技金融+人才支撑"全过程创新生态链，持续推进关键核心技术攻关、重大科研平台建设，加强基础研究和应用基础研究，强化科技成果转移转化，引导和驱动优质创新要素不断向广东聚集，区域创新能力综合排名连续7年居全国第一。2024年，广东科技创新发展将面临更加复杂多变的国际环境，也面临全球重大科技突破不断涌现带来的机遇。广东要立足实现更高水平的科技自立自强，壮大引领中国进入创新型国家前列的战略科技力量，突出重大科技创新平台建设，强化"四链"深度融合，深化国际国内科技创新合作，打造更具吸引力的创新生态，持续增强区域原始创新能力、关键核心技术攻关能力、科技成果转化优势，大力发展以科技创新为核心的新质生产力，为在推进中国式现代化建设中走在前列提供强有力的科技支撑。

一 2023年科技创新强省建设主要进展

广东强调以创新为第一动力，以粤港澳大湾区国际科技创新中心建设为"纲"，着力建设"基础研究+技术攻关+成果转化+科技金融+人才支撑"全过程创新生态链，广深港、广珠澳科技创新走廊和深港河套、粤澳横琴科技创新极点"两廊两点"架构体系不断完善，横琴、前海、南沙、河套等重大平台创新合作不断深入，科技引领支撑作用不断强化，研发投入产出水平位居全国前列，研发投入强度达到3.42%①，有效发明专利数量、PCT国际专利申请量等主要科技指标均居全国首位，区域创新综合能力连续7年居全国第一。

（一）建设更具引领力的创新发展平台体系

1.省院科技合作进一步深化
2023年11月，广东与中国科学院签署加快推进粤港澳大湾区国际科技创

① 《2022年广东省科技经费投入公报》，广东统计信息网，2023年11月28日，http：//stats.gd.gov.cn/tjgb/content/post_4292330.html。

新中心建设合作协议。充分发挥广东产业、市场、人才、开放优势，发挥中国科学院作为国家战略科技力量的独特优势，聚焦科技前沿领域和国家战略需求，推进关键核心技术联合攻关、企业技术改造和产业转型升级、重大科研平台建设、创新拔尖人才培养、科技成果转移转化，助力科技强省建设。

2. 大湾区综合性国家科学中心建设稳步推进

深圳先行启动区光明科学城全力打造原始创新策源地、科研经济先行地、创新人才集聚地，围绕生命、信息、新材料三大主攻方向，布局了 24 个重大科技创新载体。新建中山大学柔性电子学院、深圳理工大学（筹）算力微电子学院、南方科技大学光明高等研究院，构建前沿技术创新研发高地，为深圳市光明区乃至粤港澳大湾区半导体领域培养创新拔尖人才。

东莞松山湖科学城建设取得积极进展。东莞松山湖科学城与中国科学院、国内知名高校等 30 家科研机构、高校合作，建成 1 家国家级工程技术研究中心、1 家国家级重点实验室、2 家国家级企业技术中心、1 家省实验室、1 家粤港联合实验室、304 家市级以上重点实验室和工程技术研究中心①。大湾区大学（筹）（松山湖校区）全面封顶，香港城市大学（东莞）工程建设有序推进。

南沙科学城建设取得重要进展。广州在《2023 年自然指数—科研城市》中的全球科研城市排名从 2018 年的第 15，跃升至 2023 年的第八。南沙科学城核心区域明珠科学园首批项目基本建成，南部组团（广东空天科技研究院、广东智能无人系统研究院）交付使用；南方海洋科学与工程广东省实验室（广州）纳入国家实验室体系②；天然气水合物勘查开发国家工程研究中心挂牌运作；全国首座深水科考专用码头正式启用。

3. 重大科技基础设施不断丰富

广东推进中国散裂中子源二期工程、江门中微子实验站建设，加快布局人类细胞谱系、冷泉生态系统、阿秒激光等大科学装置。2023 年，广东省极端条件重点实验室启动，进一步研发中国散裂中子源二期工程、南方先进光源工程所需的极端

---

① 《推动科技创新转化为现实生产力　松山湖科学城用创新释放"大能量"》，中国科技网，2023 年 11 月 17 日，http://m.stdaily.com/index/kejixinwen/202311/42adb7c9ede44fc5a6871d04c53c34a8.shtml。

② 《最高级别科学盛会！诺奖得主也来了》，澎湃新闻，2023 年 5 月 16 日，https://m.thepaper.cn/baijiahao_23106056。

条件设备及实验技术，形成世界一流的极端条件物质科学中心。光明科学城脑解析与脑模拟、合成生物研究重大科技基础设施正式投入使用。材料基因组大科学装置平台材料基因组设施完成设备调试。国家超级计算深圳中心二期项目开工建设。"双子星"加速器驱动嬗变研究装置和强流重离子加速器装置加快建设。

表1 大湾区重大科技基础设施

地区	设施名称	建设进度	主要负责单位
广州	冷泉生态系统研究装置	已规划	中国科学院南海海洋研究所
	智能化动态宽域高超声速风洞	已规划	中国科学院南海海洋研究所
	极端海洋动态过程多尺度自主观测科考设施	已规划	中国科学院南海海洋研究所
	国家超级计算广州中心	已建成	中山大学
	航空轮胎动力学大科学装置	基本建成	中国科学院长春应化所、黄埔材料研究院
	人类细胞谱系大科学研究设施	在建	中国科学院广州生物医药与健康研究院
	慧眼大设施	在建	华南生物医药研究院
深圳	未来网络国家重大基础科技设施（深圳分中心）	已建成	北京大学深圳研究生院
	深圳国家基因库	已建成	深圳华大生命科学研究院
	国家超级计算深圳中心	已建成	中国科学院计算技术研究所
	脑解析与脑模拟设施	已建成	中国科学院深圳先进技术研究院、香港科技大学
	合成生物研究设施	已建成	中国科学院深圳先进技术研究院
	材料基因组大科学装置	完成设备调试	南方科技大学
	空间环境地面模拟装置深圳拓展设施	在建	哈尔滨工业大学（深圳）
	空间引力波探测地面模拟装置	在建	中山大学（深圳）
	多模态跨尺度生物医学成像装置	在建	北京大学深圳研究生院、南方科技大学等
东莞	中国（东莞）散裂中子源	已建成	中国科学院高能物理研究所
	南方先进光源装置	在建	中国科学院高能物理研究所
江门	江门中微子实验室	在建	中国科学院高能物理研究所
惠州	加速器驱动嬗变研究装置	在建	中国科学院
	强流重离子加速器装置	在建	中国科学院

资料来源：课题组根据公开资料整理。

4. 粤港澳科技合作平台建设取得重要进展

国务院发布《河套深港科技创新合作区深圳园区发展规划》。该规划是推进河套合作区开发建设的基础性文件，着力破解粤、港两地法律、体制、规则等方面的深层次壁垒，有利于推动粤港科技创新领域规则衔接、机制对接，促进粤港澳三地科技合作纵深发展。

世界知识产权组织发布的 2023 年版全球创新指数（GII）"科技集群"排名，"深圳—香港—广州"科技集群连续 4 年居全球第二。河套深港科技创新合作区高端科创资源加快集聚，香港科学园深圳分园开园，世界无线局域网应用发展联盟成立，粤港澳大湾区（广东）量子科学中心等 26 个重大科研项目落户河套。中国—葡语系国家科技交流合作中心（珠海·横琴）实体场地 2023 年 10 月启用。

南沙建设科技创新产业合作基地取得积极进展。广州市科技局与香港科技大学（广州）签署协同创新全面合作协议，在 15 个优势领域布局开展粤港澳联合科技创新项目 62 项。联合香港科技大学（广州）新组建 6 家前沿交叉学科市重点实验室。以香港科技大学（广州）为试点推进科研用物资跨境自由流动试点。国家超级计算广州中心南沙分中心通过百兆网络专线向香港传输"天河二号"的算力，为港澳及海外 200 多个科研用户团队提供超过 2.4 亿核时的超级算力，填补了香港无世界领先水平高性能计算平台的空白，助力香港科技大学成功研发世界最耐久新型氢燃料电池。以华南技术转移中心为支点，南沙加快国际科技成果转化基地建设，推动 200 余项粤港成果精准对接。

（二）构筑更具支撑力的"四链"融合格局

1. 围绕新兴产业链部署创新链取得积极进展

实验室体系进一步完善。广东已初步构建起以鹏城实验室、广州实验室为引领，由 31 家全国重点实验室和国家重点实验室、10 家省实验室、435 家省级重点实验室、20 家粤港澳联合实验室、4 家"一带一路"联合实验室以及高级别生物安全实验室等组成的高水平多层次实验室体系①。2023 年，中国完

---

① 《2023 年岭南科学论坛系列活动——第二届湾区实验室建设与管理创新大会在广州举办》，广东省科学技术协会网站，2023 年 12 月 7 日，https：//www.gdsta.cn/kxxw/yw/content_40660。

成第二批国家实验室挂牌组建，超过 200 家全国重点实验室获批①。其中，据不完全统计，依托或共建单位为广东高校的全国重点实验室已达 11 家（如表 2 所示）。在省级重点实验室方面，2023 年广东新增 26 家，其中学科类新增 15 家，企业类新增 11 家，总数达到 435 家②。学科类省级重点实验室主要分布在医学科学（87 家）、生物科学（52 家）、信息科学（45 家）领域，占学科类省级重点实验室总数的 64%。企业类省级重点实验室主要分布在制造（43 家）、电子信息（29 家）、新材料（23 家）领域，占企业类省级重点实验室总数的 64.2%。

表 2　广东省获批建设的全国重点实验室

序号	依托/共建单位	实验室名称
1	中山大学	水产动物疫病防控与健康养殖全国重点实验室
2	中山大学	工业产品环境适应性全国重点实验室
3	中山大学	华南恶性肿瘤防治全国重点实验室
4	暨南大学	生物活性分子与成药性优化全国重点实验室
5	华南理工大学、深圳大学	亚热带建筑与城市科学全国重点实验室
6	广东省农业科学院、华南农业大学、四川农业大学、温氏集团	猪禽种业全国重点实验室
7	广州医科大学	呼吸疾病全国重点实验室
8	广州中医药大学	中医证候全国重点实验室
9	深圳大学、上海交通大学	射频异质异构集成全国重点实验室
10	中交第一公路勘察设计研究院有限公司、长沙理工大学、深圳大学	极端环境绿色长寿道路工程全国重点实验室
11	中国矿业大学、四川大学、深圳大学	深地工程智能建造与健康运维全国重点实验室

资料来源：课题组整理。

实施十年"卓粤"计划取得阶段性进展。《中国基础研究竞争力报告2022》显示，广东基础研究竞争力排名创新高，居全国第二，仅次于北京。出台

① 《全国重点实验室：力扛创新战略担当》，中国教育新闻网，2023 年 10 月 9 日，http://www.jyb.cn/rmtzgjyb/202310/t20231009_2111100583.html。
② 《2023 广东省重点实验室统计》，广东省科学技术厅网站，2023 年 10 月 19 日，http://gdstc.gd.gov.cn/zwgk_n/sjjd/content/post_4268892.html。

《关于深入推进重大科研基础设施与大型科研仪器开放共享的若干措施》，推动开放共享"一网通"，强化对企服务，提升创新体系整体效能。全省纳入统计并可用于开放共享的大型仪器设施有8995台（套），其中已纳入国家网络平台对外开放的比例达82.4%①。出台《广东省基础与应用基础研究基金联合基金管理实施细则》，完善基础研究多元化投入体系。

科技攻关与技术改造稳步推进。制定《广东省配套支持国家科技重大项目和重大平台管理办法（试行）》，鼓励广东企事业单位积极承担国家科技重大项目，承建国家科技重大平台，积极融入国家战略布局。围绕产业集群突出短板和弱项，对接《广东省重点领域研发计划"十四五"行动方案（2021—2025）》，结合产业实际组织实施技术攻关项目。实施工业技术改造"双增"行动，聚焦关键领域促进存量企业增资扩产，开展各类技术改造活动100多项，推动超过7300家企业技术改造。

2. 围绕创新链布局产业链成效显著

技术要素供给质量和能力不断提升。根据科技部火炬中心网站数据，2022年，广东技术合同登记金额为4525.42亿元，居全国第二。建立职务成果转化尽职免责认定工作机制，鼓励高校、科研事业单位和转制院所管理人员、科研人员以"技术股+现金股"组合形式持有技术股股权。大科学装置、重点实验室及新型研发机构当好"科学家经纪人"，助力应用技术研发和成果转化。2023年4月，被称为"癌症新疗法"的硼中子俘获治疗项目，成为中国散裂中子源相关技术催生的首个产业化项目。松山湖材料实验室引进25个创新样板工厂团队，孵化42家产业化公司，让科研成果加速从"纸上"到"地上"。截至2023年5月，国家纳米科学中心和广州高新技术产业开发区共建的广东粤港澳大湾区国家纳米科技创新研究院实现自有科研成果可产业化项目22个，孵化项目企业17家②。

3. 金融支持科技创新力度加大

政策助力金融赋能科技创新。2023年6月，广东省科技厅、财政厅联合制定《广东省省级科技计划绩效评价管理办法（试行）》，制度化推动财

---

① 《广东推动大型仪器设施开放共享》，科技日报，2023年3月20日，http://stdaily.com/index/kejixinwen/202303/0b1c7a2f53284422b4c546d631d7b532.shtml。

② 数据来源于广东粤港澳大湾区国家纳米科技创新研究院。

政预算绩效管理在科技领域走深走实，为科技创新减负赋能。2023 年 7 月，国家外汇管理局起草的《国家外汇管理局关于进一步深化改革　促进跨境贸易投资便利化的通知（征求意见稿）》将科技型中小企业纳入跨境融资便利化试点主体范围，进一步支持中小企业科技创新。此外，以注册制为牵引的资本市场服务科技创新的功能大幅提升。2022 年，广东新增 78 家上市公司均为高新技术类企业，其中属于战略性新兴产业的有 72 家，占比达 92.3%①。2023 年 1~8 月，省工信厅推动 8 家合作银行为超 1 万家次专精特新企业提供融资支持超 1200 亿元。2021 年至 2023 年 8 月累计推动 118 家专精特新企业成功上市，其中，在 2023 年 1~8 月全省 38 家上市企业中，32 家为专精特新企业②。

实施"金融+科创"工程，促进金融、科技、产业高质量循环。2023 年 4 月，广东省政府与全国性金融机构签署金融助推广东高质量发展全面战略合作协议，各金融机构及其在粤分支机构支持广东科创强省建设意向融资金额 2932 亿元。中国人民银行广州分行数据显示，截至 2023 年 4 月末，广东科技型中小企业贷款余额 2942 亿元，高新技术企业贷款余额 2 万亿元，同比均增长 25%，比各项贷款增速高 13.4 个百分点。银行对接 4.3 万家重点支持企业，其中，为 1.32 万家企业提供授信，累计发放贷款 3849 亿元。

创新"科技研发险"等保险产品。据原广东银保监局数据，2022 年，广东科技保险、首台（套）重大技术装备保险、新材料保险累计提供风险保障 1.78 万亿元，同比增长 13.81%。专利保险累计为 481 家企业提供风险保障 10.3 亿元，支持企业有效应对专利纠纷。保险资金投资超 300 个科创项目，包括核电厂、半导体、新材料、生物医药等创新型企业。

4. 战略性人才引育力度不断加大

聚焦粤港澳大湾区高水平人才高地建设。举办中国国际人才交流大会、大湾区科学论坛，搭建国际科技创新和国际人才高层次交流平台，2023 大湾区科学论坛吸引了 5 位诺贝尔奖及同级别奖项获奖者、近百位院士、200 余位境外代表聚集广州南沙。积极引进高端人才和团队，广州海洋实验室吸引 8 位院

---

① 数据来源于广东省地方金融监督管理局。
② 《推动 150 家专精特新企业上市！广东出台重磅专项指导意见》，腾讯网，2023 年 10 月 16 日，https://new.qq.com/rain/a/20231016A074XV00。

士入驻，粤港澳大湾区精准医学研究院引进 13 名全职研究团队负责人，培育 52 名博士和 24 名博士后①。2023 年，华南理工大学广州国际校区全面交付，珠海格力职业学院启动招生。

建设粤港澳大湾区（广东）人才港，打造海内外人才"服务、交流、展示、创新"综合平台。2023 年 3 月开港以来，服务各类人才 1.2 万人次，举办 30 余场项目路演、对接活动，推动 12 项技术成果落地。《广东省人才优粤卡实施办法》提出，符合条件的境内外高层次人才可享有落户、医疗保障、子女教育、配偶就业等服务。推动粤港澳三地居民统一身份认证，对接大湾区产业发展需求，优化"居住在港澳、工作在内地"等柔性引才机制。

出台《关于加强新时代广东高技能人才队伍建设的实施意见》，提出实施高技能领军人才培育计划，建设高水平技能生态，推进中国特色学徒制，深化多元化评价机制改革。

（三）培育更具国际竞争力的创新型企业群体

1. 优质企业梯队培育力度持续加大

2023 年 2 月，广东省政府出台《广东省激发企业活力推动高质量发展的若干政策措施》，提出加强优质企业梯度培育专项计划。2023 年 3 月发布的《广东省优质中小企业梯度培育管理实施细则（试行）》要求进一步提升优质中小企业梯度培育工作的系统化、规范化和精准化水平。2023 年 6 月，《中共广东省委　广东省人民政府关于高质量建设制造强省的意见》提出实施优质企业梯度培育"十百千万"计划。2023 年 10 月，广东省人民政府办公厅印发《广东省推动专精特新企业高质量发展的指导意见》，对专精特新企业面临的技术创新、数字化转型和绿色化发展、质量标准和品牌建设、资金融通、财政扶持、人才土地、市场开拓等主要问题，提出具有指导性和可操作性的政策措施。2023 年，广东 19 家企业进入《财富》世界 500 强，约占全国上榜企业数的 13.4%，比 2022 年增加 2.4 个百分点（见表 3）。2023 年 7 月、10 月，广东省工信厅先后公示 2022 年广东省战略性产业集群重点产业链"链主"企业名

---

① 《〈南沙方案〉一周年丨坚持以全球视野谋划推动科创》，广州市南沙区人民政府网站，2023 年 6 月 15 日，http://www.gzns.gov.cn/zwgk/rdzt/nanshafangan/mtgz/content/post_9052880.html。

单,共 14 个产业集群、47 条重点产业链、47 家链主企业。截至 2022 年底,全省高新技术企业累计达 6.9 万家,占全国的 1/6,连续 7 年居全国第一。截至 2023 年 3 月,累计培育省专精特新中小企业超万家;截至 2023 年 9 月,新增 658 家国家专精特新"小巨人"企业,累计培育国家专精特新"小巨人"企业 1534 家,数量跃居全国第一,累计培育国家制造业单项冠军 132 家①。2023 年,有 14 家珠三角企业进入胡润全球独角兽榜前 200 名(见表 4)。

表3　《财富》世界500强广东上榜企业排名

企业名称	2023 年榜单	2022 年榜单	排名变化
中国平安保险(集团)股份有限公司	33	25	下降
中国南方电网有限责任公司	83	89	上升
华为投资控股有限公司	111	96	下降
正威国际集团有限公司	124	76	下降
腾讯控股有限公司	147	121	下降
广州汽车工业集团有限公司	165	186	上升
万科企业股份有限公司	173	178	上升
招商银行股份有限公司	179	174	下降
碧桂园控股有限公司	206	138	下降
比亚迪股份有限公司	212	436	上升
美的集团股份有限公司	278	245	下降
中国电子信息产业集团有限公司	368	324	下降
顺丰控股股份有限公司	377	441	上升
广州市建筑集团有限公司	380	360	下降
深圳市投资控股有限公司	391	372	下降
广州工业投资控股集团有限公司	414(新增)		
广州医药集团有限公司	426	467	上升
广东省广新控股集团有限公司	427(新增)		
立讯精密工业股份有限公司	479(新增)		

资料来源:课题组整理。

① 数据来源于广东省工业和信息化厅。

表4　2023年胡润全球独角兽榜前200名中的珠三角企业

排名	总部所在地	企业名称	估值(亿元)	行业
4	广州	Shein	4500	电子商务
6	深圳	微众银行	2200	金融科技
12	东莞	Oppo	1650	消费电子
13	东莞	Vivo	1600	消费电子
20	深圳	大疆	1250	机器人
28	广州	广汽埃安	1000	新能源汽车
30	深圳	货拉拉	900	物流
84	深圳	平安智慧城市	550	大数据
114	广州	小马智行	450	人工智能
142	深圳	嘉立创	370	半导体
152	深圳	喜茶	345	食品饮料
152	广州	文远知行	345	人工智能
176	深圳	新瑞鹏	310	健康科技
195	深圳	欣旺达EVB	290	新能源

资料来源：胡润研究院：《2023全球独角兽榜》。

2. 企业科技创新主体地位进一步强化

把创新作为高质量发展的核心动力，广东加快构建"基础研究+技术攻关+成果转化+科技金融+人才支撑"全过程创新生态链，强化企业创新主体地位。《广东省科技创新条例（征求意见稿）》以立法形式推进优化科技创新环境，强化企业创新主体地位。广东超过60%的科技计划重点项目由企业牵头承担或主要参与。《中国区域创新能力评价报告2023》显示，广东企业创新、创新绩效和知识获取3个指标排全国第一，在企业研究开发投入、技术能力提升综合指标等方面，广东均排全国第一。

（四）营造更具吸引力的创新环境

1. 注重数据赋能创新

以广州、深圳数据交易所为枢纽，构建覆盖多行业多领域的数据产业生态。2022年9月30日，广州数据交易所揭牌。在交易所申请挂牌的交易标的超300个，进场交易标的超200个，首日交易额超1.55亿元[①]。2022年11月

① 数据来源于广东省政务服务和数据管理局。

15 日，深圳数据交易所揭牌。截至 2023 年 5 月 12 日，深圳数据交易所已达成制定 9 项技术标准和规范，汇聚 725 家市场主体。截至 2023 年 3 月 31 日，完成登记备案的数据交易总计 625 笔，其中跨境交易 16 笔，覆盖金融科技、数字营销、公共服务等 106 类应用场景，交易规模居全国第一①。

2. 注重科技伦理建设

广东省政府出台《关于加强科技伦理治理的实施方案》，从构建完善治理体系、健全审查监管机制、加强违法违规行为查处、开展教育宣传和理论研究、强化治理保障等方面，提出广东加强科技伦理治理的 18 条具体举措。制定《广东省基础与应用基础研究基金项目科研不端行为调查处理实施细则（试行）》，界定项目申请人科研不端行为（10 种情形）、项目依托单位科研不端行为（13 种情形）、咨询评审专家科研不端行为（8 种情形），通过推动科研诚信、学术规范和科技伦理建设，营造风清气正的科研环境。

二　科技创新发展形势与趋势

2023 年以来，世界各国重大基础研究创新成果不断涌现，以生成式人工智能（Artificial Intelligence Generated Content，AIGC）为代表的现象级技术应用正推动社会与产业生态加速变革，全球科技产业竞争持续加剧，中国积极推进国际科技合作。广东紧抓科技创新发展机遇，创新投入力度进一步加大，创新产出质量稳步提升，创新体系化建设将进一步优化完善，科技创新优势将持续领跑全国。

（一）科技创新发展形势

1. 全球科技产业竞争持续加剧

目前，世界主要国家经济增速放缓，"存量博弈"趋势愈发明显，大国竞争更加激烈，科技创新越来越成为影响全球经济社会发展格局的关键变量。各主要经济体将科技放在更重要位置，频繁制定科技发展政策与行动计划，加大科技研发投入。2022 年，中国研发经费投入达到 30870 亿元（约 4590 亿美

---

① 数据来源于深圳市国资委。

元），仅次于美国的 6794 亿美元①，欧盟研发经费为 1284 亿美元②。中美两国的研发经费投入已远远超过其他国家。

美国对中国采取科技防御的"小院高墙"战略持续扩大。2018 年 10 月，"新美国"智库高级研究员萨姆·萨克斯提出，对关系到美国国家安全的特定技术和研究领域采取更严密、更强力的封锁措施，而在非核心高科技领域，重新对中国开放③。美国持续发布对华技术限制措施，如 2022 年 9 月，美国实施对华芯片出口新的许可要求，禁止美国芯片公司向中国出口两种高端 GPU 芯片等；2023 年 8 月，美国政府签署《关于解决美国对受关注国家的特定国家安全技术和产品投资的行政令》，将设立对外投资审查机制，严格限制或直接禁止美国投资中国半导体和微电子、量子信息技术以及人工智能三大科技前沿领域。截至 2023 年 8 月，美国已将 1300 多家中国企业列入制裁清单④。

2. 重大基础研究创新成果不断涌现

近年来，基础研究不断取得重大进展，推动人工智能、先进计算等新型技术不断突破，世界各国重大创新成果不断涌现。2022 年 12 月，美国劳伦斯·利弗莫尔国家实验室的国家点火装置（NIF）首次于核聚变反应中获得"净能量增益"；2023 年 2 月，美国布鲁克海文国家实验室采用人工智能驱动自主实验方法，仅用 6 小时便发现了 3 种新的纳米结构，传统方法需要 1 个月。谷歌旗下人工智能公司 DeepMind 开发的 AlphaFold 软件，利用深度学习与神经网络等技术，预测出人体与其他有机体的 35 万种蛋白质的结构，大幅加速了人类分析地球生命起源与发展的进程。

2022 年，中国基础研究经费支出达到 1951 亿元，自 2012 年以来，年均增长近 15%，原始创新能力不断提升，引用排名前 1/1000 的世界热点论文占全球总量的 41.7%，高被引论文占 27.3%。中微子振荡、铁基超导、量子信息、干细胞、脑科学、类脑芯片、纳米材料等基础前沿领域具有国际影响力的重大原创

---

① 数据来源于 Statista 数据库。
② 数据来源于欧盟统计局。
③ 《"小院高墙"是什么意思？这得从美国对华政策说起……》，"中国日报"网易号，2023 年 7 月 25 日，https://www.163.com/dy/article/IAG1JIEG0530SFP3.html。
④ 《人民日报钟声：构筑"小院高墙"终将反噬自身》，"北京日报客户端"百家号，2023 年 9 月 12 日，https://baijiahao.baidu.com/s?id=1776788171576029458&wfr=spider&for=pc。

成果不断涌现。2023年3月，中国科学院高能物理研究所"高能同步辐射光源"的直线加速器实现满能量出束，成功加速第一束电子束，束流能量达到500兆电子伏特。2023年4月，安徽全超导托卡马克核聚变实验装置成功实现稳态高约束模式等离子体运行403秒，创造新世界纪录。

3. 以生成式人工智能为代表的新兴技术应用推动社会与产业生态加速变革

2023年6月，世界经济论坛第十四届新领军者年会发布了《2023年十大新兴技术报告》，包括了柔性电池、生成式人工智能、可持续航空燃料、工程噬菌体、改善心理健康的元宇宙、可穿戴植物传感器、空间组学、柔性神经电子学、可持续计算、人工智能辅助医疗等十大新兴技术。其中，以大模型为代表的生成式人工智能技术表现最为突出。生成式人工智能是一种通过学习大规模数据集生成原创内容的新型人工智能技术，能够基于算法、模型、规则等，实现文字创作、图像创作、视频创作、音频剪辑、游戏开发、代码生成等多项功能，大幅提升了影视、电商、科研等领域的内容创作效率（如表5所示）。全球领先的专业技术分析机构Gartner预测，2026年超过80%的企业将使用生成式人工智能的API或模型，或在生产环境中部署支持生成式人工智能的应用。

2022年11月以来，以ChatGPT为代表的生成式人工智能应用产品引起了社会广泛关注，活跃用户增速打破了互联网应用的用户增长纪录。2023年以来，国内众多高科技企业相继发布相关人工智能应用，如百度文心一言、科大讯飞星火认知大模型等。艾瑞咨询预测，中国AIGC产业规模2023年约为143亿元，2028年预计将达到7202亿元，将逐步完善"模型即服务"的产业生态，2030年有望突破万亿元。

表5 基于AIGC技术的多领域应用

AIGC+传媒	AI新闻采集、AI写稿、AI新闻主播、AI播报
AIGC+影视	AI剧本生成、特效动作合成、虚拟场景生成、剪辑视频生成、AI音视频动画、影视作品修复
AIGC+电商	商品3D模型生成、虚拟AI主播、虚拟商城构建
AIGC+科研	AI数据收集与清洗、文献综述生成、论文提纲生成、语言润色

资料来源：课题组整理。

然而，在 AIGC 技术引发全球关注的同时，知识产权、技术伦理等领域也将面临诸多挑战与风险。例如，在创作伦理方面，一些开源 AIGC 项目利用私人照片进行 AI 训练，人像侵权现象屡禁不止，而相关监管与法律法规仍不够完善。在知识产权方面，利用人工智能生成的产品，著作权归属存在争议，一些以版权为主要营收的企业面临巨大冲击。在学术伦理方面，一些高校学生在未经许可情况下使用 AI 工具完成作业甚至论文的现象，给学术诚信带来了新挑战。

4. 中国高度重视并积极推进国际科技合作

知识的全球传播和国际科研合作是科学全球化最主要的表现形式。中国高度重视并积极推进科技领域国际合作，2023 年是共建"一带一路"倡议提出的 10 周年，习近平总书记在首届"一带一路"科技交流大会贺信中提出，将深入实施"一带一路"科技创新行动计划，推进国际科技合作，促进创新成果更多惠及各国人民，推动构建人类命运共同体。截至 2023 年 11 月，中国已与 80 多个共建国家签署政府间科技合作协定，"一带一路"国际科学组织联盟成员单位达 58 家，在卫生、交通、材料、能源等领域共建 50 多家"一带一路"联合实验室，建成 20 多家农业技术示范中心和 70 多家海外产业园。面向东盟、非洲、拉美等国家建设了 9 家跨国技术转移中心，促进千余项合作项目落地。

在此背景下，广东加快推进国际科技合作，已基本形成全面开放创新的国际科技合作格局。截至 2023 年 11 月，广东已与日、韩、德等 80 多个国家或地区在生物医药、环保节能、智能制造、现代种业等领域深入开展科技合作或交流。例如，2022 年 12 月以来，科技部批复在广东建设中国—拉美和加勒比国家技术转移中心、中国—葡语系国家科技交流合作中心，推动了与拉美和加勒比国家、葡语系国家的技术双向转移转化。

（二）广东科技创新发展趋势

1. 研发投入力度进一步加大

2022 年，广东研究与试验发展（R&D）经费约为 4412 亿元，比 2021 年增长 10.2%①。R&D 经费投入强度达到 3.42%，居全国第一（不含直辖市），

---

① 《2022 年广东省科技经费投入公报》，广东统计信息网，2023 年 11 月 28 日，http://stats.gd.gov.cn/tjgb/content/post_4292330.html。

同比增速达到6.2%；居第二的江苏省R&D经费投入强度为3.12%，同比增速为5.8%；而全国R&D经费投入强度为2.54%，同比增速为4.5%。如图1所示，自2010年广东R&D经费投入强度首次超过全国平均水平以来，优势呈现持续扩大趋势。根据2010~2022年广东R&D经费投入强度发展趋势，未来广东R&D经费投入强度将保持稳定增长，2024年预计突破3.5%。

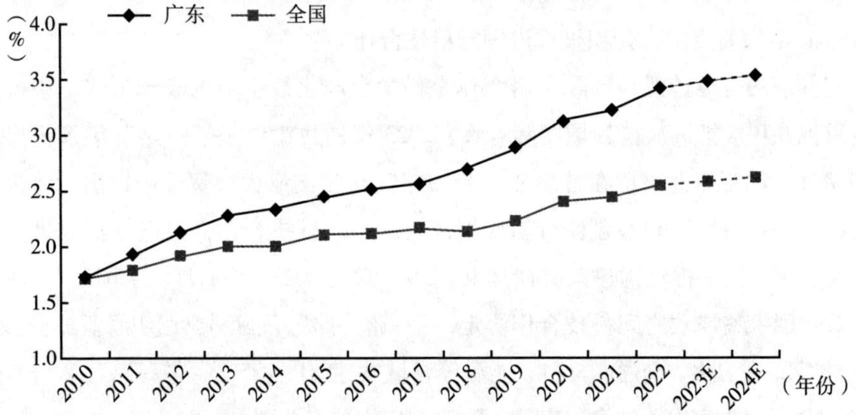

图1　2010~2024年广东与全国R&D经费投入强度

资料来源：课题组整理。

2. 创新产出质量仍将以较大优势领跑全国

2012~2022年，广东专利授权量从15.36万件增加至83.72万件[①]，与2021年87.22万件相比，2022年专利授权量首次出现负增长趋势，但仍以较大优势领跑全国（居第二的江苏省为56.01万件）；发明专利有效量从7.89万件增加至53.92万件，占全国比重从2.63%增至12.8%[②]，呈扩大趋势；PCT国际专利申请数量从9211件增至24290件，累计PCT国际专利申请量25.76万件，占全国比重从50.76%降至35.14%，呈缩小趋势。

2015~2022年，广东省高价值发明专利量从7.41万件增加至26.07万件，数量居全国首位，占全国总量比重接近20%，年均增速近20%，2020~2022年

[①] 广东省统计局、国家统计局广东调查总队编《广东统计年鉴2022》，中国统计出版社，2022。

[②] 《2022年广东省知识产权保护状况》，2023。

呈现加速增长趋势，2022年增速达到23.6%，预计2023年将突破30万件；2019~2022年，每万人口高价值发明专利拥有量从12.95件增加至20.53件，其中2021年和2022年增速超过22%，远超全国每万人口高价值发明专利拥有量水平（如图2所示）①。在第二十三届中国专利奖评选中，广东获奖项261项，其中金奖8项，获奖总数连续5年居全国第一。

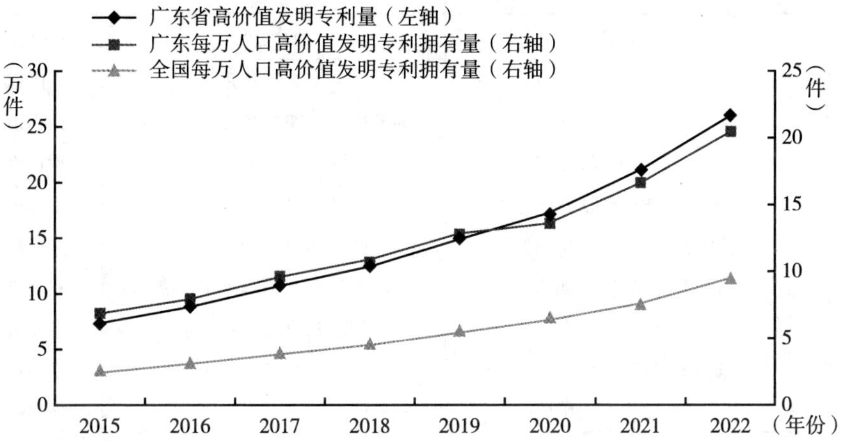

图2 2015~2022年广东省高价值发明专利量及每万人口高价值
发明专利拥有量

资料来源：课题组整理。

3.科技创新体系将进一步优化完善

高水平创新平台体系建设将进一步优化。2024年，广东将持续推动鹏城实验室、广州实验室发挥作用，带动省实验室高质量发展，争取更多全国重点实验室在粤布局。积极推进高水平创新研究院、新型研发机构、技术创新中心、制造业创新中心等高端创新平台建设，在新一代通信与网络、量子科学、脑科学、人工智能等前沿科学领域布局建设高水平研究院，为广东省制造业转型升级和高质量发展提供支撑。

教育科技人才支撑体系将进一步强化。2024年，广东将大力支持高校"冲一流、补短板、强特色"，新一轮"冲补强"经费安排拟投入42.5亿元支

---

① 数据来源于广东省市场监督管理局（知识产权局）编《广东省知识产权统计数据》。

持 35 所高校发展。一批研究型高校与职业技术学院等人才载体将新建而成（如表 6 所示）。由"青年基金项目""青年提升项目""杰出青年项目""卓越青年团队项目"组成的省基金青年人才项目体系将不断完善，培养和造就一批具有国际领先水平的青年人才和青年研究团队。

表 6　广东建设中的高校

序号	高校	建设情况	位置
1	广州交通大学（筹）	预计 2026 年建成	广州市
2	深圳海洋大学	一期工程预计 2025 年部分投入使用	深圳市
3	中国科学院深圳理工大学（筹）	预计 2024 年建成	深圳市
4	南方科技大学创新创意设计学院	计划 2024 年建成使用	深圳市
5	大湾区大学（筹）（松山湖校区）	预计 2024 年建成使用	东莞市
6	大湾区大学（筹）（滨海湾校区）	一期工程预计 2025 年 1 月竣工	东莞市
7	香港城市大学（东莞）	预计 2024 年启动招生	东莞市
8	佛山城市职业学院（暂名）	已开工建设	佛山市
9	华南师范大学汕尾校区	预计 2024 年 2 月整体交付	汕尾市

资料来源：课题组整理。

重点领域布局与技术攻关将进一步加强。为抢占产业技术源头创新制高点，2023 年 12 月，广东省科技厅发布《广东省培育未来材料产业集群行动计划（征求意见稿）》，提出在仿生智能、纳米、超导、先进金属、新能源、材料研发范式及仪器装备领域重点攻关，到 2030 年形成具有全球影响力的未来材料技术创新实验室集群。同时，随着省重点领域研发计划的深入实施，广东将持续推进"广东强芯"等重大工程，加强新型举国体制广东实践，推动科技领军企业牵头组建体系化、任务型创新联合体，优化"需求方出题、科技界答题"项目形成机制，在新型储能与新能源、通信与网络、前沿新材料、芯片设计与制造、绿色生物制造等重点领域力争突破一批"卡脖子"技术，掌握一批"杀手锏"技术。

创新政策环境将进一步优化。根据省科技厅工作计划，广东将进一步研究出台《广东省科技创新条例》《关于进一步强化企业创新主体地位的若干措施》《广东省深化职务科技成果管理改革实施方案》《广东省高校和科研事业单位职务科技成果转化尽职免责认定工作指引》等相关政策，进一步完善促进企业创新等政策体系以及科研经费管理、成果转化相关制度。

三 广东加快建设高水平科技创新强省的对策建议

在数智化科技革命浪潮中，科技创新范式正在经历深刻变革。这场转型，以模块化、快速迭代、不可预测和全球化的创新过程解构为特征，未来的创新产品是多种复杂技术的整合运用，基础研究成果向产业化转化速度加快，多元主体彼此间联动共生和价值共创所构筑的创新网络/生态体系成为企业共生共存的重要生境[1]。为适应这一创新范式，我们需要以粤港澳大湾区国际科技创新中心建设为"纲"，细致构筑完善"基础研究+技术攻关+成果转化+科技金融+人才支撑"全过程创新生态链，提升科技成果转化至产业化的优势，着力发展高质量区域创新生态体系，在实现高水平科技自立自强中取得新突破，全力打造具有全球影响力的产业科技创新中心，不断增强科技创新对建设现代化产业体系的引领力。

（一）以重大平台建设为引领，增强区域原始创新能力

一是加大基础研究投入力度。发展有组织的科研模式，建立健全基础研究领域分类激励评价体系，深化财政科技经费分配使用机制改革，推进战略导向的体系化基础研究、前沿导向的探索性基础研究、市场导向的应用型基础研究。以颠覆性技术和前沿技术催生新产业、新模式、新动能。探索长周期和择优滚动支持模式，逐步提高基础研究经费在全社会研发经费中的比例、财政科学技术支出中用于基础研究的支出比重。健全"政府+企业+社会"多元化投入机制，组建省市联合基金、省企联合基金。深入实施《广东省基础与应用基础研究十年"卓粤"计划》，重点聚焦量子科技、脑科学与类脑、半导体器件和集成电路等领域，推动若干重要领域跻身国内和世界领先行列。引导企业和社会资本持续加大对创新源头的投入力度，探索对有基础研究投入的企业实

---

① 宋华、陈思洁、于亢亢：《商业生态系统助力中小企业资金柔性提升：生态规范机制的调节作用》，《南开管理评论》2018年第3期。许冠南等：《创新生态系统双重网络嵌入对企业创新的影响机制》，《管理科学》2022年第3期。

施财政经费后补助政策。建立健全政企联动机制，支持企业等社会力量通过捐赠、基金、项目、奖项等方式投资基础研究、应用基础研究项目。

二是加大综合性国家科学中心建设力度。聚焦材料、生命、信息、海洋、能源等重点学科领域，加快大湾区国家重大科技基础设施建设，实现重大创新平台空间集群化、功能集成化、设施建制化发展，培育颠覆性技术和前沿技术，引领新科技革命发展，推动粤港澳大湾区建设成为具有全球影响力的基础科学研究高地。加强重大领域基础前沿交叉研究，支持港澳以及国际顶尖学科平台、研发型企业、科研组织在粤设立联合研发机构/分中心，不断增强粤港澳大湾区应用基础研究能力。探索组建大湾区基础研究与应用基础研究联合基金，协同港澳开展具有重大引领作用的跨学科基础研究和关键核心技术攻关项目。

三是加大高能级创新平台建设力度。进一步构建完善以鹏城实验室、广州实验室为牵引，以省实验室、全国重点实验室、省级重点实验室为核心，与粤港澳联合实验室等创新平台共同组成的梯次衔接、主体多元、特色分明的实验室体系。推动更多省实验室进入国家实验室建设序列，强化国家实验室"核心+基地+网络"功能，增强省实验室对接区域重大战略任务、解决产业技术瓶颈背后核心科学问题方面的能力。围绕战略性新兴产业、未来产业发展，新建一批全国重点实验室、广东省实验室、粤港澳联合实验室、制造业创新中心等国家级和省级创新平台。健全与国家级大院大所、研究型大学和央企的科技创新战略合作机制，建设一批高水平创新研究院。提高国家重大科技基础设施、大型科研仪器设备的开放共享水平，谋划实施一批国际或国家级大科学工程（计划）、重大科技项目，为推动大协同创新攻关、加速攻关"卡脖子"源头技术提供有力支撑。发挥重大创新载体、本地大院大所科研带动作用，通过设立分中心/基地、项目等方式让企业参与前沿技术领域创新网络。

（二）以"四链"融合为抓手，突破关键核心技术

一是聚焦新质生产力发展，推动创新链产业链协同。围绕创新链发展产业链。以科技创新推动产业创新，加快人工智能、集成电路、生命健康等颠覆性技术、前沿技术创新应用，不断催生新产业、新模式、新动能。高水平建设好国家高性能医疗器械、5G中高频器件、第三代半导体技术、超高清视频等创新中心，深挖智能机器人、新能源、区块链、数字经济等战略性新兴产业发展

潜能。加大政府/国有企业各类应用场景公开力度，引导龙头企业公开创新需求，构筑基础研究、应用基础研究和产业化双向连接快车道。围绕产业链部署创新链。加大创新资源向中小企业、规模以上工业企业倾斜力度，着力增强中小企业、规模以上工业企业自主创新能力，提升规模以上工业企业开展 R&D 活动的积极性，提高规模以上工业企业建立研发机构比例，引导中小企业走向专精特新发展道路。聚焦补强战略性前瞻性基础研究短板，推动专精特新"小巨人"企业、独角兽企业、"链主"企业等科技骨干企业成为关键核心技术突破创新的协同组织者。实施创新联合体建设计划，强化科技骨干企业引领带动支撑作用，体系化构建一批"核心+网络"、具有大湾区特色的产业技术研究与成果转化联合体，积极对接国内外大院大所、高校和央企，共建高层次、引领性、国际化的产学研融合实体，探索"卡脖子"技术攻关项目经理人制改革，推广应用"业主制""板块委托"等项目组织管理方式。以强化关键核心技术突破能力和提升前沿技术供给能力为导向，进一步完善财政支持各类产学研合作项目的工作机制与评价体系。

二是聚焦构建现代化产业体系，培育科技金融生态圈。聚焦促进"科技—产业—金融"高效良性循环，完善科技信贷、科技保险、投贷联动、知识产权金融服务体系，建立面向种子期、启动期、成长期、成熟期等创新全生命周期的"桥接式"投资机制。鼓励发展创业投资、股权投资，进一步提高风投、创投融资规模及水平，积极发展由政府主导或者参与的风险投资基金。创设省种子投资母基金，发挥财政杠杆撬动作用，引导社会资本聚焦投早、投小、投高、投新，加大对产业链关键环节上的企业在小试、中试、规模化量产之前等环节的重点支持力度。加强未来网络、量子科技、虚拟现实、氢能与储能等未来产业新赛道新领域前瞻性投资布局，探索建立未来产业投资基金，重点支持未来产业前瞻性研究平台、未来技术应用场景、未来产业企业培育等方向的建设。面向国内国际两个市场两种资源，支持粤港社会资本合作设立创投基金。完善跨境产业投资对接合作机制，做大做强跨境产业投资基金。

三是聚焦新型工业化发展，增强人才供给能力。依托重大科技创新平台以及众创空间、孵化器、加速器、科技园区、新型研发机构等载体，进一步完善产业链高端核心人才、多学科交叉人才、数字化创新人才的引用育留机制。强化企业在引进与培育战略科学家、基础研究人才、应用研究人才、高技能人才以及复合型人才上的主体作用，支持科技骨干企业与科研院校合作设立现代产业学院、科技商学院，打造以企业为中心的行业产研生态圈、职教生态圈和资源生态圈。支持科技企业与科研院校合作探索创新产教融合培养机制。完善全省企业技术需求与科技人才精准对接机制，引导科研院所和高校组织高层次科技人员服务科技型中小企业，积极推动科技人员服务企业。深化外籍人才来粤发展体制机制改革，在人才薪酬、人才管理、人才激励模式和人才发展制度及机制创新方面有较大突破，集聚一批具有国际视野的科技领军人才。

（三）以强化企业主体地位为路径，增强科技成果产业化优势

一是强化企业科技创新主体地位。出台专项政策强化企业在科技创新决策、研发投入、科研组织和成果转化上的主体地位。建立面向专精特新企业、专精特新"小巨人"企业的政策体系，锻造一批世界级单项冠军企业、隐形冠军企业、"链主"企业。增强科技领军企业前沿探索创新能力，推动创新型企业成为开拓新兴产业发展新赛道、新场景的市场引领者。发挥生态主导型企业的市场引领、平台支撑作用，推动大企业开放创新资源和应用场景，集合产业链上生产、消费各环节的中小企业搭建产业创新生态圈，推动大中小企业融通创新。鼓励和引导民营企业参与重大创新活动，支持民营企业与大型央企、跨国企业等强强联合，发挥彼此优势联合突破核心技术，推动科技成果产业化，共同开发战略市场和全球市场。深化科技成果转化体制机制改革，积极推广"楼上楼下创新创业综合体"模式，架起科研服务产业、产业反哺科研的"双向车道"。

二是建设具有国际竞争力的产业中试转化基地。积极构建和完善"研发中心—中试基地—产业园"全链条科技成果转移转化体系，引导和支持龙头企业、国有企业、社会资本等建设一批综合性、专业化中试转化基地。以"四个面向"为导向，推进粤港澳大湾区国家技术创新中心建设，联合港澳建设一批具有国际竞争力的概念验证中心和产业中试转化基地，打造国际一流中试转化服务平台，加快实现全球重大创新成果在粤中试转化，面向产业转型升级不断提高科技创新供给水平。鼓励外资企业在粤投资设立研发中心和产业中试转化基地。

三是加大产业数字化和绿色转型升级力度。围绕人工智能、大数据、区块

链、云计算等新兴数字产业发展和传统产业绿色转型，不断提升数智技术、绿色技术创新水平。加大数字化、绿色化技改投入力度，实施传统产业、中小企业转型提速计划，健全"灯塔工厂"孵化体系，加快培育和引进一批集系统解决方案于一体的综合性服务商和平台型企业，分行业促进智能化制造、网络化协同、供应链管理等新模式推广应用。加快数字基础设施建设，以信息基础设施为引领，以创新基础设施为支撑，以"互联网+""数字+""智能+"稳步推进基础设施升级，加大产业领域"5G+工业互联网"融合发展与推广力度。充分把握数字化、网络化、智能化融合发展契机，推动传统产业集群数字化升级，打造一批以龙头企业为纽带的虚拟产业集群。

（四）以体制机制创新为突破口，构筑开放创新新优势

一是完善地区间科技创新合作机制。发挥四大重大合作平台引领作用，培育一批世界一流的创新载体和顶尖科技企业研发中心，进一步提升广东在全球科技集群中的影响力和科研枢纽地位。强化香港—深圳、广州—佛山、澳门—珠海极点带动作用，积极探索、应用、推广"科创飞地""反向飞地""离岸飞地"协同创新模式，推动粤、港、澳三地，珠三角地区与粤东、粤西、粤北地区人才流、信息流、数据流、知识流和资金流的融通互促，缩小地区间创新能力差距，实现优势互补。

二是完善粤、港、澳三地科技合作机制。以要素流动畅通、创新链条融通、人员交流顺通为导向，有效融合港澳原始创新优势和珠三角地区高新技术产业优势。打通标准认证、跨境执业、通关出行等方面的卡点、堵点，着力破解科技成果双向转化、大科学装置共建共享等方面的堵点、难点，推动科研资金、仪器设备、数据资源、科研物资等跨境流动和开放共享，切实畅通三地人才往来，吸引更多国际化、专业化人才，实现科技资源双向开放和高效利用。鼓励在粤科研机构在港澳地区设立研发机构（中心）和平台网络。聚焦大湾区产业发展需求，对重大科技问题实行全球揭榜。

三是完善高水平对外开放制度框架。强化法治建设、知识产权保护、信用体系、质量管理、科普宣传等重点领域与国际通行规则衔接、机制对接，探索包括人才开放、基础研究开放、应用基础研究开放、共性技术开放、开发试验研究开放的全链条开放制度体系及实践模式。支持产业主体联合科研院所、高

校建设跨境创新链，参与全球科技创新标准制定、科技创新网络建设、国际科技创新联盟。支持科技企业优化海外市场和跨境产业布局，为境外投资审批、并购、技术创新、项目融资、人员往来、检验检疫、产权保护等提供全方位的集成服务保障，形成"广东总部+海外基地/研发中心+全球网络"的经营格局。建立与全球主要创新高地的创新创业直通车机制，举办高规格全球创新创业大赛，实现资本、人才、信息、技术和教育资源的互联互通。

（五）以市场化、法治化、国际化为导向，优化创新生态环境

一是深化科技体制机制改革。建立健全推进教育强省、科技创新强省、人才强省建设的工作机制和考核体系。出台《广东省科技创新条例》，构筑面向全球前沿水平的制度创新高地。探索"科学统筹、集中力量、优化机制、协同攻关"的新型举国体制攻关新模式，聚焦重点领域、核心环节的攻坚突破，加强对创新决策、研发投入、科研组织、成果转化全链条的整体部署和对政策、资金、项目、平台、人才等关键资源的系统布局。完善科技成果分类评价体系，采用市场化的科技成果评价制度，引入国际同行评议制度，建立评审专家信用评价制度。加强知识产权保护能力建设，着力打通知识产权创造、运用、保护、管理、服务全链条，全面开展专利开放许可试点工作，探索知识产权跨境转让交易路径，形成可借鉴、可复制的知识产权证券化模式。

二是增强科技创新政策保障能力。持续深化创新创业领域"放管服"改革，推进"一件事一次办"场景式主题服务改革，支持有条件的地区设立营商环境改革部门，增强营商环境改革工作能力以及政策落实、统筹、指导和协调能力。进一步增强市场主体创新发展预期和获得感，提高企业获取人才、资本、数据等创新要素便利化程度。加强服务供给和政策保障能力，鼓励各地市优化整合政府部门间资源，设立惠企服务超市，提高政策落地和服务效率。

三是提升数字化营商环境水平。推进"数字政府2.0"建设，持续提升数字政府服务效能，实现更多高频政务服务事项"省内通办、湾区通办、跨省通办"。完善数据经济制度体系和配套政策体系，加快编制《广东省数据条例》，优化数据要素配置体系，提高数据要素配置效率。建立场景驱动、高效低成本的数字化赋能机制，提高数据运营和交易水平，促进数据流通利用和价值释放，探索构建数据流通监管体系。

B.5
2023~2024年广东区域协调发展形势
分析与预测

广东省社会科学院经济研究所课题组*

摘　要： 2023年，广东各地市经济处于疫情后复苏期，工业成为影响各市县经济增长的关键因素。市域层面，揭阳、深圳前三季度经济增速位居全省前列，广、深两市"新三样"出口强劲，外贸大市东莞承受了外贸收缩冲击，经历阵痛转型后的中山经济增速跑赢全省平均水平。县域层面，前三季度四成县（市）跑赢全省平均经济增速，全国百强县博罗发力冲刺地区生产总值千亿县，惠来发力争创全国经济百强县。区域板块层面，珠三角发力强链补链和建设四大平台，一批突破"卡脖子"技术的重大项目相继投入建设；粤东和粤西地区海洋产业集群苗壮成长，成为区域发展新引擎；粤北地区持续培育绿色生产力，积极探索镇村共富新路径。全省范围内，"百县千镇万村高质量发展工程"全面启动，推动乡村振兴与城乡融合发展进入新阶段。

关键词： 区域协调　市域经济　县域经济　百千万工程

城乡区域发展不平衡是广东高质量发展的最大短板。2023年4月，习近平总书记在广东视察时再次强调，广东要下功夫解决区域发展不平衡问题。为有效破解这个难题，广东省委、省政府一方面发力推进新型工业化，培育新质生产力壮大区域发展新动能；另一方面于2023年启动实施"百县千镇万村高质

---

* 课题组成员：万陆，博士，广东省社会科学院港澳台研究中心主任、研究员，研究方向为产业经济与区域经济；杨志云，广东省社会科学院经济研究所副研究员，研究方向为区域经济；曹佳斌，博士，广东省社会科学院经济研究所副研究员，研究方向为城市与区域经济、数字经济；范西斌，广东省社会科学院经济研究所研究人员，研究方向为区域经济、产业发展。

量发展工程"（以下简称"百千万工程"），全面推进强县促镇带村行动。一年以来，广东各区域发展动能尤其是后发地区发展动能显著增强，珠三角自主可控现代化产业体系建设取得新成效，粤东、粤西与粤北地区的蓝色生产力和绿色生产力快速壮大，一批县域经济在经济总量与发展质量上实现了大踏步跨越，新型农村集体经济探索活动蓬勃开展，带动了乡村产业振兴与农村兴旺。展望2024年，广东将继续围绕"1310"具体部署，深化新型工业化、农业现代化、城镇化、信息化"四化"联动，以新型工业化为战略核心，围绕构建现代化产业体系与创新协同体系、打造海洋经济、释放生态红利、推动县域经济高质量发展持续发力，进一步强化区域内生发展动能，提升城乡与区域的协同联动水平，以高水平协同打造广东竞争新优势。

一 2023年广东区域协调发展新进展

2023年新年伊始，广东省委、省政府就全面吹响了高质量发展号角，发力建设制造强省、海洋强省，以头号工程力度深入实施"百千万工程"，全方位拓展发展新空间，为区域协调发展注入强劲动能。各地市经济稳步复苏，制造业在国民经济中的基本盘地位日益凸显。县域经济与县村镇一体化联动发展提速，推动全省城乡区域协同融合发展迈出新步伐、取得新成效。

（一）市域经济：经济稳步复苏但基础尚不稳固，制造业当家战略带动效应显著

1.全省各地市经济稳步复苏，揭阳、深圳增速位居全省前列

2023年前三季度，全省各地市经济持续恢复，稳定增长，总体处于疫后修复期。从各市经济增速来看，在21个地市中有9个高于全省4.5%的增速，1个与全省持平，11个低于全省（见图1）；5个地市高于全国5.2%的增速。其中，揭阳受益于大项目投产拉动而一骑绝尘，成为最大"黑马"，前三季度经济增长8.0%，增速居全省第一。深圳"三驾马车"齐发力，投资猛、消费旺、出口强。固定资产投资增长13.9%，社会消费品零售总额增长7.9%，外贸出口增长17.7%，"三驾马车"合力拉动经济增长5.4%，增速居全省第二。紧随其后的是惠州、中山、江门三市，均增长5.3%，经济增速并列全省第三。

广州经济增长 4.2%，略低于全省水平。其中，社会消费品零售总额增长 6.4%，排全省第二；第三产业增长 5.1%，排全省第三；但规模以上工业增加值下降 1.0%，排全省倒数第四，拖累了广州经济增长。外贸大市东莞受出口较大幅度下降影响，规模以上工业增加值下降 3.6%，经济增长 2.0%，增速位于全省末尾。进一步细察各市分季度累计经济增速走势，发现前三季度揭阳、惠州、江门、湛江、茂名 5 市经济增速逐季提高，其余 16 市经济增速均在第二季度或第三季度出现回落，显示出当前经济复苏基础还不稳固，各地回升不均衡，经济发展不可避免会受一些冲击，需要保持战略定力。各市经济增速的差异，导致 21 地市经济总量排序出现局部变化，与 2022 年同期相比，中山前三季度经济总量排名上升 1 位，赶超湛江，排全省第九；汕尾上升 1 位，赶超潮州，排全省第 18 位（见图 2）。

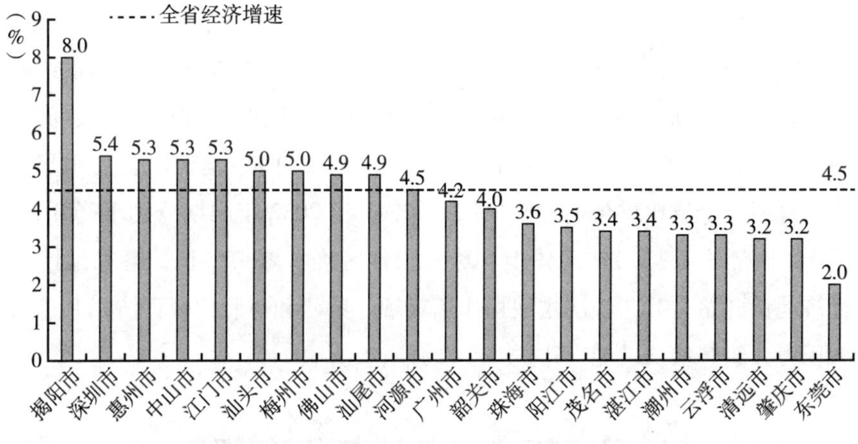

图 1 2023 年前三季度广东 21 地市经济增速

资料来源：广东省统计局。

2. 粤东地区经济增速居四大地区首位，经济主战场作用逐步显现

2023 年前三季度，珠三角实现地区生产总值 78147 亿元，据课题组估算，同比增长约 4.5%[①]，与全省增速持平，地区生产总值占全省比重约为 81.3%，比 2022 年同期提高 0.2 个百分点；粤东在揭阳石化项目拉动下实现地区生产

[①] 本报告中珠三角、粤东、粤西、粤北四大地区经济增速由课题组通过地区内各地市增速加权估算得到。

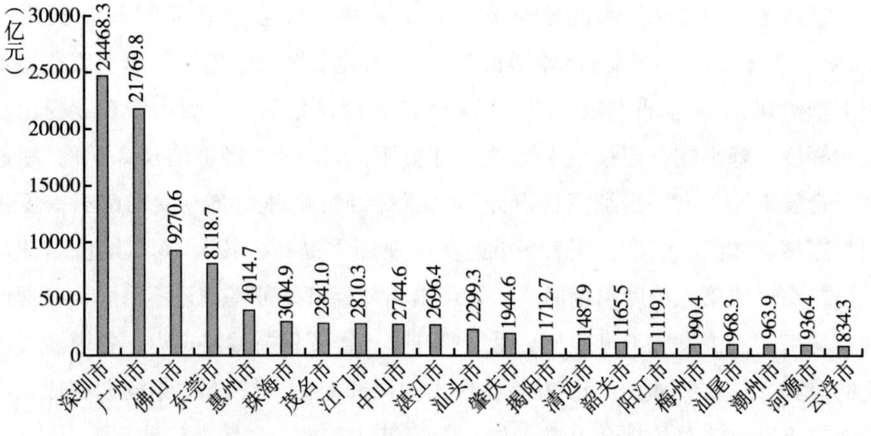

图 2　2023 年前三季度广东 21 地市经济总量

资料来源：广东省统计局。

总值 5944 亿元，同比增长 5.6%，增速居四大地区之首，地区生产总值约占全省的 6.2%，比 2022 年同期提高 0.1 个百分点；粤西和粤北地区生产总值分别为 6656 亿元、5415 亿元，同比分别增长 3.4%、3.9%，均低于全省水平，地区生产总值占全省比重分别为 6.9%、5.6%，比 2022 年同期分别下降 0.2 个、0.1 个百分点（见表 1）。总体上，珠三角地区经济增长平稳，粤东地区在全省经济地位开始上升，经济主战场作用显现，粤西和粤北地区经济回升仍面临较大压力，经济增长动能有待进一步加强。

表 1　2023 年前三季度广东四大地区经济规模及增速

单位：亿元，%

地区	经济规模				增速			
	地区生产总值	一产	二产	三产	GDP	一产	二产	三产
珠三角	78147	1276	31059	45811	4.5	5.2	3.8	4.9
粤东	5944	501	2520	2922	5.6	4.9	6.7	4.6
粤西	6656	1203	2538	2916	3.4	3.9	1.9	4.3
粤北	5415	840	1892	2683	3.9	5.5	3.4	3.8
全省	96162	3820	38009	54332	4.5	4.8	4.0	4.8

资料来源：根据广东省统计局数据计算整理。

具体来看，在珠三角地区，除了深圳以外，还有惠州、中山、江门、佛山4市前三季度经济增速超过全省水平。其中，惠州近年不断有大项目落户投产，经济增长动力强、后劲足，2021～2022年经济增速排全省前列。2023年前三季度，惠州经济增长5.3%，比全省增速高0.8个百分点，经济较快增长势头得以延续。在第二产业强力支撑下，佛山实现4.9%的经济增长，比全省水平高0.4个百分点。尤其值得注意的是，珠江口西岸的中山、江门均实现5.3%的经济增长。两市经济良好增长势头展现出较强发展后劲，结合两市近年来的经济增长表现可以看到，经历转型阵痛的中山经济增长重回正轨，同时珠江口西岸城市正奋起直追、迎头赶上，极力改变在粤港澳大湾区三大发展极中的落后地位，珠江口东西岸融合发展步伐加快。粤东地区，除揭阳外，汕头、汕尾前三季度经济增速也分别达到5.0%和4.9%，均高于全省水平，分别排全省第六和第九，对粤东地区经济较快增长同样起到有力支撑作用。粤北山区东部的梅州、河源经济分别增长5.0%和4.5%，超过或等于全省水平。粤西地区湛江、茂名、阳江3市增速低于全省水平。

3. 在供给侧，工业作为各地市经济的基本盘，成为反映各市经济运行的"晴雨表"

从供给侧来看，现阶段广东各市第一产业所占比重都在20%以下，增速变动范围（极差）较小，对各市经济增长影响也较小。过半数地市第三产业比重超过第二产业，但除广州、深圳两市外，其他地市第二产业、第三产业比重相差不大，第三产业增速与本地消费高度相关，各市第三产业增速极差也较小，是各市经济增长的"稳定器"。以工业为主体的第二产业是广东各地市经济的基本盘，在国民经济中占比高（普遍在1/3以上），不同地区之间的增速极差，特别是工业增速极差通常远大于第一产业、第三产业，成为反映各市经济运行的"晴雨表"。

具体来看，2023年前三季度，广东全省21地市有11个地市第一产业增速超过全省水平，惠州和汕尾增速最高，均为6.4%，最低的是深圳，为-1.5%，21地市第一产业增速极差为7.9个百分点。有10个地市第二产业增速高于全省水平，揭阳最高为15.7%，增速最低的是汕尾，为-1.5%，21地市第二产业增速极差为17.2个百分点。有11个地市规模以上工业增加值增速高于全省水平，揭阳最高，为24.7%，汕尾最低，为-9.3%，21地市规模以上工业增加值增速极差为34.0个百分点。有5个地市第三产业增速高于全省水平，汕尾最高，为9.0%，珠海最低，为2.5%，21地市第三产业增速极差为6.5个百分点（见表2）。相关分析表明，21地市经济增速与第二产业增速以及规模以上工业增加值增速相关性最高①，工业是影响各市经济增长的关键变量。例如2023年前三季度，揭阳中石油广东石化炼化一体化、吉林石化ABS一批产业项目建成投产，绿色石化支柱产业实现增加值189.4亿元，占全市规模以上工业增加值的46.6%，同比增长528.7%，带动全市规模以上工业增加值增长24.7%，第二产业增长15.7%。除了揭阳之外，其余规模以上工业增加值增速排名靠前的如汕头、佛山、梅州、中山、江门、河源等地市，其经济增速也基本靠前。工业立市、制造业当家已成为这些地市经济增长领先全省的关键。

表2　2023年前三季度广东省21地市主要经济指标增速

单位：%

城市	地区生产总值增速	一产增速	二产增速	三产增速	规模以上工业增加值增速	固定资产投资增速	工业投资增速	社会消费品零售总额增速	外贸出口增速
广州	4.2	4.1	1.7	5.1	-1.0	3.3	21.0	6.4	18.5
深圳	5.4	-1.5	4.7	5.8	4.2	13.9	52.9	7.9	17.7
珠海	3.6	5.3	5.1	2.5	5.6	-11.5	18.0	3.3	-0.7
汕头	5.0	3.4	6.4	3.6	8.7	8.1	27.0	3.5	-23.1
佛山	4.9	5.6	6.5	3.0	6.3	-8.5	31.5	2.6	-11.9
韶关	4.0	5.4	2.3	4.8	2.9	0.1	7.5	2.1	-10.6
河源	4.5	5.8	6.3	3.0	5.4	10.1	43.3	2.1	-16.5
梅州	5.0	5.7	5.2	4.7	3.0	3.0	22.3	4.0	-14.0
惠州	5.3	6.4	5.9	4.3	4.0	5.8	13.1	4.4	-1.9
汕尾	4.9	6.4	-1.5	9.0	-9.3	3.7	11.2	3.4	17.6
东莞	2.0	5.3	-0.3	3.6	-3.6	4.1	5.7	2.7	-13.0
中山	5.3	5.6	7.0	3.5	5.6	-4.3	47.2	2.2	-6.8
江门	5.3	5.9	6.5	3.9	5.4	2.6	22.1	2.2	-5.6
阳江	3.5	1.2	2.9	5.0	2.5	47.5	106.7	1.1	-23.3

---

① 广东21地市经济增速与第一产业、第二产业、第三产业以及规模以上工业增加值增速相关系数分别为-0.042、0.822、0.053、0.703。

续表

城市	地区生产总值增速	一产增速	二产增速	三产增速	规模以上工业增加值增速	固定资产投资增速	工业投资增速	社会消费品零售总额增速	外贸出口增速
湛江	3.4	4.1	1.9	4.3	1.2	0.9	35.0	6.1	5.0
茂名	3.4	4.8	1.5	3.9	4.1	8.1	27.3	4.8	−62.3
肇庆	3.2	4.8	0.9	4.7	1.1	−8.5	17.0	4.2	−1.2
清远	3.2	6.1	1.6	3.5	2.9	−4.1	28.6	2.5	0.3
潮州	3.3	4.8	2.5	3.8	−2.7	−3.3	22.7	3.6	−7.2
揭阳	8.0	4.6	15.7	3.9	24.7	−18.2	−43.0	3.2	0.8
云浮	3.3	4.5	3.5	2.7	1.9	10.0	46.4	2.8	−14.7
全省	4.5	4.8	4.0	4.8	3.1	3.1	23.9	5.4	3.9

资料来源：广东省统计局及各市统计局。

4. 在需求侧，各市工业投资增长普遍强劲，"新三样"出口高速增长彰显广东外贸新优势

从需求侧看，在消费需求方面，随着疫情防控平稳转段，各地市场活力不断增强，消费稳步复苏，但复苏力度各不相同，分化明显，大部分地市消费实现较快增长的基础仍不稳固。2023年前三季度只有深圳、广州、湛江3市社会消费品零售总额增速超过全省水平，增速分别达到7.9%、6.4%、6.1%。其中，广州、深圳两市社会消费品零售总额占全省比重为45.2%，比2022年同期提高了0.7个百分点。深圳、广州两市消费增长领先全省既有疫情防控平稳转段带来住宿餐饮、商务出行等集聚型、接触型消费需求释放的作用，更有消费升级大势所趋的作用，以及核心城市以绿色智能、时尚展演、文旅娱乐为代表的消费新热点、新场景、新模式持续涌现的作用。在投资需求方面，2023年前三季度全省有10个地市固定资产投资增速高于全省3.1%的水平，同样有10个地市工业投资增速高于全省23.9%的水平。各地工业投资增长普遍强劲，充分彰显以实体经济为本、制造业当家的决心和势头。其中，阳江凭借固定资产投资增长47.5%、工业投资增长106.7%夺得全省固定资产投资增速和工业投资增速"双料冠军"。海上风电项目大规模开工建设，中材叶片、东方电气等装备制造大项目加快建设是阳江工业投资高速增长的主要原因。深圳以固定资产投资增长13.9%、工业投资增长52.9%摘得全省固定资产投资增速和工业投资增速"双料亚军"。其中，深圳高技术制造业投资增长73.7%。总体上，各地市产业投资抢抓新赛道、布局新产业、迈向高端化的力度不断加大，新质生产力加快培育，经济高质量发展新动能不断积蓄。在出口需求方面，2023年前三季度只有广州、深圳、汕尾、湛江4市外贸出口增速超过全省水平，分别增长18.5%、17.7%、17.6%、5.0%。其中，广州、深圳作为外贸大市，出口额分别占全省出口总额的12.0%和44.4%，前三季度，两市顶住全球需求趋缓压力，出口逆势较快增长，除了得益于深耕传统市场、积极开拓共建"一带一路"国家等市场外，还得益于在新能源汽车等产业超前布局赢得的先发优势，得益于锂离子蓄电池、电动载人汽车、太阳能电池等"新三样"产品出口高速增长的拉动。数据显示，2023年前三季度广州港以新能源汽车为主的商品汽车出口同比增长56%；深圳锂离子蓄电池、电动载人汽车、太阳能电池出口分别增长24.1%、432%和21%，充分展现外贸出口的韧性与优势[1]。

（二）县域经济：珠三角县域经济增速整体领先，大项目与特色产业拉动粤东、粤西与粤北地区县域发展

1. 四成县（市）跑赢全省平均经济增速，不同县（市）的工业与投资增长表现出现分化

2023年前三季度，广东县域经济总体持续恢复，在全省已公布经济数据的49个县（市）中[2]，有19个县（市）增速高于或等于全省同期4.5%的水平，占比约38.8%，仅有1个出现负增长。但广东县域经济整体发展依然相对弱势，尤其是工业部门发展，不同县（市）出现了明显分化。同期内，有23个县（市）规模以上工业增加值增速低于全省水平，其中，有16个县（市）负增长。有23个县（市）固定资产投资增速低于全省水平，其中，有18个县（市）负增长。前三季度，惠来县在中石油广东石化炼化一体化项目拉动下实现了60.1%的经济增速，毫无悬念居全省县域经济增速首位；丰顺县、陆河县经济分别增长8.7%、8.3%，分居全省县域经济增速第二、第三；与此形成鲜明对比的是，乳源县规模以上工业增加值下降15.3%，经济增速为-2.3%，居

---

① 数据来源于深圳海关。
② 截至2023年11月上旬，全省57个县（市）还有韶关的乐昌、翁源、仁化、始兴、新丰，肇庆的广宁、封开、四会共8个县（市）未发布第三季度经济数据。

48个县（市）末尾。从全省经济规模前15位的头部县（市）排位来看，与2022年及2021年排名相比，2023年前三季度地区生产总值前15位县（市）排序出现较大调整，显示出县域经济发展格局的新变化。其中，最大的变化莫过于惠来县，其全年经济总量由200亿元级别直接向400亿元级别迈进，在全省县域经济规模的排名由2022年第23直接上升到2023年前三季度第12，实现由腰部县（市）向头部县（市）争先进位的大跨越。除了惠来外，在2023年前三季度全省县域经济规模前15位的县（市）中，惠东、普宁、台山、英德等县（市）排位与上年相比都取得了不同程度的提升（见表3）。

表3 广东县域经济规模前15位

单位：亿元，%

排序	2021年			2022年			2023年前三季度		
	县（市）	地区生产总值	增速	县（市）	地区生产总值	增速	县（市）	地区生产总值	增速
1	博罗县	745.6	12.8	博罗县	801.4	3.7	博罗县	589.8	5.1
2	四会市	722.5	12.6	四会市	743.5	2.5	惠东县	544.0	5.0
3	惠东县	701.0	10.7	惠东县	741.8	2.3	高州市	532.0	3.0
4	高州市	685.4	7.6	高州市	725.7	2.3	普宁市	467.3	4.0
5	化州市	624.9	8.4	化州市	651.6	1.6	化州市	457.5	3.1
6	普宁市	622.9	6.8	普宁市	629.5	-0.5	信宜市	414.6	4.2
7	信宜市	524.8	7.1	信宜市	553.9	2.1	台山市	377.5	6.2
8	廉江市	513.2	7.0	廉江市	533.1	2.0	廉江市	370.2	6.0
9	台山市	500.4	8.5	台山市	516.5	3.5	鹤山市	355.9	6.2
10	鹤山市	436.8	9.7	鹤山市	458.5	2.8	开平市	338.5	5.4
11	开平市	435.9	8.3	开平市	456.1	2.8	海丰县	314.0	4.4
12	陆丰市	423.0	13.9	海丰县	426.5	3.8	惠来县	308.8	60.1
13	遂溪县	408.2	8.4	遂溪县	426.6	2.2	英德市	296.7	3.9
14	海丰县	405.3	13.5	陆丰市	418.0	-2.7	陆丰市	287.9	4.3
15	英德市	400.3	11.0	英德市	405.2	1.7	遂溪县	286.4	0.3

注：四会市2023年前三季度数据未列入，预计其经济规模排全省第三或第四。

资料来源：广东省统计局及各县（市）统计局。

2. 珠三角地区县域经济整体增长形势较好，全国百强县博罗领跑冲刺地区生产总值千亿县

珠三角地区的12个县（市）基本处于珠三角外围地区，区位条件相对较好，工业化水平普遍较高，有6个县（市）（包括四会市）经济总量进入全省前15位。2023年前三季度，珠三角地区县域经济整体增长形势较好，有6个县（市）经济增速高于全省水平。其中，江门下辖的台山、鹤山、恩平、开平4市经济增长表现也比较亮眼，增速分别为6.2%、6.2%、5.9%、5.4%，占据珠三角地区县域经济增速前4位（见表4）。近年来，江门下辖4市坚持以实体经济为本、制造业当家，抓住全省大型产业集聚区建设机遇，全面实施"工业振兴""园区再造"工程，全力招商引资发展园区经济，有效驱动经济较快增长。2023年前三季度，台山、鹤山、恩平、开平4市规模以上工业增加值分别增长8.0%、8.2%、7.2%、5.4%，不仅高于全省3.1%的水平，也高于或等于江门5.4%的水平。台山工业新城、鹤山市工业城、鹤山产业转移工业园，以及江门产业转移工业园的台山园区、开平园区、恩平园区规模以上工业增加值分别增长14.1%、7.5%、12.1%、37.3%、21.8%、22.6%[①]。惠州下辖的博罗和惠东是全省县域经济规模最大的两个县，2023年前三季度分别实现5.1%和5.0%的较快增长，增速分居珠三角地区县域经济增速的第五、第六。作为广东唯一入选"2023赛迪百强县"的县（市），博罗县近年坚持制造业当家，依托电子信息、新材料、电动车和生命健康四大支柱产业，大力推动经济较快增长，经济总量稳定保持在全省县域首位，是全省有望最快达成千亿元经济强县目标的县（市）。

表4　2023年前三季度珠三角地区县域经济主要指标

单位：亿元，%

县（市）	地区生产总值	地区生产总值增速	规模以上工业增加值增速	固定资产投资增速	工业投资增速	社会消费品零售总额增速
台山市	377.5	6.2	8.0	0.2	—	3.2
鹤山市	355.9	6.2	8.2	7.5	28.0	5.1
恩平市	163.1	5.9	7.2	7.7	—	1.8
开平市	338.5	5.4	5.4	-9.4	13.9	1.6
博罗县	589.8	5.1	7.2	2.4	13.9	6.9

---

① 数据来源于江门市统计局。

续表

县（市）	地区生产总值	地区生产总值增速	规模以上工业增加值增速	固定资产投资增速	工业投资增速	社会消费品零售总额增速
惠东县	544.0	5.0	7.7	5.8	42.6	5.6
怀集县	191.6	3.0	−19.7	−3.5	3.8	6.6
龙门县	151.7	2.5	3.1	−23	−35.3	4.3
德庆县	95.6	0.1	−19.7	31.9	—	6.4

注：肇庆的广宁、封开、四会3个县（市）未发布2023年第三季度经济数据，故未列入；"—"表示相关数据未公布，下同。

资料来源：各县（市）统计局。

3. 粤东地区惠来县大项目投产驱动经济实现超常规增长，助力争创全国经济百强县

2023年前三季度，粤东地区的惠来、陆河、饶平3县经济增速高于全省水平，其余5县（市）均低于全省水平。其中，惠来县在石化和风电等大项目的带动下完成地区生产总值308.8亿元，同比增长60.1%，增速居全省县域第一；实现规模以上工业增加值增长389.8%；在全省县域经济规模排名也由2022年的第23大幅上升到2023年前三季度的第12，向惠来县提出的争创全国经济百强县目标不断趋近。陆河县地区生产总值同比增长8.3%，增速居全省县域第三；规模以上工业增加值同比增长32.1%，居全省县域第二。陆河县虽是粤东地区山区县，经济发展基础较差，但是近几年通过积极承接珠三角产业转移，推动经济发展形成良好势头，地区生产总值增速已连续3年高于全省，2021年、2022年工业投资分别增长90.7%、122.7%，2023年前三季度仍保持29.7%的高速增长。饶平县地区生产总值同比增长5.7%，增速排粤东地区县（市）第三。饶平县是广东水产品主产区，是中国最大海水网箱养殖基地之一，2022年第一产业占比达到25.1%。2023年前三季度，饶平县第一产业增长6.1%，增速居全省县域第七，向海图强，海洋牧场建设显成效。普宁是粤东地区经济规模最大的县（市），经济规模排全省县域第六，已经达到了赛迪全国百强县评价600亿元的门槛，但是2022年普宁市人均GDP仅3.11万元，第二产业占比仅31.6%，总体发展水平与全国百强县还有较大差距。2023年前三季度普宁市经济增长4.0%，经济增速低于全省水平；不过，固定资产投资增长42.9%，增速排全省县域第三。

表5　2023年前三季度粤东地区县域经济主要指标

单位：亿元，%

县（市）	地区生产总值	地区生产总值增速	规模以上工业增加值增速	固定资产投资增速	工业投资增速	社会消费品零售总额增速
惠来县	308.8	60.1	389.8	−18.5	—	4.8
陆河县	78.2	8.3	32.1		29.7	3.6
饶平县	251.3	5.7	2.2	0.5		4
海丰县	314.0	4.4	—	—		—
陆丰市	287.9	4.3				
普宁市	467.3	4.0	5.1	42.9		4.1
南澳县	26.0	3	−13.6	39.1	169.8	5.8
揭西县	184.2	2.8	−3.8	25.6		3.7

资料来源：各县（市）统计局。

4. 粤西地区县域经济工业化水平偏低，特色产业拉动阳西、廉江增长领先

粤西地区10县（市）地处广东西部沿海，远离珠三角核心区，多为广东农（渔）业大县（市），经济规模普遍较大，但工业化水平偏低。2022年各县（市）经济规模均超过200亿元，其中有5个县（市）进入全省前15位。2023年前三季度，粤西地区县域经济增长势头总体较弱，有5个县（市）规模以上工业增加值负增长，只有阳西县、廉江市经济增速高于全省水平（见表6）。其中，阳西县近年来坚持向海发展、工业立县，重点培育绿色能源、绿色食品、临港产业三大产业集群，全力打造全国最大县域海上风电产业基地、调味品生产基地，依托全国最大的国家级海洋牧场示范区，积极探索"海洋牧场+深水网箱""海洋牧场+海上风电""海洋牧场+休闲渔业"多产业融合发展模式。2023年前三季度，阳西县实现地区生产总值190.7亿元，同比增长6.0%；规模以上工业增加值63.8亿元，同比增长11.8%；固定资产投资增长107.6%，增速位居全省县域首位。廉江市是湛江县域经济发展的排头兵，不仅经济规模居湛江各县（市）之首，工业化也走在粤西县域前列。作为中国小家电产业基地，廉江家电产业已入选全国首批中小企业特色产业集群，产值占工业总产值的四成以上。但是廉江家电产业企业规模小，产品技术含量不高，缺少自主品牌，产业层次低、成长性不足的短板也较为明显。2023年前三季度，廉江市实现地区生产总值370.2亿元，同比增长6.0%，但规模以上工业增加值同比只增长3.5%，固定资产投资下降7.8%，经济增长动力有待进一步增强。

表6　2023年前三季度粤西地区县域经济主要指标

单位：亿元，%

县（市）	地区生产总值	地区生产总值增速	规模以上工业增加值增速	固定资产投资增速	工业投资增速	社会消费品零售总额增速
阳西县	190.7	6.0	11.8	107.6	—	5.6
廉江市	370.2	6.0	3.5	-7.8	3.5	6.9
信宜市	414.6	4.2	3.1	8.6	—	5.0
雷州市	258.1	4.1	6.6	0.7	59.3	6.7
阳春市	271.5	3.5	0.5	7.2	—	3.3
化州市	457.5	3.1	-6.7	7.8	—	4.8
吴川市	208.2	3.1	-1.4	-6.2	-27.6	7.1
高州市	532.0	3.0	-2.5	4.1	—	4.0
徐闻县	161.8	2.3	-2.6	9.5	22.2	6.5
遂溪县	286.4	0.3	-19.2	-25.3	-25.0	8.2

资料来源：各县（市）统计局。

5. 粤北山区县域经济规模普遍偏小，丰顺、蕉岭及河源市下辖5县经济增速位居前列

粤北山区27县（市）地处广东北部生态发展区，生态资源丰富，发展条件较差，经济基础薄弱，工业化水平落后于粤东地区县（市），经济规模普遍较小。2022年，只有英德市经济规模刚刚超过400亿元，排在全省第15位。2023年前三季度，在粤北山区已发布2023年前三季度数据的22个县（市）中，有8个县（市）增速高于全省水平（见表7）。其中，梅州的丰顺、蕉岭分别增长8.7%、7.2%，增速分别居全省县域的第二、第四，居本地区的前2位；紧随其后的是河源市的龙川、和平、东源、连平、紫金5县，分别增长6.6%、5.4%、5.3%、5.0%、4.8%，增速全部高于全省水平；而中西部只有罗定市经济增速高于全省水平，为4.6%。进一步考察经济增长动力来源可以发现，经济增速排名靠前的县（市）一方面规模以上工业增加值增速多比较高，如丰顺县增速达到28.0%，排全省县域第三；龙川、和平、连平、紫金增速也分别达到15.4%、12.6%、5.1%、12.0%。这些县（市）普遍依托产业园区，积极承接珠三角产业转移，做大做强县域经济，园区工业成为拉动本地经济增长重要引擎。数据显示，2023年前三季度广州海珠（丰顺）产业转移园、东源工业园、和平工业园、龙川工业园、紫金工业园、连平工业园工业增加值分别增长33.2%、11.7%、28.3%、15.1%、40.7%、17.1%[①]。另一方面，这些县（市）的投资和消费表现基本好于全省。经济增速前7位的县（市），其固定资产投资增速全部显著高于全省3.1%的水平，并且工业投资增速都非常高，也意味着较强的增长后劲；同时，前7位的县域除了蕉岭县外，社会消费品零售总额增速均高于全省5.4%的水平。供需两端协同发力是这些县（市）实现经济较快增长的主要原因。作为粤北山区经济规模最大的县（市），英德市近年来依托广清经济特别合作区广德产业园，重点围绕装备制造、新材料、新型建材等产业，积极承接珠三角产业转移，推动经济稳步发展，不过由于工业经济占比还不够高，相关产业集聚效应还未形成，工业对总体经济的拉动作用还不明显。2023年前三季度，英德市经济增长3.9%，三次产业分别增长7.6%、2.4%、3.3%，规模以上工业增加值虽增长5.1%，高于全省水平，但经济增长主要还是靠第一产业拉动。

表7　2023年前三季度粤北山区县域经济主要指标

单位：亿元，%

县（市）	地区生产总值	地区生产总值增速	规模以上工业增加值增速	固定资产投资增速	工业投资增速	社会消费品零售总额增速
丰顺县	95.2	8.7	28.0	23.5	51.4	7.3
蕉岭县	80.2	7.2	-0.6	42.3	76.8	2.7
罗定市	233.3	4.6	2.4	-13.4	19.2	3.8
龙川县	120.4	6.6	15.4	20.0	94.9	7.5
郁南县	102.9	4.1	12.3	75.2	344.3	4.4
和平县	89.5	5.4	12.6	8.6	64.0	6.5
英德市	296.7	3.9	5.1	11.2	58.4	5.2
紫金县	102.3	4.8	12.0	6.5	64.9	7.8

① 数据来源于梅州市统计局、河源市统计局。

续表

县（市）	地区生产总值	地区生产总值增速	规模以上工业增加值增速	固定资产投资增速	工业投资增速	社会消费品零售总额增速
连平县	72.7	5.0	5.1	14.3	74.5	8.6
连州市	125.9	3.9	-2.5	20.6	-10.4	5.9
大埔县	71.0	3.8	1.9	36.4	241.7	5.1
东源县	122.5	5.3	2.6	8.7	22.5	5.7
兴宁市	144.3	3.3	3.2	-5.1	-16.7	3.9
五华县	129.9	3.0	25.2	-13.3	69.8	6.7
阳山县	96.1	2.9	-3.8	-15.8	139.7	6.3
平远县	66.0	2.6	-9.9	-7.0	15.0	4.5
新兴县	213.9	2.3	-0.7	-1.8	5.2	4.6
连山县	30.5	2.1	14.9	-21.2	4.4	4.3
佛冈县	119.8	2.1	1.0	-5.3	-22.2	6.4
南雄市	95.9	1.9	-1.3	0.4	—	6.4
连南县	43.8	0.1	20.6	-34.8	17.9	8.2
乳源县	78.5	-2.3	-15.3	3.6	40.2	—

注：韶关的乐昌、翁源、仁化、始兴、新丰5个县（市）缺2023年第三季度经济数据。

资料来源：各县（市）统计局。

（三）四大区域：珠三角自主可控现代化产业体系建设取得新成效，粤东、粤西与粤北地区蓝色与绿色新质生产力快速壮大

1.珠三角：推进产业链供应链自主可控，四大合作区构建区域协调新格局

（1）推进强链补链，打造自主可控的现代化产业体系。

珠三角以建设世界级产业集群目标为导向，大力发展新一代信息技术、高端装备制造、新材料、人工智能、生物医药等战略性新兴产业，例如围绕新能源汽车产业，打造广东第8个万亿元级产业集群。同时，针对产业链供应链关键环节，珠三角积极推进强链补链，取得了积极成效。大力实施"广东强芯"工程，包括广州粤芯三期、广州增芯科技、深圳华润微电子、深圳方正微电子等的一批重大项目相继投入建设，加快建成中国集成电路第三极。珠三角地区各城市还不断优化产业布局，不断加大科技创新投入、人才引进力度，加强产

业链上下游企业合作，通过产业链协同发展，提高产业集群竞争力，实现产业升级。

（2）推进四大平台建设，打造大湾区协调开放发展新格局。

从2021年9月到2023年8月，党中央连续出台了横琴粤澳深度合作区、前海深港现代服务业合作区、广州南沙粤港澳重大合作平台、河套深港科技创新合作区4个重大合作平台建设方案，成为推动珠三角与港澳协同发展的关键抓手。2023年新启动的河套深港科技创新合作区深圳园区，聚焦探索建立粤港澳大湾区科技创新协同机制，以粤港科技协同创新为合作方向，将成为粤港澳大湾区国际科技创新中心的重要极点。

表8　珠三角协同发展的四大平台建设方案与规划

序号	重大平台	规划与方案	出台时间	发展定位
1	珠海横琴	《横琴粤澳深度合作区建设总体方案》	2021年9月5日	促进澳门经济适度多元发展的新平台、便利澳门居民生活就业的新空间、丰富"一国两制"实践的新示范、推动粤港澳大湾区建设的新高地
2	深圳前海	《全面深化前海深港现代服务业合作区改革开放方案》	2021年9月6日	打造粤港澳大湾区全面深化改革创新实验平台，建设高水平对外开放门户枢纽
3	广州南沙	《广州南沙深化面向世界的粤港澳全面合作总体方案》	2022年6月14日	加快推动广州南沙深化粤港澳全面合作，打造成为立足湾区、协同港澳、面向世界的重大战略性平台
4	深圳河套	《河套深港科技创新合作区深圳园区发展规划》	2023年8月29日	打造粤港澳大湾区国际科技创新中心重要极点，努力成为粤港澳大湾区高质量发展的重要引擎

2. 粤东与粤西：发力海洋经济与产业转移，蓝色生产力成为区域发展新引擎

（1）打造海洋经济大产业，粤东、粤西发展增加新引擎。

粤东与粤西地区发展海洋经济具有得天独厚的条件。近年来，粤东、粤西沿海城市纷纷向海图强，打造海洋经济大产业大平台，新型蓝色生产力快速壮大。汕头市积极推进海洋示范区建设，持续谋划打造现代海上风电、海洋渔业、海洋旅游业等千亿元级产业集群，建设国际风电创新港，打造服务全球的海上风电产业新城，优化海洋高端装备、海洋新能源等海洋产业重大项目的布局，2020～2022年海洋生产总值年均增速超过10%。揭阳市大力打造以广东石化项目为"超级链主"，以伊斯科、巨正源、东粤化学为"强链主"的"一超多强"千亿元级产业集群，2023年2月，揭阳中石油广东石化炼化一体化项目全面投料生产。湛江近年来先后引进了宝钢湛江钢铁项目、巴斯夫（广东）一体化基地项目、中科炼化项目、廉江核电项目等，着力培育发展绿色钢铁、绿色石化、绿色能源、智能养殖等一批超千亿元级的现代海洋经济产业集群。阳江大力引进核电配套产业及海上风电相关产业，打造海上风电开发建设引领区和风电高端装备全产业链制造基地。2023年3月，广东（阳江）国际风电城产业生产核心区开工建设，当年即引来一批重大海工装备项目签约落户。

（2）强化区域产业协作，掀起新一轮产业转移浪潮。

2023年3月，广东省委、省政府印发了《关于推动产业有序转移促进区域协调发展的若干措施》，进一步引导和推动珠三角向粤东、粤西、粤北地区进行产业转移。2023年举办的珠三角与粤东西北经贸合作招商会，达成256个合作项目，总投资额达到2375.16亿元。汕头连续举办了三届潮汕国际纺织服装博览会，并开始建设全球纺织品采购中心；潮州服装龙头企业推进自主品牌建设，实施品牌战略，其中潮州婚纱礼服品牌名瑞、JOOOYS成功入选广东服装名牌名企项目入库名单（服装消费品牌）；揭阳普宁打造纺织服装生产集聚区，形成了集聚上下游6000多家企业的千亿元级产业集群。湛江承接产业转移主平台规划范围80平方千米，着力发展新能源、新材料、电子信息三大产业；茂名承接产业转移主平台则重点培育绿色石化、新材料、新能源等战略性新兴产业。阳江深度对接粤港澳大湾区，立足五金刀剪传统工业，打造新合金材料产业的千亿元级产业集群。

3. 粤北：大力推动入珠融湾与新型农村集体经济，加快发展绿色生产力

（1）持续推动入珠融湾，促进合作共赢。

入珠融湾是粤北地区城市紧抓粤港澳大湾区国际一流湾区和世界级城市群建设重大历史机遇，在共享机遇中加快发展，实现更高水平区域协调发展的重要战略。韶关市入珠融湾依托融湾产业平台、融湾先行区、"全

国一体化算力网络粤港澳大湾区国家枢纽节点韶关数据中心集群"等建设项目，取得了显著进展。云浮市坚持"向东向东再向东"的发展路径，推进交通互联、产业共建、政策共享、生态共济、社会共享，推动北部生态发展区、融入珠三角核心区、协同沿海经济带的发展。清远市以广清一体化为主要抓手，加快入珠融湾的步伐，奋力打造粤港澳大湾区产业转移首选地、旅游度假目的地、优质农产品供应地等，大力提升基础设施互联互通水平。2022 年底广连高速公路全线通车，推动清远加速融入珠三角 2 小时经济生活圈。

（2）着力扶强农村经营主体，探索发展壮大农村集体经济的有效路径。

2023 年 8 月，广东省政府出台了《广东省发展壮大农村经营主体若干措施》，围绕如何发展壮大农村经营主体，尤其针对农村不同经营主体、新产业新业态，提出了许多有针对性的培育扶持措施，探索发展壮大农村集体经济的有效路径。例如韶关市坚持"市场导向、因地制宜、依法依规"原则，采取以镇带村、以强带弱、抱团发展的模式，引导乡镇（街道）经济联合总社、村集体经济组织按比例入股或多个村集体经济组织按比例入股，联合成立强镇富村公司，实现"村村入股、村村参与、兼顾公平"。截至 2023 年上半年，韶关已建立镇级强镇富村公司 105 家、村级强镇富村公司 44 家，覆盖全市1207 个行政村，已打造 33 个品牌，涵盖 88 种产品，逐步推动农业向规模化、标准化、品牌化发展，对发展壮大县域经济、提高人民收入水平、实现区域协调发展起到良好作用。

（四）城乡协调与乡村振兴：县域经济与县镇村一体化联动发展提速，"百千万工程"实现良好开局

2023 年 2 月，广东省委印发《关于实施"百县千镇万村高质量发展工程"促进城乡区域协调发展的决定》，提出以全省 122 个县（市、区）、1609 个乡镇（街道）、2.65 万个行政村（社区）为主体，全面实施"百千万工程"。2023 年是"百千万工程"的开局之年，全省上下围绕县域发展、城镇提能、乡村振兴、城乡融合等重点任务落细落实，蹄疾步稳推进实施"百千万工程"，实现良好开局。

1. 做强做大县域经济，建设强富绿美新县域

做强做大县域经济是"百千万工程"的突破口、推进城乡共同富裕的主载体以及新型城镇化的主攻点。广东发展县域经济，坚持以实体经济为本，以工业、制造业为重点，加强现代农业、文旅产业、林业经济、森林康养、商贸物流等特色优势产业发展。比如，惠州博罗县以工业立县，扎扎实实做大做强电子信息、新材料、电动车、生命健康四大支柱产业。根据赛迪顾问县域经济研究中心发布的 2023 赛迪百强县榜单，惠州市博罗县以全国第 69 的排名上榜。又如，广东沿海各县依托优势海洋资源，加快打造"粤海粮仓"，唱响"海洋牧歌"，将现代化海洋牧场建设作为全面推进"百千万工程"的有力抓手。

2. 提升镇域能级，打造一批经济强镇

乡镇不仅是串联县城和农村的关键节点，也是广东实施"百千万工程"的重要一环。全省城镇建设提速提能，强化乡镇的综合服务承载力，乡镇联城带村的节点功能逐渐显现。2022 年广东常住人口城镇化率提高至 74.79%，一批有较强影响力和竞争力的中心镇、专业镇、特色镇涌现。比如，佛山镇域经济闻名遐迩，南海区狮山镇、顺德区北滘镇在全国 4 个千亿镇中独占二席。北滘镇在 40 余年发展过程中，坚持工业立镇，立足雄厚的制造业基础，培育壮大以机器人为代表的战略性新兴产业，已形成了"一核双擎五组团"的机器人完备产业链，加快助推从"工业立镇"到"制造强镇"的华丽转身。

3. 实施乡村振兴，推进农业农村现代化

产业振兴是乡村振兴的经济基础。一方面，广东各县（市）按照宜农则农、宜林则林、宜工则工、宜商则商、宜游则游的原则，做好"土特产"文章，着力发展农产品精深加工，大力培育发展有区域特色的高附加值农业产业链，壮大农村电商、乡村旅游、健康养生等新产业新业态。另一方面，积极探索强村富民的集成改革，因地制宜探索发展新型农村集体经济的有效模式。韶关市通过全面梳理农村可利用资源，引导各村用好"一清单两图两表"，盘点105 个乡镇（街道）和 1447 个村（社区）可利用资源资产清单，全面掌握可发展农业产业的资源家底。围绕农畜产品、农业生产资料、农业技术、农村电商服务、文旅产业等 9 类 20 余项经营业务，探索出"强镇富村公司+物业出租经营+闲置资源盘活+社会有偿服务+乡村文旅运营+现代农业发展+助农服务体

系"等"1+N"的经营合作模式，显著增强了强镇富村公司的可持续盈利能力[①]。梅州市探索设立"产业村长"，通过选聘产业能人，推动打造一批产业强村、经济强村，以产业兴旺推动乡村全面振兴。云浮新兴县探索推动"政银企村户"共建家庭农场，重点以12个镇打造先行先试"试点村"为主抓手，实现以点带面、以面带全，推动新型农村集体经济高质量发展。

4. 加快城乡融合和县镇村一体化联动

广东整体已进入城乡融合新阶段[②]，必须破除单向城市化思维，形成"村—镇—县—城"连续体。近年来，广东下功夫破解城乡二元结构，坚持改革创新、示范带动，以点带面统筹推进城乡一体化发展。实施"百千万工程"后，各地市出台县域经济高质量发展体制机制改革方案，健全县域城乡规划、基础设施、基本公共服务"三个一体化"体制机制，县镇村一体化发展的步伐已然启动，在跨区域交通网络建设、基本公共服务均等化等领域推动城乡融合发展不断取得新突破。比如，清远探索促进金融要素下沉，把更多金融资源配置到乡村发展的重点领域和薄弱环节，将土地承包经营权证抵押融资贷款，农村"资产"变"资金"。

二 广东区域协调发展面临的主要不足

虽然广东区域与城乡协调发展取得显著进步，但区域发展不平衡不协调格局尚未得到根本扭转，珠三角与其他地区之间发展差距依然未缩小，县域经济与农村发展明显滞后，成为制约广东"在推进中国式现代化建设中走在前列"的痛点和难点。

（一）都市圈协同发展体制机制有待进一步健全

广州都市圈内广州以外各市之间合作动力不足，一体化发展体制机制尚不

---

① 截至2023年10月15日，全市105个乡镇（街道）共有强镇富村公司149家，实现全覆盖，其中105家镇级强镇富村公司营业额5.07亿元，平均营业约483万元，实现利润3864.86万元，村集体分红550.89万元，实现就业3912人，支付农民薪酬1420.92万元，带动全市1207个村集体经营性收入全部达到10万元以上。

② 根据世界城市化发展一般规律，当城市化率超过70%时，社会发展进入城乡融合阶段。

完善，行政壁垒依然存在，政策协同水平不高，区域利益协调难度较大，统一的区域市场体系尚未形成。深圳都市圈里，深、莞两市面临城市治理承压明显、发展空间不足等诸多挑战。都市圈内跨市域成本分担和利益共享机制尚未建立，政府间合作协议约束力较弱，跨市域重大项目协调难度较大。珠西都市圈面临的主要问题是核心城市带动力不强，以及产业协作和创新资源相对不足。粤东、粤西未来发展备受关注，汕潮揭都市圈和湛茂都市圈在发展过程中面临相似的挑战与瓶颈，汕头和湛江作为省域副中心城市的作用有待充分发挥，周边地区对当地的虹吸效应显著。汕潮揭都市圈和湛茂都市圈产业发展亟待转型升级。制造业中资源型、粗放型加工、劳动密集型产业占比偏高，部分主导产业下游产业链延伸不足，创新链、供应链水平偏低，两大都市圈都面临产业结构调整和技术升级被拉大差距的挑战。

（二）特色产业集群有待进一步培育壮大

粤东、粤西海洋经济发展有待提速，蓝色生产力有待进一步发展。广东发展蓝色经济具备资源、区位和政策优势，尤其是粤东、粤西海洋资源丰富，发展海洋产业的建设空间、资源空间、承载力空间巨大，但海洋开发利用水平还比较低。全省已确权用海约80%位于深20米以内的浅海域，深远海开发利用严重不足。现代化海洋牧场全产业链体系建设有待完善，海洋实体经济和战略性新兴产业有待进一步壮大，海洋优势产业和新兴前沿产业有待提质增效。粤北地区绿色生态优势有待进一步发挥，生态产业化发展"含金量"不足，"林业+"模式有待进一步激活，种养结合、生态循环的农业生产模式有待进一步完善。生态产品价值实现机制有待进一步创新和探索，林地林木资源有待进一步盘活和有序流转，林业碳汇开发能力有待进一步提升。

（三）县域经济发展有待进一步加速，新型农村集体经济发展亟待突破

受区位、资源、政策、综合环境等条件制约，粤东、粤西、粤北地区大部分欠发达县域经济发展不充分，承接产业转移空间极为有限，参与"抢商抢资"和产业转移承接的"逐底竞争"激烈，加剧恶性竞争、产业布局分散化和资源浪费。大多数县域工业尚未发挥主导作用，工业底子薄、总量小、科技

含量低，主导产品和优势产品少，深加工能力不强，难以形成积累和提升自我发展能力。粤东、粤西、粤北地区不少县域农业产业化程度低，集约化、规模化、标准化程度不够，农产品质量参差不齐，县乡级的物流体系有待健全，农村物流"最后一公里"还未完全畅通。农村三次产业融合发展不足，农业数字化、智慧化升级缓慢，农业新业态新模式发展不足，存在缺人才、缺资源、缺项目三大难题，村集体经济"造血"办法还不是太多。

（四）珠三角与粤东、粤西、粤北地区产业协作有待进一步加强

除了珠三角与粤东、粤西、粤北地区之间经济发展差距较大外，珠三角内部也存在"东强西弱""南强北弱"问题，制约了对粤东、粤西、粤北地区辐射带动作用。比如，珠三角北部地区空铁水重大立体交通枢纽与经济发展的系统集成不够，顶层政策较少，上位资源尤其是国家级资源配置强度不足，大交通的经济发展动力源作用发挥不足，对粤北地区产业辐射带动的增长极尚未形成。由于粤东、粤西、粤北地区承接珠三角地区产业转移的机制不活、配套不足、环境不优，不少珠三角地区的优质产业、企业、项目没有选择就近转移，而是"蛙跳"出省，双向"飞地经济"等融湾新举措、新阵地建设有待进一步加强。

三　2024年广东区域协调发展趋势预测

区域协调发展的核心是要通过区域有效协同，增强各地区的内生发展动力与区域之间的发展联动能力。下一步，广东围绕"1310"具体部署，深化新型工业化、农业现代化、城镇化、信息化四化联动，把改革、开放与创新作为推动区域经济协调的持续动力，加快推进珠三角地区强化科技创新引领，抓好横琴、前海、南沙、河套等重大合作平台建设，带动广东发展向更高水平迈进。接续推进"百千万工程"，加快新一轮珠三角与粤东、粤西、粤北地区对口帮扶协作，推动珠三角产业向粤东、粤西、粤北地区有序转移，激发县镇村发展内生活力，打造多层次、多领域的新型帮扶共同体，提高统筹层次，推进农村集体经济发展，加速打开广东城乡区域一体化发展新局面。

（一）珠三角地区持续完善产业协同、创新协同体系，再造广东开放新优势

珠三角地区将全面落实习近平总书记对粤港澳大湾区"一点两地"的全新战略定位，持续激活改革、开放、创新三大动力，纵深推进新阶段粤港澳大湾区建设，进一步发挥创新引擎功能。随着港珠澳大桥、广深港高铁等交通基础设施建设的不断完善，深中通道即将建成通车，珠三角地区内部要素流动进一步加快，城市经济边界不断外拓，区域创新发展的新形态、新空间布局将加快重塑和优化。与此同时，珠三角地区以科创资源整合、数字化支撑、"双创"氛围营造等措施，构建粤港澳大湾区科技创新生态，推动全球优质资源、高端产业进一步集聚，以新动能优势助推广东高质量发展驶入快车道。珠三角地区通过科技自主创新建设，加快构建各类新生态产业集群，以发生产业链的新"化学反应"，大手笔投入基础研究和技术攻关，江门中微子实验、中国散裂中子源等大装置、大平台、大项目相继落户，鹏城实验室、广州实验室、松山湖材料实验室等一批战略科技力量正在崛起，将为战略性新兴产业发展增添新的持久动能。

（二）粤东、粤西地区充分发挥海洋资源优势，把握广东海洋强省建设契机，在打造海上新广东征程上取得新突破

拥有海洋资源优势的粤东、粤西地区，正在积极抢抓广东全面推进海洋强省建设的重要契机，致力在打造海上新广东上取得新突破。海上风电在粤东、粤西部分地市已形成全产业链布局，海洋牧场也在沿海地市兴起，石化产业在揭阳、茂名、湛江发展壮大，粤东、粤西地区正成为全省海洋和临港产业发展的主阵地。未来，粤东、粤西沿海地市将持续强化陆海统筹和江海联动，优化港产城整体布局，做大做强做优海洋交通运输、海上风力发电、海洋油气化工、海洋工程装备产业、海洋电子信息产业等现代海洋产业集群，深度发挥蓝色引擎的拉动力。海洋牧场建设将围绕三次产业融合发展方向，向牧场装备、养殖、冷链、食品工业等方向延伸，支撑广东万亿元级食品产业集群建设。海上风电建设向全产业链发展，以原材料、装备制造、风能开发、研发创新以及"风电+储能"融合发展的产业生态将在粤东、粤西地区徐徐铺开。粤东、粤西地区与珠三角产业与创新要素的对接持续深化，将有力推动海洋经济创新发展带与打造环珠江口"黄金内湾"协同发展。

（三）粤北地区在守护自然生态屏障中进一步释放生态红利

粤北地区紧扣绿美广东建设，与"百千万工程"深度融合、协同推进，绿色发展优势将不断彰显。围绕生态产业化和产业生态化，"五长联手"协同治理"河""林"新模式不断优化，山、林、水、湖等生态资源优势持续激发，支撑竹木、南药、油茶、竹下菌类、水果等农林业种植与精深加工以及各类"生态+"新业态新产品持续发展，基于农林文旅融合发展的特色生态文化产品线不断拓宽。生态价值实现渠道拓宽带动绿色资产盘活，加快实现"绿水青山"和"金山银山"的双向高效转化，让守着绿水青山的粤北父老乡亲吃上"生态饭"，吃好"绿色饭"，让绿美广东生态建设成果惠及最广大人民群众。

（四）县域经济高质量发展实现新突破

在全省推进产业有序转移"1+14+15"政策体系支撑下，粤东、粤西、粤北地区将进一步深化与珠三角地区对口帮扶协作，坚持制造业当家，立足比较优势，引导各类县域经济差异化、特色化发展，打造一批承接产业有序转移特色园区，探索、创新、发展一批双向"飞地"，在帮扶中激发县域经济发展内生活力，实现产业崛起。广东区域帮扶协作机制进一步优化，有利于加快建立健全城乡土地、资金、技术、数据等要素合理流动的体制机制，进一步破除制约农村集体经济发展的体制机制性障碍。不同县区盘活升级县域内现存各类开发区、产业集聚区、产业园、返乡创业园等平台，增强产业平台集聚功能，提高经济效益。多层次、多领域的新型帮扶共同体加快构建，助力广东全域共富。

四 推动广东区域协调发展的政策建议

（一）突出制造业当家，夯实区域协调发展的产业支撑

以"大产业""大平台""大项目""大企业""大环境"等五大提升行动为牵引，依托科教资源优势，深入实施科教兴省战略、人才强省战略、创新驱动发展战略，加快建设更具国际竞争力的现代化产业体系。前瞻布局未来产

业，抢占"创新策源地"。在广州、深圳等产业基础雄厚的核心城市，优先发展第三代半导体、未来网络、氢能、新型储能等成长型未来产业，超前布局量子科技、深海深地空天、类人机器人、先进核能等一批前沿性未来产业，推进基础研究，加强"无人区"创新，组织实施未来产业孵化与加速计划，着力攻克未来技术。要持续强化政策引导，在基础设施配套、应用场景开放、技术储备开发、产业链关键环节、产业集群培育等方面，加强产业生态支撑，厚植产业发展土壤。从需求侧提供早期市场支持，加大未来产业新产品、新应用、新服务的首台套、首批次、首版次推广应用力度。

（二）扎实推进"百千万工程"，进一步增强县域经济

深化跨区域产业对接与协同联动，强化珠三角中心城市和增长极辐射带动作用，在拓展经济纵深中挖掘县域经济增长潜能。加快联通内外的现代化交通基础设施、现代流通体系建设，以"硬联通"深化空间圈层联动互促，推进生产力要素顺畅流动和产业有序转移。用好用足对口帮扶协作机制，加快承接产业有序转移主平台建设，加快以清单化、项目化方式推进产业共建。积极探索"反向飞地"发展模式，借地借力推动产业创新发展，有效提升合作平台创新能级。以"百千万工程"为主抓手，针对当前县镇村管理体制机制与新发展要求不相适应的问题，深化体制机制改革和创新赋能，推动产业和创新要素流通与共享。实施扩权赋能改革，释放县镇村发展潜能。聚焦"放活"权限、"盘活"资源，围绕土地、人才等关键要素，持续抓好扩权强县和强县扩权改革，深入推进镇街体制改革，积极探索新型农村集体经济的实现方式，吸引资本、技术等要素向县镇村流动。抓住土地这个关键要素，积极探索"三块地"改革路径，有效盘活土地资源。持续推动人才下沉，进一步用好驻镇帮镇扶村等帮扶体制，以推动"政研企"优秀人才向基层下沉和本地人才智力资源向上链接为导向，明确驻镇帮镇扶村工作新定位，推动发达地区干部人才向欠发达地区流动，为县镇村发展注入源源不断的强大动力。

（三）着力推动五大都市圈协同发展，一体化统筹区域协调

顺应产业升级、人口流动和空间演进趋势，广东要高质量推进广州都市圈、深圳都市圈、珠江口西岸都市圈融合发展。广州都市圈要强化广州创新能

力、文化软实力、国际竞争力和门户城市功能，进一步提升肇庆都市区发展水平，激发清远、云浮、韶关市发展的内生动力。深圳都市圈聚力打造科技创新产业体系，培育若干具有全球影响力和竞争力的产业集群。珠江口西岸都市圈推进与广州、佛山在新能源汽车、轨道交通、机械工业及自动化控制等产业上的合作，主动承接深圳制造业转移和高端服务功能溢出，探索"东岸总部基地+西岸生产基地""东岸研发+西岸孵化转化"等协同发展模式，促进珠江口东西两岸互动融合发展。大力推进汕潮揭都市圈、湛茂都市圈高质量发展，一体化推进珠三角三大都市圈与粤东、粤西两个都市圈建设，将推进五大都市圈建设与"百千万工程"协同联动、同步推进，加快推进粤港澳大湾区新一轮产业转移以及优势产业互补合作，统筹发展海洋新兴产业、临港先进制造业和沿海现代能源产业，共同打造具有国际竞争力的临海高端制造产业集群和沿海清洁能源产业带，形成广东都市圈内部及都市圈之间产业协同联动发展新优势。将汕潮揭都市圈和湛茂都市圈建设与海峡西岸经济圈联动发展，与海南自贸港和广西北部湾地区深度对接，推动更大范围的区域协调发展。

（四）加快发展绿色生产力，充分释放生态红利

聚焦实体经济和绿美广东建设，厚植广东生态优势，夯实绿色底色，围绕生态产业化和产业生态化，用好林业资源、文旅资源、水资源，做好生态产品价值实现这篇大文章，向绿水青山要生产力。多措并举探索建立生态产品价值实现机制。围绕森林生态资产、矿产资源和生态产品利用价值，吸引大型企业以全产业链开发模式参与矿产及生态资源开发利用。立足特色资源禀赋，积极探索"农林文旅"深度融合，因地制宜发展竹子、油茶、花卉苗木、经济林果产业，大力发展全域旅游，培育健康养生、体育休闲、文化创意等新业态，充分挖掘释放生态文旅综合效益，让好山好水好空气为群众增收致富。加强绿美广东软实力建设，利用丰富的森林、湿地等自然资源和历史人文资源，深入挖掘绿色生态产品文化内涵，激活森林文旅这条千亿元级赛道，开发一批具有岭南味的生态文化产品。高质量建设现代化林业产业体系。因地制宜选准绿色产业发展方向，稳步推动林权流转和林业规模经营，加快培育新型林业经营主体，做大做强林业龙头企业，打造林业产业集群。高水平加快农林产业链延伸，推动农林经济"接二连三"，培育壮大优质、高产、高效、生态、安全的

"粤林+"特色品牌，推动"粤林+"品牌与县域品牌、企业品牌、中国地理标志产品、地理标志农产品等现有品牌相互叠加。夯实绿色生产的科创和金融支撑。持续加强与国内高校、科研院所产学研合作，推动科技"进山入林"。引进有实力的企业强化农业绿色发展的科技支撑，推动绿色农机装备、绿色种养技术等的研发、升级和应用，更进一步地提升农业创新效能。构建多元化绿色投融资体系，以政府参与撬动外部第三方机构和社会资本投资，探索建立政府和社会资本联合的绿色低碳类基金，鼓励和引导大型保险公司、养老基金、产业引导基金等长期资金来源带头投向绿色企业。

（五）大力发展蓝色生产力，为打造海上新广东激活新动能

发挥广东岸线绵长、海域辽阔、岛屿众多、港湾优良等海洋资源优势，围绕"向海图强"做大文章，选准海洋经济大产业，以大平台、大项目激活潜在比较优势，通过建链、补链、延链、强链培育打造现代海洋产业集群。大力发展海洋装备制造业，加大招商引资力度，推动更多海工装备项目落地。探索具有广东特色的"海洋牧场+深水网箱""海洋牧场+海上风电""海洋牧场+休闲渔业""海洋牧场+北斗产业"等融合发展新模式，打造一批产加销贯通、渔工贸一体、三次产业融合发展的现代化海洋牧场综合体。推进海上风电全产业链建设，形成原材料、装备制造、风能开发、研发创新以及"风电+储能"融合发展的具有自主创新能力的产业生态。大力推动粤西阳江、湛江海域海上风电项目规模化集中规划、连片开发，打造粤西千万千瓦级海上风电基地，争取将粤东千万千瓦级海上风电基地纳入国家相关规划，重点推动汕尾（陆丰）海洋工程基地建设，打造汕头海上风电创新产业园，谋划布局揭阳运维基地，集中攻克高端核心部件和新材料、海洋能源和海洋工程等系列重大关键核心技术，实现海洋能源技术高端化、产业集群化和应用场景化。

B.6
2023~2024年广东对外经贸发展形势分析与预测

广东对外经贸发展形势分析与预测课题组*

摘　要： 2023年，面对全球经济疲软和国际形势动荡加剧的影响，广东顶住多重压力，不断提升对外经贸水平，保持对外经贸发展韧劲和竞争力。外贸进出口规模再创新高，一般贸易进出口继续攀升，贸易新业态增势强劲，民营外贸企业进出口保持活力，外贸规模和结构取得新突破，全球贸易伙伴更趋多元。外资大项目数量和实到外资金额位居全国前列，继续担当对外投资排头兵。展望2024年，广东将在全国稳外贸外资大局中继续发挥"顶梁柱""压舱石"作用。要加快推进高水平对外开放，积极服务和融入新发展格局，加强改革创新，对接高标准贸易规则，营造国际一流营商环境，优化布局高质量经贸项目，落细落实企业扶持和服务，以对外经贸高质量发展应对不稳定的全球经济形势。

关键词： 对外经贸　高水平对外开放　贸易强省

2023年，广东在复杂多变的对外经贸发展环境中，推动提升对外经贸水平，进出口规模、质量、效益同步提升，保持对外经贸发展韧劲和竞争力。全年外贸进出口规模和质量再创佳绩。外资大项目数量和实到外资金额位居全国前列，继续担当对外投资排头兵。面向2024年和未来一段时间，广东需积极服务和融入新发展格局，推进高水平对外开放，用好粤港澳大湾区这一重要动力源，提升全球资源配置能力。

---

* 课题组组长：符永寿，广东省社会科学院港澳台研究中心副主任、副研究员，研究方向为粤港澳合作、社科情报。课题组成员：郭楚，广东省社会科学院港澳台研究中心研究员，研究方向为国际贸易；左晓安，广东省社会科学院港澳台研究中心副研究员，研究方向为国际经济、粤港澳大湾区建设。广东省社会科学院国际贸易学专业在读研究生单同宇参与课题调研和部分数据处理工作。

一　2023年广东外贸稳中有进

2023年，全球经济供需失序、复苏乏力，形势较为严峻，国际贸易首当其冲，受到较大冲击。广东作为外贸大省，顶住多重不利冲击，基本顶住下行压力，稳中有进，总体稳住外贸"基本盘"，外贸实现全面恢复性上涨，进出口规模和结构有所突破，发展动能呈现新亮点，凸显广东外贸强大韧性和国际竞争力。

（一）外贸规模领先全国，增速保持平稳

从整体看，广东外贸总体平稳，稳居全国外贸第一大省。2023年1~9月，广东外贸进出口规模为6.09万亿元，比2022年同期微降0.1%。外贸出口和进口"一升一降"，出口规模首次突破4万亿元，创历史同期新高，同比上升3.9%；进口规模为2.05万亿元，同比下降7.2%。广东外贸规模继续稳居全国第一位，深圳更是成为全国外贸第一城，东莞、广州、佛山等城市外贸进出口规模也位居全国前十，广东在全国稳外贸发展大局中继续发挥"顶梁柱""压舱石"作用。

广东外贸进出口额呈现稳定增长态势。2023年第一、第二和第三季度的外贸进出口额分别达到1.82万亿元、2.02万亿元和2.25万亿元。2023年9月，广东外贸进出口额高达8098.4亿元，连续4个月环比上升，创下当年以来的单月最高值（见图1）。

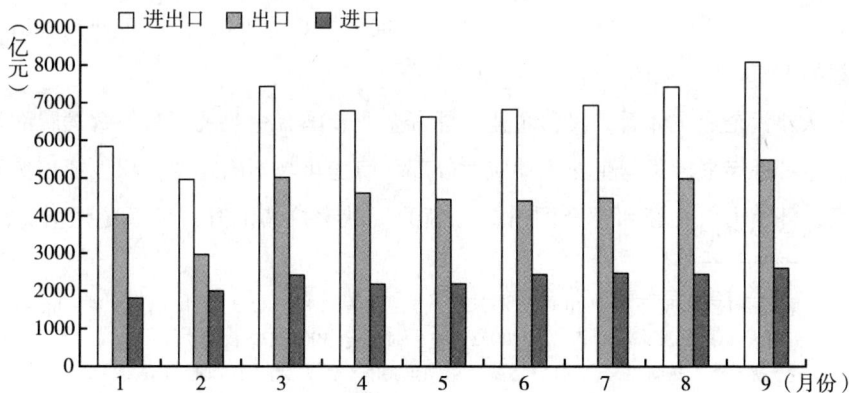

图1　2023年1~9月广东省外贸进出口月度总值

资料来源：根据海关总署广东分署数据整理。

（二）外贸区域和企业主体支撑有力，实现优势叠加

从重点地市外贸贡献看，珠三角外贸高质量发展势头不减，外贸规模和结构取得新突破。2023年1~9月，珠三角九市外贸进出口总额5.84万亿元，珠三角九市外贸进出口总额在全省外贸进出口总额中的占比继续增加，达到95.89%（见表1）。

表1　2020年至2023年9月珠三角九市外贸进出口总额及占全省比重

单位：万亿元，%

项目	2020年	2021年	2022年	2023年1~9月
珠三角九市外贸进出口总额	6.75	7.89	7.94	5.84
占全省外贸进出口总额比重	95.34	95.41	95.55	95.89

资料来源：根据海关总署广东分署数据整理。

珠三角九市外贸发展活力充沛。深圳、东莞、广州位列珠三角外贸强市三甲。2023年1~9月，深圳外贸进出口额达到2.8万亿元，在2022年高基数的基础上实现7.3%的增长，进出口规模再创历史新高，占同期广东外贸进出口总额的45.9%，外贸出口规模连续30年稳居内地外贸城市首位[①]。东莞外贸进出口额为0.95万亿元，比2022年同期下降12.76%，占广东外贸进出口总额的15.62%，外贸进出口规模在全省排名第二[②]。广州外贸进出口额为0.82万亿元，外贸规模创历史新高，比2022年同期增长7.4%，占广东外贸进出口总额的13.38%（见图2）。

从外贸企业主体看，民营企业、外资企业、国有企业是广东外贸发展的重要主体。近年来，民营企业主动应对外部环境变化与不确定性，积极开拓海外市场，外贸出口总额和对全国出口总额的贡献率持续上升，呈现更强活力[③]。

[①] 《深圳前三季度累计进出口2.8万亿元》，南方日报，2023年10月27日，https://epaper.southcn.com/nfdaily/html/202310/27/content_10078879.html。

[②] 《"新三样"扬帆出海，"外贸之城"东莞正突围》，东莞市人民政府网站，2023年11月28日，http://www.dg.gov.cn/jjdz/tpxw/content/post_4111712.html。

[③] 《"撑腰"更"撑伞"看经济大省广东如何硬核"振企"》，新浪财经，2023年8月7日，https://finance.sina.com.cn/jjxw/2023-08-07/doc-imzfkitr5647549.shtml。

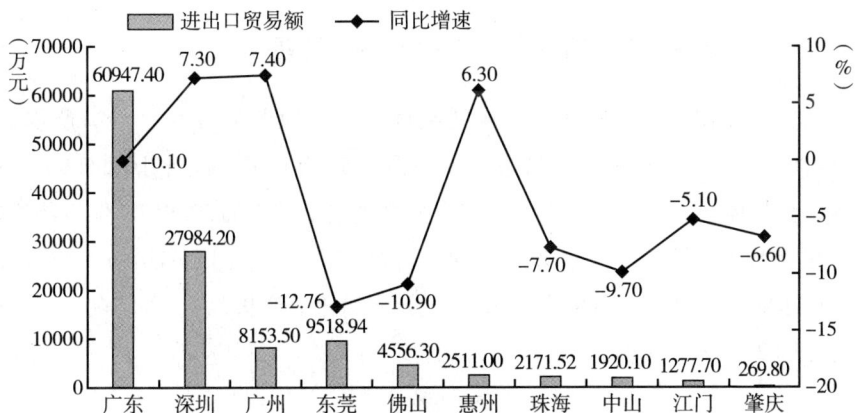

图2 2023年1～9月珠三角九市外贸进出口额及增速

资料来源：根据海关总署广东分署数据整理。

2023年前三季度，广东民营企业进出口额为3.69万亿元，同比上升6.6%，较整体快6.7个百分点，占广东外贸进出口总额的60.5%，拉动同期广东整体外贸进出口增长3.8个百分点；外资企业进出口额为2.07万亿元，同比下降9%，占广东外贸进出口总额的33.9%；国有企业进出口额为3347.5亿元，同比下降7.9%，占广东外贸进出口总额的5.5%（见图3）。

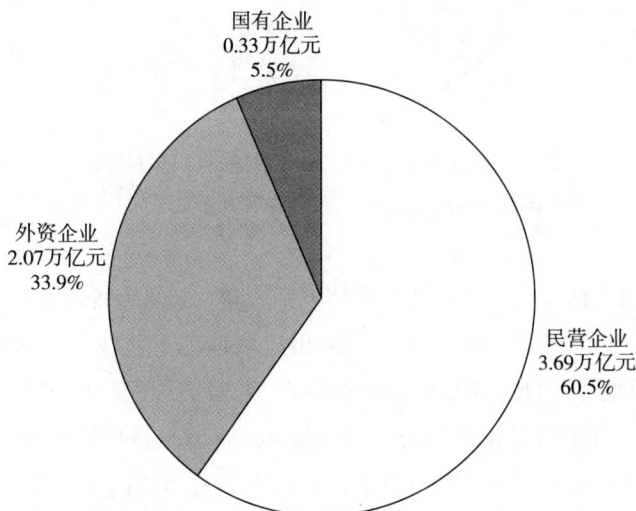

图3 2023年1～9月广东三大企业主体外贸进出口额及占比

资料来源：根据海关总署广东分署数据整理。

（三）外贸结构不断优化，新兴市场占比提升

从贸易方式看，广东贸易结构持续优化。一般贸易技术含量有所提升。2023 年 1~9 月，广东一般贸易进出口额为 3.53 万亿元，同比上涨 5.9%，增速较外贸整体快了 6 个百分点，占广东外贸进出口总额的 57.9%；保税物流进出口额为 1.05 万亿元，同比增长 5.9%，占广东外贸进出口总额的 17.2%。此外，广东加工贸易进出口额为 1.42 万亿元，同比下降 9.8%，占广东外贸进出口总额的 23.3%（见图 4）。

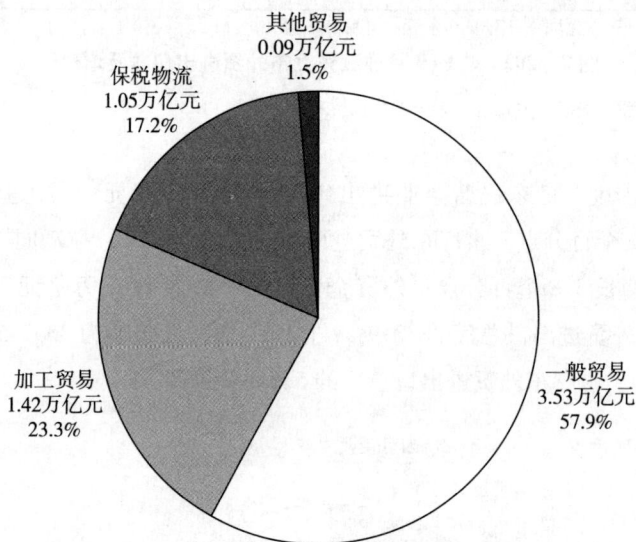

图 4　2023 年 1~9 月广东外贸进出口总额构成

资料来源：根据海关总署广东分署数据整理。

从主要贸易伙伴看，对发达经济体贸易回暖，新兴市场占比提升。外贸伙伴稳中有变，对共建"一带一路"国家出口增速高于整体。新兴市场成为广东外贸增长的重要力量。2023 年前三季度，东盟继续保持广东第一大贸易伙伴位置，广东对东盟进出口同比上涨 1.8%；对美国进出口同比下跌 3.4%，但降幅较上半年收窄了 4.2 个百分点；对欧盟的进出口同比上涨 0.2%，扭转了 2023 年上半年的下降趋势（见图 5）。广东对共建"一带一路"国家的贸易同比上涨 2.8%、对拉美地区的贸易同比上涨 9.6%、对中东地区的贸易同比

上涨 10.3%、对非洲地区的贸易同比上涨 12.4%。由于采用"综保区+中欧班列"的联运新模式，广东外贸企业采取"零存整取"方式出货，物流成本下降、运输速度提升，两周左右就能到达中亚、欧洲等地，有效帮助外贸企业开拓共建"一带一路"国家市场。

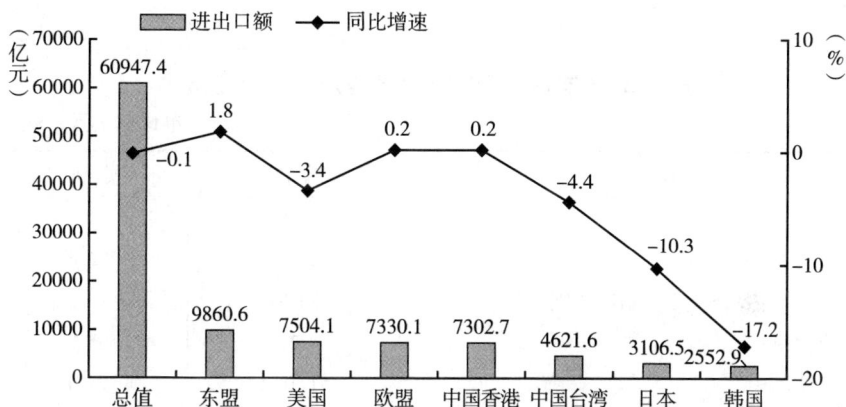

图 5　2023 年 1~9 月广东外贸进出口主要国家或地区数据

资料来源：根据海关总署广东分署数据整理。

（四）大宗商品、新兴产品支持外贸动能

从出口来看，机电产品出口占比提升，绿色产品、农产品出口动能强劲。受到全球通货膨胀、贸易保护影响，全球电子信息类产品需求大幅波动，从 2022 年下半年开始机电产品就面临出口压力，但以电动汽车、光伏、锂电池为代表的新能源类产品出口大幅上升，从而带动机电产品月度出口小幅波动。2023 年 1~9 月，广东机电产品出口总额同比上升 1.9%，占广东外贸出口总额的 65.3%，家用电器、电工器材出口额同比分别增长 5.8% 和 5.4%（见表 2）。此外，"新三样"电动载人汽车、锂电池、太阳能电池出口额同比分别上涨 4.3 倍、20.6%、29.6%；集成电路出口额同比上涨 24.4%、船舶出口额同比上涨 47.5%。

电动载人汽车、锂电池、太阳能电池"新三样"产品成为出口新增长点。广东外贸重点产品出口亮点频现的背后，离不开近年来广东持续加快科

技创新，不少科技龙头企业依靠强大的产品竞争力不断开拓欧美等发达市场。拥有大量优质产品和优势产业是广东外贸出口逆势上升的底气。电动载人汽车、锂电池、太阳能电池"新三样"和农产品成为拉动广东外贸出口上涨的新动能①，推动外贸提质升级，高品质、高技术、高附加值外贸产品增势强劲。

表2　2023年1~9月广东外贸重点产品出口额及增速

单位：亿元，%

重点产品	出口额	同比增速
机电产品	26396.5	1.9
电工器材	2839.3	5.4
自动数据处理设备及其零部件	2610.5	0.5
家用电器	2321.3	5.8
集成电路	1718.1	24.4
手机	1554.6	-13.3
塑料制品	1352.2	3.7
服装及衣着附件	1292.8	-9.1
灯具、照明装置及其零件	937.9	3.3
玩具	906.2	-6.8

资料来源：根据海关总署广东分署数据整理。

从进口来看，大宗商品和民生产品进口逆势上升。农产品和金属矿砂、煤炭、原油等大宗商品进口逆势上升。2023年前三季度，广东农产品进口额为1705.7亿元，同比上涨7.9%，其中，肉类进口额同比上升8%、水产品进口额同比上升8.5%、粮食进口额同比上升4%。与此同时，国内经济逐步恢复，对生产原料等大宗商品的需求也在不断增加，铁矿砂及其精矿、煤炭、原油进口额同比分别上涨18.3%、53.7%、23.3%。

---

① 《前三季度广东外贸进出口总值6.09万亿元》，中国新闻网，2023年10月19日，https://www.chinanews.com/cj/2023/10-19/10096695.shtml。

二 2023年广东利用外资与对外投资质稳量增

2023 年，广东持续发力稳外资，先后出台《广东省推进招商引资高质量发展若干政策措施》《关于以制造业为重点促进外资扩增量稳存量提质量的若干措施》等系统组合政策，成立引进重点企业办公室，利用外资和对外投资量质齐升，规模保持平稳、结构不断优化。

（一）外资规模保持平稳

2023 年前三季度，广东全力应对全球地缘冲突加剧、经济金融局势动荡加剧局面，多管齐下稳外资、优结构、提质量，外资引进总量相对平稳。全省高新技术引资成效显著，实际使用外资金额 190.298 亿美元，同比下降4.2%，降幅低于全国水平，占全国实际使用外资金额的 14.51%，居于江苏（212 亿美元，占比 16.17%）之后，但高于上海（186.67 亿美元，占比14.23%）、浙江（181.82 亿美元，占比 13.86%）、山东（145.22 亿美元，占比 11.07%）、北京（109.2 亿美元，占比 8.33%）（见图 6）。截至2023 年

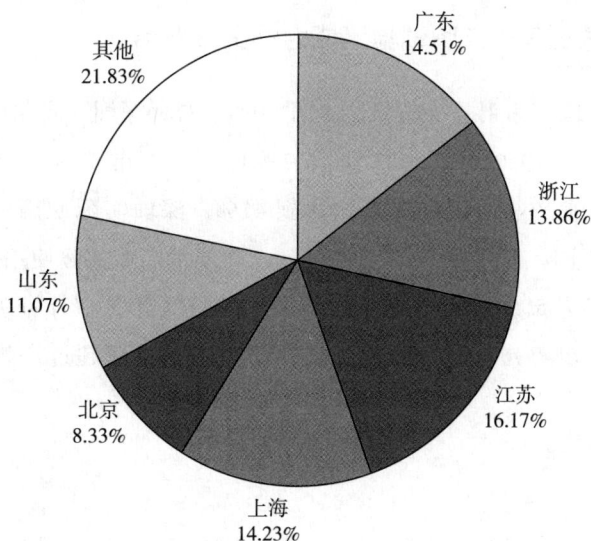

图 6 2023 年 1~9 月中国发达省市吸引外资占全国比重

资料来源：商务部，各省市商务厅、统计局。

10 月，广东实际使用外资金额 1429.55 亿元，同比减少 7.6%；新设外商投资企业 17240 家，同比增长 53.3%，占全国新设外商投资企业数的 41%（见表 3）。"2023 粤港澳大湾区全球招商大会"达成投资贸易项目 859 个，总金额超 2.24 万亿元，为粤港澳大湾区的建设和发展注入了活力①。2023年，广东稳外资继续走在全国前列。尽管实际使用外资金额有所下降，但广东吸引外商投资强劲，新设外商投资企业数量和占比均有显著增长。

表 3　截至 2023 年 10 月全国、广东及深圳外商投资情况

	新设外商投资企业		合同外资金额		实际使用外资	
	数量(家)	同比增长（%）	金额(亿元)	同比增长（%）	金额(亿元)	同比增长（%）
全国	41947	32.1	18284.32	−28.3	9870.12	−9.4
广东省	17240	53.3	2652.90	−20.7	1429.55	−7.6
深圳市	6469	69.2	845.88	−27.7	555.80	−6.2

注：人民币兑美元汇率按商务部 2023 年第三季度统计采用的 7.0148：1 折算。
资料来源：广东省统计局。

（二）珠三角、自贸试验区成为外资磁力场

多年来，珠三角引进外资额占全省 90%左右，深圳、广州两市使用外资金额占到全省的 70.25%。2023 年前三季度，深圳市实际使用外资 530.49亿元，高新技术产业使用外资占比达到 41%，深圳实际使用外资占全省的40%。广州市实际使用外资 407.34 亿元，高技术产业实际使用外资超过 220亿元，占比高达 55.4%，同比增长 16.9%。2023 年，在外资引进中占比较小的珠三角城市惠州、江门、肇庆实际使用外资增速超过广佛莞深等城市（见表 4）。

---

① 《2023 粤港澳大湾区全球招商大会达成投资贸易项目 859 个 总金额超 2.24 万亿元》，广东省人民政府网站，2023 年 11 月 9 日，https://www.gd.gov.cn/gdywdt/zwzt/jfqyhl/kdyxtz/content/post_ 4281523.html。

表4 2023年1~9月广东及珠三角各市外商投资情况

单位：亿元，%

指标	广东	深圳	广州	惠州	珠海	佛山	中山	江门	肇庆
实际使用外资金额	1334.9	530.49	407.34	79.38	73.27	53.6	31.64	27.74	10.2
同比增速	-4.2	-1.5	-0.07	4.91	-20.3	-19.5	-8.31	20.12	7.6

资料来源：广东省商务厅及各市商务局（东莞前三季度数据未公布）。

　　广东自贸试验区加大与港澳和世界经贸规则对接力度，以重要平台先行先试再扩大到整个广东自贸试验区的路径，促进经济要素在自贸试验区和粤港澳大湾区更加高效便捷流动，切实提升大湾区市场一体化水平，在探索经贸规则与国际接轨等制度型开放方面走在全省甚至全国前列，制度红利加上自贸试验区的发展前景使自贸试验区成为广东引资的磁力场。2022年，广东自贸试验区新设外商投资企业1839家，实际使用外资70.18亿美元，占全省实际使用外资总额的1/4。2023年1~6月，广东自贸试验区前海片区实际使用外资19.33亿美元、南沙片区实际使用外资2亿美元、横琴片区实际使用外资7.22亿美元，保持较好引资势头（见图7）。广东自贸试验区各项引资指标仍保持全国自贸试验区前列，反映了广东自贸试验区制度的不断优化、开放的持续扩大、营商环境的持续改善。

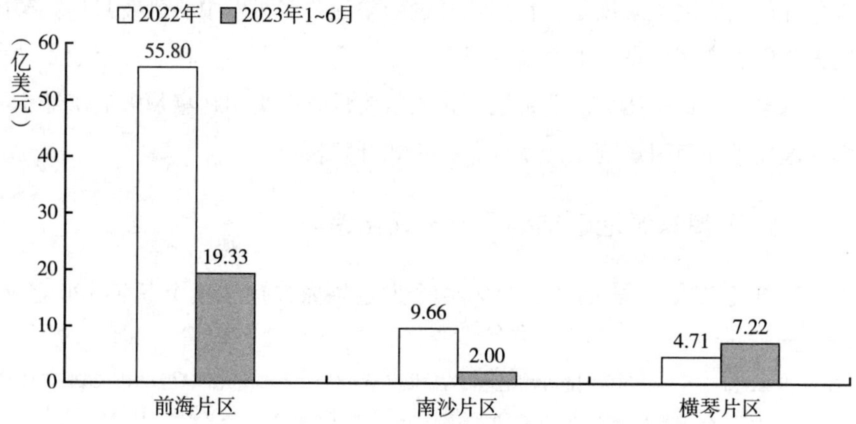

图7 2022年及2023年1~6月广东自贸试验区实际使用外资情况

资料来源：广东省商务厅。

（三）高端制造业、高技术产业成为广东引进外资的主流

从制造向"智造"转型，吸引全球资本流向广东高端制造业。招商引资更加重视制造业是 2023 年广东引进外资的重要特点。过去一段时间，广东制造业实际使用外资占比下滑到 16% 左右。2023 年这一局面快速扭转。2023 年，广东制造业实际使用外资占比攀升至 30%。此外，广东计划争取进一步提升制造业实际使用外资占比，将其提升至 40%[①]。2023 年，多个大型外资制造业企业研发中心落户广东。2023 年 1~6 月，广东高新技术制造业实际使用外资同比高速增长 46.7%，与全省整体使用外资基本持平的引资格局形成鲜明对比，其中高新技术制造业引资（同比增长 85%）增速高于高技术服务业（同比增长 30.3%）。同时，研究和试验发展实际使用外资同比大幅增长 96.4%[②]。2023 年前三季度，广东省制造业实际使用外资达到 422.7 亿元，同比增长 24.1%。尤其是高技术制造业，实际使用外资增长更为显著，达到 52.6%[③]。

大项目持续落地，对产业链和招商引资的带动作用稳步增强。跨国制药巨头阿斯利康投资带来大量全球顶级生物制药科学家落户广东；西门子在广东数字经济产业基地的投资项目将在大湾区构建其首个集电力电子产品研发、智能制造软硬件开发和数字化制造产业链于一体的产业基地；韩国现代汽车将首家海外氢燃料电子产业链项目落子广州，向中国新能源市场辐射；全球最大的汽车零部件供应商之一采埃孚，在广州开设的华南首家研发中心已经封顶；德国巴斯夫与中能集团广东省电力设计研究院签署合作意向书，在湛江落地发展可再生能源电力及低碳相关产业；瑞士化工巨头科莱恩集团在惠州大亚湾新建了亚洲首座先进无卤阻燃剂生产基地，并正式开始投产。

（四）外资来源地区结构保持多元化趋势

2023 年上半年，美、欧、日等 24 个发达国家在广东投资超过 120 亿元，

---

① 《广东省商务厅：将争取制造业利用外资占比提升至 40%》，粤港澳大湾区门户网，2023 年 11 月 8 日，http://www.cnbayarea.org.cn/news/special/2023zsdh/xwsd/content/post_1139666.html。

② 《把更多高质量外资吸引进来》，《南方日报》2023 年 8 月 16 日。

③ 《2023 粤港澳大湾区全球招商大会今日开幕 大湾区大开放 新格局新未来》，《南方日报》2023 年 11 月 8 日。

占全省实际使用外资比重有所上升，达 12.4%。其中，欧盟对广东投资 37.5亿元，相较 2022 年增长一倍。中国欧盟商会 2023 年 7 月发布的《2023 年商业信心调查报告》显示，受访企业中有 77% 愿意继续在华南地区拓展业务，高达 97% 的企业表示未来将留在华南地区。新兴力量对广东投资意愿加强。在过去 10 年，共建"一带一路"国家对粤投资稳步攀升，年外商投资额从 47.4亿元增至 65.7 亿元，年均增长 3.69%；累计在广东设立项目 9659 个，实际使用外资 540.3 亿元[①]。2023 年上半年，共建"一带一路"国家对广东投资超过180 亿元，相较上年同期猛增 5.5 倍；东盟国家对粤投资同比增长 59.9%；RCEP 国家对粤投资同比增长 51.1%[②]。

（五）共建"一带一路"国家成为广东对外投资的重点地区

2023 年 1~9 月，中国全行业对外直接投资 1139.7 亿美元，同比增长6.7%。对外投资涉及全球 152 个国家和地区，共投资 6169 家境外企业。2023年 1~9 月，广东对外非金融类直接投资 162 亿美元，同比增长 1.5%，占全国的 14.21%。排在其后的是浙江（133.75 亿美元，占比 11.74%）、江苏（83.24 亿美元，占比 7.3%）、山东（74.89 亿美元，占比 6.57%）、北京（51.90 亿美元，占比 4.55%）等（见图 8）。

广东企业数量多、规模大、实力强，富有敏锐的市场眼光，敢于走出境内市场，在国际市场开放博弈中抓住商机，多年保持对外投资全国第一大省位置。2022 年，广东对外直接投资达 220.72 亿美元，其中对中国香港投资151.11 亿美元，占比 68.46%；对拉美投资 10.34 亿美元，占比 4.67%；对美国投资 2.64 亿美元，占比 1.2%；对欧洲投资 2.09 亿美元，占比 0.95%（见图 9）。广东企业境外投资规模总体稳居全国首位，发展态势良好。在对外承包工程方面，2023 年 1~9 月广东完成的营业额为 102.8 亿美元（见图 10），对外派出各类劳务人员合计 28731 人，期末在外各类劳务人员

---

① 《十年间广东对"一带一路"共建国家贸易增长 56.3%，共建国家累计在粤设立项目近万个》，《南方日报》2023 年 10 月 21 日。

② 《"一带一路"对粤投资猛增 5.5 倍！细数广东外资半年成绩单》，《南方日报》2023 年 8 月4 日。

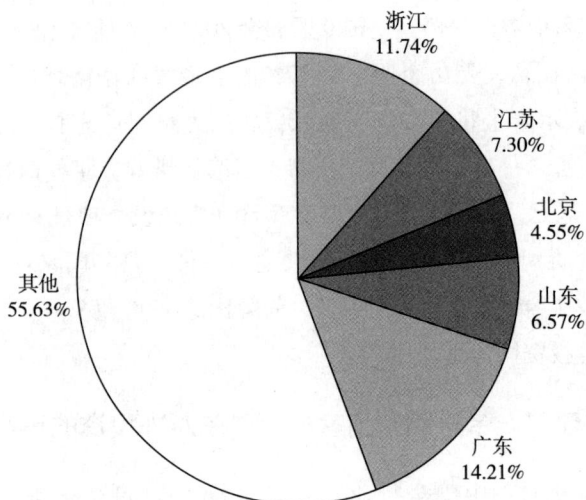

图 8　2023 年 1~9 月中国发达省市非金融类对外直接投资占全国比重

注：人民币兑美元汇率按商务部 2023 年第三季度统计采用的 7.0148∶1 折算。

资料来源：商务部，各省市商务厅、统计局。

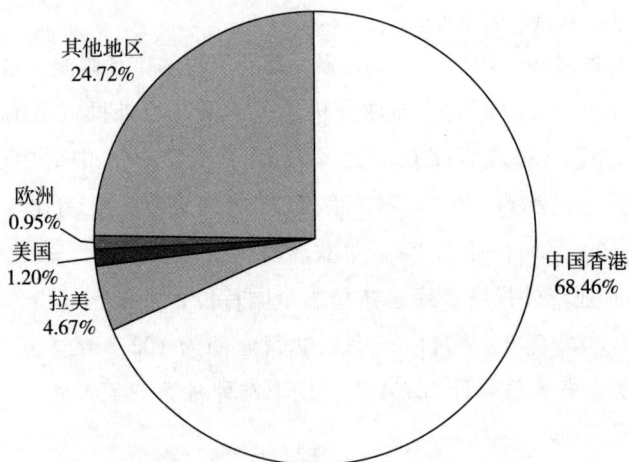

图 9　2022 年广东对外投资区域构成

资料来源：《广东统计年鉴 2023》。

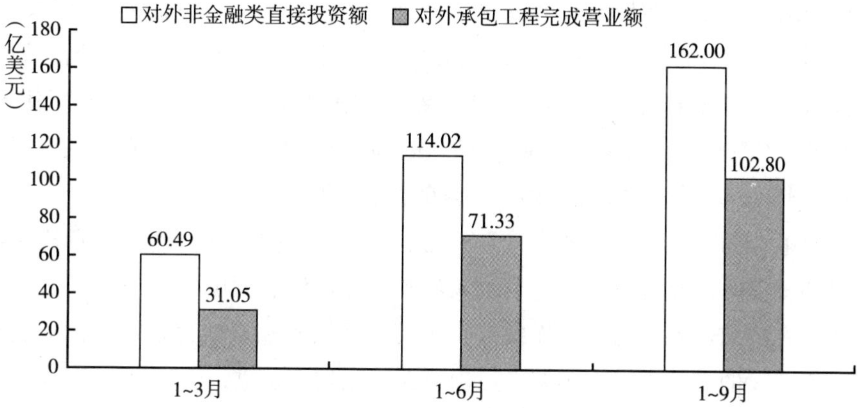

图10 2023年1~9月广东对外经济合作主要指标数据

资料来源：广东省商务厅。

74725人①。

共建"一带一路"国家逐渐成为广东对外投资的重点。广东省商务厅数据显示，2013~2022年，广东在共建"一带一路"国家累计新设立境外企业1468家，为当地经济注入新的发展动力。这些企业涉及多个领域，包括制造业、服务业等。在实际投资额方面，2013~2022年，广东企业在共建"一带一路"国家的累计投资达到48.4亿美元，其中年直接投资额从3.8亿美元增至4.2亿美元，年均增长1.09%，反映了广东在共建"一带一路"国家的积极投资活动②。广东在共建"一带一路"国家投资涉及多个项目。例如，南方电网旗下子公司南网国际响应"一带一路"倡议，重点开展大湄公河次区域（GMS）电力能源产业链的投资、建设、运营和管理。2023年前三季度，整个南方电网已经在越南、缅甸、柬埔寨、菲律宾、老挝等东盟国家投资超过30个能源相关产业链项目，既依托集团核心竞争力开拓了新市场空间，也解决了投资承接地经济发展迫切需要突破的重大瓶颈问题。广东丝路产业公司投资运营的吉赞产业集聚区聚焦金属冶炼、金属加工，并将产业链延伸到新能源、智能家居等产业；广

---

① 《广东省对外投资合作统计（2023年1~9月）》，广东省人民政府网站，2023年11月14日，https://www.gd.gov.cn/zwgk/sjfb/mssj/wm/content/post_4283900.html。

② 《广东对共建"一带一路"国家进出口值累计增长56.3%》，《南方都市报》2023年10月19日。

东中寰国际在落地沙特阿拉伯后，积极开展废油泥处置、工业污水处置、废金属综合利用、石油炼化一体尾气膜回收精细分离等多个绿色低碳和循环经济项目。总体而言，广东省不仅在共建"一带一路"国家绿色能源领域的投资有所建树，还涉及多个领域，为共建"一带一路"做出积极贡献，广东的企业在这一过程中也逐渐融入了共建"一带一路"国家的产业发展。

以电动载人汽车、锂电池、太阳能电池为代表的"新三样"投资成为广东对外投资的重要新增量。电动载人汽车、锂电池、太阳能电池等外贸"新三样"在广东对外贸易中异军突起，带动行业对外投资快速发展。比亚迪全资投资建设的海外首个乘用车工厂项目在泰国快速推进，将于2024年运营量产，预计初期年产能达15万辆。该工厂将成为比亚迪走出国门，服务东南亚市场的重要投资布局。广东企业欣旺达在匈牙利投资建设新能源汽车动力电池工厂一期，这是其在欧洲的首个自有生产基地，旨在加快推动国产新能源电池扬帆出海①。这些投资行为显示了广东在"新三样"投资领域的活跃和对可再生能源、新能源汽车等领域的积极布局。

三 2024年广东对外经贸面临的环境分析与趋势预测

展望2024年，外需回暖动力不足、价格走弱等因素仍对广东稳外贸形成较大压力，外贸形势依然复杂严峻。但也要看到，广东经济韧性强、潜力大、活力足，长期向好的基本面没有变。中央经济工作会议提出，要更大力度推动外贸稳规模优结构，更大力度促进外资稳存量扩增量，打造国际经贸合作新增长点。预计国家将出台一系列政策举措推动外贸稳规模优结构，这将有效缓解当前外贸发展面临的困境。预计2024年广东出口增速呈现前低后高的态势，全年外贸出口同比增长1.5%，外贸进口增速有望企稳回升，2024年进口同比增长3.5%。"五外联动"效应逐步释放，利用外资质量效益不断提升，对外投资更趋健康理性。

---

① 《锚定打造具有深圳特点和深圳优势的现代化产业体系目标 以走在前列勇当尖兵的担当加快推进新型工业化——2023年全市高质量发展工作述评之十》，《深圳特区报》2023年11月28日。

（一）2024年广东外贸发展预测

2024年，广东对外贸易机遇与挑战并存。中国经济大势继续回稳向好，为广东外贸发展提供更优宏观经济条件。高盛、摩根士丹利、摩根大通等国际投行纷纷上调对2024年中国经济增速的预测。2024年是RCEP生效实施的第三年，关税减免、原产地累积规则和贸易便利等制度红利为企业带来实实在在的收益。未来，欧美等主要经济体高通胀局面有望缓解，外部市场需求预计随之改善。新兴市场成为拉动广东对外贸易的新增长点。近年广东与拉美、加勒比国家友好交往、经贸交流的势头继续加强，助力与共建"一带一路"国家贸易不断扩大。广东外贸发展新动能有望增强。广东在可再生能源、电动载人汽车、数字经济等领域具备的"研发+生产+商业化"应用场景优势，为电动载人汽车、太阳能电池、锂电池等产品的外贸出口提供新动能，推动绿色低碳成为外贸新增长点。

与此同时，全球贸易下滑的时间和程度存在不确定性，全球贸易保护主义限制或减少了从中国进口的商品和服务，导致中国出口市场受到了一定程度的冲击，全球物流成本持续攀升，人民币汇率大概率回升可能对外贸成本形成一定压力，外贸形势仍较为严峻。随着全球供应链逐步修复，国际能源、金属、农产品等商品价格将持续回落，广东外贸出口价格支持因素正在减弱。高基数效应对外贸出口增速也有一定影响。2021~2023年，广东外贸出口表现超预期，基数明显抬升，在高基数的基础上，外贸面临下行压力，挑战不小。

综合分析，2024年广东外贸出口压力较大，预计呈现"前低后高"发展态势。虽然全球经济下行风险加剧、海外需求趋于收缩，叠加2023年高基数效应，扩大出口的压力不小，但国家稳经济、扩出口、增内需等刺激政策持续发力，RCEP效应持续生成，国内外需求有望继续回温向好。预计2024年广东外贸出口总额同比增长1.5%，增速较2023年回升；进口增速也有望企稳回升，预计2024年同比增长3.5%。

（二）2024年广东利用外资发展预测

新发展格局下，粤港澳大湾区、深圳"先行示范区"、广东自贸试验区的外资强磁力场作用不断凸显，在广东外资高质量转型工作中发挥更加强劲的辐射带动作用。高质量发展策略赋能外资招引，广东更加注重利用国际高端资源，实现全球资源配置与产业布局的不断优化，更加注重吸引外资的质量，创新型外资项目的发展空间和招引力度持续扩大，高端资源、先进制造业领域外商将迎来更多新机遇。区域合作贡献外资发展新功能，来自共建"一带一路"国家、RCEP国家的外资对广东的兴趣将继续保持和增强，全球最大的原油生产商沙特阿拉伯国家石油公司（沙特阿美）在广东投资的意愿预计将转化为实际投资。2024年，广东总体引资规模增速将由负转正。

与此同时，2024年全球经济复苏前景还需谨慎乐观，世界经济发展不稳定性、不确定性问题仍然存在。国际政经形势复杂，吸引投资竞争激烈，今后一段时期稳定外企、吸引外资仍是广东经济发展的重要任务。世界主要经济体中，美国2023年的各项经济指标虽然表现抢眼，但随着美国加息效应在其经济各领域逐步显现，通货膨胀背景下其国内购买力相对疲弱，2024年美国经济多项数据可能有所下滑。欧盟、日本等世界主要经济体对外投资的动力和能力受到经济疲弱的制约。对外投资也挑战诸多。经济全球化逆流不少、"回头浪"不减，美欧日韩等发达国家的投资壁垒短时间难见消除，针对中国企业的投资审查仍有趋严风险，广东企业在美欧等主要发达国家并购先进技术企业难度较大。资源民族主义、保护主义抬头，广东境外投资项目在某些国家和地区面临的经营风险明显增加，制约广东企业和资本"走出去"。但是，通过吸引外资促进本国经济社会发展是全球多数国家的通行做法，广东的对外投资总体还是受到多数国家的欢迎。2024年，随着广东企业进一步恢复常态化经营，广东对外投资将保持加速趋势，"新三样"等广东竞争新优势领域对外投资有望保持更快发展速度。

四　政策建议

广东对外经贸高质量发展，亟待强化外贸、外资、外包、外经、外智"五外联动"效应，推进外资外贸更大范围、更宽领域、更深层开放，深化建设对外经贸强省，大力提升扩展对外经贸能级和渠道，助力广东高水平对外开放继续走在全国前列，更好服务和融入新发展格局。

（一）打造国际一流营商环境

全域提升。发挥好横琴、前海、南沙、河套等粤港澳重大合作平台的示范引领作用，带动特色合作平台、各类功能平台协同创新，及时总结推广深圳"合规示范区"建设做法经验，以点带面推动广东全域营商环境显著提升。发挥好数字化对营商服务的有益促进作用，统筹线上线下一体化服务监管，实现政务服务数字化、标准化、流程一体化，打造全域高效便捷统一的政务服务生态。探索粤港澳政务服务协同新模式、新机制，显著提升粤港澳大湾区政务服务便利化水平。

全员覆盖。协同官产学社，大力扩大营商环境建设社会参与面，赋能枢纽组织、链主企业、行业商协会"在商言商""在商护商"，成为广东一流营商环境建设者、宣介员。推广"粤商·省长面对面"经验做法，畅通政策对话，紧密衔接政策制定部署过程中的"最初一公里"与政策落实的"最后一公里"，形成共商共建共享营商环境的社会合力。

（二）对接高标准贸易规则

担当新发展格局战略支点，以广东自贸试验区建设、粤港澳合作为抓手，着力开展投资、贸易、金融等领域首创性、差异性、系统性改革创新，推进制度型开放取得新成效。积极提升贸易投资自由化便利化水平，研究和对接RCEP、CPTPP和DEPA等国际高标准经贸规则，深化制度改革。对标RCEP框架下的技术标准和规范，以法治化、制度化提高对外经贸政策的透明度与稳定性。

大力拓展经贸新内涵、新模式。紧抓国际经贸发展新形态、新趋势，赢得服务贸易、数字贸易等领域的竞争力、话语权。在CPTPP、DEPA服务贸易新规则的对接性研究和探索性实践上取得新突破。抢抓数字贸易、绿色贸易新机遇，夯实做优服务贸易、数字贸易、绿色贸易新动能，以高水平贸易规则对接推动新兴贸易领域发展迈上更高水平。

（三）优化布局高质量经贸项目

顺应全球价值链近岸化布局，全球产业链缩短、多元趋势，用好粤港澳大湾区建设这一动力源，依托大湾区产业融合集聚大平台，开展以商引商、以链引商、联合招商，建立完善重大外资项目工作专班，加强重大外资项目跟踪储备，以高质量招商引资工作招引高质量投资项目。围绕广东二十大战略性产业发展布局，紧盯高新技术项目、总部型项目和外资研发中心，补链优链强链，构建现代化产业体系新高地。做强外资总部型企业集聚地，携手港澳吸引跨国公司在广东设立区域总部、研发中心、功能性平台。

进一步夯实"粤贸全球计划"。大力疏通外贸和内贸之间的堵点，促进内外贸一体化，拓展多元化进出口渠道，协同建设外贸强省和"内贸强省"。开展"一带一路"重点地域、国家外经贸环境与拓展对策研究，支持外贸"粤军"既稳住欧美日韩等发达国家市场，又拓展东南亚、俄罗斯、非洲、拉美、南太平洋岛国等新兴市场。开展便利人员、商贸往来专项行动计划，强化进博会、广交会、服贸会等平台影响力、推动力，帮助对外贸易和投资企业寻求发展机遇。充分发挥跨境电商带动作用，完善跨境电商进出口退货流程，搭建海外仓综合服务平台，培育本土知名跨境电商出口品牌和跨境电商经营主体，大力发展跨境电商新零售，扩大产品进出口规模。

（四）落细企业扶持政策

优化政策服务，积极开展国际形势和经贸发展趋势跟踪，协助外贸企业及时全面掌握动态，加快适应新环境和新规则。细化开展原产地规则及其关税减让等规定的研讨宣传，并及时为外贸企业提供相应的服务指引和业务支撑，助力企业迈向海外合规管理的高质量发展行列，通过建立底线管理机制，化解国际化经营中的合规风险。

加大中小外贸企业金融支持力度。创新整合财税政策和金融工具，持续降低企业贸易投资活动成本。扩大中小微外贸企业的跨境人民币结算便利化试点范围。支持银行机构推出中小微外贸企业纾困、拓业计划。探索财税金融手段激励企业提高创新研发能力，提高自身出口产品质量和国际市场竞争力。

B.7
2023~2024年广东金融形势
分析与预测

广东省社会科学院财政金融研究所课题组*

摘　要： 2023年，围绕金融支持经济高质量发展及"1310"具体部署，广东金融高质量发展亮点凸显，金融业综合实力进一步提升，服务实体经济高质量发展质效显著，金融生态环境持续优化。但要看到，广东金融系统在保持平稳运行的同时，仍存在潜在风险累积、金融资源区域配置失衡、金融服务实体经济效率仍需精准提升、跨境金融合作制度创新有待突破等问题。2024年，广东金融业应锚定制造业当家、百千万工程等首要任务，继续深化和打造国际化金融发展优势环境，加快建设现代金融体系，提高金融服务高质量发展的精准度，强化金融资源统筹与区域平衡发展，推进金融改革创新与开放能级提升，在实施更高水平金融开放的同时维护金融安全稳定，推动粤港澳大湾区国际金融枢纽高质量发展。

关键词： 实体经济　金融风险　金融开放

2023年，全球经济下行压力全面凸显，面对国内外经济金融环境不确定性影响，广东深入贯彻落实"1310"具体部署，锚定高质量发展首要任务，坚持稳中求进工作总基调，引导金融机构优化资源配置，加快推进"十四五""123+双10"金融产业规划，现代金融产业体系建设成效明显；着力引导金融资源加大对实体经济高质量发展的支持力度，更好发挥金融"活水"作用，

---

* 课题组组长：刘佳宁，经济学博士，广东省社会科学院财政金融研究所所长、研究员，习近平中国特色社会主义研究中心特约研究员，研究方向为宏观金融。课题组成员：李霞，经济学博士，广东省社会科学院财政金融研究所副研究员，研究方向为产业金融；郑玉航，经济学博士，广东省社会科学院财政金融研究所副研究员，研究方向为风险管理与金融统计；黎超，经济学博士，广东省社会科学院财政金融研究所助理研究员，研究方向为区域金融。

不断强化对"制造业当家"、"百千万工程"、科技创新强省和绿美广东生态建设等重点领域的金融要素保障；持续深化金融供给侧结构性改革，有力推动更高水平金融对外开放，粤港澳大湾区国际金融枢纽建设稳步推进；全面统筹发展与安全，稳步推进重点领域金融风险处置，逐步优化金融生态，为经济高质量发展提供金融安全保障。2024年，广东要深刻把握中国特色金融发展之路"八个坚持"的基本要义及建设金融强国的目标和任务，加强党对金融工作的全面领导，围绕高质量发展首要任务，做好科技金融、绿色金融、普惠金融、养老金融、数字金融"五篇文章"，推进金融高水平开放，探索粤港澳金融市场深度互联互通，着力防范化解金融风险，全面加强对金融市场、金融机构、金融活动的监管，推动广东金融强省建设在助力高质量发展和中国式现代化建设中走在前列。

一 2023年广东金融发展与成效

广东金融业继续坚持"稳字当头、稳中求进"的工作总基调，以改革创新激发金融发展新动能，以扩大开放迈入金融深化新阶段，深入推进全省金融高质量发展。金融运行态势整体平稳，综合实力进一步增强；聚焦制造业、乡村振兴、科技创新和绿色发展等重点领域，集中金融资源有力支持实体经济高质量发展；金融服务可得性、数字化水平及风险抵御能力稳步提升，金融生态环境持续优化。

（一）金融综合实力进一步提升

1. 金融发展总体态势向好

一是金融业市场规模不断扩大，支撑经济发展的重要作用凸显。广东金融业继续保持平稳较快增长势头（见图1），截至2023年9月，全省金融业增加值9489.96亿元，同比增长7.3%，略高于全国同期水平；金融对经济社会贡献持续增强，金融业增加值占GDP比重呈上升趋势，截至2023年9月，占比达到9.87%，高于全国的8.69%。

二是银行业和保险业发展稳中向好。截至2023年9月，银行业和保险业总资产稳健增长，辖区银行业金融机构本外币资产达24.99万亿元，同比增长

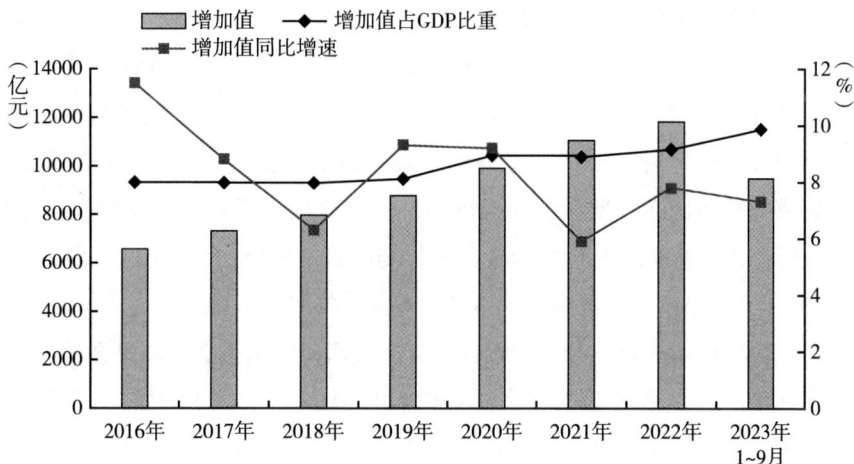

图1 2016年至2023年9月广东金融业增加值及其同比增速、占GDP比重

资料来源：根据广东省统计局相关数据整理。

10.83%；辖区保险业总资产达1.60万亿元，较年初增长8.82%。信贷资产质量基本稳定，资产负债率96.55%，处于合理区间；辖区银行业金融机构不良贷款率1.23%，正常贷款余额17.12万亿元。盈利能力和流动性较强，辖区银行业金融机构累计实现净利润1442.32亿元；辖区法人银行流动性比例达85.47%，较年初提高3.70个百分点①。

三是金融资源呈现集聚态势。各类金融资源要素加速集聚，金融业区位熵②逐年增加，截至2023年9月，区位熵达到1.14的新高。各类法人金融机构数量319家，分支机构数量1.7万家，位居全国第一。不断吸引外资金融机构来粤展业，辖内外资金融机构数量突破300家，港澳银行营业性机构数量居全国第一，成为全国唯一实现外资银行地市全覆盖的省份③。

---

① 《国家金融监督管理总局广东监管局发布2023年9月辖区银行业保险业主要监管指标情况》，国家金融监督管理总局网站，2023年10月20日，http://www.cbirc.gov.cn/branch/guangdong/view/pages/common/ItemDetail.html？docId=1133462&itemId=1555。

② 区位熵是衡量产业集聚和专业化程度的指标，大于1表明某产业在某区域的专业化和集聚程度较高。

③ 《金融业多项指标位居全国第一，粤港澳大湾区全球招商大会展现广东金融"引力"》，21世纪经济报道，2023年11月8日，https://static.nfapp.southcn.com/content/202311/08/c8278045.html。

2. 金融市场供给结构不断优化

一是有序推进金融资源配置结构优化。近年来，广东积极推进资本要素市场化改革，不断扩大直接融资规模，直接融资比重稳步提升，直接融资和间接融资结构不平衡格局一定程度上得到改善。2023 年前三季度，广东新增社会融资规模 2.9 万亿元，增量位居全国第一，占全国增量比重达 10%①。其中，直接融资占比超 1/4，各类主体从资本市场融资 7900 亿元，新增境内上市公司 43 家，境内上市公司数量累计达到 866 家，位居全国第一②。

二是信贷供给充足、结构持续优化。一方面，广东信贷市场资金充沛，市场规模逐年增长（见图 2），存贷款余额连续 20 多年居全国首位，占全国存贷款规模的比重总体呈上升趋势。截至 2023 年 9 月，广东金融机构本外币贷款余额 26.93 万亿元，同比增长 10.1%；金融机构本外币存款余额 34.81 万亿元，同比增长 10.2%，存贷款规模分别占全国的 12.15% 和 11.24%③。另一方面，广东信贷结构持续优化，推动企业融资成本稳中有降，为经济持续恢复提供重要保障。2023 年 9 月，广东辖内新发放企业贷款加权平均利率仅 3.47%，同比降低 25 个基点，降至历史低位水平，累计帮助企业节约融资成本 189 亿元④。

三是资本市场交易活跃。广东引导推动各类企业利用多层次资本市场多渠道融资，2023 年前三季度，辖区上市公司累计融资 3058.13 亿元，同比增长 10.26%；资本证券化率高达 142.45%⑤，显著高于全国水平（87.8%）；股票累计成交金额约 1.28 万亿元，同比增长 3.55%；累计成交量 991.80 亿股，同比增长 0.73%⑥。

① 《2023 年前三季度广东社会融资规模增量 2.9 万亿元》，新华网，2023 年 10 月 24 日，http：//www.gd.xinhuanet.com/20231024/9bd30fd94569404b9a0247816e897960/c.html。

② 《金融业多项指标位居全国第一，粤港澳大湾区全球招商大会展现广东金融"引力"》，21世纪经济报道，2023 年 11 月 8 日，https：//static.nfapp.southcn.com/content/202311/08/c8278045.html。

③ 《图说 2023 年 9 月广东金融统计数据》，广东省地方金融管理局网站，2023 年 10 月 17 日，http：//gdjr.gd.gov.cn/gdjr/zwgk/zdly/sjfb/sjs/content/post_4267569.html。其他数据由课题组根据中国人民银行发布的相关数据自行整理。

④ 《人行广东省分行：前三季度累计助企业节约融资成本 189 亿元》，搜狐网，2023 年 10 月 30 日，https：//business.sohu.com/a/732490505_161795。

⑤ 资本证券化率=上市公司总市值/GDP，反映通过资本市场融资情况。

⑥ 课题组根据 Wind 金融数据库和广东省地方金融管理局发布的相关数据自行计算整理。

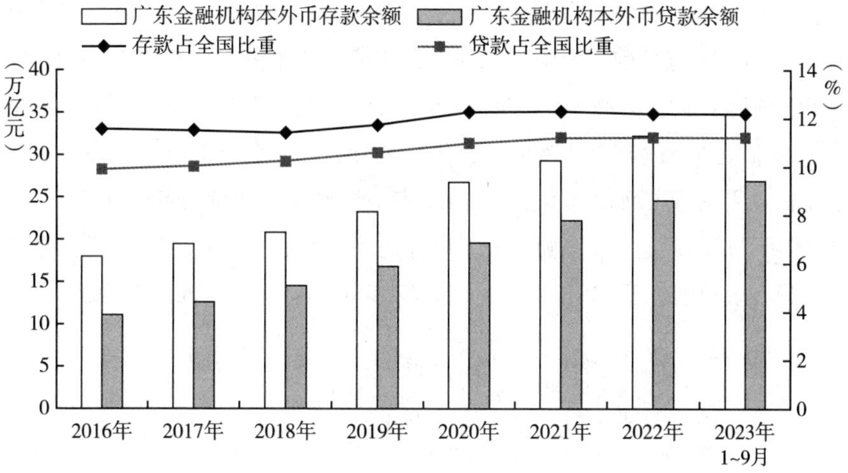

图2 2016 年至 2023 年 9 月广东金融机构本外币存贷款金额及占全国比重

资料来源：根据历年《广东统计年鉴》及广东省地方金融管理局发布的相关数据整理。

四是保险保障功能不断强化。广东充分发挥保险服务实体经济、保障和改善民生、促进社会治理的功能作用，有力支持经济社会高质量发展。截至 2023 年 9 月，全省保险业总资产 2.25 万亿元，同比增长 10.79%；全省原保险保费收入 5318.66 亿元，同比增长 13.22%；赔付支出 1576.37 亿元，同比增长 22.15%；为社会提供风险保障金额 1409.84 亿元；大力推动"险资入粤"，保险资金累计投资广东 2.34 万亿元[1]。

3. 金融开放合作迈向更高水平

一是粤港澳大湾区金融市场互联互通加速推进。大湾区互设金融机构不断增多，跨境业务发展良好，粤港澳三地金融互联互通逐步走深走实。"跨境理财通"业务试点两年，总体运行平稳。截至 2023 年 11 月，大湾区内地有 32 家银行开展相关业务，粤港澳三地个人投资者达 6.29 万人，涉及相关资金跨境汇划 86.58 亿元，投资者数量和资金汇划规模均大幅增长[2]。"深港通"标

---

① 《前三季度广东省保险业总资产 2.25 万亿元 同比增长 10.79%》，"南方网"百家号，2023 年 10 月 25 日，https：//baijiahao.baidu.com/s？id＝1780721894375030618&wfr＝spider&for＝pc。

② 《专访人民银行广东省分行副行长覃道爱：持续深化金融改革创新，构建服务实体经济的大金融体系》，21 世纪经济报道，2023 年 11 月 14 日，https：//m.21jingji.com/article/202311 14/herald/3813504370aa3e6a2068dc7e176a2289.html。

的范围不断扩大,跨境投资较为活跃(见图 3)。2022 年,受国内外经济金融不稳定性和不确定性因素影响,双向交易规模有所下降。截至 2023 年 11 月 17 日,深股通累计资金净流入 8470.59 亿元,深市港股通累计资金净流入 11910.29 亿元①。债券通"南向通"上线两年,在完善互联互通机制、促进跨境资金流动平衡等方面发挥了重要作用,托管量和债券数量迎来跨越式增长,截至 2023 年 7 月,通过金融基础设施互联互通模式托管"南向通"债券数量增加至 652 只,余额增加至 4191.4 亿元,数量和余额均在一年时间内接近翻倍②。

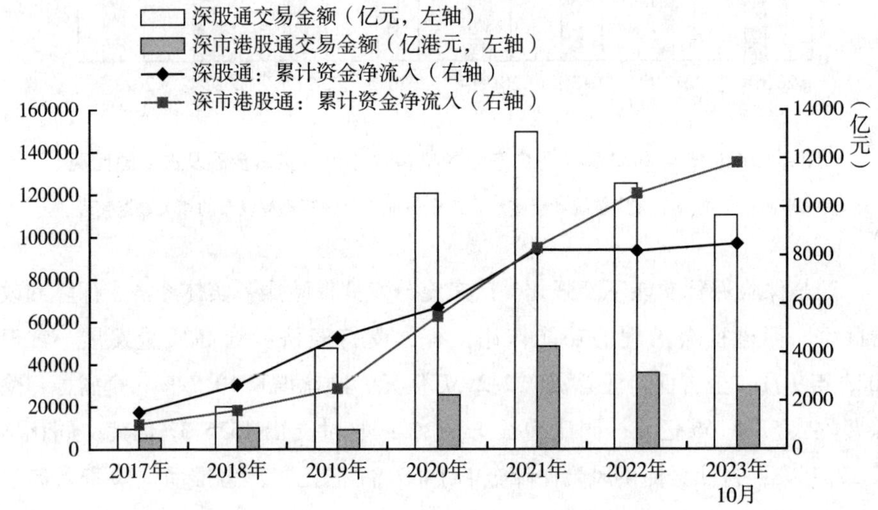

图 3　2017 年至 2023 年 10 月"深港通"交易情况

资料来源:根据 Wind 经济数据库及深圳证券交易所相关数据整理。

二是以横琴、前海、南沙三大平台为抓手推动更高水平金融开放。横琴积极创新跨境金融,推进珠澳两地金融协同发展。深入贯彻落实《关于金融支持横琴粤澳深度合作区建设的意见》,推动合作区与澳门金融服务一体化。在澳门成功发行首笔离岸人民币债券,并同步于澳门、卢森堡两地上市,有效提升澳门债券市场的吸引力和知名度。"双 Q"政策试点初见成效,截至 2023 年

---

① 数据来自 Wind 经济数据库及深圳证券交易所。
② 《债券通"南向通"两周年:托管量和债券数量跨越式增长》,"中国经济网"百家号,2023 年 9 月 25 日,https://baijiahao.baidu.com/s?id=1777962407088676229&wfr=spider&for=pc。

9月，合作区共有合格境外有限合伙人（QFLP）管理企业23家，基金产品16只，其中澳资QFLP管理企业13家、基金产品7只，澳资QFLP占比超总数一半；区内合格境内有限合伙人（QDLP）试点获10亿美元基础额度，共有2家QDLP管理企业及2只基金获批①。同时，合作区稳步扩大跨境资产转让范围，落地首笔金融租赁公司租赁资产跨境转让业务、融资租赁项下资产跨境转让业务。"金融支持前海30条"落地成效初显，深港金融合作新格局加速形成。前海积极推动《关于金融支持前海深港现代服务业合作区全面深化改革开放的意见》相关政策举措加速落地见效，以深港账户通、汇款通、融资通、贸易通、金融服务通、跨境理财通"六通"为代表的深港金融合作新格局初步形成。截至2023年9月，前海自由贸易（FT）账户跨境收支超4648亿元，与香港发生的跨境收支占比82.1%。前海深港国际金融城已入驻汇丰集团、瑞银集团等312家全球金融机构，其中82家是港资外资；风投创投集聚区已入驻130家风投创投及国际资管机构，管理基金规模1619亿元②。南沙全力打造面向世界的粤港澳全面合作重要平台。2023年以来，南沙着力打造粤港澳大湾区国际金融创新功能承载区，加速推进筹设粤港澳大湾区国际商业银行、粤港澳大湾区保险服务中心，启动建设粤港澳大湾区（广州南沙）跨境理财和资管中心，不断拓宽跨境资本流通渠道。

三是全方位提升对外开放合作水平。广东金融业对外开放有序扩大，持续推进跨境人民币业务创新。2023年前三季度，广东省跨境人民币结算业务规模达5.58万亿元，同比增长28.2%，占本外币结算量的54.1%。在实体经济领域，货物贸易结算额1.54万亿元，同比增长16.0%；直接投资结算额1.33万亿元，同比增长31.2%。与共建"一带一路"国家跨境人民币结算额6604.16亿元，同比增长18.6%。其中，货物贸易跨境人民币结算额4040.29亿元，同比增长52.4%③。在金融国际交流合作方面，面向俄罗斯，落实中俄

① 《打造互联互通"金融桥"，横琴金融迈向更高水平开放》，"南方Plus"百家号，2023年11月17日，https：//baijiahao.baidu.com/s？id=1782767217360603186&wfr=spider&for=pc。

② 《前海，聚产》，深圳市前海深港现代服务业合作区管理局网站，2023年9月8日，http：//qh.sz.gov.cn/sygnan/lssj/content/mpost_10825914.html。

③ 《前三季度广东省与"一带一路"共建国家货物贸易跨境人民币结算额同比大增52.4%》，"投资快报"百家号，2023年10月25日，https：//baijiahao.baidu.com/s？id=1780696619250356372&wfr=spider&for=pc。

直投基金合作；面向东盟，携手新加坡金融管理局加强在金融科技、绿色金融等领域合作，推动粤新两地金融机构互设，鼓励广东企业赴新加坡上市，对接泰国产业资本，洽商设立投资基金；面向中东，与沙特阿拉伯、阿联酋等主权投资基金对接，引入资金参与广东重大项目建设，投资省内战略性新兴产业；面向欧洲，与瑞士、英国、德国等对接，强化绿色金融合作。

（二）金融支持经济高质量发展成效显著

1. 金融精准赋能"制造业当家"

广东坚持将支持制造业作为服务实体经济发展的重要发力点，全方位提升制造业金融服务质效，为"制造业当家"精准灌溉金融活水。2016 年以来，广东制造业贷款余额保持良好增长势头（见图 4），截至 2023 年 9 月，辖内制造业贷款余额 2.61 万亿元，同比增长 20.81%，高于各项贷款平均增速 9.49 个百分点；制造业中长期贷款同比增长 34.14%，占制造业贷款比重同比提升 5.21 个百分点[1]，信贷结构持续优化。

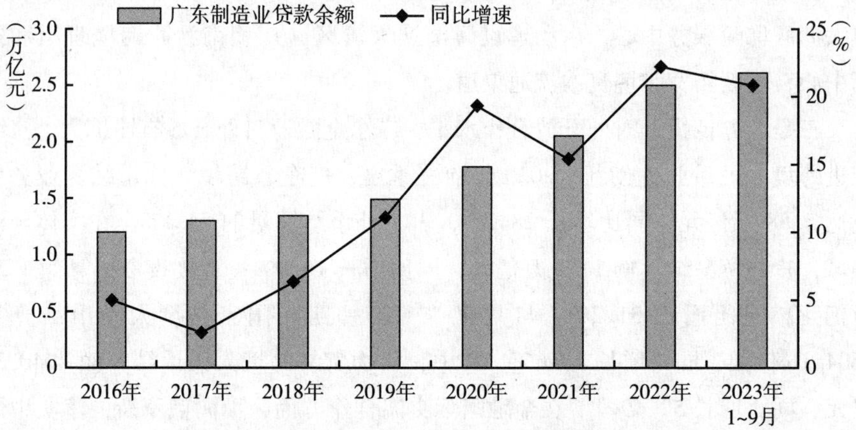

图 4　2016 年至 2023 年 9 月广东制造业贷款余额及同比增速

资料来源：根据历年《广东金融运行报告》、广东省地方金融管理局及中国人民银行广东省分行相关数据整理。

---

[1] 《金融助广东挺起产业"脊梁"——访国家金融监督管理总局广东监管局党委书记、局长裴光》，"中国金融家"微信公众号，2023 年 10 月 28 日，https://mp.weixin.qq.com/s/qKKloAP_GfrvRRmjQJBmLQ。

广东金融业以量托底，积极推动制造业产业转型升级。一是促进战略性产业集群高质量发展。聚焦广东 20 个战略性产业集群，提供综合性金融服务。截至 2023 年 9 月，汽车制造业、电子信息制造业、电气机械和器材制造业等支柱产业贷款余额同比分别增长 20.19%、27.56%、17.43%；战略性新兴产业贷款余额 1.55 万亿元，同比增长 52.37%。二是助力制造业自主创新能力提升。截至 2023 年 9 月，助力先进制造业、高技术制造业增加值同比分别增长 4.5%、1.3%，辖内高技术制造业贷款比年初增速超过 20%。截至 2023 年 9 月，助力广东实施工业投资跃升计划，工业企业技术改造升级项目贷款余额超过 2800 亿元，同比增长 23.59%。三是支持产业链供应链韧性提升。深入推进供应链金融规范和创新发展，2023 年前三季度，为产业链核心企业提供日常周转资金支持同比增长 33%，为产业链上下游企业提供资金支持同比增长 37%[1]，有效提升供应链和产业链整体金融服务水平。

2. 金融推动城乡区域协调发展质效显著

2023 年，广东积极引导银行保险机构发挥"经济助推器"作用，以"百县千镇万村高质量发展工程"（以下简称"百千万工程"）为抓手，全面推进乡村振兴，促进城乡区域协调发展。一方面，乡村振兴金融要素保障不断强化。涉农贷款规模再上新台阶（见图5），截至 2023 年 9 月，广东涉农贷款余额 2.5 万亿元、同比增长 21.5%，比年初增加 3919 亿元、同比多增 1234 亿元。其中，农业贷款增长 13.1%、农村贷款增长 20.8%、农户贷款增长 24.2%[2]。农业保险高质量发展态势良好，支农惠农成效凸显。2023 年前三季度，广东农业保险（不含深圳）提供风险保障金额 2449.46 亿元，支付保险赔款 50.28 亿元，受益农户 79.17 万户次。同时，推动特色农产品保险发展，新增备案地方特色农产品保险产品 194 个[3]。加强农村信用体系建设，对 1.17 万

① 李丹：《金融助广东挺起产业"脊梁"——访国家金融监督管理总局广东监管局党委书记、局长裴光》，《中国金融家》2023 年第 10 期。
② 《前三季度广东制造业贷款保持高增态势，综合融资成本继续下降》，"南方都市报"百家号，2023 年 10 月 23 日，https：//baijiahao.baidu.com/s？id＝1780536329364584291&wfr＝spider&for＝pc。
③ 《前三季度广东农险赔款超 50 亿元，逾 79 万户次受益》，南方农村报，2023 年 10 月 25 日，https：//static.nfapp.southcn.com/content/202310/25/c8231553.html？colID＝0&firstColID＝2038&appversion＝10500&enterColumnId＝&from＝weChatMessage&date＝bnVsbA＝＝&layer＝13。

个行政村开展"整村授信"3012.85亿元,有效带动2023年1~9月新增普惠贷款370亿元;开展信用建档3706万户,实现县镇村主要市场主体全覆盖,已对1443万户进行授信①。有力有效做好特色农产品产业链金融服务。全力支持"育繁推一体化"现代农作物种业集团,向种子种苗培育活动、农田基本建设等19个粮食安全重点领域投放贷款926亿元;打造地方特色农产品全生命周期信贷服务,发放现代农业产业园贷款535亿元,形成了茂名荔枝、新会陈皮、潮州单枞茶、徐闻菠萝、珠海海鲈等一批供应链金融服务模式②。

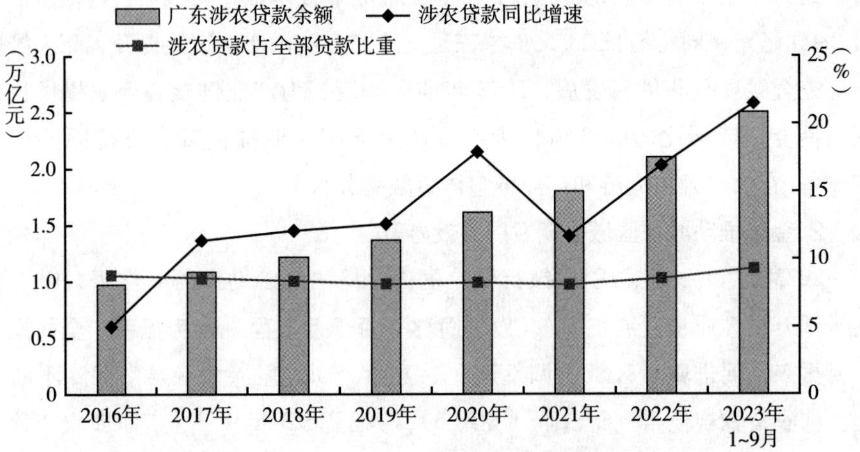

图5 2016年至2023年9月广东涉农贷款余额、增速及占全部贷款比重

资料来源:根据历年《广东金融运行报告》、广东省地方金融管理局、中国人民银行广东省分行相关数据整理。

另一方面,下沉县域金融资源,有力支持"百千万工程"。先后出台《关于进一步发挥农业保险、农业融资担保作用支持"百县千镇万村高质量发展工程"的通知》《关于金融支持"百县千镇万村高质量发展工程"促进城乡区域协调发展的实施方案》等一系列政策措施,着力构建"百千万工程"多元金

① 《广东农信强化金融服务强县联镇带村 助力高质量发展》,广东省农村信用社联合社网站,2023年11月13日,https://www.gdrcu.com/gdrcunew/nxdt/nxxw/202311/102086.html。
② 《制造业、科技创新等领域贷款两位数增长!金融监管总局广东监管局披露重磅数据》,"新浪财经"百家号,2023年10月24日,https://baijiahao.baidu.com/s?id=1780609971284056622&wfr=spider&for=pc。

融支持体系，切实推动金融活水流到"县镇村"。截至 2023 年 9 月，辖内县域贷款余额达 1.48 万亿元，同比增长 13.32%；县域保险保障金额达 31.52 万亿元，同比增长 81.13%。辖内保险机构承保县域产业园 202 个，为 3.98 万家县域制造业企业的研发、生产、销售提供风险保障金额超 1 万亿元①。进一步推动金融资源下沉，基础金融服务体系逐步健全。全省布设县域以下银行网点近 4200 个，ATM、POS、转账电话等各类自助机具将近 12 万台。不断推进农村基础金融服务"门口办""家中办""指尖办"，累计向 2 万个行政村（居）投放"粤智助"政府服务机 2.04 万台，向 2.05 万个行政村派驻乡村金融特派员 3.2 万名②。

3. 科创金融体系建设稳步推进

2023 年，广东设立为科技创新提供融资 1 万亿元以上的工作目标，深入实施"金融+科创"工程，加快推动"科技—产业—金融"良性循环和融合发展。一是不断加大科技创新信贷支持力度。截至 2023 年 9 月，辖内高新技术企业贷款余额 2.3 万亿元，同比增长 23.8%；科技型中小企业贷款余额 3199 亿元，同比增长 24.9%；知识产权质押贷款累放贷款户数和累放贷款金额分别是上年同期的 1.8 倍和 2 倍，期末贷款余额同比增长 101.4%③。二是科创企业融资渠道进一步拓宽。优化银企对接机制，依托"粤信融"搭建"稳企业保就业平台"，强化"一企一策"靶向服务。截至 2023 年 9 月，银行为对接名单内 9468 家科技型企业提供授信 1132.43 亿元，累计发放贷款 543.58 亿元。持续加大对科技型企业融资支持力度，创新推出混合型科创票据。截至 2023 年第三季度，省内已有 18 家企业拟申请发行科创型票据 328 亿元，科技型企业融资渠道不断拓宽④。资本市场方面，自注册制改革试点落地以来，广东新增科创板、创业板上市公司共 181 家，在全国排名第一，首发累计融资规模

---

① 《广东金融助力"千万工程"奏响城乡区域发展"协奏曲"》，广东省地方金融管理局网站，2023 年 8 月 25 日，http://gdjr. gd. gov. cn/gdjr/jrzx/jryw/content/post_ 4242237. html。

② 《着力提升金融服务温度打造普惠金融"广东经验"——国家金融监督管理总局广东监管局》，"中国网"百家号，2023 年 11 月 10 日，https://baijiahao. baidu. com/s? id=178213 9138925214392&wfr=spider&for=pc。

③ 《制造业、科技创新等领域贷款两位数增长！金融监管总局广东监管局披露重磅数据》，"新浪财经"百家号，2023 年 10 月 24 日，https://baijiahao. baidu. com/s? id=17806099 71284056622&wfr=spider&for=pc。

④ 《存贷款保持两位数增速！解读三季度广东金融统计数据》，南方网，2023 年 10 月 23 日，https://news. southcn. com/node_ 54a44f01a2/975419c5ff. shtml。

1922 亿元,总市值为 1.35 万亿元①。三是保险赋能高水平科技自立自强。辖内保险机构通过完善科技保险、专利保险产品体系,深入推进首台(套)装备、首批次新材料、知识产权等科技保险试点,切实提升对科技型企业的服务保障能力。2023 年前三季度,科技保险为辖内 5.97 万家次科技企业提供风险保障金额 1.49 万亿元,同比增长 12.02%;专利保险为 488 家企业提供风险保障金额 4.68 亿元。辖内保险公司新开办 20 余款知识产权类保险,涉及商业秘密、植物新品种、地理标志等领域,提供风险保障金额 4.65 亿元②。

4. 绿色金融发展动能进一步激活

2023 年,围绕绿美广东生态建设目标任务,多措并举推进绿色金融改革创新,促进和引导金融资源配置到绿色低碳领域,助力生产生活方式绿色转型。据"粤信融"征信平台统计,截至 2023 年 12 月 19 日,"绿美广东产融对接"首批入库项目达 81 个,来自 12 个地市,计划融资总额 216.03 亿元,为绿美广东生态建设提供有力金融支撑③。同时,全省绿色贷款总量实现新突破、质效实现新提升。截至 2023 年 9 月,广东绿色贷款余额达 30316 亿元,同比增长 45.9%,增速较各项贷款高 35 个百分点;绿色贷款余额占各项贷款余额比重达 11.3%,较上年同期提升 2.7 个百分点。分地区看,广东绿色信贷资金投放主体主要集中在珠三角地区。截至 2023 年 9 月,珠三角地区金融机构绿色贷款余额达 27453 亿元,占全省绿色贷款余额比重达 90.6%。广州作为全国首批绿色金融改革创新试验区的示范作用更加突出,绿色贷款余额占全省的 1/3。分机构看,国有大型银行和股份制商业银行是绿色贷款投放的"主力军"。国有大型银行和股份制商业银行绿色贷款余额分别达 19646 亿元和 4333亿元,合计占全省绿色贷款余额的 79%。分用途看,绿色信贷投放主要集中在基础设施升级(占比 41.6%)、清洁能源产业(占比 27.9%)以及节能环保产业(占比 21.0%),重点涵盖建筑节能与绿色建筑(占比 19.9%)、清洁能

---

① 数据来自 Wind 经济数据库。

② 《涉科技、养老等,广东保险业三季度成绩单,这些关键词须关注》,"南方都市报"百家号,2023 年 10 月 25 日,https://baijiahao.baidu.com/s? id = 1780732246909617147&wfr = spider&for = pc。

③ 《做好广东绿色金融大文章,广东绿金委 2023 年年会在广州举办》,网易新闻,2023 年 12 月 20 日,https://www.163.com/dy/article/IME43PO005199NPP.html。

源设施建设和运营（占比 16.2%）、绿色交通（占比 14.8%）和高效节能装备制造（占比 10.4%）等领域[①]。

（三）金融生态环境持续优化

1. 普惠金融服务体系不断健全

近年来，广东聚焦普惠金融领域，持续深化金融供给侧结构性改革，金融服务覆盖面显著扩大，可得性、满意度显著提升。一方面，逐步优化普惠金融供给机制。截至 2023 年 9 月，辖内普惠型小微企业贷款余额 2.32 万亿元，有贷款余额户数 212.67 万户，金额和户数均较 2018 年末增加超两倍；个体工商户贷款余额、小微企业信用贷款余额和续贷余额分别较 2018 年末增长 169.46%、181.19% 和 239%；普惠型涉农贷款余额 4571.24 亿元，约是 2018 年末的 3 倍[②]。创新推动信息互联互通平台建设，深化"银税互动"业务，在全国首创"社保贷"。截至 2023 年 9 月，"银税互动"贷款余额超 1200 亿元，惠及小微企业超 10 万家[③]。另一方面，积极打造广东特色普惠模式。创新"银企对接"精准模式，先后组织全省 200 多家银行机构约 1 万个网点对符合要求的 200 多万家次小微企业开展融资对接服务，对接企业数量居全国前列。同时，设立"普惠金融驿站"，充分运用线上线下渠道开展金融教育、宣传和对接，立体式对接普惠需求。此外，广东积极促进养老保险第三支柱高质量发展，更好满足人民群众多样化养老保障需求。截至 2023 年 9 月底，广东省先行地区（省直、广州、深圳）已开通个人养老金账户逾 570 万户[④]。

2. 金融数字化转型纵深推进

广东金融机构全面推进数字化转型，转型路径涵盖战略规划、数据赋能、

① 《广东绿色贷款余额突破三万亿元，超四成投向基础设施升级》，"南方都市报"百家号，2023 年 11 月 13 日，https：//baijiahao. baidu. com/s？id = 1782447707041924999&wfr = spider& for = pc。

② 《发挥"监管指挥棒"作用，切实提高普惠金融服务质量和水平》，21 世纪经济报道，2023 年 10 月 17 日，https：//www. 21jingji. com/article/20231017/7724bde6704d6ed3e236420b6038d5ff. html。

③ 《着力提升金融服务温度打造普惠金融"广东经验"——国家金融监督管理总局广东监管局》，"中国网"百家号，2023 年 11 月 10 日，https：//baijiahao. baidu. com/s？id = 1782139 138925214392&wfr = spider&for = pc。

④ 《广东个人养老金账户开户突破 570 万户！开通有三重好处》，"金羊网"百家号，2023 年 10 月 23 日，https：//baijiahao. baidu. com/s？id = 1780553818462310460&wfr = spider&for = pc。

科技支撑、数字化经营管理、风险防控等五大能力建设,转型进程呈现从多点突破向纵深推进的发展态势。一是企业级数字化转型战略布局基本形成。辖内主要法人机构均已根据自身发展特点制定全方位数字化转型战略,并建立企业级统筹协调机制,不断健全数字化转型顶层设计及组织架构。部分法人银行机构成立专门的数据管理职能部门,同时采取建立企业级大数据平台、出台企业级数据规划和发展战略等措施,不断增强数据要素应用能力。二是金融服务能力不断提升。辖内金融机构积极运用数字技术赋能金融服务提质增效,推动非接触式金融服务发展和线下业务线上化迁移,拓宽金融服务可达边界。运用大数据、人工智能等技术,优化金融产品供给,降低业务办理门槛,提高业务办理效率,满足金融服务需求。如中国工商银行广东分行积极推动数字人民币消费支付场景搭建,在全省落地"数币+税收"服务,支持所有税种使用数字人民币缴纳,稳步推动传统业务场景的数字化转型升级。截至 2023 年第三季度,中国工商银行广东分行开立数字人民币个人钱包超 400 万个、对公钱包 58 万个,拓展数字人民币商户 48 万个,落地场景超百个①。三是风险管理能力不断提高。辖内金融机构依托云计算、大数据、知识图谱等技术,充分挖掘内部数据要素,加强第三方数据引入和联合建模,建立健全风险监测和识别体系,强化反洗钱、反欺诈等领域的风险监测,持续提升风险防范能力。

3. 金融风险处置稳妥有序

2023 年,广东全面强化"五大监管"(机构监管、行为监管、功能监管、穿透式监管、持续监管),不断提升金融监管质效,维护金融市场稳定有序。一是加强前瞻性风险防控。充分利用创新上线的银行风险预警系统,推动全流程、线上化开展银行风险预警工作;探索强化辖内地方法人银行机构及信用卡专营机构风险早期干预,制定中小银行股东股权风险防控应急预案,建立农村中小银行风险预警指标体系,有效助推金融监管从风险处置化解向主动提前预防转变。启动广东银行业跨行资金追踪服务系统建设工作,实现"智能监测—线索推送—问题核查—整改问责"的全流程闭环式管理;深入推进股权和关联交易数据治理,加强公司治理监管系统运用,强化对股东股权、关联交易的非现场监测和持续监

---

① 《广东工行:开立数字人民币个人钱包超 400 万个》,信息时报,2023 年 10 月 24 日,https://www.xxsb.com/content/2023-10/24/content_219842.html。

管，持续夯实股权穿透式监管基础。二是持续深入整治金融市场乱象。深入开展不法贷款中介专项治理行动，对188家机构开展督导，实现机构类别全覆盖，共核查贷款业务57.27万笔、金额2164.72亿元。联合多部门打击信用卡"黑灰产"全链条，拓展智能监测和辅助平台应用领域，完善线索监控和上报机制。严厉打击行业违法违规行为，截至2023年第三季度，共做出银行业行政处罚129项，罚没金额合计8986.6万元①。三是金融业风险抵补能力不断提高。截至2023年9月，广东辖区银行业金融机构贷款损失准备余额4416.35亿元，较年初增加485.92亿元；拨备覆盖率193.41%，较年初降低21.89个百分点；贷款拨备率2.38%，较年初增加0.08个百分点。辖区法人银行核心一级资本充足率12.34%，较年初提高0.12个百分点；一级资本充足率12.82%，较年初提高0.09个百分点；资本充足率14.97%，较年初提高0.16个百分点②，超出监管对银行资本充足率警戒线的要求③，抵御风险能力较强。

二 2023年广东金融发展面临的问题与挑战

2023年，广东金融业运行总体稳健，风险可控，主要金融指标处于合理适度区间，但仍存在金融资源配置不平衡问题有待进一步改善、跨境金融合作创新有待突破、重点领域的潜在金融风险仍需关注、金融服务实体经济质效仍需提升等问题与挑战。

（一）金融资源配置不平衡问题有待进一步改善

1. 金融发展空间布局不平衡

珠三角地区与粤东、粤西、粤北区域发展不平衡是广东发展的突出问题，

① 《广东：整治金融市场乱象 强化金融风险防控能力》，网易新闻，2023年10月24日，https://www.163.com/dy/article/IHQNL5Q20530QRMB.html。
② 《2023年9月辖区银行业保险业主要监管指标情况》，国家金融监督管理总局网站，2023年10月20日，http://www.cbirc.gov.cn/branch/guangdong/view/pages/common/ItemDetail.html?docId=1133462&itemId=1555。
③ 《银行资本管理办法（试行）》规定，核心一级资本充足率、一级资本充足率和资本充足率的最低要求分别为5%、6%和8%。但实际上，监管对银行还有额外2.5%的要求，因此从监管警戒线角度来看，核心一级资本充足率、一级资本充足率和资本充足率要求分别为7.5%、8.5%和10.5%。

在金融领域也呈现明显的"一九现象"，即90%的金融资源集中在珠三角地区。2023年1~9月，珠三角地区金融业增加值8368.48亿元，占广东金融业增加值的90.3%，远高于粤东、粤西、粤北（分别为2.7%、3.4%、3.6%），整体上存在量级差别。2021年至2023年9月，珠三角地区金融业区位熵保持在"1"以上，而粤东、粤西、粤北金融业区位熵在2023年前三季度时最大为0.63，整体在"1"以下，区域之间的金融集聚能级差距依旧明显（见图6）。金融机构区域分布存在一定失衡。截至2023年9月，珠三角地区金融机构网点数量为12977家，占全省的66.7%；而粤西地区金融机构网点数量为2000家，占全省的10.3%；粤东地区金融机构网点数量为2068家，占全省的10.6%；粤北地区金融机构网点数量为2432家，占全省的12.5%[①]。此外，相对于珠三角地区，粤东、粤西、粤北的上市公司总数不到70家，占全省比重不足8%。

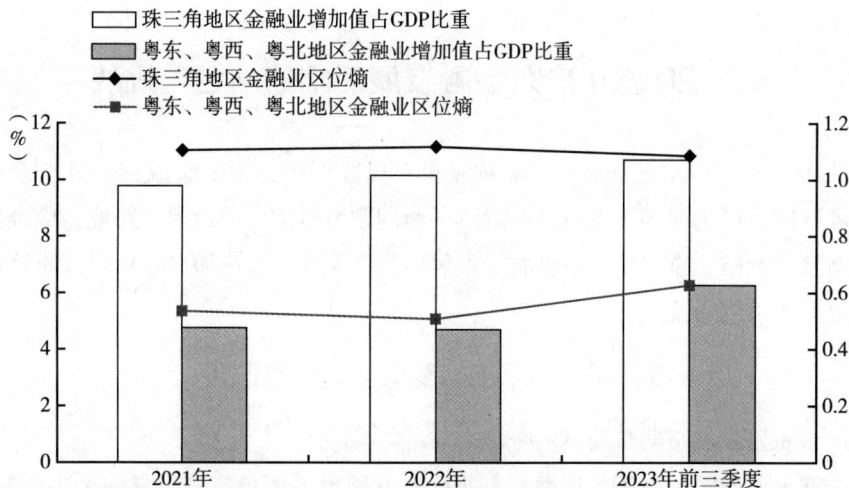

图6 2021年至2023年前三季度广东省区域金融业增加值占比及区位熵

资料来源：根据Wind数据库相关数据整理。

2. 资本流向不均衡呈扩大趋势

一是粤东、粤西、粤北信贷市场金融资源流出态势明显。相对于珠三角的信贷虹吸效应，粤东、粤西、粤北金融机构各项存款余额占比从2021年第四

---

① 根据中国金融机构许可明细数据整理。

季度的 10.67%降至 2022 年第四季度的 10.28%，再降到 2023 年第三季度的 10.20%（见图 7）。粤东、粤西、粤北金融机构各项贷款余额占比从 2021 年第四季度的 9.15%降至 2022 年第四季度的 8.95%，又小幅度回升到 2023 年第三季度的 8.96%（见图 8），整体呈现"信贷流失"态势。二是资本市场直接融资区域配置不平衡问题较为突出。2023 年，广东通过资本市场直接融资的区域差距有所缩小，但珠三角地区直接融资占比仍远高于粤东、粤西、粤北。2021 年、2022 年及 2023 年前三季度，珠三角地区通过资本市场直接融资占全省的比重分别为 88.89%、95.83%和 93.13%，三年均值高达 92.62%；粤东、粤西、粤北的占比仅在 2021 年超过 10%，而 2022 年不足 5%（见图 9）。其中，粤东地区和粤北地区的直接融资占比分别由 2021 年的 4.99%、5.92%下降至 2022 年的 2.41%、1.53%，2023 年前三季度分别回升至 3.21%、3.38%；而粤西地区直接融资占比还不足 0.3%。三是保险市场区域资源配置存在一定程度失衡。2023 年 1~9 月，广东全省原保险保费收入达到 5319.27 亿元；从原保险保费收入分布来看，珠三角地区在全省占比高达 85.86%，拥有绝大部分保险资源。纵观 2021 年至 2023 年 9 月，珠三角地区原保险保费收入占全省

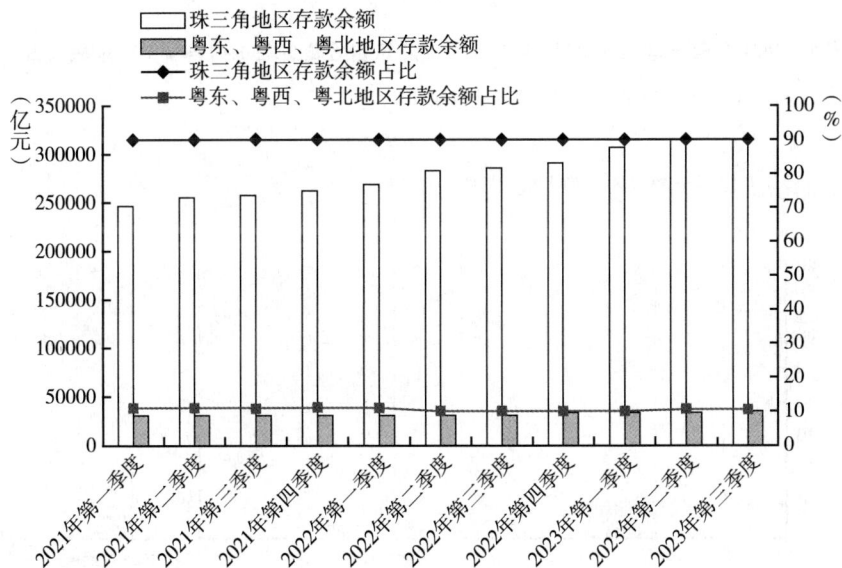

图 7 2021 年第一季度至 2023 年第三季度广东省区域金融机构各项存款余额及占比

资料来源：根据 Wind 数据库相关数据整理。

比重一直维持在 85% 以上, 粤东、粤西、粤北占比不超过 15%, 区域之间的保险市场资源配置差异显著 (见表 1)。

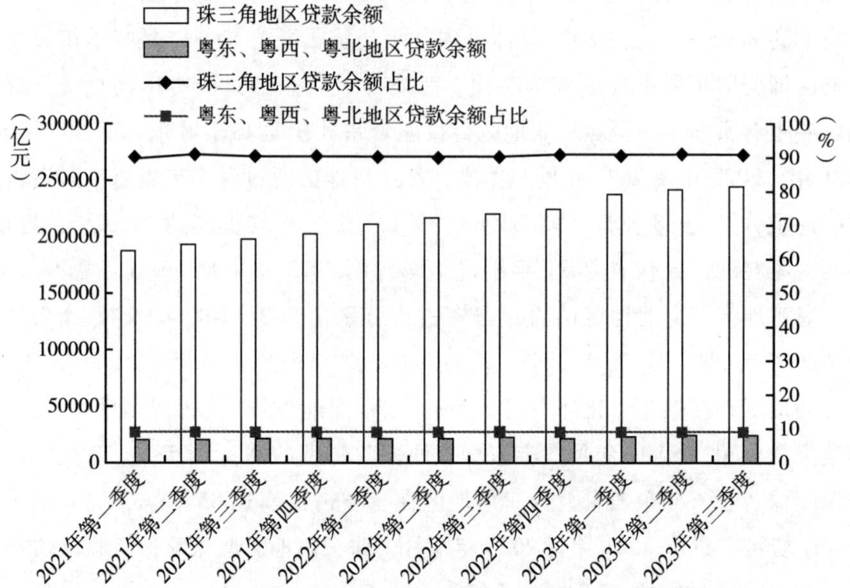

图8 2021 年第一季度至 2023 年第三季度广东省区域金融机构各项贷款余额及占比

资料来源: 根据 Wind 数据库相关数据整理。

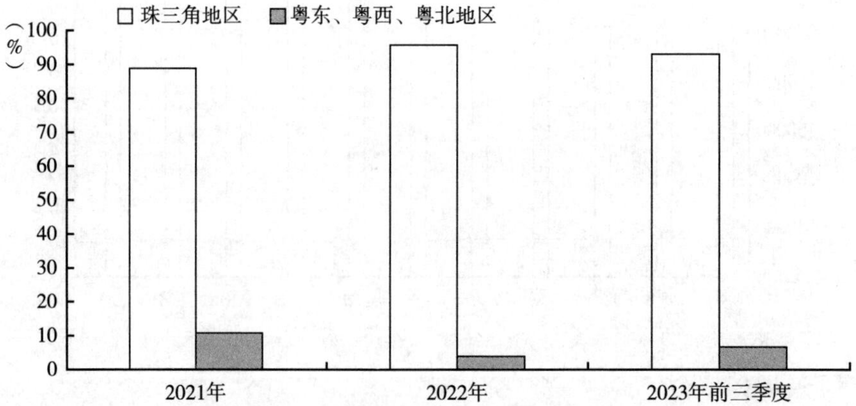

图9 2021 年至 2023 年前三季度广东省区域资本市场直接融资占比

资料来源: 根据 Wind 数据库相关数据整理。

表1 2021年至2023年9月广东各区域原保险保费收入

单位：亿元，%

年份	指标	珠三角地区	粤东、粤西、粤北	省本级
2021	绝对值	4782.14	793.27	4.31
	占比	85.71	14.22	0.08
2022	绝对值	5063.63	826.19	4.70
	占比	85.90	14.02	0.08
2023年1~9月	绝对值	4567.29	747.45	4.53
	占比	85.86	14.05	0.09

注：省本级指省级分公司开展的业务，不归入任一地市。
资料来源：中国银行保险监督管理委员会统计数据。

（二）跨境金融合作创新有待突破

一是三地法律法规协同有待突破。粤港澳三地法域不同、权限不同，涉及立法主体多，跨境协同立法尚未确立。中国《宪法》和《地方组织法》并未明确规定地方政府缔结跨行政区域合作协定的权限和程序等内容，港澳特别行政区基本法也尚未对特区与内地其他地区政府签订协议和联合立法做出规定，这导致粤港澳三地长期以来的金融合作以行政协议（CEPA）（协议内容主要包括定期磋商机制、定期信息交流机制等）及谅解备忘录为主导，开展"软约束关系"基础上的监管合作，容易导致金融制度创新受阻、合同条款协调困难等问题。二是金融规则标准有待对接统一。如绿色金融认证标准方面，2018年3月香港推出《绿色金融认证计划》，对绿债工具提供第三方认证，随后逐步扩展至绿色基金和ESG基金。深圳主要依据2020年10月通过的《深圳经济特区绿色金融条例》，在涉及具体业务时可能存在资金获取条件、资金用途、信息披露要求等的不一致，影响跨境绿色投融资行为。三是三地金融人才联合培养机制有待构建。金融专业人才联合培养尚未得到充分重视，深圳与境外高等金融院校交流合作机会较少，可通过建立高等金融人才培训机制，加快粤港澳大湾区跨境金融合作的进程。

（三）重点领域的潜在金融风险仍需关注

1. 房地产领域风险亟待稳妥处置

一是房企信用违约风险较大。受结构性、周期性等多重因素的共振影响，2022 年房地产市场持续下滑，房地产企业现金流也处于紧平衡的承压态势，由此也导致风险逐渐向财政、金融领域蔓延，挑战系统性金融风险底线。2023 年前三季度，广东房地产开发投资 1.03 万亿元，同比下降 8.4%，其中，商品住宅投资下降 6.9%，加之部分房地产开发企业到位资金不足，房企融资规模降低、偿债压力较大①。二是房地产企业"内保外贷"业务的潜在风险加大。2023 年前三季度，广东房地产资金来源中利用外资占比 1.08%，分别比 2022 年、2021 年扩大 15.6 倍、20.1 倍，可能存在信用风险、国别风险等方面的隐患。

2. 中小金融机构风险问题需要密切关注

根据央行公布的 2022 年第四季度金融机构评级结果，在 346 家高风险银行中，城商行、农合机构、村镇银行占比超过 95%。从风险成因看，中小金融机构的风险源于多个方面。一是宏观经济提速换挡，房地产行业下行，对中小金融机构经营产生较大压力，其面临资产质量恶化、风险抵补能力下降等问题。以不良贷款率为例，截至 2023 年 6 月，城商行、农商行的不良贷款率分别为 1.90% 和 3.25%，显著高于商业银行的平均水平（1.62%）②。同时，城商行、农商行资产利润率（ROA）也低于行业平均水平，中小银行盈利能力普遍较弱。二是公司治理结构不健全，部分中小金融机构股权结构复杂，公司治理有缺陷，易导致大股东占用资金，侵害中小股东权益。同时，服务本地经济的定位，使得中小金融机构区域集中度高，分散风险能力较弱，易受本地经济或产业变化冲击。

3. 地方债务风险传染问题需加强防范

一是地方债务风险问题仍需关注。近年来，在"需求收缩、供给冲击、

---

① 《2023 年前三季度广东房地产市场运行简况》，广东省统计局网站，2023 年 10 月 24 日，http://www.gd.gov.cn/zwgk/sjfb/mssj/fsc/content/post_ 4271069. html。

② 《中小银行金融风险的成因及治理路径》，腾讯网，2023 年 11 月 2 日，https://new. qq.com/rain/a/20231102A014G700。

预期转弱"三重压力下，受大规模减税降费政策释放、房地产市场深度调整、债务迎来到期高峰等因素影响，部分地方政府收支矛盾较为突出，城投违约风险突出，地方政府债务压力持续抬升。2023年1～9月，中国地方政府性基金收入同比下降16.3%①；地方政府债务余额同比增长12.1%，占中国GDP比重约为42.6%②，显性债务增速持续提高。二是地方政府债券关联风险依然存在。2023年1～9月，广东城投债净融资额465亿元，其中AAA级城投平台净融资额下滑，获得外部融资的平台信用等级有所走低③，应持续关注地方政府债务动态变化和潜在风险。

（四）金融服务实体经济质效仍需提升

1. 金融服务实体经济的效率亟待提高

一是金融服务实体经济"转化率"相对较低。2023年前三季度，广东新增2.92万亿元的社会融资，带来了0.39万亿元的新增GDP，社会融资的GDP转化率（新增GDP/新增社会融资）仅为13.3%，低于江苏省的15.2%。二是金融服务实体经济的规模不足。制造业是实体经济的主体，但广东制造业主要融资渠道依旧是传统的信贷模式。同时，全省制造业贷款规模相对不足，2023年上半年，广东省制造业贷款余额占全部贷款余额的比重仅为11.6%，低于江苏（17.1%）和浙江（16.0%），与广东制造业企业融资的巨大需求尚不匹配。三是金融服务实体经济渠道不畅。2023年前三季度，广东新增直接融资（包括非金融企业债券和境内股票融资，不包含政府债券融资）占新增社会融资比重仅为2.3%，分别低于江苏和浙江12.5个和12.1个百分点；股权融资金额仅为同期小微企业贷款增量的1/8，低于江苏（1/6）和浙江（1/7）。近年来，虽然广东持续创新科技金融服务，但支撑抗风险能力差、规模小、研发投入大的制造业企业通过债券市场、企业上市获得精准资金支持尚未破局。

2. 金融服务"制造业当家"的质量有待提升

广东金融资本服务"制造业当家"仍存在一定程度的结构错配问题。一

---

① 《2023年前三季度财政收支情况》，财政部网站，2023年10月24日，https://gks.mof.gov.cn/tongjishuju/202310/t20231024_3912883.html。

② 数据根据国家统计局和财政部发布的相关数据自行计算整理。

③ 数据来自Wind金融数据库。

是期限结构错配。中长期资金是制造业企业尤其是装备制造业、高技术制造业企业的刚性资金需求。广东支持制造业发展的长期投资仍不足。截至 2023 年第一季度，全省制造业新增中长期贷款余额占制造业新增贷款余额比重为36.84%，远低于同期江苏的 48.96%。广东制造业上市公司流动负债占总负债比重达到 76.50%，高于浙江同类企业 5.61 个百分点，表现出债务融资短期化的特点。此外，天使基金、风险投资、私募基金、产业基金等长期股权投资品类较少；部分政府引导基金投向精准度也有待提升。二是需求结构错配。存在一定的融资分化结构性失衡问题，主要表现为国有企业和大型企业较易获得融资，而民营企业和中小微企业融资仍然困难。主要原因是，银企信息不对称导致机构不敢贷、企业不能贷。比如，银行机构由于专业性不够而"看不懂"科创企业，小微企业因担保物不足而难以满足准入条件。针对中小微企业的融资产品设计明显不足，长期股权投资产品缺乏问题亟待解决。

3. 金融服务实体经济保障体系不足

一是金融服务创新性不够。针对制造业的金融产品存在融资金额、融资期限、担保方式等同质性较强的问题，缺乏针对产业特征和企业需求的个性化、定制化金融产品。融资租赁、保险资金服务制造业、科技创新的潜力有待挖掘。科技信贷、知识产权质押贷款的规模仍然较小，科创金融服务体系需要进一步完善。二是金融服务适应性较差。部分金融机构已设立科技支行、制造业中心等专营机构，但大多数专营机构未能完全自主运作，缺少必要的政策倾斜。省级大型产业投资引导基金不多，现有"粤信融"、省"中小融"、"信易贷"等投融资对接平台分布在多个部门，政务数据归集与共享水平有待提升。

三 2024年广东金融业发展形势预测

2024 年广东金融业要继续坚持"稳中求进、以进促稳、先立后破"的发展基调，聚焦社会融资规模同经济增长目标相匹配，引导金融机构加大对科技创新、绿色转型、普惠小微、数字经济和养老民生等五大方面的支持力度。同时，牢固树立系统观念，统筹风险化解与稳定发展。强化预期管理，持续有效防范化解房地产、地方债务、中小金融机构等重点领域风险，坚决守住不发生系统性风险的底线。

（一）国内国际金融发展环境发生深刻变革

一是全球经济进入新的动荡变革期，对金融市场的传导与波动愈加明显。伴随世界百年未有之大变局加速演进，当前世界经济正在发生深刻的周期性和结构性变化①。受通胀和利率继续高企、地缘政治风险继续上升等影响，经济周期将从"增长"过渡为"放缓"，金融周期将从"宽松"转变到"紧缩"，两个周期叠加决定了 2024 年全球经济将走向中高通胀、中高利率、高债务风险和低增长的"三高一低"发展态势。一方面，全球经济复苏缓慢，引致资本循环不畅。2023 年全球经济下行压力日益凸显，生产端和需求端持续增压，经济增长进一步放缓。在生产端，在产能碎片化、供给约束化影响下，全球制造业和工业生产疲软，PMI 指数已连续 13 个月处于荣枯线以下②。在需求端，主要发达经济体服务业需求回落，贸易和科技保护主义政策深度影响资源要素在全球的高效流动，利率高企和流动性收缩的影响进一步显现，跨境投融资规模减小，资本循环难以达到预期。2024 年全球经济增长预计将保持在 3.1% 的疲软水平③，经济前景整体仍存在下行风险。另一方面，"三重不确定"经济格局，将可能引致新的金融困境。当前全球经济发展呈现"地缘政治冲突局势紧张、货币金融政策紧缩、美元强周期演变"的三重不确定性④，由此导致全球主要经济体通胀水平、债务水平居高不下，国际金融环境愈发敏感，经济、金融、政治、安全等领域易受到不确定性事件的冲击，各种风险和挑战复杂交织将在一定程度上引发投资者增持避险资产、减持风险资产的情绪，从而加剧金融市场的波动。保持金融稳定，实现全球经济软着陆的压力仍然较大。

二是国内金融发展环境持续向好。当前高质量发展已成为积极应对国内外

---

① 《国际金融论坛（IFF）：中国经济 2023 年和 2024 年预计将分别增长 5.2% 和 5%》，"经济观察报"百家号，2023 年 10 月 28 日，https：//baijiahao.baidu.com/s？id＝1781003185065494716&wfr＝spider&for＝pc。

② 《2023 年 9 月份全球制造业 PMI 为 48.7%　指数持续小幅上升》，"光明网"百家号，2023 年 10 月 6 日，https：//baijiahao.baidu.com/s？id＝1778973027445217343&wfr＝spider&for＝pc。

③ 数据来自国际金融论坛（IFF）发布的《2023 年全球金融与发展报告》。

④ 美联储在 2023 年提前结束了量化宽松计划，并在 2024 年开始了加息周期，引发了全球金融市场的动荡和资金回流，这对一些高债务、高通胀、低增长的新兴市场和发展中经济体造成了较大的资金压力和困境。

环境变化、增强发展主动性的长久之策。金融体系需要做出相应的适应性调整，进一步提升金融服务层级、效率和水平，以金融高质量发展助力实现民族复兴伟业和经济高质量发展目标。从发展导向看，2023 年 10 月 30 日召开的中央金融工作会议为未来五年的金融工作举旗定向、谋篇布局，清晰定调我国下一步重大金融改革方向和政策导向。我国整体融资环境将维持稳中偏宽，资金投向重点支持领域更加明确，更侧重于科技创新、先进制造、绿色发展和中小微企业，推进金融高水平双向开放的导向愈发鲜明。现代金融机构和市场体系的建设步伐将进一步加快。基建、房地产等传统动能资金需求趋势性转弱，资本市场与新动能领域的融资需求更加适配，一流投资银行和投资机构将迎来黄金发展期。功能监管、行为监管、央地协同监管有望强化，更加关注中小金融机构风险、地方债风险、房地产风险、金融市场风险等"四大风险"化解长效机制的构建。财政政策仍有较大发力空间，在促进医疗、教育、社保等民生领域"稳投入"，助力居民消费意愿回升"扩需求"，推动实施一揽子化债方案"稳增长"方面继续发力。

（二）金融服务实体经济的重点领域更加聚焦

中央金融工作会议针对"进一步优化金融服务和资金供给结构"释放明确政策信号，提出要切实加强对重大战略、重点领域和薄弱环节的优质金融服务；把更多金融资源用于促进科技创新、先进制造、绿色发展和中小微企业等，做好科技金融、绿色金融、普惠金融、养老金融、数字金融"五篇大文章"。这是提高金融服务实体经济质效的针对性部署，也为新时代、新征程广东金融高质量发展提供了根本遵循和行动指南。

当前，广东仍处于高质量发展的关键时期，创新驱动发展，需要多层次科技金融体系精准配给；绿色发展和"双碳"目标的实现，离不开绿色金融与转型金融有效衔接；推进共同富裕，需要进一步增强金融服务的普惠性；实现老有所养、老有所依，发展养老金融势在必行。因此，当前和今后一段时期，广东金融要从科创驱动、绿色转型、数字中国、普惠发展和社会老龄化的国情、省情需求出发，持续创新金融产品、精准金融服务、丰富金融业态。一是要打破过去贴标签式的科技金融服务模式，把握科技创新路径规律、专注企业全生命周期特征，进一步加大对新科技、新赛道、新市场的金

融支持力度，创设更多科创金融服务产品，加快培育新动能新优势。二是在绿色金融上要加快适应实体经济向低碳、零碳转型趋势，转变绿色信贷独大的绿色资金供给结构性失衡特征，加快发展绿色债券、绿色资产证券化和碳交易市场，做好绿色金融和转型金融的发展衔接，让金融活水持续滋养绿水青山。三是加大普惠金融产品供给力度，加强金融服务与科技、农业、教育、医疗等领域的融合，提高普惠金融服务的覆盖率和效益。四是加快补全养老金融短板，引导居民不断扩大养老投资，构建多元养老金融体系。五是加快数字金融产品创新和迭代，激活金融服务新功能，通过数据要素的资本化推进数字经济全面发展。

（三）广东"金融强省"目标导向促进金融自身发展能级提升

广东是金融大省，但相比庞大的金融总量，金融体系结构不均衡、市场资金投放质效有待提升等问题仍较突出。为此，广东提出要构建富有竞争力的金融机构和组织体系，通过打造头部机构，壮大发展实力，丰富金融业态，推进由金融大省向金融强省转变。其中，"强"的一个重要体现，就是要在打造现代金融机构和市场体系的"硬实力"方面"强筋健骨"。这也要求广东当前和今后一段时期，要从融资端、服务端、投资端三个方面协同发力，创造优质的融资环境，为"金融强省"提供发展支撑。一是扶优扶强，瞄准国有大型金融机构、头部金融机构进一步做大做强，当好服务实体经济的主力军和金融稳定的压舱石。二是发挥资本市场枢纽功能，围绕提高上市公司质量、强化证券基金和财富管理机构建设、培育一批一流投资银行和投资机构等多措并举，丰富实体经济融资渠道。三是规范发展地方金融机构（组织），瞄准"本地化、特色化"经营，打造一批优质中小金融机构，充分发挥"金融毛细血管"功能。四是进一步创新与丰富金融业态，规范引导平台经济有序发展，大力培育资产管理机构、财富管理机构和中介服务机构，探索开展一批业务创新试点，推动各类金融产业加快发展。

（四）"城乡区域协调发展新格局"推动金融资源统筹与均衡配置

在省委"1310"具体部署下，为构建城乡区域协调发展新格局，广东把县、镇、村发展的短板转化为高质量发展的"潜力板"，提出以广州绿色金融改革示范区、广深科创金融改革试验区为引领，统筹部署佛山、汕头、湛江、汕尾、茂名、梅州开展全省新一轮区域金融改革创新①。同时，金融支持"百千万工程"、粤东西北"金融倍增工程"，"以投促引""以投促产"助力产业梯度有序转移等系列政策利好持续释放，这为进一步引导推动珠三角地区金融资源更多投向粤东、粤西、粤北打开了新的发展空间。一方面，广深两地的金融集聚辐射带动作用将日趋明显，在"强化珠三角金融带动—构筑省域副中心金融发展极—补齐粤东、粤西、粤北金融短板"的资源传导和布局统筹下②，金融要素资源便利流动和高效配置机制更加优化，金融协调发展水平也将有序提升。另一方面，"金融+乡村振兴"的资本下沉路径更加清晰。覆盖全领域、全链条的"惠农贷款+农业保险+期货+碳汇+资产托管"的"复合型"金融产品创新政策支持力度更大，"营业网点+信用村+互联网金融+金融服务站"四位一体的农村金融服务体系发展导向更加鲜明，依托金融顾问、金融助理打造"信用村""信用镇"，引导金融"活水"下沉村镇，优先投向乡村振兴重点领域的措施也更加具体。

（五）粤港澳大湾区国际金融枢纽催生金融高水平双向开放

当前粤港澳大湾区建设进入融合发展新阶段，多元化资金需求旺盛。在高质量发展持续推进下，基础设施和重大民生工程建设领域进展加速，庞大的消费群体和较高的收入水平，经贸往来和人员流动的日益频繁，宜居宜业宜游优质生活圈的积极构建等发展现实，均蕴含巨大且多样化的资金需求。2024年，广东金融应进一步顺应新形势、迎合新需求，以持续推进粤港澳大湾区国际金融枢纽建设，纵深服务广东高水平对外开放。

一是"引进来"+"走出去"的战略导向更加鲜明。2024年，中央层面推进金融高水平双向开放定调清晰，"稳步扩大金融领域规则、管理、标准等制度性开放"，"准入前国民待遇"+"负面清单"的管理模式，"建设有影响

---

① 《2023年广东金融支持经济高质量发展行动方案》，广东省地方金融管理局网站，2023年3月3日，http://gdjr.gd.gov.cn/gkmlpt/content/4/4117/post_4117622.html?eqid=80f9b59300005fe8 0000000464267821#4160。

② 郭跃文、刘佳宁、李霞：《粤港澳大湾区国际金融枢纽建设的理论逻辑、国际借鉴与实践路径探究》，《学术研究》2023年第2期。

力和竞争力的国际金融中心"等系列发展导向，将为广东进一步放宽金融市场准入并吸引更多外资金融机构和长期资本来粤展业兴业、提高跨境投融资便利化水平、推动人民币国际化进程、支持中国企业拓展海外业务等持续带来重要战略利好。二是省内重大金融开放平台载体迎来新发展契机。广东要推动金融业更高水平对外开放，关键在于用好用足横琴、前海、南沙三大平台的差异化定位及政策优势，在离岸在岸一体化互联互通、深化对外开放与对内带动上持续发力，为全省层面金融开放创新探路。2024年，在一揽子"金融30条"以及金融支持高质量发展等系列政策红利持续释放下，横琴、前海、南沙以及河套深港科技创新合作区等平台载体的金融开放创新也将加速推进，携手谋划金融发展新格局。这也为广东以三大平台为支撑抓好跨境金融要素保障，全力提升金融外汇服务能级，助力全省高水平对外开放，积极参与全球经济金融竞争合作，提供了发展新契机。

（六）金融安全的托底作用更加突出

当前，广东金融风险仍处于易发高发期，房企违约风险仍不容忽视，且容易向财政风险、金融机构风险转化，需守住系统性风险底线。中小金融机构风险隐患增加，受国有大行业务下沉"掐尖"、净息差大幅收窄等因素影响，中小银行造血能力走弱，通过利润消化不良资产处置损失的能力趋弱。因此，在中央金融工作会议"强监管"力度更大、"防风险"领域更广的政策导向下，2024年广东金融将进一步"突出强监管""重视防风险"，发挥金融安全的托底作用。一是金融风险监管更趋严格。未来所有金融活动将依法全部纳入监管，不留监管空白；更加突出实现跨产品、跨机构、跨市场的"功能监管"，行为监管、穿透式监管、持续监管的力度进一步加大，央地纵向监管无缝衔接体制更加健全，不给监管套利机会。二是防风险领域进一步拓展。中小金融机构风险从"统筹化解"到更强调"及时处置""稳妥出清"；地方政府债务风险从关注存量、紧盯增量逐步转向"化债+管债"并重、短中长期措施结合，建立化债长效机制；房地产领域被中央金融工作会议首次置于防范化解金融风险的框架内，并重点强调"健全房企监管制度，促进金融与房地产良性循环"；金融市场风险更侧重防范风险跨区域、跨市场、跨境传递共振。

四　政策建议

2024 年，广东要深入贯彻落实建设"金融强国"战略部署，牢牢把握高质量发展主线，围绕"再造一个新广东"的战略目标，深刻把握金融工作的政治性、人民性，继续坚持"稳中求进"的工作总基调，紧紧抓住"双区"和横琴、前海、南沙三大平台建设重大机遇，以粤港澳大湾区国际金融枢纽建设统领金融开放与创新，全面加强金融监管，做好"五篇大文章"，提高金融服务质效，强化金融资源统筹与区域平衡发展，努力探索中国特色金融发展之路的广东实践，以加快建设金融强省助力广东在高质量发展和中国式现代化建设中走在前列、做出示范。

（一）全力做好金融"五篇大文章"，助力广东高质量发展走在前列

中央金融工作会议指出，为经济社会发展提供高质量服务，做好科技金融、绿色金融、普惠金融、养老金融、数字金融"五篇大文章"。因此，广东金融要根植于经济高质量发展首要任务，突出"金融+"服务制造业当家、"百千万工程"、"科创强省"、"绿美广东"生态建设等重大战略、重点领域，优化金融供给、提高服务质效，形成具有广东特色的金融生态体系，助力经济高质量发展走在前列。

一是做好科技金融大文章。聚焦科技创新全生命周期，瞄准"多主体参与、多渠道供给"目标，打通从科技风险资本、股权资本到证券资本的投资链条，多维提升资本市场包容性，引导更多社会中长期资金流向战略性产业集群、高端制造业、海洋经济发展和辖内专精特新"小巨人"企业、高新技术企业、中小创业企业，助力广东科技、产业与金融形成良性循环。积极发展技术交易市场，精准优化科技金融产品，打造符合科技企业特点的科技信贷产品体系，深入开展知识产权质押融资。

二是做好绿色金融大文章。顺应绿美广东生态建设需求，基于传统产业绿色转型需要，不断创新绿色金融产品、转型金融产品和气候金融产品，引导金融机构支持企业降耗升级、绿色发展；强化碳市场与碳金融建设，推动广州期货交易所上市多晶硅等期货品种，深化工业硅、碳酸锂期货功能作用；优化重

点领域绿色金融标准，打造全国领先的绿色金融服务体系，逐步增强广东在国际碳市场交易中的话语权。

三是做好普惠金融大文章。进一步做深做实普惠金融服务，银行、保险、证券市场等金融主体要进一步开发更多符合小微企业、农民群体生产经营特点和发展需求的产品，拓展服务半径。深化农村金融发展，推进粤东、粤西、粤北地区"金融倍增工程"，在乡村振兴、巩固拓展脱贫攻坚成果等领域继续"增量、扩面"，助力广东"百千万工程"建设。基于中小企业风险偏好特征、资金期限结构特征等，推进资本市场下沉，开展"一链一策一批"中小微企业融资促进行动，加大中长期普惠金融产品供给力度，支持小微企业发展。

四是做好养老金融大文章。加快补全养老金融短板，推进第三支柱养老金融业务发展，推广专属商业养老保险、个人养老金试点经验，创设更多低风险、长周期、稳定收益的养老金融产品，进一步优化保险机构投资考核机制，提升养老金融机构管理能力，引导居民更多将储蓄转化为养老投资，不断做大养老金融规模。

五是做好数字金融大文章。顺应数字技术大发展及产业数字化转型新需求，引导广东金融机构综合运用大数据、人工智能等金融科技手段强化数字化转型业务创新，增强服务触达精准性，引导更多资本支持传统企业数字化转型发展。进一步推进数据要素与资本要素有机融合，不断提高对数字资产和数据要素的估值定价能力，平衡好数字平台企业在部分领域的天然垄断特征与市场公平竞争之间的关系。支持广州、深圳建设数字金融集聚区，推广应用数字人民币。

（二）深化现代化金融体系建设，持续增强广东金融发展活力

中央金融工作会议强调，坚持深化金融供给侧结构性改革。打造多层次、差异化的金融服务体系，强化金融业自身高质量服务能力，是疏通资金进入实体经济渠道的重要突破口。

一是进一步优化金融机构行业格局。一方面，支持国有大型金融机构做优做强，打造头部金融机构，提升金融行业集中度。通过"政策上推陈出新、资源上优先配置、效率上优先保障"，鼓励地方银行、证券、保险等骨干金融企业通过引入战略投资者、并购重组、多元化经营等方式发展壮大，实现经营

区域全国化甚至国际化、经营业务全面化，提升行业排名。另一方面，强化中小金融机构本地化、特色化经营。鼓励全省中小金融机构做精、做专、做实、做透根据地，在相较于大型金融机构有一定优势的业务上实现特色化经营，在推进广东基础设施建设、乡村振兴、国际合作、重大关键产业转型中发挥支持作用。

二是充分发挥资本市场枢纽功能。要进一步优化融资结构，提高直接融资占比，鼓励多元化股权融资做深做实，打造为粤企提供全生命周期支持的高质量融资体系。进一步活跃资本市场，从加强信息披露监管、支持重点领域 IPO 等方面，推动股票发行注册制改革在广东落地生根，全力支持硬科技企业、"专精特新"企业上市，并鼓励上市公司通过市场化并购等方式盘活存量、提质增效。完善债券市场，压实发行人和中介机构责任，在保证金融安全基础上推动债券市场高质量双向开放。

三是培育"一流"投资银行和投资机构。"一流"投资银行和投资机构具有全球化布局能力和影响力，对全球金融资产和大宗商品具有较强定价权，是"金融强国"的重要标志之一。因此，广东要用好"适当放宽对优质证券公司的资本约束"等利好政策，为现有头部投行和投资机构营造宽松的营商环境，以内外联动、产品创新和项目直营为主线，积极发展债券、并购、银团、涉外担保等跨境投行业务，推动头部投行和投资机构"一流"发展。

（三）全面推进高水平双向开放，提升广东金融话语权和影响力

中央金融工作会议要求，坚持"引进来"和"走出去"并重，稳步扩大金融领域制度型开放。广东要牢牢把握粤港澳大湾区新发展格局战略支点、高质量发展示范地、中国式现代化引领地的新定位，以金融高水平双向开放深化大湾区国际金融枢纽建设。

一是深化横琴、前海、南沙国家平台金融开放、协同创新。推动底层制度衔接、体制机制创新、要素投入协同，进一步落实落细三个"金融 30 条"。从设计更加开放的金融制度安排、共同发展现代金融产业、开展民生金融创新试点、探索金融市场互联互通、深化金融监管合作等路径切入，最终实现粤港澳三地特色凸显、错位发展、协同共进。

二是持续深化跨境金融联通体系。继续深化资本市场联通，进一步引导粤

港澳大湾区内各类交易所、股权交易中心加强合作，优化完善"深港通""债券通"等金融市场互联互通制度安排，持续扩容"跨境理财通"试点。加快银行、保险市场联通，继续深化"征信通""保险通"，拓展人民币国际投贷基金项目覆盖面，扩大跨境资产转让试点规模并丰富品种，构筑多层次、广覆盖、深融合的金融对外体系。

三是扩大广东金融国际影响力。在信用评级、会计审计、信息披露等方面进一步与国际接轨，继续鼓励支持经营稳健、资质优良、有专业特色的境外金融机构"引进来"，拓展在粤金融业务。支持大型金融机构"走出去"，到海外设立网点和参与国际金融市场交易。引导金融机构深度参与共建"一带一路"国家、RCEP国家投贷合作，多点推进跨境人民币业务，满足"走出去"广东企业持续增长的跨境融资需求。

（四）加强金融监管全力化解风险，筑牢广东金融安全基石

一是强监管。中央金融工作会议强调，要全面加强金融监管，切实提高金融监管有效性。广东要以机构改革为契机，持续研究和强化"五大监管"的理念、机制和方式方法，进一步提高监管的前瞻性、精准性、有效性、协同性。同时，进一步完善监管制度，构建金融监管部门与地方党委政府的常态化沟通机制，并强化法治思维，规范行政执法，依法将各类金融活动全部纳入监管，努力推动解决"谁来管、管不了、大家管"的问题。此外，充分利用广东现有政策优势、平台优势以及科技优势，深化技术赋能，积极推广监管大数据平台，深入拓展"区块链+智慧监管+数据应用"，持续提升监管数字化、智能化水平。

二是化风险。中央金融工作会议指出，坚持把防控风险作为金融工作的永恒主题。广东要全面加强对金融市场、金融机构、金融活动的监管，牢牢守住不发生系统性区域性金融风险的底线。首先，促进金融与房地产良性循环。将防范化解房地产金融风险作为重点，以构建房地产发展新模式为目标，平稳有序推进房地产融资，做好"保交楼"金融服务，积极支持保障性住房等"三大工程"建设，最大限度满足不同所有制房地产企业的合理融资需求，有效满足消费者的刚性和改善性住房需求。其次，及时处置中小金融机构风险。发挥专业优势、加强指导协调、把握策略节奏，稳妥化解中小金融机构风险。加强前瞻性风险防控，优化法人城商行、农商行、民营银行突发流动性风险应急

处置协调机制。再次，统筹协调各地方政府建立化债长效机制。加强监测预警和早期纠正，短期继续防范局部债务风险，中长期加快体制机制改革，同时建立同高质量发展相适应的政府债务管理机制，规范好举债和发展的关系，兼顾化债和高质量发展目标。严厉打击非法金融活动，坚决惩治违法犯罪和腐败行为，推动非法集资陈案化解，稳步推进 P2P 网贷清理整顿、私募基金分类整治、第三方财富管理公司规范管理，确保广东经济平稳健康运行。最后，加强对跨区域、跨市场、跨境金融风险的监测预警和早期纠正。加快与港澳地区建立高效协同的金融监管合作制度，通过金融监管信息共享，完善区域金融业综合统计体系、风险预警体系等，提升粤港澳三地金融机构对跨境、跨区域客户的风险管控与识别能力，并严密防范多种金融产品和金融工具叠加嵌套产生的金融创新风险。

B.8

2023~2024年广东农业农村经济发展形势分析与预测

广东省社会科学院经济研究所课题组*

摘　要：　2023年，广东聚力推动"三农"领域高质量发展，农业农村经济向更高水平迈进。广东农业经济规模在2022年达到8892.29亿元，居全国第五、沿海省（区、市）第二。2023年，广东实现农林牧渔业总产值0.92万亿元，增长5.0%。2018~2022年，广东粮食播种面积和产量实现五连增，超额完成国家高标准农田建设任务。2023年，广东新增3个国家级现代农业产业园、18个省级现代特色农业产业园、1个跨县集群产业园。2013~2022年，广东农村居民人均可支配收入从11067.8元增至23597.8元，年均增长12.58%；2023年9月，城乡居民人均可支配收入比缩小至2.38∶1。但依然面临农产品保供压力大、创新驱动能力不强、农业质量和效益不高、城乡区域发展不平衡、联农富农及城乡融合机制尚需完善等问题。本报告提出稳住粮食安全"压舱石"，确保农产品稳产保供；推动关键核心技术攻关，强化农业科技和装备支撑；建设现代乡村产业体系，推动乡村产业高质量发展；深入实施"百千万工程"，高标准规划建设乡村振兴示范带；加快发展壮大农村经营主体，增强农业农村发展新动能；推动城乡区域协调发展，推动农民农村共同富裕等优化发展的对策建议。

关键词：　农业农村经济　农业强省　和美农村

党的二十大报告提出要"加快建设农业强国"。2022年12月，习近平总

---

* 课题组组长：陈世栋，广东省社会科学院经济研究所研究员，研究方向为城乡关系与区域发展。课题组成员：杨娟，广东省社会科学院经济研究所副研究员，研究方向为产业经济；安永景，广东省社会科学院科研处副研究员，研究方向为城市与区域经济。

书记在中央农村工作会议上强调:"强国必先强农,农强方能国强。没有农业强国就没有整个现代化强国;没有农业农村现代化,社会主义现代化就是不全面的。"① 2023年4月,习近平总书记视察广东时提出了广东要在实现中国式现代化过程中走在全国前列的要求,广东"三农"领域也肩负着建设"农业强国"走在全国前列的使命。为贯彻落实党的二十大精神和中央农业农村经济工作的总体部署②,2023年2月,作为对全省高质量发展的重大部署之一,广东推动实施了与农业农村现代化高度相关的"百县千镇万村高质量发展工程"(以下简称"百千万工程"),并于6月推出了本年度全面推进乡村振兴工作的八大方面36项任务③。当前,百年变局与国际地缘局势交错动荡,只有稳住"三农"作为国家发展的基本盘,才能推动国家应变局、开新局。作为第一经济大省,广东经济总量连续35年领跑全国,在农业发展、乡镇建设、民生福祉等多方面成绩突出,多项经验得到中央肯定并向全国推广。广东为确保农业稳定增产、农民稳定增收、农村安宁,长期坚持农业农村优先发展,奠定了农业农村现代化基础,在高质量发展号角下,广东正蹄疾步稳,立足基础禀赋,探索反映市场需求、创新驱动、韧性十足的农业强省与和美农村建设的"广东路径"。

一 2023年广东农业农村发展取得新成效

(一)农业高质量发展不断推进,现代农业产业体系加快形成

1.农业经济总量迈上新台阶,综合实力显著增强

党的十八大以来,广东农业经济总量持续扩张,总产值已突破8000亿元大关,迈上了新的台阶。2022年广东农林牧渔业总产值达到8892.29亿元,增加值5531.56亿元,2011~2022平均增长3.8%。2023年前三季度,广东农林

---

① 《学习贯彻中央农村工作会议精神(2022年)》,共产党员网,2022年12月27日,https://www.12371.cn/2022/12/27/ARTI1672104252849961.shtml。

② 房宁:《抓实建设农业强国的头等大事》,《农民日报》2022年12月28日,第1版。

③ 《中共广东省委 广东省人民政府 关于做好2023年全面推进乡村振兴重点工作的实施意见》,广东省人民政府网站,2023年6月2日,http://www.gd.gov.cn/gdywdt/gdyw/content/post_4190921.html?eqid=d0e1219100038767000000066480463b。

牧渔业总产值超过 6400 亿元，增长 5.0%①。全省共有 29 个县（市、区）农林牧渔业总产值超过 100 亿元，相较 2021 年增加 3 个县（市、区）。分行业看，2018~2022 年，农业、林业、渔业三大行业的产值均逐年增长，牧业虽先增后减，但仍维持在远高于 2018 年的高位②。

2022 年，广东农林牧渔业总产值居全国第五、沿海省（区、市）第二；2023 年前三季度，广东的农业经济规模则跃居全国第四、沿海省（区、市）第二（见表 1）。广东农业经济占全国比重在经过 2020 年和 2021 年的持续下降后，在 2022 年回升至 5.70%，整体呈现波动上升趋势（见图 1）。2022 年，全省第一产业增加值达 5340.36 亿元，贡献率由 2021 年的 4.1%上升至 2022 年的 11.8%③。

表 1　2022 年以来全国农业经济规模排名前十省区

单位：亿元

排序	省区	农林牧渔业总产值（2023 年前三季度）	农林牧渔业总产值（2022 年）	五大产业（2022 年）				
				农业	林业	牧业	渔业	农林牧渔专业及辅助性活动
1	山东	8819.1	12130.71	6206.54	227.29	3003.54	1729.65	963.69
2	河南	8227.0	10952.24	6948.30	149.55	2832.30	147.45	874.64
3	四川	7959.4	9859.75	5528.76	438.22	3281.67	343.11	267.99
4	湖北	6275.3	8939.33	4193.14	311.22	2128.19	1584.34	722.44
5	广东	6387.3	8892.29	4308.23	549.15	1680.24	1898.24	456.43
6	江苏	5309.4	8733.80	4685.72	185.65	1294.18	1856.93	711.32
7	湖南	5178.9	8160.13	3973.21	477.44	2466.86	617.81	624.81
8	河北	4622.2	7667.41	4035.67	266.56	2391.71	342.29	631.18
9	广西	3928.3	6938.53	3977.68	548.46	1509.55	575.80	327.04
10	黑龙江	2305.1	6718.24	4320.48	212.31	1842.84	147.85	194.76

资料来源：根据中国统计网数据整理。

---

① 彭琳、黄进、邵一弘：《我省现代农业产业体系加快构建》，《南方日报》2023 年 11 月 7 日，第 A08 版。

② 林伊晴：《29 县农林牧渔业产值超百亿，茂名湛江包揽前 5 名丨数读广东统计年鉴 2023》，南方农村报网站，2023 年 11 月 15 日，https://www.nfncb.cn/index.php/yaowen/37356.html。

③ 数据来源：《广东省统计年鉴（2023）》。

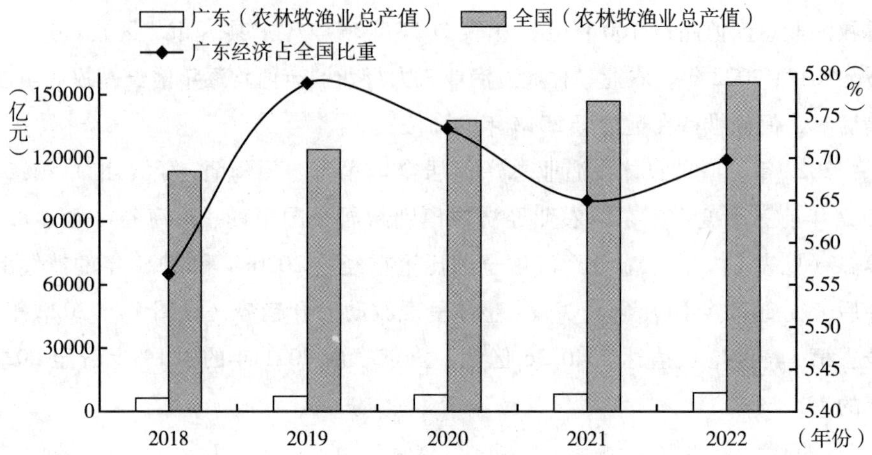

图1　2018~2022年广东与全国农林牧渔业总产值及广东经济占全国比重的比较

2. 农业科技创新步伐加快，农业产业全链条持续升级

在优势品种研发上，广东实施"粤强种芯"工程，农业创新发展取得了一系列成果。广东省农业科学院水稻所研究所选育或合作选育的8个水稻品种入选全国水稻推广面积前十大品种名单[①]；2023年，广东黑猪新品种"乡下黑猪"、2个畜禽新资源"粤西卷羽鸡""阳春白鹅"通过国家审定鉴定；"春季冬瓜化肥减量关键技术"和"铁柱2号"冬瓜作为全国唯一的配套技术及品种，分别入选2023年度农业农村部主推技术和主导品种[②]；截至2023年5月，广东培育的7个南美白对虾新品种通过了国家相关技术委员会（国家水产原种与良种审定委员会）的审定，占全国总12个新品种的58.33%，突破了种质资源长期受制于外的状况[③]。

2022年起，广东组织农技推广人员、专家、社会服务力量等3支队伍，打造农技服务的"轻骑兵"，分别深入一线，进行产业链的全方位服务，培育优良

[①] 《粤8个水稻品种列入全国推广面积前十》，农业农村部网站，2023年10月26日，http://www.moa.gov.cn/xw/qg/202310/t20231026_6439117.htm。
[②] 邵一弘、邹文平：《寻常瓜菜长成百亿级农业产业》，《南方日报》2023年9月25日，第A02版。
[③] 《广东打造水产种业"南繁硅谷"　加快构建现代化海洋牧场全产业链》，广东省人民政府网站，2023年5月18日，http://www.gd.gov.cn/zwgk/zdlyxxgkzl/fpgzxx/content/post_4182832.html。

品种、提升产品质量和品牌竞争力，助推"农产品上行"和"农技推广"。截至
2023年5月，"轻骑兵"的人才库已包括51个现代农业领域的技术创新团队、
农技人才队伍等1万多条专家资料，入库机构达9030个，覆盖农技人员、科技
专家、社会组织的乡土专家、农村科技特派员等共22279人。围绕产业技术需
求，全省开展农技"轻骑兵"乡村行专项活动，截至2023年7月，活动已开展
超过1000场次，服务足迹遍布21个地市，形成了统一的全省农技服务数据库、
农技需求对接平台，强化了数字化管理[1]。发挥广东数字化基础较好的优势，创
新"数字+轻骑兵"组织模式，供需两端同步着力，强化服务，发布了1000多
个技术视频，举办"数字+轻骑兵"田头课达41期，网络在线观看量超过了
1200万人次[2]。

广东农业机械化水平进一步提高。通过加强农机技术培训、督促发放符合
资格的资金补贴等措施，广东农业机械总动力由2018年的2429.94万千瓦提
升至2022年的2556.34万千瓦。广东农业机耕面积占比由2018年的84.47%
提升至2022年的93.38%；机播面积占比由2018年的8.61%提升至2022年的
16.94%（见表2）。广东现代海洋牧场构建是科技助力农业发展的典型，2023
年7月，全国首台广东制造的自升式桁架类网箱下水投产；8月，国内首个桩
基桁架式"风渔融合"类海洋牧场、国内首个规模最大的综合科研实验"风
渔融合"项目、全省首个单体6万立方米桁架式养殖网箱等在汕尾开建[3]。在
江门（台山）、潮州（饶平）试点实施了海上养殖整治，严查及拆除违规渔
排；清查了位于近海禁养区的养殖器具，清拆传统网箱累计121万平方米。
2023年以来，广东共出台现代化海洋牧场建设举措17条，重点在项目审批的
联动机制，在用海、用地等方面强化了保障，实现了"拿海即开工"[4]。广东
新建的重力深水网箱达461个，3个桁架类网箱建设起步，支撑了渔业的跨越

---

① 黄进：《"一站式"农技服务助力我省农业高质量发展》，《南方日报》2023年7月5日，第
A02版。

② 《广东农技"轻骑兵"打通科技进村入户"最后一公里"》，广东省人民政府网站，2023
年7月5日，http://www.gd.gov.cn/gdywdt/bmdt/content/post_4212045.html。

③ 《广东：调查研究解难题，乡村振兴上台阶》，广东省乡村振兴局网站，2023年9月18日，
http://rural.gd.gov.cn/xcyw/mtbd/content/post_4254690.html。

④ 彭琳、黄进、邵一弘：《我省现代农业产业体系加快构建》，《南方日报》2023年11月7
日，第A08版。

式发展。在上述举措的基础上，2023 年前三季度，广东水产品总量超过了
644.67 万吨，全国领先，其中，海水产品 323.91 万吨、淡水产品 320.76
万吨。

表 2　2018~2022 年广东农业机械化情况

指标	2018 年	2019 年	2020 年	2021 年	2022 年
机械总动力（万千瓦）	2429.94	2455.79	2495.43	2524.48	2556.34
机耕面积（千公顷）	3614.85	3724.21	3825.98	3877.57	3980.79
机播面积（千公顷）	368.28	404.32	504.99	616.27	721.93
亩均机械总动力（千瓦/亩）	0.379	0.376	0.374	0.374	0.400
机耕面积占比（%）	84.47	85.47	85.94	86.20	93.38
机播面积占比（%）	8.61	9.28	11.34	13.70	16.94

资料来源：根据《广东统计年鉴（2023）》数据整理。

全产业链建设成为提升农业现代化水平的重要举措。2023 年，广东加快
推进一二三产业融合发展，全省农村一二三产业融合发展重点项目入库 122
个，包括 27 个一二产融合项目、39 个一三产融合项目、3 个二三产融合项目
和 53 个一二三产融合项目。广东有 8 个现代农业全产业链基地入选国家第一
批的高质量标准化发展示范项目（国家现代农业全产业链标准化示范基地）[①]。
龙头企业成为推进农村一二三产业融合发展和提升农业现代化水平的关键力
量。截至 2023 年 5 月，广东各级农业龙头企业超 5000 家，其中省级重点农业
龙头企业共 1403 家（见图 2）。通过农业龙头主体带动，推动农业由种养向农
产品加工延伸，进一步提升了农产品的附加值。

积极培育农业文化新业态，推动县域经济加快发展。广东立足城边、景
边、村边、园边、海边，沿着道路干道、临水碧道、南粤古驿道等，通过多功
能化，培育农业新业态。加快实施南粤乡村传统文化活化工程、休闲旅游精品
工程，提供更多的乡村旅游产品，提升乡村民宿品质，开发旅游精品线路。鼓
励海洋、海岛、森林、康养、都市农业等新业态加快发展。2023 年，广东新

---

① 《中共广东省委 广东省人民政府 关于做好 2023 年全面推进乡村振兴重点工作的实施意见》，
《南方日报》2023 年 6 月 2 日，第 A02 版。

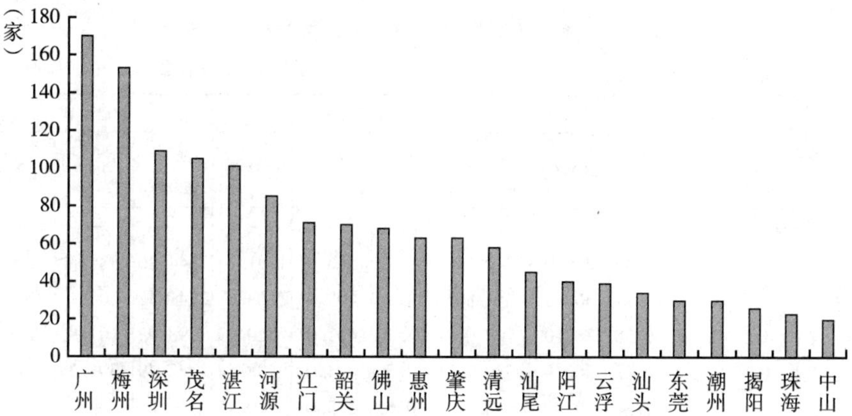

图2　2022年广东省各市省级重点农业龙头企业数量

资料来源：根据广东省农业农村厅公布的《广东省重点农业龙头企业名单》整理。

增10个（累计52个）"中国美丽休闲乡村"，新增9个全国乡村旅游重点村镇。佛山市南海区、广州市从化区入选全国首批文化产业赋能乡村振兴试点名单。

3. 粮食供给保障稳定，农林牧渔快速发展

广东全面落实党政同责，坚决守住耕地保护红线和粮食安全底线。2018~2022年，广东粮食作物播种面积和总产量分别从3226.56万亩和1193.49万吨上升至3345.43万亩和1291.54万吨，分别增长了3.7%和8.2%。2022年广东粮食作物单产为386.00公斤/亩，比2021年增加0.44公斤，同比增长0.1%。粮食作物总产量、播种面积、单产增幅均高于全国水平①。据国家统计局广东调查总队数据，2023年广东早稻播种面积、单产、总产量三增长，早稻播种面积为1298.93万亩，比上年增加2.59万亩，同比增长0.2%；单产407.8公斤/亩，比上年增加6.8公斤/亩，同比增长1.7%；总产量529.70万吨，比上年增加9.61万吨，同比增长1.8%（见表3）②。

---

① 《2022年广东粮食产量达1291.5万吨，比上年增加11.7万吨 粮食产量"四连增"为近十年最高》，广东省农业农村厅网站，2022年12月19日，http://dara.gd.gov.cn/mtbd5789/content/post_4067740.html。

② 《2023年前三季度广东农业经济运行情况分析》，广东统计信息网，2023年11月14日，http://stats.gd.gov.cn/tjfx/content/post_4283891.html。

表 3　广东主要农作物播种面积、单产及总产量

单位：万亩，公斤/亩，万吨

作物名称	2010 年			2022 年			2023 年		
	播种面积	单产	总产量	播种面积	单产	总产量	播种面积	单产	总产量
农作物播种面积	6394.16	—	—	6830.20					
粮食作物	3579.49	349.0	1249.15	3345.43	386.0	1291.54	3344.26	384.3	1285.19
稻谷	2877.21	362.0	1041.80	2753.84	403.0	1108.63	2741.42	400.1	1096.89
早稻	1386.98	362.0	502.04	1296.34	401.0	520.09	1298.93	407.8	529.70
晚稻	1490.23	362.0	539.76	1457.50	404.0	588.54	1442.49	393.2	567.19
小麦	1.30	191.0	0.25	0.63	235.0	0.15	—		
玉米	209.12	296.0	61.94	197.86	320.0	63.41	201.04	325.6	65.47
薯类（折粮）	392.65	329.0	129.01	324.51	330.0	107.01	330.52	332.5	109.88
大豆	72.66	154.0	11.20	52.05	178.0	9.27	53.79	179.3	9.64

资料来源：根据《广东省统计年鉴（2023）》数据整理。2023 年数据来源于国家统计局广东调查总队（https://gdzd.stats.gov.cn/sjfb/sjjd/202312/t20231220_181607.html）。

　　全省坚定不移严格保护耕地。广东作为全国经济、人口第一大省，面临较大的耕地保护压力。近年来，广东深入实施"南粤良田"工程，持续推进高标准农田建设。从严落实党政同责保护耕地，严格建设粮食生产功能区，保障好粮食安全。截至 2023 年，广东建设高标准农田不少于 100 万亩、垦造水田不少于 5 万亩，推进了撂荒地的复耕复种。截至 2023 年 9 月，广东新增高标准农田 52.40 万亩，推进了连片 3 亩以上、15 亩以下可复耕的撂荒地的复耕复种，粮食生产实现了扩面增产，广东已连续 5 年超额完成国家高标准农田建设任务并得到通报表扬[1]。

　　农产品稳产保供有力。广东构建多元的食物供给体系，发展林下经济、农业微生物等产业，建设现代化海洋牧场，向山向海要蛋白、要能量，念好"山海经"[2]。依托"农产品出村进城+互联网"工程、"飞渡计划"保供促销，

① 彭琳、黄进、邵一弘：《我省现代农业产业体系加快构建》，《南方日报》2023 年 11 月 7 日，第 A08 版。
② 《菜篮子米袋子量足价稳　去年广东粮食产量超 1291 万吨　水产养殖总量达 894 万吨》，广东省人民政府网站，2023 年 4 月 12 日，http://www.gd.gov.cn/hdjl/hygq/content/post_4152472.html。

推动"菜篮子"产品线上、线下精准对接，实现了农产品平稳供应及流通销售①。2022 年，农业、林业、牧业、渔业总产值同比分别增长 4.2%、7.8%、3.9%、4.6%。其中，2022 年全省水果产量达到 1895.18 万吨，同比增长 3.7%；水产品产量达到 894.03 万吨，同比增长 1.1%。

4.农业产业结构持续优化，特色农业亮点凸显

广东农林牧渔业的产业结构、区域分布结构和产品结构进一步优化，特色精品农业加快发展，丰富多样、优质安全、营养健康的供给体系雏形渐显。从产业结构看，五大产业结构占比从 2013 年的 46.43%、5.35%、24.34%、20.17%、3.71% 调整为 2022 年的 48.45%、6.18%、18.90%、21.35%、5.13%。农业产值占比较为稳定，牧业产值占比有所下降，林业、渔业以及农林牧渔专业及辅助性活动产值占比提升，一二三产业加快融合，产业链延伸的效果明显（见图 3）。近年来，广东充分发挥资源和市场优势，着重做好"土特产"文章，农业特色优势品牌宣传力度逐步加大，农产品"12221"市场体系建设日渐成熟。截至 2022 年，广东共设立 2092 个"粤字号"农业品牌，194 个"粤字号"品牌示范基地。在"2022 中国区域农业产业品牌影响力指

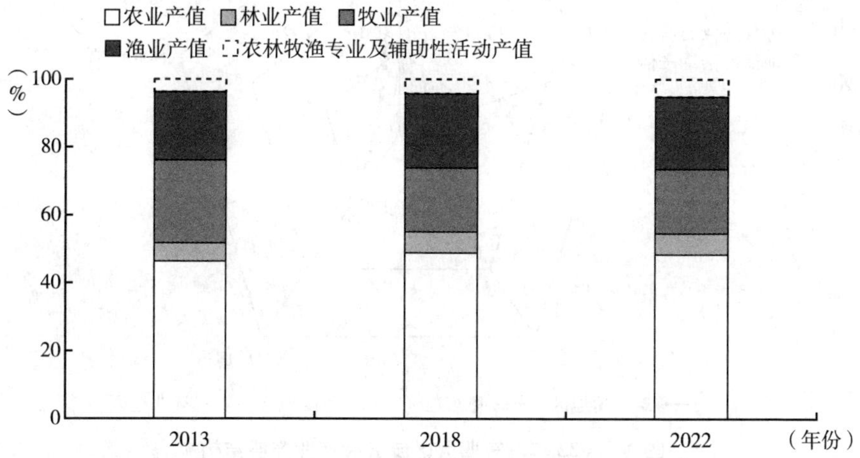

图 3　2013 年、2018 年、2022 年广东五大产业产值规模变化

---

① 《广东省"菜篮子"产品产销对接会举行　促进特色农产品平稳供应》，广东省农业农村厅网站，2023 年 1 月 17 日，http://dara.gd.gov.cn/nyyw/content/post_4082696.html。

数TOP100"中，新会陈皮、茂名罗非鱼和化州橘红分别列第一、第七和第25，"粤字号"品牌进一步擦亮。

5.区域生产特色增强，开创产业集群化新局面

第一，广东因地制宜，发展不同的农业产业。从五大产业在广东的珠三角地区和粤东、粤西、粤北地区四大次级经济区域来看，珠三角的农业、渔业和牧业产值最具优势，且农林牧渔业总产值也居于四大区域的首位；粤东地区五大产业相比于其他三个区域均较落后，但其农业和渔业具有明显的比较优势；粤西地区农业、牧业、渔业、农林牧渔专业及辅助性活动产值均居于四大区域的第二，农林牧渔业总体较发达；粤北山区的林业、牧业在四大区域中具有明显优势（见图4）。在区域特色方面，粤东和粤北地区的特色茶叶、粤西和粤北地区的南药产业等快速发展；珠三角地区的"花市"蓬勃发展。

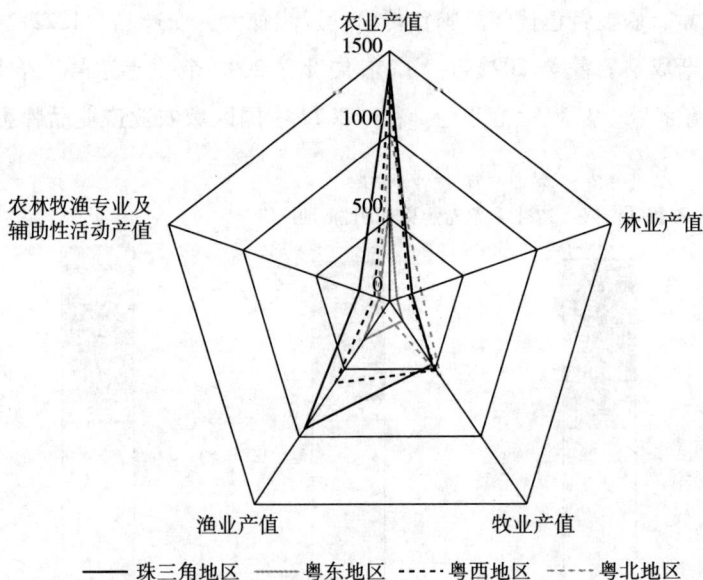

图4 2022年广东四大区域五大产业产值结构

第二，广东将农业产业园及跨县产业集群作为重点工程，持续推动农业规模化、现代化发展。发挥龙头企业对产业链各端的支配和中介作用，借助大项目和大平台，拓展园区功能、扩大园区规模、提升园区经济效益。提高农业特

色化、专业化、集约化水平，培育更多百亿千亿级农业产业集群①。在现代化海洋牧场方面，广东明确提出建设现代化海洋牧场全产业链集群，争创若干国家级示范区。2023年，广东新增18个省级现代特色农业产业园、1个跨县集群产业园入库（见图5），新增3个国家级现代农业产业园；推动建设9个国家级优势特色产业集群②。在特色产业镇村方面，2022年，广东分别有13个镇和11个村入选全国乡村特色产业产值超10亿元镇、全国乡村特色产业产值超亿元村名单。

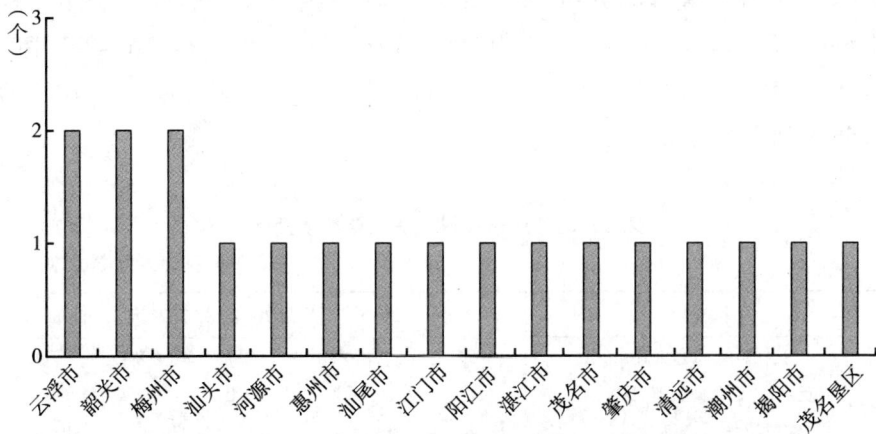

图5　2023年广东各市（区）新增省级现代农业产业园分布情况

（二）农村人居环境整治见成效，宜居宜业和美乡村加快建设

1. 农村人居环境明显改善，和美乡村建设卓有成效

广东持续开展以"三清三拆三整治"为主题的村庄清洁行动。争取到2025年，乡村地区的人居环境显著改善，力争建成宜居宜业和美乡村，进一步彰显乡村的中国气派、岭南风格和广东特色，珠三角地区的所有行政村均达

---

① 《中共广东省委　广东省人民政府 关于做好2023年全面推进乡村振兴重点工作的实施意见》，广东省人民政府网站，2023年6月2日，http://www.gd.gov.cn/gdywdt/gdyw/content/post_4190921.html? eqid=d0e12191000387670000000066480463b。

② 《广东省农业农村厅关于省政协十三届一次会议第20230209号提案答复的函》，广东省农业农村厅网站，2023年6月21日，http://dara.gd.gov.cn/zxta/content/post_4256291.html。

到美丽宜居标准，沿海经济带、北部生态发展区达标率均在 80%以上①。广东将农村生活污水治理、黑臭水体整治作为实施"百千万工程"的重要内容，2021~2023 年连续 3 年将农村生活污水治理纳入省十件民生实事，2022 年将农村黑臭水体整治纳入省十件民生实事。经国家核定，广东 2022 年农村生活污水治理率达 53.4%，全国排名第七；截至 2023 年 10 月底，全省自然村生活污水治理率提升至 58%以上②。全省各乡镇实施"三大革命"（生活垃圾、生活污水、公共厕所）和"六乱"整治攻坚行动，建成 1476 座镇级生活垃圾转运站、1063 座乡镇生活污水处理设施、超 1.1 万座公共厕所，有效提升了人居环境质量③。2022 年，广东农村自来水普及率为 99.3%，相比于 2021 年的 99.1%略有增长；而 2022 年无害化卫生厕所普及率为 95.9%，相比于 2021 的 99.4%有所下降（见表 4）。

表 4 历年广东农村生活主要环境指标

单位：%，万立方米

指标	2010 年	2015 年	2020 年	2021 年	2022 年
农村自来水普及率	59.5	83.4	92.7	99.1	99.3
无害化卫生厕所普及率	77.7	87.2	99.0	99.4	95.9
农村沼气池产气总量	18724	36617	21443	33661	44900

资料来源：《广东省统计年鉴（2023）》。

2. 农村基础设施覆盖率不断提高，基本公共服务显著升级

第一，广东实施了基础设施通村入户便民利民提升工程，加快推动"四好农村路"攻坚建设，全面推进农村供水"三同五化"改造提升工作，大力推动数字乡村建设，加快完善物流基础设施网络。广东明确，到 2025 年，乡镇通三

---

① 《中共广东省委办公厅、广东省人民政府办公厅印发〈广东省乡村建设行动实施方案〉》，广东省人民政府网站，2023 年 6 月 25 日，http：//www.gd.gov.cn/zzzq/gdyw/content/post_4206043.html？eqid=cee08b8500025ea3000000036497e151。

② 《广东：省级驻镇帮镇扶村资金至少 20%用于农村生活污水治理》，广东省人民代表大会常务委员会网站，2023 年 11 月 24 日，http：//www.rd.gd.cn/rdhy/cwhhy/hybd/6th/media/content/post_195478.html。

③ 曾艳春、张子俊、何明强：《千镇崛起新势能 城镇建设展新颜》，《南方日报》2023 年 11 月 4 日，第 A06 版。

级及以上公路比例达100%，基本实现全省建制村通双车道公路；农村光纤用户网速达到100Mbps以上，百兆用户占比达70%以上①。截至2023年11月，基本实现全省100人以上自然村通硬化路；在全国率先实现20户以上自然村全部通百兆光纤；全省行政村基本实现3个以上品牌快递基本服务全覆盖②。

第二，广东推动基本公共服务资源下沉，加快补齐农村民生短板，提升乡村生活品质。广东加快义务教育优质均衡发展和城乡一体化，优先发展农村事业；推进基层医疗卫生机构医务人员"县招县管镇用"，完善村级医疗疾控"网底"建设；持续加大社会保障力度，加强民生兜底保障；加强村级综合服务设施建设，丰富农村群众的生活。长者饭堂、养老院、幼儿园等设施陆续补建齐全，小公园、小广场等拓展了乡村的公共空间。全省建成乡镇各类学校1.4万多所、卫生院1400多所、养老机构1100多家，有力地提升了居民幸福感③。在乡村社会保障方面，2018～2022年，广东城乡居民最低生活保障人数由141.09万人下降到130.62万人，其中农村人数由123.75万人下降到115.84万人，农村占比由87.71%上升到88.68%。

广东城乡居民最低生活保障金额由2018年的623506万元增至2022年的831586万元，其中农村金额由2018年的478191万元增至2022年的681305万元，农村占比由2018年的76.69%上升到2022年的81.93%。

表5　2018～2022年广东乡村社会保障情况

项目	2018年	2019年	2020年	2021年	2022年
城乡居民最低生活保障人数(万人)	141.09	140.40	142.97	142.33	130.62
农村人数(万人)	123.75	124.74	127.76	127.33	115.84
农村占比(%)	87.71	88.85	89.36	89.46	88.68
城乡居民最低生活保障家庭(万户)	57.83	58.65	59.52	58.63	54.29

---

① 《广东省推进农业农村现代化"十四五"规划》。

② 黄进、彭琳：《努力建设焕然一新的县镇村　广东稳步推进"百千万工程"》，南方网，2023年11月6日，https://news.southcn.com/node_fc05ab9d17/bf0fe5e823.shtml。

③ 曾艳春、张子俊、何明强：《千镇崛起新势能　城镇建设展新颜》，《南方日报》2023年11月4日，第A06版。

项目	2018 年	2019 年	2020 年	2021 年	2022 年
农村家庭(万户)	48.56	50.20	51.35	50.70	46.54
农村占比(%)	83.97	85.59	86.28	86.48	85.72
城乡居民最低生活保障金额(万元)	623506	646105	827367	794511	831586
农村金额(万元)	478191	511535	675415	649222	681305
农村占比(%)	76.69	79.17	81.63	81.71	81.93

资料来源:《广东省统计年鉴(2023)》。

3. 基层治理不断加强,精神文明建设稳步推进

第一,加快完善基层治理。广东深入实施基层党组织"头雁"工程、实施南粤党员先锋工程,完善村民自治机制。健全乡村治理体系,优化网格化管理,建立和谐有序乡村。在农业农村部公布的第三批全国乡村治理示范村镇名单中,广东共有 5 个乡镇入选全国乡村治理示范乡镇,共有 49 个村入选全国乡村治理示范村。2022 年,广东共创建 69 个省级乡村治理示范镇、678 个省级乡村治理示范村。广东全面推开乡村治理"积分制""清单制"实践,村规民约修订完善率达 100%[①]。

第二,深化农村精神文明创建。广东实施农村新时代文明实践工程、实施"南粤家风"工程,深入推进移风易俗,改革过时的、不文明的习俗。广东以新时代文明实践中心为阵地,组建志愿者宣讲队伍,推动传播党的创新理论。全省已建成的覆盖"县—镇—村"三级新时代文明实践中心(所、站)不少于 2.8 万个。2022 年,广东各地市开展的各类文明实践活动不少于 55 万场次,惠及群众不少于 8200 万人次。全省范围内的全国文明村镇、省级文明村镇数量分别为 188 个和 274 个,全省县级以上文明村镇占比超过 80%,城乡面貌明显焕新[②]。

---

① 广东省农业农村厅:《夯实粮食安全根基 全面推进乡村振兴》,载钟旋辉主编《广东发展蓝皮书:广东发展报告(2023)》,社会科学文献出版社,2023。

② 《广东:城乡区域协调发展迈向更高水平更高质量 物质文明和精神文明相互促进》,广东省人民政府网站,2023 年 4 月 10 日,http://www.gd.gov.cn/zwgk/zdlyxxgkzl/fpgzxx/content/post_4151310.html?eqid=f82f102d0004a43e0000000664789679。

（三）农民收入不断提高，民生福祉不断改善

1. 农民收入不断提高，城乡差距不断缩小

广东通过健全增收机制、改革农村集体产权制度等方式，拓宽农民的增收渠道，增加农民收入。2013~2022年，广东农村居民人均可支配收入从11067.8元增至23597.8元，增长了113.21%，年均增长12.58%①；城镇居民人均可支配收入从29537.3元增至56905.3元，增长了92.66%，年均增长10.30%，农村居民人均可支配收入增长速度快于城镇居民。城乡收入差距有所缩小，城镇居民人均可支配收入与农民居民人均可支配收入比从2.67∶1缩小至2.41∶1；但乡村居民人均可支配收入与城镇居民人均可支配收入差距的绝对值仍然过大，从收入增量来看，2013~2022年，城镇居民人均可支配收入是农村居民人均可支配收入的2.18倍。2023年前三季度，全省农村居民人均可支配收入19886元，同比增长6.2%，城乡居民人均可支配收入比降至2.38∶1。农民人均生活消费支出增至16069元，同比增长5.1%；乡村消费品零售额同比增长9.7%，乡村内需得到激发。从全国来看，2013~2022年，全国农村居民同比收入从9430元增至20133元，增长了113.50%，年均增长12.61%；全国城镇居民人均可支配收入从26467元增至49283元，增长了86.21%，年均增长9.58%，城乡居民人均可支配收入比从2.81∶1下降至2.45∶1。对比全国与广东的数据可以发现，2013~2022年，广东农村居民人均可支配收入增长的速度和城乡收入差距缩小的速度略微低于全国水平，但广东城镇居民人均可支配收入增长的速度高于全国水平（见图6）。

2. 农村恩格尔系数整体呈波动下降趋势，消费实现升级优化

2013~2022年，广东农村居民人均消费支出从8937.8元增至20800.0元，增长了132.72%，年均增长14.75%；恩格尔系数由42.1%下降至40.3%。从全国来看，2013~2022年，全国农村居民人均消费支出从7485元增至16632元；恩格尔系数呈波动下降趋势，由34.1%下降至33%。对比全国可以发现，广东农村居民人均消费支出高于全国水平，恩格尔系数也高于全国水平（见图7）。

农民收入水平的不断提升有效推动了消费的增长。近年来，广东推动农村

---

① 此处年均增长率采取的计算方法：两个年份的数值差/基年数值/相差年数。后面部分涉及年均增长率的，均采用此计算方法；有官方公布数据的，采取官方数据，不与此法同。

图6　2013~2022年广东农村、城镇居民人均可支配收入水平及其与全国比较

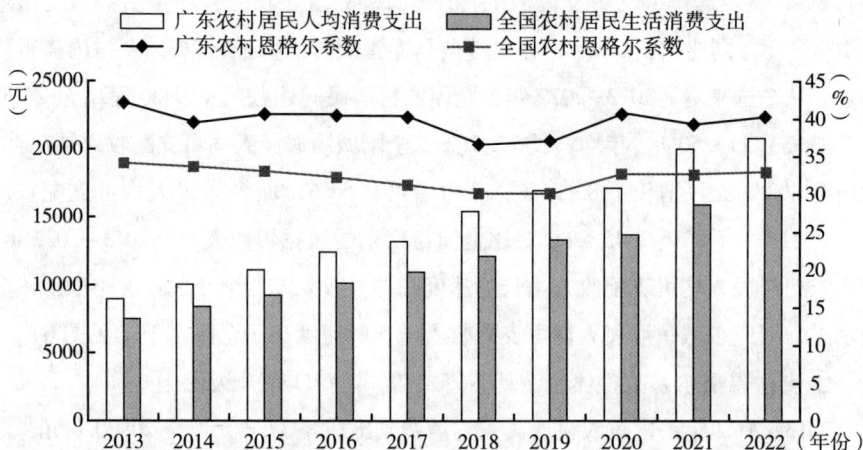

图7　2013~2022年广东农村居民人均消费支出水平和恩格尔系数及其与全国比较

吃穿用住行等消费提质扩容,乡村优质商品和服务供给扩大,"互联网+"消费新模式持续壮大,乡村消费潜力得到激发。2022年,与城镇消费品零售额同比增长4.9%相比,乡村消费品零售额同比增长9.7%①。在住房方面,

---

① 彭琳、黄进、邵一弘:《我省现代农业产业体系加快构建》,《南方日报》2023年11月7日,第A08版。

2017~2022 年，农村居民人均住房建筑面积从 45.27 平方米上升至 50.75 平方米，住房占人均消费支出的比重从 2017 年的 22.0%，经过 2018 年和 2019 年的下降之后，在 2022 年上升至 23.0%。农村居民生活条件不断改善，从 2017~2022 年广东农村居民人均主要食品消费量来看，粮食消费量整体呈波动下降趋势，食品消费结构呈多元化发展趋势（见表6）。

表6 2017~2022 年广东农村居民人均主要食品消费量

单位：千克

食品	2017 年	2018 年	2019 年	2020 年	2021 年	2022 年
粮食	166.58	140.98	149.44	171.99	150.91	144.76
蔬菜及菜制品	100.75	105.04	106.80	111.45	106.24	112.01
肉类	36.35	41.62	37.14	31.92	39.93	47.28
禽类	23.50	23.87	30.49	38.04	30.62	29.17
水产品	19.24	19.79	26.64	29.86	24.81	24.67
蛋及蛋制品	6.77	6.96	7.73	9.14	8.13	8.62
奶及奶制品	3.32	3.99	4.48	4.72	7.97	5.39
鲜瓜果	25.69	23.83	29.16	30.81	33.18	34.41

资料来源：《广东省统计年鉴（2023）》。

在广东农村居民平均每百户年末主要耐用品拥有量上，2017~2022 年，空调、家用汽车、洗衣机、电冰箱（柜）、热水器、微波炉、排油烟机的拥有量均明显增加，可见农村居民消费不再仅局限于基本生存物资，消费结构不断升级（见表7）。

表7 2017~2022 年广东农村居民平均每百户年末主要耐用品拥有量

耐用品	2017 年	2018 年	2019 年	2020 年	2021 年	2022 年
空调（台）	91.33	113.53	129.63	132.71	173.09	177.77
家用汽车（辆）	17.57	22.73	26.01	27.69	31.84	36.93
洗衣机（台）	78.46	84.71	89.98	90.32	96.62	97.18
电冰箱（柜）（台）	87.93	92.94	97.00	97.48	102.86	103.27
热水器（台）	88.49	94.02	97.99	101.70	101.59	103.20
微波炉（台）	22.90	27.01	29.09	29.52	34.33	34.81
排油烟机（台）	37.30	49.07	52.12	53.62	58.82	59.68

资料来源：《广东省统计年鉴（2023）》。

237

3.返乡创业和乡村创业趋势扩大,有效助力乡村振兴

广东加强各类返乡入乡创业载体建设,为乡村创业提供了全要素、低成本、便捷化的服务①。通过大型企业带动,将返乡创业与脱贫攻坚和和美乡村建设相结合,引入城市资本,拓宽创业渠道。根据全省农村创业青年培训工作的会议精神,积极开展农村创新创业活动主题宣传,营造良好的创业环境,吸引更多有为青年返乡入乡创业。广东提出,到2025年,实现3个不少于10万名的目标,即累计动员青年下乡帮扶不少于10万名、联系服务的青年返乡实践不少于10万名、培训的青年提升兴乡技能不少于10万名,力争分别带动和培训青年入县下乡就业各1万名②。

（四）"组团式"帮扶有效推进,"百千万工程"加快部署

1.乡村振兴驻镇帮镇扶村取得新进展

广东深入实施"千企帮千镇　万企兴万村"行动,通过整合各类帮扶资源,构建"组团式"("党政机关+企事业单位+科研力量")帮扶机制,强化部门和地区之间的结对帮扶关系,为乡村振兴注入强大动力。

第一,驻镇帮镇扶村为乡村发展引入紧缺资金。中国农业银行广东省分行(以下简称"农行广东分行")深入开展"千人驻镇"行动,为每个驻镇帮镇扶村工作队安排1名"金融助理",将金融"活水"引入乡村。截至2023年9月,农行广东分行涉农贷款余额近5000亿元,在广东银行业的占比超过20%③。2023年9月,广东省财政厅下达年度第二批省级乡村振兴驻镇帮镇扶村资金30亿元。

第二,驻镇帮镇扶村工作为乡村提供科技助力。2002年以来,省级财政投入超过1.2亿元支持农村科技特派员驻镇帮扶工作,先后选派农村科技特派员团队902个、农村科技特派员2815人参与驻镇帮镇扶村工作,为

---

① 《中共广东省委　广东省人民政府 关于做好2023年全面推进乡村振兴重点工作的实施意见》,广东省人民政府网站,2023年6月2日,http://www.gd.gov.cn/gdywdt/gdyw/content/post_4190921.html?eqid=d0e12191000387670000000066480463b。
② 《广东动员超30万青年助力百县千镇万村高质量发展》,广东省乡村振兴局网站,2023年2月26日,http://rural.gd.gov.cn/xcyw/mtbd/content/post_4116393.html。
③ 郑展能:《引100亿金融活水赋能县域经济》,《南方农村报》2023年11月18日,第12版。

当地引进新品种610多件、推广新技术620多项，服务带动农户1.8万户，服务企业、合作社、农民协会等机构超1400家，为乡镇引进项目120多项，引进资金近4300万元，实现粤东、粤西、粤北地区12个地市和肇庆市901个重点乡镇农村科技特派员驻镇帮镇扶村科技帮扶全覆盖，有力支撑农业科技推广及应用示范①。

2. 脱贫攻坚同乡村振兴实现有效衔接

第一，建立健全脱贫攻坚成果巩固拓展的长效机制。在防止返贫动态监测和帮扶方面，对农村低收入人群做好精准识别，强化社会保障工作。通过"粤菜师傅""广东技工""南粤家政"等工程，对农民进行培训，拓宽其收入渠道。广东实施兜底保障管理行动，加强已脱贫建档立卡的贫困人口与民政救助政策的衔接；集中在25个县排查了445户脱贫人口的返贫风险；推动38个县加强民政、残联等部门的信息共享，集中纳入低保、生活和护理补贴发放范围的人员达874人②。

第二，衔接全面推进乡村振兴。大力发展村镇经济，推进"一镇一业、一村一品"现代农业产业体系建设，打造一批专业村镇，区域特色产业集群化发展。广东还持续推进建设和美乡村，农村人居环境明显改善，基础设施覆盖率不断提高，基本公共服务持续升级。2023年，广东创建了9个国家级农业产业强镇。

第三，深化拓展东西部协作。扎实推进东西部协作，年度协议指标均超额完成，创新实施粤企入桂入黔"双百"行动和音乐帮扶计划，产业、劳务、消费等协作以及援助资金投入、干部人才选派等持续走在全国前列。加快推动"桂品入粤""黔货出山"，新增878家企业到广西、贵州投资374.48亿元，帮助2省（区）34.08万名农村劳动力实现就业，采购、销售2省（区）农畜牧产品和特色手工艺产品金额达384.98亿元③。

---

① 《广东省农业农村厅关于省政协十三届一次会议第20230209号提案答复的函》，广东省农业农村厅网站，2023年6月21日，http://dara.gd.gov.cn/zxta/content/post_4256291.html。

② 《省审计厅新闻发言人黄建勋解读我省2021年度审计查出突出问题整改情况报告》，广东省人民政府网站，2023年3月30日，http://www.gd.gov.cn/gdywdt/bmdt/content/post_4144755.html。

③ 广东省农业农村厅：《夯实粮食安全根基　全面推进乡村振兴》，载钟旋辉主编《广东发展蓝皮书：广东发展报告（2023）》，社会科学文献出版社，2023。

3.区域城乡协调发展向高质量迈进

在破解城乡二元结构上，2023年2月，广东实施了"百千万工程"，激发县、镇、村三级活力，支撑镇村同治同美，提升农民生活水平。广东积极推进"一县一业"，区域特色产业不断做大做强，特色镇、专业镇、农业强镇不断涌现。广东不断补齐乡村发展短板，缩小城乡差距，加快城乡融合发展。在区域协调上，广东不断完善全省"一盘棋"的统筹机制，完善基础设施建设和基本公共服务，深入推进省内对口帮扶。港珠澳大桥、广深港高铁、赣深高铁、广汕高铁等通车运营，为沿线城市融入湾区提供了通道；广东的世界级机场群和港口群已呈现"3+4+8"的整体格局，实现了地级市"市市通高铁"，21个地市的本科院校、高职院校、技师学院和高水平医院已实现全覆盖①。广东还出台了相关政策，积极推进产业转移，缩小珠三角地区与粤东、粤西、粤北地区之间的差距②。2023年以来，广东已累计新承接产业转移项目515个，其中超1亿元的项目有331个，计划总投资约2370亿元③。

二 广东农业农村发展面临的突出问题

（一）保障粮食等重要农产品供给的压力仍然较大

2023年，广东粮食总产量为1285.19万吨，排名全国第19。广东作为中国第一经济大省，受制于地形与种植结构等因素，粮食自给率为25.4%，排名全国倒数第四，仅高于北京、上海、浙江。广东粮食总产量与粮食自给率明显与其农林牧渔业总产值排名全国第五的地位不相匹配。从2010年到2022年，广东粮食总产量由1249.15万吨增至1291.54万吨（见表8），年均增长0.28%；年末常住人口由10440.94万人增至12656.80万人，年均增长1.77%。粮食总产量的增长率小于常住人口的增长率，粮食供给压力较大。原因主要有

---

① 黄叙浩等：《广东奏响协调发展"协奏曲"》，《南方日报》2023年4月9日，第A01版。

② 《中共广东省委 广东省人民政府印发〈关于推动产业有序转移促进区域协调发展的若干措施〉》，广东省人民政府网站，2023年3月24日，http://www.gd.gov.cn/zzzq/gdyw/content/post_4139537.html。

③ 王佳欣等：《大力弘扬新时代粤商精神 共建国际一流湾区》，《南方日报》2023年9月23日。第A04版。

以下几个方面：第一，由于工业的发展，广东耕地面积相比于全国处于劣势地位，小型农田水利历史欠账多、年久失修，"老""破""旧"问题突出；第二，广东农资价格持续攀升，种粮收益逐年下滑，农民的生产积极性难以调动；第三，台风、洪涝、干旱等气象灾害多发频发，影响粮食生产①。

表8 2022年全国农林牧渔业总产值排名前十省区的粮食供给情况

省区	农林牧渔业总产值全国排名	农林牧渔业总产值（亿元）	粮食总产量（万吨）	粮食总产量全国排名	粮食自给率全国排名
山 东	1	12130.71	5543.78	3	8
河 南	2	10952.24	6789.37	2	6
四 川	3	9859.75	3510.55	9	16
湖 北	4	8939.33	2741.15	11	13
广 东	5	8892.29	1291.54	19	28
江 苏	6	8733.80	3769.13	8	15
湖 南	7	8160.13	3018.50	10	14
河 北	8	7667.41	3865.06	7	9
广 西	9	6938.53	1393.15	17	23
黑龙江	10	6718.24	7763.14	1	1

资料来源：国家数据网。

（二）农业科技创新水平有待提高

广东农业现代化水平仍然不高，农业科研成果转化有限，农业科技创新引领力不强，以上方面制约着广东农业的发展。种植、烘干等机械化环节还存在明显的短板，深远海鱼类养殖和近岸贝藻养殖在饵料运输投喂、网具更换清洗、生物起捕收获等环节可用的机械还基本空白，补短板、强弱项、促协调、去空白的任务依然繁重。全省农机装备制造能力总体偏弱、生产企业数量偏少、生产能力不强，适应特色作物多样性、丘陵山地与海洋环境复杂性发展需求的能力有限。加上农机装备研发周期长、投入大，成果产出慢、效益低，

---

① 广东省农业农村厅：《夯实粮食安全根基 全面推进乡村振兴》，载钟旋辉主编《广东发展蓝皮书：广东发展报告（2023）》，社会科学文献出版社，2023。

"无机可用"和"无好机用"的问题依然存在,"农机农艺融合""机械化智能化融合"还存在很多现实制约①。5G 网络、大数据、智能系统在农业生产中的应用率不高。

(三)农业质量和效益不高的问题依然突出

尽管广东的农林牧渔业总产值在全国排名前列,但供给结构不优。农业加工业与农业总产值的比值较低,农业产业链仍有较大延伸空间。由于冷链配送的不完善,鲜活农产品产后损耗较大,农产品预冷比例不足。在出口农产品方面,广东出口农产品品类较为单一,主要集中为蔬菜、猪肉等初级农产品,农业附加值较低。此外,广东家庭农场占比仍然较高,规模不大,生产成本不断提升,效率不高,且较为分散,没有形成产业集群,无法形成强大的竞争力,导致经营效益偏低。

(四)城乡区域发展不平衡仍然显著

城乡区域发展不平衡的矛盾体现在经济总量(GDP)的地域分布不平衡上(见图8)。2022 年,珠三角地区 GDP 超过 10.47 万亿元,占广东 GDP 的比重超过81%;广东的 17 个"中国百强区"均位于珠三角地区。粤东、粤西、粤北地区 12 个地市的 GDP 占比之和不到19%,居民人均可支配收入全部低于全国平均水平;广东的县域面积占全省的 71.7%、常住人口占全省的 28%,而县域 GDP 仅占全省的 12.5%,可见发展不平衡的矛盾非常突出②。

城乡居民人均可支配收入绝对值差距依然较大。尽管广东城镇和农村居民的人均可支配收入均不断提升,农村居民人均可支配收入增速连续 11 年超过城镇居民,但城乡收入差距却有所增大(见图9)。2022 年全省城镇居民与农村居民人均可支配收入相差 33307.5 元,城乡居民人均可支配收入绝对值差距仍然较大。

---

① 《广东省农业机械化"十四五"发展规划(2021—2025 年)》,农业农村部网站,2023 年 2月 22 日,http://www.njhs.moa.gov.cn/qcjxhtjxd/202302/t20230221_6421096.htm。
② 陈凯星等:《奋起"百千万" 激活"潜力板"》,《新华每日电讯》2023 年 11 月 7 日,第 4 版。

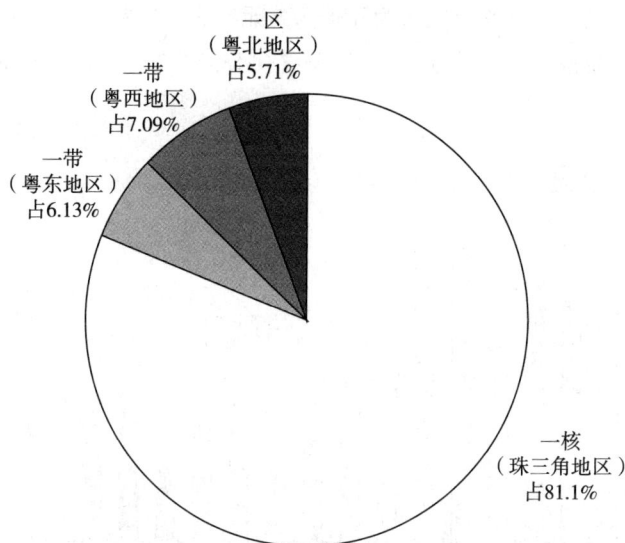

图 8　2022 年广东各地区经济总量占比

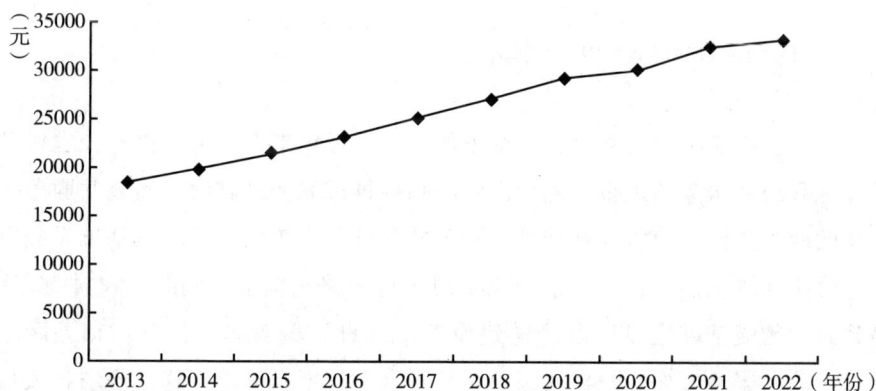

图 9　2013~2022 年广东城乡居民人均可支配收入绝对差值

　　各地农村居民人均可支配收入差距较大。2022 年广东农村居民人均可支配收入为 23597.8 元。但是，各个次区域各地市的农村居民人均可支配收入差距较大。从地区维度看，珠三角地区 2022 年农村居民人均可支配收入为 31956.7 元，粤东地区为 20335.4 元，经济相对发达的珠三角地区比相对落后的粤东地区的农村居民人均可支配收入高出 11621.3 元。从城市维度看，2022

年东莞农村居民人均可支配收入为45135.8元，居全省首位；排在末位的是揭阳，其2022年农村居民人均可支配收入只有18959.3元，仅为东莞的42.01%（见图10）。

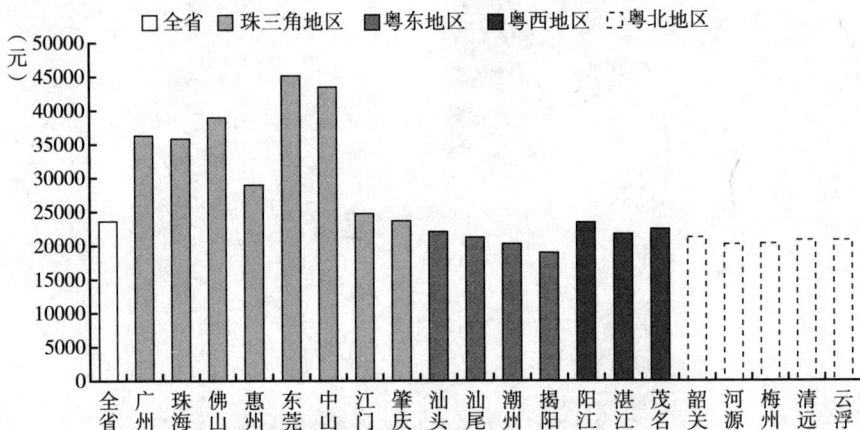

图10　2022年广东四大次区域各地市的农村居民人均可支配收入

注：深圳因完全城市化而无此项数据。

资料来源：《广东省统计年鉴（2023）》。

城乡基础设施和公共服务差距依然较大。近年来，广东加快补齐农村基础设施和公共服务的短板，先后出台一系列推进城乡基础设施和公共服务一体化的政策文件，但城乡基础设施和公共服务差距依然较大。在基础设施方面，公路问题依然存在，广东仍未实现农村公路全覆盖。同时，农村5G网络建设、物流基础建设以及冷链建设等基础设施覆盖率相比于城市差距较大。在公共服务方面，农村的医疗、教育水平远不及城市，这也是农村人口流失的主要原因之一。此外，农村图书馆、体育场等公共场所的数量也远不及城市。

（五）联农富农及城乡融合机制尚需完善

联合农民的利益，让农民实现真正的增收是提高农民生产积极性的重要举措。近年来，广东积极培育新型农业经营主体，发展农村集体经济，企业联合农民利益，带动农民实现增收，取得了一系列成效。但是，联农富农机制还不够完善，产权不够清晰，企业联合农民利益的途径还不够成熟，如何真正对农民实施帮扶的问题还需要解决。要进一步完善联农富农机制，通过"资源变资产""资金变股金""农民变股东"等"三变"模式，让农民参与甚至主导乡村产业发展，同时分享更多的农业增值收益，通过一二三产业融合、就业带动、股份合作、保底分红等形式，让农民分享农业增值收益①。

三 广东农业农村发展面临的新形势

从总体发展形势来看，坚决制止耕地"非农化"、防止耕地"非粮化"，保障耕地数量和质量仍是当前中国经济发展所面临的巨大挑战。农产品成本持续增加，但价格增长乏力，而劳动力和农资成本持续增长，影响着农民的生产积极性。加上土地租金的连续上涨，土地流转带来的规模化效益有所减少。重要农产品的供求关系紧张，国际政治经济格局的不确定性增大，贸易保护主义进一步抬头，危及广东的粮食安全和农业可持续发展②。

（一）科技强农，赋能农业高质量发展

农虽旧业，其命维新，建设农业强国，利器在科技。要实现农业高质量发展，须紧抓以生物技术和信息技术为特征的新一轮农业科技革命，加快形成农业领域新质生产力，不断塑造农业发展新动能、新优势。长期以来，广东坚持以现代科技手段武装农业、赋能农业，重视农业原始创新和关键核心技术攻关，不断推进农业发展提质增效。根据《广东省农业科技发展"十四五"规划》，广东将部署实施"粤强种芯"工程、绿色低碳种养技术研究与示范工程、资源利用与生态农业工程等"七大工程"，其中"粤强种芯"工程计划开展白羽肉鸡、灵芝和金针菇等种源"卡脖子"关键技术攻关，有序推进生物育种产业化应用，探索形成"常规育种+生物技术+信息化"新模式。农业物联网技术和智能化技术的发展，结合人工智能和大数据分析，使农业生产更加精准、高效，提升了农业生产的稳定性和产量。未来，广东将进一步推动机器

① 李国祥：《健全乡村产业体系 推动乡村产业升级》，《光明日报》2023 年 11 月 16 日，第 5 版。
② 经济日报社中国经济趋势研究院、中国农业大学国家农业农村发展研究院：《保障农业农村优先发展》，《经济日报》2022 年 1 月 21 日，第 11 版。

人、无人驾驶等智能化科学技术的运用，减少农业对人力资源的依赖。借助遥感技术、卫星导航和地理信息系统（GIS），对土地进行测绘和分析，推动实现农业精细施肥、定点灌溉等精准操作，最大限度地提高资源利用效率和农产品质量。

（二）"农业+"跨界融合，农业新业态蓬勃发展

广东是农业大省，也是农业新业态蓬勃发展的主要省份。"农业业态"是指由多种元素融合而成的，涉及农产品服务、农业经营方式和农业经营组织形式。近年来，随着"农业+"的兴起，农业与各种资源跨界融合，催生出多种形式的农业新业态。2023年广东省人民政府办公厅印发的《广东省发展壮大农村经营主体若干措施》，明确支持培育乡村新产业、新业态，鼓励新型农村集体经济发展，促进农民专业合作社多元化，支持家庭农场转型升级，加快推进农村电商发展，大力培育发展预制菜产业，积极培育精深加工企业，支持发展现代化海洋牧场，助推农业龙头企业发展。从发展的眼光看，加快推进农业新业态发展有利于拓展农业发展新空间，以跨界融合思维发展农业新业态将成为重要方向。未来，将进一步提升乡村旅游智慧化水平，结合乡村自身资源优势，打造农村休闲观光园区、农产品采摘体验园区、乡村民宿、森林人家和康养基地，借助农事体验、电商直播等形式拓宽农村商品与服务的展示和销售渠道。激发数字乡村发展新动能，鼓励发展垂直农业、共享农业、认养农业、康养农业、电商直播等农业新业态，带动农民增收致富。

（三）现代农业发展步伐加快，功能外溢趋势增强

现代农业在农业生产过程中给社会生活带来的效益超越了传统的农产品供给，功能外溢趋势不断增强。现代农业的发展带动了农业产值的提升和农民收入的增加，促进了与农业相关的产业如农产品加工业、物流运输业等的发展，促进了农村地区工业、服务业等其他经济领域的发展，进一步增加了就业机会，推动了农村经济多元化发展。截至2022年底，广东已创建18个国家级、288个省级、73个市级现代农业产业园区，构建国家级、省级、市级现代农业产业园区梯次发展格局，引领传统农业向现代农业加速转型。下一步，广东将继续强化顶层设计，守住老百姓的"米袋子""菜篮子""果盘子"，在布局

现代农业建设过程中，突出粮食、生猪、蔬菜、水产、水果等重要农产品产业园区建设，保障广东重要农产品供给。重点探索传统农业的强链、补链、延链，带动传统农业加速向现代农业转型，延伸现代农业产业链，释放现代农业正向外部性。主要发展方向包括提升农产品供给质量和效率，大力发展农产品加工业，重视农产品市场营销和品牌建设等，努力将现代农业打造成为乡村振兴新的动力引擎。

（四）农文旅融合发展，助力乡村振兴

乡村振兴的核心在于推动农村经济发展，实现农民增收。农文旅融合发展是旨在将农业资源和历史文化、自然风光等优势资源结合起来，为游客提供丰富多样的农业体验、文化交流和旅游服务，从而推动实现乡村振兴的一种发展模式。在今后一段时间，广东将立足自身农业资源、自然风光资源和历史文化资源，进一步宣传推广佛山南海区、广州从化区两个国家文化产业赋能乡村振兴试点的成功模式和经验做法，做大做强"粤美乡村"旅游品牌[1]。在梅州、清远、江门等地重点开发农业观光、亲子农场、农家乐等体验式农业旅游项目，吸引城市居民走进农村，参与农事活动，为游客提供体验式旅游服务。在文化创意产业的推动下，广东将继续深挖乡风民俗、非物质文化资源，结合特色农产品资源、生态资源优势，兴建集文明实践站、文化部落、文创农业等于一体的，囊括"吃、住、行、游、乐、购、淘、学、养"的乡村全域旅游生态体系旅游项目，探索农文旅融合发展新模式，最终形成"以文强旅、以旅富农、以农促文"的高质量三产融合发展体系，助力乡村振兴。

（五）青年返乡创业，乡村振兴注入新动能

随着经济社会的发展，在乡村振兴的背景下，越来越多具有高学历的"新农人"选择返乡就业、创业，成为乡村振兴的重要动力之一。为了鼓励和支持年轻人返乡就业、创业，广东各级政府制定了一系列扶持政策措施，包括

---

[1] 《广东省文化和旅游厅落实〈关于释放旅游消费潜力推动旅游业高质量发展的若干措施〉工作方案》，广东省文化和旅游厅网站，2023 年 12 月 1 日，https：//whly. gd. gov. cn/gkmlpt/content/4/4293/post_ 4293877. html#2635。

减税、补贴、优惠贷款等，为返乡创业者提供良好的创业环境和保障。与普通农民相比，返乡创业的"新农人"通常接受过良好的教育，具备丰富的专业知识和技能，拥有开阔的眼界和先进的管理理念。在乡村振兴过程中，他们善于发掘家乡资源优势和市场潜力，通过引进先进的农业种植、养殖、加工技术，改进农业生产方式，提高农业产出和效益。"新农人"也更善于探索延伸农业产业链，通过农产品深加工、电商平台等方式拓展市场，提高产品附加值，增加农民收入。"新农人"返乡创业不仅有助于促进农业发展，助力乡村振兴，也为家乡的教育、文化、科技等各个方面带来新的发展思路和理念，逐渐成为推动县域发展的重要力量。未来，广东将进一步打造"家门口"村居就业服务驿站，分设大学生主题、港澳青年主题、农村富余劳动力主题等多样化站点集群，提供职业介绍、政策咨询等就业服务，促进劳动力充分就业，带动乡村振兴。

（六）"百千万工程"扎实推进，城乡融合发展步伐加快

在"百千万工程"的牵引下，广东加快城乡融合发展步伐。城乡区域发展不平衡是制约广东高质量发展的最大短板，而尽快补齐短板，把短板变成"潜力板"是广东实施"百千万工程"的一项重要目标。自2022年"百千万工程"实施以来，广东不断加大农村基础设施建设投入力度，积极推动社会力量参与城镇基础设施建设，推进城乡交通、供水、能源、通信等基础设施共建共享、互联互通，加快推动骨干交通网络向乡镇覆盖，提升农村地区的交通和生活水平。在推进城乡公共服务均等化方面，广东持续提高农村教育、医疗、文化等公共服务质量，扩大覆盖范围，缩小城乡差距，朝着城乡协调发展努力。在农村社会治理方面，通过建设农村社区、发展乡村自治组织，提升农村社会服务和管理水平，提升农民获得感和幸福感。下一步，广东将以"百千万工程"为引领，充分发挥粤东、粤西、粤北地区的生态、资源优势，通过强县促镇带村，以县域城乡融合为关键点，发挥乡镇连城带村的重要节点功能，以美丽圩镇建设和乡村建设为抓手，以"一家一品"为产业突破口，围绕壮大县域经济、做优做强中心镇、发展乡村产业、推进绿美广东生态建设等重点内容进一步推动城乡融合发展。

总体来看，根据发展趋势判断，2024年，广东农业经济发展速度会更快，

农业农村优先发展得以继续坚持，城乡差距继续缩小。从近 10 年农业、农产品加工业、工业和服务业等部门就业人口、固定资产投资发展情况来看，预计广东 2024 年 GDP 加快迈向高质量增长；农村居民人均可支配收入超过 2.6 万元，农村居民人均消费支出超过 2.4 万元。同时，也应加强对三种情形的应对，一是仍存在在全球范围内爆发新型公共卫生疫情的风险；二是长期经济增速放缓等成为必须面对的难题；三是乡村振兴乃至"百千万工程"的实施面临更加明确的方向和具体任务的挑战。

四 优化发展的对策建议

（一）稳住粮食安全"压舱石"，确保农产品稳产保供

稳定粮食生产与供给。进一步强化粮食安全责任制考核，建立健全粮食生产功能区、永久基本农田、高标准农田及垦造水田等耕地粮食生产信息化监测和评价体系。强化粮食安全供给保障。推广应用绿色生态储粮技术，加强粮食收储设施建设，重点扩大仓容资源薄弱地区的仓容规模，逐步淘汰"小散旧"粮库，实现储备粮相对集中存储。

强化耕地保护及用途管控。牢牢守住耕地红线。实施耕地数量、质量、生态"三位一体"保护，按照属地管理原则，落实最严格的耕地保护制度，严守耕地保护红线。实施"南粤良田"工程，推动高标准农田建设，探索把所有永久基本农田建成集中连片、旱涝保收、节水高效、稳产高产、生态友好、宜机作业的高标准农田。加强农业结构调整，禁止永久基本农田的非粮转化。

确保重要农产品稳产保供。大力推动全省糖料蔗、天然橡胶、油料作物等重要农产品生产基地建设，改善基础设施条件，增强综合生产能力，夯实重要农产品稳产保供基础。积极发展岭南特色精品农业，构建丰富多样、优质安全、营养健康的供给体系。优化肉蛋奶、蔬菜和水产品标准化生产基地体系，建设粤港澳大湾区绿色农产品生产供应基地，完善珠三角农产品批发市场及粤东、粤西、粤北产地市场建设，补强冷链基础设施，提高大型批发市场应急保供能力。

（二）推动关键核心技术攻关，强化农业科技和装备支撑

打造农业科技自主创新高地。高标准支持深圳打造农业科技创新先行示范区，搭建大型农业综合性研究基地；加快岭南现代农业科学与技术广东省实验室建设，带动全省各级农业实验室体系优化升级；建设广州国家现代农业产业科技创新中心，搭建产学研深度融合的实验室平台。促进农业科技成果转移转化。构建"众创空间—孵化器—加速器—产业园"孵化育成体系，完善集农业科技成果评价、转移、交易等功能于一体的综合服务。

持续实施"粤强种芯"工程。加强种质资源保护，加大种源技术攻关力度，加强特色品种研发，培育突破性新品种。做强特色种业企业，建设现代种业基地。开展种质资源鉴评、开发与保护。加快建设南繁科研育种基地，高质量推动广州、深圳种业创新高地建设，推动广东现代种业高质量发展走在全国前列。

完善农业科技社会化服务体系。支持广东省农业技术推广中心现代农业综合技术示范基地建设，建设全省农业技术示范推广基地"样板点"。支持高校和科研院所建设"科技小院""院地合作基地""校地产业技术研究院"等服务基地，创新服务模式。支持各类社会力量参与建设基层农业科技服务体系，"十四五"期间重点建设 1 个省级推广驿站和 100 个县级农业技术推广服务驿站。

（三）建设现代乡村产业体系，推动乡村产业高质量发展

建设现代农业产业集群。立足岭南特色，培育蔬果、畜禽、水产、南药、茶叶五大优势产业，围绕大区域、引进大企业、依靠大科技、做强大品牌，用工业化理念、产业化思维，推动全省农业由"小特产"升级为"大产业"，空间布局由"平面分布"转型为"集群发展"，主体关系由"同质竞争"转变为"合作共赢"。

推动农业全产业链现代化。围绕"种养—加工—销售—服务"补链，促进三产融合。立足县域发展特色农产品产地初加工和精深加工，延长产业链、提升价值链，突出区域特色，发展"粤字号"农业品牌。坚持助农惠农，完善现代商贸物流体系，打造供应链。

推动培育乡村新业态。加快产业融合，扶持乡村创意和康养农业，支持文创及设计企业业务向农业、农村拓展。发展旅游休闲与创意体验功能，鼓励休闲农业与乡村旅游深度融合。探索乡村共享经济，建设产品认养、托管代种等共享农场，试点农机装备、冷链仓储等共享经济建设，培育共享农机、共享仓储等新业态。

加快建设现代化海洋牧场。将海洋牧场落实到市县级国土空间规划和海岸带保护规划中。统筹利用岸海资源，建立和推广陆海接力精准高效养殖模式，加快近岸鱼排升级改造。引导养殖主体向深远海、产业园区转移，培育一批"链主"企业带动转型升级的现代化海洋牧场联合体，通过产业纽带、分工协助和技术扩散等方式互融互通，带动中小企业、合作社等实现转型升级。

（四）深入实施"百千万工程"，高标准规划建设乡村振兴示范带

加强村庄规划。结合实施"百千万工程"，编制县级国土空间总体规划。采用重新编制、规划调整、通则管理、详规覆盖等方法，分步分类推进村庄规划优化提升。优先推进城郊融合类、特色保护类、集聚提升类村庄规划，搬迁撤并类村庄侧重保持干净整洁，为留守人口提供基本公共服务。

整治农村人居环境。持续开展以"三清三拆三整治"为主的村庄清洁行动，引导农民群众自觉养成良好的生活习惯，因地制宜推进农村改厕、农村生活垃圾分类、农村生活污水治理，开展村庄清洁和绿化行动。开展农村生活垃圾分类与资源化利用示范县创建，推进农村生活垃圾回收利用体系建设。

加强基础设施建设。深化"四好农村路"示范创建，加强通村公路和村内道路连接，将符合要求的村内道路纳入农村公路规划建设。推进农村供水规模化和城乡供水一体化，推进农村供水改造提升，强化水源保护和水质保障。推进农村电网智能化升级，建设一批配网新技术应用试点，实施宽带乡村工程，推进5G网络入乡进村。

提升公共服务能力。持续改善农村基本办学条件、乡镇寄宿学校和乡村小规模学校办学条件，支持建设一批普惠性幼儿园。加强公有产权村卫生室标准化建设，强化镇、村两级医疗卫生服务能力，推进医务人员"县招县管镇用"，推动"万名医师下乡"。持续推进城乡居民医保、养老保险经办服务下

沉。改造提升乡镇敬老院，完善农村养老服务网络。积极发展服务类社会救助，加快形成"物质+服务"综合救助模式。

建设乡村振兴示范带。多镇连片、整县整镇或跨县连镇整体推进产业振兴、人才振兴、文化振兴、生态振兴、组织振兴，统筹山水林田湖草修复和风貌塑造，分类分步打造乡村振兴综合体。

（五）加快发展壮大农村经营主体，增强农业农村发展新动能

鼓励新型农村集体经济发展。支持空间相邻、资源相似、产业相近的集体经济组织合作经营，组建企业集团，推动抱团联合发展。引导和支持农村集体经济组织与企业、农民专业合作社等经营主体联合发展，创新村村、村企、村社合作模式，组建混合所有制经营主体，带动小农户共同发展[1]。支持农民专业合作社及联合社开展农机作业、农资供应、技术信息、农家乐、民间工艺、土地股份等合作。

支持家庭农场转型升级。鼓励"家庭农场+农民合作社"融合发展新模式，引导和支持家庭农场组建农民专业合作社，合作社根据发展需要办企业[2]，指导家庭农场以资产、资金、技术、手艺等入股创办企业，支持企业将"家庭农场"作为企业名称的行业表述。

加快推进农村电商发展。鼓励电商平台企业为农村经营主体放宽入驻条件，开展数字化运营服务和技术培训，给予流量扶持。推进供销冷链物流骨干网全面组网投产，建设公共型农产品冷链加工中心，搭建"省内城际+省外干线"的冷链运输网，推动"土特产"、现代化海洋牧场、预制菜产业等高质量发展。

助推农业龙头企业发展。支持农业企业通过兼并重组、股份合作、资产转让等形式组建企业集团，鼓励农业龙头企业在优质丝苗米、绿色蔬菜、精品花卉、生态畜禽、现代渔业等领域做强农业品牌，培育"粤字号"品牌，增创"国字头"品牌。以龙头企业为核心，推广"龙头企业+合作社+家庭农场带农户"发展模式，培育一批农业产业化联合体。

---

① 宾红霞：《推行经营主体跨县区"一照多址"》，《南方日报》2023年8月30日，第A05版。

② 《中共广东省委 广东省人民政府 关于做好2023年全面推进乡村振兴重点工作的实施意见》，《南方日报》2023年6月2日，第A02版。

（六）推动城乡区域协调发展，推动农民农村共同富裕

坚决守住防止规模性返贫的底线。稳定兜底救助政策，落实好教育、医疗、住房等民生保障普惠性政策，巩固"两不愁三保障"成果。完善返贫监测帮扶机制，健全困难群众快速发现和响应机制，开展常态化监测预警，守住防止规模性返贫的底线。分层分类及时落实帮扶政策，对基本生活有困难的群众及时纳入低保、特困人员供养等社会救助范围，对返贫的家庭及时落实针对性帮扶举措。优化组团帮扶机制和帮扶队伍，深化产业帮扶、消费帮扶、就业帮扶，实现对粤东、粤西、粤北地区45个县（市）帮扶协作全覆盖。规范各方职责，健全帮扶工作队伍管理机制，实施结对帮扶"双向赛马"考评。鼓励各地借助帮扶资金撬动金融和社会资金。健全"千企帮千镇、万企兴万村"等社会力量帮扶精准对接机制[1]。深化开展新一轮珠三角地区与粤东、粤西、粤北地区对口帮扶协作，优化县级对口帮扶协作机制，实现粤东、粤西、粤北地区45个县（市）全覆盖。围绕园区建设、产业协作、招商引资、配套服务等重点任务，完善与协作地区劳务输出对接机制，支持协作地区产业园区、特色产业集群建设，支持农产品协作基地建设。

---

[1] 《中共广东省委 广东省人民政府 关于做好2023年全面推进乡村振兴重点工作的实施意见》，《南方日报》2023年6月2日，第A02版。

B.9

2023~2024年广东企业发展形势分析与预测

广东省社会科学院企业研究所课题组*

摘　要： 2023年，广东坚持实体经济为本、制造业当家，全面构建亲清政商关系，加快打造市场化、法治化、国际化一流营商环境，让国企敢干、民企敢闯、外企敢投，市场主体数量稳步增长，居全国首位，优质企业梯度培育成效显著，制造业企业发挥"顶梁柱"作用，国有企业产业发展支撑作用不断增强，民营经济占据半壁江山，企业转型升级加快推进，企业创新主体地位进一步增强。2024年，广东企业面临国际国内需求不振、全球产业链持续调整、科技竞争压力不断加大等挑战。建议通过进一步强化企业创新主体地位、加强优质企业梯队培育、促进企业转型升级等，以更多享誉世界的广东产品、广东企业为广东高质量发展提供坚实基础，有力推进中国式现代化的广东实践。

关键词： 优质企业　企业创新　营商环境

广东深入学习贯彻党的二十大精神和习近平总书记视察广东重要讲话、重要指示批示精神，认真落实省委"1310"具体部署，始终坚持实体经济为本、制造业当家，奋力在建设更具国际竞争力的现代化产业体系上取得新突破。广东坚持"两个毫不动摇"，全面构建亲清政商关系，加快打造市场化、法治

---

* 课题组成员：李源，广东省社会科学院企业研究所所长、研究员、管理学博士，研究方向为创新管理、企业经济与产业经济；刘城，广东省社会科学院企业研究所副研究员，研究方向为跨国公司、科技创新与产业集群；王阳，广东省社会科学院企业研究所助理研究员、经济学博士，研究方向为技术进步与民营经济；刘悦欣，广东省社会科学院企业研究所、管理学博士，研究方向为数字经济。

化、国际化一流营商环境，积极营造让国企敢干、民企敢闯、外企敢投的干事创业氛围。2023 年，广东市场主体数量稳步增长，优质企业梯度培育成效显著，制造业企业发挥国民经济社会"顶梁柱"作用，国有企业在基础设施建设、民生工程建设、创新平台搭建等方面发挥关键作用，民营企业规模持续扩大，企业创新主体地位进一步强化，以"工业互联园区+行业平台+专精特新企业群+产业数字金融"为核心的新制造生态系统正在形成。2024 年，广东企业面临国际国内需求不振、全球产业链持续调整、科技竞争压力不断加大等挑战，通过进一步强化企业创新主体地位，加强优质企业梯队培育，促进企业转型升级等，广东企业数量和规模将持续增加，制造业企业"顶梁柱"作用将更加凸显，企业盈利能力将保持基本稳定，生产效率将进一步提升，更多享誉世界的广东产品、广东企业将为广东高质量发展提供坚实的基础，有力地推进中国式现代化的广东实践。

一　广东企业发展特征

企业作为市场主体的重要组成部分，在经济高质量发展中发挥关键作用。广东企业主体数量、规模不断壮大，实体经济实力得到显著提升。国有企业在构建更具国际竞争力的现代化产业体系中发挥支撑作用，民营企业成为支撑广东经济发展的主力军，制造业企业当家特点突出，企业创新主体地位进一步凸显，企业社会责任意识不断增强，对广东经济社会发展的贡献度显著提升。

（一）广东企业筑牢高质量发展基础

1. 市场主体数量与规模稳步增长

全省市场主体数量、企业数量、外商投资企业数量连续多年居全国首位。截至 2023 年 6 月，全省各类经营主体数量达到 1724.16 万家，占全国总量的 1/10，比上年同期净增 151.66 万家；其中各类企业主体实有数量达到 747.65 万户，比上年同期净增 53.28 万家，企业在各类经营主体中的占比达到 43.36%。如表 1 所示，2022 年和 2023 年上半年，全省实有市场主体数量同比增速分别达 7.04% 和 9.64%，高于市场主体数量和规模与之相近的江苏和山东。截至 2023 年 9 月，全省新设外商投资企业 15634 家，同比增长 54.8%。

表1 2018年至2023年上半年广东、江苏、浙江、山东实有市场主体数量及同比增速

单位：万家，%

省份	2018年		2019年		2020年		2021年		2022年		2023年上半年	
	数量	同比增速	数量	同比增速	数量	同比增速	数量	同比增速	数量	同比增速	数量	同比增速
广东	1146.13	11.75	1253.30	9.35	1384.85	10.50	1526.44	10.22	1633.88	7.04	1724.16	9.64
江苏	922.10	13.70	1042.84	13.09	1238.00	18.71	1358.90	9.77	1411.40	3.86	1445.30	5.37
浙江	654.25	10.25	724.25	10.70	803.24	10.91	868.47	8.12	943.00	8.58	—	
山东	905.60	12.25	1038.50	14.68	1185.79	14.18	1328.00	11.99	1404.50	5.76	—	

资料来源：相关省份市场监督管理局网站、历年国民经济和社会发展统计公报。

企业营业收入持续增长。如图1所示，截至2023年9月，广东规模以上工业企业实现营业收入133783亿元；规模以上服务业企业实现营业收入35800亿元。《2023广东500强企业发展报告》显示，营业收入入围门槛较上年提升22.53%，达到29.17亿元，连续3年加速攀升；其中有39家企业营业收入达千亿元级，比上年增加5家。

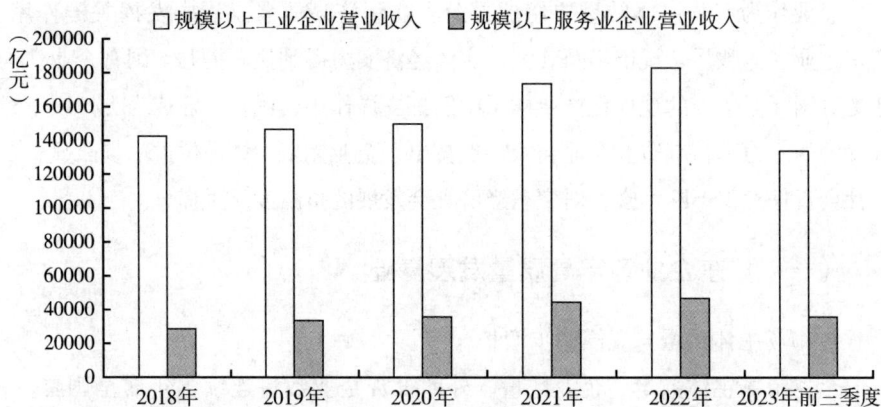

图1 2018年至2023年前三季度广东规模以上工业、服务业企业营业收入

资料来源：历年广东省统计年鉴、广东省统计信息网。

2. 优质企业梯度培育成效凸显

头部企业表现强劲。2023年《财富》世界500强排行榜中有19家广东企业入围，数量居全国第二，其中，广州工业投资控股集团有限公司（第414位）、

广东省广新控股集团有限公司（第 427 位）、立讯精密工业股份有限公司（第 479 位）为新进企业；6 家企业排名有所上升，其中比亚迪股份有限公司比上年跃升 224 位，成为榜单排名上升最多的中国企业。由中国企业联合会、中国企业家协会发布的 2023 年中国企业 500 强榜单中，广东有 56 家企业入围，数量仅次于北京。华为和比亚迪入选波士顿咨询公司（BCG）发布的 2023 年全球最具创新力公司榜单的前 10 名，分别位列第八、第九。2023 年，有 41 家企业成为广东省战略性产业集群链主，其中，战略性支柱产业集群"链主"企业 26 家，战略性新兴产业集群"链主"企业 15 家，涉及 47 条重点产业链。

上市企业队伍不断壮大。根据东方财富 Choice 公布的数据，截至 2023 年 11 月，注册地为广东的 A 股上市企业 868 家，比上年底增加 31 家①，其中，在北交所、创业板和科创板上市的企业分别增加 5 家、18 家和 11 家。

优质中小企业量质齐升。2023 年，广东有 658 家企业进入第五批国家专精特新"小巨人"企业公示名单，累计培育专精特新"小巨人"企业 1525 家，总量上升至全国首位（见图 2）；累计入选 53 家国家级制造业"单项冠军"示范企业和 79 项国家级"单项冠军"产品。2023 年，广东新入库科技型中小企业超 7 万家，累计培育专精特新中小企业超 1.8 万家；累计遴选产生 188 家省级制造业"单项冠军"示范企业和 148 个省级制造业"单项冠军"产品。

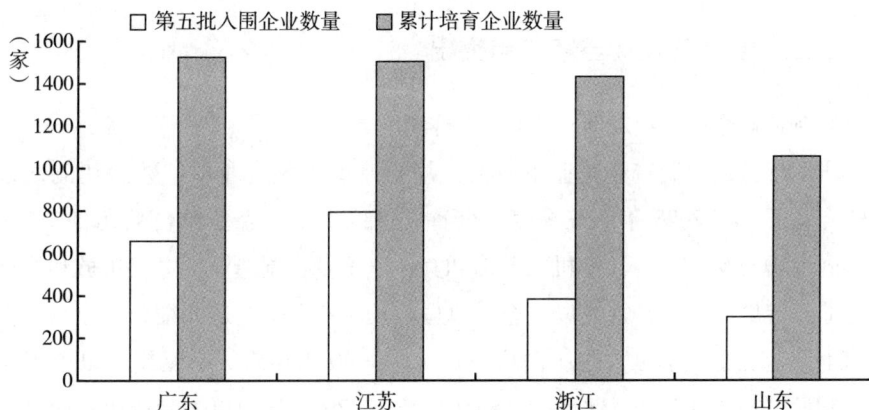

图 2　广东、江苏、浙江、山东入围第五批国家专精特新"小巨人"企业数量

资料来源：工业和信息化部网站、相关省份工业和信息化厅网站。

---

① 广东上市企业数据来自广东证监局和深圳证监局网站，数据截至 2022 年 12 月 31 日。

3. 企业向珠三角地区集聚特征延续

广州和深圳新增企业主体数量超过全省总量的一半。截至 2023 年上半年，广州新增各类企业主体 18.36 万家，实有企业 199.87 万家，深圳新登记各类企业主体 15.19 万家，合计占全省新增企业数量的 55.87%。2023 年广东企业 500 强中，广州、深圳入围的企业数量占总量的 68%，前 100 强企业中的 97 家集中分布在珠三角地区。粤西地区近年来企业数量占比有小幅上升（见表 2）。

表 2　2019 年至 2023 年 10 月广东分区域企业数量及占比

单位：家，%

时间	珠三角地区		粤东地区		粤西地区		粤北地区	
	数量	占比	数量	占比	数量	占比	数量	占比
2019 年	4681814	88.99	179325	3.41	200754	3.82	199136	3.79
2020 年	5420886	89.41	199452	3.29	222403	3.67	220052	3.63
2021 年	6188717	89.71	223541	3.24	246684	3.58	239412	3.47
2022 年	6696544	89.59	246329	3.30	274774	3.68	256769	3.44
2023 年 10 月	7073705	89.43	264373	3.34	301437	3.81	270265	3.42

资料来源：Wind 数据库。

（二）制造业企业当家特点突出

1. 制造业企业持续发挥"顶梁柱"作用

广东规模以上制造业企业单位数占规模以上工业企业单位数的比例接近98%（见图 3）。2023 年前三季度，全省规模以上工业企业单位数达到 70774家，同比增长 6.07%。计算机、通信和其他电子设备制造业，电气机械和器材制造业，金属制品业是规模以上企业单位数较多的三个制造业细分行业，占规模以上制造业企业单位数的比例均超过 10%。2023 年前三季度规模以上工业企业利润总额达到 7569.75 亿元，同比增长 10.2%；规模以上制造业企业利润总额为 6378.83 亿元，同比增长 7.2%[①]。

---

① 数据来源：广东省统计信息网。

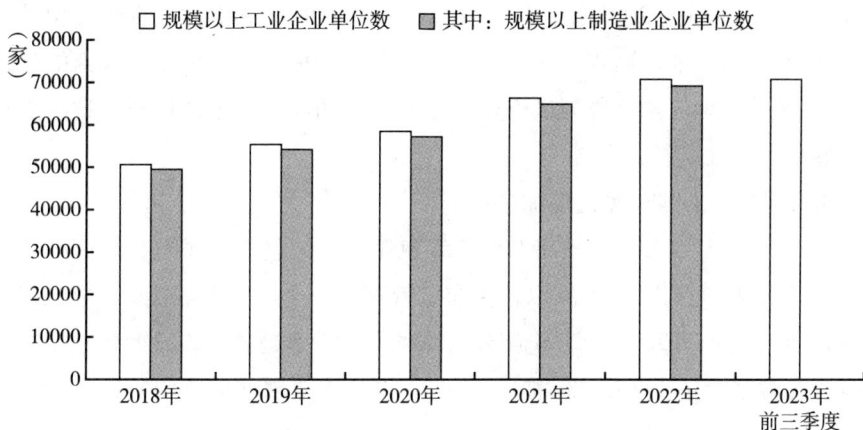

**图 3　2018 年至 2023 年前三季度广东规模以上工业企业单位数
及其中的规模以上制造业企业单位数**

资料来源：历年广东省统计年鉴。

2. 企业集群化发展特色进一步彰显

截至 2023 年，广东有 7 个国家级先进制造业集群，数量仅次于江苏（10 个），位居全国第二，新一代信息通信、智能家电、智能移动终端、智能装备制造、先进电池材料、高端医疗器械制造及家具制造等行业优势表现强劲。2023 年，广东 7 个企业集群进入国家级中小企业特色产业集群名单，累计入选数量仅次于山东；通过首批 35 个省级中小企业特色产业集群，全面覆盖战略性支柱产业和新兴产业，集聚 2865 家中小企业。

3. 企业数字化智能化转型成效显著

构建以"工业互联园区+行业平台+专精特新企业群+产业数字金融"为核心的新制造生态系统，企业数智化转型进程加快，示范效应凸显。截至 2023 年 9 月，广东拥有 10 个国家级跨行业、跨领域工业互联网平台，全省共推进超 7300 家企业实施技术改造、约 4000 家规模以上工业企业数字化转型，累计推动 2.75 万家规模以上工业企业数字化转型，超 70 万家企业上云、用云，中小企业数字化指数全国第一①。2023 年，工业富联和纬创资通成为"灯塔工厂"，广东累计拥有全球"灯塔工厂"7 家，位居全国第二。产业集群数字化

---

① 数据来源：广东省工业和信息化厅网站。

转型工程深入推进。2023年，广东发布培育入库的产业集群数字化转型试点项目涉及27家企业，覆盖智能终端、汽车制造、精密零部件制造、家电制造等18个细分产业，推广复制试点样板企业的成功经验，通过产业集群放大数字化转型示范效应。

4. 企业绿色低碳转型速度加快

截至2023年9月，全省有302家绿色工厂，数量居全国首位，此外还有10个绿色工业园区以及58家绿色供应链管理企业①。2017年以来，单位工业增加值能耗（除2020年、2021年外）基本保持下降趋势；2022年规模以上工业综合能源消费量19208.43万吨标准煤，单位工业增加值能耗相比上年下降3.00%（见图4）②。

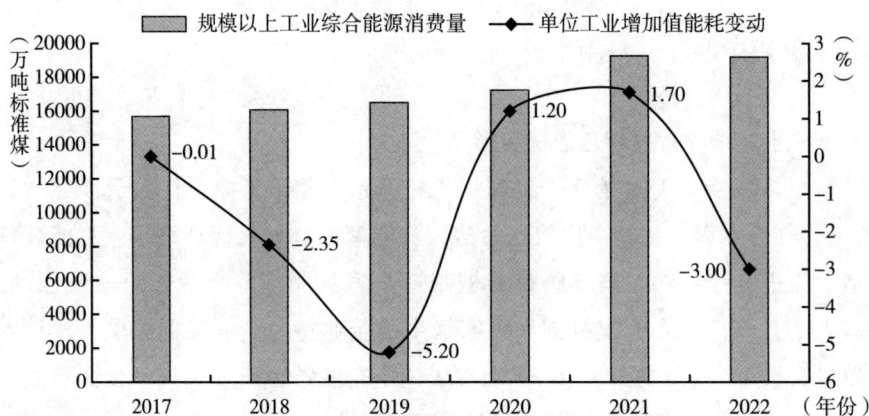

图4 2017~2022年广东规模以上工业综合能源消费量及单位工业增加值能耗变动情况

资料来源：历年广东省国民经济和社会发展统计公报。

5. 企业高端化转型取得积极进展

产品质量稳步提升。制造业产品质量合格率由2016年的92.49%提高到2022年的94.49%③。截至2023年9月，3万多家广东企业建立企业首席质量

---

① 数据来源：广东省工业和信息化厅网站。
② 相关公开数据只更新至2022年。
③ 《明确了这些目标！广东发力推动质量强省建设》，南方网，2023年7月13日，https://news.southcn.com/node_4538da31bd/a9ef8febac.shtml。

官制度，有 3 家企业凭借先进质量管理模式获得中国质量奖，16 个组织和个人获得中国质量奖提名①；广汽集团、TCL 科技集团进入第五届中国质量奖候选名单，广东联塑科技、纳思达股份等 7 家企业进入第五届中国质量奖提名奖候选名单。企业积极参与制定修订国际和国家标准。2023 年 1 月，粤港澳大湾区标准化研究中心南沙工作站、国际标准化人才培训基地（广州）南沙工作站正式揭牌。已发布并推广实施高端装备制造、大数据、氢能燃料电池汽车等 11 个制造业标准体系规划，制定发布 836 项关键技术标准；在家用电器、智能电网、区域标准化协同创新等领域，获批建立 6 个国家技术标准创新基地和 2 个国家标准检验检测验证点。2023 年，广东有 56 个国际、国家专业标准化技术委员会组织，企事业单位主导或参与制修订国际标准 3037 项，数量居全国前列②。培育打造粤货"老字号"品牌。据中国商务部发布的数据，广东共有 55 个中华老字号品牌，数量位居全国第七。

（三）国有企业在现代化产业体系中发挥支撑作用

1. 国有企业规模持续扩大

国有企业积极深化改革。截至 2023 年，广东有 27 家国有企业进入国企改革"双百企业"名单③，并作为地方骨干国企、标杆企业率先完成改革重点任务，更好地发挥引领示范带动作用。改革成效持续释放，企业资产营收规模进一步扩大。2022 年，广东国有企业（除金融企业外）实现营业收入 36372.66 亿元，同比增长 16.58%，资产负债率相对平稳。如表 3 所示，与上海、江苏相比，广东国有企业呈现较好的营收创造能力，在资产规模相对较低的条件下，2022 年广东国有企业营业收入相当于江苏近 2 倍，与上海差距进一步缩小。2023 年广新集团成为广东首次入围《财富》世界 500 强排行榜的省属国有企业。

---

① 《筑牢制造业当家基础　广东持续深入开展质量强省建设》，广东省人民政府网站，2023 年 1 月 9 日，https://www.gd.gov.cn/gdywdt/zwzt/zqsk/ywsd/content/post_4078065.html。
② 数据来源：2023 年 1 月 5 日举办的"国际标准化高峰论坛（南沙）——高标准引领制造业高质量发展"论坛。
③ 国企改革"双百行动"，是国务院国有企业改革领导小组组织开展的国企改革专项行动之一。选取百余家央企子企业和百余家地方国有骨干企业，深入推进综合性改革，打造一批国企改革尖兵，充分发挥示范、突破、带动作用。

表3 2021~2022年广东、上海、江苏国有企业资产营收对比

单位：亿元，%

省市	2021年			2022年			
	全省国有企业资产总额	全省国有企业实现营业收入	资产负债率	全省国有企业资产总额	全省国有企业实现营业收入	营业收入增速	资产负债率
广东	142300.00	31200.00	61.63	159570.48	36372.66	16.58	62.25
上海	262707.70	39970.51	—	280085.30	38062.65	-4.77	—
江苏	209296.00	11561.60	65.10	233500.00	19000.00	64.34	64.24

资料来源：相关省市历年国有资产管理情况综合报告。

2. 国有企业有力支撑广东现代化产业体系建设

广东国有控股上市企业产业覆盖面广。截至2023年11月，注册地在广东的国有控股上市企业有113家，占全省上市企业总数的比重为13%，覆盖37个细分行业，计算机、通信和其他电子设备制造业，房地产业，商务服务业，专业技术服务业和专用设备制造业企业的占比均在5%以上，成为企业数量最多的5个行业（见表4）。

表4 2023年广东国有控股上市企业数量排名前11的行业

单位：家，%

行业	企业数量	企业占比	累计占比
计算机、通信和其他电子设备制造业	14	12.39	12.39
房地产业	10	8.85	21.24
商务服务业	7	6.19	27.43
专业技术服务业	7	6.19	33.62
专用设备制造业	6	5.31	38.93
电力、热力生产和供应业	5	4.42	43.35
建筑装饰、装修和其他建筑业	5	4.42	47.77
生态保护和环境治理业	4	3.54	51.31
道路运输业	4	3.54	54.85
土木工程建筑业	3	2.65	57.50
水上运输业	3	2.65	60.15

资料来源：东方财富Choice数据。

省属国有企业在基础设施建设、民生工程、创新平台等方面发挥关键作用。广东共有 18 家省属国资企业，主要经营业务涵盖了交通运输、金融、自然资源开发等重大民生领域，以及高端先进制造、新能源新材料、生物医药等科技新兴行业。例如，广东恒健投资控股有限公司作为广东省属国有资本运作平台坚持发挥国资引领作用和平台协调作用，整合优化各类资源配置，形成千亿元级基金群助力科技创新成果转化、制造业增量发展等重点领域，扎实推进广东高质量发展。根据广东省国资委发布的数据，2023 年上半年，广东省属国资企业有序推进重点项目建设，99 项省重点项目累计完成投资 627.08 亿元，完成年度计划投资额的 45.4%①。

（四）民营企业成为支撑广东经济发展的主力军

1. 民营经济占据半壁江山

广东民营企业数量占全省企业数量的比重超过九成。截至 2023 年 6 月，全省登记在册民营企业（含个体工商户）1665 万户，居全国首位，较 2022 年末增长 5.98%，占全部市场主体的 96.57%。

私营工业企业规模持续壮大。如表 5 所示，近年来，广东规模以上私营工业企业单位数、年末资产与营业收入规模持续扩大，2022 年私营工业企业单位数为 47503 家，占规模以上工业企业数的 67.17%，贡献全省规模以上工业增加值 31.85%②。

表 5　2018~2022 年广东规模以上私营工业企业经济指标

经济指标	2018 年	2019 年	2020 年	2021 年	2022 年
企业单位数（家）	20061.00	30961.00	37305.00	44356.00	47503.00
工业增加值（亿元）	6872.82	8707.90	10042.02	12414.37	11867.72
私营工业企业增加值占规模以上工业增加值比重（%）	21.78	26.80	30.90	33.28	31.85

① 《一图读懂上半年广东国资经济数据》，广东省人民政府国有资产监督管理委员会网站，2023 年 8 月 30 日，http：//gzw.gd.gov.cn/zwgk/sjfb/content/post_4245116.html。

② 公开统计数据更新至 2022 年。

续表

经济指标	2018 年	2019 年	2020 年	2021 年	2022 年
私营企业单位数占工业企业比重(%)	39.65	55.87	63.76	66.87	67.17
年末资产(亿元)	22518.40	31388.94	38956.94	47847.10	53847.96
营业收入(亿元)	30281.15	44035.11	51482.50	62790.32	63239.38
利润总额(亿元)	1383.09	2328.89	2597.02	3371.18	3208.86

资料来源：历年广东省统计年鉴。

2. 优质龙头企业优势突出

2023 年，50 家广东民营企业入围中国民营企业 500 强，前 10 强中有 4 家企业来自广东，分别是正威国际、腾讯控股、万科和比亚迪；有 46 家企业入围中国制造业民营企业 500 强；有 19 家企业入围中国服务业民营企业 100 强。其中，服务业百强入围企业数量位居全国第一。根据全国工商联发布的《2023 中国民营企业 500 强调研分析报告》，研发经费支出最多的前 10 家企业中，腾讯控股和比亚迪分别位列第一和第七，分别比上年上升 2 位和 8 位；美的以 110674 项有效专利列有效专利数首位，格力位列第三。

（五）企业创新主体地位进一步强化

1. 研发投入力度持续加大

广东企业研发经费支出和研发人员全时当量均保持平稳增长态势（见图 5），创新活力持续释放。2022 年规模以上工业企业研发经费支出占主营业务收入的比重达到 1.79%。根据《2023 广东 500 强企业发展报告》，2022 年广东企业 500 强研发经费支出达到 4710.40 亿元，同比增长 16.03%；企业平均研发费用 9.42 亿元，其中，华为研发费用就已超过 1600 亿元。

企业研发实力进一步增强。截至 2023 年 10 月，广东有省级企业重点实验室 148 家，比上年新增 11 家①，其中，南方电网科学研究院有限责任公司和珠海格力电器股份有限公司均有 3 家省级企业重点实验室，并列全省第一，东莞宜安科技股份有限公司、比亚迪汽车工业有限公司、广州广电运通金融电子股

---

① 数据来源：广东省科学技术厅网站。

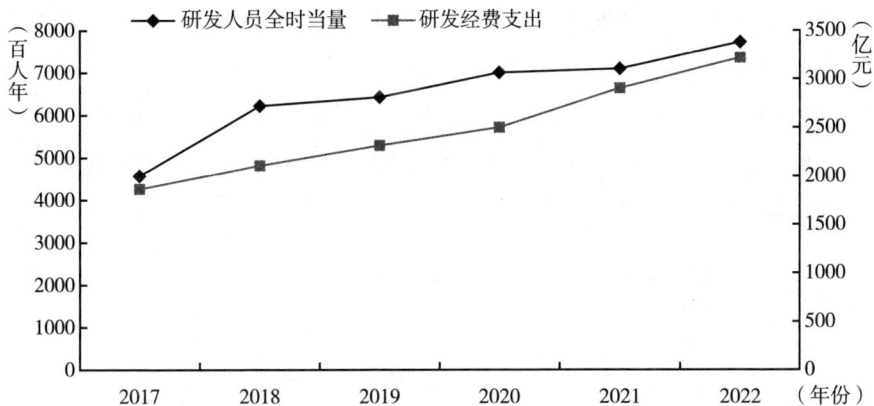

图5　2017~2022年广东规模以上工业企业研发情况

资料来源：历年广东省统计年鉴。

份有限公司各有 2 家，并列全省第二。

2. 科技创新成果不断取得突破

2012~2022 年，广东企业专利授权数占全省专利授权总数的比重整体呈波动上升趋势，2022 年超过 80%（见图 6）。战略性产业企业技术实力不断增强。截至 2023 年上半年，全省战略性产业集群发明专利授权数达 30244 件，

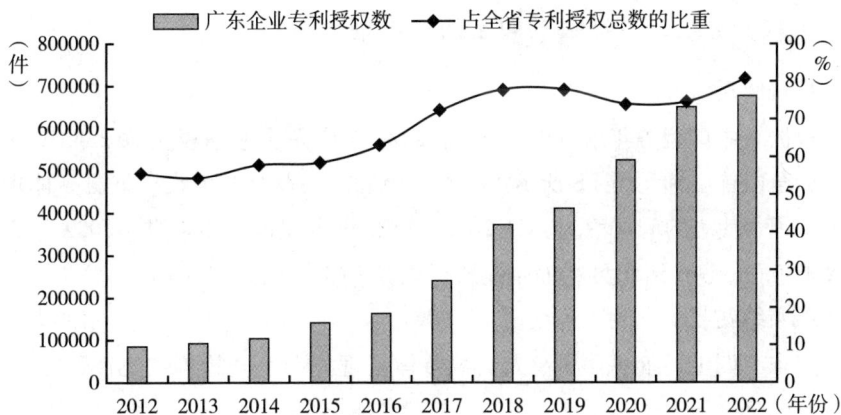

图6　2012~2022年广东企业专利授权数和占全省专利授权总数的比重

资料来源：广东省市场监督管理局网站。

同比增长 25.06%，有效发明专利数达 417407 件，数量均领先于全国。全省规模以上工业企业新产品开发经费支出增长态势稳定，而新产品销售收入在 2022 年受国内外经济环境波动影响有所下降（见图 7）。2023 年前三季度，"新三样"出口强劲，电动载人汽车出口量增长 4.3 倍，锂离子蓄电池和太阳能电池出口量增长率均超过 20%①。

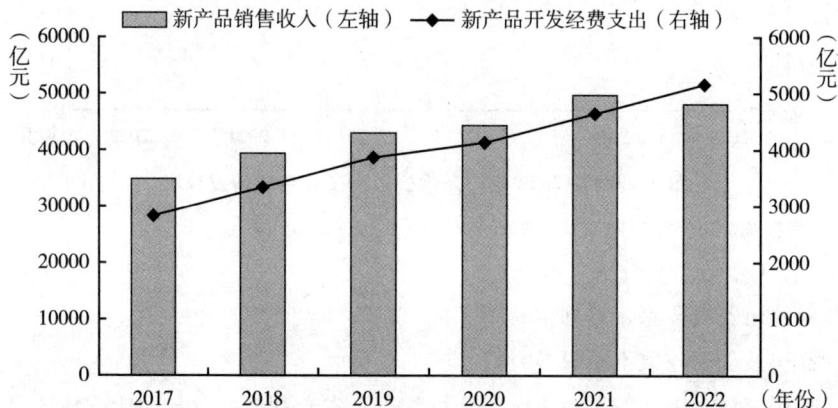

图 7　2017~2022 年广东规模以上工业企业新产品销售收入和新产品开发经费支出
资料来源：历年广东省统计年鉴。

（六）企业经济社会贡献全方位呈现

1. 税收贡献大

根据《中国税务年鉴（2022）》，2021 年广东企业纳税贡献 23451.56 亿元，居全国首位②。如图 8 所示，广东规模以上工业企业税收贡献更多体现在以增值税为代表的间接税上，且 2020~2022 年来规模逐步上升，2022 年企业应交增值税 3598.56 亿元，而企业所得税费用略有下降。

2. 吸纳就业多

广东"四上"企业③从业人员数整体呈现波动上升趋势（见图 9）。2023

① 陈晓等：《从广交会看广东外贸三种"势"》，《南方日报》2023 年 10 月 20 日，第 A07 版。
② 截至 2023 年 11 月，相关数据只更新至 2021 年。
③ "四上"企业，包括规模以上工业、有资质的建筑业和全部房地产开发经营业、限额以上批发零售业和住宿餐饮业、规模以上服务业法人单位。

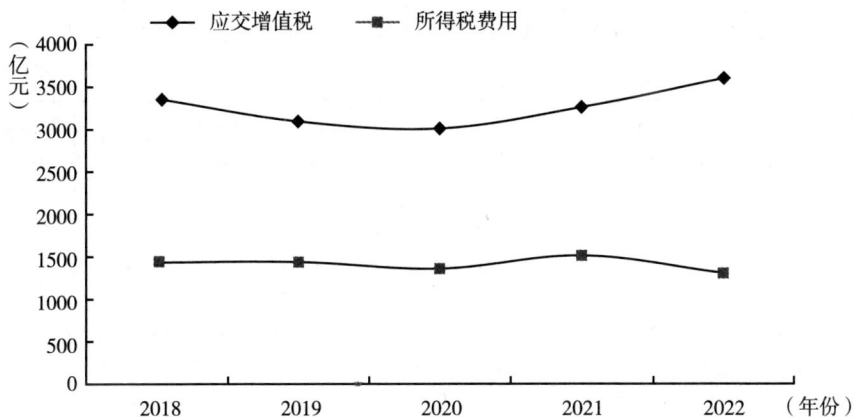

图8 2018~2022年广东规模以上工业企业应交增值税与所得税费用

资料来源：历年广东省统计年鉴。

年9月，广东省"四上"企业从业人员数达到2353.87万人，与2017年同期相比，规模以上制造业企业从业人员数占整体的比例下降约10个百分点，租赁和商务服务业以及信息传输、软件和信息技术服务业从业人员数的占比上升幅度最大，分别增长3.89个和1.84个百分点（见表6）。

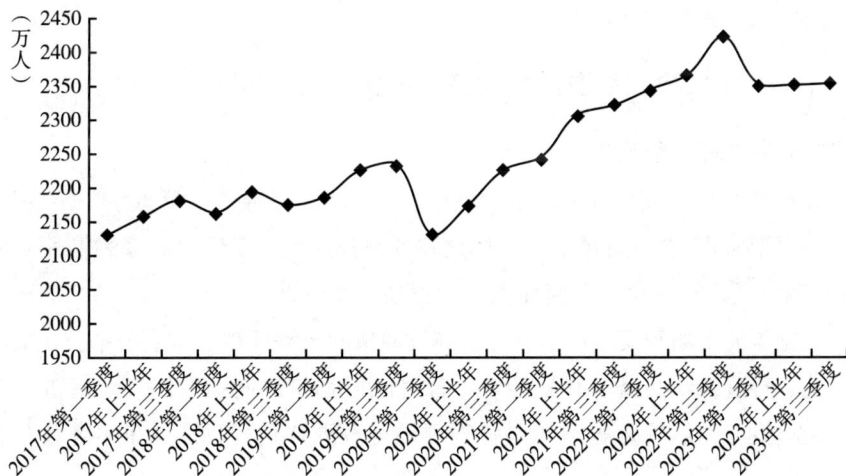

图9 2017年至2023年第三季度广东"四上"企业从业人员数情况

资料来源：广东省统计信息网。

表 6 **2017 年、2023 年广东部分行业"四上"企业从业人员数占比情况**

单位：%

行业	2017 年第一季度	2017 年上半年	2017 年第三季度	2023 年第一季度	2023 年上半年	2023 年第三季度
制造业	62.55	62.64	62.14	52.81	52.98	52.49
建筑业	8.19	8.43	8.99	7.86	8.25	8.53
租赁和商务服务业	3.79	3.69	3.75	7.32	7.31	7.64
批发和零售业	6.79	6.74	6.63	7.48	7.41	7.37
房地产业	3.89	3.98	4.05	5.12	5.09	5.12
信息传输、软件和信息技术服务业	2.68	2.70	2.67	4.53	4.55	4.51

资料来源：广东省统计信息网。

3. 参与公益贡献突出

2022 年广东上市企业社会捐赠额达 10.62 亿元[1]。作为重要社会力量，广东企业积极投身乡村振兴实践，截至 2023 年 10 月，全省在"百千万工程"行动中组织发动帮扶企业 17297 家、帮扶村 17421 个，累计投入帮扶资金 143 亿元[2]。广新控股、碧桂园、万科等企业被评选为"广东十大乡村振兴突出贡献企业"。

（七）企业高质量发展环境持续优化

1. 营商环境不断改善

2023 年是广东商事制度改革十周年。广东不断完善"一网通办""一网统管""一网协同""一网共享"一体化政务服务体系，强化"粤系列"平台建设[3]。制定《广东省优化营商环境三年行动方案（2023—2025 年）》，明确营造公平竞争的市场和要素环境、营造高效便捷的政务环境、营造公平公正的法治环境、营造合作共赢的开放环境、营造区域均衡协同的发展环境等五大任务。2023 年 7 月，广东省市场监督管理局与香港特别行政区竞争事务委员会

---

① 数据来源：国泰安数据库。
② 《广东以头号力度推进"百千万工程"走深走实》，广东省人民政府网站，2023 年 12 月 8 日，https://www.gd.gov.cn/gdywdt/zwzt/bxqzwc/gdbs/content/post_4297283.html。
③ 数据来源：广东省人民政府网站。

签署《关于推进粤港澳大湾区竞争政策与法律有效实施备忘录》，共建世界一流湾区营商环境。同时发布《粤港企业竞争合规指导手册》，打造粤港澳大湾区竞争合规标杆企业。

2. 政策创新力度不断加大

广东围绕高质量发展首要任务，聚焦提信心、强动力、育主体、优环境，不断推动企业高质量发展。2023 年 2 月，广东省人民政府出台《广东省激发企业活力推动高质量发展的若干政策措施》。2023 年上半年，广东新增减税降费及退税缓费 668 亿元，其中 433 亿元为延续优化创新税收优惠政策；中小微企业新增减税降费及退税缓费 450 亿元，收益最为明显。提出实施优质企业梯度培育"十百千万"计划，推动"个转企、小升规、规改股、股上市"的市场主体培育计划落地实施，推动 2023 年度 7000 家小微工业企业上规模发展。加大专精特新企业高质量发展支持力度，广东省人民政府办公厅制定出台《广东省推动专精特新企业高质量发展的指导意见》，目标到 2027 年，累计培育超 2000 家专精特新"小巨人"企业和 2 万家左右专精特新中小企业。

二 企业发展面临的形势与趋势

新技术的广泛运用为企业带来更多创新和效率提升的机会。民营企业重要性和基础性更加凸显，发展前景更为广阔。政策措施向制造业倾斜，制造业企业迎来更多政策利好。同时，企业面临国内外有效需求不足、生产成本上升、环境约束趋紧等多重挑战。广东省委做出"1310"具体部署，不断出台政策举措帮助企业渡难关、搞创新、促升级，实现高质量发展。2024 年，广东企业增量和存量将进一步提升，其中规模以上制造业企业数量将再创新高，工业企业盈利能力将维持在稳定区间，制造业企业劳动生产率将持续提高。

（一）企业发展面临的机遇

1. 企业将面临更多创新和效率提升的机会

企业是广东创新的主力军，约 90% 的科研机构、90% 的科研人员、90% 的研发经费、90%的发明专利申请来源于企业①。2023年4月，习近平总书记在广东考察时强调，"要加强对中小企业创新支持，培育更多具有自主知识产权和核心竞争力的创新型企业。要强化企业主体地位，推进创新链产业链资金链人才链深度融合，不断提高科技成果转化和产业化水平，打造具有全球影响力的产业科技创新中心"②，这为广东企业发展指明了方向，也对企业创新提出了更高要求。当下各种具有划时代意义的科技突破相继涌现，5G、人工智能（AI）、大数据、云计算等技术的发展不仅引领了许多新兴行业的诞生，企业也利用这些新技术不断提高生产效率和改变商业模式。首先，5G技术的高速、低时延等特性推动了物联网、智能制造等领域的发展。企业可以利用5G技术建立更强大的网络基础设施，加速数字化转型，提升生产效率和服务质量。其次，人工智能技术已经成为众多行业的发展热点，其在语音识别、图像识别、自动驾驶等方面取得了重大突破，人工智能技术的进一步应用将给各行各业带来更多创新和效率提升的机会。最后，新一代信息技术的广泛运用引发跨界融合和新业态的出现。利用新技术促进不同行业企业合作，可产生双赢效果。例如，汽车制造商与互联网企业合作，实现车联网等创新应用。新技术的广泛运用将使企业获得更多元的创新发展机会。

2. 民营企业有更广阔发展前景

广东是民营经济大省，民营经济单位数、税收收入、进出口总额等多项指标连续多年居全国首位③。2023年7月，《中共中央　国务院关于促进民营经济发展壮大的意见》（"民营经济31条"）出台，首次提出"民营经济是推进中国式现代化的生力军"，民营企业地位得到进一步提升；2023年9月，国家发改委内部设立民营经济发展局，释放出进一步凸显民营企业重要性和基础性的清晰信号；2023年12月，中央经济工作会议再次强调坚持"两个毫不动

---

① 《广东："大而强""小而专"并肩而行　推动企业"千军万马齐创新"》，"广东科技发布"百家号，2023年9月21日，https：//baijiahao. baidu. com/s？id＝1777612507788682534&wfr＝spider&for＝pc。

② 《习近平在广东考察时强调　坚定不移全面深化改革扩大高水平对外开放　在推进中国式现代化建设中走在前列》，中共中央党校网站，2023年4月13日，https：//www. ccps. gov. cn/xtt/202304/t20230413_157615. shtml？eqid＝d1d9d9b0000d3620000000066455ff4b。

③ 《"民营经济31条"如何落地？广东动起来了》，南方网，2023年7月22日，https：//news. southcn. com/node_54a44f01a2/6e11741bb6. shtml。

摇"，对发展壮大民营经济进一步进行部署。广东各地紧随其后，如广州、深圳、佛山三地结合地方特色，因地制宜分别出台与"民营经济31条"一脉相承的政策文件。同时，随着共建"一带一路"、"粤港澳大湾区"建设的加快推进，乡村振兴战略、"百千万工程"的加快实施，广东民营企业迎来前所未有的发展机遇。

3.制造业企业面临巨大政策红利

制造业是广东经济最坚实的根基、最深厚的家当、最突出的优势，也是新起点上推动高质量发展、推进现代化建设的"顶梁柱""压舱石"[①]。广东省委十三届二次全会提出，"要突出制造业当家，高水平谋划推进现代化产业体系建设，坚持抓大产业、大平台、大项目、大企业、大环境，把制造业这份厚实家当做优做强，在新的高度挺起广东现代化建设的产业'脊梁'"[②]。广东省委十三届三次全会再次强调，"要始终坚持实体经济为本、制造业当家，在建设更具国际竞争力的现代化产业体系上取得新突破"[③]。广东省委、省政府发布的《中共广东省委 广东省人民政府关于高质量建设制造强省的意见》（"制造业当家22条"），是广东坚持以制造业立省、突出制造业当家、高质量制造强省建设工作的总"路线图"和"施工图"。可以预见，政策措施将向制造业倾斜，资源要素将向制造业集聚，制造业企业将面临巨大的发展机遇。

（二）企业发展面临的挑战

1.国内外有效需求不足[④]

一是居民消费不足。居民收入下降。中国居民人均可支配收入占人均GDP的比重从2020年的44.8%降至2022年的43.0%，居民收入增长慢于经济

① 《加快实现由制造大省向制造强省跨越》，中国经济网，2023年6月2日，http://views.ce.cn/view/ent/202306/02/t20230602_38572362.shtml。
② 《广东制造进化论：七大万亿级产业"当家" 如何蓝海搏击再立新支柱?》，"新浪财经"百家号，2022年12月13日，https://baijiahao.baidu.com/s? id=1752064571190741598&wfr=spider&for=pc。
③ 《在建设更具国际竞争力的现代化产业体系上取得新突破》，"中工网"网易号，2023年6月30日，https://www.163.com/dy/article/I8FO943P0550TYQ0.html。
④ 本部分数据如不特别说明，均来自Wind数据库。

增长①。年轻消费群体失业率较高。2023 年 1~10 月，全国城镇调查失业率平均为 5.3%，较上年同期（5.6%）下降 0.3 个百分点，但是 16~24 岁人口的就业人员调查失业率于 2023 年第二季度开始就已超过 20%（平均水平为 20.8%），较第一季度（平均水平为 18.3%）上升 2.5 个百分点。年轻消费群体失业问题突出，影响了居民可支配收入的稳步恢复和增长，抑制了居民消费能力。消费不足将导致企业销售额和盈利面临下滑风险。

二是投资需求不足。2023 年以来，中国固定资产投资完成额累计同比不断下滑，从 2 月的 5.5% 降至 10 月的 2.9%。投资需求不足集中体现在房地产投资和民间投资方面，企业普遍存在"过冬"心态。2023 年，房地产开发投资同比下降 9.3%，民间投资也同比下降 0.5%。工业企业（尤其是大中型企业）利润空间被压缩。2023 年 1~9 月，全国规模以上工业企业利润总额累计同比下降 9.0%，其中大中型企业利润总额累计同比下降 9.6%。利润下滑将严重影响企业投资积极性，进而影响企业长期发展。

三是国际需求疲软。全球产业链调整加速企业离岸布局，国际订单需求减少，广东乃至中国外贸企业发展面临严峻挑战。国际经济政治格局演变使得世界主要经济体开始谋求建立自主可控的产业体系，纷纷出台政策措施加强对产业链供应链的"国家干预"，全球产业链供应链分工格局、运行逻辑、规则体系、竞争范式正在发生深刻变革②。受俄乌冲突导致全球能源格局变化、欧洲能源本地化、各国推动生产制造环节本土化和区域化、跨国公司布局分散化和多元化等因素影响，北美洲、欧洲、亚洲等区域内循环和经济联系不断增强，北美供应链、欧盟供应链和亚洲供应链等区域供应链"三足鼎立"的格局加速形成③。随着全球产业链供应链的重构以及《区域全面经济伙伴关系协定》（RCEP）、《全面与进步跨太平洋伙伴关系协定》（CPTPP）、《美墨加协定》（USMCA）等大型区域自贸协定的签署和实施，区域内的经济贸易合作正在加强。这导致广东乃至中国许多外贸企业面临在手订单取消或延期、新订单减

① 周天勇：《居民需求不足解释及其改革扩张对稳定增长的展望——基于二元差值的一个分析方法和框架》，《现代经济探讨》2023 年第 7 期。
② 盛朝迅：《从产业政策到产业链政策："链时代"产业发展的战略选择》，《改革》2022 年第 2 期。
③ 倪红福：《全球产业结构和布局调整的主要特征及应对思路》，《人民论坛》2023 年第 17 期。

少、物流运输不畅等挑战。

2.生产要素成本攀升

劳动力成本上升。中国就业人员数自 2015 年以来逐年下降。其中，城镇单位中制造业就业人员数和占比均自 2013 年以来整体呈现下降趋势，2013 年城镇单位中制造业就业人员数占比为 29.0%，2022 年该占比下降至 22.4%（见表7）。制造业中劳动力投入比重下降是劳动力成本不断上升、资本和技术替代劳动力的结果[1]。2013 年城镇单位中制造业就业人员平均工资为 46431 万元，2022 年增长至 97528 万元，年均增速为 8.6%。

表7　2013～2022 年中国劳动力要素情况变化

单位：万人，%，元

年份	就业人员数	城镇单位中制造业就业人员数	城镇单位中制造业就业人员数占比	城镇单位中制造业就业人员平均工资
2013	76301	5258	29.0	46431
2014	76349	5243	28.7	51369
2015	76320	5069	28.1	55324
2016	76245	4894	27.4	59470
2017	76058	4635	26.3	64452
2018	75782	4178	24.2	72088
2019	75447	3832	22.3	78147
2020	75064	3806	22.3	82783
2021	74652	3828	22.5	92459
2022	73351	3738	22.4	97528

资料来源：根据国家统计局公布的数据整理。

资本供给相对充足，但制造业资金缺口长期存在。国家统计局数据显示，2013～2022 年中国广义货币供应量（M2）平均保持 10.6% 的高速增长，高于同期 GDP 平均增速（6.2%）4.4 个百分点。然而，充足的资本要素供给并未有效提振制造业投资。2013 年以来，中国制造业固定资产投资完成额的名义增速长期低于全社会固定资产投资完成额，2020 年首次陷入负增长。近两年

---

[1]　阳立高等：《劳动力成本上升对制造业结构升级的影响研究——基于中国制造业细分行业数据的实证分析》，《中国软科学》2014 年第 12 期。

制造业投资增速回升，但仍后劲不足。截至 2023 年 10 月，制造业投资累计增速为 6.2%，较上年同期（9.7%）下降 3.5 个百分点，较 2021 年同期（14.2%）下降 8.0 个百分点。制造业投资增速较低主要是由制造业普遍面临低端产能过剩、高端需求无法满足的供需矛盾和竞争激烈的市场格局造成的，制造业缺乏对资本的吸引力，资金缺口仍然存在①。

大中城市土地供应量逐渐收缩，工业用地占比下降，地价有所上涨。工业用地是城市产业优化升级的重要保障，制造业比重的稳定也依赖于工业用地的合理供给。2018~2022 年中国 100 个大中城市供应土地面积从 14.3 亿平方米降至 12.7 亿平方米，100 个大中城市工业用地供应面积占全国工业用地供应面积的比重从 45.3% 降至 38.4%。企业为土地要素支付的成本有所上升。2018~2022 年，中国工业用地成交楼面均价从 223 元/米² 上涨至 238 元/米²，涨幅为 6.7%；而 100 个大中城市工业用地成本相对更高，从 260 元/米² 升至 286 元/米²，涨幅为 10%。

原材料价格处于高位。国家统计局数据显示，2023 年 9 月，中国制造业原材料购进价格指数主要原材料购进价格指数和出厂价格指数分别为 59.4% 和 53.5%，较上月分别提升 2.9 个和 1.5 个百分点，均为年内高点。从行业看，石油煤炭及其他燃料加工、化学原料及化学制品、有色金属冶炼及压延加工等上游行业主要原材料购进价格指数处于 65.0% 及以上高位，相关行业原材料采购成本水平上升较快②。

3. 环境质量约束趋紧

制造业企业是能源消耗和碳排放的主要经济部门，"双碳"目标提出后，制造业企业面临巨大的节能减排压力。由于制造业企业对煤炭、石油等化石能源依赖程度高，随着节能减排工作力度加大，未来企业需要通过转型升级，利用先进技术促进能源利用效率提高，加快能源消费结构不断优化③。这将导致

---

① 黄娅娜、邓洲：《生产要素对制造业的影响分析及政策建议》，《中国井冈山干部学院学报》2022 年第 1 期。

② 《国家统计局解读 2023 年 9 月中国采购经理指数》，中国政府网，2023 年 9 月 30 日，https://www.gov.cn/govweb/lianbo/bumen/202309/content_6907157.htm。

③ 史丹、邓洲：《平衡好"保持制造业比重基本稳定"与实现"双碳"目标的关系》，《光明日报》2012 年 7 月 13 日，第 11 版。

传统企业生产方式改变，也推动传统企业向可持续发展方向转变，节能减排成本增加。

（三）企业实体数量增长趋势

1. 市场主体数量将进一步增长

近年来广东市场主体稳步增长。广东省市场监督管理局公布的数据显示，2017年全年广东新增市场主体数为195万家，年末累计实有市场主体数首次突破1000万家，达到1025.6万家；2022年全年新增252万家，年末累计实有1633.9万家；2023年上半年新增160.8万家，较上年同期增长25.9%，上半年累计实有1724.2万家，较上年同期增长9.6%（见图10）。其中，新增企业数从2017年末的90.4万家上升至2022年末的104.6万家，2023年上半年新增60.1万家，较上年同期增长15.7%，企业增长速度依然较快；实有企业数从2017年末的420.2万家不断增长至2023年上半年的747.7万家，企业存量稳步上升（见图11）。根据2017年至2023年上半年广东市场主体发展态势，

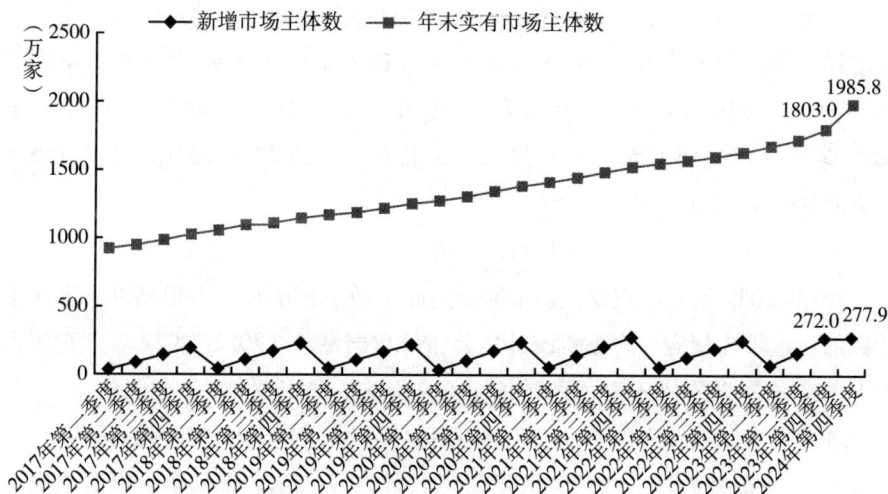

图10　2017~2024年广东市场主体增量和存量变化趋势

注：虚线表示预测值，下同。
资料来源：广东省市场监督管理局网站。

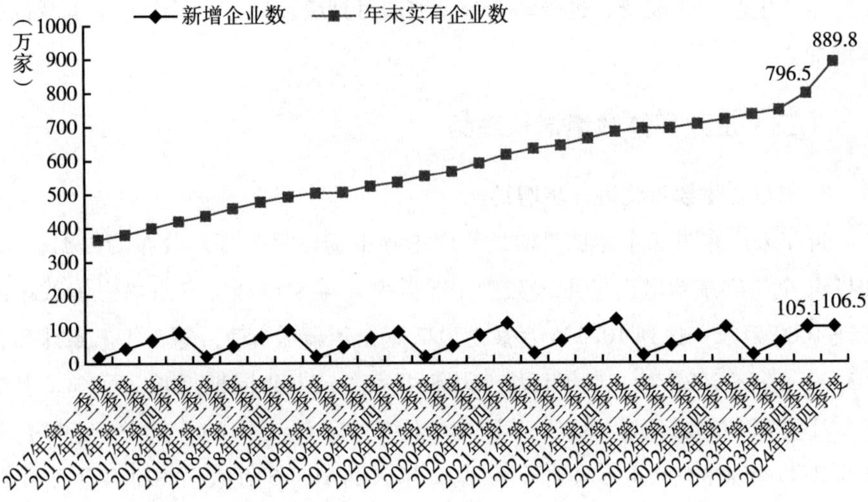

图 11　2017～2024 年广东企业增量和存量变化趋势

注：2019 年第四季度数据截至 2019 年 11 月。
资料来源：广东省市场监督管理局网站。

课题组拟合出其短期变化趋势进而外推出 2023 年和 2024 年的预测值，预计广东市场主体增量和存量于 2023 年末分别达到 272.0 万家和 1803.0 万家，于 2024 年末分别达到 277.9 万家和 1985.8 万家，其中企业增量和存量于 2023 年末分别达到 105.1 万家和 796.5 万家，于 2024 年末分别达到 106.5 万家和 889.8 万家。

2. 规模以上制造业企业数将再创新高

2012～2022 年，广东规模以上制造业企业数不断增长，占规模以上工业企业数的比重较为稳定。广东省统计局公布的数据显示，2012～2022 年广东规模以上制造业企业数从 3.7 万家增长至 6.9 万家，增长 86.5%（见图 12）。其中，规模以上制造业企业数于 2013 年突破 4 万家，于 2019 年突破 5 万家，又于 2021 年突破 6 万家，增长势头强劲。根据 2012～2022 年广东规模以上制造业企业数增长态势，课题组拟合出其中期变化趋势，并外推出 2023 年和 2024 年的预测值，预计广东规模以上制造业企业数量 2023 年将突破 7 万家，达到 7.4 万家左右，2024 年将达到 7.8 万家左右（见表 8）。

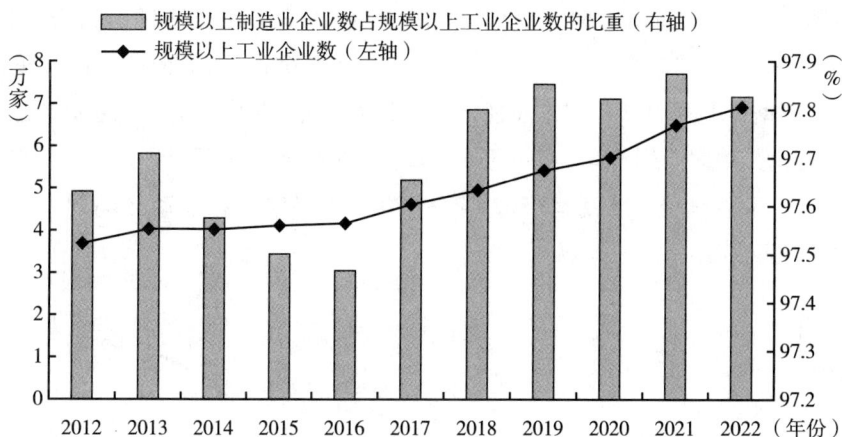

图 12　2012~2022 年广东规模以上制造业企业数及其占规模以上工业企业数的比重

资料来源：根据历年广东省统计年鉴计算。

表 8　2012~2024 年广东规模以上制造业企业数变化趋势

单位：家

年份	规模以上制造业企业数	年份	规模以上制造业企业数
2012	36915	2019	54225
2013	40261	2020	57230
2014	40156	2021	64919
2015	41081	2022	69188
2016	41627	2023 年（预测）	73674
2017	46116	2024 年（预测）	78451
2018	49478		

资料来源：历年广东省统计年鉴。

（四）企业发展质量趋势

1. 工业企业盈利能力将维持在稳定区间

2012~2022 年，广东规模以上工业企业营业收入和利润总额呈现增长态势，规模以上工业企业营收利润率呈波动性变化。省统计局数据显示，2012~2022 年，广东规模以上工业企业营业收入从 9.4 万亿元增长至 18.3 万亿元

（见图 13）；利润总额从 5464.9 亿元增长至 10329.3 亿元（见图 14）；营收利润率则从 5.8% 波动变化至 5.6%，波动范围在 5.6%~6.6% 的区间内（见图 15）。根据 2012~2022 年广东规模以上工业企业营收利润率的变化趋势，课题组拟合出其中期变化趋势，并外推出 2023 年和 2024 年的预测值，预计广东规模以上工业企业营收利润率 2023 年和 2024 年将维持在波动区间内，并在 6.2% 上下波动。

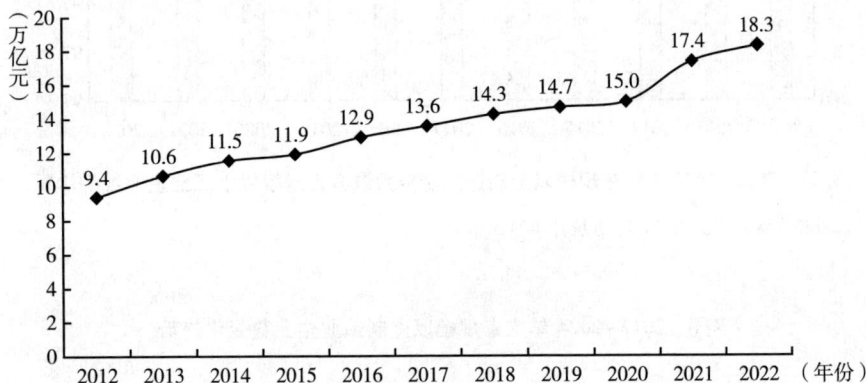

图 13　2012~2022 年广东规模以上工业企业营业收入

资料来源：历年广东省统计年鉴。

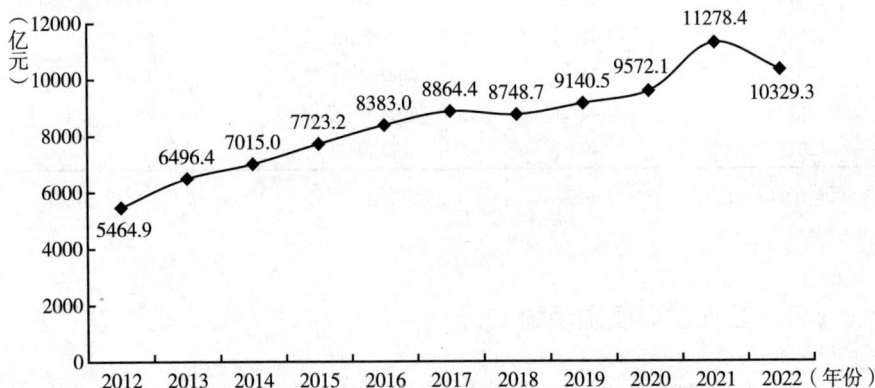

图 14　2012~2022 年广东规模以上工业企业利润总额

资料来源：历年广东省统计年鉴。

图15　2012~2024年广东规模以上工业企业营收利润率

资料来源：根据历年广东省统计年鉴计算。

2. 制造业企业生产效率将进一步提升

广东规模以上制造业增加值规模不断增长，规模以上制造业就业人员呈现先升后降的态势，规模以上制造业劳动生产率稳步提高。广东省统计局公布的数据显示，2005~2022年，广东规模以上制造业增加值从0.82万亿元增长至3.36万亿元，增长约3倍（见图16）。其中，增加值规模分别于2006年、2012年和2021年首次突破1万亿元、2万亿元和3万亿元。同期，规模以上制造业年平均就业人员数于2005~2010年从1062.1万人先波动增长至1533.7

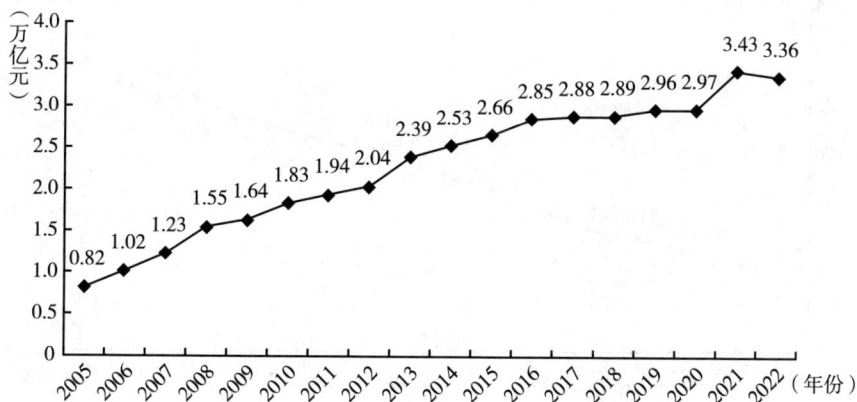

图16　2005~2022年广东规模以上制造业增加值规模

资料来源：历年广东省统计年鉴。

万人,于 2011~2022 年波动下降至 1303.6 万人(见图 17)。2005~2022 年,规模以上制造业劳动生产率从 7.7 万元/人稳步提升至 25.8 万元/人(见图 18)。根据 2005~2022 年广东规模以上制造业劳动生产率的变化趋势,课题组拟合出其长期变化趋势,并外推出 2023 年和 2024 年的预测值,预计广东规模以上制造业劳动生产率将于 2023 年达到 27.7 万元/人、于 2024 年突破 29 万元/人。

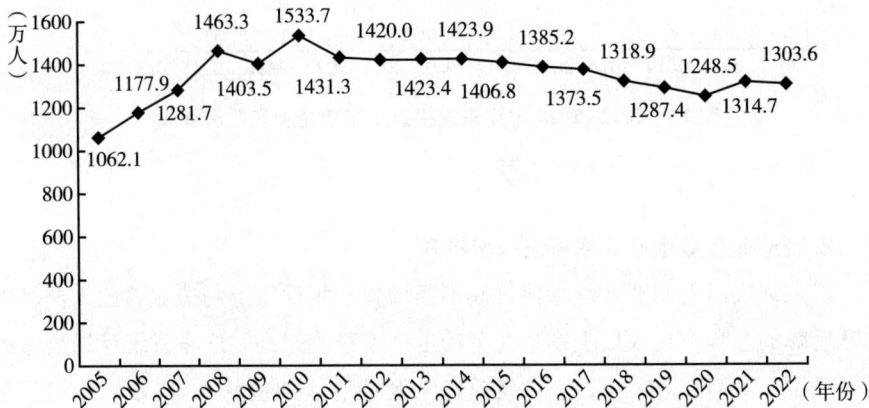

图 17　2005~2022 年广东规模以上制造业年平均就业人员数

资料来源:历年广东省统计年鉴。

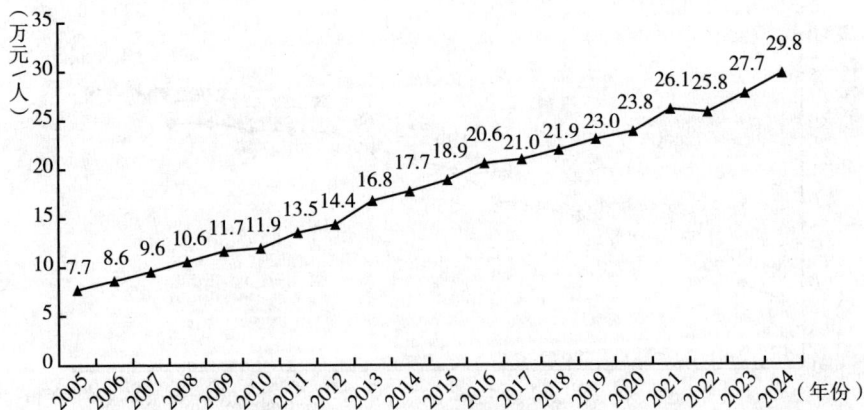

图 18　2005~2024 年广东规模以上制造业劳动生产率

资料来源:根据历年广东省统计年鉴计算。

三　广东企业高质量发展建议

坚持以习近平新时代中国特色社会主义思想为指导，紧扣广东省委、省政府"1310"具体部署，围绕系统性增强企业创新力、产业支撑力、要素配置力、发展示范力，提升企业技术创新突破能力，加强优质企业梯队培育，优化资源要素集成供给，着力构建良好发展生态，不断强化企业发展信心，不断夯实企业发展动力，不断筑强高质量发展微观基础，加快形成梯队结构有序、创新引领突出、链群协同的企业群体，在建设更具国际竞争力的现代化产业体系上取得新突破，深入推进新型工业化，加快形成新质生产力，为在推进中国式现代化建设中走在前列提供强有力的动力支撑和坚实保障。

（一）强化企业创新发展，提高技术创新突破能力

一是健全企业实验室体系。在十大战略性支柱产业、十大战略性新兴产业和五大未来产业领域，加快布局建设一批以企业为主体的全国重点实验室、省实验室和省重点实验室，提高产业前沿技术、关键共性技术、源头技术等创新策源能力和技术供给能力。加强企业实验室建设体系化资源要素保障，有效调动和统筹地方科技资源，为资金配套、土地要素、硬件建设等提供一体化、集成化、高效化服务保障，分类施策推进不同类型实验室高水平发展，建立实验室，建设常态化会商机制，及时反馈和协调解决建设、管理、运行中的体制机制不完善、要素保障不足、政策落实不到位等问题。鼓励和支持企业实验室探索科研任务和项目组织实施的新模式、新路径，探索订单式、揭榜式、悬赏式等多种项目合作制。

二是加强创新联合体建设。支持和引导行业龙头企业、创新型领军企业、重大创新平台等围绕产业发展和技术攻关需要，牵头整合产业链上下游资源和科研院所创新资源，组建任务型、体系化、高水平创新联合体。加大创新联合体的政策供给力度，健全完善创新联合体组建、运行、转建和退出全过程支持政策体系。大力引导资本市场各种要素资源向创新联合体汇聚，导入"贷""投""保"等灵活模式，鼓励社会资本利用股权投资、项目投资等多种形式积极参与创新联合体建设。积极开展创新联合体试点示范，探索建立高效的组

织机制和治理模式，优先支持创新联合体承接国家、省、市重大科技攻关项目，着力破解制约产业发展的瓶颈问题，牵引带动核心技术迭代创新。

三是创新成果转化新机制。创新科技成果产业化、商品化高效转化新机制，建立健全企业需求导向的技术转移价值链，全面提升科技成果转化效能。建立企业科技成果转化主体机制，分产业领域实施科技成果转化专项行动，深入推进科研院所创新资源与企业需求精准对接、深度合作、高效协同，支持企业推进需求牵引型、场景驱动型的科技成果转化及应用示范。深化技术转移服务体系建设，培育一批具有品牌影响力、示范性、专业化的技术转移机构，鼓励支持开展技术搜索、技术咨询、概念验证、技术投融资等专业服务。拓展国际技术导入转化机制，建设一批国际合作示范基地和科技成果转化中心，加快布局完善国际技术转移网络，服务支持科技企业开展全球研发、技术转移。

四是拓展技术应用新渠道。聚焦产业重点领域和关键环节，系统梳理产业技术基础能力，率先探索建立形成先进适用技术推广目录。完善企业新技术、新装备和新产品推广应用机制，探索分产业领域建立"优品链"供需对接和推广平台，助力企业精准匹配、推送撮合，进一步拓展企业新产品本地化应用渠道和提高配套效率。加大对本地创新产品的采购支持力度，通过优先采购、首购订购、提高预留份额等方式鼓励优先采购本地创新产品。充分发挥行业组织和专业机构作用，加强企业上下游、境内外供需对接，匹配、共享资源，不断提升技术推广的质量和效率。

（二）加强企业梯队培育，增强现代化产业体系支撑力

一是加快培育生态主导示范企业。突出重点，聚焦培育一批制造业产业生态主导企业，加快建立有利于产业生态的主导型企业孕育机制，支持企业瞄准重要战略资源、产业链关键环节和核心技术实施兼并重组，提高资源整合力、技术引领力、产业控制力，使企业成为根植性强和拥有核心竞争力的生态主导型"链主"企业。以更大力度支持企业构建开放型产业体系，提高全球价值链治理能级，形成一批具有关键资源整合权、技术标准话语权、利益分配主导权、终端市场控制权的世界级头部企业，持续提升在全球产业链生态中的主导力、支配力和影响力。

二是培育壮大优质中小企业群体。以补链、强链、延链为重点，在电子信息、生物医药、新能源等产业领域持续培育和壮大一批处于产业链核心环节的"专精特新""隐形冠军""单项冠军""独角兽"企业。引导和支持企业围绕行业关键技术、共性技术开展多主体、多维度、跨组织、跨领域的科技合作，实现更多关键技术点的突破，占据更多创新链关键节点。健全"专精特新"企业上市培育库和推荐辅导机制，推动更多"专精特新"企业在境内外主要证券交易场所实现上市，打造更多硬科技领军企业。

三是推动"点—链—网"联动发展。实施大中小企业协同发展促进产业链式集群发展升级行动，分类开展产业链大中小企业供需对接、技术需求对接、产销对接，构建线上线下相结合的大中小企业创新协同、产能共享、供应链互通的产业发展新体系。丰富拓展大中小企业融通对接渠道，牵引中小企业深度嵌入"链主"企业和行业龙头企业研发网络、生产网络、供应网络、销售网络、服务网络等，打造有需求保障的上下游中小企业高效协同合作网络体系，全面提升产业链供应链韧性和安全水平。

（三）创新要素配置供给，全方位赋能提质发展原动力

一是构建投融资支持新模式。创新完善产融深度对接机制，引导和支持金融机构加大应收账款融资、订单融资、预付款融资、存货及仓单质押等信贷服务力度，提高中小企业融资适配性、精准性、及时性。强化政府产业投资基金、国有投资基金的功能作用，完善激励与容错机制，重点支持制造业企业数字化、智能化、绿色化转型升级项目，战略性新兴产业产业链供应链关键项目，新兴产业培育发展项目等。完善"引导性股权投资+社会化投资+天使投资+基金投资"的多元化科技投融资体系，加大风投创投"投早、投小、投科技"的政策激励力度。培育若干具有较强行业影响力的科创投资机构品牌，支持有条件的产业链核心企业创设产业创投基金，为产业链上下游企业提供股权融资服务。探索建立"一群一金融超市"服务平台，有效连接集中银行、证券、保险、融资担保等金融资源，实现集群中小企业融资需求精准画像，促进个性化需求和金融供给服务高效对接。

二是创新引才留才育才机制。健全完善企业引进高端人才"直通车"机制，结合电子信息、生物医药、新能源、新材料等战略性新兴产业技术链需

求，利用大数据科学和人工智能技术绘制全球产业科技人才地图，鼓励企业布局海外"人才飞地"，加大对"人才+项目+平台"一体化引进资金配套和服务支持的力度。创新产业人才多元化培育机制，着力完善以企业为主体的高技能人才培养体系，推动校企共同体建设，加快建立终身职业技能培训制度，进一步扩大企业职业技能评价自主权，推动行业高技能人才队伍共育、共评、共享。大力推进高技能领军人才和产业紧缺人才培训，聚焦数字经济、先进制造业等重点产业，探索构建适合新业态、新模式的职业技能培训体系，加快培育适应传统制造业转型以及20个战略性新兴产业集群的高水平技术工人。构建系统的工匠培养选树机制，遴选培育大批优秀工匠，加强对工匠人才的激励、表彰和宣传。

三是创新供应链合作新路径。构建供应链网络大中小企业融合共生模式，强化"链长+链主"协同联动，分产业领域搭建供应链韧性服务管理与保障平台，鼓励产业链"链主"企业开展供应链配套对接，推动中小企业融入细分产业链，强化供应链供需联动、技术联动、资金联动，增强产业链供应链体系稳固性、自主性和安全性。积极开展制造业供应链智慧化建设应用试点示范，鼓励和支持头部企业、"链主"企业、大型企业等，充分利用5G、物联网、大数据、区块链等技术打造供应链数字化协作示范平台，建立连接性、承载性、拓展性、渗透性更强的平台服务供应链，实现供应链可视、可感、可控、可溯，加快提升产业链上下游中小企业的技术标准、产品质量、生产工艺水平、市场拓展能力等，形成大中小企业互利共赢、配合高效、协同共生的链网发展新生态。

四是完善风险预警防控体系。探索建立电子信息、生物医药、高端装备等重点产业领域产业安全数据库，构建能够全面、准确、系统反映产业链和供应链发展状况的指标体系，实时开展周期性、动态性评估及预测，准确厘清供应链短期、中期和长期的安全保障要求。分类建立供应链风险研判与预警机制，定期开展由政府部门、企业、协会、科研机构等参与的产业安全形势分析会，动态跟踪了解主要国家在重点产业领域实施的战略计划、制定的政策法规、存在的技术壁垒及当前的发展动态，提升风险及时识别发现、精准有效处置的能力，引导企业增强对外部不确定性风险挑战的预防能力和应对能力。

（四）打造优质发展生态，持续激发高质量发展示范力

一是创新数智化升级引导。开展数智化改造升级加速行动，健全"数字贷"平台，集中资源对工艺改造、设备更新、案例应用、平台建设等实施全方位支持，持续降低中小企业"数改智转"门槛和减轻资金压力，加快数智改造扩面增效。实施数字化改造和智能化升级示范样板工程，分行业、分区域、分集群绘制数字化、智能化转型升级引导路线图。聚焦20个战略性新兴产业集群，推动建设一批"产业大脑"和国家级工业互联网平台，提供统一的工业互联网能力底座，构建"云上产业链"系统发展新体系。探索建立制造业数智化改造升级评估体系，科学评价制造业企业数智化发展进程和转型成效，加强制造业企业数智化改造升级监测，为增强政策引导的精准性、协同性和失效性提供支撑，为加快提升"智改数转"能力和水平提供指引。

二是强化绿色化转型示范。推进绿色制造体系建设，按照全产业链和产品全生命周期绿色发展理念，分行业"一链一策"制定绿色转型升级配套措施，激励引导企业加强低碳、零碳、负碳等先进使用技术的研发和推广应用。健全市场导向绿色技术创新体系，打造一批行业绿色低碳技术创新载体，鼓励支持企业建立"产学研金介"深度融合的绿色技术创新联合体，提高绿色技术策源能力。实施绿色低碳技术改造示范引领工程，大力推进绿色工业园区建设，打造一批绿色示范标杆工厂、零碳工厂，加大绿色低碳产品开发力度，创建一批绿色低碳设计示范企业。

三是加强融合化提质增效。加快培育一批多元化融合试点示范企业，探索建立两业深度融合的新路径、新机制、新模式、新业态。支持制造业龙头企业由产品制造商向系统解决方案供给商转型发展，聚焦产业链协同，集聚资源优势，创新服务业态，拓展平台功能，提供弹性匹配、动态共享的生产性服务。引导生产性服务业企业向制造业领域渗透发展，以服务赋能制造，鼓励企业加快云计算、大数据、物联网、虚拟现实、区块链等新一代信息技术与制造业的融合应用，为生产制造提供精准、高效服务，培育智能经济新业态。加快推动战略性新兴产业融合集群发展，培育一批新型示范载体和标杆企业，强化产业技术跨域跨界深度融合和企业间耦合联动，增强知识溢出效应、拓展产业组织边界、扩展价值共创空间。

四是深化场景化创新应用。聚焦产业发展优势领域，坚持以企业为主体开展场景创新，实施"亮技术、亮产品、亮应用"场景示范工程，鼓励支持中小企业以市场化方式参与产业的场景创新与应用，加强场景创新解决方案的培育和供给，促进场景供需对接合作落地。建设一批产业升级场景，试点建设一批应用场景示范区，打造一批典型应用场景标杆项目，全方位展示标杆场景的推广示范价值，形成"制造业+互联网""制造业+人工智能""制造业+大数据"等新模式、新路径、新业态示范引领。创新政府采购需求管理，按照技术先进性、产业带动性、应用示范性等原则，加大政府采购支持力度，助推企业"三首"产品等进入重点工程、重大项目首试首用。

社 会 篇

B . 10
2023年广东社会发展报告

摘　要：　2023 年，广东采取有效措施增进民生福祉、提高人民生活品质，扎实推进共同富裕，深入实施"百县千镇万村高质量发展工程"，城乡、区域间居民收入差距逐渐缩小，就业、教育、医疗、社会保障和养老服务等民生事业稳步推进，平安建设和社会治理取得优异成绩，群众社会心态持续向好。但共同富裕进展受发展不平衡不充分制约，基本公共服务水平与先进省份有差距，城乡、区域间差距依然较大。2024 年，随着经济持续回升向好，广东社会发展将保持总体向好态势。未来，可从稳就业、促共同富裕、补齐公共服务短板等方面推进社会高质量发展。

关键词：　共同富裕　社会发展　民生事业

---

* 课题组成员：邓智平，博士，广东省社会科学院改革开放与现代化研究所所长兼社会学与人口学研究所所长、研究员，研究方向为社会发展与现代化、社会政策与社会治理；赵道静，广东省社会科学院社会学与人口学研究所助理研究员，研究方向为人口社会学、社会治理等；黄彦瑜，博士，广东省社会科学院社会学与人口学研究所助理研究员，研究方向为社会政策、科学与社会。

2023 年是广东深入贯彻落实党的二十大精神,"肩负起新时代新征程的使命任务,积极探索中国式现代化的广东路径,奋力在新征程中走在全国前列、创造新的辉煌"的关键之年,也是推进"百县千镇万村高质量发展工程"这一头号工程的开局之年。2023 年 6 月 20 日,中国共产党广东省第十三届委员会第三次全体会议做出了"锚定一个目标,激活三大动力,奋力实现十大新突破"的"1310"具体部署。在社会发展方面,"1310"具体部署要求"用心用情抓好民生社会事业,在推动共同富裕上取得新突破"。自 2023 年以来,广东围绕"增进民生福祉、提高人民生活品质,扎实推进共同富裕"的社会发展重点任务,各领域助力推动"百县千镇万村高质量发展工程",城乡区域间差距逐渐缩小,民生事业稳步推进,平安建设和社会治理有序开展,社会心态持续向好。随着"1310"具体部署的全面落地见效,2024 年广东必能把握经济大省要"真正挑起大梁"的要求,推动高质量发展取得更大突破,社会发展也必能保持总体向好态势。

一 2023年广东人民生活品质稳步提升

2023 年,广东深入实施"民生十大工程""百县千镇万村高质量发展工程",城乡居民收入差距持续缩小,农村居民生活水平不断提高,就业呈现回稳向好态势,教育、医疗卫生、"一老一小"社会保障、社会救助等公共服务保障能力持续增强,群众获得感、幸福感和安全感不断提升,推进共同富裕取得新突破。

(一)城乡收入差距不断缩小

1. 居民收入稳步增长,农村居民收入增速超过城镇居民

2023 年前三季度,广东居民人均可支配收入达 39325 元,同比名义增长 4.8%,比广东前三季度地区生产总值同比增速(4.5%)高 0.3 个百分点;扣除价格因素,实际增长 4.2%;[①] 从全国范围来看,广东居民人均可支配收入超出全国平均水平(29398 元)9927 元,位列全国第六(见图 1),但同比名

[①] 《2023 年前三季度广东居民收入和消费支出情况》,国家统计局广东调查总队网站,2023 年 10 月 19 日,https://gdzd.stats.gov.cn/sjfb/sjjd/202310/t20231019_181391.html。

义增速低于全国平均水平（6.3%）1.5 个百分点，扣除价格因素，实际增速
低于全国平均水平（5.9%）1.7 个百分点。

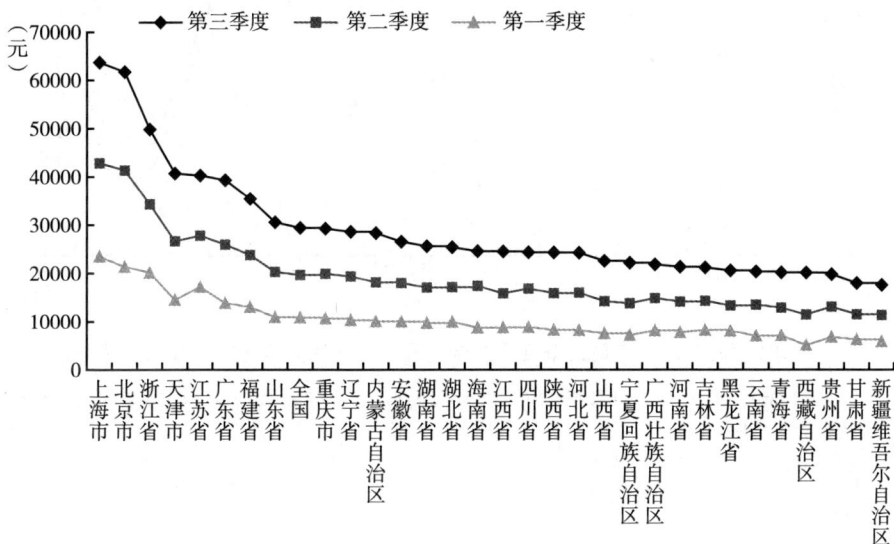

图 1　2023 年前三季度全国 31 个省（区、市）居民人均可支配收入

资料来源：国家统计局网站。

2023 年前三季度，广东城镇居民人均可支配收入为 47390 元，同比名义
增长 4.2%；扣除价格因素，实际增长 3.5%①。农村居民人均可支配收入为
19886 元，同比名义增长 6.2%；扣除价格因素，实际增长 6.5%②。自 2013 年
开展城乡一体化住户收支和生活状况调查以来，除 2019 年农村居民人均可支
配收入实际增速稍低于城镇居民外，其他年份农村居民人均可支配收入增速均
超过城镇居民（见图 2）。

2023 年前三季度，广东城乡居民人均可支配收入比为 2.38，低于全国平
均水平（2.51）。自 2013 年以来，广东城乡居民收入差距持续缩小，10 年间
城乡居民收入比下降了 0.29（见图 3）。

---

① 《2023 年前三季度广东经济运行情况分析》，广东统计信息网，2023 年 11 月 15 日，http://
stats.gd.gov.cn/tjfx/content/post_4284430.html。
② 《2023 年前三季度广东经济运行情况分析》，广东统计信息网，2023 年 11 月 15 日，http://
stats.gd.gov.cn/tjfx/content/post_4284430.html。

图2 2013年至2023年前三季度广东全省及城乡居民人均可支配收入实际增速

资料来源：2013~2022年数据来自《广东省统计年鉴2023》，2023年前三季度数据来自广东统计信息网。

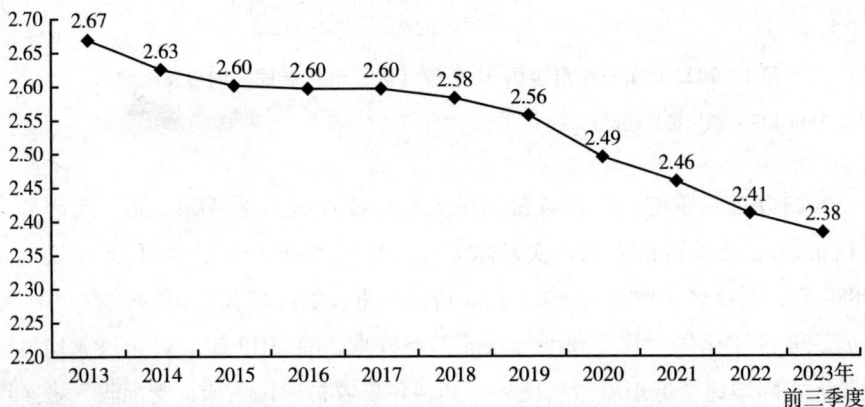

图3 2013年至2023年前三季度广东城乡居民人均可支配收入比

资料来源：2013~2022年数据来自《广东省统计年鉴2023》，2023年前三季度数据来自广东统计信息网。

2. 居民收入主要构成为工资性收入，农村居民财产净收入大幅提升

从收入结构看，工资性收入和经营净收入是广东居民收入的两个主要组成部分。2023年前三季度广东居民人均工资性收入达26435元，比全国平均水平高9688元，同比名义增长4.8%，占可支配收入的67.22%；人均经营净收

入为5042元，比全国平均水平高399元，同比名义增长8.6%，占可支配收入的12.82%；人均财产净收入为5160元，比全国平均水平高2606元，同比名义增长1.1%，占可支配收入的13.12%；人均转移净收入为2688元，比全国平均水平低2766元，同比名义增长4.9%，占可支配收入的6.84%①。

分城乡来看，在2023年前三季度城镇居民人均可支配收入中占比较大的是工资性收入、财产净收入和经营净收入，占比分别为68.4%、14.5%和11.5%；较2022年同期增幅最大的是经营净收入，增幅达9.4%，财产净收入增幅最小，为0.2%，工资性收入增幅为4.2%②。2023年前三季度，在农村居民人均可支配收入中占比较大的是工资性收入、经营净收入和转移净收入，占比分别为60.6%、20.6%和13.9%；较2022年同期增幅最大的是财产净收入，增幅达9.4%。农村居民工资性收入增幅也超过城镇居民，达6.2%（见图4和图5）③。

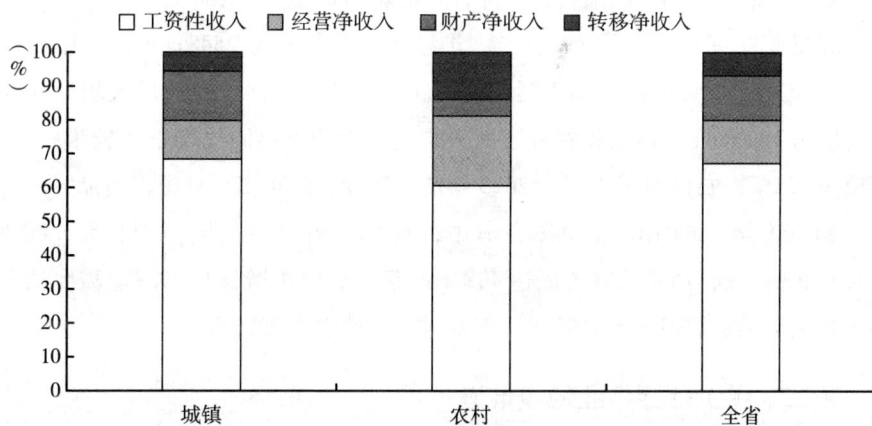

图4　2023年前三季度广东城乡居民人均可支配收入结构

资料来源：国家统计局广东调查总队网站。

---

① 《2023年前三季度广东居民收入和消费支出情况》，国家统计局广东调查总队网站，2023年10月19日，https：//gdzd. stats. gov. cn/sjfb/sjjd/202310/t20231019_181391. html。

② 《2023年前三季度广东城镇居民收支情况》，国家统计局广东调查总队网站，2023年10月20日，https：//gdzd. stats. gov. cn/dcsj/czjmsz/czjmszqk/202310/t20231020_181409. html。

③ 《2023年前三季度广东农村居民收支情况》，国家统计局广东调查总队网站，2023年10月20日，https：//gdzd. stats. gov. cn/dcsj/ncjmsz/ncnmxjszqk/202310/t20231020_181410. html。

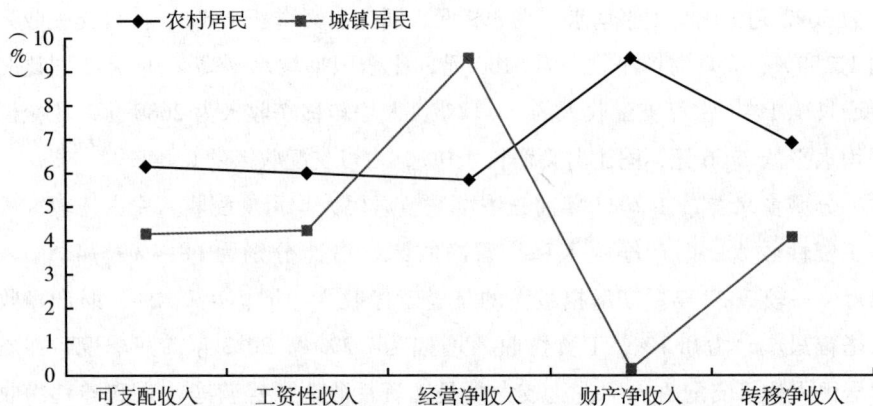

图5　2023年前三季度广东城乡居民人均可支配收入同比增幅

资料来源：国家统计局广东调查总队网站。

3.居民消费支出持续增长，农村消费品零售额增速超城镇

2023年前三季度，广东居民人均生活消费支出为25481元，同比增长5.2%。其中，城镇居民人均生活消费支出为29385元，农村居民人均生活消费支出为16069元，城镇和农村居民人均生活消费支出同比增长率较为一致，城镇为5.1%，农村为5.0%[①]。2023年前三季度，广东实现社会消费品零售总额3.51万亿元，同比增长5.4%。其中，城镇消费品零售额超3万亿元，同比增长4.9%；农村消费品零售额达4382.09亿元，同比增长9.7%[②]。城乡消费品零售额虽然在数值上差异较大，但乡村的消费潜力较城镇大。

（二）民生社会事业稳步推进

1.就业呈现回稳向好态势

提前超额完成就业目标任务。自2023年以来，广东积极面对就业压力增大的形势，深入实施就业优先战略，落实落细减负稳岗扩就业各项政策，召开就业工作调度会议，部署开展"南粤春暖"稳就业促发展特别行动、春风行

[①] 《2023年前三季度广东居民收入和消费支出情况》，国家统计局广东调查总队网站，2023年10月19日，https://gdzd.stats.gov.cn/sjfb/sjjd/202310/t20231019_181391.html。

[②] 《2023年前三季度广东社会消费品市场运行情况分析》，广东统计信息网，2023年11月15日，http://stats.gd.gov.cn/tjfx/content/post_4284442.html。

动暨就业援助月、"千名就业服务专员助万家重点企业"等系列活动，全力稳定就业局势。2023年前三季度城镇新增就业111.13万人，同比增加2.7%，提前完成全年城镇新增就业110万人以上的目标任务①，城镇调查登记失业率为5.4%，运行在5.5%的目标范围内，9月城镇调查失业率为5.2%②。

千方百计创造就业岗位。2023年，广东在确保机关事业单位等社会公共部门的招录岗位规模持续稳定的基础上，发挥市场经营主体作用，尤其是充分挖掘个体工商户的就业潜能。2023年，广东新登记148.66万个体工商户，登记数量同比增加32.2%，其中佛山、深圳和湛江个体工商户增量规模较大，湛江、肇庆和东莞增幅较大。截至2023年10月12日，广东实有个体工商户突破1000万户，同比增长12.46%；个体工商户占经营主体比例上升至56.45%；个体工商户户均创造就业岗位3.3个，同比增长7.14%，直接带动就业超3000万人③。

妥善解决高校毕业生就业难题。2023年，广东开展高校毕业生就业创业十大行动，截至8月已开展2300多场高校毕业生招聘活动；统筹开发34.6万个机关事业单位、国企、三支一扶、升学入伍等政策性岗位；广东各地人力资源和社会保障局局长走进企业，为求职者们拓展招聘岗位3.6万个④。同时，广东加快"产教评"技能生态链建设，推进中国特色学徒制，推行"岗位+培养"学徒就业新形式，支持企业面向普通高等院校和职业院校，创新开展学生学徒培养，解决"产业缺青年，青年缺就业"的结构性矛盾。预计广东"产教评"技能生态链企业将提供超10万个技术技能岗位⑤。

"南粤家政"工程向高质量发展迈进。"南粤家政"工程实施4年以来累计开展母婴、居家、养老、医护技能培训超150万人次，职业技能等级认定范

① 《广东：强培训 促就业 为高质量发展提供人才支撑》，南方网，2023年11月6日，https：//news.southcn.com/node_54a44f01a2/a654e24fb8.shtml。
② 《2023年前三季度广东经济运行情况分析》，广东统计信息网，2023年11月15日，http：//stats.gd.gov.cn/tjfx/content/post_4284430.html。
③ 《广东个体工商户突破1000万户 直接带动就业超3000万人》，广东省人民政府网站，2023年10月17日，http：//www.gd.gov.cn/gdywdt/bmdt/content/post_4267557.html。
④ 《擦亮"粤"字就业招牌 广东落实落细就业优先政策》，广东省教育厅网站，2023年8月11日，http：//edu.gd.gov.cn/ztzlnew/jycy/dt/content/post_4234730.html。
⑤ 《擦亮"粤"字就业招牌 广东落实落细就业优先政策》，广东省教育厅网站，2023年8月11日，http：//edu.gd.gov.cn/ztzlnew/jycy/dt/content/post_4234730.html。

围覆盖 13 个职业（工种）。打造区域品牌 46 个，培育选树"南粤家政"省级龙头、诚信示范企业 133 家；重点扶持建设南粤家政综合基地、培训基地、家政产业园、服务超市等平台 63 个，1000 多个基层服务站延伸至街道、社区。选树了一批素质优良、技艺精湛的家政标兵，累计 24 名家政好手获得省技术能手称号，约 400 名家政服务人员获得省乡村工匠家政专业人才职称，其中副高级以上职称 42 名，评选出一至五星级"南粤家政"服务人员超 400 名①。

2.高质量教育体系建设取得新进展

多举措推动基础教育均衡发展。2023 年 6 月，《广东省"百县千镇万村高质量发展工程"教育行动方案（2023—2027 年）》出台。该方案围绕优化县域教育资源配置、强化乡镇学校联城带村功能、补齐乡村教育发展短板、构建县域教育良好生态、提升教育服务支撑能力五大方面提出了 19 项工作措施。8月，广东启动百校联百县助力"百县千镇万村高质量发展工程"行动，截至11 月，首批 82 家高校院所与 57 个县（市）已全部完成结对签约，共达成 800多项合作项目②。11 月，广东部署推进义务教育薄弱环节改善与能力提升工作，从优化城乡学校布局、盘活教育资源、强化投入保障等方面促进义务教育质量提升。2023 年广东新增公办幼儿园学位超 6 万个，公办园在园幼儿占比达 52.78%（含购买学位），公办园和普惠性民办园在园幼儿合计占比达86.46%；截至 8 月新增公办义务教育学位 29.6 万个；优质基础教育集团培育对象实现 21 个地级市全覆盖③。

职业教育走在全国前列。为提升职业院校办学水平，增加优质教育资源供给，自 2020 年以来，广东投入近 400 亿元支持职业学校和职业实训基地建设，推动职业教育逐步实现高质量发展。截至 2023 年 9 月，广东包括技工院校在内的职业学校达 615 所，比新中国成立之初的 56 所，增加了近 10 倍，服务在校生 294.1 万人，每年为各行各业输送高素质技能人才超 70 万人，连续多年

① 《广东省第三届"南粤家政"技能大赛总决赛新闻发布会召开》，广东省人力资源和社会保障厅网站，2023 年 9 月 22 日，https：//hrss.gd.gov.cn/zwgk/xxgkml/gzdt/content/post_4257846.html。
② 《"双百行动"进行时 高校⇆县市，一场双向奔赴正在开启》，广东省教育厅网站，2023 年 11 月 17 日，http：//edu.gd.gov.cn/jyzxnew/zxlb/gx/content/post_4285161.html。
③ 《广东加快建设高质量教育体系，以高质量教育更好支撑高质量发展》，广东省教育厅网站，2023 年 12 月 19 日，https：//edu.gd.gov.cn/jyzxnew/gdjyxw/content/post_4302653.html。

保持高就业率①。建成国家级、省级在线精品课程 80 门、346 门，国家教师教学创新团队 23 个、国家"双师型"教师培训基地 10 个，"双师型"专任教师占比超 65%，全国教师教学能力比赛获奖数连续多年位居全国第一。培育建设产教融合型企业 1223 家，数量居全国第一。组织珠三角职业学校面向粤东、粤西、粤北地区"转移招生"，85% 的学生在珠三角地区实现就业。建立高职、中职生均拨款制度，将省属公办高职、中职学校生均拨款数额分别提升至 1 万元、0.8 万元；完善中职学生资助政策，将免学费补助标准提高到每生每年 3500 元，达到国家标准的 1.75 倍②。

高等教育布局更加合理。截至 2023 年 9 月，广东普通高校达 162 所，总量位居全国前列；21 个地级市实现本科、高职院校全覆盖；8 所高校入选新一轮"双一流"建设名单；中外、内地与港澳合作办学高校有 5 所，占全国一半③。2023 年 8 月，香港特区政府教育局与广东省教育厅签署《关于加强粤港教育交流与合作框架协议》，香港职业训练局与广东省教育厅签署合作备忘录，粤港澳大湾区教育交流和协作更加紧密。

3. 医疗卫生服务能力不断增强

医疗卫生资源稳步增长。根据《广东省卫生健康统计年鉴 2022》，2022 年广东拥有医疗卫生机构 59531 家④、床位 60.8 万张⑤、三甲医院 159 家、万元以上设备 112 万台，分别比 2021 年增长 2.59%、3.23%、8.16%、12.9%⑥。医疗资源人均占有量逐年提高。按照常住人口统计，2022 年广东每千人床位数

① 《"大有可为"到"大有作为"，广东职业教育继续走在全国前列》，广州日报网站，2023 年 9 月 27 日，https://www.gzdaily.cn/amucsite/web/index.html#/detail/2072118。
② 《"大有可为"到"大有作为"，广东职业教育继续走在全国前列》，广州日报网站，2023 年 9 月 27 日，https://www.gzdaily.cn/amucsite/web/index.html#/detail/2072118。
③ 《广东以办人民满意的教育为宗旨 推进教育高质量发展》，广东省教育厅网站，2023 年 8 月 25 日，http://edu.gd.gov.cn/jyzxnew/gdjyxw/content/post_4242357.html。
④ 医院 1812 家，基层医疗机构 56636 家，专业公共卫生机构 731 家，其他机构 352 家。
⑤ 医院有床位 49.7 万张（其中民营医院有 12.9 万张），卫生院有 6.7 万张，妇幼保健机构有 2.8 万张，专科疾病防治机构有 0.7 万张，社区卫生服务机构有 0.9 万张。
⑥ 《2022 年广东医疗卫生资源和医疗服务情况简报》，广东省卫生健康委员会网站，2023 年 7 月 3 日，http://wsjkw.gd.gov.cn/gkmlpt/content/4/4210/mmpost_4210974.html#2574。

为 4.81 张，较 2021 年增加 0.16 张①。每千常住人口卫生技术人员数、执业（助理）医师数、注册护士数分别为 7.26 人、2.65 人和 3.32 人（见图 6）②。基层医疗卫生人才队伍不断壮大。截至 2023 年 7 月，广东基层医疗卫生机构人员总数为 34.5 万人，比 2020 年增加 11.7%，每万人全科医生数从 3.12 人增加至 3.66 人③。广东已建成中医馆 1831 个，中医医疗机构达 2.4 万个，率先实现中医馆省域全覆盖，首家中医类全国重点实验室落户广东；2022 年中医诊疗量为 1.87 亿人次，占全省诊疗量的 23.3%，约占全国的 10%④。

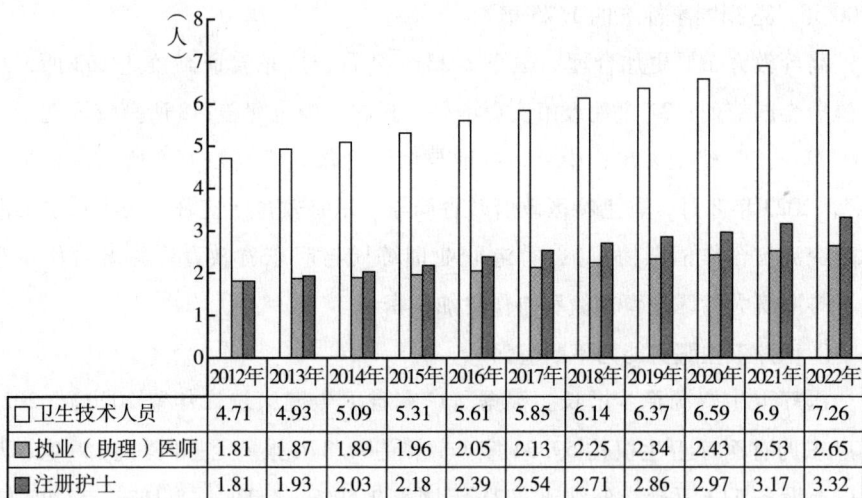

	2012年	2013年	2014年	2015年	2016年	2017年	2018年	2019年	2020年	2021年	2022年
□卫生技术人员	4.71	4.93	5.09	5.31	5.61	5.85	6.14	6.37	6.59	6.9	7.26
执业（助理）医师	1.81	1.87	1.89	1.96	2.05	2.13	2.25	2.34	2.43	2.53	2.65
■注册护士	1.81	1.93	2.03	2.18	2.39	2.54	2.71	2.86	2.97	3.17	3.32

图 6　2012~2022 年广东每千常住人口卫生技术人员数、
执业（助理）医师数、注册护士数

资料来源：《广东省卫生健康统计年鉴 2022》。

居民主要健康指标位居中高收入国家前列。广东孕产妇死亡率、婴儿死亡率分别从 2017 年的 11.03/10 万、2.53‰下降到 2022 年的 9.40/10 万、

① 《2022 年广东医疗卫生资源和医疗服务情况简报》，广东省卫生健康委员会网站，2023 年 7 月 3 日，http：//wsjkw. gd. gov. cn/gkmlpt/content/4/4210/mmpost_4210974. html#2574。
② 资料来源于《广东省卫生健康统计年鉴 2022》，为 2022 年底数据。
③ 《国家卫生健康委员会 2023 年 9 月 21 日新闻发布会文字实录》，国家卫生健康委员会网站，2023 年 9 月 21 日，http：//www. nhc. gov. cn/xcs/s3574/202309/f2d8a6d05c524f4190f94fe1eea3b535. shtml。
④ 《中医馆实现省域全覆盖　扩大中医药医保报销范围》，广东省人民政府网站，2023 年 11 月 24 日，http：//www. gd. gov. cn/gdywdt/bmdt/content/post_4289436. html。

2.27‰，居民期望寿命提高到 79.3 岁。2022 年，广东法定传染病报告发病率为 923.48/10 万，死亡率为 0.98/10 万，死亡率同比下降 2.44%；甲乙类传染病报告发病率为 356.71/10 万，死亡率为 0.98/10 万，死亡率同比下降 2.67%[1]。

群众看病就医智慧化、便利性显著提升。截至 2023 年 4 月，广东建成"互联网+医疗健康"示范医院 50 家，在全国率先实现所有三级医院和 90% 的二级医院均设有互联网医院和提供智慧医疗服务[2]。广东省远程医疗服务体系连接 177 家卫生健康行政部门、4504 家医疗卫生机构，实现 21 个地市和 57 个县的人民医院、中医院和妇幼保健院互联互通，率先明确 114 个首批医学检查检验结果互认项目，在广州、深圳两市实现 336 家医疗机构医学检查检验结果跨机构共享调阅[3]。《全国卫生健康信息化发展指数（2023）》[4] 显示，在指数排名前五十的城市中，广东有 10 个，位列全国第三，仅排在江苏和浙江之后。率先在全国开发"广东省智慧化多点触发疾病防控预警系统"，形成覆盖全省的智慧化疾病防控监测网络。

4. "一老一小"服务保障能力持续提升

养老服务体系更加健全。近年来，广东各类养老床位数持续攀升。截至 2023 年 8 月，养老机构达 1726 家，社区养老服务机构和设施超 2.1 万个；养老床位数达 45.25 万张，其中，养老机构床位数为 24.73 万张（护理型床位占 59.9%），社区养老服务机构床位数为 20.52 万张[5]。养老服务网络不断健全，搭建起城市"街道—社区—小区—家庭"四级服务网络、农村"县—镇—村"三级服务网络，城市社区建成"15 分钟养老服务圈"。社会保障覆盖人群规模位居全国前列。截至 2023 年 9 月，广东先行地区（省直、广州、深圳）已开

---

① 资料来源于《广东省卫生健康统计年鉴 2022》。

② 尚黎阳等：《在高质量发展中保障和改善民生》，《南方日报》2023 年 4 月 13 日。

③ 《国家卫生健康委 2023 年 11 月 7 日新闻发布会介绍全国医疗机构信息互通共享三年攻坚行动有关情况》，国家卫生健康委员会网站，2023 年 11 月 7 日，http://www.nhc.gov.cn/xwzb/webcontroller.do? titleSeq=11530&gecstype=1。

④ 《全国卫生健康信息化发展指数（2023）》由国家卫生健康委员会统计信息中心发布，从治理水平、建设水平和应用水平 3 个维度，对全国 337 个地市级及以上城市进行综合测算。

⑤ 《广东将编制养老服务清单 明确养老服务覆盖全体老年人》，广东省人民政府网站，2023 年 8 月 9 日，http://www.gd.gov.cn/zwgk/zdlyxxgkzl/mzxx/content/post_4233439.html。

通个人养老金账户逾 570 万户①，养老、工伤、失业保险累计参保 1.61 亿人次、基金累计结余 1.77 万亿元②。

长者饭堂高质量发展走在全国前列。为促进老年人助餐配餐服务更加便捷，广东深入推进覆盖全省的长者饭堂建设，尤其是粤东、粤西、粤北地区。2023 年 10 月，广东将老年助餐服务纳入基本养老服务清单。截至 2023 年 10 月，广东共有长者饭堂 2836 家③，《广州市建立"长者饭堂"提升社区居家养老服务水平》被中央改革办刊发推广，获评全国居家和社区养老服务改革试点工作优秀案例和广东全面深化改革工作会议 10 个改革典型案例之一。

"一老一小"健康服务能力提高。2023 年，广东出台《关于加强新时代老龄工作的实施意见》，深入开展"智慧助老""银龄安康行动""敬老月"活动，创建示范性老年友好型社区，推进老年友善医疗机构建设，强化老年人群重点慢性病早期筛查、干预及分类指导。新遴选一批广东医养结合示范机构，实施粤东、粤西、粤北地区医养结合扶持工程。妇幼健康服务更加普惠可及。持续推进"出生一件事"一站联办，全面实现生育登记信息化；实施母婴安全和健康儿童行动提升计划，继续实施妇女"两癌"免费检查和消除艾滋病、梅毒、乙肝等母婴传播项目。全省 21 个地市已实现免费婚前孕前产前健康检查全覆盖④。

构建社会共担的婴幼儿照护服务体系。广东率先修订完善生育登记管理办法、省域公立医疗机构设立托育机构试点，新增 2 个全国首批婴幼儿照护服务示范城市，提供托育服务的市场主体超过 6100 家、提供托位 32.8 万个⑤。全

---

① 《全省个人养老金制度先行实施工作推进会在广州召开》，广东省人民政府网站，2023 年 10 月 24 日，http：//www.gd.gov.cn/gdywdt/bmdt/content/post_4271027.html。

② 《广东 2023 年"社保服务进万家"活动启动》，广东省人民政府网站，2023 年 10 月 23 日，http：//www.gd.gov.cn/gdywdt/bmdt/content/post_4270201.html。

③ 《广东建成长者饭堂 2836 家》，广东省人民政府网站，2023 年 10 月 12 日，http：//www.gd.gov.cn/gdywdt/bmdt/content/post_4265444.html。

④ 《广东省卫生健康委员会 2022 年度部门整体绩效自评报告》，引用自《广东省卫生健康委关于报送 2023 年省级财政资金绩效自评报告及相关材料的函》，广东省卫生健康委员会网站，2023 年 7 月 31 日，http：//wsjkw.gd.gov.cn/zwgk/content/post_4259527.html。

⑤ 《广东省卫生健康委员会 2022 年度部门整体绩效自评报告》，引用自《广东省卫生健康委关于报送 2023 年省级财政资金绩效自评报告及相关材料的函》，广东省卫生健康委员会网站，2023 年 7 月 31 日，http：//wsjkw.gd.gov.cn/zwgk/content/post_4259527.html。

省有 1100 余所幼儿园开设托班，在托幼儿 2.4 万人。广州、珠海成功入选首批全国 3 岁以下婴幼儿照护服务示范城市。中山大学、华南师范大学等 14 所本科院校共有 20 个托育专业入选国家一流本科专业建设"双万计划"。广东 122 所技工院校开设幼儿教育、护理等相关专业，在校生达 6.5 万人①。

高质量建设儿童友好城市。2023 年 3 月，《广东省儿童友好城市建设实施方案》出台，明确提出到 2035 年，广东地级以上市 100% 开展儿童友好城市建设，打造具有广东特色的民生幸福标杆。《广东省儿童发展规划（2021—2030 年）》明确提出，全面推进儿童友好城市建设，建设 20 个儿童友好示范县（市、区）、200 个儿童友好示范镇（街道）、500 个儿童友好基地。2023 年 4 月，广东发布了首批省级儿童友好城市系列示范点；5 月，全国首部儿童友好街道（镇）层面指导性文件《广州市儿童友好街道（镇）建设指引》审议通过；韶关、惠州、中山、江门、清远、潮州等地设立了市级系列示范点②。

5. 兜住、兜准、兜牢民生底线

困难群体应保尽保。截至 2023 年 8 月，广东累计下达困难群众救助补助资金 84.5 亿元，向 136.22 万名城乡低保对象及 22.89 万名城乡特困人员等困难群众发放社会救助金③。广东底线民生信息化核对管理系统和低收入人口动态监测管理系统，覆盖省、市、县、镇 4 级共 1745 个单位，汇聚了 12 个政府部门、28 类商业银行及证券等单位，以及 18 类特殊困难群众基本信息，对 405 万名低收入人口进行监测预警。

残疾人保障和服务水平不断提高。2023 年，广东困难残疾人生活补贴从每人每月 188 元提高到每人每月 195 元，重度残疾人护理补贴从每人每月 252 元提高到每人每月 261 元；39.47 万名残疾人纳入低保，8.49 万名残疾人纳入

---

① 《广东正大力发展普惠托育服务》，广东省人民政府网站，2023 年 7 月 28 日，http://www.gd.gov.cn/zwgk/zdlyxxgkzl/mzxx/content/post_4226263.html。

② 《广东高质量建设儿童友好城市　打造独具特色的民生幸福标杆》，广东省人民政府网站，2023 年 6 月 1 日，http://www.gd.gov.cn/zjgd/sqdt/content/post_4190350.html。

③ 《广东今年已下达 2023 年困难群众救助补助资金 84.5 亿元》，广东省人民政府网站，2023 年 8 月 22 日，http://www.gd.gov.cn/zwgk/zdlyxxgkzl/mzxx/content/post_4239790.html。

特困供养①。广东实施残疾人两项补贴申请"跨省通办""全程网办",残疾人服务更加便利快捷。截至 2023 年 5 月,已有 1152 名残疾群众办理残疾人两项补贴"跨省通办""省内通办"申请业务②。

困境儿童保障能力全面提升。截至 2023 年 6 月,广东共有 1.1 万名孤儿、48 万名困境儿童(含 3 万名事实无人抚养儿童)、9 万名农村留守儿童③。自 2011 年以来,广东连续 12 年将提高孤儿基本生活保障列入省"十件民生实事",落实自然增长和价格补贴机制。2023 年集中供养孤儿、散居孤儿(含艾滋病病毒感染儿童、事实无人抚养儿童)每人每月基本生活最低养育标准分别提高至 2017 元、1359 元④。此外,对 18 周岁以上仍在全日制学校就读的孤儿、事实无人抚养儿童继续发放基本生活费。2023 年,广东在全国率先开展集中供养儿童照料护理补贴工作,开展儿童福利机构养育、医疗、特教、康复、社工一体化建设。推进"广东兜底民生服务社会工作双百工程",建成 1631 个乡镇(街道)社工站、9218 个村(居)社工点,实现社工站(点)全覆盖、困难群众和特殊群体社会工作服务全覆盖⑤。

慈善事业蓬勃有序发展。2023 年,广东出台《广东省推动慈善事业高质量发展若干措施》,不断完善慈善事业发展配套政策。在社区综合服务设施中建设慈善工作示范点,为社区提供高质量慈善帮扶服务。培育助力民生保障和乡村振兴类慈善组织,促进科教文卫体事业、环境保护等新兴慈善组织发展,创建诸如慈善广场、慈善社区(乡村)、慈善街道、慈善公园等慈善空间。截至 2023 年 7 月底,广东有慈善组织 1951 家,其中具有公开募捐资格的有 212 家,慈善财产

---

① 《广东不断提高残疾人保障和服务水平 全省超 156 万人次残疾人享"两项补贴"》,广东省人民政府网站,2023 年 5 月 22 日,http://www.gd.gov.cn/zwgk/zdlyxxgkzl/mzxx/content/post_4184510.html。

② 吴晓娴等:《广东不断提高残疾人保障和服务水平 全省超 156 万人次残疾人享"两项补贴"》,《南方日报》2023 年 5 月 21 日。

③ 吴晓娴、莫冠婷:《连续 12 年提高全省孤儿基本生活保障》,《南方日报》2023 年 6 月 2 日。

④ 《广东持续推动困境儿童保障能力全面提升 连续 12 年提高广东孤儿基本生活保障》,广东省人民政府网站,2023 年 6 月 2 日,http://www.gd.gov.cn/zwgk/zdlyxxgkzl/mzxx/content/post_4191190.html。

⑤ 《广东持续推动困境儿童保障能力全面提升 连续 12 年提高广东孤儿基本生活保障》,广东省人民政府网站,2023 年 6 月 2 日,http://www.gd.gov.cn/zwgk/zdlyxxgkzl/mzxx/content/post_4191190.html。

总规模超350亿元；志愿者人数达2200万人，在各类社区综合服务设施中建设志愿服务站点2.8万个，福彩公益金连续15年位居全国第一①。

6. 住房保障制度持续完善

自2023年以来，广东稳步推进保障性安居工程建设，完善配套政策措施，建立多主体供给、多渠道保障、租购并举的住房保障制度。截至2023年7月，广东已新筹建各类保障性住房14.1万套（间），发放租赁补贴5.03万户②。省财政已下达2023年度中央财政城镇保障性安居工程补助资金30.13亿元，重点推动保障性租赁住房筹集建设、城镇老旧小区改造、租赁补贴发放等工作。持续推动公租房和共有产权住房发展。截至2023年5月，新开工公租房9974套，新开工共有产权住房2940套，实施发放租赁补贴4.9万户，新筹建保障性租赁住房10.5万套（间）③。老旧小区改造提前完成年度目标，截至2023年8月，广东已开工改造老旧小区1409个，指标完成比例为128%，推进老旧小区改造的"楼道革命""环境革命""管理革命"④。另外，广东针对多子女家庭实施精准购房租房倾斜政策。

7. 平安广东建设和社会治理有序推进

群众平安建设满意度创历史新高。近年来，广东把平安建设融入经济社会发展全局，不断健全平安建设体系。2022年，广东人民群众对平安建设的满意度达98.4%、群众安全感超98.6%，均创历史新高⑤。广东设置了"1、3、5分钟"快速反应圈，组建最小应急单元，加强公安武警联合武装巡逻，打造网上网下融合、人防物防技防相结合、打防管控一体的社会治安新格局。2021~2023年，广东刑事警情、八类严重暴力犯罪案件、命案发案数均同比大幅下降⑥。针

① 《广东慈善财产总规模超350亿元 在教育医疗助残养老救灾等方面发力》，广东省人民政府网站，2023年9月7日，http：//www.gd.gov.cn/zwgk/zdlyxxgkzl/mzxx/content/post_4250091.html。
② 蒋雯菁：《鼓励盘活改造闲置房产 多渠道筹建保障性住房》，《广东建设报》2023年8月4日。
③ 张子俊、郎慧：《广东住房政策向多子女家庭倾斜》，《南方日报》2023年6月29日。
④ 《广东老旧小区改造完成年内指标》，广东省人民政府网站，2023年10月12日，http：//www.gd.gov.cn/gdywdt/bmdt/content/post_4265443.html。
⑤ 章宁旦：《广东构建"大安全"格局护航高质量发展 为平安建设铺好法治之轨畅通法治之道》，《法治日报》2023年9月25日。
⑥ 章宁旦：《广东构建"大安全"格局护航高质量发展 为平安建设铺好法治之轨畅通法治之道》，《法治日报》2023年9月25日。

对问题青少年、社区矫正对象等重点人群服务管理，社区矫正委员会实现省市县三级全覆盖，社会心理服务站（室）乡镇（街道）全覆盖。率先在全国出台《关于贯彻实施民法典进一步加强法治政府建设的意见》，率先建成行政执法信息平台和监督网络平台，实现省市县镇四级应用全覆盖，深圳、珠海、广州南沙区获评全国首批法治政府建设示范地区①。

社会治理现代化水平不断提升，矛盾纠纷得到有效化解。广东把乡镇（街道）作为"一站式"矛盾纠纷调处"主战场"，以综治中心为枢纽，以综合网格为单元，以"粤平安"社会治理云平台为支撑，整合法院、检察、公安、司法行政等基层力量，构建起"1+6+N"基层社会治理工作体系，提升社会治理体系和治理能力现代化水平。截至2023年9月，广东已建成镇街综治中心1609个，配备专兼职网格员19.6万名②，实现网格化服务管理全覆盖。2023年9月，广东实施《广东省群防群治组织监督管理规定》，进一步发挥群防群治组织在共建共治共享社会治理体系中的作用。截至2023年6月，广东省共有各类群防群治组织69429个、成员99.65万人③，协助开展社会治安、公共卫生、环境保护、应急管理、食品安全等领域工作。广东各地城区"一社区一警两辅"、农村"一村一警（辅）"覆盖率达100%。广东各地积极探索形成具有地方特色的新时代"枫桥经验"，广州"最小应急单元"、深圳群众诉求"光明模式"、珠海"平安+"指数、汕尾"民情地图"等经验做法在全国范围内推广，实现"小事不出村、大事不出镇、矛盾不上交"。2023年1~9月，广东法院新收案件224.1万件，同比下降0.6%；诉前调解民事、行政纠纷112.8万件，调解成功64.5万件，调解成功率达57.2%④。

---

① 章宁旦：《广东构建"大安全"格局护航高质量发展　为平安建设铺好法治之轨畅通法治之道》，《法治日报》2023年9月25日。

② 章宁旦：《广东构建"大安全"格局护航高质量发展　为平安建设铺好法治之轨畅通法治之道》，《法治日报》2023年9月25日。

③ 《〈广东省群防群治组织监督管理规定〉正式施行》，广东省公安厅网站，2023年9月4日，http://gdga.gd.gov.cn/jmhd/xwfb/content/post_4247323.html。

④ 《广东法院前三季度新收案件224.1万件，同比下降0.6%》，广东政法网，2023年10月27日，https://www.gdzf.org.cn/index/gzdt/content/post_144623.html。

（三）社会心态持续向好

1. 群众生活幸福感公平感评价较理想

根据广东省社会科学院省情调研网 2023 年度问卷调查数据①，49.9%的被访者认为生活"比较幸福"或"非常幸福"；45.7%的被访者中认为生活"一般"幸福；4.4%的被访者认为生活"非常不幸福"或"不太幸福"。近 3 年数据对比发现，被访者的幸福感总体比较平稳（见图 7）。当问及"认为社会公平不公平"时，48.2%的被访者选择了"比较公平"或"很公平"；38.0%的被访者选择了"说不上公平不公平"；13.8%的被访者选择"很不公平"或"比较不公平"。

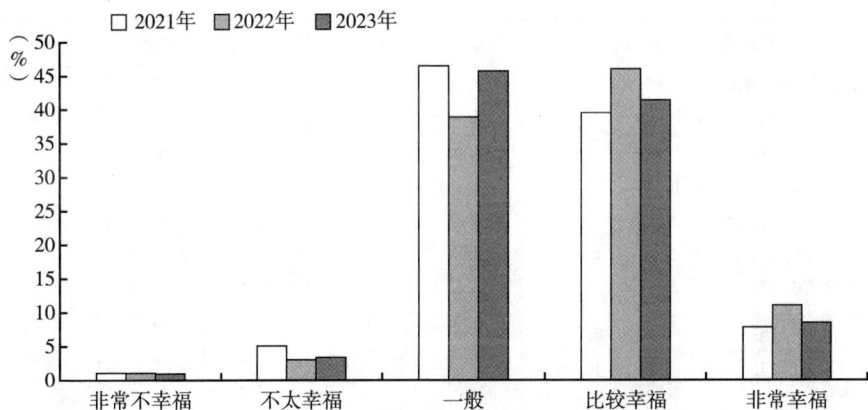

图 7 2021~2023 年广东城乡居民对生活是否幸福的评价

资料来源：广东省社会科学院省情调研网 2021~2023 年度问卷调查。

2. 城乡居民对党和政府解决各项问题的评价较高

根据广东省社会科学院省情调研网 2023 年度问卷调查结果，广东城乡居民对党和政府解决各项问题的评价均较好，95.5%的被访者对地方政府总体评价"非常好"或"比较好"。具体来看，评价"非常好"和"比较好"的比

---

① 广东省社会科学院省情调研网 2023 年度问卷调查，由广东省社会科学院于 2023 年 7 月至 10 月开展，调查覆盖深圳、江门、梅州和韶关的 73 个城乡社区，回收 827 份家庭户有效问卷。

重，从高到低排列依次是"打击犯罪，维护社会治安"（97.6%）、"保障公民的合法权利"（95.4%）、"保护环境，治理污染"（94.9%）、"为群众提供社会保障"（93.9%）、"提供医疗卫生服务"（93.5%）、"依法办事，执法公平"和"丰富群众文体活动"（92.6%）、"廉洁奉公，惩治腐败"（91.7%）、"政府信息公开，工作透明"（91.3%）、"提供优质教育资源，保障教育公平"（90.1%）等。在列出的14项问题中，居民在"保障食品药品安全"、"及时回应老百姓诉求"、"扩大就业，增加就业机会"以及"发展经济，增加居民收入"方面评价"比较好"或"非常好"的比重略低（见表1）。

表1　广东城乡居民对党和政府解决问题满意与否的评价情况

单位：%

党和政府解决的问题	很不好	不太好	比较好	非常好	不好说
提供医疗卫生服务	0.6	3.0	60.8	32.7	2.9
为群众提供社会保障	0.4	3.3	59.9	34.0	2.4
保护环境，治理污染	0.4	3.0	60.3	34.6	1.7
保障公民的合法权利	0.4	1.8	58.0	37.4	2.4
打击犯罪，维护社会治安	0.4	0.9	46.3	51.3	1.1
廉洁奉公，惩治腐败	0.7	3.6	50.2	41.5	4.0
依法办事，执法公平	0.6	3.0	51.6	41.0	3.8
发展经济，增加居民收入	0.4	6.9	54.3	34.8	3.6
扩大就业，增加就业机会	0.4	8.9	53.2	32.5	5.0
政府信息公开，工作透明	0.5	5.1	54.1	37.2	3.1
及时回应老百姓诉求	0.7	6.9	53.7	34.6	4.1
提供优质教育资源，保障教育公平	0.5	6.1	56.4	33.7	3.3
保障食品药品安全	0.4	8.0	54.3	33.9	3.4
丰富群众文体活动	0.2	4.0	56.9	35.7	3.2
总体来说，地方政府的工作	0.5	1.7	57.6	37.9	2.3

资料来源：广东省社会科学院省情调研网2023年度问卷调查。

3. 城乡居民对社会安全状况评价较好

根据广东省社会科学院省情调研网2023年度问卷调查结果，广东城乡居民对社会安全状况的评价情况较理想，96.5%的被访者认为总体上社会是"比较安全"或"很安全"的。具体来看，90%以上的被访者对"人身安全""财产安全""交通安全""劳动安全""环境安全"持"比较安全"或"很安全"的评价。

"个人信息（隐私）安全"（69.7%）、"食品安全"（75.6%）和"医疗/药品安全"（86.8%）等方面评价为"比较安全"或"很安全"的占比较低（见表2）。

表2　广东城乡居民对社会安全状况的评价情况

单位：%

评价项目	很不安全	不太安全	比较安全	很安全	不好说
人身安全	0.1	1.7	50.9	46.7	0.6
财产安全	0.1	2.2	56.8	39.4	1.5
交通安全	0.4	5.7	61.3	31.0	1.6
食品安全	1.9	18.6	54.2	21.4	3.9
医疗/药品安全	1.1	8.5	63.0	23.8	3.6
个人信息（隐私）安全	4.7	21.8	49.0	20.7	3.8
劳动安全	0.5	3.5	65.1	27.5	3.4
环境安全	0.1	5.1	62.8	29.7	2.3
总体上的社会安全状况	0.1	1.2	63.7	32.8	2.2

资料来源：广东省社会科学院省情调研网2023年度问卷调查。

二　广东社会高质量发展的短板和弱项

习近平总书记在广东考察时强调，"全体人民共同富裕是中国式现代化的本质特征，区域协调发展是实现共同富裕的必然要求。广东要下功夫解决区域发展不平衡问题"[1]。广东社会形势虽然总体向好，但仍存在不少短板和弱项，特别是发展不平衡不充分问题比较突出，需要通过持续加大力度逐步解决。

（一）城乡区域居民收入差距依然较大

1. 广东城乡居民收入比全国排名靠后

将全国31个省（区、市）的城乡居民人均可支配收入比由小到大排序，2023年前三季度广东排全国第20位，排名依然较为靠后。但与前几年相比，广

---

[1]　《习近平在广东考察时强调坚定不移全面深化改革扩大高水平对外开放　在推进中国式现代化建设中走在前列》，广东省人民政府网站，2023年4月13日，http://www.gd.gov.cn/gdywdt/zwzt/xsdzgts/tt/content/post_4168619.html。

东城乡居民收入比在全国的位次有所提升。2021 年广东城乡居民收入比排第 24 位，2022 年排第 21 位。总体来看，虽然广东的城乡居民收入差距在逐年缩小，但与全国其他省（区、市）相比，特别是与 2022 年人均 GDP 均超 10 万元的浙江、江苏和福建相比，广东城乡居民收入差距依然较大。如 2016 年至 2023 年前三季度，浙江城乡居民收入比均排在全国前 3 位，城乡居民收入比较广东低 0.5~0.6；江苏则一直位于第 6 位至第 8 位，城乡居民收入比较广东低 0.3；福建排在全国前 13 位，城乡居民收入比较广东低 0.1~0.3（见表 3）。

表 3　2016 年至 2023 年前三季度广东、浙江、江苏和福建城乡居民
人均可支配收入比及全国排名

年份	广东		浙江		江苏		福建	
	排名	收入比	排名	收入比	排名	收入比	排名	收入比
2016	19	2.6	2	2.1	6	2.3	11	2.4
2017	19	2.6	2	2.1	6	2.3	11	2.4
2018	19	2.6	2	2.0	6	2.3	11	2.4
2019	20	2.6	2	2.0	6	2.3	11	2.3
2020	20	2.5	3	2.0	7	2.2	9	2.3
2021	24	2.5	3	1.9	7	2.2	9	2.2
2022	21	2.4	3	1.9	7	2.1	10	2.2
2023 年前三季度	20	2.4	1	1.8	8	2.1	13	2.3

资料来源：2016~2022 年数据由《中国统计年鉴 2023》数据计算而得，2023 年前三季度数据由国家统计局网站公布的数据计算而得。

2. 粤东、粤西、粤北地区居民收入与珠三角地区差距较大

2023 年前三季度，粤东、粤西和粤北地区居民人均可支配收入均在 3 万元以下，珠三角地区居民人均可支配收入除了肇庆外均位于 3 万~6 万元，其中居民人均可支配收入最高的深圳达 59947 元，最低的揭阳为 20167 元，深圳居民人均可支配收入是揭阳的 2.97 倍（见图 8）。纵观 2017~2022 年四大区域居民收入情况，粤东、粤西、粤北地区居民人均可支配收入持续增长，由 2017 年的 2 万元左右增至 2022 年的 2.8 万元以上，但与珠三角地区的居民收入差距一直维持在 2.2 倍左右；珠三角地区城镇居民人均可支配收入是粤东、粤西和粤北地区的 2 倍左右；农村居民人均可支配收入差距相对小一些，珠三角地区是其他三区的 1.4~1.6 倍（见表 4）。

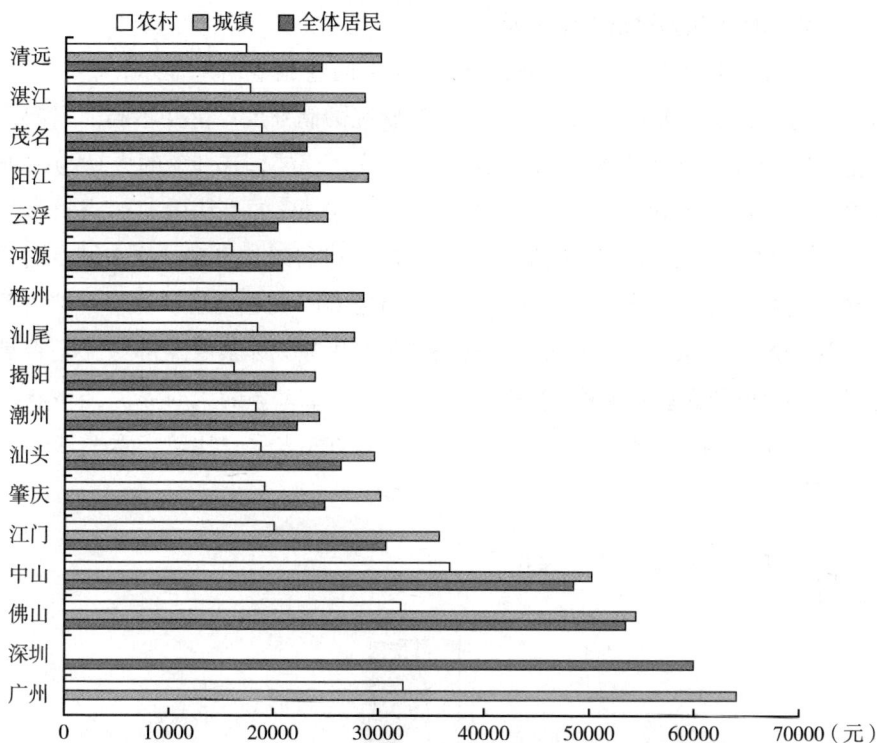

图8　2023年前三季度广东地级市居民人均可支配收入

说明：广州全体居民人均可支配收入暂未公布。深圳仅公布全体居民人均可支配收入。

资料来源：广东各地级市统计信息网，珠海、东莞、惠州和韶关未公布相关数据。

表4　2017~2022年珠三角地区与粤东、粤西、粤北地区居民人均可支配收入倍差

居民人均可支配收入倍差		2017年	2018年	2019年	2020年	2021年	2022年
全体居民人均 可支配收入	珠三角/粤东	2.17	2.20	2.22	2.23	2.25	2.21
	珠三角/粤西	2.19	2.21	2.22	2.18	2.21	2.18
	珠三角/粤北	2.23	2.25	2.26	2.24	2.25	2.22
城镇居民人均 可支配收入	珠三角/粤东	1.91	1.95	1.98	2.00	2.02	2.00
	珠三角/粤西	1.81	1.84	1.85	1.85	1.87	1.87
	珠三角/粤北	1.84	1.87	1.90	1.90	1.91	1.91
农村居民人均 可支配收入	珠三角/粤东	1.52	1.52	1.53	1.55	1.59	1.57
	珠三角/粤西	1.38	1.39	1.40	1.39	1.43	1.44
	珠三角/粤北	1.49	1.51	1.52	1.52	1.55	1.55

资料来源：根据《广东省统计年鉴2023》数据计算而得。

3. 六成居民认为贫富差距较大

广东省社会科学院省情调研网 2023 年度问卷调查结果显示，广东城乡居民普遍认为贫富差距较大，对家庭经济状况的满意度评价并不高。当问及贫富差距严重与否时，48.6% 的人认为"比较严重"，16.9% 的人认为"非常严重"，仅有 15.6% 的人认为"不太严重"，0.6% 的人认为"一点也不严重"，18.3% 的人表示"说不清"。近 3 年数据进行对比发现，广东城乡居民对贫富差距的评价变化并不明显，每年均有超 60% 的被访者认为当下贫富差距"比较严重"或"非常严重"（见图 9）。当问及对家庭经济状况是否满意时，50.1% 的人表示家庭经济状况"一般"，23.5% 的人对家庭经济状况表示"非常不满意"或"不太满意"，26.4% 的人表示"比较满意"或"非常满意"。

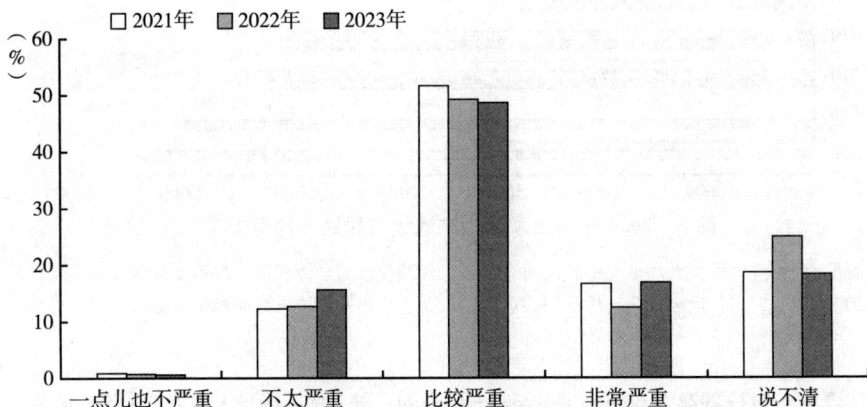

图 9　2021～2023 年广东城乡居民对贫富差距是否严重的评价情况

资料来源：广东省社会科学院省情调研网 2021～2023 年度问卷调查。

（二）教育、医疗和养老服务资源人均拥有量不及全国平均水平

1. 广东生师比超全国平均水平，教师总量仍显不足

广东常住人口规模多年位居全国第一，义务教育阶段在校生数亦多年居全国首位。比如 2022 年广东小学阶段在校生数超 1084 万人，占全国在校生总数的 10.1%，是唯一一个在校生人数超千万人的省份；初中阶段在校生达 453.6

万人，占全国在校生总数的 8.9%，仅次于河南的 493 万人，排全国第二①。与在校生规模庞大不相匹配的是教师队伍建设和教师编制总量不足的现状。2022 年全国各级教育生师比（教师人数为 1）数据显示，广东基础教育生师比高于全国平均水平，教师队伍缺口较大。2022 年，全国小学阶段生师比为 16.2，广东为 18.0，高出全国 1.8；全国初中阶段生师比为 12.7，广东为 13.8，高出全国 1.1。将各省份生师比从高到低依次排列，广东小学阶段生师比高居全国第二，仅低于贵州（18.19），与经济发展水平基本相当的浙江（16.93）、江苏（16.16）等省份差距明显（见图 10）。广东初中阶段生师比

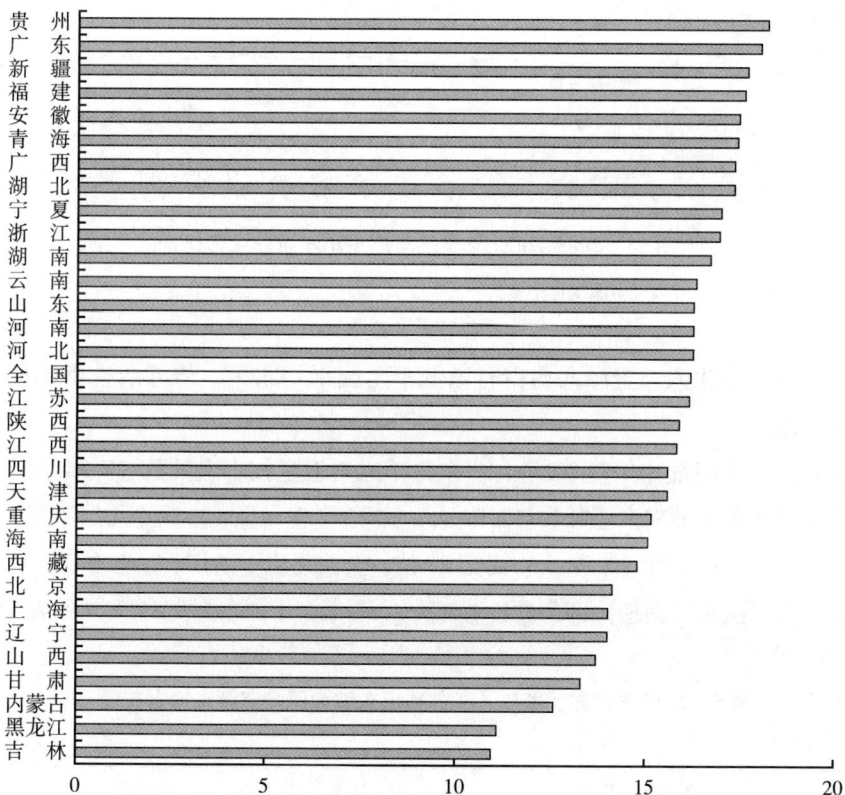

图 10 2022 年全国 31 个省（区、市）小学阶段生师比

资料来源：《中国统计年鉴 2023》。

---

① 资料来源于《中国统计年鉴 2023》。

仅次于广西和贵州，排全国第三。虽然自 2005 年以来，广东小学阶段生师比有较大幅度下降，但生师比数值仍较大，2022 年广东小学阶段生师比水平仍高于 2009 年全国平均水平（17.9）（见图 11）。

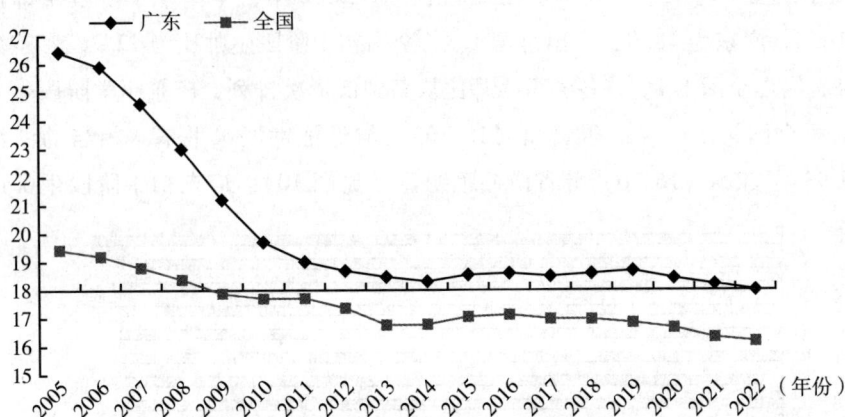

图 11　2005～2022 年全国与广东小学阶段生师比

资料来源：历年《中国统计年鉴》。

2. 医疗卫生人力资源人均占有量低于全国平均水平，与苏浙鲁相比仍有一定差距

根据《中国统计年鉴 2023》，广东每千人口卫生技术人员数（7.24 人）和每千人口执业（助理）医师数（2.63 人）在 31 个省（区、市）中均居第 30 位，每千人口注册护士数（3.32 人）居第 27 位，全面落后于浙江、江苏和山东，其中每千人口执业（助理）医师数比浙江少 1.12 人，比山东少 0.81 人（见表 5）。

表 5　2022 年广东、浙江、江苏和山东城乡医疗资源人均占有量

单位：人

各类医疗资源		广东	浙江	江苏	山东
每千人口卫生技术人员数	合计	7.24	9.32	8.38	8.62
	城市	7.87	11.16	9.59	10.97
	农村	5.62	7.64	6.88	6.66
	城乡差距	2.25	3.52	2.71	4.31

续表

各类医疗资源		广东	浙江	江苏	山东
每千人口执业（助理）医师数	合计	2.63	3.75	3.28	3.44
	城市	2.90	4.37	3.63	4.34
	农村	1.95	3.18	2.84	2.69
	城乡差距	0.95	1.19	0.79	1.65
每千人口注册护士数	合计	3.32	4.06	3.74	3.81
	城市	3.64	4.97	4.39	5.00
	农村	2.51	3.23	2.93	2.81
	城乡差距	1.13	1.74	1.46	2.19

资料来源：《中国统计年鉴2023》。

3. 人均养老服务资源水平低于全国平均水平，全国排名第22

根据《中国统计年鉴2023》，2022年广东每千老年人口养老床位数为26.6张，低于全国29.6张的平均水平，也落后于江苏的37.5张（排名第三）、山东的30.8张（排名第11）和浙江的29.0张（排名第14）（见图12）。

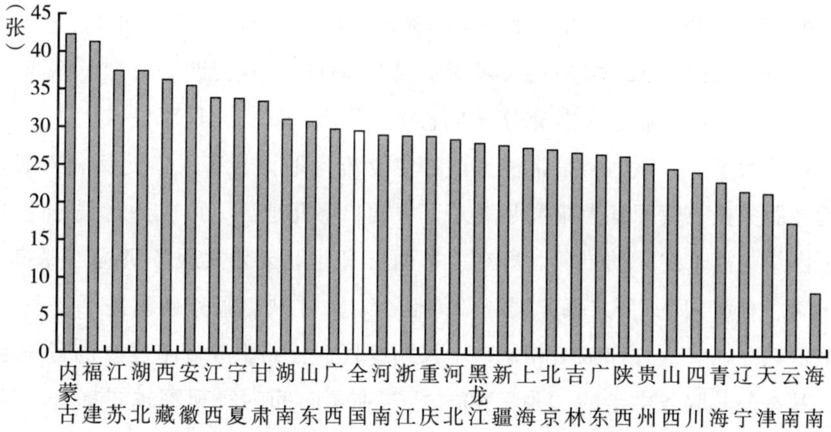

图12　2022年全国31个省（区、市）每千老年人口养老床位数

资料来源：《中国统计年鉴2023》。

（三）公共服务结构性短缺问题依然存在

1. 农村、城郊和城中村等薄弱地区公共服务不足

除粤港澳大湾区的中心城区、城市化发展程度较高的地级市城镇中心以外，广东薄弱地区，特别是广大农村地区、城市周边近郊、城中村等地，基本公共服务水平不高、普惠性公共服务供应不足、生活服务相对匮乏的问题依然存在。一方面，农村基本公共服务品质不高、规模数量不足的情况依然存在。改革开放后，广东经历了经济高速发展的阶段，但社会事业未能同步发展，农村等薄弱地区的公共服务整体仍处于较低水平。另一方面，缩小公共服务的城乡差距仍需进一步努力。比如，广东城市与农村的每千人口卫生技术人员数、每千人口执业（助理）医师数和每千人口注册护士数差距较大，特别是每千人口执业（助理）医师数，城市为 2.90 人，农村为 1.95 人（见表5）。若将医疗卫生人员学历、经验等人才素质计算在内，基本医疗服务的城乡差距将更大。

2. 不同区域间民生需求与供给存在错配

以长者饭堂建设为例，截至 2023 年 5 月，广东 2401 家长者饭堂中，珠三角地区占比为 79.2%，2022 年服务人次占广东总服务人次的 82.4%；粤东、粤西、粤北地区长者饭堂合计占比为 20.8%，2022 年服务人次占广东总服务人次的 17.6%[①]。第七次人口普查数据显示，粤东、粤西、粤北地区老年人口占广东老年人口的 52.5%，而长者饭堂仅有 500 家。这说明，粤东、粤西、粤北地区的长者饭堂服务未能充分满足老年人需求。珠三角地区投入大、受惠者众、补贴力度高，该区域是常住人口的主要流入地，老年人口比例相对较低，但为老服务投入资源却大幅高于粤东、粤西、粤北地区，形成为老服务区域之间、供给与需求之间的错配。粤东、粤西、粤北地区公共服务机构"基础差、底子薄、难留人"，公共服务领域"编制少、人才缺、服务品质提不上去"的困境依然存在。人才梯队培养是一个长期过程，公共服务设施建设也有一定周期，基本公共服务供给的"量"和"质"在短时间内实现跨越式提升，是在人才政策有效、财政支持有力、政策环境利好等因素高度耦合作用下才可能出现的结果。

---

① 广东省民政厅提供数据。

（四）基层治理力量仍较薄弱，区域差异较大

社会治理现代化需要充分发挥基层的力量，但现实情况是广东基层工作人员素质参差不齐，欠发达地区基层人才队伍代际更替明显，基层工作队伍和社区志愿者出现老龄化现象，年轻人到基层社区工作的意愿不高，很多激励机制和鼓励措施难以落实[①]。

2023 年广东省社会科学院省情调研网对深圳、江门、韶关和梅州四市的社区基层工作人员进行了问卷调查，回收了 357 份有效问卷。调查结果显示，基层工作人员平均年龄为 39.1 岁，年龄中位数是 37 岁，年龄分布在 23~66 岁。其中，深圳市工作人员平均年龄最小，为 34.6 岁，江门市为 37.2 岁，韶关市为 40.0 岁，梅州市工作人员平均年龄最大，为 43.8 岁。从受教育程度来看，基层工作人员平均受教育年限为 14.4 年。深圳市高学历人员占比最高，平均受教育年限为 15.9 年，江门市为 14.6 年，韶关市为 14.0 年，梅州市基层工作人员平均学历水平稍低于其他三市，平均受教育年限为 13.4 年。从月收入情况来看，四市基层工作人员的收入水平也有明显差异（见表 6）。

表 6　广东四市基层社区工作人员基本特征

城市	平均年龄（岁）	平均月收入（元）	平均受教育年限（年）
深圳市	34.6	6321.9	15.9
江门市	37.2	3848.0	14.6
梅州市	43.8	3256.2	13.4
韶关市	40.0	3093.2	14.0
总体情况	39.1	4070.7	14.4

资料来源：广东省社会科学院省情调研网 2023 年度问卷调查（社区工作人员问卷）。

从福利待遇来看，基层工作人员普遍缺乏激励机制和晋升机会。问卷调查结果显示，50%的基层工作人员未获得过任何形式的工作奖励，获得过奖励的被访者多是荣誉称号（占比为 58.0%），仅 11%的人获得了晋升机会。让被访

---

① 葛天任：《碎化与整合：中国社区发展与基层治理》，社会科学文献出版社，2019。

者对基层工作在经济收入、工作晋升和受人尊重方面进行打分（满分为 10 分），结果显示，工作晋升和经济收入的平均得分均在 6 分以下（见图 13）。

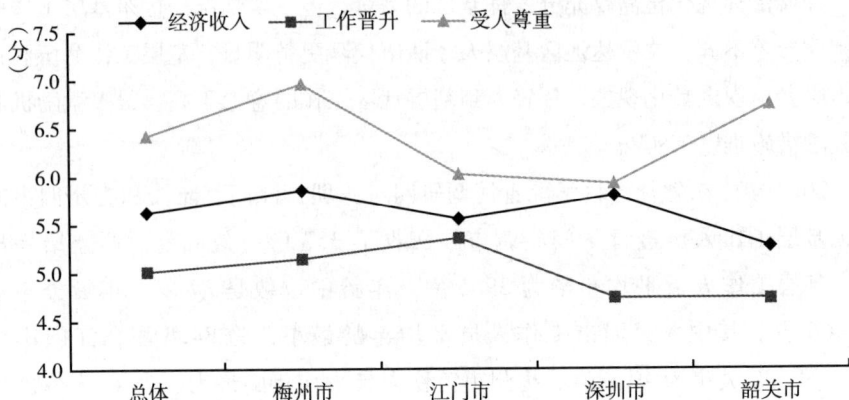

图 13　广东四市基层工作人员对基层工作的评分情况

资料来源：广东省社会科学院省情调研网 2023 年度问卷调查（社区工作人员问卷）。

三　2024年广东社会发展形势预测与对策建议

2023 年，中国经济回升向好，高质量发展扎实推进[①]。广东经济呈现"韧性强、活力足、潜力大，回升向好、长期向好的基本趋势"[②]。2024 年是新中国成立 75 周年，是实现"十四五"规划目标任务的关键一年。随着省委"1310"具体部署的全面落实，广东必能把握经济大省要"真正挑起大梁"的要求，将"稳中求进、以进促稳、先立后破"贯彻到经济工作各方面全过程，推动高质量发展取得更大突破。经济的回升向好、长期向好为社会高质量发展、民生福祉持续改善提供了有利条件；同时，随着"百县千镇万村高质量发展工程"的深入推进，2024 年广东城乡区域差距将逐渐缩小，基本公共服务均等化和一体化将加速实现，民生领域发展不平衡不充分问题将逐步得到解决。

[①]《中央经济工作会议在北京举行　习近平发表重要讲话》，中国政府网，2023 年 12 月 12 日，https://www.gov.cn/govweb/yaowen/liebiao/202312/content_6919834.htm。

[②]《省委财经委员会召开会议深入学习贯彻习近平总书记在中央经济工作会议上的重要讲话和中央经济工作会议精神　分析今年全省经济运行情况　研究部署明年经济工作　黄坤明王伟中孟凡利出席》，《南方日报》2023 年 12 月 19 日。

（一）2024年广东社会发展四大趋势

1. 人民群众急难愁盼问题将逐步得到解决

2023 年 12 月，中央经济工作会议指出，"综合来看，我国发展面临的有利条件强于不利因素，经济回升向好、长期向好的基本趋势没有改变，要增强信心和底气"。2024 年经济长期向好的信心和底气为中国社会发展注入了强大动力。中央经济工作会议明确 2024 年"保障和改善民生"方面"要坚持尽力而为、量力而行，兜住、兜准、兜牢民生底线。更加突出就业优先导向，确保重点群体就业稳定。织密扎牢社会保障网，健全分层分类的社会救助体系。加快完善生育支持政策体系，发展银发经济，推动人口高质量发展"①。从现实情况来看，广东在兜住、兜准、兜牢民生底线，保障就业等方面表现优异。为更好地破解民生短板和弱项，解决人民群众急难愁盼问题，2023 年 11 月广东发布《广东省"民生十大工程"五年行动计划（2023—2027年）》，细化未来几年就业、教育、医疗、住房、养老、育儿、交通、食品安全、消费者权益保护、平安等"民生十大工程"的重点任务。2024 年 1 月 23日，广东省政府工作报告指出，"始终坚持以人民为中心的发展思想，在高质量发展中增进民生福祉，大力促进共同富裕"是 2024 年要重点抓好的方面之一，"要把握和处理好发展经济与改善民生的关系，深入实施'民生十大工程'，及时回应人民群众合理诉求，把好事办好、实事办实、难事办妥"。可以预见，随着各项政策措施的贯彻落实，广东民生短板和弱项将逐一破解。

2. 公共服务高质量发展需求更加迫切

随着经济社会发展和中国式现代化的推进，城乡居民对民生事业发展和社会高质量发展的需求将更加迫切。当前及未来一段时间，人们对美好生活的向往与优质民生资源的供给不足间的矛盾将长期存在。根据广东省社会科学院省情调研网 2023 年度问卷调查，当问及"未来两年最期待改善的方面是什么"，被访者选择最多的 4 个方面是医疗服务（63.2%）、养老保障（54.5%）、中小学教育（44.1%）和劳动就业保障（35.8%）。这些亟须改善的领域正是广东

---

① 《中央经济工作会议在北京举行　习近平发表重要讲话》，中国政府网，2023 年 12 月 12日，https://www.gov.cn/govweb/yaowen/liebiao/202312/content_6919834.htm。

民生社会事业发展存在问题较多的领域。

现阶段广东公共服务规模和品质虽不断提升,但与人民群众日益增长的优质化、个性化、多样化生活服务需求相比还有一定差距。第一,人口增长将对公共服务供给提出新要求。随着新冠疫情过后经济逐步复苏与经济内循环的改善,广东的人口规模将呈现阶段性有序增长,对公共服务供给产生较大压力,在未来一段时间公共服务和产品供给如不能大幅提升,公共服务结构性短缺将在较长时间内持续存在。特别是随着人口老龄化的加剧,医疗和养老服务将面临较大压力。面对新的人口规模和人口结构变化,学前教育及中小学教育也需要及时做出政策调整。第二,国际化人才特区建设对公共服务国际化标准提出新要求。随着粤港澳大湾区建设的进一步深入,人口国际化进程加快,对人口治理机制、服务效能与国际接轨提出较高要求,粤港澳大湾区创新创业、教育、医疗、文化体育、养老等公共服务国际化水平将显著提升,亟须建设普适性国际移民安置体系和达到国际水准的公共服务体系。这对广州、深圳、珠海等地的公共服务,特别是南沙、前海、横琴、河套等地的公共服务品质提出新的要求。第三,城乡空间布局优化对公共服务均衡发展提出更高要求。随着2025~2035年国土空间规划的陆续出台,针对广东城乡空间重构,需要加快调整公共服务资源空间布局,促进公共服务设施与国土规划、人口变动和产业布局相匹配,促进产城人融合发展,提升公共服务的均衡发展程度。

3. 矛盾纠纷多发、散发的态势基本不变

随着经济体制改革不断深入,市场经济空前活跃,人民生活水平大幅提升,各种利益关系和矛盾纠纷复杂交错,未来广东社会层面矛盾纠纷多发、散发的态势基本不会改变。从全国情况来看,2022年全国调解的民间纠纷达892.3万件,比2021年增加18.1万件,其中邻里纠纷占25.3%和婚姻家庭纠纷占13.8%①。从广东省情况来看,2022年广东调解纠纷总数达41.7万件,虽然与2020年和2021年相比有所下降,但总量仍较大。民事案件诉讼代理数达90.3万件②。根据《2022年度广东省行政诉讼情况报告》,2022年广东法院新收行政一审案件25689件,占全国一审收案总数的9.2%。新收行政一审案件类型延续多元、分

---

① 数据来自《中国统计年鉴2023》。
② 数据来自《广东统计年鉴2023》。

散格局，其中，涉乡镇政府执法领域案件数量持续攀升，成为收案最多的案件类型，紧随其后的4类案件是劳动和社会保障、自然资源、城建、公安，这5类案件占广东新收行政一审案件的64.3%。2022年，广东行政案件在地域分布上仍较多集中在珠三角地区，案件数量占全省的76.1%；粤东、粤西、粤北地区新收行政一审案件比重呈上升态势，占全省的23.9%①。矛盾纠纷的多发、散发增加了社会风险隐患，需要广东完善社会安全风险治理，提升矛盾化解能力。

4. 居民生活预期向好但总体偏弱

中央经济工作会议指出社会预期偏弱是经济回升向好需要克服的困难和挑战。在社会发展层面，广东城乡居民的生活预期呈现向好但总体偏弱的特征。广东省社会科学院省情调研网2023年度问卷调查结果显示，被访者对5年前、2023年及5年后家庭经济状况的评价得分呈上升趋势，5年前平均得分为4.5分，2023年平均得分为4.7分，5年后的得分提升到5.4分。城乡居民普遍认为家庭经济状况未来会更好，但平均得分未到6分及格线（满分10分），说明人们对未来家庭经济的预期总体偏弱。当问及"未来半年内失业可能性"时，尚在就业年龄段的被访者中有13.1%的人选择"完全有可能"或"可能性比较大"，10.5%的人选择"有一点可能"，39.4%的被访者选择"不太可能"或"完全不可能"，37.0%的被访者选择"不好说"（见图14）。从结果上看，

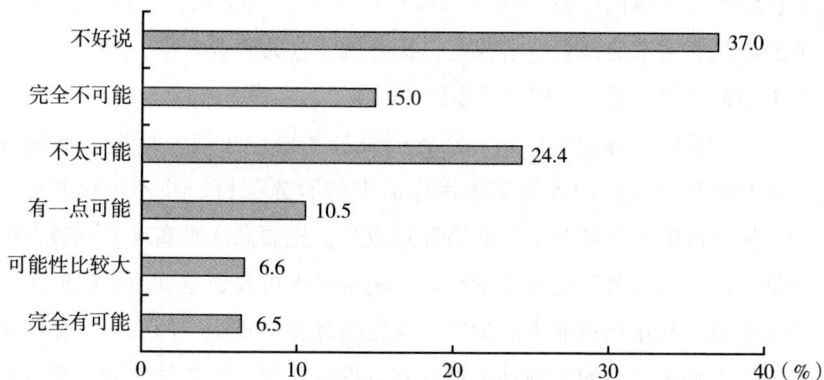

图 14 广东城乡就业居民对未来半年内失业可能性评价

资料来源：广东省社会科学院省情调研网2023年度问卷调查。

---

① 《2022年度广东省行政诉讼情况报告》，广东法院网，2023年7月21日，https：//www.gdcourts.gov.cn/gsxx/quanweifabu/baipishu/content/post_1218002.html。

仅有四成居民对自身就业前景有信心，更多被访者的就业预期不够明朗。2024年广东需要重点稳定就业，多渠道增加居民收入。

（二）对策建议

1. 多渠道促进居民增收，提振社会信心

发展不平衡不充分是广东经济社会高质量发展的最大短板。促进全体人民共同富裕是一项长期任务，居民增收既是共同富裕的表现，也是共同富裕的目标。未来，广东要以稳就业、扩岗位、创新业为主要着力点，多渠道促进居民增收。一是加快建设现代化产业体系，围绕"互联网+"、生命健康、新材料、人工智能等领域，大力发展新一代信息技术、前沿材料、生物医药、人工智能等高附加值产业，为城乡居民提供更多高收入的就业岗位。二是优化升级援企稳岗政策，完善普惠性创业扶持政策，扶持稳定市场主体，以创业带动就业。通过激发技能人才、新型职业农民、农业转移人口、科研人才等重点群体活力，带动居民增收。开展急需紧缺职业、新职业、新技能培训，通过实施职业技能提升行动提高居民就业技能和就业能力。继续实施"粤菜师傅""广东技工""南粤家政"三项工程。实施技工教育"强基培优"计划，培养能工巧匠、大国工匠。三是实施"万千农民素质提升行动"，拓宽农村居民收入渠道，重点增加农村居民经营性收入和财产净收入。四是强化欠薪问题源头治理，维护新就业形态劳动者合法权益，提升就业公共服务水平。

2. 大力补齐民生短板，保障基本民生需求

高强度加速度补齐制约广东经济社会发展的民生短板，特别是增加《国家基本公共服务目录》中保障基本民生需求的服务项目，补齐医疗教育、托育托老、住房保障等领域基本公共服务短板。首先要高水平实现基础教育扩容提质增量，发展更加公平更高质量教育。坚持公平可及、适度超前的原则，结合人口变动趋势和重点产业布局情况，优化基础教育资源空间布局，保障基础教育资源供需平衡。全面实施基础教育质量提升工程，推进幼儿园、义务教育学校、普通高中和特殊教育学校标准化建设，全面改进学校办学条件。继续推进集团化办学和学区化管理，增强薄弱学校自身造血机能。

其次要高强度推进基层医疗卫生体系建设，建设更高水平的健康广东。高强度支持县域、区属、基层医院发展，从医疗设施、仪器设备、人力资源方面

入手，快速提升薄弱地区医院，特别是承担基本卫生服务的县区医院、妇幼保健院整体管理水平和业务水平，使其尽快提升为二级及以上医疗卫生机构。充分发挥县区属医院在基层卫生体系中的龙头作用，充分发挥技术指导单位的公共卫生管理职能。进一步整合医疗卫生资源，推动县区医院与社区卫生服务中心（卫生站）的纵向资源流动，提高基层医疗卫生机构的整体运作效率，建立健全"基层首诊、双向转诊、急慢分治、上下联动"的分级诊疗模式，推动公共卫生服务与医疗服务高效协同、无缝衔接。

最后要着力完善"一老一小"公共服务体系，推动人口高质量发展。创新公办托育体制，鼓励采取公建民营、购买服务等方式推动托育机构高效运营；推动有条件的公办幼儿园开办托班。增加民办普惠托育供给，完善托育服务奖补和税收优惠等支持政策，支持企事业单位、社会组织或个人，单独或联合新建、扩建一批连锁化、专业化、标准化的托育服务机构。大力发展普惠型养老服务，建设大湾区养老服务综合改革示范区。完善社区居家养老服务网络，推进公共设施适老化改造，发展社区嵌入式养老。积极引导社会力量和社会组织参与养老服务，培育一批在粤港澳大湾区具有影响力和竞争力的养老服务品牌，推动跨境养老服务发展。

3. 释放大湾区发展动能，提升公共服务品质

推动粤港澳公共服务供给协同发展，全面有机衔接港澳与广东的福利保障制度，优先在民生领域实现规则衔接、机制对接。打造对标国际一流水平的"湾区标准"，提升公共服务品质，满足人们的优质化、个性化、多样化生活服务需求。一是探索粤港澳合作在南沙、前海、横琴等地开办社会福利机构，优先在养老服务、残疾人康复、公共教育和医疗卫生领域合作开设社会福利机构。二是探索建立"社会保障可携性"机制，推动"在粤港人""在粤澳人"社会福利可携试点，探索推动允许港澳居民以"电子券"异地结算的形式在广东享受医疗、教育、养老等福利。三是推动粤港澳服务标准对接。参照香港公共服务提供的"民、官、商"跨界别协作模式，探索推动粤港澳三地养老服务、医疗服务、公共教育、法律服务等行业从业人员水准评价，实现社会服务业与国际标准接轨。四是探索建立粤港澳大湾区社会福利专业人才合作培养基地。推动港澳青年医学专家、公共卫生专家、教育专家等人才来粤交流、执业，鼓励港澳青年来粤创业就业。

4. 健全基层人才培育机制，提高社会治理专业化水平

基层人才素质反映社会治理专业化水平，高质量的基层人才队伍能有效化解矛盾纠纷，降低社会风险隐患。广东要健全基层人才培育机制，全面提升"头雁"工程质量，加大力度培育粤东、粤西、粤北地区基层工作者，将基层队伍建设纳入人才发展工作体系。在全省层面，完善基层治理考核评价体系和人员考核晋升机制，提升基层工作者的薪酬待遇。研究制定社区工作者职业化薪酬体系，建立基层干部、社区工作者和社会工作者薪酬待遇与职工平均工资动态调整机制。为社区高职级工作者提供晋升为事业单位编制人员、公务员的通道，增强社区工作者的职业认同感和归属感。针对农村地区和粤东、粤西、粤北地区，充分挖掘本土人才，鼓励外出就业人员回乡返乡参与村镇基层治理，给予荣誉、资金、评职、评选等方面综合优待政策，积极选树优秀典型，充分宣传，使其发挥模范带头作用。

B.11
2023年广东人口发展报告

广东省社会科学院社会学与人口学研究所课题组*

摘　要：　全面认识、正确看待人口发展新形势，探索以人口高质量发展支撑中国式现代化的广东路径，是广东高质量发展的必然要求。2023年，广东人口规模大、劳动年龄人口资源丰富的优势持续显现；自然增长进入人口转变后期，出生率和死亡率实现低位均衡；人口城镇化水平持续稳定提高，人力资源和人口区域分布不断优化。2024年，广东将继续保持人口规模优势和结构优势，人口素质将稳步提升，人口红利将叠加人才红利助力高质量发展。应以系统观念统筹谋划人口高质量发展，完善生育支持政策体系，积极应对少子化、老龄化趋势，加快培育素质优良、总量充裕、结构优化、分布合理的现代化人力资源，以人口高质量发展支撑广东在推进中国式现代化建设中走在前列。

关键词：　人口红利　人才红利　少子化　老龄化

　　人口规模巨大是中国式现代化的鲜明特征，也是全面建设社会主义现代化国家的基本国情。二十届中央财经委员会第一次会议指出："以人口高质量发展支撑中国式现代化。"① 推动人口高质量发展是广东在推进中国式现代化建设中走在前列的必然选择。2023年，广东始终坚持人口均衡发展的战略定位，紧扣"稳规模、调结构、优布局、提质量"主题，发挥人口规模优势和结构

　＊　课题组成员：李超海，博士，广东省社会科学院社会学与人口学研究所副所长、研究员，研究方向为城乡社会学；赖妙华，博士，广东省社会科学院社会学与人口学研究所助理研究员，研究方向为社会人口学；张龙，博士，广东省社会科学院社会学与人口学研究所助理研究员，研究方向为农村社会学；杨雪，博士，广东省社会科学院社会学与人口学研究所助理研究员，研究方向为家庭社会学。

　①　《习近平主持召开二十届中央财经委员会第一次会议》，中国政府网，2023年5月5日，https：//www.gov.cn/yaowen/2023-05/05/content_ 5754275. htm。

优势，扎实推进人口高质量发展。2024 年，广东应聚焦推动实现适度生育水平和人口规模，积极应对少子化、老龄化、区域人口增减分化带来的挑战，推进教育强省、人才强省建设，着力提高人口整体素质，加快塑造素质优良、总量充裕、结构优化、分布合理的现代化人力资源，促进人口与经济社会发展良性互动，为广东高质量发展提供更加坚实的人口支撑。

一 2023年广东人口高质量发展根基继续夯实

2023 年广东人口数量稳居全国首位，人口规模大仍是基本省情和显著优势；生育支持政策体系逐渐完善，新时代婚育文化行动自觉进一步加强，出生人口、结婚人数继续领跑全国，推动实现适度生育水平、促进人口长期均衡发展成效显著；人口城镇化稳步推进，人口区域布局持续优化；人口素质持续提升，人才红利逐步形成，人口高质量发展根基不断夯实。

（一）人口规模大仍是广东的基本省情和显著优势

1. 常住人口规模大且稳定增长

2022 年在疫情散发多发因素影响下，广东作为外省务工人员输入大省，出现省外流动人口暂时回流返乡的阶段性现象，省外流动人口呈小幅波动①。2022 年末，广东常住人口为 12656.8 万人，比 2021 年末减少 27.2 万人。2023年开春，广东召开全省高质量发展大会，扎实抓好"双区"和横琴前海南沙三大平台建设、坚持实体经济为本制造业当家、"百县千镇万村高质量发展工程"、绿美广东生态建设、构建全过程创新生态链、推动产业有序转移等重大部署落实②，为全省经济发展注入强心剂。广东社会经济发展稳步向好，人口恢复稳定增长。预计 2023 年末，广东常住人口将达到 12739.8 万人，分别比 2022 年和 2021 年增加 83.0 万人和 55.8 万人（见图1）。在全国人口增长势能

① 《2022 年广东常住人口继续稳居全国之首 稳定增长》，广东统计信息网，2023 年 4 月 2日，http://stats.gov.cn/tjkx185/content/post_ 4147054.html。

② 《全省高质量发展大会召开 振奋精神 群策群力 苦干实干 扎实推进广东高质量发展实现新的跨越 黄坤明王伟中黄楚平林克庆孟凡利出席》，广东省人民政府网站，2023 年 1月 28 日，https://www.gd.gov.cn/xxts/content/post_ 4086335.html。

持续减弱背景下，广东人口仍保持惯性低水平增长。人口规模巨大是广东推动高质量发展的显著优势。

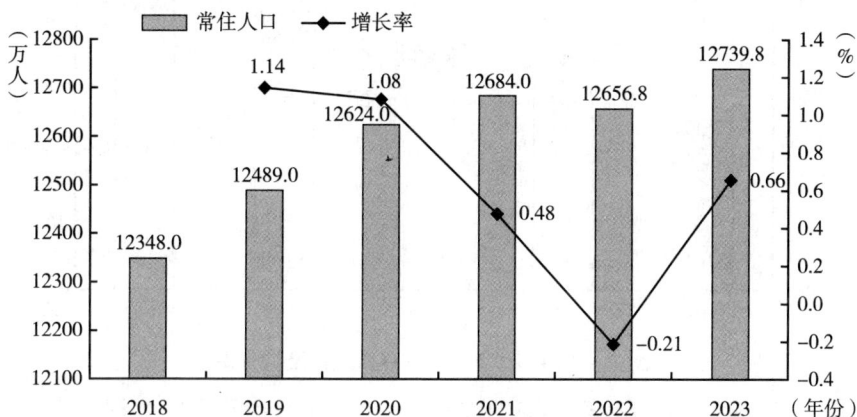

图1　2018～2023年广东常住人口规模及增长率

资料来源：2023年人口数据为课题组预测，其他数据均来自《广东统计年鉴2023》。

2. 户籍人口规模创新高

2022年末，广东户籍人口为10049.72万人，首次过亿。2022年比2021年增加102.77万人，增长率为1.03%，户籍人口总量保持增长态势。自然增长和迁移增长共同影响人口增减变动。2022年广东户籍人口迁入121.27万人，迁出72.68万人，净迁移人口为48.59万人，分别比2021年减少23.47万人、10.56万人和12.91万人。2022年广东户籍人口迁入率为12.13‰，比2021年降低2.52个千分点；迁出率为7.27‰，减少1.16个千分点；净迁移率为4.86‰，减少1.37个千分点。2018～2022年，广东净迁移人口波动下降，从2018年的64.99万人下降到2022年的48.59万人，5年间减少16.40万人，降幅达25.23%。户籍人口自然增长规模逐年下降，从2018年的120.22万人下降至2022年的54.18万人，5年间减少66.04万人，降幅达54.93%（见图2）。从自然增长和机械增长对户籍人口增长的贡献率来看，2022年净迁移人口对户籍人口增长的贡献率为47.28%，比2021年增加2.81个百分点，机械增长对户籍人口增长的贡献率不断提高。广东户籍人口逐渐形成自然增长和机械增长各占半壁江山的增长格局。

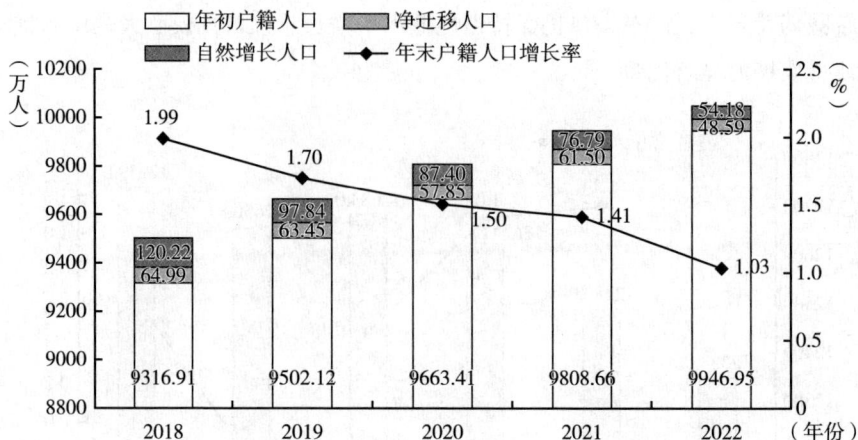

图2 2018~2022年广东户籍人口及增长率

资料来源：根据《广东统计年鉴2023》户籍人口、户籍人口迁移情况等计算而得。

（二）持续推动实现适度生育水平

1. 人口进入转变后期，出生率和死亡率实现低位均衡

现代化进程中，人口发展会从高出生率、高死亡率和低自然增长率的传统人口再生产类型向低出生率、低死亡率和低自然增长率的现代人口再生产类型转变。改革开放前广东人口经历死亡率先下降、出生率处于相对高位、自然增长率处于较高水平的快速增长时期。自改革开放以来，人口死亡率稳定在低水平。2013年以来，国家优化生育政策，"单独两孩""全面两孩""全面三孩"政策相继实施，广东人口出生率略有回升后继续下降。2022年人口出生率为8.30‰，人口自然增长率为3.33‰（见图3）。综合判断，当前广东人口出生率、死亡率和自然增长率实现低位均衡，处于现代人口转变后期，人口保持惯性增长态势。

2. 出生人口规模继续领跑全国

2022年，全国出生人口为956万人，比2021年减少106万人。2023年，全国出生人口为902万人，比2022年减少54万人。人口进入负增长时期，出生人口规模将持续下降。长期以来，广东出生人口保持在100万人以上，2022年是唯一一个出生人口超百万人的省份。与全国出生人口变动趋

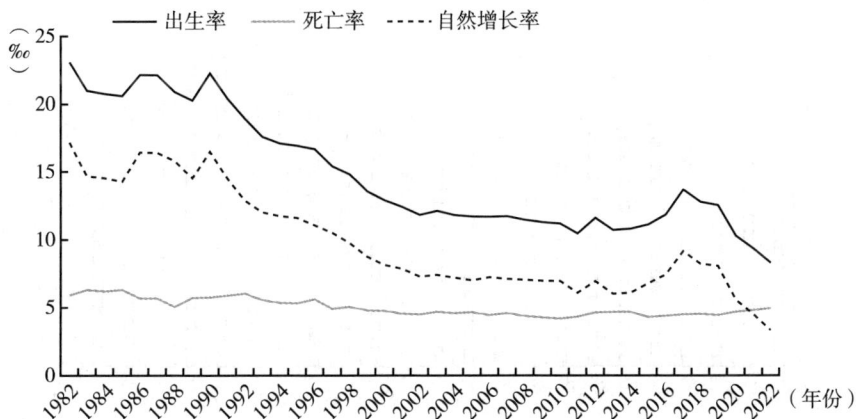

图3　1982~2022 年广东人口出生率、死亡率及自然增长率

资料来源:《广东统计年鉴 2023》。

势相似，广东人口再生产面临压力，育龄人群逐渐减少，出生人口数量、人口自然增长率呈现下降趋势。2013 年国家实施"单独二孩"、2016 年实施"全面二孩"政策，广东出生人口规模出现小幅上升，从 2013 年的 113.73 万人上升至 2017 年的 151.63 万人，2018 年和 2019 年分别为 143.98 万人、143.38 万人。生育政策的效应逐渐减弱，2020 年广东的出生人口下降至 129.08 万人，2021 年出生人口下降至 118.31 万人，2022 年出生人口进一步降至 105.2 万人（见图4）。广东省妇幼保健院最新数据显示，2023 年 1~5 月广东住院分娩月报表活产数比 2022 年同期增加6.7%[①]，预计 2023 年出生人口规模将有小幅增加。

3. 登记结婚人数居全国前列

2022 年中国登记结婚对数为 683.5 万对，较 2021 年减少约 81 万对；初婚人数为 1051.76 万人，首次低于 1100 万人。适婚人数减少、初婚年龄推迟、婚恋观念发生变化是初婚人数减少的重要因素。2022 年，广东登记结婚对数为 57.3 万对，登记结婚对数居全国首位；初婚人数为 96.88 万人。根据《广东民政事业统计季报》，2023 年前三季度广东登记结婚 43.7 万对，较 2022 年

[①] 《广东连续三年出生人口超 100 万》，羊城晚报网站，2023 年 7 月 10 日，https://ep.ycwb.com/epaper/ycwb/html/2023-07/10/content_ 2_ 585347. htm。

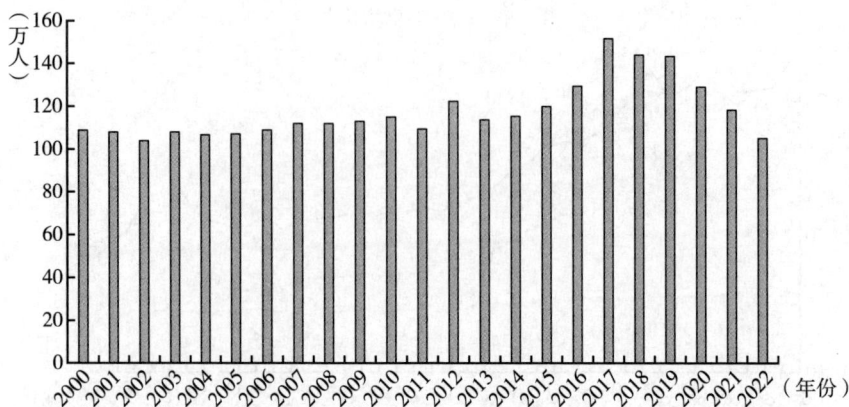

图4 2000~2022年广东出生人口规模

资料来源：《广东统计年鉴2023》。

同期增长0.4万对，同比增长0.92%（见图5）。广东登记结婚人数与人口规模有关，也与广东人口年龄结构较年轻、适婚人口较多密切相关。预计2023年广东登记结婚人数较2022年略有回升。

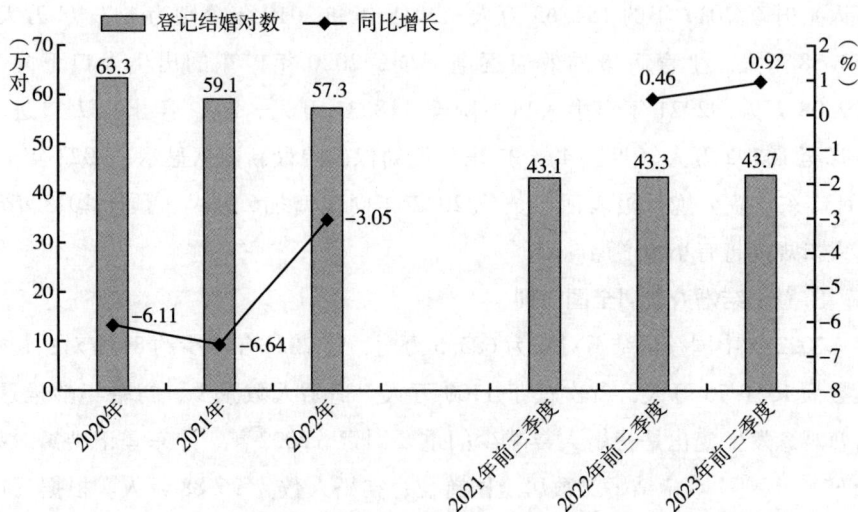

图5 历年广东登记结婚对数及增速

资料来源：季度数据来自2021年第三季度、2022年第三季度和2023年第三季度《广东民政事业统计季报》，年份数据来自《广东统计年鉴2023》。

（三）人口结构调整优化

1. 常住人口性别比偏高

长期以来，广东户籍人口性别比维持在105左右，2022年户籍人口性别比为104.57。常住人口性别比保持在110左右，2022年为111.55。非户籍人口性别比从2005年的79.96上升至2022年的143.58（见图6），性别结构经历了从"女多男少"到"男多女少"的转变。受非户籍人口性别比偏高的直接影响，广东连续多年呈现常住人口性别比偏高的现象。非户籍人口性别结构与产业结构密切相关，具体表现为性别结构随产业结构动态调整。广东是全国制造业大省，过去"三来一补"等需要大量女性劳动力；当前工业结构向新型工业化演进，电子信息制造、装备制造等行业中机械作业和科技作业比重增加，对男性劳动力的需求相应增加，进而导致广东非户籍人口性别结构发生动态调整，并与产业需求相匹配。

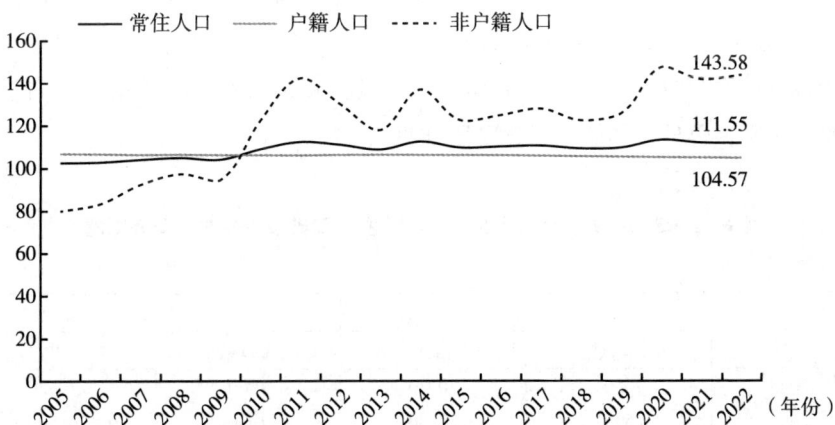

图6 2005~2022年广东人口性别比

资料来源：根据《广东统计年鉴2023》人口性别结构计算而得。

2. 仍处于少子化初期

2022年广东0~14岁少儿人口为2337万人，占常住人口的比重为18.47%；同期，全国少儿人口为23908万人，占常住人口的比重为16.90%。广东少儿人口数量占全国少儿人口数量的比重为9.8%，意味着在全国每100

个少儿人口中有将近 10 个居住在广东。

国际上一般认为，当一个国家（地区）0~14 岁少儿人口比重低于 20%时，标志着人口进入少子化阶段；其中，少儿人口比重在 18%~20% 为初始少子化，少儿人口比重在 15%~18% 为严重少子化，少儿人口比重在 15% 以下为超少子化。回顾广东少儿人口变动趋势发现，0~14 岁少儿人口规模和比重均呈现"先下降后回升"的特征。2005 年广东少儿人口规模为 1960 万人，占常住人口的比重为 21.32%，尚未进入少子化社会。2005~2013 年少儿人口规模波动下降，2008 年 0~14 岁少儿人口为 1949 万人，占常住人口的比重为 19.70%，广东进入少子化社会，比全国进入少子化社会的时间晚 2 年（2006年全国 0~14 岁少儿人口比重为 19.80%，进入少子化社会）。2013 年广东 0~14 岁少儿人口为 1650 万人，占常住人口的比重为 14.64%，少儿人口比重比全国平均水平低 1.76 个百分点，是近年来最低水平。按照国际少子化标准，2013 年广东已进入超少子化社会。随着国家逐步调整优化生育政策，广东 0~14 岁少儿人口规模和比重有所回升。2015 年，广东 0~14 岁少儿人口规模增至 2028 万人，少儿人口比重稍有回升。自 2020 年以来，广东 0~14 岁少儿人口规模维持在 2300 万人以上，占常住人口的比重维持在 18% 以上，略高于全国平均水平，仍处于初始少子化阶段（见表 1）。

表 1 2005~2022 年全国和广东 0~14 岁人口数及占常住人口的比重

单位：万人，%

年份	全国		广东	
	人口数	占比	人口数	占比
2005	26504	20.30	1960	21.32
2006	25961	19.80	1936	20.50
2007	25660	19.40	1942	20.10
2008	25166	19.00	1949	19.70
2009	24659	18.50	1955	19.30
2010	22259	16.60	1760	16.88
2011	22261	16.50	1818	16.90
2012	22427	16.50	1767	16.00
2013	22423	16.40	1650	14.64
2014	22712	16.50	1767	15.38
2015	22824	16.50	2028	17.37

续表

年份	全国		广东	
	人口数	占比	人口数	占比
2016	23252	16.70	2052	17.23
2017	23522	16.80	2089	17.21
2018	23751	16.90	2121	17.18
2019	23689	16.80	2033	16.28
2020	25277	17.90	2375	18.85
2021	24678	17.50	2376	18.73
2022	23908	16.90	2337	18.47

资料来源:《中国统计年鉴2023》《广东统计年鉴2023》。

3. 劳动力资源依然丰富

2022年广东15~64岁劳动年龄人口规模为9105.10万人,居全国之首,劳动力资源依然丰富。受人口结构变动影响,广东15~64岁常住人口规模呈波动下降趋势,2018年15~64岁人口规模为9162.21万人,2019年上升至9331.78万人后波动下降,2021年下降至9151.00万人,2022年进一步下降至9105.10万人。2022年广东15~64岁人口下降部分原因是受疫情防控影响,部分省外流动劳动力提前返乡,但是劳动年龄人口缓慢下降的趋势不会改变。预计2023年广东15~64岁劳动年龄人口维持在9100万人左右。

从15~64岁人口占常住人口比重来看,广东15~64岁人口比重高于全国平均水平,2022年比全国平均水平高3.74个百分点,仍为成年型人口年龄结构。就15~64岁人口占常住人口的比重来看,无论是全国还是广东均呈现持续下降趋势,全国从2010年的74.50%下降至2022年的68.20%,下降6.30个百分点;广东从2010年的76.33%下降至2022年的71.94%,下降4.39个百分点。2010年、2015年广东15~64岁人口比重分别比浙江少1.13个百分点、1.67个百分点。2018~2019年广东15~64岁人口比重有所上升,分别比浙江多0.88个百分点、1.81个百分点;2020~2022年广东15~64岁人口比重分别比浙江低0.72个百分点、0.43个百分点、0.20个百分点(见图7)。可见,虽然广东15~64岁常住人口规模仍居全国首位,但15~64岁常住人口比重下降的趋势越发明显。

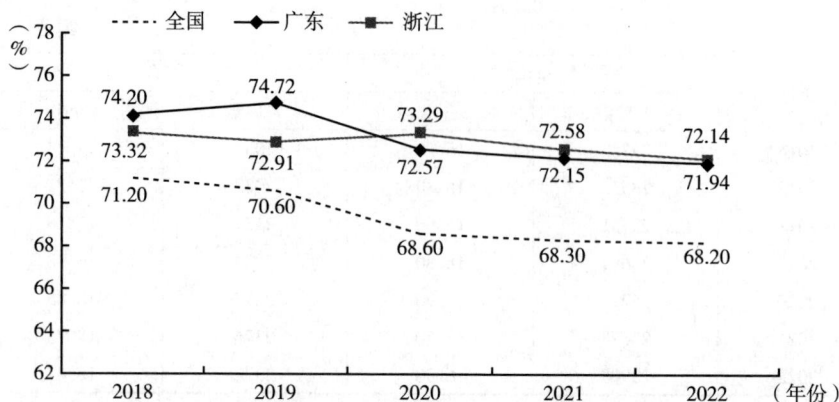

图7　2018~2022年全国、广东和浙江15~64岁人口占常住人口的比重

资料来源：根据《广东统计年鉴2023》、历年《中国统计年鉴》人口年龄结构数据计算而得。

（四）人口区域分布格局持续优化

1.珠三角地区人口集聚趋势依然突出

广东经济快速发展，尤其是珠三角地区经济飞速发展，大力建设城市基础设施，发展基本公共服务，全国范围内大量人口流入广东，逐渐形成深圳、广州、东莞等超大城市。2022年，广州、深圳、东莞常住人口超过千万人，分别为1873.41万人、1766.18万人和1043.70万人；其次，佛山、湛江、茂名、惠州、揭阳、汕头常住人口为500万~1000万人；江门、中山、肇庆、清远、梅州、韶关、河源、汕尾、阳江、潮州、珠海、云浮12市常住人口规模为200万~500万人。

2022年珠三角地区常住人口为7829.43万人，占全省常住人口的比重为61.86%，粤东地区常住人口1643.42万人，占比为12.98%，粤西地区常住人口为1589.58万人，占比为12.56%，粤北地区常住人口为1594.37万人，占比为12.60%。与2021年相比，珠三角地区常住人口减少31.17万人，粤东和粤西地区常住人口分别增加2.55万人、2.45万人，粤北地区常住人口减少1.03万人。分地级市来看，与2021年相比东莞常住人口减少9.98万人、广州减少7.65万人、佛山减少6.03万人、中山减少3.58万人、深圳减少1.98万人（见表2）。2022年珠三角地区常住人口规模有所减少，部分是疫情防控的原因，非户籍人口暂时回流返乡导致珠三角地区人口阶段性减少；粤东、粤西地区人口增长的主要原因是部分外出人口回流。预计2023年珠三角地区常住人口将有所上升，并维持在7800万人以上。

表2　2021~2022年广东各市年末常住人口规模

单位：万人

地区	2021年	2022年	变化	地区	2021年	2022年	变化
广东	12684.00	12656.80	-27.20	阳江	262.07	262.22	0.15
广州	1881.06	1873.41	-7.65	湛江	703.09	703.54	0.45
深圳	1768.16	1766.18	-1.98	茂名	621.97	623.82	1.85
珠海	246.67	247.72	1.05	肇庆	412.97	412.84	-0.13
汕头	553.04	554.19	1.15	清远	398.28	398.57	0.29
佛山	961.26	955.23	-6.03	潮州	257.46	257.56	0.10
韶关	286.01	286.18	0.17	揭阳	561.68	563.41	1.73
河源	284.09	284.17	0.08	云浮	239.33	239.65	0.32
梅州	387.69	385.80	-1.89	按经济区域分			
惠州	606.60	605.02	-1.58	珠三角	7860.60	7829.43	-31.17
汕尾	268.69	268.26	-0.43	粤东	1640.87	1643.42	2.55
东莞	1053.68	1043.70	-9.98	粤西	1587.13	1589.58	2.45
中山	446.69	443.11	-3.58	粤北	1595.40	1594.37	-1.03
江门	483.51	482.22	-1.29				

资料来源：历年《广东统计年鉴》。

2. 省内人口跨区域流动重塑人口分布格局

比较2022年广东常住人口与户籍人口规模发现，珠三角地区常住人口比户籍人口多3711.28万人，意味着2022年有3711.28万人从广东省内其他地市、省外流入珠三角地区；粤东、粤西和粤北地区常住人口规模小于户籍人口，意味着此类区域户籍人口流出现象较为突出，其中粤东地区户籍人口流出287.41万人、粤西地区流出408.90万人、粤北地区流出407.89万人。分城市来看，广佛、深莞惠、珠中江三大城市群均为人口净流入地区，表现为常住人口规模大于户籍人口，其中深圳常住人口比户籍人口多 1111.44 万人，广州常住人口比户籍人口多 838.50 万人，东莞常住人口比户籍人口多 751.25 万人（见表 3）。其他地级市常住人口均小于户籍人口，表现为人口净流出。如茂名，2022 年，茂名户籍人口为 825.97 万人，常住人口为 623.82 万人，流出人口 202.15 万人，占户籍人口的比重接近 25%，换言之，每 4 个茂名户籍人口就有 1 个外出。

表 3　2022 年广东各市常住人口与户籍人口

单位：万人

地区	常住人口	户籍人口	差值	地区	常住人口	户籍人口	差值
深圳	1766.18	654.74	1111.44	清远	398.57	453.50	-54.93
广州	1873.41	1034.91	838.50	云浮	239.65	301.43	-61.78
东莞	1043.70	292.45	751.25	河源	284.17	371.27	-87.10
佛山	955.23	495.40	459.83	汕尾	268.26	364.53	-96.27
中山	443.11	208.13	234.98	揭阳	563.41	712.71	-149.30
惠州	605.02	415.77	189.25	梅州	385.80	539.35	-153.55
珠海	247.72	154.99	92.73	湛江	703.54	869.28	-165.74
江门	482.22	403.41	78.81	茂名	623.82	825.97	-202.15
潮州	257.56	274.75	-17.19	按经济区域分			
汕头	554.19	578.84	-24.65	珠三角	7829.43	4118.15	3711.28
阳江	262.22	303.23	-41.01	粤东	1643.42	1930.83	-287.41
肇庆	412.84	458.35	-45.51	粤西	1589.58	1998.48	-408.90
韶关	286.18	336.71	-50.53	粤北	1594.37	2002.26	-407.89

资料来源：《广东统计年鉴 2023》。

3. 人口城镇化水平稳中有升

广东城镇化进程不断加快，城镇人口规模不断扩大。自 20 世纪 80 年代以来广东城镇化发展进入快车道。2022 年，广东城镇化率达 74.79%，比同期 65.22% 的全国平均水平高 9.57 个百分点，处于全国前列（见图 8）。根据美国城市地理学家诺瑟姆提出的城市化发展进程"三阶段"理论，当城镇化率超过 70% 时，城市化进入成熟发展阶段，高度城市化后城镇人口比重的增长趋缓，广东城镇化进入后期的成熟发展阶段。预计 2023 年广东城镇化水平将达到 75%。

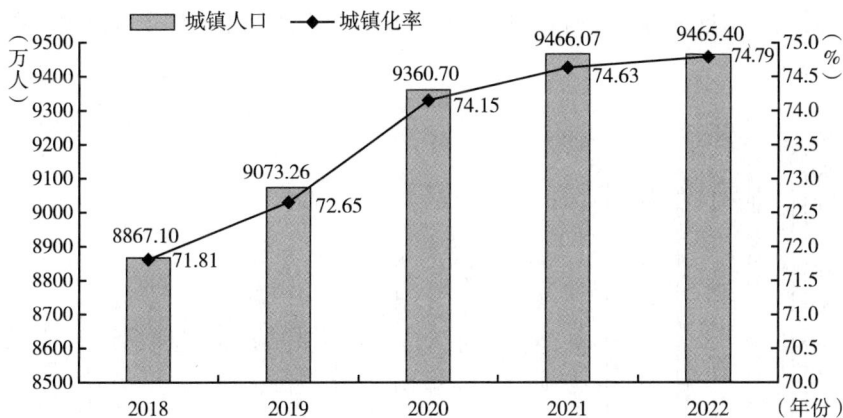

图8　2018~2022年广东城镇人口及城镇化率

资料来源：《广东统计年鉴2023》。

在城镇化体系建设方面，广东已逐步形成珠三角地区率先发展，粤东、粤西地区稳步发展，粤北地区加快发展的区域格局，以及大中小城市与小城镇协调发展的城镇体系。珠三角地区城镇化率明显高于粤东、粤西和粤北地区。2022年，珠三角地区城镇化率达87.48%，已进入城镇化成熟发展阶段，而粤东（61.26%）、粤西（48.04%）和粤北（53.06%）地区的城镇化水平明显不及全省平均水平，其中粤西地区城镇化水平最低。总体来看，珠三角地区已处于后期的成熟发展阶段，粤东地区的城镇化水平与全国平均水平相当，粤西及粤北地区的城镇化水平与全国平均水平相比仍存在较大差距。

广东各地级市人口城镇化率呈现较大差异。深圳作为经济特区，经济发展迅速，城镇化水平达到99.79%，基本实现全域城镇化。佛山（95.22%）、东莞（92.25%）、珠海（90.76%）城镇化率超过90%，广州（86.48%）、中山（87.02%）城镇化率超过80%，进入成熟发展阶段。惠州（72.91%）、汕头（70.75%）、江门（67.85%）城镇化率低于全省平均水平但高于全国平均水平。潮州（64.81%）、韶关（58.54%）、汕尾（57.86%）、清远（56.30%）、阳江（55.26%）、梅州（52.68%）、肇庆（52.14%）、揭阳（51.93%）、河源（50.25%）、湛江（47.31%）、茂名（45.84%）、云浮（45.04%）12个地级市城镇化水平低于全国平均水平（见图9）。各市人口城镇化发展水平差异较大，继续加快推进粤东、粤西和粤北地区城镇化发展是未来广东城镇化发展的重要方向。

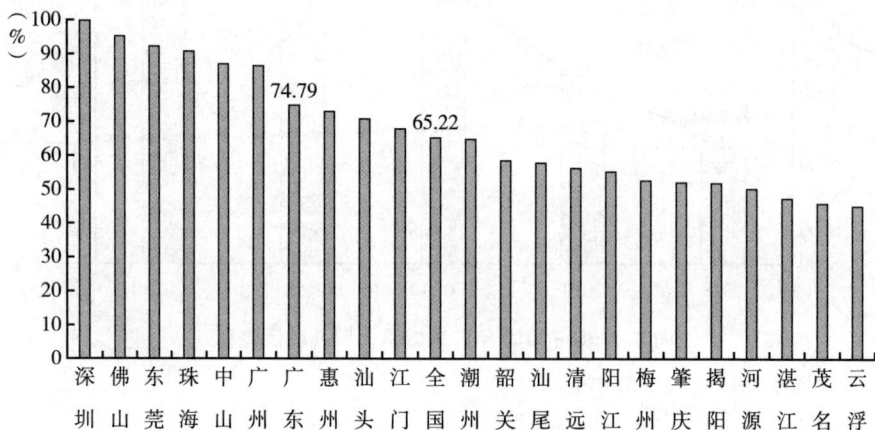

图9 2022年全国、广东及省内各市城镇人口占常住人口比重

资料来源：全国数据来自《中国统计年鉴2023》，广东数据来自《广东统计年鉴2023》。

（五）人才红利逐步形成

1. 就业人员规模在全国遥遥领先

2022年底，全国就业人员数量为73351万人，广东就业人员数量为6904万人，居全国首位，比位列第二的山东（5338万人）多1566万人。就业人口规模巨大是广东经济社会发展的优势所在，发展动力依旧强劲。从就业人员数量的变动情况来看，2018~2021年广东就业人口数量呈现上升趋势，从2018年的6960万人上升至2021年的7072万人，增加112万人。2022年广东就业人员数量下降至6904万人，减少168万人。就业人员规模减小是多种原因共同导致的。首先，受新冠疫情影响，一些企业面临关闭或裁员的风险，导致城镇就业人员数量减少。其次，随着经济高质量发展，产业结构发生调整，由传统制造业向新兴产业转型，造成某些传统制造业和服务业就业需求减少。2023年广东经济持续向好，带动就业人口数量增加。

分城乡来看，广东城镇就业人员数量从2018年的5314万人增长至2021

年的 5473 万人，增加 159 万人；2022 年下降至 5389 万人，减少 84 万人。自
2010 年以来，乡村就业人员数量逐年下降，2010 年乡村就业人员数量为
2046.45 万人，2022 年为 1515 万人，共减少 531.45 万人。就业人员逐步向
城镇转移，城镇就业人员数量占全社会就业人员总数的比重逐年提高，从
2010 年的 66.18% 上升至 2022 年的 78.06%，共增加 11.88 个百分点（见
图 10）。

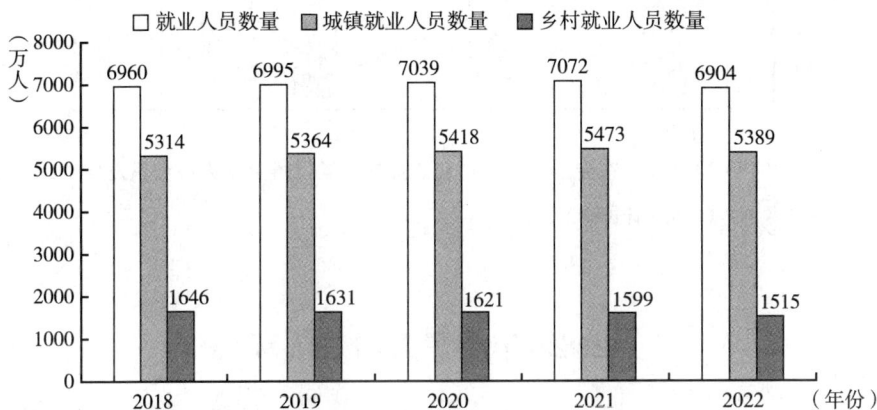

图 10 2018~2022 年广东就业人员数量

资料来源：《广东统计年鉴 2023》。

2. 专业技术人才持续增加

2019~2022 年广东专业技术人员数量逐年增加，从 2019 年的 1560074 人
上升至 2022 年的 1686386 人，共增加 126312 人。2019~2020 年专业技术人员
增速为 2.88%。2021 年专业技术人员增速有所放缓，2022 年增速明显加快，
增速上升至 4.14%，是历年最高水平。2019~2021 年研究与试验发展（R&D）
活动人员数量逐年增长，2019 年研究与试验发展活动人员数量为 1091544 人，
2020 年为 1175441 人，增加 83897 人，增长率为 7.69%；2021 年达 1248474
人，比 2020 年增加 73033 人，增长率为 6.21%（见图 11）。可见，广东专业
技术人员、科技人才队伍不断壮大，规模迅速扩大。

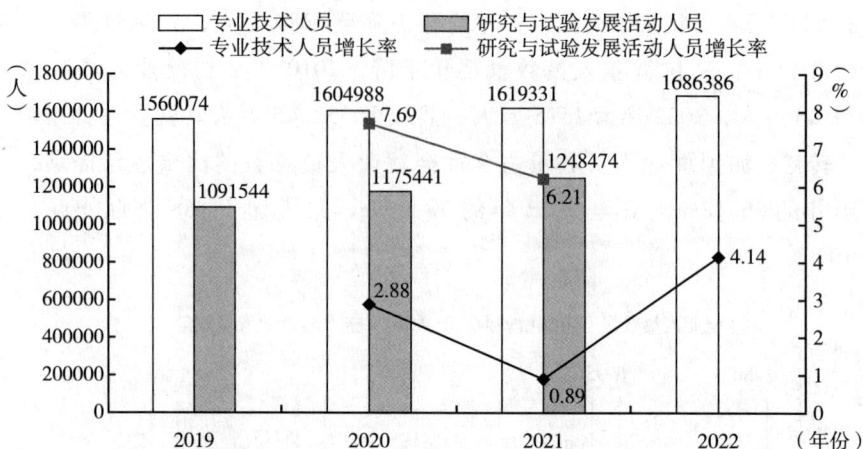

图 11　2019~2022 年广东专业技术人员和研究与试验发展活动人员数量及增长率

资料来源:《广东统计年鉴 2023》。

二　2024年广东人口发展环境

2023 年广东人口保持均衡发展态势,逐渐向高质量发展阶段迈进。受到国内和省内发展形势变化的影响,2024 年广东保持人口规模优势、结构优势,同时面临人口发展的潜在风险挑战。

(一)国内人口发展呈现新趋势

中国人口发展既符合世界一般规律,又有自身特点。当前,中国人口发展进入关键转折期,人口发展的内在动力和外部条件发生显著改变①。2022 年末,全国人口为 141175 万人,比 2021 年减少 85 万人,人口自然增长率为 -0.6‰,近 60 年人口总量首次出现下降。2023 年末,全国人口为 140967 万人,比 2022 年减少 208 万人,人口继续下降;出生人口为 902 万人,减少 54 万人;人口自然增长率为-1.48‰,减少 0.88 个千分点。人口规模巨大和人口负增长是中国的基本国情,将伴随社会主义现代化建设的全过程。一方面,人

---

① 《国务院关于印发国家人口发展规划(2016—2030 年)的通知》,中国政府网,2017 年 1 月 25 日,https://www.gov.cn/zhengce/content/2017-01/25/content_ 5163309. htm? ivk_ sa = 1024320u。

口规模巨大意味着人口对经济社会发展的压力不会发生根本改变，人口与资源环境的紧张关系不会发生根本改变①。庞大的人口规模意味着充裕的劳动力供给、广阔的市场空间和巨大的消费潜力，人口要素成为现代化建设的重要支撑、巨大优势和蓬勃动力。另一方面，人口负增长是长期低生育率导致的，是生育率下降到更替水平以下并长期维持的必然结果。从全球人口发展情况来看，生育率长期降至更替水平后，会发生人口负增长，是人口发展的必然规律和经济社会发展的必然结果②。在人口总量达峰、劳动年龄人口波动下降、生育率持续下降、年龄结构老化、人口素质提升、地区流动活跃的背景下，少子化、老龄化成为中国人口发展面临的最大结构性挑战③。完善人口发展战略对推动人口高质量发展十分重要。

（二）全省高质量发展增强人口增长新动能

人口发展与经济社会发展关系密切，人口吸引力与经济竞争力、产业竞争力和城市群竞争力息息相关。2023年广东省委做出"锚定一个目标，激活三大动力，奋力实现十大新突破"的"1310"具体部署，以高质量发展为牵引，带动全局全面跃升。坚持实体经济为本、制造业当家，建设更具国际竞争力的现代化产业体系，打造高质量发展重要动力源、全国经济重要增长极，开辟发展新领域新赛道，不断塑造发展新动能新优势。区域经济竞争力进一步增强，人口吸引力得到提升，吸引更多劳动人口和高端人才向广东集聚，推动全省实现"人口红利"与"人才红利"双丰收。广东深入实施"百县千镇万村高质量发展工程"，促进人口城乡区域协调发展。2023年12月，广东省人民政府印发《广州都市圈发展规划》《深圳都市圈发展规划》《珠江口西岸都市圈发展规划》《汕潮揭都市圈发展规划》《湛茂都市圈发展规划》。培育发展广州、深圳、珠江口西岸、汕潮揭、湛茂五大都市圈，增强珠三角、北部湾和粤闽浙沿海城市群内生

---

① 《国务院关于印发国家人口发展规划（2016—2030年）的通知》，中国政府网，2017年1月25日，https://www.gov.cn/zhengce/content/2017-01/25/content_5163309.htm？ivk_sa=1024320u。
② 杜鹏：《以人口高质量发展支撑中国式现代化》，《北京行政学院学报》2023年第3期。
③ 贺丹：《认识、适应、引领人口发展新常态完善人口发展战略》，《人口与健康》2023年第10期。

动力,形成区域发展新优势,引导产业和人口向优势区域集中,优化产业布局,促进各项资源合理配置,进一步优化人口和经济的空间格局。

(三)保持适度生育水平面临较大挑战

在死亡水平相对稳定的人口中,人口变动由生育和人口迁移共同决定。保持适度人口规模需要生育和迁移双向发力。人口学认为,要达到正常人口更替水平,保持人口简单再生产,即上下两代人口的基本平稳,总和生育率至少要达到2.1。当前,中国已进入低更替水平的低生育时代,持续低生育成为人口常态。根据2000年以来历次人口普查数据,2000年全国总和生育率为1.22,2010年为1.18,2020年为1.30,总和生育率持续低于1.50。出生人口规模持续减少,2000年全国出生人口为1771万人,2010年出生人口为1588万人,2020年出生人口规模继续下降至1200万人。2022年,全国出生人口为956万人,自1950年以来首次降至1000万人以下。2000年,广东总和生育率为0.94,2010年为1.06,均低于全国平均水平,2020年为1.36,略高于全国平均水平,但总和生育率持续低于1.50的趋势没有改变。2023年,全国出生人口继续下降至902万人。2000年广东出生人口为109万人,2010年为108万人,2020年出生人口规模有所回升,为129万人,之后持续下降,2022年出生人口为105万人

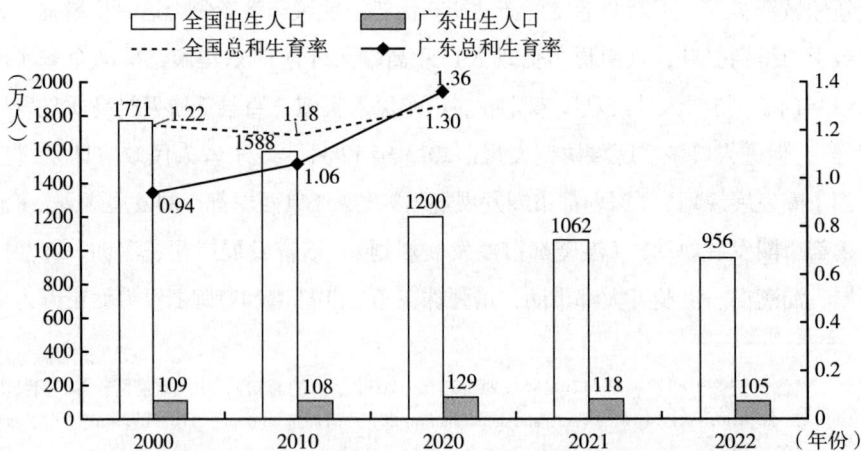

图12 2000~2022年全国和广东出生人口和总和生育率

资料来源:历次全国人口普查数据,历年《中国统计年鉴》《广东统计年鉴》。

（见图12）。育龄人群规模减小、生育养育教育成本居高不下、青年生育观念转变、育龄人群生育意愿持续低迷使生育率持续走低、出生人口规模减小。虽然广东出生人口规模持续居全国首位，并成为唯一一个出生人口规模超过百万人的省份，但是生育率持续低于更替水平的局面没有扭转，将持续处于低生育水平，不利于人口长期均衡发展。

（四）全国流动人口增速放缓背景下非户籍人口规模缓慢下降

人口与劳动力流动既是一种社会发展现象，也是一种经济转轨现象，这一特征在广东尤为显著。改革开放以来，广东经济增长速度及总量走在全国前列，并依靠突出的区位优势、开放宽松的政策环境、蓬勃的经济发展活力持续吸引全国各地人口集聚。非户籍人口经历大规模快速增长，成为广东常住人口增长的强劲动力。非户籍人口规模巨大是广东人口的鲜明特征。近年来，全国流动人口增速放缓，人口流动进入调整期，居住在广东但户籍不在广东的省外流入人口规模呈现缓慢下降的趋势。经计算，2018年末，常住在广东的非户籍人口达2845.88万人，占全省常住人口的比重为23.05%。自2019年以来，非户籍人口规模、占常住人口比重均逐年下降。2022年末，广东非户籍人口为2607.08万人，占全省常住人口的比重为20.60%。2018~2022年，常住在广东的非户籍人口减少238.80万人。与2020年相比，2021年非户籍人口减少78.29万人，降幅为2.78%；与2021年相比，2022年减少129.97万人，降幅为4.75%（见图13）。省外流动人口回迁是广东非户籍人口规模减小的主要原因之一。

出生人口持续低迷、人口机械增长后劲不足给保持适度人口规模提出新挑战。要认识、适应、引领人口发展新常态，应在稳住人口总量的基础上，推动实现适度生育水平、推动规模巨大的非户籍人口进一步融入当地社会，甚至直接转变为本地人口，推动人口结构优化。

（五）劳动力资源总量矛盾和结构性矛盾持续并存

2010年以来，中国15~64岁劳动年龄人口增速不断放缓，规模逐渐减小。2010年全国15~64岁劳动年龄人口为99938万人，2013年达到101041万人后逐年下降，2019年降至10亿人以下，为99552万人，2022年全国15~64岁劳动年龄人口为96289万人，劳动年龄人口规模持续减小。与此同

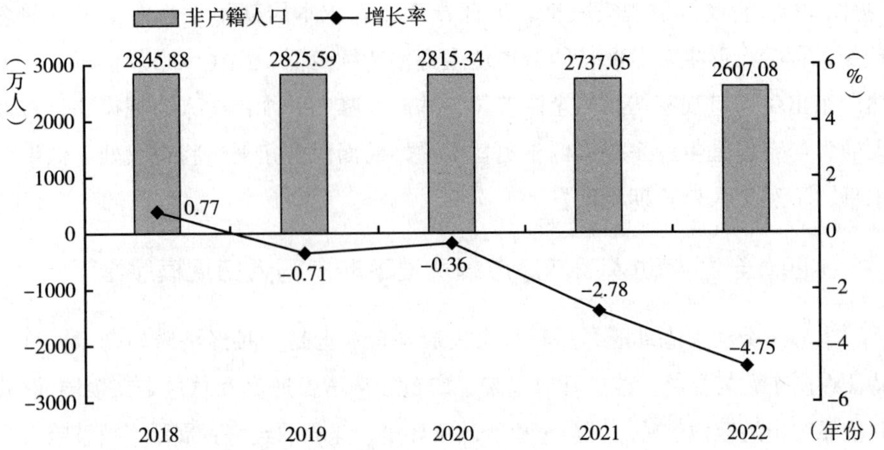

图13　2018~2022年广东非户籍人口规模及增速

资料来源：根据《广东统计年鉴2023》常住人口、户籍人口等数据计算而得。

时，劳动年龄人口占总人口的比重持续下降，从2010年的74.50%降至2022年的68.20%，人口机会窗口逐渐关闭。广东劳动年龄人口规模增长速度同样放缓，规模呈现波动下降的趋势。2019年广东15~64岁劳动年龄人口达到9332万人的峰值后，劳动年龄人口增长出现拐点，2020~2022年劳动年龄人口出现不同程度的下降，2022年为9105万人。广东15~64岁劳动年龄人口占总人口的比重从2010年的76.33%下降至2022年的71.94%（见表4）。劳动年龄人口的规模和比重双双下降，传统的劳动力供需模式亟须转变。

2023年广东全面强化就业优先政策，把就业列为"六稳""六保"之首，推出减负稳岗扩就业一系列政策举措，就业形势逐步回稳向好。劳动年龄人口规模巨大为经济发展提供了人力资源支撑，同时就业总量压力依然存在。在当前流动人口流动分散化、返乡回流，以及面临经济发展新常态的大背景下，广东劳动力市场出现明显的供需矛盾。"十四五"时期广东劳动年龄人口继续减少，就业人口、劳动参与率也逐渐下降，就业难与就业不充分并存的现象仍旧突出，就业总量矛盾和结构性矛盾将长期并存，结构性矛盾更加尖锐。

表 4　2010~2022 年全国和广东 15~64 岁人口数和占比

单位：万人，%

年份	全国		广东	
	人口数	占比	人口数	占比
2010	99938	74.50	7963	76.33
2011	100378	74.40	8207	76.30
2012	100718	74.10	8502	77.00
2013	101041	73.90	8699	77.19
2014	101032	73.40	8772	76.35
2015	100978	73.00	8659	74.15
2016	100943	72.50	8838	74.22
2017	100528	71.80	9005	74.17
2018	100065	71.20	9162	74.20
2019	99552	70.60	9332	74.72
2020	96871	68.60	9145	72.57
2021	96526	68.30	9151	72.15
2022	96289	68.20	9105	71.94

资料来源：《中国统计年鉴 2023》《广东统计年鉴 2023》。

（六）人口素质对科技创新和现代产业发展支撑力不足

进入新时代以来，广东经济发展进入新常态，面临增长动力转换、产业结构调整、发展方式转变等一系列压力。传统的经济发展模式将不可持续，要促使经济发展动力向科技创新、人力资本等方向转变。广东主动加大科技创新投入、增强人才吸引力，积极构建现代化产业体系。尤其是近年来，广州、深圳等超大城市纷纷出台一系列人才政策，吸引国内外高层次人才，为广东科技创新、现代产业发展注入新的动力。根据 2020 年全国人口普查数据，广东人口受教育程度有所提升，拥有大学（大专及以上）文化程度的人口数量从 2010 年856 万人上升至 2020 年 1978 万人；每 10 万人中拥有大学（大专及以上）文化程度的人口由 8214 人增加至 15699 人，15 岁及以上人口平均受教育年限由 9.55 年提高到 10.38 年，人口素质得到持续改善。但与其他省市相比，广东人口质量短板突出。2020 年，广东每 10 万人拥有大学（大专及以上）文化程度的人数在全国排第 13 位，15 岁及以上人口平均受教育年限排第五。

根据《中国统计年鉴 2023》，2022 年广东拥有大学（大专及以上）文化程度的人口占比为 21.07%，比 2021 年增加 1.13 个百分点，人口素质得到持续改善。但与其他省市相比，人口质量短板突出。北京拥有大学（大专及以上）文化程度的人口比重最高，为 50.33%。广东在全国排第 10 位（见图 14）。显然，当前就业人口受教育程度难以有效支撑广东实施科技创新、构建现代化产业体系。

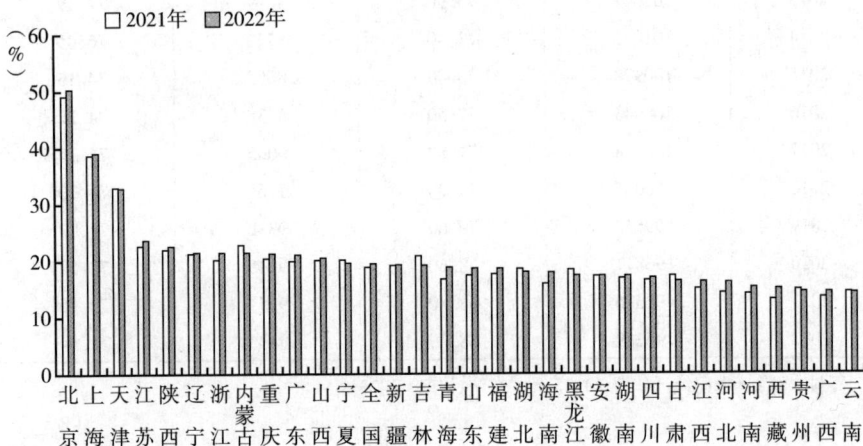

图 14　2021~2022 年全国 31 个省（区、市）拥有大学（大专及以上）文化程度的人口占比

资料来源：《中国统计年鉴 2023》《中国统计年鉴 2022》。

三　2024 年广东人口发展趋势

2024 年是实施"十四五"规划的关键之年。全面认识广东人口发展趋势、正确看待广东人口发展面临的新环境和新形势，强化人口发展的战略地位和基础作用，巩固有利于发展的人口总量势能、结构红利和素质资本叠加的优势，促进人口与经济社会、资源环境协调可持续发展①。结合人口发展趋势，运用

---

① 《广东省人民政府关于印发广东省人口发展规划（2017-2030 年）的通知》，广东省人民政府网站，2018 年 2 月 22 日，http：//www.gd.gov.cn/zwgk/gongbao/2018/7/content/post_3365816.html。

队列要素法（cohort-component projection method），从人口规模、人口结构角度入手，预测并分析 2024 年广东人口发展形势。

（一）人口规模维持增长态势

广东人口规模将维持增长态势，但增长速度将逐年放缓，与全国人口增长势能减弱的趋势基本一致。2022 年，由于省外流动人口暂时回流返乡，2022 年末全省常住人口减少，2023 年经济运行恢复向好态势巩固，人口恢复稳定增长。2024 年经济增长持续向好，消费回暖复苏，经济动能优化，人口集聚能力不断增强，人口规模将维持增长态势。

（二）人口少子化趋势加剧

2023 年广东 0~14 岁少儿比重为 17.74%[①]，2024 年预计少儿比重将进一步下降至 17.34%，广东步入严重少子化社会。从长期趋势来看，随着生育堆积效应逐渐消失、育龄妇女规模持续缩小、年轻人生育观念改变、抚养成本上升、生育意愿持续走低，人口生育水平将长期低于更替水平，出生人口规模、人口出生率将持续走低，少子化趋势将加剧。少子化加剧导致人口红利逐渐丧失，劳动力供给不足，阻碍经济持续发展，同时不利于人口长期均衡发展。因此，推动实现适度生育水平，遏制过快的少子化，保持适度出生人口规模和总人口规模，促进人口长期均衡发展仍是广东亟待破解的难题。

（三）劳动力资源仍较丰富

作为劳动力资源大省，2024 年预计广东劳动力资源将保持增长趋势，但增速有所放缓。在劳动力资源增速放缓的同时，劳动力年龄结构老化趋势越发明显。2020 年 15~29 岁人口占全部劳动力的比重为 30.22%，预测在 2024 年该比例将下降至 25.69%，占比减少 4.53 个百分点；2020 年，30~64 岁人口占全部劳动力的比重为 69.78%，2024 年该比例上升至 74.31%，上升 4.53 个百分点（见图 15）。人口结构老化不仅表现在 65 岁及以上人口比重上升，同时表现为年轻劳动力比重的下降和年老劳动力比重的上升。预测由于出生人口规模逐年减小，新增劳动力规模将逐渐下降，未来广东劳动力老化现象将日趋严重，且劳动力老化的速度较快。

---

① 2023 年广东人口结构数据尚未正式发布，2023 年广东 0~14 岁少年儿童比重数据为课题组预测。

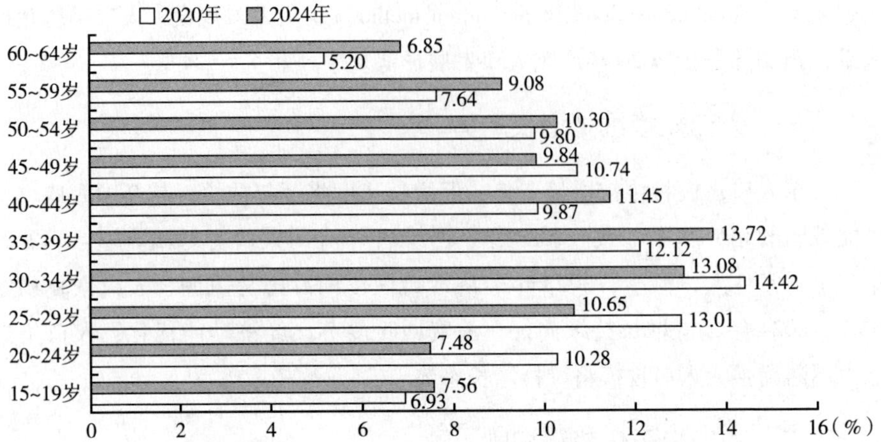

图15　2020年和2024年广东15~64岁人口年龄结构

资料来源：2020年数据来自《广东统计年鉴2023》，2024年数据为课题组预测。

（四）人口老龄化进程加快

广东人口年龄结构虽不断老化，但仍较为年轻，尚处在较低程度的老龄化阶段。总体来看，人口大规模流入，尤其以劳动年龄人口为主的流入，使得广东人口老龄化进程相比其他省份明显放缓，仍处于人口年龄结构的黄金时期。流动人口对常住人口年龄结构影响巨大，不仅降低常住人口老龄化水平，还有效减缓人口老龄化进程。2012年广东65岁及以上老年人口占常住人口的比重达7%，正式进入老龄化社会，人口老龄化持续加深，2022年65岁及以上老年人口占常住人口的比重升至9.59%。

作为全国人口规模第一的省份，广东同样具有老年人口规模巨大的特征。2010年广东65岁及以上老年人口规模为708.62万人，2020年老年人口达到1081.30万人，10年间老年人口数量增加了372.68万人。自2020年以来，广东老年人口规模增长速度逐渐超过全国平均水平，2021年，全国老年人口规模为20056万人，比2020年增加992万人，增长率为5.20%；同期，广东老年人口规模为1157.00万人，比2020年增加75.7万人，增长率达7.00%，比全国平均水平高1.80个百分点。2022年，全国老年人口规模为20978万人，比2021年增加922万人，增长率为4.60%；同期，广东老年人口规模为

1214.40万人，比2021年增加57.4万人，增长率达4.96%，比全国平均水平高0.36个百分点（见表5）。广东常住人口正处在成年型向老年型过渡的后期，老年人口规模增长速度加快，人口老龄化不断加深。

表5　2020~2022年全国和广东65岁及以上人口规模、增速及占比情况

单位：万人，%

地区	年份	规模	比上年增长	占总人口的比重
全国	2020	19064.00	7.30	13.50
	2021	20056.00	5.20	14.20
	2022	20978.00	4.60	14.90
广东	2020	1081.30	8.04	8.58
	2021	1157.00	7.00	9.12
	2022	1214.40	4.96	9.59

资料来源：全国数据来自《中国统计年鉴2023》，广东数据来自《广东统计年鉴2023》。

（五）人口抚养负担逐渐加重

从人口抚养负担来看，广东人口总抚养比呈上升趋势，从2018年的34.77%上升至2022年的39.01%，上升4.24个百分点。同期全国人口抚养比从40.40%上升至46.60%，上升6.2个百分点。受外来劳动适龄人口数量相对较多的影响，广东人口总抚养比明显低于全国平均水平，依然是目前全国人口抚养负担相对较轻的省份之一，人口机会窗口始终保持开启状态，为社会经济可持续发展创造良好的人口环境。然而，伴随全国人口负增长、人口流动放缓，未来年轻劳动力大幅流入的可能性降低，广东人口抚养比将缓慢回升，人口抚养负担将逐渐加重，人口机会窗口将逐渐关闭。

从人口抚养负担构成来看，2018~2022年，广东少儿抚养比从23.15%上升至25.67%，增加2.52个百分点；老人抚养比从11.62%上升至13.34%，增加1.72个百分点。同期，全国少儿抚养比从23.70%上升至24.80%，增加1.10个百分点；老人抚养比从16.80%上升至21.80%，增加5.00个百分点。全国少儿抚养比在总人口抚养比中的占比从2018年的58.66%降至2022年的53.22%，全国人口抚养负担逐渐由以少儿人口抚养为主转向少儿人口抚养与老年人口抚养并重（见图16）。

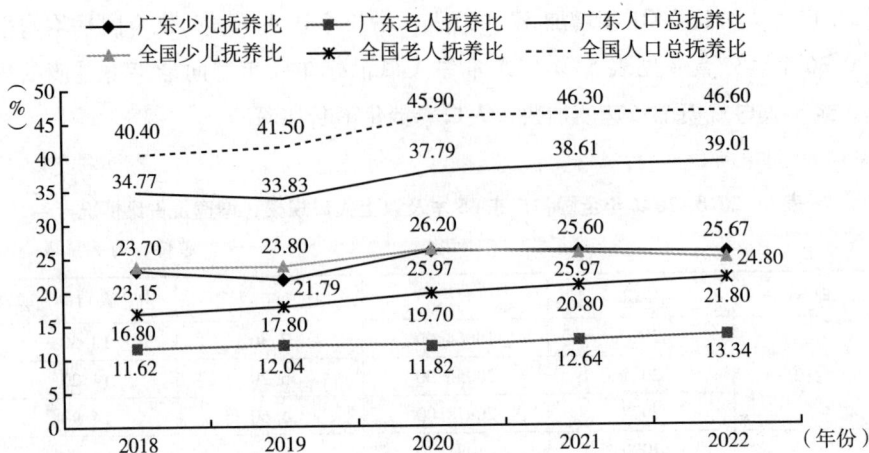

图16 2018~2022年全国和广东人口抚养比变动情况

资料来源：全国数据来自《中国统计年鉴2023》，广东数据来自《广东统计年鉴2023》。

（六）人口加快向五大都市圈集聚

城镇化是现代化的必由之路。2024年广东常住人口城镇化率稳步提升，户籍人口城镇化率加快提高，主要城市群集聚人口能力增强。广州都市圈、深圳都市圈、珠江口西岸都市圈、汕潮揭都市圈、湛茂都市圈的培育与发展顺应产业升级、人口流动和空间演进趋势，增强大中小城市发展合力，形成区域优势互补、协调发展的新局面，将进一步完善以城市群为主体形态的人口空间布局，人口分布与区域发展、主体功能布局、城市群发展、产业集聚的协调度将达到更高水平。

四 促进广东人口高质量发展的对策建议

人口规模大是广东高质量发展的基本省情，更是广东在全面建设社会主义现代化国家新征程中走在全国前列、创造新辉煌的优势和动力。2024年要加快完善生育支持政策体系，努力保持适度生育水平和人口规模；着力提高人口整体素质，全面提升人口质量，加快培育素质优良、总量充裕、结构优化、分布合理的现代化人力资源，以人口高质量发展促进广东高质量发展。

（一）以系统观念谋划人口高质量发展

人口系统是一个包含人口数量、结构、质量等的复合系统，同时与经济社会、资源环境的发展有整体的、多层次的关联。当前，广东人口发展呈现少子化、老龄化、人口抚养负担加重、劳动力资源总量与结构矛盾并存的特征。全面认识、正确看待人口发展新形势需要坚持系统观念，以全面、联系、发展的观点探究人口趋势化特征产生的深层次原因、厘清彼此之间的内在关联以及对广东高质量发展的根本性影响。系统认识人口发展新形势，既要抓住主要矛盾和矛盾的主要方面，也要看全局、看趋势、看长远，将人口发展纳入广东高质量发展统筹考虑，最大限度发挥人口因素的能动作用，重视把握人口各要素之间的关系，以辩证的思维看待人口与经济社会、资源环境等外部要素间的相互关系，促进人口长期均衡发展。健全人口统计监测体系，完善公共资源与人口挂钩机制，促进人口分布与生产力布局、公共服务配置、资源环境承载能力有效对接。推动人口要素为中国式现代化提供坚实基础和持久动力，在人口高质量发展的基础上积极探索中国式现代化的广东路径。

（二）推进生育友好省建设，保持适度生育水平

推动实现适度生育水平和稳定人口规模是人口高质量发展的重要内容。适度生育水平是维持人口良性再生产的重要前提。健全人口服务管理制度，增强生育政策包容性，加快形成具有广东特色、科学务实、均衡可持续的生育支持政策体系，发展普惠托育服务体系，降低家庭生育、养育、教育等成本，释放生育政策潜力，加快建设"生育友好省"，培养人口增长的内生动力，为推动实现适度生育水平、促进人口长期均衡发展提供有力支撑。

一是完善幼儿养育、青少年发展、老人赡养、病残照料等政策和产假、护理假制度，落实政府、用人单位、个人等多方责任。二是加强经济支持，将婚嫁、生育、养育、教育一体考虑，综合施策、精准发力，完善和落实保险、教育、住房、就业等积极生育支持措施。三是加强服务支持，健全婴幼儿照护保障体系，大力发展普惠托育服务体系，持续扩大和优化服务供给，不断提升服务水平。四是促进家庭教育健康发展，增强家庭照护能力。加强对家庭照护和社区服务的支持指导，增强家庭科学育儿能力，加快儿童友好城市建设。五是

加强文化支持，倡导尊重生育的社会价值观，重视家庭建设，推进婚俗改革，建设生育友好省，引导生育水平提升并稳定在适度区间，保持和发挥人口总量势能优势，促进人口自身均衡发展。

（三）完善养老服务体系，积极应对人口老龄化

积极应对人口老龄化是新时代推动人口高质量发展的一个重要方面。广东加快构建和完善积极应对人口老龄化的政策制度，推动老龄事业和养老服务高质量发展。实施积极应对人口老龄化国家战略，基于全生命周期理念，探索出一条适合广东人口发展的积极应对人口老龄化道路。

一是在全社会普及和树立积极老龄观，引导人们积极看待老龄社会，积极看待老年人和老年生活。把积极老龄观、健康老龄化理念融入经济社会发展全过程。着眼于推进老年人积极养老和自身能力发挥，积极开展人口老龄化省情教育特色活动，实施老年健康促进行动，在全社会倡导形成"寿命更长、学习更长、工作更长、健康更多、快乐更多、进步更多"的社会理念和氛围，推动形成政府、社会、家庭、老年人共同积极应对人口老龄化的良好局面，营造养老、孝老、敬老的社会环境。

二是完善养老服务体系。健全城乡养老服务网络，加强无障碍环境建设和适老化改造，增加居家社区、医养结合养老服务供给，提供日间照料、膳食供应、护理保健等一站式养老服务，完善长期护理保险试点。发展银发经济，推动养老产业协同发展。推动适老化技术和产品开发，解决老年人智能技术运用方面遇到的困难，培育智慧养老等新业态，开展"智慧助老"，帮助老年人跨越"数字鸿沟"。整合社会资源，发展社区嵌入式养老服务，推动养老机构专业服务向社区、家庭延伸。

（四）全面提升人口综合素质，加快形成人才红利

面对人口发展新形势，既要着力提升人口素质、稳定生育水平，又要深入挖掘人力资源潜力。要构建高质量充分就业工作体系，统筹解决各年龄段的就业问题。倡导正确择业观，着力促进供需匹配，促进大学生充分就业，实现人才红利；鼓励老年人社会参与，发挥年长人力资源优势；建设终身学习体系，更新劳动者知识和技能；促进科技进步，提高全要素生产率。加强灵活就业和

新就业形态劳动者权益保障，稳定重点群体劳动参与率，增加全社会劳动力有效供给。破除妨碍劳动力流动的体制机制障碍，健全常住地提供基本公共服务制度，帮助农民工安心进城、稳定就业，持续推进农业转移人口市民化，优化人口结构。

建立覆盖全生命周期、涉及多领域的人力资本投资和公共服务保障机制，加快培育符合现代化要求的高素质、高水平人力资源，促进人的全面发展。一是把建设教育强省作为推动人口高质量发展的头部工程。要推进教育公平，促进优质教育资源合理分布，深入推进义务教育均衡发展和城乡一体化，突出公平优质导向，夯实提升人口素质的教育基础。优化教育结构，提高人才培养与经济社会高质量发展的契合度。培养拔尖创新人才，加快建设世界重要人才中心和创新高地。实施职业教育产教融合赋能提升行动，加快布局一批国家产教融合创新平台。推进高等教育机会均等化，提高教育质量，促进教育公平。从注重劳动力数量转变为重视发挥科技作用、人才作用，加快建设教育强省、科技强省、人才强省。二是深入开展健康广东行动，全面提升人口健康水平，全方位全周期保障人民健康，延长健康预期寿命。全面提升人口教育素质、健康水平和文明素养。三是进一步提升人口思想道德素质。强化社会主义核心价值观引领，传承中华传统美德，提高全民道德水平和文明素养。

（五）优化人口空间布局，塑造现代化人力资源格局

加快培育和发展五大都市圈，顺应产业升级、人口流动和空间演进趋势，增强大中小城市发展合力，形成区域优势互补、协调发展新优势。深入实施"百县千镇万村高质量发展工程"，推进城乡融合和区域协调发展，统筹推进城乡区域人口协调发展。结合广东人口、经济和社会发展基础，分类施策，优化人口空间分布，促进人口在珠三角地区和粤东、粤西、粤北地区协调发展。统筹抓好产业兴县、强县富民、县城带动，发展壮大县域经济，推动县域高质量发展。推进就地就近城镇化，提高县城就业容量和就业质量，引导镇村人口向县城转移，推进以县城为重要载体的城镇化建设。坚持农业农村优先发展，大力培育新型职业农民队伍，全面推动乡村产业、人才、文化、生态、组织振兴。统筹人口与经济社会、资源环境协调发展，推动人口与财政、货币、就业、产业、投资、消费、生态、区域等政策形成系统集成效应。

B.12
2023年广东文化强省建设报告

广东省社会科学院文化产业研究所课题组*

摘　要： 2023年，精神文明建设汇聚起广东高质量发展的澎湃力量，公共文化服务高质量发展迈上新台阶，岭南文化IP火爆全网，各类文艺精品揽获大奖，文艺"同心圆"赋能湾区美好愿景，文化产业保持全国龙头地位，数字文化制造业领先全国，数字创意产业总体规模全国领先，动漫产业蓬勃发展，粤港澳大湾区世界级旅游目的地美誉度、影响力显著提升。2024年，广东将肩负新的时代使命，推进文化强省建设，奋力在开启全面建设社会主义现代化国家新征程中走在全国前列。

关键词： 岭南文化　文化赋能　文化产业

一　广东文化强省建设的主要成绩

2023年，广东深入贯彻落实习近平总书记、党中央关于新时代建设文化强国决策部署，勇担新的文化使命，扎实推进文化高质量发展，加快建设更高水平的文化强省，建设好展示中华民族现代文明的重要窗口，努力为中国式现代化的广东实践提供坚强思想保证、强大精神力量、有利文化条件。

---

* 课题组成员：詹双晖，博士，广东省社会科学院文化产业所所长、研究员，研究方向为文化产业、岭南文化和传统戏曲；揭英丽，博士，广东省社会科学院文化产业所助理研究员，研究方向为文化产业、非物质文化遗产和岭南文化；严若谷，博士，广东省社会科学院文化产业所副所长、研究员，研究方向为文化经济地理、文化产业和数字文化；张洲，博士，广东省社会科学院文化产业所副研究员，研究方向为中国古代文学、文献学和岭南文化；吴爱萍，广东省社会科学院文化产业所助理研究员，研究方向为中国现当代文学、海外华文文学和文化产业；程丹阳，博士，广东省社会科学院文化产业所助理研究员，研究方向为马克思主义文艺理论与批评和文化产业。

（一）精神文明建设汇聚起广东高质量发展的澎湃力量

广东锚定"走在前列"总目标，精神文明建设实现新突破，广东文明实践阵地从"有形覆盖"到"有效覆盖"，社会文明程度显著提升。

1. 推动新时代文明实践中心建设提质扩面，打造文明实践"广东样板"

2023年，广东省新时代文明实践中心建设不断推进和完善。各地级以上市均成立新时代文明实践中心，所辖县（市、区）均成立新时代文明实践中心，所辖乡镇（街道）均成立新时代文明实践所，所辖村（社区）均成立新时代文明实践站，实现全覆盖。在建设标准方面，广东提出"五室、两栏、两平台"的建设标准，即设置理论宣讲室、文化活动室、体育活动室、党群服务室、心理咨询室、精神文明建设宣传栏、志愿服务展示栏、线上服务平台和线下活动平台，这使得新时代文明实践中心成为一个集思想引领、道德教化、文化传承、便民服务等多种功能于一体的综合平台。

肇庆市作为广东文明创建的示范区，紧紧围绕"14536"工作路径，推动新时代文明实践中心建设工作规范化和制度化。截至2023年底，全市共建成新时代文明实践中心9个、实践所106个、实践站1549个，并延伸打造了124个文明实践站点（基地），各县（市、区）都成立了文明实践志愿服务促进中心，由此形成了纵向覆盖县镇村，横向辐射党政群企的"三纵四横"文明实践网格，提前一年实现了县（市、区）、乡镇（街道）、村（社区）三级全覆盖工作目标，为其他站点树立了榜样，也为文明实践活动的推广提供了借鉴和参考①。

2. 围绕"百县千镇万村高质量发展工程"，加大文明村镇创建力度

2023年，广东在文明村镇创建方面取得了显著成效。广东共有188个全国文明村镇和274个省级文明村镇，县级以上文明村镇占比超过80%②。这些文明村镇的创建工作不仅提升了农村地区的文明程度，也推动了城乡面貌的焕然一新。广东围绕"百县千镇万村高质量发展工程"这一推动城乡区域协调发展的重大战略，采取了多种措施。一方面，通过加强基层党组织建设、完善

---

① 数据来源：《守正创新使命　凝心聚力谱新篇——肇庆全力推动宣传思想文化工作高质量发展》，《西江日报》2023年12月14日，第3版。

② 数据来源：《广东高水平推进"两个文明"协调发展》，《南方日报》2023年11月10日。

村镇基础设施、开展环境整治、弘扬优秀传统文化等手段，推动文明村镇创建工作深入开展。另一方面，鼓励和引导村民积极参与创建工作，发挥群众的主体作用，形成全民共建共享的良好氛围。此外，广东还注重发挥先进典型的示范引领作用，通过评选表彰文明村镇、文明家庭、道德模范等先进典型，树立榜样，引领社会风尚。同时，加强对先进典型的宣传推广，推动形成崇尚先进、争当先进的良好社会风尚。

3. 擦亮"志愿广东"品牌，向志愿强省迈进

广东志愿者体量居全国前列，平均每 10 个广东人就有 1 位志愿者。根据 i 志愿网的实时数据，截至 2023 年 12 月 29 日，广东注册志愿者有 17695556 人，占广东常住人口的比例超过 1/5；志愿服务组织有 10253 个，志愿服务团体有 133789 个，累计服务时长为 67767 万小时。广东作为中国现代志愿服务的主要策源地，注重加强志愿者培训和管理，提高志愿者的素质和能力，并积极推动志愿服务与社会治理相结合，"志愿广东"为社会的文明进步、和谐稳定和公共安全做出了积极的贡献。

4. 大力实施"南粤家风"工程，促进文明家庭创建常态化

"南粤家风"工程由广东省直机关工委、省文明办、省妇联等部门联合主办，通过多种形式和渠道传承与弘扬优秀家风家教，培育良好家风，推动家庭家教家风建设和社会文明进步。活动包括在广东范围内寻找"最美家庭""文明家庭""星级文明户"等，以及建设家风家教实践基地、开展以家庭教育为主题的活动等。"南粤家风"工程还注重发挥家庭家教家风在基层治理中的重要作用，推动形成爱国爱家、相亲相爱、向上向善和共建共享的社会主义家庭文明新风尚。此外，"南粤家风"工程还积极推动家庭文明创建活动深入开展。通过开展"好家风好家训好家规"征集评选活动、"传承好家风好家训"系列主题活动等，让更多的人了解和传承优秀的家风家教，推动形成良好的社会风尚。

5. 全力加强未成年人关爱保护，未成年人思想道德建设得到重视

2023 年，广东在未成年人思想道德建设方面取得了显著成效。通过开展主题教育实践活动、推进乡村"复兴少年宫"建设、建设校外未成年人心理健康辅导站、开展"万师进万家"家访活动等多项举措，不断加强未成年人思想道德教育，提升他们的思想道德素质。其中，广东积极探索推进乡村

"复兴少年宫"建设。乡村"复兴少年宫"是针对农村少年儿童快乐成长而建设的重要场所，通过开展各种文化活动、体育活动和社会实践活动，帮助农村少年儿童开阔视野、增长知识、提高素质。同时，还加强了对农村留守儿童等特殊群体的关爱和保护，为他们提供了更加良好的成长环境。

（二）公共文化服务高质量发展迈上新台阶

2023 年，广东文化惠民工程深入实施，公共文化服务体系进一步完善，主要呈现两大特点：一是顶层设计得到加强；二是高质量文化供给进一步丰富，基本公共文化服务的覆盖面和实用性得到拓宽和提高。

1. 公共文化服务设施不断完善，政策保障机制持续优化

在公共文化基础设施建设的基础上，强化公共文化建设政策保障，加大专项资金投入。近 5 年，广东投入中央和省级补短板资金 52 亿元，建成各级公共文化设施近 3 万个，实现公共文化基础设施省市县镇村五级历史性全覆盖。在地市层面，广州发布《广州市公共文化设施联盟章程》，深圳发布《深圳市公共文化服务指引 2023》，为公共文化设施建设提供政策保障。广东积极建设公共文化基础设施，数量和质量在全国居于前列。截至 2022 年，广东共建成县级（区级）以上公共图书馆 150 家、博物馆 377 家、文化馆 144 家，比上年分别增加 1 家、14 家、4 家。2023 年，广东 5 个公共文化空间上榜全国"最受欢迎公共文化空间"TOP50[①]。

重大标志性文化设施建设持续推进，重要文化地标不断丰富，彰显广东特色、国际水平。在 2022 年国家一级、二级、三级博物馆数量排名前 10 的省份中，广东名列第二，如图 1 所示。国家版本馆广州分馆、中国侨都华侨华人博物馆、广州市文化馆新馆、广州市美术馆新馆已对外开放。省级"三馆合一"（广东非物质文化遗产展示中心、广东文学馆、广东美术馆）项目已全部竣工，即将对外开放。广东 70 多个重点文化设施项目顺利推进，深圳歌剧院、湛江文化中心等重大文化设施建设正在积极推进，这些重要文化地标将持续引领广东公共文化建设。

[①] 《广东省 5 个公共文化空间上榜全国"最受欢迎公共文化空间"TOP50》，广东省文化和旅游厅网站，2023 年 7 月 7 日，https：//whly. gd. gov. cn/news_ newzwhd/content/post_ 4214 174. html。

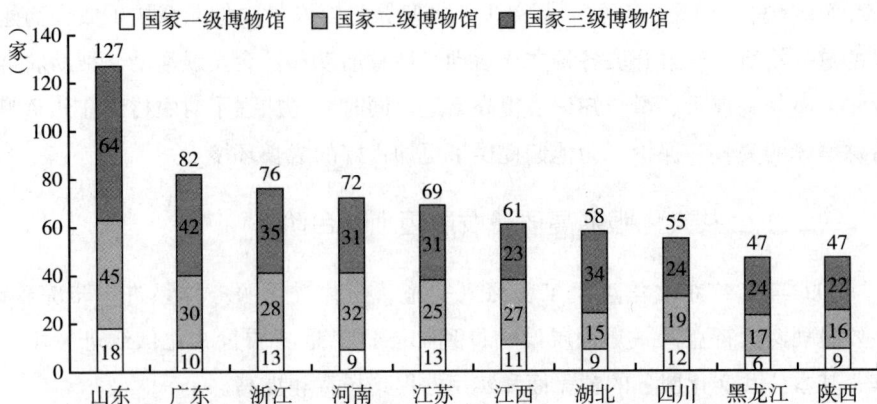

图1 2022年国家一级、二级、三级博物馆数量排名前10的省份

2.基层文化服务能力持续提升，粤东、粤西、粤北地区发展焕发活力

在基层公共文化建设方面，广东出台系列基层公共文化政策文件，持续加大基层公共文化财政投入。2023年，广东先后出台《关于加强新时代文明实践中心（所、站）优质文化供给的工作方案》《"百社联百村——助力百千万工程"专项行动实施方案（2023—2027年）》《贯彻落实国家广电总局广播电视基本公共服务县级标准化试点建设工作方案》等专项文件，年度安排11.51亿元，专项用于支持粤东、粤西、粤北地区补齐人均公共文化支出短板，推进基础公共文化服务共建共享，促进城乡公共文化服务均等化。2023年，广州从化区、深圳盐田区、惠州市博罗县3个案例入选全国基层公共文化服务高质量发展典型案例，入选数量与上海、江苏、浙江并列第一。

在基层公共文化建设模式创新方面，广东着力打造以新布局、新主体、新形态、新机制、新业态为特色的公共文化新空间。以"粤书吧""粤文坊"为代表的公共文化新空间不断涌现，覆盖城乡、景区、街道，数量已超过4000个，并联合77家企事业单位成立新型公共文化空间新媒体联盟，有效延伸基层公共文化服务，打造具有地方特色的基层公共文化新空间IP。

3.文化科技融合加速展开，综合文化平台相继涌现

在公共数字文化建设方面，广东特色公共数字文化资源保障体系初步形成，省级综合性公共数字文化服务架构初步建成。广东落实《广东省公共数字文化建设三年计划（2021—2023）》，通过数字技术对文化资源进行整合，提升公共文化服务覆盖面和精准度，建成"粤省事"文旅专区和文化在线等省级平台，大力建设广东特色数字文化资源库。

在公共文化服务智慧化运用上，广东运用"互联网+"技术，研发各类"云观展""云游馆"软件或小程序，拓展公共文化服务覆盖面。各市区抢抓数字化机遇，强化数字赋能，不断推动阅读场景重塑和服务提档升级。佛山市"南海读书驿站"运用集群化、大数据分析、实时通信等技术，为群众阅读搭建了高质量科技阅读环境。中山市"图书馆之友"引入"喜马拉雅有声图书馆"，进一步增强了用户的视听体验。广州南沙区图书馆推出"阿贝转借通"新应用服务，综合运用AI互动、人脸识别、智慧感知、个性化导读等强大功能进行垂直化、精细化的阅读管理和服务。2022年，广东居民数字阅读终端接触率达93.82%，遍布全城的智能化图书阅读体系实现了信息共享和互联互通。截至2022年底，广东共有18个地市实现了市域内图书馆集群自动化系统的互联互通。

4.岭南文化IP火爆全网

文化IP的影响力、市场空间和潜力与日俱增，逐步向文化IP生态链的方向发展和完善。首先，广东继续在文化资源的领域深耕，积极探索特色文化的保护道路。深入实施岭南文化"双创"工程，继续推进文化资源的整体性保护。2022年12月，广东发布《广东省"十四五"文物保护和科技创新实施方案》，为文物保护和科技创新提供纲领性文件。持续打造"南海Ⅰ号"世界级考古品牌，并聚焦"考古中国""早期岭南探源工程"等重大项目，拓展岭南地区史前文化探源相关课题研究。继续擦亮岭南非遗文化品牌，各地推出非遗相关活动，通过"非遗+产业""非遗+文旅"等融合形式，将传统非遗技艺融入现代经济社会。如2023年1月，客家文化（梅州）生态保护实验区成功通过验收，成为广东首个国家级文化生态保护区。

其次，积极推进系列粤产IP开发，助推非遗"出圈"。英歌、粤剧、武术、龙舟、醒狮、碉楼等"文化名片"焕发新姿，在演艺、文旅、文艺创作等领域不断淬炼出彩。2023年11月28日，为积极推广宣传醒狮IP，"文化筑湾区 创意绘非遗"青少年醒狮主题绘画展及狮头文化体验快闪活动在广州白云机场展开，让非遗通过青少年的画笔与现代生活紧密相连，而扎狮头的快闪活动也让白云机场成为一个传播岭南文化的流量平台。12月14日，珠海高新区粤语粤剧文化传承基地和粤文坊示范基地粤韵堂正式投入使用。粤韵堂是将岭南古建筑利用与岭南文化IP相结合的新型公共文化空间，引领了新的文化消费风尚。

（三）文艺建设成效显著

广东文艺奋进突破，从文学到影视，从音乐到戏剧，广东文艺界处处呈现勇攀高峰、激流勇进的新气象。

1."文艺粤军"守正创新，各类文艺精品揽获大奖

粤剧电影再获国家级奖项殊荣。2023年，粤剧电影《白蛇传·情》荣获第十九届中国电影华表奖"优秀故事片"奖项，粤剧电影《谯国夫人》荣获第三十六届中国电影金鸡奖"最佳戏曲片"奖项。两部粤剧电影皆由珠江电影集团携手广东粤剧院等单位打造，接连获得国家级奖项的肯定。

中国戏剧梅花奖在大湾区璀璨绽放。2023年5月，第31届中国戏剧梅花奖在广州举行，这是中国戏剧梅花奖自创办以来首次在粤港澳大湾区举行评奖活动。凭借《文成公主》，来自广州粤剧院的李嘉宜成为广东第23位梅花奖获得者。

山花奖上展示广东风华。第十五届中国民间文艺山花奖共评选出20件作品，其中，广东普宁泥沟英歌队表演的《盛世雄风》荣获优秀民间艺术表演作品奖。此外，广东还有5个作品入围本届山花奖终评，包括佛山灯彩《喜迎春走马灯》、深圳木雕《百鸟朝凤图》、广彩《山花贺中华》、潮州剪纸《潮韵载千秋》、梅州民歌《水打禾头花花开》等。

此外，广东歌舞剧院舞蹈《湾》获得第十三届中国舞蹈"荷花奖"当代舞奖。

2.扎根本土，深植时代，奋力打造文艺新高地

粤产年代大剧《珠江人家》在央视一套黄金时段播出后，央视一套单集最高收视份额达6.62%，微博相关话题阅读量超1.1亿次。《珠江人家》既实现了中华优秀传统文化的创新表现，也为讲好中国故事、大湾区故事和广东故事做出了示范。2023年，先后有《青春之城》《谯国夫人》《珠江人家》《小满生活》等 4 部粤产电视剧登陆央视频道。

话剧《深海》是一部讲述主旋律题材的广东文艺精品。它讲述了中华人民共和国最高荣誉勋章"共和国勋章"获得者、"中国核潜艇之父"黄旭华的感人故事。《深海》在第十四届广东省艺术节上获得最高奖项"广东省艺术节大奖"等诸多殊荣，并于 2023 年代表广东参评第十七届文华奖。

广东创新实施"复排演出经典剧节目、推广演出当红流行剧节目、创排演出新创剧节目"的"三线并进"艺术生产模式，加强文艺精品创作展演，广东"现象级"的文艺精品力作更是频出，在全国的知名度和影响力不断提升。从"文华大奖""五个一工程"奖获奖作品《沙湾往事》，到掀起国风新浪潮的中国首部 4K 全景声粤剧电影《白蛇传·情》，广东文艺作品以凸显岭南特色强势出圈，勇攀文艺新高峰。

3. 文艺"同心圆"，赋能湾区美好愿景

以文化艺术节推动文艺深度共融，增进文化认同。2023 年 9 月 12 日至 10 月 11 日，由广东省人民政府、文化和旅游部、香港特别行政区政府、澳门特别行政区政府共同主办的"逐梦大湾区 携手向未来"第三届粤港澳大湾区文化艺术节成功举办，艺术节的活动共计 100 余场，内容涵盖戏剧、音乐、影视、文学等多个方面。配合艺术节的还有学术论坛、艺术展览、名师讲堂等系列活动，集中展演了不同年龄段的湾区人在各个领域的艺术造诣，提升了湾区人的文化认同感，也向世界展现了独特的湾区人文魅力。

"湾区升明月"燃爆香港。值香港回归 26 周年之际，由电影频道节目中心、紫荆文化集团、凤凰卫视主办，电视广播有限公司（TVB）、深圳广播电影电视集团承办，英皇娱乐集团协办的"湾区升明月"2023 大湾区电影音乐晚会于 6 月 29 日在香港举行。100 多位来自海峡两岸暨港澳地区的文体科技界代表汇聚香港，用众多电影、电视金曲和经典老歌带湾区人重温光影魅力、重返流年时光，共同书写属于粤港澳大湾区的中国式现代化新图景。

戏曲名家共谱湾区同心圆。"湾区同心圆 礼赞新时代"粤港澳大湾区粤曲交响音乐会于 2023 年 10 月举行。本次活动由中国戏剧曲艺家（澳门）联谊会、广东广播电视台岭南戏曲频道、澳门顺德容桂同乡会等单位主办，粤港澳大湾区名家接连登台献艺，加强了三地的曲艺文化交流，共同促进粤港澳大湾区粤剧、曲艺高质量发展。

由广东省文化和旅游厅主办的第十五届广东省艺术节开幕。一个半月的时间里,近 70 场文艺演出、3 个名家成果展和 1 个美术书法作品展在广东各地陆续举办,为观众带来一系列岭南风味的艺术"大餐"。本届艺术节演出范围扩大至 17 个地市 32 个剧场,使艺术节真正成为人民群众与艺术"零距离"接触的文化活动。

(四)文化产业保持全国龙头地位

广东积极推进文化产业与其他产业的深度融合发展,推动文化产业提质升级,保持全国龙头地位,展现大湾区文旅发展的蓬勃生机与活力。

1.产业主体、产业资本优势明显,主要指标保持全国前列

截至 2022 年底,"广东全省有文化产业法人单位 32.5 万家,规模以上文化企业 10552 家,从业人员 304.5 万人,"[1] 以上数据均居全国第一。2023 年前三季度,广东文化产业稳中有升,"广东规模以上文化产业企业营业收入 16349.9 亿元,按可比口径计算,比上年同期增长 5.7%。"[2] 同时,分产业类型看,"文化制造业营业收入为 7630.4 亿元,同比增长 1.4%;文化批发和零售业 2015.7 亿元,增长 6.0%;文化服务业 6703.8 亿元,增长 11.0%。"[3](见表 1)

表 1 2023 年前三季度广东规模以上文化及相关产业情况

单位:亿元,%

产业类型	营业收入	比上年同期增长	占比
文化制造业	7630.4	1.4	46.7
文化批发和零售业	2015.7	6.0	12.3
文化服务业	6703.8	11.0	41.0
合计	16349.9	5.7	100.0

资料来源:《2023 年前三季度广东规模以上文化及相关产业运行简况》,广东省统计信息网,2023 年 11 月 6 日。

---

[1] 黄宙辉:《广东文化产业跑出高质量发展"加速度"》,《羊城晚报》2023 年 6 月 5 日。

[2] 广东省统计局:《2023 年前三季度广东规模以上文化及相关产业运行简况》,2023 年 11 月 6 日。

[3] 广东省统计局:《2023 年前三季度广东规模以上文化及相关产业运行简况》,2023 年 11 月 6 日。

　　广东多项关键指数位居全国前列。根据"2023 年中国区县文化产业高质量发展研讨会"上发布的"2023 中国文化产业竞争力百强区指数",广东在综合发展指数、生产力指数和影响力指数方面表现亮眼。在综合发展指数方面,广东有 3 个区上榜文化产业 TOP10,如表 2 所示,有 16 个区上榜文化产业TOP100;在生产力指数方面,广东有 18 个区上榜生产力 TOP100,产业主体、产业资本方面的优势明显;在影响力指数方面,广东排名第一,共有 20 个区进入影响力百强区名单。媒体品牌认可、上市文化企业数量等领域均是全国第一,文化产业社会影响方面表现突出。

表 2　中国文化产业综合发展指数百强区 Top10 的分布

省份	数量	中国文化产业综合发展指数百强区
广东	3	深圳市南山区、龙岗区,广州市越秀区
浙江	2	杭州市滨江区、西湖区
湖南	2	长沙市开福区、天心区
陕西	1	西安市雁塔区
湖北	1	武汉市武昌区
四川	1	成都市武侯区

2. 文娱休闲行业加速回暖

　　受经济运行整体好转、五一国庆中秋等节日消费潜力释放、上年同期低基数等综合因素影响,以接触型和聚集型服务为主的文化娱乐休闲服务业延续强劲恢复性增长势头。以广州为例,2023 年前三季度文化娱乐休闲服务业营业收入同比增长 1.7 倍,增速在所有细分领域中最高。其中,游乐园、休闲观光活动、其他游览景区管理、电子游艺厅娱乐活动、名胜风景区管理和城市公园管理营业收入同比分别增长 2.6 倍、1.3 倍、82.5%、41.9%、40.4%和33.8%。会展服务业和演艺服务业表现亮眼,前三季度会展服务业营业收入同比增长96.0%,艺术表演场馆业和文艺创作与表演业营业收入同比分别增长1.1 倍和 1.2 倍[①]。

---

　　① 广州市统计局:《文化产业迸发新活力　创意设计拔节生长》,2023 年 11 月 14 日。

3. 数字文化制造业领先全国

广东依托强大的制造能力,向数字化、智能化和价值链高端延伸,重点发展数字文化制造业,努力实现文化制造向文化"智造"的飞跃。各地围绕优势产业、头部企业,配套培育上下游产业链,培育了大批特色产业集群。广东在智能化数字化采集、新型影院系统、影视虚拟制作及预演和数字多媒体娱乐设备等赛道上领先全国。游戏游艺设备生产占全国的4/5,智能家电、无人机工业设计能力达到或接近世界先进水平。有关数据显示,2022年,广东规模以上文化制造企业有4267家,营业收入为1.04万亿元,占全国的1/5,居全国首位。这个独特优势,还可以从数字文化制造业在粤港澳大湾区上市文化企业中的数量对比得到印证。粤港澳大湾区涌现了大批具有全球竞争力的文化制造细分行业"小巨人""独角兽"企业,如表3所示,先进制造业的上市文化企业有61家,占上市文化企业的37.42%,超过1/3,远超其他类型文化企业。

表3 2023年粤港澳大湾区上市文化企业类型分布情况

单位:家,%

指标	先进制造	文娱传媒	游戏	文化消费	线下生活	其他文娱服务	AIGC	元宇宙	合计
数量	61	30	19	18	14	14	5	2	163
占比	37.42	18.40	11.66	11.04	8.59	8.59	3.07	1.23	100.00

资料来源:2023粤港澳大湾区文化产业投资大会上发布的《2023粤港澳大湾区文化产业投资趋势研究报告》。

4. 数字创意产业总体规模全国领先

广东数字出版和动漫游戏产值均居全国第一,数字音乐与数字电影产业规模居全国前列,电竞、直播、短视频等新业态发展迅猛,培育了一批优质数字内容原创作品,形成了一批具有全球竞争力的数字创意头部企业,打造了一批知名赛事和展会。"2022年,全省数字创意产业集群营业收入5728亿元,增加值1442亿元。相关发明专利累计有效量6521件,居全国首位。"[1] 建设了

---

① 王俊:《广东文化"智造"实力不凡》,《羊城晚报》2023年6月9日。

羊城创意产业园等数字创意领域孵化器近 50 家，全国版权示范单位、园区（基地）15 家。广东超高清视频产业全国领先，有 4K 节目量 2.8 万小时，居全国首位。

广东数字出版年产值多年保持全国首位。腾讯、网易等 30 多家重点网络出版服务单位汇聚游戏企业超万家，形成以广州、深圳为中心的游戏产业集聚区。2023年，广东省游戏产业的市场份额进一步扩大。根据 "2023 年广东省游戏营收规模达到 2450.8 亿元，年增长率为 15.8%，高于全国增速，广东游戏产值全国占比达到80.9%。"[①] 网络游戏出海已成为中国数字文化出海规模最大的细分领域，其中广东移动游戏出海在国内市场大盘中占比较大，在全球游戏企业近一年海外收入（除中国大陆地区以外的收入）TOP 200 中，中国的游戏企业超过 50 家，其中广东企业的占比又超过了 20%。"在移动游戏出海流水 TOP100 的所属地区，以及出海流水超 10 亿元的产品方面，广东省的占比均超过两成。而在音视频社交领域，2022年上半年中国出海音视频社交应用规模 TOP10 名单中，粤港澳大湾区企业共有三款产品入列，占比达 30%。"[②] 广东数字创意产业背靠横琴、前海、南沙三大平台，"打造全球数字创意产业发展高地"。

5. 积极探索元宇宙、虚拟现实等前沿领域

除了国家层面的政策以外，广东各地市也在积极推进相关配套支持政策。比如广州在元宇宙、虚拟现实等数字文化前沿领域积极探索，各区大力推动元宇宙、虚拟现实的发展与布局，研究制定相关政策措施。2022 年 4 月，黄埔区正式发布《广州市黄埔区、广州开发区促进元宇宙创新发展办法》，出台了粤港澳大湾区首个元宇宙专项扶持政策，聚焦数字孪生、人机交互、虚拟现实/增强现实/混合现实（AR/VR/MR）等多个领域。广州立华投资有限公司、广州市天河区投资基金管理有限公司等 8 家机构共同设立天河区元界联合投资基金，规模超 200 亿元，这是国内第一只元宇宙基金。在元宇宙应用场景方面，咏声动漫在广州打造全国首家元宇宙实体咖啡馆 "YMeta Coffee"。从 25个省份涉及的项目数量来看，国内文旅元宇宙应用项目主要集中在上海、北京、广东、江苏、浙江、山东等东部省份和四川等地。广东有 10 个项目，位

---

① 数据来自 2023 广东游戏产业年会上发布的《2023 广东游戏产业报告》。
② 数据来自 2023 粤港澳大湾区文化产业投资大会上发布的《2023 粤港澳大湾区文化产业投资趋势研究报告》。

列第三。众多数字创意企业正以数字人、3D 交互游戏等产品积极入局。其中，南方财经全媒体集团"元宇宙国际传播 VR 展厅"正式发布。

6."金融+"助文化产业焕发生机

广东逐渐探索出"广东文化+金融"的发展模式。第一，呈现多种投资模式齐头并进的特征。广东一直积极探索以金融"活水"浇灌数字文化产业，为文化企业投融资畅通"最后一公里"，已形成包括资本市场、风险投资基金、商业银行、文化产业基金和民营／个人资本等投资主体在内的多层次多渠道文化企业融资市场，极力满足领军企业、高潜力企业、中小企业的多样融资需求。第二，各级政府利用文化产业基金加大产业扶持力度。自 2015 年以来，粤港澳大湾区政府及国企发起的文化产业基金已有近 10 只，这些产业基金多通过整合国资文化企业资源，吸纳成熟的民营资本，发挥"资本+产业"的资源联动作用，为满足大湾区文化优势产业融资需求做出重要贡献，已形成多层级、全产业和主题性基金相结合的产业基金体系。

7.动漫产业蓬勃发展

2022 年，"广东省经广电总局备案公示的电视动画片共 113 部 3614 集 40141 分钟，经广东局审查获准发行的国产电视动画片共 70 部 2248 集 23544 分钟"，[①] 两个数据均居全国首位。2023 年 6 月，国家版权局发布 2022 年度"全国版权示范单位榜单"，"猪猪侠"的出品方广东咏声动漫股份有限公司（简称"咏声动漫"）获评"全国版权示范单位"。广州培育了中国动画第一梯队"熊羊猪"里的"羊"和"猪"——《喜羊羊和灰太狼》《猪猪侠》，还有国内"动漫奥斯卡"之称的金龙奖、唯一的"国字号"漫画节、全国知名的漫画杂志。其中，被誉为中国动漫界"黄埔军校"的漫友文化，是全国版权示范单位，《漫友》杂志被誉为中国原创漫画第一刊，发行量居全国第一。

8.粤港澳大湾区世界级旅游目的地美誉度、影响力显著提升

一批世界级标志性景区景点、精品线路、文旅企业和示范区、活动赛事的落户，陆续"点亮"粤港澳大湾区世界级旅游目的地。广东不断推动文旅行业与 5G 科技深度融合，构建科技引领、数据支撑、业态创新和跨界融合的数

---

① 《「调研札记」广东推动动画产业化发展的创新实践》，"国家广电智库"百家号，2023 年 5 月 23 日，https：//baijiahao.baidu.com/s？id=1766683683024310378&wfr=spider&for=pc。

字文旅产业生态体系，打造"5G+智慧文旅"新标杆。

广东各地频频出招打造文旅新名片。随着电视剧《狂飙》带火江门，广东培育"文旅+""+文旅"的新业态、新模式和新产品。其一，专业文艺院团深入景区，新编粤剧《碉楼》陆续走进江门各地巡演，并常态化落户开平赤坎古镇侨乡国际旅游度假区。其二，高质量的精品展览成为引客入粤的新IP。各大博物馆都在不断"解锁"新玩法，剧本杀、户外音乐会、沉浸式研学活动频频亮相。其三，打造本地民俗文化IP成为撬动文旅消费的新路径。比如围绕"中国节日"全面整合资源，全年开展百场多层次多形式的重大文旅节事活动，以节兴旅、以节促游。

兴起夜间文旅消费集聚区打造热潮。广东夜间文化和旅游消费集聚区兴起建设热潮，融合特色文化符号和生活氛围，培育夜游、夜购、夜宴、夜宿、夜娱、夜读、夜展和夜市等多种夜间文旅业态，助力广东文化旅游产业的持续高质量发展。根据广东发布的《2023年上半年广东省夜间文旅消费高质量发展报告》，2023年上半年，广东省夜间文旅消费支出占全天文旅消费支出的比重为61.62%，这反映出夜间文旅消费活力已超过白天。

二 广东文化强省建设存在的主要问题

广东文化高质量发展在稳步推进的同时，不断面临新的问题和挑战，主要表现在以下几个方面。

（一）精神文明建设有待全面、深入推进

广东的文明实践滋养着群众的幸福生活，但也存在一些短板和制约因素，主要体现在以下几个方面。

1.推动习近平新时代中国特色社会主义思想深入人心尚须着力

学习和传播习近平新时代中国特色社会主义思想是一项循序渐进的长期工程，广东任重道远。一些人的思想观念可能比较保守和狭隘，对新的思想和文化缺乏开放性和包容性。在道德素质方面，一些人的道德素质不高，缺乏社会责任感和公共意识。精神文化产品方面存在一些不足之处，如文化设施不完善、文化活动匮乏等。教育方面也存在一些问题，如教育资源分配不均衡、教

育质量参差不齐等。这些都影响人们精神文化生活和素质的提升，阻碍习近平新时代中国特色社会主义思想深入人心。需要全社会共同努力，营造良好的社会氛围和文化环境，推动广东的精神文明建设不断向前发展。

2. 地区发展不平衡导致精神文明建设存在差异

广东不同地区在经济、文化和社会等方面的发展水平不同，导致各地在精神文明建设方面的投入和资源分配存在差异。一些发达地区的政府和企业在精神文明建设方面有更多的资源和资金支持，能够开展更加丰富多样的文化活动和服务，欠发达地区则可能面临资源不足、经费短缺等问题，导致精神文明建设受到限制。此外，不同地区的社会结构和价值观念也对精神文明建设产生影响。例如，城市居民的文化素养普遍较高，更容易接受新事物和文化创新，而农村居民的文化背景和价值观可能较为保守，对新事物的接受程度相对较低，因此导致不同地区精神文明建设的水平参差不齐。

3. 网络文化管理存在不足之处

随着网络文化的发展，广东虽然已出台多部涉及网络文化的法律法规，但仍然存在一些漏洞和不足之处。广东的网络文化管理不足之处主要体现在以下几个方面。一是管理手段单一，对网络文化的监管主要以行政手段为主，缺乏多元化的管理手段和方法。同时，由于网络文化的跨国性和复杂性，单一的管理手段难以应对各种复杂的网络文化问题。二是社会参与度低，缺乏对网络文化的有效监督和引导，也缺乏对网络文化产业的支持和培育。三是技术手段不足，如对网络舆情的监测和分析能力不足，对网络新技术的掌握和应用不够及时等。此外，网络文化的跨国性和技术性给管理带来了很大的挑战。

4. 特殊困难群体的精神文化需求有待进一步满足

由于经济条件限制、文化背景差异、社会地位影响和缺乏信息获取渠道等客观原因，与自我认知不足、心理障碍以及缺乏参与意识等主观原因的存在，加之有针对性的文化服务不够充足、专业的文化教育和培训匮乏、文化交流和融合有待加强、心理支持和帮助供给不足、主体参与意识和积极性薄弱，广东存在特殊困难群体的精神文化需求得不到满足的情况，制约其精神文明建设的协调发展。

（二）公共文化服务有效性、公平性、数字化水平有待提升

广东公共文化发展取得了长足进步，但是，广东城乡、区域公共文化服务水平存在较大差距，基层公共文化服务相对薄弱，文化服务效能不强等问题仍然存在。

1. 公共文化服务均等化水平有待提高

党的二十大报告提出："健全现代公共文化服务体系，创新实施文化惠民工程""统筹乡村基础设施和公共服务布局，建设宜居宜业和美乡村"。与人民日益增长的美好精神文化生活需要相比，广东公共文化均等化水平还有待提高。一是受经济发展水平限制，文化供给程度与经济发达地区存在差距，粤东、粤西、粤北地区与珠三角地区间公共文化发展水平差距明显，文化事业建设水平有待提高。二是城乡之间受不同发展阶段需求、地方财政能力的局限和约束，文化事业各领域包括引入社会力量参与公共文化服务工作等方面发力不均衡、建设水平参差不齐。

2. 基层文化治理仍需加强

基层文化建设水平参差不齐，基层文化治理需要加强。这主要体现在以下几个方面。一是欠发达地区农村基层文化设施建设投入相对不足，农村基层文化设施建设不平衡；二是部分地区基层文化设施管理和服务水平亟待提升，部分基层文化场所未能切实按国家规定运作；三是基层文化人才严重匮乏，存在基层文化干部队伍总体素质不高、文化干部不能专职专心从事农村基层文化建设和管理工作的现象。

3. 技术创新应用有待加强

广东公共文化服务社会化、数字化水平有待提高，技术创新应用有待加强。这主要体现在以下几个方面。一是部分文化馆、图书馆等公共文化单位，公益事业和文化市场的关系没有理顺，繁荣公共文化事业的机制不灵活，引入个人、企业、社区、院校的资金和文化资源进入公共文化建设的机制不完善，社会参与公共文化服务的路径还不够畅通。二是公共文化服务数字化应用不充分，资源孤岛、数据孤岛等问题仍然存在。各地文化云平台各自为营，形成"信息壁垒"，不能充分发挥数字资源价值，导致数字文化资源浪费。

（三）文艺发展需进一步加强指导性和现代性

文艺发展的现代性与社会文化、经济、政治、科技的发展和现代化进程相互依存、相互促进。当前广东文艺的现代性稍逊于经济、政治、科技的发展，在一定程度上影响了文艺具备的精神支持、思想指导功能的全面、全力发挥。

1. 全产业链谋划文艺作品生产布局

要充分认识艺术生产、艺术作品和艺术接受是一个完整的体系，需总体把握、全面推进。艺术生产环节是其重要的基础，环节多、涉及面广，包括道具生产、艺术培训、广告经纪、影视、动漫制作、衍生文创等产业集群，以及演出、影视、餐饮、购物、休闲、娱乐等消费集群，要加强总体布局、统筹谋划、环节联动，以提高文艺创作的生产力。在此基础上，继续推出系统的扶持激励政策，完善全链条生产机制，全面激活文艺动能，推动广东文艺事业高质量发展。

2. 数字技术为文艺赋能的力度有待提升

数字技术是推动文艺创新创造的重要引擎。2023年11月，广东印发实施《"数字湾区"建设三年行动方案》，"数字湾区"建设的总目标是将粤港澳大湾区打造为全球数字化水平最高的湾区。数字技术可以从呈现、传播和体验等多个阶段赋能传统文艺价值链条，从而开启艺术与科技融合发展的新篇章。在广东文艺实践中，数字技术还未能与文艺充分共创、共享与融合，尚需进一步积极推进。

3. 对群众文艺的扶持及小剧场演出、文旅文艺节目的创作有待加强

广东群众文艺创作具有深厚的底蕴，而文艺创作是一个漫长的过程，有其独特的阶段性需求，比如，在起始阶段，需要政府指导、相应的启动资金，在制作阶段，需要文艺技术支持，在完成阶段，需要适合的演艺场所展演等，需要以政府为主导，社会积极参与。此外，广东小剧场的演出形态越来越丰富多元，不仅壮大了演出市场，更为戏剧创作提供了广阔平台。但上演的节目仍以引进作品为主，也未与群众文艺建立统筹性、系统性的互动与联结。要想形成良好的小剧场演出生态，亟待进一步激活本土原创力量。

（四）文化产业链需进一步优化，全面探索高质量发展路径

广东要在推进中国式现代化建设中走在前列，对标文化产业发达地区，需要完善产业链条，全面探索高质量发展之路。

1. 文化与产业融合的总体水平仍落后于经济社会的发展

广东要走好高质量发展之路，对文化赋能的要求就更高，这对文化与产业融合提出更高要求。从经济发展角度看待广东文化产业发展的新使命，广东对文化传承发展要有更大担当，以文化产业赋能乡村振兴和城市更新，并推动一二三产业融合发展。实际上，广东文化与产业融合的总体水平仍落后于经济社会的发展水平。

2. 快速增长的文化产业发展资金需求与融资困难的矛盾日益凸显

如何撬动更大规模、更多元的资本投入文创产业是一个待解的难题。当前多数文化企业普遍存在"小散弱"现象，难以达到债权融资和股权融资要求，再加上文化产业重创意、轻资产运营的特点，中小型初创文化企业容易面临"融资难"的困境。并且，文化企业不仅对融资的需求越来越大，还呼唤更加多元协同的文化金融生态体系。

3. 原创 IP 数量和质量不高，产品同质化比较严重

文化产业的上游是以文学及动漫等 IP、艺人、资金为主的孵化层。而上游孵化层的供给能力不足，创意资源匮乏，原创 IP 数量和质量不高，艺人培养和管理体系不完善，资金投入不足，导致产品同质化严重，市场竞争激烈。

4. 广东文化"走出去"的传播效益不高，国际影响力有待提升

一是现在出口的主要文化产品是以加工贸易为主的玩具、乐器、时尚、视听等硬件产品，展会、版权、设计服务等服务型产品所占比重较低。二是在对外文化输出中，广东缺乏整体形象设计。文化 IP 缺少系统设计，不利于形成整体形象。三是政府举办的活动偏重表演、展览等展现方式，出版、媒介合作等方式还有待加强。四是广东开展国际文化贸易的海外文化市场主要集中在美国、欧盟和中国香港等成熟市场，这无疑提升了广东进驻成熟文化市场的难度。

三 2024年广东文化强省建设的发展态势

2024 年，广东将文化发展放在全局工作更加突出的位置，文化高质量发展将呈现新态势。

（一）精神文明建设的潜力不断释放，需要持续努力和投入

广东通过树立鲜明价值导向、培育良好道德风尚，让文明之花开遍南粤大

地；以五大行动（村庄清洁行动、新时代文明实践中心建设、文明村镇创建、农村移风易俗、文明创建示范）为抓手，全面深入地推进精神文明建设。

1. 高擎精神之炬，写好广东精神文明建设的时代答卷

广东在精神文明建设具体实践中，将精神文明建设与各项事业发展相结合，突出把握坚持党的文化领导权这个政治保证、"两个结合"这个根本要求、坚定文化自信这个思想前提、以人民为中心这个工作导向、建设中华民族现代文明这个新的文化使命，主旋律更加响亮、精气神更加充盈、正能量更加强劲、新风尚更加彰显。

2. 以精神文明建设促各项事业长足发展

加强新时代文明实践中心建设，推动文明村镇创建，深化农村移风易俗重点领域突出问题专项治理，进一步推动结对共建工作实起来活起来，着力推动新时代精神文明建设高质量发展。以精神文明建设为引领，推动各项事业健康发展，为广东的高质量发展提供强大的精神动力。

（二）公共文化服务体系持续完善，高质量文化供给进一步扩大

广东将继续贯彻落实省委"1310"具体部署，扎实推进文化强省建设，实施高品质文化供给工程，进一步提升公共文化服务水平，完善公共文化服务体系，为人民美好生活赋能。

1. 一体化趋势不断加强，城乡公共文化共同体正在形成

广东以提升文化治理能力为核心，通过公共文化标杆项目进一步推动公共文化服务共建共享，构建公共文化服务新生态。同时，探索建立一体化交流合作机制，促进城乡公共文化共同体建设。推动各级各类公共文化机构、联盟、体系和联合体协同合作、统筹发展。其中，广州率先出台《关于在全市开展"公共文化共同体"建设的实施意见》，启动"公共文化共同体"建设，引入中山大学、广州美术学院等科研团队。

2. 品质化水平不断提高，高品质文化供给工程持续完善

广东大力推进更高水平文化强省建设，坚持政府主导、社会参与和重心下移，深入实施高品质文化供给工程，通过文艺精品扶持专项资金的设立，筑阵地、促融合、强品牌，引导精品创作，积极拓宽文化惠民渠道，促进共建共享。

3. 数字化进一步彰显，全域智慧公共文化建设逐步推进

广东大力推动公共文化改革创新，在公共数字文化建设方面展开探索。广东省级综合性公共数字文化服务架构逐步建成，按步骤推进广东公共图书馆读者信息互联互通互认；广东特色公共数字文化资源保障体系初步建成；基层公共文化机构线上服务能力明显提升；公共数字文化服务效能显著提升。以图书馆为例，为推动全域公共图书馆服务体系建设，广东继续优化"省域+市域+县域"多平台、多层次、多元化的服务体系。

（三）引领和融合为文艺发展的新范式

文艺的多样性需求与区域融合的需求，以及新媒介技术的持续迭代，共同产生了所谓的"融合文化"，这促使文艺发展呈现新趋势。

1. 媒体融合驱动文艺创新

媒介融合成为当下媒介实践的重要路径。在数字化大趋势下，文艺作品借助新媒介传播系统进行"再媒介化"创作，多个媒体平台、多种媒介技术和多元的媒介内容同时汇聚到新媒介传播系统。文艺作品内容的跨媒介叙事、媒介融合场域中影视与游戏的融合将成为文艺创新的新热点。由计算机和互联网驱动的网络游戏、动漫，在所有文艺类型中比较容易与受众互动，成为使受众产生深度沉浸感的艺术类别。

2. 以粤港澳大湾区文化交流融合的新途径、新平台纵深推进人文湾区建设

共建人文湾区是粤港澳大湾区建设中的重要篇章。2023年5月7日至9日，第2届粤港澳大湾区文艺合作峰会在广州举行。会议以"新定位、新机遇、新使命——共建人文湾区，推进文艺交流合作"为主题，深入研究探讨湾区文艺交流合作和融合发展问题。未来，大湾区将充分发挥岭南文化中心优势，用更大魄力当好人文湾区建设重要引擎，着力打造大湾区文艺创作"共同体"，以更高水平推动湾区文艺创新发展。

（四）"文化+"将推进文化产业与各个领域深度融合

广东文化产业向数字化、智能化和价值链高端延伸，助力"文化+其他领域"融合迈出强劲有力的步伐，广东文化产业呈现裂变式发展态势。

1. 广东文化产业发展进入文化经济融合发展阶段

文化赋能经济社会发展，文化产业服务民生的作用不断凸显。文化不仅是促进社会全面进步的重要内容和重要手段，也是社会全面发展的重要目标。文化与政治、经济、法律和科技等领域相互作用、相互渗透和相互促进，构成了社会发展的综合体系。文化不断出圈，更深入全面融入其他领域的发展实践。

2. 文化产业数字化进入新阶段催生新的发展契机

数字文化产业发展将紧密围绕"交互融合"与"虚拟现实"展开，通过数字产业化、产业数字化的双向交融，全面加强文化创意 IP 产业链的开发，有效提升优质数字文化产品供给量，有力促进中国数字文化消费领域的转型升级。

3. 智慧文旅将进一步丰富文旅场景

未来广东移动将打破现实与虚拟的界限，在元宇宙和数字藏品技术的加持下，将触达与服务从现实世界衍生到虚拟世界，打破时间和空间的限制，为文旅行业注入新活力。广东将持续发挥网络优势，助力文旅产业高质量发展。

4. 以元宇宙为核心的虚拟化、智能化全面推进

2023 年，国内有多个地方政府和相关机构发布元宇宙领域的支持性政策或征求意见稿。这也预示着未来社会的虚拟化趋势将大大加强，并且为个体的想象力、创造力发挥提供更多的施展机会和场域。

四·广东文化强省建设的对策建议

2024 年，广东以守正创新的正气和锐气推进文化强省建设，奋力书写中华民族现代文明的广东篇章。

（一）坚持守正创新，为广东文化高质量发展凝聚强大精神力量

坚持价值引领，深化理论武装，不断推动习近平新时代中国特色社会主义思想在广东落地生根、开花结果，推进广东高质量发展。

1. 高举思想旗帜，精准加强习近平新时代中国特色社会主义思想的传播

深入学习贯彻习近平新时代中国特色社会主义思想和党的二十大精神，与推动广东经济社会发展实践相结合，不断推动习近平新时代中国特色社会主义

思想在广东落地生根、开花结果。在习近平新时代中国特色社会主义思想指导下，围绕创建全国文明城市这个目标，全面提升城市规划建设管理水平，大力推进文明习惯养成，不断推动文明创建工作向纵深发展；结合广东的文化特色和地域特点，开展丰富多彩的文明创建活动，如道德模范评选、志愿服务活动、文明单位创建等，以活动为载体，推动精神文明建设工作的深入开展。

2. 创新网络文化的监管机制

不断创新网络文化监管机制以适应日益复杂的网络环境和文化形态。建立网络文化市场日常巡查机制，对在册经营性互联网文化单位全部覆盖摸底排查，建立底册清晰的工作台账，全面掌握网络文化市场经营状况。以分包巡查为抓手，推动管理具体化。建立网络文化经营单位分包巡查机制，全部执法人员分包到户、责任到人、盯点到户，实行集中检查、分包紧盯、督查处理为主要执法手段的工作模式，有效增强网络文化市场秩序的管控能力。监督网络平台做好文化输出的把关人角色，由行业形成自律准则，通过自我检查、自我反省和自我批评，打造积极的网络文化生态。对日常巡查和分包巡查中发现的问题建立问题清单，注重重点部位的长效化管理。建立网络文化经营单位分包巡查机制，推动精准化管理，"举必查、查必果、果必复"，推动线上线下的共同治理。

3. 加强青少年思想道德教育

一是学校注重思想道德教育，通过课堂教学、主题班会和德育实践活动等形式，帮助学生树立正确的世界观、人生观和价值观。同时，家长应注重提升孩子的思想道德素质，引导他们养成良好的行为习惯和道德品质。二是推进中华优秀传统文化教育，学校和社会应全面加强中华优秀传统文化教育，通过经典诵读、文化讲座和文化体验等形式，帮助学生了解和传承中华优秀传统文化，增强文化自信。三是加强爱国主义教育，通过历史事件、英雄人物、纪念活动等形式培养学生的爱国情感和民族自豪感。四是通过心理课程、心理咨询、心理辅导等形式，帮助学生解决心理问题，提高心理素质。

4. 加大对特殊困难群体的关注和支持力度

一是建立健全社会保障体系，包括社会保险、社会救助、社会福利等制度，为特殊困难群体提供基本的生活保障和医疗保障。同时，应加大对社会保障政策的宣传和执行力度。二是加强对特殊困难群体的就业援助，提供技能培训、职业规划、就业推荐等服务，帮助他们提高就业能力和竞争力，实现稳定就业和增加收入。三是完善教育公平制度，包括义务教育制度、贫困学生资助制度、职业教育制度等，为特殊困难群体提供更多的教育机会和资源，帮助他们提高自身素质和能力。四是加强社会关爱和志愿服务，通过各种形式的社会公益活动、慈善捐赠、志愿服务等，为他们提供更多的关爱和支持。五是促进社会公平和正义，通过法律制度、政策措施等手段，保障特殊困难群体的权益，减少各类社会不公平现象。

（二）建设高质量的公共文化服务体系

推进公共文化服务的数字化和均衡化，推动公共文化服务朝更有效率、更加公平的方向发展，让人民群众共享文化发展成果。

1. 以数字化为抓手，健全现代公共数字文化服务体系

贯彻落实党的二十大精神和《广东省公共数字文化建设三年计划（2021—2023）》文件精神，以数字化为抓手，健全现代公共数字文化服务体系。一是建立省级"一站式"文旅公共服务平台，统筹管理全民艺术普及、全民阅读等公共文化服务。同时，对接国家级公共数字文化服务平台，实现互联互通。二是加快广东文旅公共服务平台、智慧图书馆、文物数字化、非遗资源数字化、省内数字文化馆试点建设。三是推动旅游景区、公共文化场馆构建大数据分析应用平台，以提升景区、场馆的数字服务水平。

2. 以人民性为宗旨，推进城乡公共文化服务一体化建设

推进城乡公共文化服务体系一体化建设，坚持政府主导、社会参与和共建共享的原则。一是全面提高公共文化设施水平。巩固文化艺术中心、图书馆、博物馆建设成果，进一步完善硬件设施建设，提升软件管理服务水平。二是不断丰富公共文化服务供给，持续提升公共文化服务效能，促进优质文化资源向基层倾斜和延伸，加快促进城乡一体化有序发展。三是大力实施文化惠民工程。加大文化惠民资源整合力度，创新内容和方式，有计划地开展群众喜闻乐见、便于群众参与的文化活动，以省、市、镇、村联动的方式统筹各类文化进乡村。

3. 以实效性为目标，推进公共文化服务供给侧结构性改革

深化公共服务供给侧结构性改革，以实效性为目标，推动公共文化服务向更有效率、更加公平的方向发展。一是加强需求侧管理，精准供给。加大群众喜爱的公共文化服务供给力度，整合不同层级文化场馆，探索建设文化场馆集群聚落。推动公共文化服务个性化定制，实施精准化供给。可对美术、音乐、舞蹈类文化服务采取个性化定制，对此类需求分人群、分地域、分层次供给。二是提升供给效率，高效供给。完善供给模式。在社区周边针对主要居住群体，依托省内公共文化空间，进行复合式、主题式文化供给。利用全媒体传播体系打造公共文化服务信息平台。三是鼓励市场主体积极参与，开放供给。鼓励企业或其他组织参与公共文化服务供给，引导社会资金进入公共文化服务领域。在文旅融合、文创融合、文教融合方面，鼓励社会力量参与形式、内容方面的创新，进行文化服务的打造和经营。

（三）以战略眼光和思维推动文艺繁荣发展

要走好新时代文艺之路，必须以谋篇布局的战略眼光、战略思维和战略部署把握文艺的未来发展趋势和潜在机遇，全面推动文艺的繁荣发展。

1. 深入探索文艺创作全要素优化配置路径

加强顶层设计，创新平台机制，以政府为主导，坚持"走在前列"的总目标，激发改革、开放、创新的活力与动力，尊重文艺创作规律，要加强全领域统筹、优化全要素配置、深化全链条开发、推进全方位宣传的文艺创作生产体系，全力构建文艺创作高质量发展新格局。

2. 打造文化生态系统，促进文艺发展

文化生态系统是基于文化生态学理论的概念，将人类创造的文化视作动态的生命体，其产生的环境、创造的过程、交流与互动、影响与制约、发展与循环等，构成有机的文化链、文化群落、文化圈等，形成各种动态发展平衡的文化生态系统。当前，要充分利用科技赋能，打造新一代文化基础设施，"文化—科技—金融"三元政策体系整合创新，激活更多文化资源和动能，建构全新文化生态体系。

3. 以全新思路团结引领新兴文化力量

首先，创新人才培养模式，以科技赋能，从各方面、各环节加强老一辈艺术家的传承作用，守正创新。其次，激发活力，推进文艺创作队伍的继承发展

和新陈代谢。打造既深深扎根岭南文化，又具备世界视角的，不断向更深处探索，向更高处攀登的"文艺粤军"，让湾区创造的文艺精品进一步破圈，走向世界舞台。最后，充分认识和把握文化领域出现的新业态、新模式和新兴组织形式，团结、吸纳、引导这类文艺新群体，使其成为繁荣社会主义文艺的新兴文化力量。

（四）推动文化产业进一步与其他领域深度融合

广东积极塑"长板"、强优势，跨界融合不断拓展产业边界，"文化+旅游+科技"深度融合发展，文化产业正成为广东国民经济支柱性产业和战略性新兴产业。

1. 激活文化活力，促进文化与其他产业融合发展

加强文化赋能，用文化引领经济社会高质量发展，以文化传承创新带动经济社会转型发展。通过各种极富创意的创造性转化、创新性发展行动，通过创新思维和高科技手段让广东各种文化资源活起来、火起来，促进文化旅游融合、文化科技融合和文化金融融合，推动文化与城市发展、乡村振兴融合，不仅可以开拓全新的领域，也能够对传统产业进行改造重塑，进一步提升既有文化资源的开发水平，使之发挥出前所未有的产业效能。

2. 落实国家文化产业数字化战略，打造文化产业数字化高地

根据国家文化产业数字化、广东高质量发展的战略部署，逐步构建物理分布、逻辑关联、快速链接、高效搜索、重点集成和全面共享的广东文化大数据体系，实现大湾区文化的全景呈现和数字化成果的全民共享。实施文化产业数字化战略，前瞻布局战略性新兴文化产业。特别是数字化升级已成为推动文化装备制造业发展的重要方向，广东以数据驱动、人机协同、共创分享等为特征的数字文化装备制造将迎来新一轮发展机遇，从而推动文化产业数字化深入发展。

3. 构建"政府引导、市场主导"的文化金融支持体系

打造金融服务文化产业发展的广东样本。通过政府扶持引导，发挥资本市场作用，建构中介发达、风险可控与富于创新的多元多层次文化产业金融支持体系。建立包括文化资本评估、法律服务、专业人才服务、风险分担机制、风险管理控制制度等在内的中介与风控机制，在此基础上，一方面，强化政策引

领，继续推动出台多项政策措施，主要从加大信贷支持、完善风险分担、创新金融产品、加强政银企对接以及推进文化与金融合作示范区建设等方面综合施策。另一方面，完善文化金融配套体系，出台并用好广东文化产业各项激励政策，对开展股权、贷款、融资租赁和发债等业务的金融机构和企业进行奖励与补贴。

4. 对标世界一流湾区，发展智慧文旅

携手港澳，对标世界一流湾区，建设展现科技之光、时尚之光和文明之光的大湾区世界级旅游目的地。继续打造一批世界级标志性景区景点、精品线路，持续推动文旅企业和赛事活动落户广东，陆续"点亮"粤港澳大湾区世界级旅游目的地。明确智慧文旅、区域合作、夜间文旅、业态融合的发展趋势，强化元宇宙、数字藏品等新技术优势，触达与服务从现实世界衍生到虚拟世界，为文旅行业注入新活力。继续加快培育"文旅+""+文旅"新业态、新模式、新产品，发展智慧文旅，进一步丰富文旅场景，以特色村镇、精品线路、乡村民宿等为重点，打造一批乡村旅游示范项目。

5. 点亮文明之光，增强广东文化的传播力和影响力

积极构建国际传播能力体系，深入实施粤港澳大湾区传播工程，不断拓宽对外宣传渠道，继续加强与中央媒体、港澳媒体和海外主流媒体的交流合作，进一步借力海外社交网络，有效扩大知华友华的国际舆论朋友圈，用"借筒传声""借船出海"方式提升对外发声能力。有效配置传播资源，以全球化表达、区域化表达和分众化表达立体地讲好中国故事、大湾区故事和广东故事，切实增强国际传播的亲和力和影响力。例如，发挥粤语联结粤港澳地区、东南亚乃至全球华人的语言特色，打造粤语国际传播全媒体传播矩阵，以岭南文化交流互鉴促进民心相融相通，不断扩大"朋友圈"，展示中华文明之美。

B.13
2023年绿美广东生态建设报告

广东省社会科学院环境与发展研究所课题组*

摘　要：　绿美广东生态建设是广东省委、省政府以高品质生态环境支撑高质量发展的重要部署。2023年是深入推进绿美广东生态建设的开局之年，全省上下积极主动、因地制宜开展绿美广东生态建设，取得显著成效。但是在推进建设的过程中，也存在政策理解不到位、体制机制掣肘、资金投入不足等困难和问题。为了更好地发挥绿美生态建设的作用，下一步需要从强化部门协同、创新体制机制、培育生态文化、引导多元主体参与等方面着力，让绿美广东生态建设取得更大实效，打造人与自然和谐共生的广东样板。

关键词：　绿美广东　生态建设　生态文明

党的二十大报告提出中国式现代化是人与自然和谐共生的现代化。中共广东省委十三届三次全会提出，要深入推进绿美广东生态建设，在打造人与自然和谐共生的现代化广东样板上取得新突破。深入推进绿美广东生态建设，是省委全面贯彻党的二十大精神，深入贯彻习近平总书记对广东系列重要讲话和重要指示精神，努力打造展示习近平生态文明思想和美丽中国建设成果的示范地和窗口的重大举措，是贯彻省委"1310"具体部署的重要内容。在实现中国式现代化走在前列总目标的引领下，广东坚定践行"绿水青山就是金山银山"的理念，突出绿美广东生态建设的战略牵引作用，不断推动生态优势转化为发展优势，以高品质生态环境支撑高质量发展。

---

* 课题组组长：曾云敏，博士，广东省社会科学院环境与发展研究所副所长、研究员，研究方向为环境经济。课题组主要成员：李成，博士，广东省社会科学院环境与发展研究所副研究员，研究方向为环境经济政策；石宝雅，广东省社会科学院环境与发展研究所助理研究员，研究方向为环境政策；王丽娟，广东省社会科学院环境与发展研究所助理研究员，研究方向为环境生态政策。

一 绿美广东生态建设的总体情况与进展

2023 年 2 月，《中共广东省委关于深入推进绿美广东生态建设的决定》（以下简称《决定》）颁布实施，为打造人与自然和谐共生的绿美广东明确了总体要求和目标任务，划定了路线图和任务书。全省各地聚焦"造绿、护绿、扩绿、管绿、活绿、用绿"，见缝插"绿"，深入实施绿美广东生态建设"六大行动"，取得良好开局和显著成效。

（一）绿美广东生态建设新格局不断优化

全省各地依据《决定》要求，突出陆海统筹、城乡协同、山水林田湖草沙一体化推进和系统治理，持续优化绿美广东空间布局，着力构建绿美广东生态建设新格局，不断筑牢生态安全屏障。

1. 以顶层设计持续打造绿美新空间

广东始终坚持规划引领和空间管控，发挥"多规合一"制度优势，严格管控生态保护红线范围，守牢自然生态边界。2023 年，省委、省政府开年就从顶层设计上在打造人与自然和谐共生的绿美新空间领域持续发力：省两会明确将"绿美广东"写入政府工作报告；省委十三届二次全会强调以绿美广东为引领，高水平谋划推进生态文明建设，印发实施《决定》；省委十三届三次全会将绿美广东生态建设纳入"1310"具体部署，要求"在打造人与自然和谐共生的现代化广东样板上取得新突破"，省委、省政府印发《关于新时代广东高质量发展的若干意见》，提出将生态文明建设融入全省改革发展全过程各领域；截至 2023 年 6 月，全省 21 个地级市全部出台绿美广东生态建设实施方案或意见，以比学赶超、实干争先的热烈氛围扎实推进绿美广东生态建设，全力打开绿色发展新格局。

全省还以"林长制"为抓手将绿美广东生态建设纳入 2023 年第 1 号总林长令，以令促行。截至 2023 年 11 月，全省已设立各级林长 97372 名，聘用护林员 38320 名，落实监管员 30054 名，省市县镇村五级林长制体系全面建立，并打造省级"林长+森林法官""林长+检察长""林长+警长"协作机制，为深入推进绿美广东生态建设提供了强有力的制度保障①。

2. 以陆海统筹一体构建秀美新山川

绿美广东生态建设充分发挥山脉、水系、海岸等优良生态资源优势，加快构建耦合互馈"三屏五江多廊道"生态廊道网络，包括重点加强对南岭生态屏障、丘陵浅山生态屏障及蓝色海洋生态屏障的系统性保护与修复，依托东江、西江、北江、韩江及鉴江等全省重要江河骨干水系，统筹推进陆地、海洋、湿地三大生态系统一体化保护与修复，融合碧道、绿道、古驿道等线性开敞空间，构筑以重要水系、森林带和海岸带为主的满足生物多样性保护的生态廊道网络体系②。以被称为生态环境"晴雨表"和"监考官"的鸟类为例，广东深入推进的绿美生态建设正给鸟类创造越来越适宜的生存条件，据统计，全省记录野生鸟类 584 种，其中 70.5% 的鸟类具有迁徙属性，包括中华秋沙鸭、白鹤、遗鸥、黑脸琵鹭等 23 种国家一级保护野生动物。

3. 以城乡协同加快建设美丽新家园

广东既有广袤的农村，也有开发强度较大的城市，还有形态各异的城乡接合区域。全省各地结合"百县千镇万村高质量发展工程"，突出点、线、面相结合，全域协同推进绿美广东生态建设，通过以城带乡、以乡促城合力建设美丽新家园。一方面，广东以"森林城市群—森林城市—森林县城—森林城镇—森林乡村"五级创森体系建设为载体，进一步加强"林和城相依、林和人相融"的高品质城乡绿美生态环境建设，已建成广东省森林小镇 175 个、国家森林乡村 440 个、省级森林乡村 622 个。珠三角已于 2021 年率先建成首个国家级森林城市群，已有 14 个市获得"国家森林城市"荣誉称号，数量居全国第一；全省 21 个地级以上市全部加入建设森林城市行列，29 个县级城市加入国家森林县城创建行列，其中韶关等 6 市提出全域创建国家森林县城，"城在林中、林在城中"的优美环境，正成为广东独特的城市竞争力。另一方面，加快规划建设各类城市公园、郊野公园、口袋公园、滨水绿地及其他结构性绿地，在形成各具特色的城乡绿美风景线的同时，也为广大群众提供了丰富多彩

---

① 《广东省持续深入推进林长制和绿美生态建设》，中国发展网，2023 年 11 月 18 日，http://www.chinadevelopment.com.cn/news/cj/2023/11/1869510.shtml。

② 《〈广东省国土空间生态修复规划（2021—2035 年）〉印发》，中国政府网，2023 年 5 月 17 日，https://www.gov.cn/lianbo/difang/202305/content_6874355.htm。

的游憩场所和空间。全省城市绿化覆盖面积和绿地面积分别达到 58 万公顷和 53 万公顷，分别占全国的 14.85% 和 15.31%，两项指标均为全国第一。全省共建有城市公园 4657 个，公园面积超过 16 万公顷，公园绿地面积达 11.58 万公顷，分别占全国的 21.11%、25.32% 和 13.86%，广东不仅是全国城市公园数量最多的省份，也是唯一公园面积和公园绿地面积超过 10 万公顷的省份。全省已有口袋公园 2360 个，建设步伐走在全国前列①。

（二）绿美广东生态建设"六大行动"全面展开

绿美广东生态建设重点实施"六大行动"，包括森林质量精准提升行动、城乡一体绿美提升行动、绿美保护地提升行动、绿色通道品质提升行动、古树名木保护提升行动和全民爱绿植绿护绿行动（见图1)②。各地市结合实际，部分地市进一步提出具有地方特色的具体行动方案，并以林分优化、林相改善为切入口，以示范点建设为抓手，以绿美保护地高标准打造为动力，以全民义务植树活动为契机，全力推进各项建设工作取得显著实效。

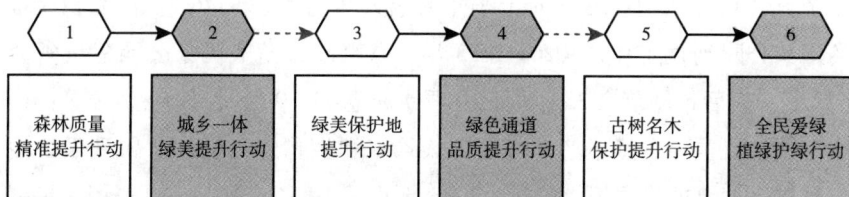

图1　绿美广东生态建设"六大行动"

1. 适地适树推动森林质量精准提升

经过一代又一代人的努力，广东绿色空间版图不断扩大，全省森林面积已达 1.43 亿亩，比 20 世纪 80 年代初期增长了 60% 以上，森林覆盖率达到 53.03%，位居全国前列。但是，在"绿起来"之后，森林质量仍有提升空间，绿美广东专项开展森林质量精准提升行动，目的就是进一步优化重要生态区域低效林的林分结构，持续改善林相，提升林分质量。2023 年的目标是全省完

---

① 《广东省城市绿化成绩单》，《南方》2023 年第 18 期。
② 《中共广东省委关于深入推进绿美广东生态建设的决定》，2022 年 12 月 8 日。

成林分优化提升 200 万亩、森林抚育提升 200 万亩。为确保顺利完成年度任务，全省各地紧抓春季备耕有利条件，全面启动植树造林工作。对低效纯松林、纯桉林等林地有序实施林分改造、林相改善，营造高质高效乡土阔叶混交林，培育稳定健康的森林生态系统，增加森林生态效益。根据 2023 年 12 月初召开的全省林业工作座谈会提供的数据，2023 年全省共完成林分优化 203.6 万亩，完成森林抚育 205.6 万亩，两项指标的完成率均超过 100%，森林质量精准提升行动的年度任务超额完成①。

2. 高标高质推进绿美保护地和示范点建设

按照率先建成"双园"之省的目标要求，全省加快构建以国家公园为主体的自然保护地体系和建设以国家植物园为引领的植物迁地保护网络。广州对标最高、最好、最优，将华南国家植物园体系建设作为绿美广州五年行动的"头号工程"，创新性打造全国首个"1+3+N"城园融合体系，开展了一系列新物种引进、珍稀野生植物培育繁衍、科普教育宣传等高水平的建设活动。自 2022 年 7 月正式挂牌以来，华南国家植物园新引种植物超过 2177 种，收集超过 1.7 万种高等植物，2023 年上半年入园人数同比上升 46%。广东积极推进南岭国家公园创建工作，2020~2023 年，省财政共落实国家公园建设资金约 3.6 亿元，先后推动落实 33 个项目专项债资金 40.19 亿元。南岭国家公园的重要生态系统、重要自然遗产、典型自然景观和生物多样性逐步得到系统性保护，已进入关键的设立报批阶段。2023 年 4 月 10 日，习近平总书记在湛江市麻章区湖光镇金牛岛红树林片区考察时强调，这片红树林是"国宝"，要像爱护眼睛一样守护好②。省自然资源厅、省林业局印发《广东省红树林保护修复专项规划》，为科学提高红树林生态系统质量提供依据。深圳市对标借鉴国际一流标准，高质量加快建设"国际红树林中心"，使其成为全省重要的红树林文化推广核心。湛江市以实际行动着力推进"红树林之城"建设，加快建设万亩级红树林示范区。2023 年 10 月，《广东省绿美保护地提升行动方案

---

① 《广东省全力推动县镇村绿化取得实效　底色更亮　成色更足》，中国发展网，2023 年 11 月 8 日，http://www.chinadevelopment.com.cn/news/zj/2023/11/1867665.shtml。

② 《习近平在广东考察时强调：坚定不移全面深化改革扩大高水平对外开放　在推进中国式现代化建设中走在前列》，中国政府网，2023 年 4 月 13 日，https://www.gov.cn/yaowen/202304/13/content_5751308.htm? eqid=b4537aa000000d10000000066487e381。

（2023—2035 年）》印发实施，进一步提出重点打造"三园两中心一示范"，包括创建南岭国家公园、丹霞山国家公园，高标准建设华南国家植物园，高水平建设国际红树林中心和国家林草局穿山甲保护研究中心，及建设一批示范性保护地。2023 年，全省共打造不同类型的绿美广东生态建设示范点 193 个，这些示范点以森林公园、湿地公园、风景名胜区和拟建各类公园等为重点形成了类型多样的点状生态空间，并通过与碧道、绿道、森林步道、生态海岸等相衔接共同构成通山达海、连绵起伏的带状生态空间。

3. 全民全力参与爱绿植绿护绿行动

绿美广东生态建设实施以来，全省各级政府率先垂范，带领和引导全社会在南粤大地掀起了一浪高过一浪的全民爱绿植绿护绿行动热潮。全省遴选 100 个示范点为主要场所开展 2023 年全省推进绿美广东生态建设义务植树活动，企事业机关、人大代表、政协委员、妇女代表、企业家代表、学生群体等全省社会各界广泛参与其中，种植了一批"青年林""巾帼林""同心林"等主题林。全民义务植树尽责形式不断创新，省林业厅发布了"认种一棵树"线上植树小程序，部分地市根据实际开发出具有地方特色的互联网植树小程序，如揭阳市上线"我为家乡种棵树"微信小程序，阳江市推出"阳江市全民义务植树"微信小程序，并通过线上线下相结合建设了一批"互联网+义务植树"基地，认种认养认捐渠道不断拓宽，义务植树"最后一公里"逐渐打通。据统计，2023 年全省已开展全民义务植树活动近 6000 场次，植树约 212 万株。

（三）绿美广东生态建设综合效益持续释放

各地锚定高质量发展首要任务，将绿美广东生态建设与"百千万工程"等重点任务紧密结合，形成强大发展合力，林下经济和林业产业不断壮大，优质生态产品供给持续增加，生态文化繁荣发展，绿美广东生态建设的综合效益不断释放，民生福祉持续增进。

1. 不断提高经济效益

广东持续推动以"含绿量"赋能"含金量"，全省林业产业总产值约占全国的 1/10，连续多年位居全国第一。推进绿美广东生态建设以来，各地更是深入推动林业一二三产融合发展，探索"守绿换金、添绿增金、点绿成金、借绿生金"新思路、新机制和新路径，以油茶、竹子、南药、花卉苗木、经济林果等优势特色产业高质量发展为重点，积极发展林业产业和林下经济，培育林业龙头企业，推广多种"龙头企业+"利益联结模式，推动"一村一品、一镇一业"专业村镇发展，统筹打造"粤林+"等产业品牌。2023年前三季度，全省农林牧渔业总产值6400亿元，同比增长5%；园林水果产量同比增长5.9%①；全省茶园实有面积达164.52万亩，茶叶产量达13.05万吨，同比分别增长11.2%和9.8%；茶油种植面积达282万亩，茶油产能达6万吨，实现综合产值超百亿元。已建成国家林业产业示范园区1个（德庆），广东省林业特色产业发展基地20个；国家森林康养基地5个，国家林下经济示范基地18个；国家林业重点龙头企业35家②。以地市为例，茂名市着力推动"五棵树一条鱼一桌菜"特色产业全链发展，致力于打造荔枝、龙眼、化橘红、沉香等超百亿元产业，茂名电白沉香串联种植、加工、电商销售等环节，通过"接二连三"已实现产业规模3500亿元，成为当地高质量发展重要引擎；东莞市着力做好荔枝、莞香、红花油茶"三棵树"文章；肇庆市提出林业产业发展"六个一"工程；揭阳市埔田镇持续激发"中国笋乡"品牌效应，构建竹笋种植加工、餐饮、旅游等融合发展新格局；韶关市仁化县以科技支撑毛竹全产业链发展，推动"以竹代木"研发成果加快转化，不断壮大实体经济。

2. 有效增加社会效益

广东省充分发挥森林作为"水库、钱库、粮库、碳库"的作用，林业改革发展持续深化，在拓展绿美生态空间的同时，进一步拓宽了富民惠民渠道。例如，各地通过实施古树名木保护提升行动，在更好保护珍稀古树资源的同时，还千方百计为百姓打造出更多特色游憩空间，实现保护与利用双赢。韶关市建设的集古树保护、文化体验、休息游憩、科普教育等功能于一体的绿美古树公园——仁化县红椎古树公园已正式开园迎客；湛江市依托古树资源建设更多的小公园、小游园，古树名木保护的社会效益逐步显现。截至2023年11月，全省已建成古树公园179个，实现21个地级市古树公园全覆盖。在生态

---

① 《前三季度广东农林牧渔业总产值同比增长5%》，广东省人民政府网站，2023年11月7日，https://www.gd.gov.cn/gdywdt/bmdt/content/post_4278030.html。

② 《广东省多种林业经济形态蓬勃发展 首届林业博览会在梅州市开幕》，"中国发展网"百家号，2023年12月5日，https://baijiahao.baidu.com/s?id=1784433605055373068&wfr=spider&for=pc。

公益林补偿方面，广东在已实现连续 16 年提升补偿标准的基础上，2023 年将生态公益林补偿标准每亩再提高 1 元，达到 45 元/亩，位居全国前列。2023 年，广东用于省级以上生态公益林补偿资金超过 30 亿元，省级财政安排资金额度居全国首位①。

3. 深入挖掘文化效益

全省各地通过深挖生态产品的文化内涵、打造生态文化品牌、推动文旅深度融合发展、构建生态文化传播体系等，大力培育广东特色生态文化，努力讲好人与自然和谐共生的中国故事、大湾区故事和广东故事。例如，在推进自然教育工作方面，广东是全国自然教育示范省，新修订的《广东省森林管理条例》首次将自然教育基地和自然博物馆等建设纳入地方性法规。广东还携手港澳打造粤港澳自然教育特色品牌，举办粤港澳自然教育讲坛等系列活动。截至 2023 年 12 月，全省已建成省级自然教育基地 115 个，提前完成"十四五"规划目标；建成自然教育径 101 条、省级自然教育场馆 148 个。2023 年，全省开通了"南粤红绿径"特色线路 10 条，创办了全国自然教育基地（学校）38 家②。在生态文化品牌创建方面，以具有广东植树造林"塞罕坝"精神之称的"岳山造林"精神为例，肇庆市深入挖掘绿美生态的文化价值，规划建设了用于展示和宣传林业生态文化的岳山造林纪念馆，持续讲好人与自然和谐共生的"岳山造林"红色故事，培育爱林护林造林的生态文化。

二 绿美广东生态建设存在的问题及困难

绿美广东生态建设是关系广东长远发展和民生福祉的重要工程，与经济社会和群众生活密切相关，在全省上下协同部署推进过程中，仍存在森林资源质量不高、政策执行偏差、认识不到位、保障支撑不够等问题。

---

① 《广东生态公益林补偿惠民效应持续上升 广州小山村诠释"靠山吃山"新内涵》，"金羊网"百家号，2023 年 11 月 29 日，https：//baijiahao. baidu. com/s？id＝1783851139769215318&wfr＝spider&for＝pc。

② 《提前完成"十四五"目标任务，广东已建成省级自然教育基地 115 个》，"羊城派"百家号，2023 年 9 月 20 日，https：//baijiahao. baidu. com/s？id＝1777546504398876158&wfr＝spider&for＝pc。

（一）森林生态系统需要进一步优化

1. 森林资源质量不高

2023年，广东森林面积达 1.43 亿亩、森林覆盖率为 53.03%，分别排在全国第九和第五，处于全国前列，但林业资源结构不优、质量不高、功能不强等问题仍较突出。大多数地区森林树种纯林占比较多、中幼龄林偏多、人工林也多，而大径级林木偏少、乡土阔叶混交林偏少、天然林少，呈现"三多三少"特征。全省乔木林中，桉树林面积占比 19.81%，松杉林面积占比 27.21%，人工林树种比较单一，总体结构不优，森林群落结构较为简单，低质低效林面积占比较大，缺乏灌木丛，导致林分林相质量普遍不高，森林景观效果不佳。此外，全省生态资源空间分布不均，生态系统破碎化现象突出，生态廊道联通度不够。生物多样性不够丰富，森林涵养水源、保持水土能力不足，个别地方毁林开垦现象依然存在。

2. 林业生态环境效益有待提升

在林权制度改革方面，由于历史遗留问题多及个别地方确权登记发证工作相对粗放，存在"权属不清、界线不清、面积不清"等问题，林权、林地纠纷较为突出，林地流转仍存制度性堵点，一些隐性的权属纠纷逐渐暴露，导致林权流转不畅。在经济效益方面，由于碳汇交易的方法学仍有待完善，碳汇交易的开发成本与收益不匹配，林业碳汇收益不确定，目前只有韶关入选国家林业碳汇试点，其他地市的林业碳汇交易还处于起步阶段。林业产业存在"小、散、弱"的情况，发展水平仍然不高，不够多元化，大多还停留在初级产品加工、生产的阶段，森林文旅项目由于受到生态保护红线等刚性限制，项目土地无法及时落实。

（二）绿色生态建设要素支撑不足

1. 人才支撑能力弱

2015年广东启动了国有林场改革，对全省 13 个省属国有林场开展职工入编考试和人员转隶工作，1584 名林场职工全部转为公益一类事业单位人员，解决了省属林场的资金和人员问题。但仍有市属国有林场并未进行相应转制，而且国有林场大多处于偏远山区，交通不便利，生产生活条件艰苦，岗位吸引力不强，导致部分国有林场仍存在职工老龄化、专业技能人才短缺现象，基层林业专业技术力量薄弱，许多林场受编制数量限制，多年来分配或招录专业技术人员数量微乎其微。现有的基层林场职工普遍通过接班、招工等方式进入林场，常规技能培训少，文化技术水平不高，严重制约了林业执法、森林资源管护和林业产业的发展。

2. 技术和设施保障能力薄弱

历史欠账较多、基础设施薄弱一直是林业保护工作中的突出短板。在一些偏远地区的国有林场，林区基础设施建设滞后、道路建设严重不足、管护用房简陋的状况普遍存在，林业科技信息化程度不高，缺乏依托物联网、云计算、大数据、移动互联网等先进技术支持的智慧林业综合管理平台。林业科研和基础研究保障不够充分，林木良种基地建设尚未全面推开，优质林木种苗保障与现实需求还存在差距，林业技术推广能力不强，林业产业发展科技含量低，产品市场有限。

3. 资金保障能力不足

受新冠疫情及减税降费影响，部分基层财力无法落实资金配套，导致林业单位面积投入低，达不到设计标准，森林培育与资金需求之间的矛盾突出。且生态林补偿和森林资源管护属于中央和地方共同事权，由中央每年每亩补助16元，但地方补助往往无法落实补齐，补偿金额较低也大大影响了林农护林的积极性。开展森林质量精准提升需要大量资金投入，且周期长、收益慢，只依靠中央、省级转移支付难有很好的成效，导致新造林缺少后续抚育管护资金，造林质量得不到保证，成林后森林质量不高。

（三）生态建设干事创业的精神需增强

1. 跨部门协同联动能力需要提升

绿美广东生态建设需要构建部门间横向合作、不同层级政府纵向协作的联动机制，消除职责分工的部门隔阂。虽然林业部门是牵头部门，但高质量推进绿美广东生态建设既需要自然资源、住建、生态环境、农业农村、交通运输等多部门分工协作，也需要省市县镇等多级政府的有效衔接落实，形成强大工作合力。在"林长制"的统一部署下，有些部门由于职责分工容易产生思维定式，无法及时有效落实工作安排，协作效率不高，存在"看得见的管不了""管得了的看不见"等推诿现象。

2. 推进生态建设的认识仍需加强

绿美广东生态建设是一项系统性、长周期工程，既是"攻坚战"，也是

"持久战"，需要久久为功、扎实推进。但是，部分地区干部对绿美广东生态建设的内涵要求理解不准确，思想认识还不到位，政治站位还不够高，对绿美广东生态建设"六大行动"理解还不够深入，仍认为是单纯的植树绿化。"上面热、下面冷"，基层存在畏难情绪，不积极、不主动、不负责的"等靠要"思想仍然存在，与深入推进绿美广东生态建设的各项要求还有一定差距，习惯性地依赖上级指令推进工作，缺乏前瞻性、创新性。

（四）林业生态文化亟待深入挖掘

1. 林业生态文化培育不足

林业生态文化是生态文明建设的重要内容，必须进行大力弘扬和培育。文化的培育离不开政府的引导和支持，但是广东尚未出台省级层面的林业生态文化建设相关实施方案或意见，与福建、贵州等林业大省相比略显滞后。广东在全面推进森林城市的建设中已走在全国前列，但很多地方往往只注重绿化生态工程的建设，而忽视了对生态文化的打造和培育，"重面子、轻里子"，生态科普活动、生态文化自然教育基地也不够普及，社会公众对生态文化仍感陌生。

2. 生态文化与地方文化缺乏融合

地方特色文化是每个地区独特的历史记忆，将生态文化与地方文化相融合，有利于打造人与自然和谐共生的美丽家园。广东作为岭南文化的发源地，拥有丰富的文化资源，如广府文化、客家文化、潮汕文化，但在地方文化的传承保护中对生态文明思想挖掘不深、融合不够，不能有效地推动中华优秀传统文化创造性转化、创新性发展，展示生态文化的博物馆、文化馆也相对缺乏，在一定程度上制约了文化的传承。一些地方有千年古树群落，但由于缺乏宣传和引导，没有形成良好的生态保护文化，处于"藏在深山无人知"的境地。

三　绿美广东生态建设面临的环境形势与预测

2023 年，国家层面就全面推进美丽中国建设做出了系统部署，广东省层面以绿美广东生态建设为牵引，对全面推进生态文明建设进行了一系列的重大部署，这为 2024 年及未来一个时期深入推进绿美广东建设、统筹生态文明建设和经济社会发展明确了方向。

（一）国家相关部署

党的二十大做出了"推动绿色发展，促进人与自然和谐共生"的重大部署。2023 年 7 月 17~18 日，党中央召开全国生态环境保护大会，系统部署了全面推进美丽中国建设的战略任务和重大举措，强调"把建设美丽中国摆在强国建设、民族复兴的突出位置"。2023 年 11 月 7 日，中央全面深化改革委员会第三次会议审议通过了《中共中央 国务院关于全面推进美丽中国建设的意见》《关于加强生态环境分区管控的指导意见》等文件，吹响了全面推进美丽中国建设的新号角。

1. 生态文明建设面临的总体形势

习近平总书记在 2023 年全国生态环境保护大会上强调，我国生态环境保护结构性、根源性、趋势性压力尚未根本缓解①。我国经济社会发展已进入加快绿色化、低碳化的高质量发展阶段，生态文明建设仍处于压力叠加、负重前行的关键期。这是对当前我国生态文明建设形势的最新判断。

党的十八大以来，党中央以前所未有的力度抓生态文明建设，推动生态文明建设取得历史性成就、发生历史性变革，美丽中国建设迈出重大步伐。但是，当前我国生态环境保护结构性、根源性、趋势性压力尚未根本缓解，主要表现在以下三个方面。一是我国还处于工业化、城镇化深入发展阶段，产业结构偏重、能源结构偏煤、交通运输结构以公路为主的状况一时难以改变，结构调整任重道远。二是生态环境质量稳中向好的基础还不牢固，生态本底脆弱、长期积累的生态环境问题较多，生态环境修复和改善不可能一蹴而就，生态环境治理能力还存在短板弱项等根源性压力还很突出。三是生态环保和应对气候变化存在诸多不确定性，全球环境治理形势更复杂等趋势性压力将长期存在。

党的二十大提出，到 2035 年"广泛形成绿色生产生活方式，碳排放达峰后稳中有降，生态环境根本好转，美丽中国目标基本实现"。踏上新征程，生态文明建设任务的全面性、系统性、艰巨性将发生巨大变化，生态文明建设将

---

① 《习近平在全国生态环境保护大会上强调：全面推进美丽中国建设 加快推进人与自然和谐共生的现代化》，中国政府网，2023 年 7 月 18 日，https：//www.gov.cn/yaowen/liebiao/202307/content_ 6892793. htm？name＝aging。

进入深水区，剩下的都是难啃的"硬骨头"。因此，必须以更高站位、更宽视野、更大力度来谋划和推进生态文明建设。

2. 当前和今后一个时期生态文明建设的重点任务

党的二十大报告从加快发展方式绿色转型，深入推进环境污染防治，提升生态系统多样性、稳定性、持续性，积极稳妥推进碳达峰碳中和4个方面做出了部署。习近平总书记在2023年全国生态环境保护大会上深化和实化了党的二十大报告重大部署，强调要持续深入打好污染防治攻坚战，保持力度、延伸深度、扩展广度，持续改善生态环境质量；要加快推动发展方式绿色低碳转型，加快形成绿色生产方式和生活方式，厚植高质量发展的绿色底色；要着力提升生态系统多样性、稳定性、持续性，加大生态系统保护力度，切实加强生态保护、修复、监管，拓宽绿水青山转化金山银山的路径；要积极稳妥推进碳达峰碳中和，构建清洁、低碳、安全、高效的能源体系；要守牢美丽中国建设安全底线，积极有效应对各种风险挑战，切实维护生态安全、核与辐射安全等；要健全美丽中国建设保障体系，打好法治、市场、科技、政策"组合拳"①。这为进一步加强生态环境保护、推进生态文明建设提供了方向指引和根本遵循。

2023年11月7日，中央全面深化改革委员会第三次会议审议通过了《中共中央 国务院关于全面推进美丽中国建设的意见》《关于加强生态环境分区管控的指导意见》等文件，提出要根据经济社会高质量发展的新需求、人民群众对生态环境改善的新期待，加大对突出生态环境问题集中解决力度，着力抓好生态文明制度建设，发挥好先行探索示范带动作用，开展全民行动，推动局部和全局相协调、治标和治本相贯通、当前和长远相结合；加强生态环境分区管控，要落实主体功能区战略，衔接国土空间规划和用途管制，聚焦区域性、流域性突出生态环境问题，完善生态环境分区管控方案，建立从问题识别到解决方案的分区分类管控策略，通过一项项具体行动推动美丽中国目标一步步变为现实。

（二）广东相关部署

2023年，广东坚持以习近平新时代中国特色社会主义思想为指导，深入学

---

① 《习近平在全国生态环境保护大会上强调：全面推进美丽中国建设 加快推进人与自然和谐共生的现代化》，中国政府网，2023年7月18日，https：//www.gov.cn/yaowen/liebiao/202307/content_6892793.htm？jump=true。

习贯彻党的二十大精神和习近平生态文明思想，认真贯彻落实习近平总书记在全国生态环境保护大会上的重要讲话和视察广东重要讲话、重要指示精神，结合广东生态文明建设实际，以绿美广东生态建设为牵引，进行了一系列的重大部署，为深入推进绿美广东建设，更好统筹生态文明建设和经济社会发展明确了方向。

表1　当前和今后一个时期广东生态文明建设的目标任务

主要方面	目标	任务
绿美广东生态建设	到2027年：全省完成林分优化提升1000万亩、森林抚育提升1000万亩；全域建成国家森林城市；率先建成国家公园、国家植物园"双园"之省 到2035年：全省完成林分优化1500万亩、森林抚育3000万亩；混交林比例达到60%以上；建成人与自然和谐共生的绿美广东样板	1. 实施森林质量精准提升行动 2. 实施城乡一体绿美提升行动 3. 实施绿美保护地提升行动 4. 实施绿色通道品质提升行动 5. 实施古树名木保护提升行动 6. 实施全民爱绿植绿护绿行动
推动绿色发展	统筹产业结构调整、污染治理、生态保护、应对气候变化，协同推进降碳、减污、扩绿、增长，走出新时代"绿水青山就是金山银山"的广东路径	1. 推进绿美广东生态建设 2. 深入打好污染防治攻坚战 3. 加快形成绿色低碳生产生活方式
打造人与自然和谐共生的现代化广东样板	走在前列，奋力实现新突破	1. 深入推进绿美广东生态建设 2. 精准发力植绿护绿扩绿 3. 持续用力减污降碳，大力发展绿色经济 4. 建立健全生态产品价值实现机制，打通绿水青山就是金山银山的有效转化通道
全面推进生态文明建设	推动广东生态文明建设迈向新高度	1. 持续深入打好污染防治攻坚战 2. 加快推动发展方式绿色低碳转型 3. 着力提升生态系统多样性、稳定性、持续性 4. 积极稳妥推进"双碳"工作 5. 坚决筑牢生态环境安全根基 6. 携手港澳推进美丽湾区建设

资料来源：根据公开资料整理。

（三）绿美广东生态建设未来趋势

随着生态文明建设顶层设计的持续完善和相关部署的不断细化、具体化，绿美广东生态建设的目标更加明晰、路径更加明确，其未来发展趋势将呈现以下特点。

1. 更加突出以更高水平加快推进绿美广东生态建设

推进绿美广东生态建设，是广东新时代新征程贯彻落实习近平生态文明思想的重要举措，是广东生态文明建设的战略牵引，也是关系广东长远发展和民生福祉的重要工程。当前，广东生态文明建设已取得重大成效，推进生态文明建设的综合实力更强、物质技术基础更好、社会共识更广、人民群众期望更高，但同时，生态环境改善与美丽广东建设目标、人民群众期待、高质量发展要求还有差距。站在新的历史起点上，广东势必将以更高站位、更宽视野、更大力度谋划和推进生态文明建设，推动生态环境高水平保护和经济社会高质量发展并肩高速前行。

2. 更加突出以系统观念全面推进绿美广东生态建设

基于生态环境保护结构性、根源性、趋势性压力尚未根本缓解，生态文明建设仍处于压力叠加、负重前行的关键期的总体形势，以及新型工业化、信息化、城镇化、农业现代化叠加发展，不同阶段、不同领域的各种问题相互交织、集中出现的现实省情，生态文明建设既要深入推进污染防治，又要促进发展方式绿色低碳转型，还要强调生态系统保护修复的阶段性、特殊性、紧迫性，因此绿美广东生态建设必须以系统思维谋划设计，着眼全方位、全地域、全过程，统筹产业结构调整、污染治理、生态保护、应对气候变化，协同推进降碳、减污、扩绿、增长。

3. 更加突出生态优势向发展优势持续有效转化

"绿水青山就是金山银山"理念是习近平生态文明思想的重要组成部分，指明了实现生态环境高水平保护和经济社会高质量发展的路径和方向。大力推进生态产业化和产业生态化，加快发展水经济、林业经济、生态旅游等产业，不断提升绿美广东生态建设综合效益，推动生态优势持续转化为发展优势，实现生态美、产业强、文化兴、百姓富，是广东构建绿色低碳发展新格局和实现共同富裕的重要途径。《广东省林业产业发展"十四五"规划》明确，到2025年，全省林业产业总产值将达 1 万亿元。随着林下特色种养业加快发展，森林康养和森林旅游等配套产业建设加快推进以及林业生态产品价值实现机制的建立健全，林业产业生态增优、产业增效、农民增收的可持续发展态势将日趋显现。

4. 更加突出绿美广东生态建设的外部约束和内生动力

外部约束和内生动力是推动绿美广东生态建设的双重驱动力。在新征程上推进生态文明建设，需要处理好外部约束与内生动力的关系，必须始终坚持用最严格制度、最严密法治保护生态环境，保持常态化外部压力，同时要激发全社会共同呵护生态环境的内生动力。因此，一方面要加快建立健全和严格执行生态环境法规制度，另一方面要切实提高全社会生态文明意识、提高绿美广东生态建设全民参与度。根据相关部署，广东将在完善生态环境污染源头预防、过程控制、损害赔偿、责任追究的全过程治理机制，健全生态环境保护督察工作机制，全面落实林长制，创新社会参与绿美广东生态建设机制等方面持续发力。

四　进一步推进绿美广东生态建设政策建议

2024 年是深入推进绿美广东生态建设的关键之年，全省必须锚定目标，以习近平生态文明思想为指引，集聚各方合力，推动绿美广东生态建设落深落实落细，不断提升生态效益、经济效益、社会效益和文化效益，绘就绿美广东新画卷。

（一）强化绿美广东生态建设的政策合力

1. 深化政策规划的衔接性

在省委出台《决定》后，全省各地也相继出台《决定》的落实方案或意见，但是这些新出台的方案或意见必须与前期发布的国土空间、城市建设、产业发展、生态保护、美丽乡村等"十四五"规划相衔接，实现"多规合一"。以"一张蓝图绘到底"的要求，按照"三区三线"的划定范围科学规划，充分利用第三次全国国土调查等成果，保证绿化景观、休闲绿地、示范点建设等用地指标落地落实。在规划的编制过程中，要注重全面系统和突出特色相结合，绿美生态建设既要重视山水林田湖草沙的系统治理，也要结合地方区域特色，打造不同的美丽乡村景观，防止出现"千城一面、千村一面"，不能让好政策走偏、走样。

2. 创新部门协同合作机制

绿美广东生态建设是涉及多部门、多层级政府的整体性、系统性部署，在实施推进的过程中，必须大胆创新体制机制，破解部门间"弱协调"难题。横向上，积极发挥"一把手"主体责任制作用，创新"林长+"部门协作机制，协同自然资源、住房和城乡建设、林业、生态环境、园林绿化、交通运输、水利、农业农村、财政、发改、综合行政执法等相关部门，探索"绿美+环境治理""绿美+美丽乡村""绿美+交通网络""绿美+生态修复""绿美+小区改造""绿美+休闲旅游"等多样化的协同工作方式。纵向上，凝聚各级政府对绿美广东生态建设的共识，需要"十年树木"的决心和定力。进一步明确省级以下财权和事权界定范围、职责分工，结合扩权赋能强县改革，探索将省级森林公园、自然保护区范围调整权限下放至地市试点，激发基层创新活力，不能将林分林相提升任务层层"加码"压到基层。引导地方政府利用财政资金设立绿美生态建设发展基金，确保绿美生态建设不增加地方财政负担。优化行政管理考核内容，适当增加绿美生态建设加分项，明确绿美生态建设的奖惩机制。

3. 加强绿化美化立法保障

绿美广东生态建设的顺利推进离不开法律法规和制度保障。广东省及各地市基本已出台了森林保护管理条例和城市绿化条例，但是在现实中，仍存在侵占绿地、擅自砍伐迁移古树名木、绿地无人管护等问题，因此需要对城市绿化、公园绿地管理、人居环境治理、湿地保护、古树名木保护等相关法规条例及时进行修订，以适应绿美广东生态建设的要求，推动绿化美化建设走上法治化、规范化的轨道。良好的法规条例需要社会的共同监督，应多渠道、多方式、多范围地广泛宣传森林保护管理和城市绿化条例，解决普法工作发展不平衡的难题，在全社会形成人人参与绿化美化、共同保护绿化成果的良好氛围。

（二）创新绿美生态产品价值转换路径

1. 加快深化林权制度改革

在绿美广东生态建设的推进过程中，各地应牢固树立"绿水青山就是金山银山"的理念，创新探索政府主导、市场化运作、可持续的生态产品价值实现路径，充分挖掘林业资源生态效益，丰富林地流转形式，通过建立"森林生态银行"，发展林下经济、森林康养、林产品加工等林业生态产品和服务，不断续写"林下生金、借绿生金"的好故事，推动生态效益、经济效益、社会效益同步提升，真正实现绿而美、美而富的有机统一。机制上，进一步理顺林业产权经营权关系，支持建立县、乡（镇）产权交易平台，引导林农及相关经营主体林权流转，进入产权交易平台交易，破解林地分散难题；推进林权收储机构建设，推动林场与村集体、林农结成利益共同体，为林农提供林权收储担保。经营上，积极培育林业专业合作社、家庭林场、股份林场等新型林业经营主体，提高林业经营的规模化、组织化程度，提升林业经营效益。技术上，推动林业科研院所加快完善林业碳汇方法学，健全林业碳汇计量监测体系，为林业碳汇发展提供技术保障。

2. 畅通城乡要素流通渠道

构建全国统一大市场要求城乡各类要素良性互动，完善农产品市场价格形成机制，这就需要畅通城乡要素流通渠道，实现"农产品进城"和"工业品下乡"的"双向奔赴"。在绿色生态产品价值转换的过程中，应重视农村物流基础设施特别是冷链物流体系的建设，在田间地头建设保鲜仓、保温库，保证农产品的新鲜度。结合广东"百县千镇万村高质量发展工程"，完善县城商贸综合服务中心、乡镇商贸中心、村级便民商店等商业网络，提升农产品进城的便利性。此外，也要注重人才、资金的向"下"流动，通过人才"下乡"促进人才、资金、技术、项目等要素向乡村流动，盘活农业农村这一巨大的资源宝库，带动生态农业、森林旅游、文化创意、健康休闲等产业发展，为农业农村创造新的增长点。

3. 实施区域特色品牌工程

把"土特产"这三个字琢磨透，依托地方资源禀赋，因地制宜发展优势特色产业，打造区域特色品牌。广东拥有丰富的农业资源，各地有特色的产业，如茂名高州的荔枝，揭阳的竹笋、青梅，肇庆四会的兰花等，但这些产业并未形成全国性的区域品牌，没有稳定的市场份额，农民通过农产品增收的效果大打折扣。"酒香也怕巷子深"，因此，应引导新型农业经营主体开展区域特色品牌创建，积极申报地理标志产品，同时联合打造区域公用品牌，树立区域品牌的良好形象，提升品牌的溢价能力。通过加强与大型电商平台合作，以美食节、直播带货等形式提升品牌产销衔接层次与水平，扩大品牌影响力，让区域品牌为农民增收致富提供坚实的保障。

（三）深入挖掘培育绿美生态文化

1. 积极培育林业生态文化

林业生态文化是生态文明思想的重要内容，绿美广东生态建设需要培育林业生态文化。广东作为"全国荒山造林绿化第一省"，在20世纪70年代就孕育了"忠诚奉献、艰苦创业、团结奋斗、久久为功"的"岳山造林"光荣传统，在此后不断深化人们对于爱护自然、保护自然的认识，培育了爱林护林的林业生态文化，而"岳山造林"也成为广东植树造林的"塞罕坝"精神象征。森林作为"水库、钱库、粮库、碳库"，对于生态安全、环境保护、兴林富民都具有重要的价值和作用，是实现人与自然和谐共生的重要场域，也是林业生态文化的集中体现。林业生态文化的培育和挖掘，需要通过文化影视、音乐、书画等传播手段，宣扬古树名木文化、林竹文化、花卉文化、森林文化、山水文化等林业生态文化，形成尊重自然、顺应自然、保护自然的良好氛围，树立公众爱护森林的行为规范，增强公众的生态文化意识，助力建设人与自然和谐共生的中国式现代化。

2. 推动绿色生态科普宣教

普及林业生态文化需要丰富宣教的载体，如森林公园、湿地公园、自然保护区等是宣传、教育、体验林业生态文化的重要平台，也是人们了解森林、认识生态的自然场所。结合绿美广东生态建设和"百县千镇万村高质量发展工程"，在国家公园、森林公园、植物园、自然保护区、湿地公园规划建设一批规模适当、具有地方特色的林业生态展览馆、标本馆、科技馆、文化馆及林业生态文明实践中心，以丰富多彩的自然教育体验活动，提升公众对林业生态文化的感知。在植树节、生物多样性日、湿地日、世界环境日等重大节日，组织林业专家团队，开展科普宣传、技术培训、科普讲座，传播林业生态文化知识，让林业生态文化进校园、进课堂、进社区、进乡村，提升公众林业生态文化素养。发挥新媒体传播优势，在新闻网站、网络视频、数字报、手机报等载体宣传推送林业生态文化，并通过科普长廊、宣传亭、标识牌等宣教设施，让群众的生态文化意识内化于心，转化为自觉行动。

（四）加强绿美生态建设要素保障

1.加快补齐林业发展人才技术短板

人才技术是林业高质量发展的重要支撑，现阶段存在的人才技术短板已成为绿美广东生态建设的严重制约。为破解基层林场大学生人才难招、难留的困局，可与林业院校建立林业特岗人员定向培养机制，特岗生毕业后直接分配到生源地林业单位工作，为林业基层单位提前储备大学生人才资源。对于在职人员，可通过定期专家授课、外出培训、观摩学习等方式，不断更新专业知识结构，提升现有人员的专业技术素养，提高林业人员持证上岗率。同时，创新"老带新""传帮带"模式，发挥"能人巧匠"带头作用，开展业务知识结对帮扶，全面提升林业技术水平。科技赋能产业的发展，林业生态建设需要加强林木良种育种、森林可持续发展、生态系统保护修复等关键核心技术攻关，并及时推广示范林业新技术，制定林业高质量发展的统一标准。另外，强化林业站点科技巡护装备配备，采用无人机、探测仪等不同巡护手段。

2.健全林业生态保护社会投入机制

林业生态保护离不开资金的投入，融资难制约着林业综合效益的提升，绿美广东生态建设中造林抚育、林分林相优化的资金缺口问题普遍存在，因此，除了依靠国家、省的财政扶持资金之外，还应不断拓宽林业发展的社会投融资渠道。一方面，发挥国有林场在资金、技术、人才、规模效应等方面的优势，扎实推进国家储备林项目，收储整合分散的林地，盘活林业资源，推动林业产业多元化发展，为林业保护提供资金支持。同时，抓住"双碳"发展机遇，加快推动林业碳汇交易，创新林业碳汇生态产品，逐步提高包括公益林、天然林在内的森林生态效益补偿标准，让林农获得实实在在的生态收益。另一方面，探索"政府+市场+社会"融资机制，充分发挥开发性贷款和政策性贴息的引导作用，激励金融机构创新开发林权抵押类金融产品，吸引各类社会资本进入。

（五）多渠道引导多元主体参与生态建设

1.创新发展绿化植树新方式

全民义务植树，既是生态文明建设的良好实践，也是生态文明理念内化的手段。在网络化、信息化高度发展的今天，植树方式也有了新的转变，通过线上线下相结合的方式，引导公众多形式参与绿美广东生态建设。在线上，通过"互联网+植树"推广"云端植树"，引导公众采取网络捐资尽责或实体尽责等方式，选择进行植树造林、抚育管护、认种认养、自然保护或志愿服务，这是充分利用信息技术手段引导植树的有效实践，既实现了义务植树的专业化，也提升了群众参与率和树苗成活率，较好解决了群众义务植树"最后一公里"的问题，真正让全社会参与义务植树活动。在线下，聚焦绿美广东生态建设工作部署，发动五级林长联动开展义务植树，形成了良好的示范效应，带动社会各界力量参与其中。通过线上线下相结合的方式，让义务植树真正成为人人可参与、能参与、应参与的活动。

2. 营造爱绿植绿护绿良好氛围

植树造林、绿化家园，既是践行人与自然和谐共生的生态文明理念，也是提升生活品质的重要途径。首先，要提升广大人民群众的主人翁意识，自觉做绿美广东生态建设的实践者、传播者、守护者，树立生态文明意识，培育植绿爱绿护绿、美化家园、绿色低碳的行为规范。其次，加强植绿爱绿护绿法律法规的宣传，开发"绿美广东"微信公众号和 App，定期发布植绿爱绿护绿法律法规、科普知识、志愿活动信息等，在城市绿地、公园、湿地、碧道等生态空间内的电子屏、广告牌播放公益广告，全方位、多视角宣传植绿爱绿护绿。最后，结合绿美广东生态建设，国家森林城市、园林城市创建，建立公众参与植绿爱绿护绿的常态化机制，通过开展志愿服务、园艺"第二课堂"，提升公众参与感、体验感、获得感，让"出门见景、开窗见绿"成为实实在在的生活常态。

专题篇

B.14
2023年广东推进粤港澳大湾区
建设报告

广东省社会科学院国际问题研究所课题组*

摘　要： 　2023年，广东锚定"一点两地"新战略定位，认真谋划粤港澳大湾区建设，携手港澳高水平推进粤港澳大湾区建设不断取得新成效。横琴、前海、南沙和河套四大合作平台体系更加完善，科技协同创新和产业协作全面加强，基础设施"硬联通"走深向实，规则机制"软联通"持续拓宽深化，高水平对外开放拓展新空间。但是，广东在推进粤港澳大湾区建设过程中，面临四大合作平台联动不足、科技创新协同和产业协作支撑基础不牢等问题。2024年，在把握国际国内发展环境的基础上，广东应推进粤港澳大湾区高质量协同发展，提升四大合作平台体系创新联动发展能力，强化科技创新协同和产业发展协同能力，增强粤港澳大湾区国际性综合交通枢纽集群功能，同时以规则机制"软联通"打造民生融合的优质生活圈，以制度型开放牵引粤港澳大湾区

---

* 课题组成员：杨海深，博士，广东省社会科学院国际问题研究所副研究员，研究方向为区域经济、全球供应链；谢许潭，博士，广东省社会科学院国际问题研究所副教授，研究方向为湾区合作。

迈向国际一流湾区和世界级城市群。

关键词： "一点两地" 粤港澳合作 协同发展

　　2023 年 4 月，习近平总书记在广东考察时强调，要推动粤港澳大湾区建设成为新发展格局的战略支点、高质量发展的示范地、中国式现代化的引领地①。这一全新定位为高水平谋划推进粤港澳大湾区建设提供了根本遵循和目标指引②。2023 年，广东将粤港澳大湾区建设作为"1310"具体部署的"十大新突破"之首要工作，按照把握服务"一国两制"大局、把握推动高质量发展、把握全面深化改革开放的要求，携手港澳高水平推进粤港澳大湾区建设不断取得新进展。粤港澳三地共同发布的《粤港澳大湾区联合统计手册2023》显示，2022 年，粤港澳大湾区经济总量超 13 万亿元，常住人口达到8619 万人。粤港澳大湾区综合实力显著增强、经济运行韧性进一步彰显、发展活力更加充沛。横琴、前海、南沙和河套四大合作平台体系更加健全，科技创新协同和产业协作全面加强，基础设施"硬联通"全方位衔接，规则机制"软联通"持续拓宽深化，高水平对外开放迈向新空间。展望 2024年，广东要准确把握粤港澳大湾区发展新形势和新机遇，构建服务新发展格局的战略支点，把高质量发展贯穿始终，携手港澳纵深推进粤港澳大湾区现代化建设，着重提升四大合作平台体系创新联动发展能力、科技创新协同能力和产业发展协同能力，增强综合交通枢纽集群功能，打造民生融通共享的优质生活圈，深化制度型开放牵引作用，推动粤港澳大湾区迈向国际一流湾区和世界级城市群（见图 1）。

---

① 《习近平在广东考察时强调坚定不移全面深化改革扩大高水平对外开放，在推进中国式现代化建设中走在前列》，新华每日电讯，2023 年 4 月 14 日，https：//www.xinhuanet.com/mrdx/2023-04/14/c_ 1310710743. htm。
② 广东省习近平新时代中国特色社会主义思想研究中心：《以改革创新精神把粤港澳大湾区建成世界一流湾区》，《光明日报》2023 年 12 月 11 日。

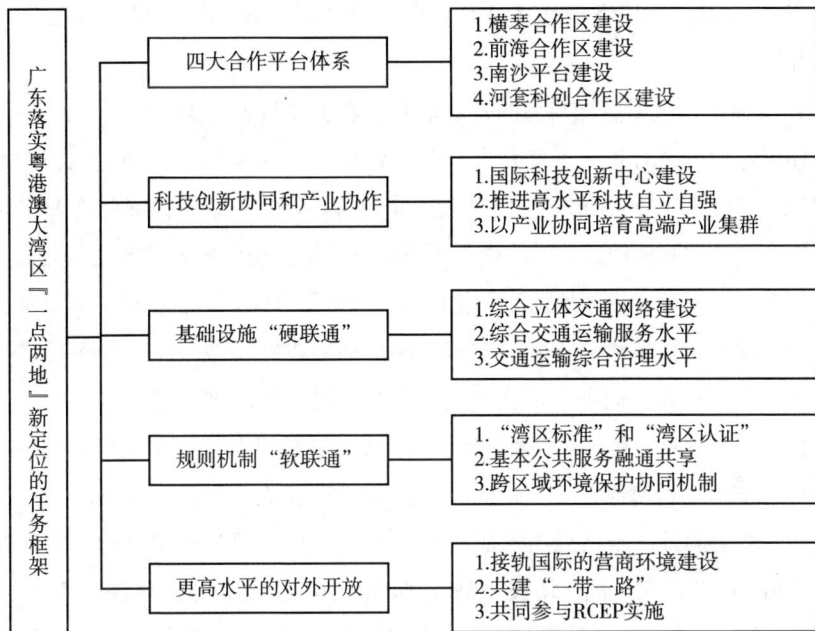

图1　广东在"一点两地"新定位下推进粤港澳大湾区建设体系

一　广东纵深推进粤港澳大湾区建设成效与特征

2023年，以体系化、协同化、机制化思维，广东深入推进粤港澳大湾区建设，牢牢把粤港澳大湾区作为深化改革开放的大机遇、大文章抓紧做实，开创了全面开放融合发展的新格局。

（一）横琴、前海、南沙和河套四大合作平台体系更加完善

近年来，在党中央战略部署下，广东在推进粤港澳大湾区建设过程中形成了多层次的粤港澳合作平台体系，尤其是横琴、前海、南沙和河套四个粤港澳重大合作平台（以下简称"四大合作平台"）成为在重点领域和关键环节先行探索、以点带面地引领带动粤港澳三地全面合作的重要载体。四大合作平台在战略定位、功能任务、体制创新上各有侧重、相辅相成，在拓展

港澳发展空间、支持港澳经济社会发展、保持港澳长期繁荣稳定方面起到支撑作用①。

1. 横琴合作区以更加有力的开放举措统筹推进粤澳深度合作

横琴粤澳深度合作区（简称"横琴合作区"）紧紧围绕战略定位，大力发展"四新产业"②，加快集聚技术、人才等创新要素，着眼于为澳门产业多元发展创造条件，破解澳门经济结构内在矛盾，致力推动澳门融入国家发展大局。挂牌两年多来，横琴合作区鼓励类产业目录、总体发展规划、放宽市场准入特别措施等重大政策全面落地，不断以政策导向推动实体经济做大做强，探索"一会展两地"创新模式，促进"四新产业"蓬勃发展；琴澳携手开展全球化一体化精准招商，成效日益彰显③；创新海关监管模式，促进跨境要素在更大范围内畅通流动，建立"跨境通办·一地两注"机制，实现了一系列"小切口"的突破创新，琴澳协同发展新格局加速形成④。2023年1~9月，横琴合作区实现地区生产总值342.2亿元，同比增长2.1%；横琴合作区注册商事主体超过5.7万家，"四新产业"企业超1.6万家，澳资企业超过5795家⑤；"澳门新街坊"综合民生项目全面建成，在横琴合作区就业、生活、居住的澳门居民7473人。

2. 前海合作区在多个深港合作重点领域取得阶段性成效

前海深港现代服务业合作区（简称"前海合作区"）着眼于建立健全联通港澳、接轨国际的现代服务业发展体制机制，依托制度创新建设全面深化改革创新试验平台。2023年1~9月，前海合作区实现地区生产总值1543.4亿元，同比增长15.2%；实际使用港资24.3亿美元（见表1）。在与港澳规则衔接方面，前海在工程建设领域率先探索推行符合港澳及国际通行规则的制度方案。2023年7月，《前海建设工程管理制度港澳规则衔接改革方案》发布，并

---

① 《大湾区高质量发展大有可为——专家研讨粤港澳大湾区高质量发展的机遇与挑战》，广州市人民政府网站，2023年5月11日，https://www.gz.gov.cn/xw/zwlb/gqdt/nsq/content/post_8971639.html。

② 科技研发和高端制造产业、中医药等澳门品牌工业、文旅会展商贸业以及现代金融产业。

③ 《横琴合作区挂牌两年来 实有澳资企业总量增长超两成》，南方网，2023年10月24日，https://news.southcn.com/node_35b24e100d/6f76e03834.shtml。

④ 《澳门多元发展获更有力支撑！横琴合作区"四新"产业蓬勃发展》，中央人民政府驻澳门特别行政区联络办公室，2023年11月3日，www.zlb.gov.cn/2023-11/03/c_1212996246.htm。

⑤ 数据来源于横琴粤澳深度合作区经济发展局、横琴粤澳深度合作区金融发展局。

在规划设计管控、工程监管、计量计价、招标投标等六大领域推进规则衔接。截至9月，香港工程建设领域已有50家专业机构、444位专业人士在前海备案。在制度创新方面，前海合作区在全国率先启动企业开办录音录像"双录签名"试点，获得101项深圳市（区）级行政职权。在中国人民银行等部门联合出台"金融支持前海30条"政策支持下，跨境金融业务不断创新。成立两年多来，前海累计推出805项成果，其中88项在全国复制推广[①]。

表1 前海合作区成立两周年发展新亮点

领域	指标	2022年	2023年1~9月
发展速度	地区生产总值（亿元）	1948.7	1543.4
	同比增速（%）	5.2	15.2
	综合保税区进出口总额（亿元）	2352.0	1804.6
制度创新	累计创新成果（项）	765	805
	累计全国复制推广成果（项）	72	88
	中山大学发布2022~2023年全国自贸区制度创新指数	位居第一	位居第一
深化改革	世界500强投资企业（家）	—	371
	国家级专精特新"小巨人"企业（家）	—	77
	国家高新技术和创新企业（家）	—	2202
对外开放	实际使用外资/港资（亿美元）	58.6/56.1	26.9/24.3
	自由贸易账号（FT）跨境收支规模（亿元）	—	5521
	与香港发生的跨境收支占比（%）	—	82.1

资料来源：深圳市前海管理局、海关总署网站。

3. 南沙三个先行启动区建设全力加速

南沙着眼于深化面向世界的粤港澳全面合作，打造立足湾区、协同港澳、面向世界的重大战略性平台，以南沙湾、庆盛枢纽、南沙枢纽3个区块为先行启动区，形成连片开发态势和集聚发展效应，逐步构建起"枢纽带动、多点支撑、整体协同"的发展格局。2023年1~9月，南沙粤港澳全面合作示范区地区生产总值1601.7亿元，同比增速为3.5%。同时，开放型经济表现突出，南沙区进出口总值达2245.4亿元，同比增长25.7%（见表2）。此外，南沙加

---

① 《高质量，走在前丨深圳前海：打造更具全球影响力的核心引擎》，前海深港现代服务业合作区网站，2023年12月18日，qh.sz.gov.cn//sygnan/xxgk/xxgkml/tjsj/content/post_11052721.html。

快打造"芯晨大海"① 产业集群，高技术行业保持稳定高速增长，前三季度实现增速7.8%。在打造粤港澳规则对接高地方面，南沙引进香港特色办学管理模式，采用香港学制为港人子女提供入学保障；创建港澳青年安居乐业新家园，为港澳创业青年提供便捷办税等服务事项，集聚港澳台侨青创基地13家；成立粤港合作咨询委员会，采用接近香港咨询委员会的运作模式，为粤港深度合作提供对策建议。

表2 南沙粤港澳全面合作示范区建设情况

项目/指标		主要进展
先行启动区	南沙湾	文旅、消费、海洋科创资源不断集聚,大湾区国际滨海门户建设正在推进
	庆盛枢纽	香港科技大学(广州)二期工程加速推进,粤港深度合作园正在规划建设
	南沙枢纽	珠江口东西两岸的大通道贯通
主要经济指标（2023年1~9月）	地区生产总值(亿元)	1601.7
	地区生产总值同比增速(%)	3.5
	进出口总值(亿元)	2245.4
	进出口同比增速(%)	25.7
	合同利用外资金额(亿元)	218.2

资料来源：广州市南沙区政府网站。

4. 河套科创合作区助推深港科技合作起步成势

国务院于2023年8月印发的《河套深港科技创新合作区深圳园区发展规划》明确，河套深港科技创新合作区（以下简称"河套科创合作区"）要打造成为粤港澳大湾区国际科技创新中心重要极点，努力成为粤港澳大湾区高质量发展的重要引擎②。这是对河套科创合作区战略定位的重大提升。河套科创合作区面积仅3.89平方公里，地处香港北部都会区与广深港科技创新走廊的政策和物理交汇点，与深圳光明科学城、香港科学园等创新节点形成

---

① "芯"是指芯片和集成电路研制造，"晨"是指承载晨光和希望的航空航天、人工智能、生物医药等战略性新兴产业和未来产业，"大"是指高端装备制造、智能制造、汽车等大制造，"海"是指海洋经济。

② 《打造大湾区国际科创中心重要极点》，南方网，2023年9月6日，https://news.southcn.com/node_35b24e100d/024c5a6bfa.shtml。

"半小时科研圈"，便利深港两地创新资源汇聚，再辅以合作体制机制的深度协同，最大限度满足深港两地科创合作的"最大公约数"，形成开放型协同创新共同体①，进而有效协同香港科研实力和优势，示范带动内地科技创新效能提升，推动香港更深融入国家发展大局②。当前，河套科创合作区已呈现深港协同发展的良好态势，科技创新、制度创新、产业创新正形成叠加效应。深港两地已经建立联合专责小组，深圳园区集聚香港5所知名高校在深圳设立的科研机构、国内重要科研机构的分支机构、世界500强机构的研发中心、香港青年创新创业载体和香港科技企业，初步形成了香港高校、"量子谷"、生物医药、大数据及人工智能、能源科技等"六大科创板块"③。

（二）粤港澳大湾区科技创新协同和产业协作全面加强

加强科技创新协同和产业协作，是推动粤港澳大湾区三大变革、着力提高发展质量和水平的关键路径，也是实现高水平科技自立自强的重要支撑。当前，粤港澳大湾区开放型融合发展的协同创新共同体加速形成，"深圳—香港—广州"科技集群连续多年排名全球第二，创新产出方面的专利申请量、创意产品出口在细分指标中排名第一。

1. 粤港澳大湾区国际科技创新中心建设扎实推进

广东以"两廊"和"两点"为主骨架④，加强重大科技基础设施集群支撑建设，构建高水平多层次的实验室体系，注重培育科技领军企业，不断探索科技成果产业化新模式，加速融入全球创新网络，深化构建开放型协同创新共同体，推进粤港澳大湾区向国际科技创新中心迈进。首先，世界一流重大科技基础设施集群加速成形。广东聚焦材料、生命、信息、海洋、能源等重点学科领域，持续推进散裂中子源二期、强流重离子加速器等重大科技基础设施建

---

① 仲音：《努力成为粤港澳大湾区高质量发展的重要引擎》，《人民日报》2023年8月30日，第2版。

② 谢来风：《协同香港推进大湾区国际科创中心建设》，《南方日报》2023年10月9日，第A11版。

③ 刘畅、郭文岩：《河套深港科技创新合作区全力打造粤港澳大湾区国际科技创新中心重要极点》，《广州日报》2023年11月28日，第12版。

④ 根据《中华人民共和国国民经济和社会发展第十四个五年规划和2035年远景目标纲要》，"两廊"指的是广深港、广珠澳科技创新走廊，"两点"指的是深港河套、粤澳横琴科技创新极点。

设，初步构建起以鹏城实验室、广州实验室为引领的，以国家重点实验室、省重点实验室为核心的，与粤港澳联合实验室等创新平台共同组成的高水平多层次实验室体系[1]，形成了多学科覆盖、分布相对集中的格局（见表3），集聚了一批领军人才、顶尖科学家。截至2023年9月，广东省拥有高新技术企业数量超过6.9万家，占全国的1/6，超九成在粤港澳大湾区；现有14家国家高新区，9家位于粤港澳大湾区。粤港澳大湾区已建成34家国家级和71家省级国际科技合作基地、20家粤港澳联合实验室[2]。据初步统计，粤港澳大湾区共认定各类新型研发机构303家，而其中高校主导的新型研发机构占21.5%，机构性质包括事业单位、社会服务机构和企业等多种类型（见表4）。在人才高地建设方面，广东拥有高层次人才88万人，研发人员超130万人[3]，持有效外国人工作许可证的外国人才超过4.4万人，人才梯队逐渐成形，往来港澳人才签注政策获批，便利人才往来。此外，广东省人民政府还与中国科学院签署推进粤港澳大湾区国际科技创新中心建设合作协议，举行"2023大湾区科学论坛"，加强国内外多层次的科技创新交流合作。

表3　广东省重点实验室（学科类）建设情况

单位：家

		合计数量	2022年获批	2023年新增
学科领域（287）	医学科学	87	5	3
	生物科学	52	3	0
	信息科学	45	4	3
	材料科学	30	2	1
	工程科学	30	2	5
	地球科学	27	2	0
	化学科学	9	0	0
	数理科学	7	0	3

---

① 《瞭望·治国理政纪事｜走一条更高水平的自力更生之路》，新华网，2023年11月18日，www. news. cn/politics/leaders/2023-11/18/c_ 1129981869. htm。
② 《首届粤港澳大湾区发展工商大会纵论数字经济，"软硬"兼施打造世界级"数字湾区"》，金羊网，2023年9月15日，https：//news. ycwb. com/2023-09/15/content_ 52202768. htm。
③ 《这个"全国第一"，广东连拿七年》，"南方+"客户端，2023年11月26日。

			合计数量	2022年获批	2023年新增
珠三角 （269）		广州	204	7	8
		深圳	48	4	4
		珠海	8	1	0
		东莞	4	1	1
		佛山	2	1	0
		惠州	1	0	0
		江门	1	0	0
		肇庆	1	0	0

资料来源：广东省科学技术厅。

表4　粤港澳大湾区高校新型研发机构分类及特征

类别	组织类型	治理模式	经营目的	功能定位	代表机构
事业单位	由政府与高校院所联合成立	理事会领导下的院长负责制	非营利	服务地方、支撑产业、提升区域创新水平、培养人才等	深圳清华大学研究院、中国科学院深圳先进技术研究院、佛山南海区广工大数控装备协同创新研究院
社会服务机构	主要由政府出资，与高校、科研院所等联合共建	理事会领导下的院长负责制	非营利	以研发活动为主要目的，既保持自主经营又服务地方	广东粤港澳大湾区协同创新研究院、珠海南方软件网络评测中心、珠海南方集成电路设计服务中心
企业	主要由企业出资，与高校、科研院所等联合共建	理事会领导下的院长负责制	营利	以市场化为导向的自主研发，间接支撑地方科技产业发展	广东美的楼宇科技研究院、广东海大畜牧兽医研究院、TCL集团工业研究院

资料来源：植林、刘思莞《基于高校新型研发机构的粤港澳大湾区产教融合路径研究》，《科技管理研究》2023年第5期。

2. 实现高水平科技自立自强取得新突破

广东推进粤港澳大湾区科技创新综合实力取得新突破。广东省科研经费投入力度持续加大，研究与试验发展经费（以下简称"R&D经费"）投入保持较快增长，投入强度持续提升，基础研究经费占比明显提高（见图2）。2022年，广东共投入R&D经费4411.9亿元，较2017年增长88.3%；R&D经费投入强度达到 3.4%，比 2017 年增长 0.8 个百分点①。广东尤为重视作为"全过程创新生态链"② 第一环的基础研究，提出基础与应用基础研究十年"卓粤"计划，将 1/3 以上的省级科技创新战略专项资金投向基础研究，2022 年基础研究经费投入 320 亿元，比 2017 年增长 192.5%；基础研究经费投入占全部研发经费比重达 7.3%，比 2017 年增加 2.6 个百分点。广东区域创新能力自 2017 年起连续 7 年居全国首位，科技创新的实力和增速明显提升，尤其是创新绩效表现较好，与基础研究关系紧密的"知识创造"指标从 2017 年的第四上升为 2022 年的第二（见表 5）。2017~2022 年，广东牵头或参与的 7 项研究成果入选"中国科学十大进展"。粤港澳大湾区发明专利申请量达 138 万件，占专利申请总量的 31.7%。在发明专利申请量中，企业主体申请量占 73.4%③。此外，全链条孵化载体正在形成。截至 2023 年 5 月，粤港澳大湾区建有 184 家国家级孵化器、272 家国家备案的众创空间、6 家国家大学科技园，累计孵化

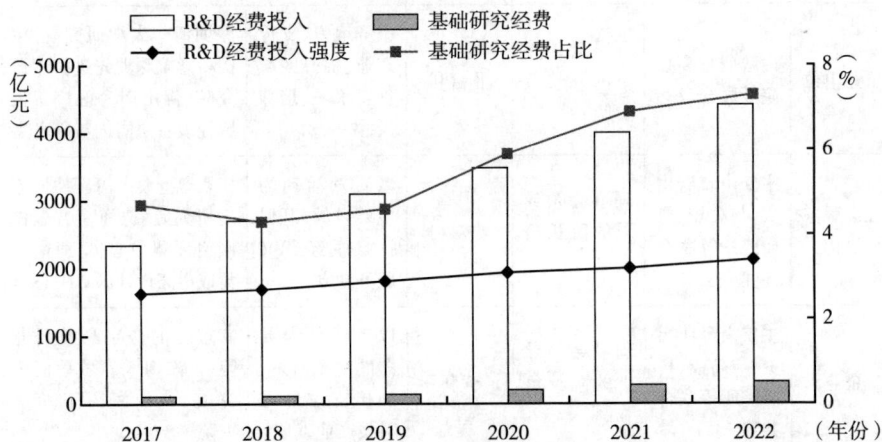

图 2　2017~2022 年广东 R&D 经费和基础研究经费投入情况

资料来源：广东省科学技术厅和国家统计局。

---

① 国家统计局、科学技术部、财政部：《2022 年全国科技经费投入统计公报》，2023 年 9 月 18 日。

② 包括"基础研究+技术攻关+成果转化+科技金融+人才支撑"五大要素。

③ 《〈大湾区创新发展专利指数报告〉发布》，中国政府网，2023 年 5 月 21 日，https：//www.gov.cn/govweb/yaowen/liebiao/202305/content_ 6875371. htm。

企业 6.1 万家[1]，为实现高水平科技自立自强奠定坚实基础。在全国 8.7 万家知识产权服务机构中，粤港澳大湾区占 19.1%；在其中 2 万家新生机构中，粤港澳大湾区占 16.8%[2]。

表 5　2017~2023 年广东省区域创新能力评价排名

年份	综合指数	知识创造	知识获取	企业创新	创新环境	创新绩效
2017	1	4	4	1	1	1
2018	1	4	3	1	1	1
2019	1	3	3	1	1	1
2020	1	2	2	1	2	1
2021	1	2	2	1	1	1
2022	1	2	2	1	1	1
2023	1	2	1	1	2	1

资料来源：2017~2023 年《中国区域创新能力评价报告》，中国科技发展战略研究小组、中国科学院大学中国创新创业管理研究中心。

3. 以产业协同持续培育壮大现代产业集群

粤港澳大湾区制造业向高端化、协同化、数字化迈进。当前，粤港澳大湾区已经形成产业体系完备、规模庞大、集群和互补效应明显的制造业和服务业体系。港澳服务业高度发达，服务业增加值占地区生产总值超过九成，珠三角地区初步形成以现代制造业和现代服务业为主导的产业结构，粤港澳大湾区形成共聚产业创新力和协同力的产业集群。2022 年，珠三角地区先进制造业和高技术制造业分别实现增加值 18652.2 亿元、11302.0 亿元，与 2017 年相比，分别增长了 23.5% 和 24.8%[3]（见表 6），增加值占广东先进制造业和高技术制造业增加值的比重分别为 91.0% 和 95.9%。可见，粤港澳大湾区现代产业发展规模整体上在不断提升，是广东省制造业高端化发展的主要集中区域。在 2023 年先进制造业百强园区评选中，粤港澳大湾区有 10 个园区入选，其中广州经济技术开发区排

---

[1] 贺林平：《大湾区国际科技创新中心建设扎实推进——写在 2023 大湾区科学论坛即将开幕之际》，《人民日报》2023 年 5 月 19 日，第 15 版。

[2] 《2023 年全国知识产权服务业统计调查报告》，国家知识产权局知识产权发展研究中心网站，2023 年 11 月 22 日，https://www.cnipa-ipdrc.org.cn/news_ content.aspx? newsId=318。

[3] 未考虑价格因素。

名第二，深圳高新技术产业园区排名第五；在 2023 年先进制造业百强城市评选中，粤港澳大湾区内地 9 市全部入选，其中深圳和广州分别排名第一和第三①。此外，广东强化粤港澳创新资源协同，产业集群创新效能不断提升。2022 年，广东 10 个战略性支柱产业集群发明专利授权量共 67997 件，同比增长 11.6%，占全部发明专利授权量的 59.1%，占全国相同产业发明专利授权量的 18.4%，居全国第一。其中，发明专利授权量最多的前三个产业分别为新一代电子信息产业、软件与信息服务产业和生物医药与健康产业（见表 7）。

表 6 2017 年和 2022 年粤港澳大湾区内地城市现代产业发展情况

单位：亿元，%

	先进制造业增加值		先进制造业增加值占比		高技术制造业增加值		高技术制造业增加值占比	
	2017 年	2022 年	2017 年	2022 年	2017 年	2022 年	2017 年	2022 年
广州	2456.0	2973.5	59.5	60.5	564.3	934.3	13.7	19.0
深圳	5716.1	6727.0	71.2	66.6	5353.1	6190.8	66.7	61.3
珠海	732.0	867.6	64.2	59.8	293.4	476.4	25.7	32.9
佛山	2033.0	2804.5	46.9	50.1	266.8	313.3	6.2	5.6
惠州	1195.2	1349.9	64.6	61.8	812.0	947.0	43.9	43.3
东莞	1920.3	2559.3	53.1	51.6	1459.0	1993.4	40.3	40.2
中山	485.6	669.7	45.2	49.1	173.4	207.0	16.1	15.2
江门	384.0	451.3	38.7	39.7	80.5	140.7	8.1	12.4
肇庆	179.2	249.5	29.6	34.2	51.0	99.1	8.4	13.6
珠三角	15101.4	18652.2	58.6	57.5	9053.3	11302.0	35.1	34.8
广东	17250.1	20507.8	55.0	55.0	9507.8	11783.8	30.3	31.6

资料来源：《广东统计年鉴 2023》。

表 7 2022 年广东省战略性产业集群发明专利授权量

单位：件，%

类别	全国排名	发明专利授权量	同比增长	占全国的比重
战略性产业集群	1	84297	14.4	17.4
战略性支柱产业集群	1	67997	11.6	18.4
战略性新兴产业集群	1	33314	28.6	15.6

---

① 赛迪顾问先进制造业研究中心：《2023 先进制造业百强市研究报告》，2023 年 11 月。

类别	全国排名	发明专利授权量	同比增长	占全国的比重
新一代电子信息产业	1	34706	6.7	28.2
软件与信息服务产业	2	18831	10.7	20.1
生物医药与健康产业	1	10164	28.4	15.5

资料来源：广东省知识产权保护中心《2022年广东省战略性产业集群发明专利简要情况》，2023年3月。

在现代服务业中，粤港澳大湾区金融业发展和开放态势良好。2022年，粤港澳大湾区金融业增加值超过1.5万亿元，占GDP比重超过12%，高于8%的全国平均水平①。2023年9月28日，中国人民银行等七部门决定，进一步优化粤港澳大湾区"跨境理财通"业务试点，优化准入条件、提高个人投资者额度等。在产业数字化方面，广东省政府印发《"数字湾区"建设三年行动方案》，提出推动粤港澳三地数字技术联合创新和产业化，构建以"工业互联园区+行业平台+专精特新企业群+产业数字金融"为核心的新制造生态系统，为"数字湾区"建设提供产业支撑。

（三）粤港澳大湾区基础设施"硬联通"走深向实

粤港澳大湾区交通基础设施的"经济分布效应"和"时空压缩效应"初显，总体呈现设施规模快速增长、客货运需求分布网络化、交通治理水平显著提升的特征，湾区"一体化大市场"的要素畅通基础愈加扎实。

1. 综合立体交通网络日益完善

"轨道上的大湾区"正加速驶来。经过多年发展，粤港澳大湾区内轨道交通逐渐形成"国铁干线、城际铁路、城市轨道交通"三级网络（见表8），运营和在建的轨道交通里程超5400公里②。2023年以来，广深港高铁恢复通车，广汕铁路、深茂铁路、佛莞城际铁路等一批项目先后开工。广东省交通运输厅数据显示，2023年，广东计划完成铁路投资超过1100亿元。高速公路交通网

---

① 余斌：《紧扣"一点两地"战略定位　深入推进粤港澳大湾区建设——在第五届粤港澳大湾区金融发展论坛上的演讲》，《广东经济》2023年第11期。

② 蔡昌俊：《轨道交通助力粤港澳大湾区发展——多网融合研究与实践》，《城市轨道交通》2023年第5期。

络布局持续加密优化。截至 2023 年 9 月，粤港澳大湾区高速公路里程达 5100 多公里，路网密度每百平方公里 9.3 公里，超过纽约、东京都市圈，位居全球湾区前列。在跨海通道建设方面，已有 4 条公路通道和 1 条铁路通道，深中通道已经贯通，黄茅海跨海通道建设正在有序推进（见表 9）。世界级机场群和港口群正加快形成。2023 年以来，新建珠三角枢纽（广州新）机场前期工作加快推进，广州机场四、五跑道及 T3 航站楼，深圳机场第三跑道及航站区，澳门、珠海、惠州等机场改扩建项目逐步实施，粤港澳大湾区机场群硬件设施建设水平将更上一层楼。粤港澳大湾区港口合作不断深化，创新"湾区一港通"等运营模式，港口联动初见成效。

表 8　粤港澳大湾区轨道交通建设情况

轨道交通层级	建设现状	线网规划
国铁干线	高铁：运营线路 6 条，在建线路 5 条，湾区里程合计近 1500 公里 普铁：运营线路 11 条，在建 4 条，湾区里程超 1100 公里	超 5000 公里
城际铁路	运营线路 7 条，里程近 500 公里 在建线路 13 条，里程超 500 公里	
城市轨道交通	运营线路 39 条，里程超 1300 公里（含地铁、有轨电车、APM 等） 在建线路 24 条，里程近 500 公里（含地铁、有轨电车、APM 等）	超 5000 公里

资料来源：蔡昌俊《轨道交通助力粤港澳大湾区发展——多网融合研究与实践》，《城市轨道交通》2023 年第 5 期。

表 9　粤港澳大湾区跨海跨江通道群建设情况

通道名称	连接区域	全长（公里）	车道数	设计时速（公里/时）	通车时间
虎门大桥	广州—东莞	15.8	双向六车道	120	1997 年 6 月 9 日
黄埔大桥	黄埔—番禺	7.0	双向八车道	100	2008 年 12 月 16 日
港珠澳大桥	珠海—香港—澳门	55.0	双向六车道	100	2018 年 10 月 24 日
南沙大桥	广州—东莞	12.9	双向八车道	100	2019 年 4 月 2 日
深中通道	深圳—中山	24.0	双向六车道	100	在建
黄茅海跨海通道	珠海—江门	31.0	双向六车道	100	在建
莲花山通道	广州—东莞	28.4	双向八车道	100	规划

资料来源：根据公开资料整理。

2. 综合交通运输服务水平持续提升

粤港澳大湾区客运服务突出表现为跨境量大、联程服务水平高、日常通勤强度大的特点。2023 年以来，随着"澳车北上"和"港车北上"政策的正式实施，粤港澳大湾区跨境通关需求不断增长，人员往来更加高效便捷。港珠澳大桥通车 5 年来，经大桥口岸往来粤港澳三地人员总数达 3600 万人次，出入境车辆总数达 750 万辆次，对三地共同发展起到重要作用，"跨城消费"成为热点。截至 2023 年 9 月，经珠海公路口岸出入境旅客超过 1154.8 万人次，港澳居民占比超过六成。货物综合运输能力和效率不断提升。港珠澳大桥的物流运输功能凸显，截至 2023 年 9 月，经港珠澳大桥珠海公路口岸进出口总值达 7187.5 亿元，收发货地覆盖中国 31 个省（区、市），涉及全球 239 个国家和地区。广州东部公铁联运枢纽已成功开行中欧、中亚、中老、中越等 20 多条国际物流线路，班列开行通达 12 个国家 23 座城市。

3. 交通运输综合治理水平进一步提升

交通运输服务标准对接、物流规则与合作机制衔接进一步加强。广东推进粤港澳大湾区城际铁路技术标准体系创新，促进多层级轨道交通融合发展。广东组织编写了《城际铁路设计细则》并以广东省地方标准形式颁布，加强市域（郊）铁路等轨道网络的融合衔接。交通服务数字化治理水平不断提升。在轨道交通数字化方面，穗腾 OS 在广州地铁 18 号线、22 号线示范运营；在高速公路数字化方面，"百度地图广东高速版"成为全国首家省级超万公里高速公路高精度地图"数字底座"[①]；在机场数字化方面，广东打造"数字世界一个机场"；在港口数字化方面，南沙港四期开展"智能导引车"建设，成为粤港澳大湾区首个自动化码头。

（四）粤港澳大湾区规则机制"软联通"持续拓宽深化

粤港澳大湾区规则机制"软联通"是建设美丽湾区和人文湾区的基础民生事业，为港澳居民在内地学习、生活、工作和创业创造了良好条件，有利于多元文化交流融合和市场要素高效便捷流动。

---

① 《广东率先建成高速公路"高精度数字底图"》，"南方 Plus"百家号，2023 年 7 月 21 日，https：//baijiahao. baidu. com/s？id=1772035227868519383&wfr=spider&for=pc。

1. "湾区标准""湾区认证"促进市场一体化

粤港澳大湾区市场一体化是高质量发展的重要战略支撑,可为构建全国统一大市场起到示范引领作用。广东通过"湾区标准"和"湾区认证"推动高起点、高标准的粤港澳大湾区市场一体化建设。首先,"湾区标准"是粤港澳大湾区共通执行标准,以清单形式在标准信息公共服务平台发布,包括已有标准确认和制定标准确认两种形成方式,具有对标国际先进标准、三地共同参与制定、共需共享共用、技术先进、经济合理的特征。2023年4月24日,粤港澳三地首次共同公布了110项"湾区标准",涉及桥岛隧智能运维、机动车服务、养老服务、农产品、食品安全、医疗、婴幼儿服务、家用设备、特种设备、溯源体系等25个领域①。这些开创性标准显著提升了湾区标准化的支撑能力,增强了"湾区标准"的影响力,有助于促进湾区商品流动和提升市场一体化水平。其次,"湾区认证"是基于粤港澳大湾区共通执行标准,以粤港澳大湾区认证联盟形式开展的高端品质自愿性认证,实现"一次认证、三地通行"目标。2023年12月19日,粤港澳三地首次共同公布15项"湾区认证"项目,涉及工业消费品、农食产品和服务业三个领域②,满足了三地消费者对高品质商品的需求,有利于增进湾区民生福祉和促进高标准市场体系构建。

2. 基本公共服务融通共享助推湾区优质生活圈

有效提升粤港澳三地公共服务的融通共享水平,是粤港澳大湾区共建优质生活圈的重要基础。广东从民生融合、社保服务、医疗健康、就业创新等方面,推动粤港澳大湾区基本公共服务快速融通。在2023年4月6日首批公布的粤港澳大湾区规则衔接机制对接20个典型案例中,民生融合类案例有5个,包括"湾区社保通"、"港澳药械通"、创新专属重疾险、探索医保衔接新模式、创新"零出关"办理政务服务模式等。其中,"湾区社保通"工作进展成效明显。线上,"湾区社保通"上线了"粤省事"、广东政务服务网等平台;线下,截至2023年9月,广东设有237个"湾区专窗",港澳地区也设有85个广东社保服务点。港澳居民对广东社保认同感逐步增强,粤澳实现养老金领

---

① 《粤港澳三地共同公布110项"湾区标准"》,中国政府网,2023年4月24日,https://www.gov.cn/lianbo/2023-04/24/content_ 5752979. htm。

② 《"湾区认证"打开互联互通新维度》,《南方日报》2023年12月21日,第A4版。

取资格互认，前海实现港资企业社保登记"离岸办"，在粤参保的港澳居民达34.7万人次，领取待遇4.7万人。2023年10月7日，《广东省社会保障卡居民服务一卡通管理条例（草案征求意见稿）》公布，规定港澳居民使用通行证或居住证即可申领社会保障卡。在健康湾区建设方面，粤港澳大湾区健康共同体和医疗高地建设步伐加快。截至2023年9月，"港澳药械通"指定医疗机构数量再增14家，累计共19家。在就业方面，广东推出17项支持港澳青年就业创业的补贴政策，涉及人才绿卡、落户奖励、安家补助、项目奖励等，并常态化运行"大湾区青年就业计划"，配套18个月每月不超过2000元的生活补助。南沙累计入驻港澳台侨青创企业（团队）500多个。

3. 跨区域环境保护协同机制不断健全

粤港澳三地不断推进生态环境保护合作机制建设，区域生态文明建设迈上新台阶，生态环境共同体意识不断增强，生态环境质量持续走在全国前列。一是加强三地固体废物污染防治交流合作，建设"无废"湾区。针对香港新界东北垃圾堆填区臭气扰民问题，深港合作检测臭气日均值超标情况，2023年以来，相关问题投诉量较2022年同期下降63.8%。二是粤港合作推进重点海湾、海岸清洁。两地成立粤港海洋环境管理专题小组，2023年上半年，广东共清理水面漂浮物约82万吨，基本实现无成片垃圾漂浮，珠江口海面漂浮垃圾密度总体也呈下降趋势。三是携手港澳构建完善珠江三角洲区域空气监测网络。2023年8月三地联合发布的《粤港澳珠江三角洲区域空气监测网络2022年监测结果报告》显示，粤港澳大湾区空气污染物浓度均整体呈下降趋势，空气质量持续改善（见图3）。此外，2023年8月19日，粤港澳大湾区生态环境保护工作座谈会提出，扎实落实粤港澳大湾区生态环境保护规划，系统推进"六个湾区"①重点建设任务，推进生态环境共建共治、区域协同、试点示范。

（五）粤港澳大湾区高水平对外开放迈向新空间

粤港澳大湾区以高水平对外开放打造新发展格局的战略支点，着力建设市场化、法治化、国际化营商环境，提升市场一体化水平，增强国内大循环内生

---

① 生态优美、蓝色清洁、健康安全、绿色低碳、治理创新、开放共享"六个湾区"。

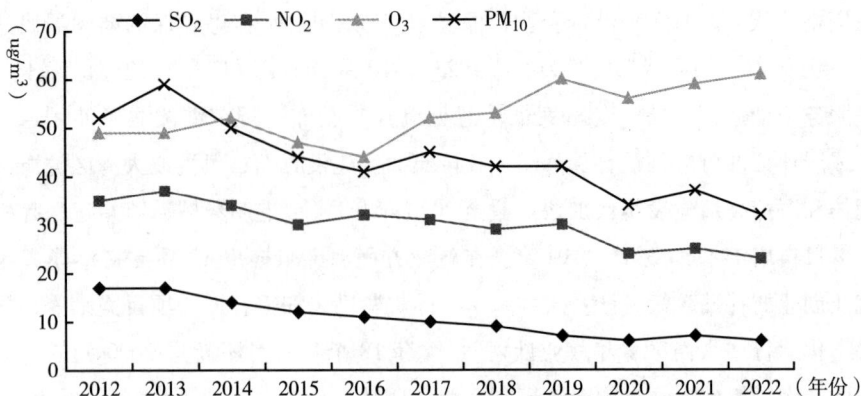

图 3　2012～2022 年监测网络污染物浓度平均值变化情况

资料来源：《粤港澳珠江三角洲区域空气监测网络 2022 年监测结果报告》。

动力和可靠性，着力筑牢共建"一带一路"的重要支撑，提高国际循环质量和水平。

1. 衔接港澳、接轨国际的营商环境建设再上新台阶

提高营商环境的国际化接轨程度，成为加快打造更具全球影响力城市群的重要着力点和突破口。近年来，广东在建设衔接港澳、接轨国际的营商环境方面做出了诸多改善，使粤港澳大湾区成为外来投资和企业的"梧桐树"和"吸铁石"。在首批公布的粤港澳大湾区规则衔接机制对接 20 个典型案例中，营商环境类案例占 7 项，涉及跨境信用报告标准互认、域外法适用机制、商事登记"跨境通"平台、"零出关"办理内地政务服务、跨境法律服务、跨境商事法律规则、粤港交流合作机制等。广东以数字化提升跨域通办效能，建成线上跨境通办服务专区，实现 100 项高频事项粤港澳大湾区跨境通办。2023 年 12 月 25 日，国家发展改革委出台《粤港澳大湾区国际一流营商环境建设三年行动计划》，从"四大环境、一大工程"①明确了营商环境优化提升方向和政策措施。在跨境执业上，持续扩大备案制范围，放宽跨境执业条件，推动港澳专业人才参与大湾区建设。前海合作区将执业范围扩大到医师、注册会计师、税务师、导游等 21 类。截至 2023 年 8 月，

———————————

① 市场环境、法治环境、政务环境、开放环境和"湾区通"工程。

50家香港建设领域专业机构、444位香港建设领域专业人士完成备案。横琴合作区对取得澳门城市规划师资格、香港注册专业规划师资格的人士适当放宽执业备案条件及执业范围。截至2023年上半年，来自建筑、旅游、医疗领域的澳门专业人士达1200多人。2023年9月1日，国务院决定对港澳人士取得内地执业资质和从事律师职业试点工作期限延长到2026年10月。在跨境商务纠纷方面，商事调解程序和司法立法细则不断优化，商事调节的政策支持力度持续增大，商事组织健康发展。2022年以来，调解商事纠纷2.5万件。截至2023年10月，粤港澳大湾区有商事调解组织330家①。此外，深圳设立"涉外涉港澳商事一站式多元解纷中心"，探索深港两地联合调解模式。

2. 携手港澳共建"一带一路"重要支撑的作用不断增强

广东推动粤港澳大湾区在共建"一带一路"中形成强有力的支撑作用。2013~2022年，广东对共建"一带一路"国家进出口规模以年均5.1%的增速扩张，10年增长56.3%，至2022年突破3万亿元，占广东外贸总额的36.2%，广东成为中国与共建"一带一路"国家贸易量最大的省份，实际投资额从3.8亿美元增长到4.2亿美元②。2023年以来，广东与共建"一带一路"国家贸易态势良好。2023年1~9月，广东与共建"一带一路"国家进出口总额达2.26万亿元，同比增长2.8%；跨境人民币结算额6604.2亿元，同比增长18.6%；广东共开行中欧、中亚、东南亚等方向国际货运班列950列，同比增长44.4%，粤港澳大湾区成为畅通国际国内双循环的黄金通道。一些湾区城市在共建"一带一路"中扮演重要角色，如深圳和广州与共建"一带一路"国家的经贸往来越发频繁，进出口规模分别从2013年的7473.7亿元和2641.7亿元增长到2022年的1.19万亿元和4693.6亿元，2023年1~9月分别实现9440亿元和3470亿元，其中深圳出口值居全国内地城市首位。港澳也积极参与共建"一带一路"，利用"背靠祖国、联通世界"的独特优势，成为参与者、贡献者和受益者。2017~2022年，香港对共建"一带一路"国家的直接投资增长了70%，共建"一带一路"国家在香港设立地区总部数量增长了102.4%，跨境

---

① 广东省司法厅：《商事调解优化粤港澳大湾区营商环境》，《法治日报》2023年10月11日，第3版。

② 数据来源于海关总署广东分署。

贸易结算的人民币汇款总额年均增速超过 18%①，与 40 多个共建"一带一路"国家签署了民用航空运输协议，与 13 个共建"一带一路"国家签署了自贸协定。澳门发挥葡语国家人民币清算中心优势，通过发行 45 亿元"一带一路"主题债券和 2.5 亿美元"中葡平台建设"主题债券的方式参与共建"一带一路"。

3. 以共同参与 RCEP 实施为契机不断开拓新市场

RCEP 实施带来的关税减免和开放便利措施不但能够促进货物贸易往来，而且能激发区域服务贸易发展动能，尤其是在研发设计、金融、通信等生产性服务贸易领域制定了更为切实的承诺协议、规则标准、透明度清单和市场准入条件，为粤港澳大湾区服务业开放和服务贸易自由化提供了更大的发展空间。近年来，广东把服务贸易发展提到更高层次，将生产性服务业和制造业增加值占比列入核心目标，实施生产性服务业十年倍增计划，在数字贸易新业态、服务外贸新模式和文化贸易方面取得规模、质量、创新上的成效。2022 年，广东服务贸易总额 1585 亿美元，同比增长 8.3%，占全国的 17.8%；服务外包执行额 322.4 亿美元，占全国的 12.8%；数字服务进出口 820.5 亿美元，占全国的 22%。2023 年上半年，广东服务贸易总额 782.9 亿美元，服务外包执行额 206.7 亿美元，占全国的 18.9%，各项指标均居全国第二②。在 CEPA 框架下，广东启动建设粤港澳大湾区全球贸易数字化领航区，持续扩大对港澳服务业开放，不断提升服务贸易自由化水平。2022 年，香港服务业占 GDP 比重达 93.4%，服务业从业人数占香港就业总人数的 88.4%，服务贸易总额为 11431 亿港元，在科创、文创、知识产权服务领域推进力度更大，已经形成国际化、专业化、市场化的比较优势。澳门也持续推进数字技术与服务贸易融合发展，2023 年前三季度进出口总额同比增长 151%。2023 年 12 月 8 日，作为全球重要的服务贸易发展平台，由粤港澳三地联合主办的大湾区服务贸易大会成功召开，创新性地采用"一会三地"新模式，向全球展示了坚定扩大高水平开放的决心，也必将推动粤港澳大湾区向 RCEP 区域拓展服务贸易市场。2023 年 9 月，香港贸易发展局发布的《香港作为内地

---

① 《【紫荆专稿】丘应桦：共建"一带一路"是香港未来发展重要引擎》，凤凰网，2023 年 11 月 28 日，https：//news.ifeng.com/c/8V5FOtDzJlE。

② 《2023 粤港澳大湾区服务贸易大会新闻发布会》，广东省人民政府新闻办公室，2023 年 11 月 28 日，https：//nflive.southcn.com/index? id=2771。

企业"走出去"拓展"一带一路"及 RCEP 机遇首选平台》报告显示，逾70%的受访内地企业希望前往 RCEP 国家和共建"一带一路"国家。

二 广东推进粤港澳大湾区建设存在的问题及挑战

对标全新战略定位和发展目标，广东推进粤港澳大湾区建设进入全面深化落实与重点、难点突破的新阶段，有必要厘清粤港澳大湾区建设面临的问题与挑战，为进一步推进新阶段粤港澳大湾区建设工作明确方向。

（一）四大合作平台体系功能及联动协调机制需要建立

横琴、前海、南沙和河套作为粤港澳大湾区重大合作平台体系的四个支柱，在与港澳联动协同的战略定位上各有侧重：横琴围绕促进澳门经济适度多元化，建立粤澳共商共建共管共享的新体制机制；前海围绕现代服务业，携手打造全面深化改革创新试验平台和高水平对外开放门户枢纽；南沙突出"粤港澳全面合作"和"面向世界"，从公共服务、产业协同方面携手港澳共同扩大对外开放；河套旨在打造深港创新协同高地，支撑粤港澳大湾区成为国际科技创新中心。至此，粤港澳大湾区已经建立以横琴、前海、南沙、河套为主的重大合作平台体系框架[1]，承担深化改革、扩大开放、创新发展、促进合作的重要作用，率先形成高端要素集聚与国际标准规则衔接的开放空间[2]，但四大平台如何协同联动，形成推动粤港澳大湾区体制机制创新的合力是有待解决的问题[3]。

（二）粤港澳大湾区科技创新协同与产业协作的支撑基础需要夯实

一是科技创新协同基础需要加强。粤港澳大湾区虽然在基础研究经费投入

---

① 《以横琴、前海、南沙、河套为主的重大合作平台体系框架更加清晰完善　重大平台落子布局　大湾区高质量发展动能澎湃》，《南方日报》2023 年 10 月 23 日，第 A4 版。

② 林先扬、谈华丽：《深化粤港澳大湾区重大合作平台开发开放战略探讨》，《广东经济》2021 年第 8 期。

③ 陈朋亲、毛艳华：《粤港澳大湾区跨域协同治理创新模式研究——基于前海、横琴、南沙三个重大合作平台的比较》，《中山大学学报》（社会科学版）2023 年第 5 期。

和投入强度方面均有显著提升，但基础研究能力薄弱和原始创新能力不足仍然是突出短板。相关研究显示，基础研究溢出能力对城市创新网络均具有正向促进作用，但粤港澳大湾区城市创新网络存在外部联系强于内部联系、对外需求大于对外供给的特征，需要在基础研究方面充分整合内部科技创新资源，加强外部区域合作①。二是产业间协同基础偏弱。粤港澳大湾区制造业与生产性服务业相互支撑的根基还不牢固，主要表现为香港、澳门的金融、科技等高端服务业发达，但对珠三角先进制造业的支撑和服务力度不够；广州、深圳还缺少能够辐射全球的研发、设计、金融等生产性服务业功能②，其他城市要么生产性服务业比重较低，要么其与制造业耦合协调度不高③，整体上生产性服务业与技术密集型制造业关系较弱④。从产业结构与就业结构协调性上看，珠三角和香港、澳门的产业结构与就业结构协调水平不均衡问题突出，珠三角和澳门的产业结构与就业结构稳定性显著弱于香港，珠三角产业结构协调性和就业结构适应力显著低于港澳地区⑤。从产业发展水平协同指数上看（见图4），2015年以来，粤港澳大湾区除了2020年有小幅下降以外，其余年份基本保持稳定，表明各城市产业相对发展水平的同步程度未发生太大变化⑥。

（三）粤港澳大湾区交通枢纽功能和跨区域协调能力需要增强

粤港澳大湾区交通基础设施建设协调度不高，轨道交通、公路、机场和港口等基础设施"硬联通"方面存在短板，如轨道交通不同制式线网的互联互通尚存在障碍；公路依然存在"断头路"现象；机场群在航线网络布局方面

---

① 刘力、袁琳熹：《粤港澳大湾区城市创新网络复杂性及其创新链协同能力》，《科技管理研究》2023年第9期。

② 《粤港澳大湾区：以四大功能建设构建新发展格局》，"中国经济时报"百家号，2021年7月22日，https://baijiahao.baidu.com/s? id=1705911006248868100&wfr=spider&for=pc。

③ 陈秀英、李健斌：《粤港澳大湾区生产性服务业与制造业耦合协调发展的时空演变特征分析与路径优化》，《南京财经大学学报》2021年第1期。

④ 庹兰芳：《粤港澳大湾区生产性服务业对制造业转型升级的作用机制研究——基于行业差异的视角》，《中国经贸导刊》（中）2020年第6期。

⑤ 向晓梅、李宗洋、姚逸禧：《粤港澳大湾区产业结构与就业结构的协调性研究》，《亚太经济》2023年第4期。

⑥ 覃剑：《三维度视角下的大湾区产业高水平协同发展》，《开放导报》2023年第3期。

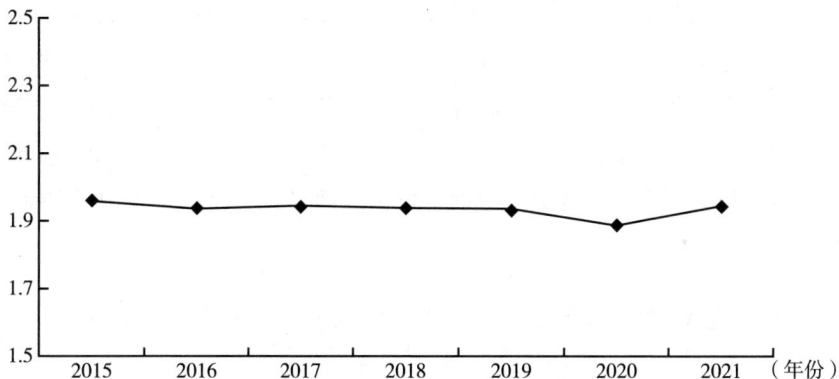

图4　2015~2021年粤港澳大湾区产业发展水平协同指数

资料来源：覃剑《三维度视角下的大湾区产业高水平协同发展》，《开放导报》2023年第3期。

存在同质化竞争①；港澳航线船舶进出内地口岸需重复办理手续，导致运营效率降低②。交通运输服务转型发展任务艰巨。客运方面，粤港澳大湾区旅客联程运输发展滞后，部分综合客运枢纽换乘不便；货运方面，多式联运发展水平偏低，铁水联运发展处于起步阶段。此外，粤港澳三地交通领域标准互认、规则衔接需要进一步深化，涉及交通领域标准衔接力度还需加大。

（四）粤港澳大湾区规则机制"软联通"范围和领域需要拓宽

推进粤港澳大湾区规则衔接机制对接是一项长期而艰巨的系统性工作，不可能一蹴而就，需要坚持不懈扎实推进。三地在税率制度、社保制度、服务收费方式、信息查阅效率、商务签注时限、车辆跨境通行限制、执业保险赔偿限额等具体事务上均存在明显差异，目前规则对接程度不一，给惠港惠澳政策的落实带来诸多问题和障碍。以社会保险为例，内地与港澳属于不同的社会保障制度体系，由于缺乏有效的衔接模式，暂时或长期在内地生活工作的港澳居民可能承担双重缴费的压力。对于港澳企业期望得到的服务规则、标准、认证和

---

① 邵源等：《粤港澳大湾区综合立体交通网战略构思》，《城市交通》2022年第2期。
② 韩永辉、麦炜坤、沈晓楠：《粤港澳大湾区打造高质量发展典范的实现路径研究》，《城市观察》2023年第1期。

准入等法律法规层面的实质性对接还不够。在金融、会计、规划、设计、建筑、教育、律师、医生、护士等行业，港澳执业人士在内地执业仍需参加内地执业考试并取得相关执业证书方面有所改进，但在具体操作层面还是存在较为烦琐的流程。此外，很多涉及金融、税务、社保、职业资格认定、劳动争议跨境解决等事权大都在中央各部委层面，省级层面尚存在推动事项对接的难度，地市级层面更难有较大进展。

（五）粤港澳大湾区制度型开放存在的难点问题需要突破

粤港澳三地服务贸易协同合作发展仍存在诸多体制机制障碍。服务业市场开放相对滞后仍然是粤港澳服务业产业体系深度合作的突出障碍。粤港澳大湾区在推动统一市场方面仍存在行业规则未充分对接、人才认定评价标准存在差异、机场间缺乏沟通合作等障碍，阻碍了服务贸易自由化资源要素在湾区内部的流动。在现有的 CEPA 协议及其相关补充协议下，内地对港澳服务业开放的部门达 153 个，占比超过 95%，市场准入范围远大于中国在世贸组织框架下的承诺，但与 RCEP、CPTPP 相比，某些领域市场准入与国民待遇方面限制仍然较多，同时 CEPA 协议缺乏高效落地机制，导致粤港澳服务贸易虽然在准入环节开放度不断提升，但在准入后环节存在制度障碍。此外，粤港澳三地在开拓 RCEP 区域、共建"一带一路"国家服务贸易市场方面尚未形成足够合力。

三 广东推进新阶段粤港澳大湾区建设的展望及建议

新阶段面临复杂的国内外环境，广东要锚定"一点两地"的粤港澳大湾区新战略定位，把握战略叠加优势，采取更加务实有效的举措，携手港澳奋力续写粤港澳大湾区建设新篇章。

（一）粤港澳大湾区发展环境分析与形势展望

国际环境复杂性、严峻性、不确定性上升，当今世界变乱交织，百年变局加速演变，单边主义、保护主义和逆全球化思潮涌动，人口、气候等全球性问题加剧，地缘政治纷争和军事冲突频发，全球发展赤字有增无减，世界经济复苏动能不足、预期不稳。2023年10月国际货币基金组织预测，2024年全球增速将放缓至2.9%，比之前预期更弱，对未来5年增速预测也仅有3%，全球经济仍将处在持续缓慢复苏的趋势之中，对经济外向度较高的粤港澳大湾区外部需求形成较大压力。国内面临有效需求不足，居民消费和企业投资意愿不够强，部分行业产能过剩，部分新兴行业存在重复布局和"内卷式"竞争，房地产、地方债务、金融风险隐患仍然较多，短中长期发展矛盾交织，国内大循环存在堵点等问题。这些都需要粤港澳大湾区创新思路、解放思想去化解，承担起"国之所需"的发展重任。

尽管面临严峻的国内外发展环境，粤港澳大湾区仍然拥有比较优势和难得的发展机遇。一是拥有潜力巨大的市场规模。经济总量连年提升，发展韧性强劲，人口集聚态势显著，常住人口从2017年末的约7000万人增长到2022年的8600多万人。粤港澳大湾区潜在的市场规模足以促进分工专业化、分担创新风险和实现规模经济，从而成为高质量发展重要动力源。二是各项优惠政策不断落地实施。国家宏观政策对粤港澳大湾区经济增长提供持续支撑，税收优惠、"港车、澳车北上"、金融创新和公共服务等一大批具有湾区特色的政策深入实施。2023年12月，国务院批复同意《横琴粤澳深度合作区总体发展规划》和《前海深港现代服务业合作区总体发展规划》，为粤港澳大湾区建设注入强大动力。三是粤港澳优势互补、融合发展进程不断加快。香港特区政府公布《北部都会区行动纲领》，明确划分四大区域，包括高端专业服务和物流枢纽、创新科技带、口岸商贸及产业区、蓝绿康乐旅游生态圈，分别对接深圳前海合作区和南山区、福田区、罗湖区和盐田区，形成全方位的深港科技、产业、商贸和旅游合作空间。横琴粤澳深度合作区共商共建共管共享新体制优势持续释放，为"一国两制"下粤港澳深化改革、扩大开放和合作创新提供示范。

广东要准确把握当前粤港澳大湾区面临的国内国际新形势和发展机遇，贯彻落实习近平总书记关于粤港澳大湾区建设的重要讲话、重要指示批示精神，围绕"1310"具体部署，聚焦重点领域和关键环节，推进创新型引领型改革，构建服务新发展格局的战略支点，把高质量发展贯穿始终，纵深推进新阶段粤港澳大湾区现代化建设，在牵引全面深化改革开放方面取得新突破。在此总体部署下，未来粤港澳大湾区建设将迈上新征程，综合实力将进一步增强，粤港澳合作将更加深入广泛，发展活力更显充沛，重大合作平台和特色合作平台将塑造合作新空间和增长极，"两廊"和"两点"支撑下的国际科技创新中心将加速形成世界一流的新质生产力高地，广东制造业当家与香港新型工业化融合发展将激发产业协同内生发展动力，交通基础设施"硬联通"将使粤港澳大湾区发展更为均衡，人文湾区和健康湾区理念更深入人心，以高水平开放促进内外循环联动作用和价值将得到更充分发挥。

（二）广东纵深推进粤港澳大湾区建设的建议

1. 提升四大合作平台体系创新联动发展能力

横琴、前海、南沙和河套四大合作平台均切实加强与港澳深度合作，在人流、物流、信息流和资金流等要素畅通，以及规则标准对接、民生融合等领域强化制度设计和机制创新，共同构建来往密切的开放经济空间。同时，四大合作平台尽管在功能定位、发展任务等方面各有不同，但都是聚焦粤港澳大湾区建设的重点领域和关键环节，形成可复制推广的政策实施经验，为拓展内地与港澳协同发展新空间提供借鉴路径。因此，四大合作平台还需提升联动发展能力，推动粤港澳合作进入深度合作新阶段。

一是在广东省级层面成立四大合作平台联动发展体制机制。具体统筹协调平台之间资源共享、政策优惠、经验推广和各层级行政联动等，加快推进四大平台的创新合作，促进四大合作平台功能互补，形成联动发展的合作体系[1]。

二是注重四大合作平台与特色合作平台的联动。以广州穗港智造合作区、佛山南海粤港澳合作高端服务示范区、佛山三龙湾高端创新集聚区、东莞滨海湾新区、江门大广海湾经济区等为代表的特色合作平台在与港澳产业协同、科创资源承接、文化交流等方面承担特有功能。加强四大合作平台与特色合作平台联动，建立规划对接与土地开发联动机制，有助于强化粤港澳大湾区创新链、产业链、人才链深度融合，促进产业集聚发展和科技成果转化，筑牢粤港澳全面深化合作的基石。

2. 强化粤港澳大湾区科技创新协同和产业发展协同能力

广东强化粤港澳大湾区科技创新协同和产业发展协同应围绕建设国际科技

---

① 陈朋亲、毛艳华：《粤港澳大湾区跨域协同治理创新模式研究——基于前海、横琴、南沙三个重大合作平台的比较》，《中山大学学报》（社会科学版）2023年第5期。

创新中心、增强科技自立自强能力、提升产业链供应链现代化水平和保障发展安全等方面，形成高质量发展和现代化建设合力。

一是打造粤港澳科技合作共同体。广东要以粤港澳大湾区国际科技创新中心建设为契机，促进港澳科技力量加快融入国家创新体系，布局具有前瞻性、战略性的国家重大科技项目，科学布局重大科技基础设施和前沿领域交叉研究平台①，深化跨境科创体制改革，深入推进教育科研制度衔接，促进中央惠港惠澳科技政策落地，加大对港澳在内地的高校与科研分支机构的支持力度，构建创新合作的法制框架，吸引创新要素集聚和促进要素跨区域流动，采用利益共享和成本分担机制提高科技成果转化率，营造具有国际竞争力的创新环境，树立"湾区创造"品牌，推动协同创新、开放创新和集成创新，不断强化科技创新策源能力②。

二是携手港澳促进产业协同和数字化转型发展。充分利用港澳现代金融和专业服务优势，促进其与广东制造业深度融合发展，从战略顶层设计、产业链协同招商等方面构建多层次产业协同分工体系③，建立产业链供应链协同保障机制④，合理打造先进制造产业集群，协调谋划未来产业发展，增强粤港澳产业协同能力、安全发展能力和国际竞争力，推动在更高层次参与国际产业合作和竞争。此外，广东要积极推动建设数字产业集群，培育数据要素一体化大市场，通过传统产业数字化转型推动粤港澳大湾区数字产业链关联协同发展，携手共建国际数字新技术、新业态策源地。

3. 增强粤港澳大湾区国际性综合交通枢纽集群功能

广东要把握交通出行模式和货物流通方式深刻变革的走向，以全方位转型推动交通运输高质量发展，积极开展提升交通枢纽集群能级和推动交通治理体系现代化探索，携手港澳不断完善粤港澳大湾区综合立体交通网，形成以广州、深圳、香港为核心，联动珠海、澳门等城市的粤港澳大湾区枢纽集群，建成具有国际影响力的粤港澳大湾区客运枢纽集群和世界

---

① 刘洋等：《加快建设粤港澳大湾区综合性国家科学中心》，《宏观经济管理》2023年第2期。
② 孙久文、殷赏：《大湾区建设中国式现代化引领地的重点任务》，《开放导报》2023年第3期。
③ 覃剑：《三维度视角下的大湾区产业高水平协同发展》，《开放导报》2023年第3期。
④ 郭叶波：《全面提升粤港澳大湾区产业链供应链安全保障能力》，《宏观经济管理》2023年第1期。

级国际货运枢纽城市。

一是提升现代综合交通运输体系一体化协同能力。广东要系统优化粤港澳大湾区现代综合交通运输体系布局，构建以轨道交通、高速公路为骨干的粤港澳大湾区快速交通枢纽集群，增强核心引擎城市、珠江口两岸、内地与港澳的交通联系，打通"黄金内湾"交通大动脉，形成粤港澳大湾区"1小时经济圈"。

二是促进大湾区客货运输服务高效转型。广东要加快轨道交通"四网融合"探索，解决技术标准和管理的"软联通"问题，争取实现轨道交通一体化运营管理、"一票通达"及换乘便捷和公交化运营，同时构建高效货运服务系统，优化调整运输结构，推进粤港澳大湾区"一单制"联程货运服务体系建设。

三是以跨境交通物流网络建设为试点深化交通运输改革。基于全球和全国交通运输需求和发展趋势，以及粤港澳大湾区超高密度、多层级需求叠加、通道资源稀缺的发展条件，广东应探索交通管理模式变革，推进粤港澳三地交通领域标准互认、规则衔接，建立湾区跨境、跨区域现代物流硬件体系和行业标准规范。

4. 以规则机制"软联通"打造湾区民生融合的优质生活圈

广东着力实施"湾区通"工程，以小切口率先突破的工作思路，推进交通、通信、食品安全等民生重点领域的规则对接。接下来，广东还需进一步围绕港澳居民反映较为强烈的领域，积极扫除障碍、加强部门协同、向中央各部委争取政策，实现粤港澳民生全面融合。

一是大力促进民生领域的制度对接。按照先易后难、先急后缓的原则，推进民生领域高频事项"跨境通办"和社会治理相互衔接，探索推进在广东工作和生活的港澳居民在食品安全、教育、医疗、养老、住房、交通、环保、通关等民生方面享有与内地居民同等的待遇，扩大职业资格互认范围，继续探索制定人才互认模式和标准，加强与港澳人员、资金、物流、数据等发展要素的流通规则建设，加快与港澳金融市场互联互通，在"一事三地""一策三地""一规三地"等方面推出更多战略性、创造性、引领性改革，并将行之有效的经验以立法形式进行固化和复制推广。科学规划融合，推动粤港澳大湾区民生公共服务行业的结构优化升级，尤其要推动行业的融合转型升级，为公共服务打造体系化和专业化的融合服务新平台①。

二是突出扶持港澳青年创就业创业和人才发展。持续优化港澳青年在粤创新创业政策环境，围绕个人所得税差补、就业创业扶持、医疗、交通、居住、社保等方面，提升扶持政策精准度，深入开展港澳青年到内地实习、就业计划和青年人才合作项目，加快建设青年就业创业基地，扩大青少年人文交流。顺应人才国际化新趋势，实行更积极、更开放、更有效的人才引培政策，以粤港澳大湾区人才高地建设为依托，创新技能人才互通互认合作，建立与国际接轨的人才供需机制、竞争机制、培养机制和评价机制，提供有国际竞争力的薪酬福利，激发港澳青年在内地的创新创造热情。

5. 以制度型开放牵引粤港澳大湾区迈向国际一流湾区和世界级城市群

广东要以制度型开放为引领，持续深化对内对外开放的营商环境，不断拓展经济贸易纵深空间和市场广度，加强区域内外重点战略联动发展，携手港澳高质量共建"一带一路"和 RCEP 市场，朝着国际一流湾区和世界级城市群方向不断迈进。

一是打造具有全球竞争力的营商环境。突出建设粤港澳大湾区稳定、公平、透明、可预期的营商环境，推进粤港澳大湾区率先形成"准入前国民待遇+负面清单"投资管理模式和服务贸易发展模式，在营商环境市场化方面保持全国领先水平；建立与港澳衔接、国际接轨的监管标准和规范制度，形成与国际标准相一致的商事制度，扩大涉外民商事案件管辖范围，推动建立共商、共建、共享的多元化纠纷解决机制，借鉴香港仲裁法制经验，采用国内仲裁和国际仲裁相结合的二元制，提升粤港澳大湾区国际仲裁比重以及建成国际仲裁中心；持续优化粤港澳大湾区服务贸易营商环境，扩大对港澳服务业开放，实施更短的负面清单管理模式，提高服务贸易政策的透明度与稳定性，推动服务贸易标准国际化和标准互认，进一步完善粤港澳大湾区服务贸易法制体系。

二是携手港澳高质量共建"一带一路"和共同开拓 RCEP 市场。充分发挥香港成熟的金融体系、航运系统和遍布全球的商业网络优势，以及澳门旅游休闲中心、葡语国家经贸服务平台和资本优势，推动粤港澳大湾区建设成为

---

① 许建华：《【华夏杂志】社会组织助力粤港澳大湾区公共服务》，"广东省侨联宣传文化中心"华人号，2023 年 2 月 16 日，https://www.52hrtt.com/jp/n/w/info/K1676271365833。

"一带一路"重要经济文化枢纽和"走出去"跨境经贸合作网络服务平台。中国在 RCEP 中的贸易、投资、知识产权保护等诸多领域都做出了比现有自由贸易协定更高的承诺，对标 RCEP 规则对粤港澳大湾区规则进行相应改革，无疑将在客观上推动粤港澳三地的制度衔接与协调。因此，广东要聚焦 RCEP 生效带来的发展机遇，推动粤港澳大湾区建设成为 RCEP 货物、服务、数字、离岸、绿色贸易发展的现代综合枢纽。

B.15
2023年粤港澳大湾区数字经济
发展报告

广东省社会科学院经济研究所课题组*

摘　要： 2023年，粤港澳大湾区作为全国最具活力的数字经济发展空间引擎，将"数字湾区"作为数字化发展的主战场，数字产业化基础持续巩固，数实深度融合进程加快，数据要素市场化向纵深推进，跨境政务服务持续优化，数字贸易繁荣发展，穗深港澳四大核心城市"数字湾区"建设呈现新亮点、新成效。但粤港澳大湾区在数据跨境流动、数实深度融合、平台和人才资源扩充、产业集群协同联动、产业生态环境优化等方面仍存在不少瓶颈制约。锚定"一点两地"新使命、新定位，2024年粤港澳大湾区将全面推动"数字湾区"建设，深度推进跨境要素流通与交易市场建设，加快数实融合，推动建成世界级数字产业集群，全面深化"数字政府"改革创新，助力本区建设成全球数字化水平最高的湾区之一。

关键词： 数字湾区　数字政府　数实融合　粤港澳大湾区

　　习近平总书记于2023年4月视察广东，赋予粤港澳大湾区"一点两地"全新定位①，为新征程推进粤港澳大湾区高质量发展注入动力。粤港澳大湾区具备数字经济发达和产业基础雄厚的叠加优势，在中国数字经济版图中占据重要位置。2023年，粤港澳大湾区进入信息基础设施互联互通

---

　　* 课题组组长：曹佳斌，博士，广东省社会科学院经济研究所副研究员，研究方向为城市与区域经济、数字经济。课题组成员：胡晓珍，博士，广东省社会科学院经济研究所副研究员，研究方向为产业经济、区域经济。

　　① 《锚定"一点两地"战略定位　推进粤港澳大湾区建设》，"中工网"百家号，2023年7月18日，https：//baijiahao.baidu.com/s？id=1771725624394395865&wfr=spider&for=pc。

2.0时代，人员、信息、资本、技术流动更加便捷，数字经济发展保持强劲韧性和活力，数字产业化基础持续巩固，数字技术与实体经济加快融合，数据要素市场化向纵深推进，跨境政务服务持续优化，数字贸易繁荣发展，"数字湾区"正加速形成。但处于"一国、两制、三法域"框架下的粤港澳大湾区面临跨境数据流动治理范式的独特挑战。面向2024年，粤港澳大湾区按照"六通一融"建设思路，蹄疾步稳推进"数字湾区"建设，助力本区加快实现"全球数字化水平最高的湾区"这一宏伟战略目标。

一　2023年粤港澳大湾区数字经济发展特征

"数字湾区"建设是数字广东建设的主抓手和粤港澳大湾区数字化发展的主战场。2023年，粤港澳大湾区数字经济发展质量效益加快提升，动能更加强劲，成为驱动高质量发展的核心力量。2023年，《"数字湾区"建设三年行动方案》正式印发实施，该方案围绕打造"全球数字化水平最高的湾区"的战略目标，提出"六通一融"（要素通、基座通、商事通、产业通、治理通、生活通、数字融湾）重点任务，以数字化推动粤港澳三地规则机制有效衔接、新型基础设施高效联通，促进经济发展、公共服务与社会治理深度融合，加速打造统一大市场和优质生活圈。

（一）"数字湾区"建设进入全面实施新阶段，湾区高质量发展"稳定器""加速器"作用愈加凸显

广东作为国家改革开放的试验田和排头兵，近年数字经济发展呈现较快增长势头，2022年广东数字经济规模达6.41万亿元，同比增长8.6%，连续6年超GDP增速（见图1）；数字经济规模占GDP的比重为49.7%，比2017年提高了9.5个百分点，占比连续6年提高（见图2）。由此，数字化作为广东乃至整个粤港澳大湾区经济社会高质量发展新引擎的地位更加稳固。

（二）数字技术创新平台建设稳步推进，数字产业化基础持续巩固

粤港澳大湾区作为中国数字经济发展的领先地区，围绕"做大平台、做强产业、做优生态"，加快推进数字技术创新平台建设，实施省重点领域研发

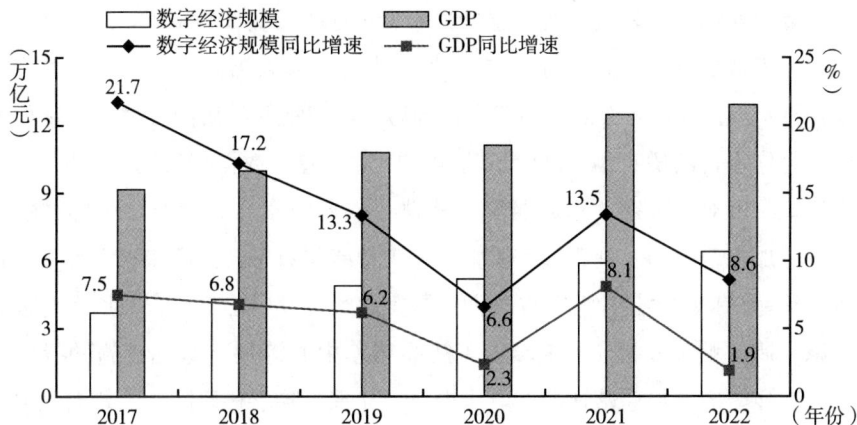

图1 2017～2022年广东数字经济规模及增速与GDP及增速对比情况

资料来源：根据广东省统计信息网、中国信通院等相关资料整理得到。

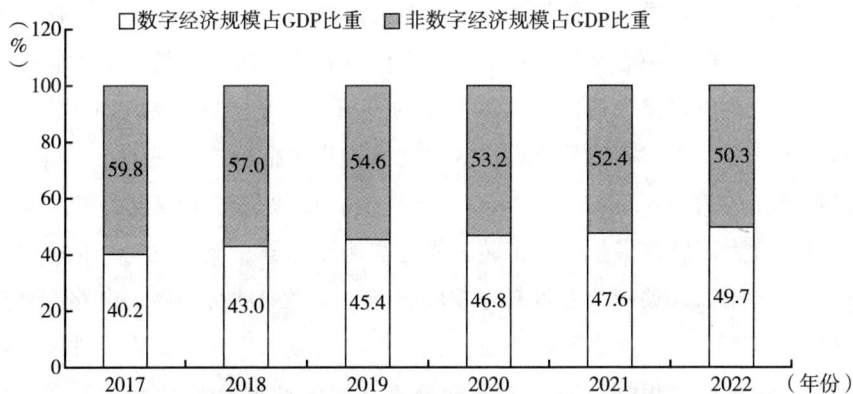

图2 2017～2022年广东数字经济规模及非数字经济规模占GDP比重

资料来源：根据广东省统计信息网、中国信通院等相关资料整理得到。

计划，对接国家重大科技任务，体系化攻克数字经济"卡脖子"技术，支撑新一代电子信息、软件与信息服务、智能机器人等数字产业集群高质量发展，构建良好数字产业生态。

人工智能高质量发展按下"加速键"。人工智能是引领未来的先进技术。粤港澳大湾区加快建设智能算力设施，优化人工智能区域布局，培育形成优势产业集群，推动应用加速落地。2023年11月，广东出台《关于加快建设通用人工智能产业创新引领地的实施意见》（以下简称《实施意见》），提出"打造通用人工智能算力生态"等22条意见，为粤港澳大湾区通用人工智能产业发展保驾护航。《实施意见》还特别强调粤港澳三地间的协同发展，提出要发挥四大合作平台的桥头堡、试验田功能，探索打造"数据特区"。此外，粤港澳大湾区深度对接国家"东数西算"战略，推动国家算力总调度中心加快落地建设，加快建设与发展鹏城实验室、人工智能与数字经济广东省实验室等各层级实验室，持续推进广州、深圳两大国家超级计算中心建设，并加大对散裂中子源二期、鹏城云脑Ⅱ、横琴人工智能超算中心等数字基础设施的投入力度。人工智能应用加速落地，产业集聚效应显现。除了科研院所，粤港澳大湾区内还形成了以华为、腾讯、大疆等龙头企业为引领，以云从科技、云天励飞、佳都科技等骨干企业为支撑的人工智能产业生态体系。腾讯、阿里、唯品会、小米、科大讯飞等数字经济龙头企业陆续在琶洲算谷的核心片区落地。

集成电路产业增长动能强劲。粤港澳大湾区是国内半导体集成电路产品的集散中心、应用中心和设计中心，在全国有着举足轻重的地位。为补齐粤港澳大湾区集成电路产业链发展不平衡的短板，广东实施"强芯工程"，围绕新能源汽车、人工智能等新兴产业，大力构建包括制造、封装、设备、材料等环节在内的体系完整的集成电路产业链，加快打造集成电路产业第三极。粤港澳大湾区在模拟特色工艺、先进智能传感器、显示驱动、化合物半导体、封装测试、关键核心材料等领域布局了一系列项目，集成电路产业政策环境、创新氛围、生态环境明显优化，已经形成以广州、深圳、珠海为核心的集聚发展区。根据广东省工业和信息化厅的数据，2023年上半年，广东集成电路产量逆势增长，随着多个集成电路重大制造项目建成达产，全省集成电路产量同比增长80%，增速高于全国（0.1%）79.9个百分点，占全国产量的28.1%[①]。

（三）产业数字化转型提速，数实深度融合进程加快

粤港澳大湾区制造业"家底"殷实，在推进数字经济和实体经济融合发

---

① 《上半年工业投资比增长23.2%》，"南方日报"百家号，2023年7月20日，https://baijiahao.baidu.com/s? id=1771903418311023240&wfr=spider&for=pc。

展上的优势显著。近年来，粤港澳大湾区利用互联网新技术、新应用，对传统产业进行系统性改造，加速数字技术与产业场景的融合应用突破，成为增强产业韧性、激发经济活力的新引擎、新动能。针对产业数字化转型，广东陆续出台《广东省制造业数字化转型实施方案（2021—2025 年）》《广东省发展新一代电子信息战略性支柱产业集群行动计划（2021—2025 年）》等政策文件，从顶层设计层面持续优化政策环境。

粤港澳大湾区以工业互联网示范区建设为抓手，以产业集群数字化转型为重点，培育跨行业、跨领域、特色型、专业型工业互联网平台，致力于打造有梯次的产业链赋能平台成长体系。代表全球制造业智能制造和数字化最高水平的"灯塔工厂"① 是"数字化制造"和"工业化 4.0"的示范者。截至 2023 年 12 月，粤港澳大湾区有 8 家企业入选"灯塔工厂"名单（见表1）。从行业分布来看，粤港澳大湾区"灯塔工厂"主要贴近面向终端消费者的产业链下游，大多属于以电子设备、消费品、家用电器等为代表的离散型制造行业。值得一提的是，2023 年 12 月新入名单的广汽埃安智能生态工厂是全球唯一的新能源汽车"灯塔工厂"，代表着全球新能源汽车制造的智能化趋势。

表 1　粤港澳大湾区入选"灯塔工厂"名单的企业（截至 2023 年 12 月）

工厂名称	行业	城市	批次	时间
富士康工厂	电子设备	深圳	第二批	2019 年 1 月
美的家用空调工厂	家用电器	广州	第五批	2020 年 9 月
美的厨热洗碗机工厂	家用电器	佛山	第六批	2021 年 3 月
宝洁工厂	消费品	广州	第八批	2022 年 3 月
美的微波炉工厂	家用电器	佛山	第九批	2022 年 10 月
工业富联深圳观澜灯塔工厂	电子产品	深圳	第十批	2023 年 1 月
纬创资通中山工厂	电子产品	中山	第十批	2023 年 1 月
广汽埃安智能生态工厂	新能源汽车	广州	第十一批	2023 年 12 月

资料来源：世界经济论坛、麦肯锡咨询公司。

① "灯塔工厂"是世界经济论坛和麦肯锡咨询公司在 2019 年提出的全新概念，特指那些在第四次工业革命背景下，将数字化生产技术由小范围试点推向大规模应用并获得巨大财务收益的成功企业，代表了当今全球制造业智能制造和数字化的最高水平。截至 2023 年 12 月，全球灯塔网络共有 153 名成员。

专栏1 "灯塔工厂"点亮粤港澳大湾区制造业未来

宝洁工厂（广州）作为消费品行业"灯塔工厂"，更加聚焦消费体验及成本控制，包括数字化综合业务规划、动态优化产品投放以及数字孪生协调仓库运营等，企业绩效显著提升：2021年库存下降30%，物流成本下降15%，交货时间缩短90%，库存吞吐量上升25%。作为全球最大的微波炉制造基地，美的佛山工厂综合提供数字化产品、软件和解决方案，将数字化贯穿研发、制造、采购等环节，围绕"全价值链卓越工厂"框架，通过产品标准化、精益自动化与IT系统深度融合，打造柔性自动化生产智慧工厂。在数字孪生中控运营智慧系统的支撑下，美的佛山工厂实现绿色化、高效化生产，2022年能耗降低15%，产品品质指标提升15%，制造综合效率提升33%。

资料来源：笔者根据网上公开资料整理。

（四）数据要素市场化向纵深推进，交易市场愈加活跃

数据要素正在推动生产方式、生活方式和治理方式深刻变革，伴随数据要素系列政策的出台，数据要素创新活力被进一步激发，数据要素产业化、市场化建设提速，数据交易迎来新一轮发展浪潮。继2022年12月中共中央、国务院发布《关于构建数据基础制度更好发挥数据要素作用的意见》后，广州、深圳对各自区域内的数据产权登记进行了制度规范和创新，明确了建立健全数据产权登记制度的重要性，为优化数据产权登记实践提供了制度保障。此外，粤港澳大湾区将数据生产要素统计核算纳入国民经济核算体系，广州海珠、深圳南山已经开展数据生产要素统计核算试点工作。

为进一步培育数据交易市场，粤港澳大湾区开展了以数据产品为标的的交易工作。粤港澳大湾区互联网企业和民营企业较多，行业场景覆盖面广且数据需求大，数据交易市场的基础设备及技术储备较为完善，高供给、高需求双向驱动粤港澳大湾区数据交易市场迅速发展。2022年，广州数据交易所、深圳数据交易所相继挂牌成立，全年累计交易额超过17亿元[①]。根据《2023年中

---

① 资料来源：2023数字经济峰会。

国数据交易市场研究分析报告》，粤港澳大湾区的数据交易市场强势发展，数据交易额在全国的占比为14.4%，仅次于长三角地区。粤港澳大湾区未来发展的重点方向在于数据交易凭证、统计核算等方面的技术提升。2021~2023年广州、深圳出台的数据要素相关政策文件见表2。

表2 2021~2023年广州、深圳出台的数据要素相关政策文件

地市	发布时间	文件名	政策内容	发布机构
深圳	2021年6月	《深圳经济特区数据条例》	规范数据处理活动,保护自然人、法人和非法人组织的合法权益,促进数据作为生产要素的开放流动和开发利用,主要涵盖个人数据保护、公共数据共享开放、数据要素市场培育和数据安全四个方面	深圳市人民代表大会常务委员会
广州	2021年7月	《广州市推行首席数据官制度试点实施方案》	建立市、区两级及市各有关部门联动的首席数据官制度,增强数据资源管理的领导力、决策力和执行力,带动市、区各部门协同推进数据要素有序流通,以数据共享开放推动数据资源开发利用	广州市人民政府办公厅
广州	2021年11月	《广州市数据要素市场化配置改革行动方案》	依托广州市"数字政府"改革建设等成果,创新公共数据管理体制,完善相关法规制度规范,健全数据要素流通与监管规则,按重点任务分工表确定的时间安排推进	广州市人民政府
深圳	2022年9月	《深圳经济特区数字经济产业促进条例》	以促进数字经济核心产业发展为主线,聚焦数字经济产业发展的全生命周期和全链条服务进行制度设计,包括基础设施、数据要素、技术创新、产业集聚、应用场景、开放合作、支撑保障等内容	深圳市人民代表大会常务委员会
深圳	2023年2月	《深圳市数据交易管理暂行办法》	明确数据交易主体、数据交易场所运营机构、数据交易标的、数据交易行为、数据交易安全、管理与监督等,为规范数据交易和培育数据市场提供政策制度保障	深圳市发展和改革委员会

续表

地市	发布时间	文件名	政策内容	发布机构
广州	2023 年 4 月	《广州市公共数据开放管理办法》	明确公共数据开放及管理行为的适用范围,结合优化营商环境等要求,在合法有序前提下适度扩大公共数据开放的覆盖面,将具有公共事务管理和公共服务职能的组织纳入数据开放主体范围,其中包括供水、供电、供气、公共交通、公共资源交易等提供公共服务的企事业单位	广州市政务服务数据管理局
深圳	2023 年 6 月	《深圳市数据产权登记管理暂行办法》	创新明确数据产权登记适用范围,以政府规范性文件形式对数据产权登记行为进行规范管理,创新提出数据产权登记流程,以制度形式明确建立跨部门协同监管机制,积极开展监管模式创新,保障数据产权登记工作规范有序开展	深圳市发展和改革委员会
广州	2023 年 7 月	《广州市数据条例》	明确数据权益保护、数据流通应用、数据安全保障及监督管理等流程及要求,创新广州公共数据运营机制,搭建数据供给主体、数据需求主体、数据交易场所、数据商以及第三方专业服务机构等多方参与的数据要素市场,规范引导数据安全流通交易	广州市政务服务数据管理局
深圳	2023 年 9 月	《深圳市公共数据开放管理办法(征求意见稿)》	对公共数据的开放条件、开放平台、开放计划与实施以及相关的法律责任进行了明确规定	深圳市政务服务数据管理局
广州	2023 年 11 月	《关于更好发挥数据要素作用推动广州高质量发展的实施意见》	涵盖总体要求、数据产权、流通交易、收益分配、安全治理、数据应用、南沙试验区建设和保障措施 8 个方面,探索建立数据要素基础制度体系	中共广州市委全面深化改革委员会

资料来源:笔者根据网上公开资料整理。

(五)深化数字政府改革创新,跨境政务服务持续优化

广东充分运用数字技术优化政府治理流程、开展模式创新、提升政府

履职能力，全面推动数字政府建设，形成"大平台、大数据、大服务、大治理、大协同"优势。2023年，广东数字政府建设已进入场景驱动的服务理念创新、服务模式重构的深层次改革阶段，更加强调围绕业务协同实现业务场景的横向打通与纵向穿透，注重服务体验和场景化主题式应用。比如，"粤商通"平台持续推动广东涉企政务服务"一站式、免证办"，推出"广东省稳市场主体诉求响应平台"、"粤财扶助"、法人数字空间等特色服务平台，助力营商环境优化。截至2023年8月底，"粤商通"平台注册用户累计达1508.9万户，日均访问量达330万次，累计访问量达29.34亿次，月活跃用户数超260万户，集成电子证照1333类，累计上线涉企高频服务超3600项。2023年5月，全国首个集政务云应用服务、网络运营服务、统一身份认证、电子印章等公共支撑能力于一体并面向各级政府部门及企事业单位的新型基础设施智能管理平台——"粤基座"平台正式上线，该平台可为用户提供基础设施资源线上全流程闭环管理服务，实现基础设施资源可视化监控、告警信息实时预报、资源统计分析等功能，初步实现广东数字政府基础设施的统一管理、统一运营、统一支撑，有效夯实集约化"大底座"。截至2023年6月，"粤基座"平台使用量累计达75.6万人次，累计办理业务42.7万次。

积极探索跨境政务服务数据应用，深入推进粤港澳政务服务一体化。2023年11月，粤港两地签署《粤港政务服务"跨境通办"合作协议》，标志着"数字湾区"建设向粤港政务领域深入。广东加快健全线上线下联动的政务服务体系，促进各类要素便捷流动，持续提升湾区居民享受公共服务的便捷性。一是推进"社保通"。启用"粤澳社保一窗通"横琴专窗、南沙专窗；建成"湾区社保通"服务专窗237个、港澳地区社保服务网点85个；粤港澳三地居民可通过广东政务服务网、"粤商通"App、"粤省事"小程序等实现53项广东社保高频服务"网上办、掌上办、指尖办"。二是推动湾区通办服务互信互认。粤港两地创新建立粤港在线身份互认体系，在国内首次实现内地政务系统对香港市民身份的在线认证。通过政务通办体系，推动湾区民生事项便捷办理。聚焦出入境、医疗、社会保障、养老、交通、住房、教育等民生重点领域，充分发挥政务服务"一网通办"平台枢纽作用，实现"大厅办、网上办、指尖办、自助办"，全方位完善湾区政务服务体系。聚合平台流量资源与技术优势，打造"湾事通"综合服务小程序，整合交通、支付、求职、养老、教育等 70 余项高频公共服务，为粤港澳大湾区居民与外籍人士提供"一体一面"、无感便捷的综合服务。

（六）跨境电商等贸易新业态发展迅猛，数字贸易繁荣发展

兼具贸易、产业以及数字化三重优势的广东积极实施数字贸易工程，建设数字贸易公共服务平台，推动更多贸易主体的数字化转型加速升级，数字创意等数字内容产业集群动能强劲，跨境电商等贸易新业态发展迅猛。2023 年上半年，广东数字贸易额达 457.53 亿美元，同比增长 10.89%，占全国数字贸易额的 23%①。其中，网络游戏、数字娱乐、远程教育、数字医疗等新业态已形成具有较强国际竞争力的数字内容产业集群。

粤港澳大湾区加快建设全球贸易数字化领航区，推进广州、深圳全面深化服务贸易创新发展试点和广州服务业扩大开放综合试点。在福布斯中国"2022 全球数字贸易行业企业 Top 100"榜单上，华为等 7 家企业来自广东。作为数字贸易的重要表现形式之一，跨境电商在粤港澳大湾区持续高速发展。根据海关总署发布的《中国跨境电商贸易年度报告》，2022 年广东跨境电商进出口总值在全国跨境电商进出口总值中的占比达 43.4%，稳稳占据首位，领先排名第二的浙江近 30 个百分点，为中国稳外贸提供了重要支撑。2023 年前三季度，广东跨境电商进出口总值达 6566 亿元，同比增长 79.4%，占全国跨境电商进出口总值的比重达四成，电商相关企业超 130 万家②。

得益于完整的产业体系以及较高的生产能力，粤港澳大湾区形成优质、有韧性的供应链，通过创新"跨境电商+产业带"发展模式，将新业态和优质供应链有力结合，联合阿里巴巴国际站、亚马逊、虾皮、抖音、商线等开展品牌"出海"行动，帮助深圳消费电子、广州纺织服装、佛山泛家居制造等产业带企业开拓跨境电商业务，在产品创新、品牌建设、全球业务布局等方面实现新

---

① 《广东上半年数字贸易规模占全国的 23%》，新华网，2023 年 11 月 24 日，http://www.gd.xinhuanet.com/20231124/22e4b74e96544e5ca14ede9a0ac66017/c.html。

② 《广东上半年数字贸易规模占全国的 23%》，新华网，2023 年 11 月 24 日，http://www.gd.xinhuanet.com/20231124/22e4b74e96544e5ca14ede9a0ac66017/c.html。

突破。无论是以"小单快返"模式"打天下"的 Shein（希音），还是采取全托管模式的 Temu，都依赖新一代数字技术、以广州为圆心的超强供应链与物流体系以及粤港澳大湾区较强的制造能力。

专栏 2 "小单快返"模式让 Shein 风靡全球

总部位于广州的中国跨境电商企业 Shein 在海外市场广受欢迎，成为全球备受瞩目的快时尚品牌。Shein 采取"小单快返"的供应模式。该模式借助完善的智能生产系统，能够以周甚至天为单位，根据趋势快速小批量生产服饰，满足海外用户的即时需求。如果出现"爆款"，便快速追加生产，即使产品滞销，也不至于造成库存堆积。Shein 通过数字化工具，打通原料、生产、销售等环节，持续为供应商赋能，打造全数字化供应链条，实现与供应商的全天候协同，形成具有较强竞争力的产业协作新模式。Shein 以广州为支点，充分利用广州的供应链网络优势，整合产业链上下游原材料、生产制造、物流商等各方资源，以自主研发的数字化技术系统和工具逐渐推进更为灵活和敏捷的柔性生产，提高生产效率。这是 Shein 相较于欧美品牌的优势，并且该优势随着欧美快时尚品牌向中高端转移而愈加巩固。

二 穗深港澳四大核心城市"数字湾区"建设新亮点、新成效

（一）广州奋力打造数产融合的全球标杆城市

广州以打造"数产融合的全球标杆城市"为战略引擎，以人工智能激发"老城市新活力"，推动数字经济核心产业规模和质量位列国家第一方阵，尤其是人工智能、区块链等新兴产业进入加速成长期。2020~2022 年广州数字经济核心产业增加值分别达 3037 亿元、3561 亿元、3633 亿元，同比增速均高于全市 GDP 同期增速，占全市 GDP 的比重由 2020 年的 12.1%提升到 2022 年的12.6%。2022 年，广州 14 个人工智能应用场景入选国家级"智赋百景"名

单。根据赛迪顾问发布的《2022年中国数字经济发展研究报告》，广州数字经济发展综合实力位居全国第五，与北京、上海、深圳和杭州稳居数字经济一线。

一是将人工智能与数字经济试验区作为产业和区域数字化转型的核心支撑。广州围绕人工智能领域实施前瞻谋划和系统布局，具备产业基础雄厚、顶层设计有力、科教资源丰富、基础设施健全等优势条件，先后在2020年和2021年获批国家新一代人工智能创新发展试验区、国家人工智能创新应用先导区。琶洲人工智能与数字经济试验区（以下简称"琶洲试验区"）做强消费互联网、都市工业、产业互联网、"会展+"、版权经济、直播电商六大特色产业，加快产业导入步伐，注入区域发展新动能。2023年前三季度，琶洲试验区新注册企业达3048家，总数达35612家①。2023年，琶洲试验区再度成为广东省唯一进入全国十佳名单的电子商务示范基地。

二是围绕打造5G强市，完善全方位发展政策体系。广州5G建设走在全国前列，截至2023年6月，广州累计建成5G基站超8.56万座（含室外站、室内分布系统和共享站点），5G基站数量保持广东省第一，率先实现5G网络市内全覆盖和重点区域深度覆盖。广州建成华南唯一的工业互联网标识解析体系国家顶级节点，接入二级节点38个，涵盖25个行业，标识注册量达146.09亿个。广州入选2022年工业和信息化部工业互联网试点示范项目名单见表3。为深入推进产业数字化，广州布局了先进算力基础设施。国家超级计算广州中心应用能力受到世界认可，该中心是中国唯一入选全球最具应用影响力超算中心五强的超算中心；"国产超级计算多模式应用支撑平台"获2022年广东省科技进步奖特等奖，服务企业用户超过5000家，其中约20%为先进制造、生物医药、新材料等新兴产业企业；广州人工智能公共算力中心入选科技部首批国家新一代人工智能公共算力开放创新平台，服务企业220余家②。

---

① 《海珠区琶洲试验区入选2023福布斯中国中央商务区竞争力评选10强榜单》，海珠区人民政府网站，2023年12月4日，http://www.haizhu.gov.cn/hzdt/ztlm/zzyyzq/bm/content/post_9352623.html。

② 《广州优化公共算力资源配置，更好赋能实体经济》，"中国发展网"百家号，2023年11月4日，https://baijiahao.baidu.com/s?id=1782530907331563934&wfr=spider&for=pc。

表 3　广州入选 2022 年工业和信息化部工业互联网试点示范项目名单

序号	申报单位	项目名称	项目类别
1	广州裕申电子科技有限公司	面向 PCB 行业绿色+智能生产的工业互联网标识解析二级节点	工业互联网标识解析二级节点服务平台试点示范
2	广州健新科技有限责任公司	基于云边端协同的智慧电厂一体化管控平台	工业互联网平台+安全生产试点示范
3	广州机械科学研究院有限公司	基于工业互联网+数据驱动的动设备润滑安全监测预警平台	工业互联网平台+安全生产试点示范
4	中国移动通信集团广东有限公司	5G 全连接智慧工厂应用安全解决方案	垂直行业安全解决方案试点示范
5	中国电信股份有限公司广东分公司	美的厨电 5G 全连接安全工厂实践	新技术融合创新应用试点示范

资料来源：工业和信息化部。

三是加速产业数字化创新发展。广州基于强大的产业集群优势，注重数字产业赋能、新型数字产业培育及应用融合。广州 162 家单位入选 2023 年广东省工业互联网产业生态供给资源池评价名单，数量位居全省第一。在数字新业态中，广州动漫、游戏、音乐、直播等细分业态发展迅速，交通、物流、商贸等各类服务业数字场景建设持续推进，新零售、金融科技、跨境电商、在线经济等新业态、新模式蓬勃发展。广州跨境电商持续保持全国领先地位，跨境电商零售进口规模于 2014~2022 年连续 9 年位居全国第一。截至 2022 年，广州有超 500 个专业批发市场引入了直播电商模式，广州网络零售店铺数、直播场次、主播数量均位居全国第一，广州位列全国十大直播之城榜首。

四是深入推进数字政府和数据要素市场体系建设。2023 年 9 月，广州印发《广州市全面推行首席数据官制度工作方案》，将实行首席数据官制度作为推动数字化改革的有效抓手。截至 2022 年 5 月，广州构建了覆盖 6 个区、21 个市直部门以及 6 家公共企事业单位的首席数据官队伍。2022 年 9 月，广州数据交易所在南沙区挂牌运营，是继贵州、北京、上海之后的又一省级数据交易场所。在加强算法资源汇聚方面，广州组建琶洲算法产业联盟，开展基础算法理论研究和核心技术攻关，推动人工智能、芯片等各领域、行业加强技术交流合作，吸引百度、阿里云等 40 多家全国各地的算法领域知名企业加入。

（二）深圳加快打造"数字中国"城市典范

深圳作为全球重要的科技创新中心，在数字基建、政务服务渠道建设、数字孪生城市建设、粤港澳大湾区大数据中心建设等方面持续发力，用好前海、河套两个重大平台，加强与湾区城市的数字化合作，积极推动协同发展，"数字深圳"蓝图愈加清晰。

一是以新型基础设施建设赋能粤港澳大湾区数字化发展。深圳加快建设粤港澳大湾区大数据中心，积极探索粤港澳大湾区算力一体化调度。前海积极推进新型互联网交换中心试点建设，助力粤港澳大湾区信息基础设施互联互通。粤港澳大湾区一体化算力服务平台于 2023 年 10 月在前海上线试运行，该平台立足深圳、服务粤港澳大湾区、辐射全国，为企业和个人提供高效便捷、安全可靠的算力服务，已接入华为云、腾讯云、阿里云等 8 个人工智能算力资源池，算力规模达 1138 PFlops。深圳作为工业和信息化部认定的第一批人工智能创新应用先导区、科技部确定的人工智能创新发展实验区，2022 年人工智能核心产业规模达 308 亿元，同比增长 34.4%，人工智能相关产值达 2180 亿元。

二是稳步推进智慧城市建设。深圳以数字化应用助力粤港澳大湾区内人力和生产要素便利流动，"i 深圳"App 上线了中山专区，实现深中高频服务"一站式掌上办"。深圳积极推动与中山等兄弟城市的电子印章互通互认，助力粤港澳大湾区内企业交易合约电子化。同时，深圳充分发挥毗邻港澳的优势，加快推动与港澳的政务服务合作。深圳在香港和澳门分别开设了香港 e 站通和澳门 e 站通，让港澳企业和居民"足不出港澳，可办深圳事"；"i 深圳"App 上线港澳服务专区，实现社保、公积金等 100 余项高频涉港澳政务服务事项"指尖办"；深圳通公司和八达通公司联合发行的深港一卡通可实现深港两地公共交通"一卡通乘"；河套深港科技创新合作区深圳园区"一号通道"信息系统正式上线，打通公安、海关等系统，实现深港两地车辆跨境"一件事一次办"。

三是提升智慧城市治理精细化水平。深圳进一步推进数字孪生城市建设，以信息化手段提升智慧城市治理精细化水平。《深圳市数字孪生先锋城市建设行动计划（2023）》提出，建设一个一体协同的城市级数字孪生底座，构建不少于10类数据相融合的孪生数据底板，上线承载超百个场景、超千项指标的数字孪生应用，打造万亿元级核心产业增加值数字经济高地，实现"数实融合、同生共长、实时交互、秒级响应"。

四是以数据要素市场培育推动粤港澳大湾区数字经济繁荣发展。国内首个数据要素全生态产业园、国内首个汇聚数据交易合规师资源的"数据产业园公共法律服务中心"在深圳落地。深圳数据交易所携手珠海市香洲区创新推动全国首个跨区域"政所直连"公共数据产品于场内正式完成交易。在前海开展"数据海关"试点，积极探索安全、高效的深港跨境数据合作模式。深圳数据交易所设立跨境数据专区，批量上市跨境数据产品和服务，推出首个"公益性数据跨境安全咨询服务"，为企业提供"一站式"数据跨境服务。

（三）香港加速拥抱数字化及科技创新浪潮

为谋求转型升级，香港近年来积极拥抱数字化及科技创新浪潮，大力推动人工智能、大数据、区块链等前沿科技的发展。

一是加速人工智能等数字产业创新发展。人工智能产业较具增长潜力，被视为推动香港新型工业化的关键产业。香港具备较大的科研基础、人才储备和数据资源优势，加之香港拥有国际数据跨境交流中心的身份以及独特的政治经济地位，发展人工智能产业势在必行。《行政长官2023年施政报告》提出，要加速建设超算中心，助力人工智能发展。香港特区政府通过再工业化资助计划帮助企业实现智能制造，包括积极引进全球范围内的优势企业来港发展。《行政长官2023年施政报告》还提出，将成立"新型工业发展办公室"并设于创新科技及工业局内，由"工业专员"领导，以产业导向为原则，推进新型工业化，支援重点企业在港发展，协助制造业利用科技创新转型升级，扶植初创企业。此外，香港还将推出100亿港元新型工业加速计划，以推动下游的新型工业发展，为生命健康科技、人工智能与数据科学、先进制造与新能源科技相关企业提供更多资助①。

二是建设智慧香港。建设智慧城市是香港推动科技创新发展的另一重要

---

① 《2023年施政报告出炉，香港拥抱数字化及科技创新浪潮》，"香港财华社"百家号，2023年10月27日，https://baijiahao.baidu.com/s?id=1780873880229896441&wfr=spider&for=pc。

举措。2023年6月，香港特区政府与国家互联网信息办公室签署了《关于促进粤港澳大湾区数据跨境流动的合作备忘录》，早前香港还与广东省政务服务数据管理局签署《粤港共建智慧城市群合作协议》，以利用人工智能的创新技术构建智慧城市群，优化粤港政府服务，便利区内市民生活。香港正积极建设良好的算力设施，依托人工智能和庞大算力来处理大数据，以优化城市管理和政府服务。比如，为应对污染，香港环境保护署利用"遥距机械人"配合自行设计的水质采样装置，在地下渠道和河道进行遥距污染监测；利用"无人潜水艇"在错综复杂的排水道找出潜在的污染源头；引入配备200倍变焦摄录机的无人机，在污染者不察觉的情况下记录活动过程；利用"智慧遥距取样机械人"追踪地下渠道及河道污染源，以机械臂采集固体与液体样本。

三是以金融科技发展激发创新活力。香港加快推进本地金融科技发展，利用"商业数据通""授权数据交换闸""iAM Smart平台"提升金融科技创新水平，完善金融科技创新生态系统。同时，香港推动金融科技赋能实体经济发展，措施包括：设立新的综合基金平台，推动数字人民币跨境使用，便利访港内地旅客和前往内地的香港居民；促进虚拟资产和Web3.0领域与实体经济相关的应用和创新；进一步完善监管架构；等等[①]。

（四）澳门以数字化驱动多元创新发展

澳门重点结合横琴粤澳深度合作区（以下简称"深度合作区"）和粤港澳大湾区建设，聚焦"1+4"经济适度多元发展方向，推动数字经济和实体经济融合发展，提升新质生产力，增强发展新动能。

一是持续推进智慧城市建设。澳门《2023年财政年度施政报告》提出，加快建设智慧城市，推动新建造楼宇全面实现光纤入户。在阿里云的助力下，澳门逐步转型为全新智慧城市，项目覆盖云计算科技、智慧旅游、智慧交通、智慧医疗及智慧政务等方面。澳门智慧政务App"一户通"2.0用户注册数已接近澳门本土人口的90%，市民可以在手机上完成超过200项公共服务的申请

---

① 《香港金融科技发展迸发创新活力》，香港特区联络办公室网站，2023年11月10日，http://www.locpg.gov.cn/jsdt/2023-11/10/c_1212299988.htm。

和办理①。数字技术助推澳门金融创新和发展。2023 年 8 月启动营运的滴灌通澳门金融资产交易所成为专注小微企业融资服务的创新金融机构，为内地小微企业精准赋能。此外，澳门特区政府将数字货币列为澳门法定货币，不断丰富跨境钱包移动支付应用场景。

二是琴澳携手共建集成电路产业新高地。集成电路产业是澳门实现产业多元化的重要领域。澳门在集成电路产业前沿创新领域有策源优势，拥有澳门大学模拟与混合信号超大规模集成电路国家重点实验室等众多前沿创新资源，深度合作区作为主要载体，深化与国际集成电路产业的交流与合作，主动融入全球集成电路产业链和创新链。2023 年 3 月起施行的《横琴粤澳深度合作区发展促进条例》明确提出：支持发展集成电路、电子元器件、新材料、新能源、大数据、人工智能、物联网、生物医药产业；支持深度合作区构建特色微电子产业链，建设集成电路先进测试技术和服务平台，布局芯片研发和制造项目，建设全球电子元器件集散中心。深度合作区积极构建"澳门平台+国际资源+横琴空间+成果共享"的产业联动发展新模式，争取在高端芯片设计、特色制造与先进封装、高端芯片测试和检测等领域形成具有国际竞争力的产业集群。

三 粤港澳大湾区数字经济发展面临的问题与挑战

受制于数据跨境流动、数实深度融合、数字科创研发、数字产业集群联动、中小企业数字化转型等方面的突出问题，粤港澳大湾区数字经济发展仍面临较大挑战。

（一）突破行政边界的数据跨境流动机制有待健全

粤港澳大湾区具有制度特殊性，具备探索数据跨境流动规则的有利条件，拥有庞大的数据跨境流动应用场景和基础设施，但粤港澳三地不同的法律框架对数据跨境流动的规制具有不同要求，存在显性或隐性的制度壁垒，

---

① 《粤港澳大湾区深耕数字经济》，"中国经济时报"百家号，2023 年 6 月 6 日，https：//baijiahao. baidu. com/s？id=1767879622749792838&wfr=spider&for=pc。

尚未形成成熟有效的协调与衔接机制，粤港澳大湾区内数据跨境流动依然面临体制机制对接困难、制度规则衔接不畅等问题。目前虽已建立常设机构统筹安排涉及湾区建设的事务工作，但其无法处理特定规则下的数据协同治理和数据跨境流动问题，不利于形成数据跨境流动的规则机制。

（二）数实深度融合发展亟待充分发力，示范效应发挥不充分

数字经济与实体经济相互促进、融合发展能够促进实体经济转型升级并实现高质量发展。粤港澳大湾区数字基础设施日益完善，网络平台持续创新，拥有全球最大的制造业产业链，推进数实深度融合的优势得天独厚，但仍存在融合不充分的问题。虽然粤港澳大湾区的数字技术综合创新能力及应用水平不断提升，但数实融合关键技术"卡脖子"问题尚未得到根本解决，一些较世界先进水平存在的明显短板出现在核心技术层面，一些关键零部件依赖外国进口，且受制于外国企业及算法的垄断，数字技术应用场景缺乏创新，应用相关标准缺失，特别是粤港澳大湾区高端芯片自给率仅为14%，面临严重的"缺芯少核"问题[1]。此外，不少企业由于受技术、人才、资金的制约，并未普及大数据、企业云等数字技术应用，核心数字技术供给不足、数据采集困难，对大数据的开发应用主要集中在精准营销等有限场景，未能深层次挖掘数据资产的潜在价值，阻碍了数实深度融合的整体发展进程。以智能制造为例，智能制造示范工厂和优秀场景智能化程度高、科技水平领先、带动作用强，能够引领智能制造产业发展，但2023年广东仅有8家单位入选智能制造示范工厂，少于江苏（15家）、安徽（12家）、湖北（12家）、上海（10家）、重庆（9家），与浙江（8家）、山东（8家）持平，表明粤港澳大湾区在智能制造和数实深度融合领域的规模效应和示范效应发挥得不够充分，与长三角相比仍存在较大差距。

（三）全球性数字科创研发与应用平台不多，人才难题亟待破解

粤港澳大湾区数字科创研发与应用平台无法满足数字经济发展的现实需

---

[1] 朱金周、方亦茗、岑聪：《粤港澳大湾区数字经济发展特点及对策建议》，《信息通信技术与政策》2021年第2期。

求。例如，深圳数字经济相关科研成果转化率领先全国，拥有腾讯、华为等头部数字企业，但科研实力雄厚、创新能力强的大学和科研平台发展滞后；广州科技教育资源丰富，数字经济创新平台众多，但缺乏大型数字企业，企业技术创新能力相对较弱；香港拥有丰富的高教科研资源，在前瞻性基础研究领域优势明显，但缺乏制造业支撑，产业链条缺失，不利于数字化转型实践。同时，粤港澳大湾区高校、研究机构及企业之间的创新协同机制尚待完善，掌握人工智能、量子计算、高端芯片等前沿技术的顶尖人才不足，在一定程度上加深了资源稀缺程度。面向数字经济的人才培养体系尚未有效建立，人才引进、培养、评价、激励和保障等政策尚不完善，无法满足数字创新人才不断增长的需求。

（四）数字产业集群协同联动发展不足，信息共建共享有待加强

数字产业集群是数字经济发展的高级形态，是经济体向"群体合作共赢"转换的全新模式，具有高共享性、高协同性、高创新性等特征。世界知识产权组织发布的《2023年全球创新指数报告》显示，"深圳—香港—广州"科技集群连续4年排名全球第二，香港在亚洲排名第五、在全球132个经济体中排名第17，已经形成以互联网、电子商务等数字产业为核心的数字产业集群，港深为核、多方参与，形成良好生态。粤港澳大湾区致力于加速实体经济数字化转型，培育世界级数字产业集群，全面提升智能制造整体水平，但粤港澳三地缺乏统一的数据交易和监管标准，隐私计算等数据控制技术及区块链、人工智能等新兴技术不成熟，导致数据交易的平台和技术保障不足，信息共建共享有待加强[①]。

（五）中小企业数字化转型生态环境有待优化，正确引导与精准帮扶有限

粤港澳大湾区在企业数字化转型方面具有基础优势，越来越多中小企业借助"双跨"平台融入数字化浪潮。但专业互联网平台和技术服务体系赋能中

---

① 余宗良、张璐：《我国数据跨境流动规则探析——基于粤港澳大湾区先行先试》，《开放导报》2023年第2期。

小企业数字化转型的力度有待加大，中小企业数字化转型基础薄弱、抗风险能力差，受自身人才、资金、技术等限制，无法负担数字化转型的成本，仍面临"不会转""不能转"问题。现有的行业互联网平台和技术服务体系难以为每个中小企业的数字化转型提供有针对性的解决方案和具体指导，多数中小企业还处于数字化转型的初级阶段，数字技术的应用程度不高，数字化转型核心技术欠缺，数字化基础相对薄弱，亟须正确引导与精准帮扶。

四 粤港澳大湾区数字经济发展趋势

粤港澳大湾区以建设"数字湾区"为契机，在数据要素交易、数字产业发展、数字新基建、数字政府、数字人才等方面协同推进，着力打造全球数字化水平最高的湾区。

（一）市场制度、交易规则和平台载体统一的湾区数据要素交易市场将更加完善

粤港澳大湾区依托横琴、前海、南沙、河套等四大合作平台，探索建设"港澳数据特区"，为数据要素跨境流通和交易提供核心支撑。一方面，着力建设全国一体化算力网络粤港澳大湾区国家枢纽韶关数据中心集群，在特定区域建设离岸数据中心，有利于推动粤港澳三地数据要素合规高效、安全有序流通；另一方面，充分依托国家超级计算广州中心、深圳中心，支持鹏城"云脑"、珠海横琴先进智能计算平台、东莞大科学智能计算平台建设，整合粤港澳三地网络、算力、存储、数据等资源，建设互通的数据要素网络。同时，支持广州、深圳构建数据要素跨域、跨境流通的全国性交易平台，打造中国数据要素市场化配置的"湾区样板"。

（二）对标全球，粤港澳三地数字技术联合创新和产业化不断加速

广东省人民政府办公厅印发的《"数字湾区"建设三年行动方案》提出，对标全球领先地区，构建高标准、一体化的完整数据产业链，推动粤港澳三地数字技术联合创新和产业化，建设数字产业集聚发展新高地。一方面，鼓励支持粤港澳三地企业、高校、科研机构共建高水平数字协同创新平台，推动数字

科技成果转化，有利于将港澳在人工智能、集成电路设计等数字科技领域的基础研发成果与广东广泛的产业数字化场景相融合，建设数字经济"双创"基地、孵化器、特色小镇等创新形态载体，构建以"工业互联园区+行业平台+专精特新企业群+产业数字金融"为核心的新制造生态系统，加快湾区数字产业集聚发展和产业数字化转型①；另一方面，依托粤港澳大湾区国际科技创新中心、综合性国家科学中心建设，加强数字领域核心技术攻关，以河套为试点，开展生命健康、人工智能、数据、先进制造、新能源等产业数字化合作，推动广州、深圳打造人工智能技术创新策源地，有利于激发数字技术创新动能，攻克"卡脖子"技术难题。

（三）高效共享的数字新基建有序推进，网络和数据安全防护合作进一步深化

以5G、数据中心等为代表的新型基础设施是数字经济发展的战略基石。粤港澳大湾区5G基站数、国家级工业互联网跨行业领域平台数等均位居全国第一，横琴国际互联网数据专用通道已建成，珠港澳网络联通和通信服务水准快速提升，在5G、人工智能等领域具有领先优势。通过全面落实国家"东数西算"战略，粤港澳大湾区着力推动算力基础设施共建共享，强化网络和数据安全防护合作，构建起充满韧性的数字生态共同体。这一方面有利于整合粤港澳三地算力资源，依托"东数西算"韶关节点数据产业集群推进算力资源统一调度和普惠共享，吸引港澳企业更好利用广东优质算力；另一方面有利于加快建立粤港澳大湾区网络安全标准体系，促进网络安全信息共享，推动网络安全资质互认，搭建涵盖可信身份、可信数据和网络行为等关键要素的粤港澳大湾区电子认证互认平台，加强重要数据和个人信息跨境流动监管能力建设，有效提升粤港澳大湾区网络安全综合保障能力。

（四）经贸合作、政务服务和智慧城市建设深度融合对接

《"数字湾区"建设三年行动方案》提出，推动粤港澳市场主体投资兴业"商事通"、社会数字化治理高效协同"治理通"，有利于从经贸合作、

① 《广东：建设大湾区数据要素交易市场》，《中国证券报》2023年11月22日。

政务服务、智慧城市建设方面带动粤港澳大湾区的全面数字化发展。一方面，依托"粤商通""粤智助""粤省心""投资广东"等数字化平台，完善粤港、粤澳"跨境通办"机制，推动内地9市与香港、澳门经贸合作信息平台融合对接，助推粤港澳三地政府精准高效招商和企业需求对接，推动粤港澳三地港口、机场共享物流数据、申报数据等，探索作业无纸化、"多式联运"等更为便利可行的商贸通关措施，推动粤港澳大湾区"高精尖缺"人才跨境通关更便利，以数字化赋能投资兴业；另一方面，依托"粤治慧""粤经济"平台完善"一网统管"体系建设，构建统一的"数字空间"底层技术体系，推动粤港澳大湾区各类经济数据汇聚和共享应用，加强地理空间、交通信息、经济数据等智慧城市数据要素共享利用，建立数字资产确权、交易、隐私保护等配套管理制度和行业标准规范，实现科研数据跨境互联，加强粤港澳三地数字化协同共治。

（五）数字政府与数据要素市场化统一开放平台协同共建

《广东省数字政府改革建设"十四五"规划》明确，2025年全面建成"智领粤政、善治为民"的"广东数字政府2.0"，让改革发展成果更多更公平惠及全体人民。广东《关于进一步深化数字政府改革建设的实施意见》提出，将数字技术广泛应用于政府管理服务，推进政府治理流程优化、模式创新和履职能力提升，深入推进数据要素市场化配置改革，培育多元数据流通交易生态，加强数据要素流通和场景应用，推动数据要素有序流动。具体而言，粤港澳大湾区将依托"粤省心""湾事通"平台，围绕"用户通、系统通、数据通、证照通、业务通"目标，打通粤港澳三地政务服务链条和数据共享堵点，推动广东政务服务网、"粤系列"移动政务服务平台与香港"智方便"、澳门"一户通"等政府服务平台对接互认，推动政府服务衔接融合，协同推进数字政府与数据要素市场化统一开放平台建设。

（六）以提升数字化基础能力为牵引，带动粤东粤西粤北地区深度融湾

广东部署实施"百县千镇万村高质量发展工程"，促进城乡区域协调发展，提升数字化基础能力。通过"数字湾区"建设，形成更大范围的辐射作

用和更强的带动能力，提升粤东粤西粤北地区数字政府基础设施建设和公共支撑平台服务水平，健全数字政府基础能力建设对口帮扶机制，依托"投资广东"平台和粤港澳大湾区招商平台，发挥粤东粤西粤北地区比较优势，有序推动产业梯度转移，带动粤东粤西粤北地区深度融入粤港澳大湾区产业链和城市群。

（七）粤港澳协同引才，数字人才集聚高地加快建设

数字人才是数字经济发展的核心动力。粤港澳大湾区扎实推进"就业通""社保通""人才通""治理通"工程，广州、深圳、东莞等地的人才激励计划竞相出台，致力于打造更加开放、更有活力的"人才湾区"①。目前，广东积极打造以粤港澳大湾区（广东）人才港、人力资源服务产业园和留学生创业园及粤港澳大湾区人才数据库为主体的"一港一园一卡一站一库"人才服务体系，优化"居住在港澳、工作在内地"等柔性机制，推动粤港澳三地协同引才，对接粤港澳大湾区数字经济发展需求，建设数字经济人才"双创"孵化平台，促进数字经济科技、人才、资本、产业深度融合，通过产业集聚，吸引更多高水平数字人才在粤港澳大湾区创业就业。

五　推动粤港澳大湾区数字经济
加快发展的对策建议

粤港澳大湾区要进一步推动数字经济发展壮大，需充分考虑"一国、两制、三法域"的制度差异和市场差异，构建开放型区域共同体，培育形成高质量数字产业集群，发挥智慧城市群的辐射和联动作用，打造粤港澳大湾区数字科创"新高地"、数字交易"大平台"和数字治理"样板间"。

（一）构建跨境数据要素流通与交易市场的协同治理体系

强化顶层设计，构建粤港澳大湾区数据合作协调机制，加强中央层面的规划指导和区域层面的合作协调，引导数据跨境流通合规运行和数据全产业链平衡

---

① 《粤港澳合力构筑"人才湾区"》，《经济日报》2023 年 2 月 27 日。

发展。以前海、横琴、南沙、河套地区等自贸片区和重点平台为抓手，率先对港澳放开基础电信业务，推动跨境数据的安全有序流动，再逐步拓展到粤港澳大湾区其他区域。积极探索数据要素确权与定价评估机制，推进不同类型数据的基础产权、衍生产权的分级分类确权授权使用，形成易复制、易推广并涵盖数据行业、类型、级别、用途等维度的数据质量评估标准。积极争取数据跨境流动特别授权，面向港澳进行更大力度、更深层次、更大范围的授权，率先制定广东数据在科研、物流等特定行业领域跨境至港澳的管理办法和实施细则，建立闭环风险监管机制和跨境协同管理机制。建设粤港澳大湾区数据要素统一大市场，培育数据经纪人、数据商及第三方专业服务机构等产业生态，提升粤港澳大湾区在数据交易、数据服务等方面的资源集聚水平，打造全球数字交易权威平台。

（二）推动新一代数字技术与实体经济深度融合发展

1.制定分类推进数实深度融合的路线图

重点围绕广东的"双十"战略性产业集群，优先选择规模体量大、转型升级需求迫切的实体经济领域，规划数实深度融合实施路径。鼓励工业互联平台和服务商开展面向不同行业和场景的应用创新，发挥重点行业和标杆企业的示范效应，协同带动集群中小企业融合发展，促进上下游的协同生产和数据对接，构建跨界融合的新型产业供应链体系。探索以专业镇为主要载体的传统产业集群数字化转型路径，引导集群企业应用系统解决方案"上云上平台"，探索符合行业特色和中小企业需求的数字化转型路径。

2.健全数实深度融合生态体系

结合实体经济应用场景和行业服务需求，加快物联网云平台、工业互联网、数字医疗、数字金融、数字能源等领域的数字化转型，推动形成行业性公共服务平台。支持"链主"企业带动上下游中小企业以及供应链企业"上云上平台"，支持既有产业服务能力又有互联网创新基因的IT企业或平台服务商搭建产业集群数字化基础平台。统一公有云平台，大幅降低企业按需使用公有云资源的费用，统一协调电信运营商，降低工业企业网络使用成本。构建以行业需求为导向的复合型数字化人才培育机制。多层次加大数字化技能人员培训力度，支持行业协会与联盟等围绕行业特点开展多类型的人员培训。加快数字化人才培育与交流合作，在部分高校、科研院所等机构设置人工智能、云计算、大数据等与数字化转型相关的专业与招生目录。

3. **着力提升数字技术自主可控能力**

以建设粤港澳大湾区数据枢纽为核心，规划建设广佛、深港、珠澳三大数据枢纽节点，充分发挥深圳前海、广州南沙、珠海横琴、河套深港四大合作平台的新型空间载体功能和示范引领作用，发挥"广州—深圳—香港—澳门"科技创新走廊等重大合作平台的政策优势，鼓励科研院所、企业结合工业互联网、大数据、云计算、人工智能等领域联合开展数字核心技术攻关，集中力量突破一批基础通用技术和颠覆性技术。争取组建一批制造业数字技术国家实验室、国家智能制造创新中心，建设一批国家重大数字科技项目。引进培育一批数字经济领域的领军企业，鼓励企业通过投资并购、知识产权合作、联合运营等多种方式开展创新合作。加大以数字化转型为重点的技改投入力度，发挥政府专项技改基金的杠杆作用，支持传统产业集群和战略性产业集群内的各类企业开展智能化改造和技术创新。

（三）建设具有国际竞争力的数字产业集群

1. 协同打造前沿数字产业集群

聚焦电子信息制造、软件与信息服务、半导体与集成电路、高端装备制造、智能机器人、区块链与量子通信、新能源等战略性新兴产业重点领域，发挥香港、澳门、广州、深圳等数字经济中心城市的科研资源优势和高新技术产业优势，基于不同地域的产业类型进行数字资源的规划和算力的调配，联合打造一批产业链条完善、辐射带动力强、具有国际竞争力的数字产业集群。

2. 加快推动传统产业集群数字化转型

推进大数据、人工智能、云计算、物联网、区块链、5G等数字技术嵌入粤港澳大湾区传统产业链各环节，提高关键流程的智能化、网络化、柔性化水平，推动研发、制造、营销、物流等核心环节的模式变革，特别是提升中端制造环节的附加值及产品质量，实现全产业链价值创造。深入实施工业互联网创新发展战略，推动数据共享以及行业间的数据集成，形成产业链协同、服务化延伸等价值共创能力，重构传统制造业生态系统，进一步提升粤港澳大湾区产业数字化水平。鼓励数字技术和移动互联网、北斗卫星导航等新技术在服务业的创新应用，促进粤港澳大湾区"数字+服务"新业态、新模式发展壮大。

（四）全面深化"数字政府"改革建设

以"湾区大脑"为主要抓手，统一11个城市的数据通用标准和协议，持续推进数字政府信息基础设施建设和数据资源价值挖掘，将数字治理与城市管理、公共卫生管理、教育政策等方面的公共事务紧密结合，加大湾区内部各城市数据源跨部门、跨区域安全管控力度，实现普惠便捷的民生服务和高效精准的城市治理。加快推进粤港澳大湾区智慧城市建设，鼓励各市建设"城市大脑"，依托数字孪生与智能技术打造全场景城市智能体，加快推进智慧教育、智慧交通、智慧医疗、智慧旅游、智慧城管等智慧应用示范，实现"全域感知、数据共享、交叉指挥、精准反馈"。

B.16
2023年粤港澳大湾区旅游业发展报告

广东省社会科学院旅游发展研究课题组*

摘　要： 自2023年以来，粤港澳大湾区旅游业市场加快复苏，总体发展态势良好，节假日消费活跃，文旅融合程度不断提升，滨海旅游和乡村旅游蓬勃发展。在新的历史时期，广东应深入学习贯彻党的二十大精神和习近平总书记视察广东重要讲话精神，锚定"一点两地"战略定位，以落实省委"1310"具体部署中"纵深推进新阶段粤港澳大湾区建设"为着力点，从深化文旅融合、加强协同合作、扩大对外开放和发展低碳旅游等四个方面推进粤港澳大湾区旅游业高质量发展，加快打造粤港澳大湾区世界级旅游目的地。展望2024年，粤港澳大湾区的跨境文旅交流与合作更加紧密，生态旅游加速助推可持续发展，文化旅游数字化趋势更加显著，创意文化产业进一步蓬勃发展，滨海旅游实现多元化提质升级，乡村旅游呈现融合发展新格局。

关键词： 旅游业　区域协调发展　粤港澳大湾区

习近平总书记多次指出，发展旅游业是推动高质量发展的重要着力点。旅游业涉及面广、带动力强、开放度高，是推动经济社会高质量发展、构建新发展格局的强大动力，是满足人民美好生活需要的重要内容①。党的二十大报告指出，坚持以文塑旅、以旅彰文，推进文化和旅游深度融合发展。2023年，

---

* 课题组成员：庄伟光，广东省社会科学院环境与发展研究所所长、研究员，研究方向为生态文明与环境发展、旅游发展、民商法学等；武文霞，博士，广东省社会科学院环境与发展研究所副研究员，研究方向为旅游经济与文化、城市与区域经济等；邹开敏，广东省社会科学院环境与发展研究所副研究员，研究方向为旅游经济与文化、旅游心理等；陈嘉玲，博士，广东省社会科学院环境与发展研究所，研究方向为数字经济、创新与区域经济。

① 《关于释放旅游消费潜力推动旅游业高质量发展的若干措施》，文化和旅游部网站，2023年10月17日，https://zwgk.mct.gov.cn/zfxxgkml/cyfz/202310/t20231017_949174.html。

以习近平新时代中国特色社会主义思想为指导，全面贯彻落实党的二十大和二十届二中全会精神，深入学习贯彻习近平总书记视察广东重要讲话重要指示精神，粤港澳大湾区以积极奋进的心态、融入世界的姿态、转型升级的状态，锚定"一点两地"战略定位，全力打造世界级旅游目的地，在扎实推进文旅产业高质量发展，加快粤港澳大湾区旅游一体化进程，深化粤港澳大湾区文化和旅游合作，积极构筑人文湾区和休闲湾区等领域取得新突破。2024年，粤港澳大湾区要着力讲好湾区人文故事，打造国际化休闲目的地，擦亮世界级品牌形象，促进文旅融合继续深化，推动跨境文旅合作走深走实，推进生态旅游加速发展，加快数字化赋能文旅发展，创新发展创意文化产业，实现滨海旅游提质升级和乡村旅游创新融合发展，探索以文旅业推动经济高质量发展的广东路径。

一 粤港澳大湾区旅游业发展现状和特征

粤港澳大湾区经济实力雄厚，资源优势集中，是中国开放程度最高、经济活力最强的区域之一，也是国家参与全球竞争的桥头堡。作为全国最大的客源地市场，粤港澳大湾区旅游业发展水平较高，发展态势较好，正朝着建成国际一流湾区和世界级城市群目标稳步前进。

（一）粤港澳大湾区旅游业总体发展情况

粤港澳大湾区人文旅游资源丰富，自然景观和人文景观众多，是中国旅游经济发展的重要增长极。粤港澳三地不断深化合作，跨区域的旅游要素流动性日益增强，人文湾区建设成效初显，建设世界级旅游目的地步伐不断加快。

1. 旅游资源丰富，人文底蕴深厚

粤港澳大湾区生态环境质量处于全国领先水平，已基本具备建成生态环境高品质的世界级城市群、世界一流美丽湾区的基础条件。粤港澳三地文化同源、地缘相近、人缘相亲、民俗相近、优势互补，优越的自然地理条件孕育了独具特色的区域文化，不仅有开放包容、源远流长的岭南文化，而且有中外交流互动中逐渐形成的都市文化、海外文化。

近年来，大湾区各地依托丰富的人文资源，持续在文化、艺术、教育等诸

454

多领域开展交流合作，形成了粤剧、潮剧、广绣、波罗鸡、榄雕、金漆木雕等独具特色的文旅产品，广府菜和客家菜等本土非物质文化遗产受到关注，"咏春拳""醒狮"等发展成大湾区的文旅新品牌，A 级景区数量不断增多（见表 1）。

表 1 粤港澳大湾区 A 级景区数量（截至 2023 年 6 月 30 日）

单位：个

城市	A 级景区数量				
	5A	4A	3A	2A	总计
广州	2	36	56	0	94
深圳	2	8	7	0	17
珠海	0	6	5	0	11
佛山	2	16	19	0	37
惠州	2	10	26	2	40
东莞	0	15	11	0	26
中山	1	3	23	2	29
江门	1	12	21	0	34
肇庆	1	7	35	0	43
香港	—	—	—	—	—
澳门	—	—	—	—	—

资料来源：广东省文化和旅游厅。

粤港澳三地文化同源、人缘相亲、民俗相近。粤港澳大湾区充分利用岭南文化特色，结合地域文物古迹、南粤古驿道、海丝文化、红色文化、侨批文化、岭南特色饮食文化等旅游资源，"串珠成链"，开发了寻根游、研学游、遗产游等一系列产品，目前已经公布了八大主题 44 条粤港澳大湾区文化遗产游径，基本覆盖内地 9 市，有效贯通地市间的文化遗产资源，提高了历史文化资源活化水平。澳门特区政府文化局推出两条串联历史街区的文化旅游线路，一条以文化局大楼为起点，另一条以文化局设于氹仔的展馆为核心。通过历史文化游径和相关推广活动向公众讲述澳门的历史文化。

此外，包括孙中山文化遗产游径、海上丝绸之路文化遗产游径等在内的

70 条广东省历史文化游径，吸引了数以万计的游客，实现"走读广东，品读岭南文化"①，文化游径通过对历史遗产、地方民俗的开发与创新，以及文旅融合，形成整合性的文化认同②，用文化融合促进人心相通，将社会主义先进文化、红色革命文化与音乐、戏曲、舞蹈等形式充分结合，创造出人民大众喜闻乐见、有宣传推广价值的岭南特色文旅产品，向全世界展示粤港澳大湾区历史文化遗迹的包容性和岭南文化的特质。

2. 旅游经济逐步恢复，文旅项目扎实推进

近 10 年，伴随中国经济快速发展，旅游经济发展迅猛，旅游收入增长态势明显。粤港澳大湾区城市积极推进文旅项目建设，推出系列文旅融合产品，主动应对疫情带来的市场疲软和消费乏力，不断提升抗风险能力，推进粤港澳大湾区世界级旅游目的地建设。

2011~2019 年，粤港澳大湾区内地 9 市国内旅游收入不断增长，2020 年受到新冠疫情影响，文旅行业普遍不景气，旅游收入退步到 10 年以前；2021年旅游经济逐渐恢复发展，2022 年旅游收入稍低于 2021 年（见图 1）。

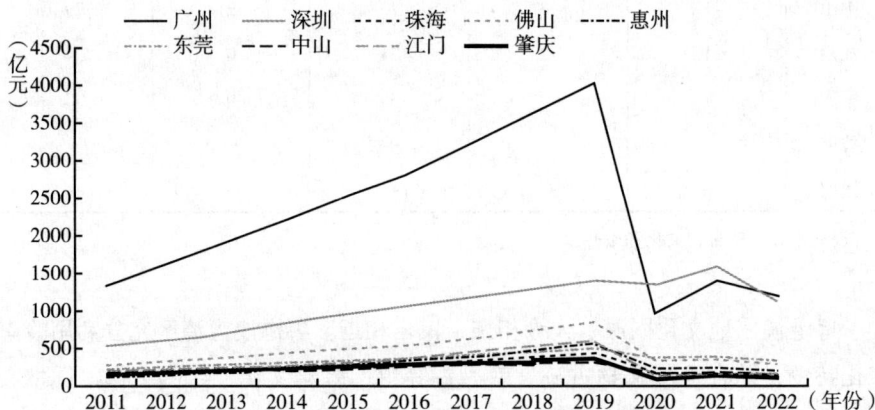

图 1　2011~2022 年粤港澳大湾区内地 9 市国内旅游收入

2011~2019 年，粤港澳大湾区国内游客数量总体呈现增长态势，广州、深圳和香港接待的国内游客数量远高于其他城市。2020 年以后，香港接待的国

---

① 《当粤港澳大湾区奔向世界级旅游目的地》，《中国旅游报》2023 年 10 月 19 日。
② 孙九霞、肖洪根：《粤港澳区域旅游协同发展：文化融合视角》，《旅游学刊》2023 年第 5 期。

内游客数量断崖式下跌，广州和深圳国内游客数量经历了2020年低谷后，逐渐恢复发展，2022年国内游客数量少于2021年（见图2）。

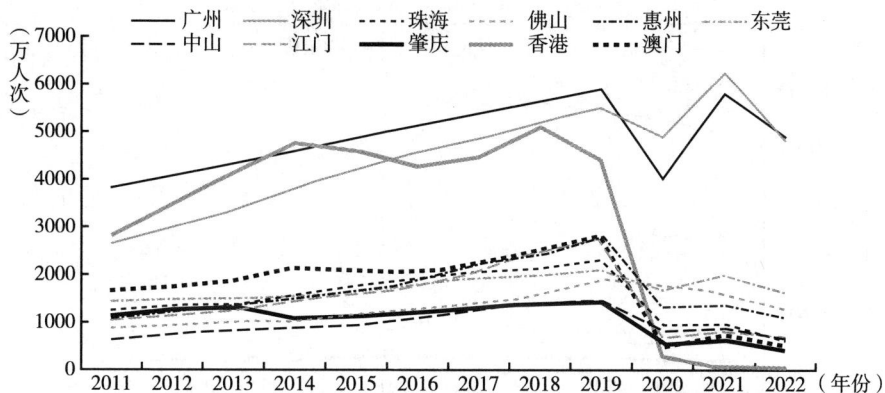

图2　2011~2022年粤港澳大湾区城市接待国内游客数

就国际旅游收入而言，2011~2019年，粤港澳大湾区内地9市除了肇庆和中山之外，基本呈现稳步增长的态势。2020年以后，除了广州和深圳两大一线城市之外，其他城市国际旅游收入低迷，广州和深圳国际旅游收入有短暂恢复，但远未达到2019年的水平，目前仍呈现下降态势（见图3）。

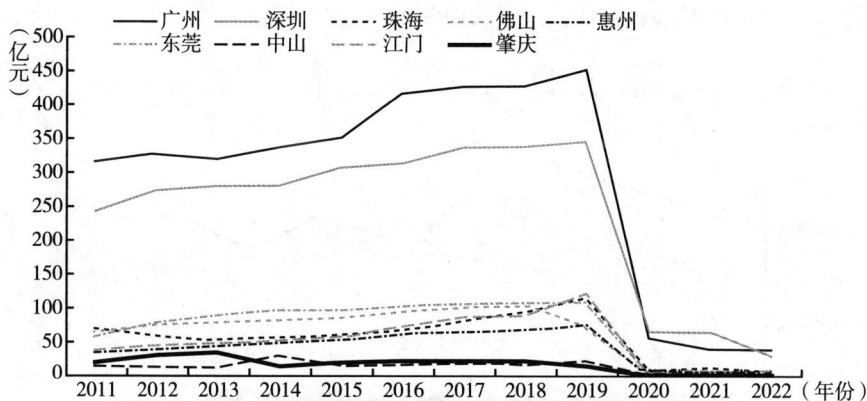

图3　2011~2022年粤港澳大湾区内地9市国际旅游收入

2013~2022年，粤港澳大湾区城市住宿业发展水平参差不齐，广州和深圳住宿业营业额远高于其他城市。2017年以前，广州住宿业营业额高于深圳，此后，广州住宿业营业额下降，深圳住宿业营业额上升；2018年以后，广州和深圳两大城市住宿营业额呈现相似的发展轨迹。除广州和深圳外，珠海、东莞和佛山的住宿营业额也较高（见图4）。

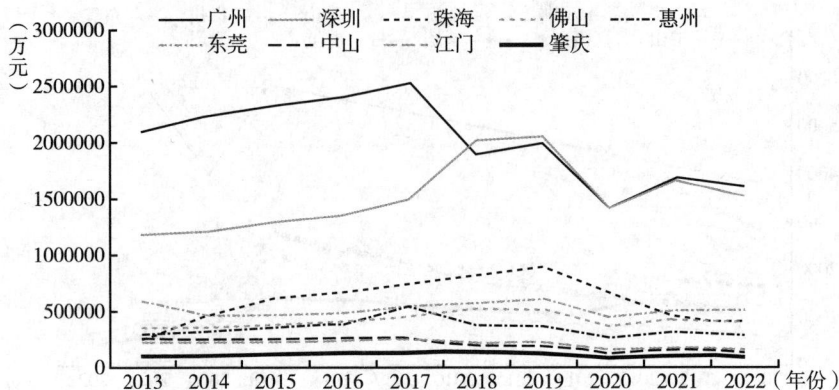

图4 2013~2022年粤港澳大湾区内地9市住宿业营业额

2013~2022年，粤港澳大湾区城市餐饮业发展水平保持稳定。2013~2017年，广州餐饮业营业额高于深圳，2017年后深圳餐饮业发展迅速，营业额超越广州。佛山和东莞也呈现类似的发展态势，2013~2017年佛山餐饮业营业额高于东莞，2017年后东莞餐饮营业额超过佛山。珠海、惠州、中山和江门等其他大湾区城市餐饮业营业额水平大致相同（见图5）。

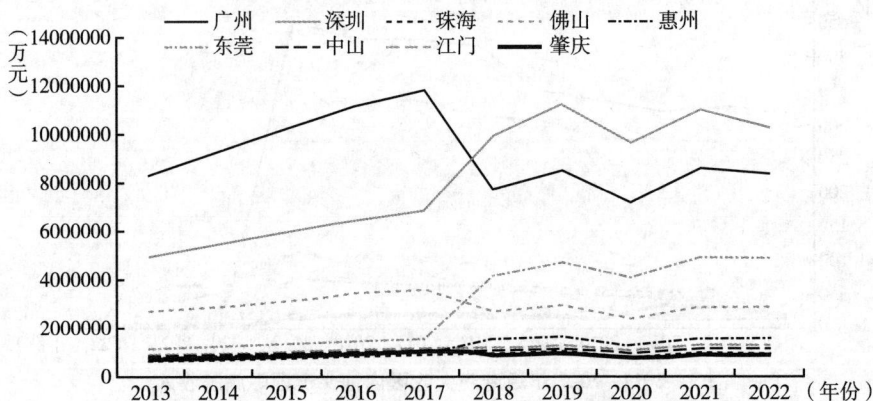

图5 2013~2022年粤港澳大湾区内地9市餐饮业营业额

值得关注的是，自2023年以来，文旅经济恢复态势良好。以广州为例，2023年1~5月，全市规模以上文体娱企业实现营业收入116.54亿元，同比增长28.6%；2023年上半年，全市共接待市民游客0.97亿人次，同比增长58.2%，实现文旅消费总额1357亿元，同比增长49%①，2023年上半年广州文旅消费水平明显高于上年同期。

3. 旅游业总体态势良好，广州和深圳恢复较快

2022年，在文化和旅游部指导下，粤港澳三地继续推动《粤港澳大湾区文化和旅游发展规划》有效落地，并通过多项政策、方案和活动。2022年数据显示，无论是在旅游人数，还是在旅游收入方面，广州和深圳均遥遥领先，接下来是东莞、佛山和惠州等城市，但与广州和深圳还有很大差距，排名第三的东莞在旅游人数和旅游收入方面还不到广州、深圳的1/3。2022年，受相关政策影响，到香港旅游人数少于澳门，到澳门旅游人数约为香港的10倍，澳门旅游收入在粤港澳大湾区城市中排名居中（见图6）。

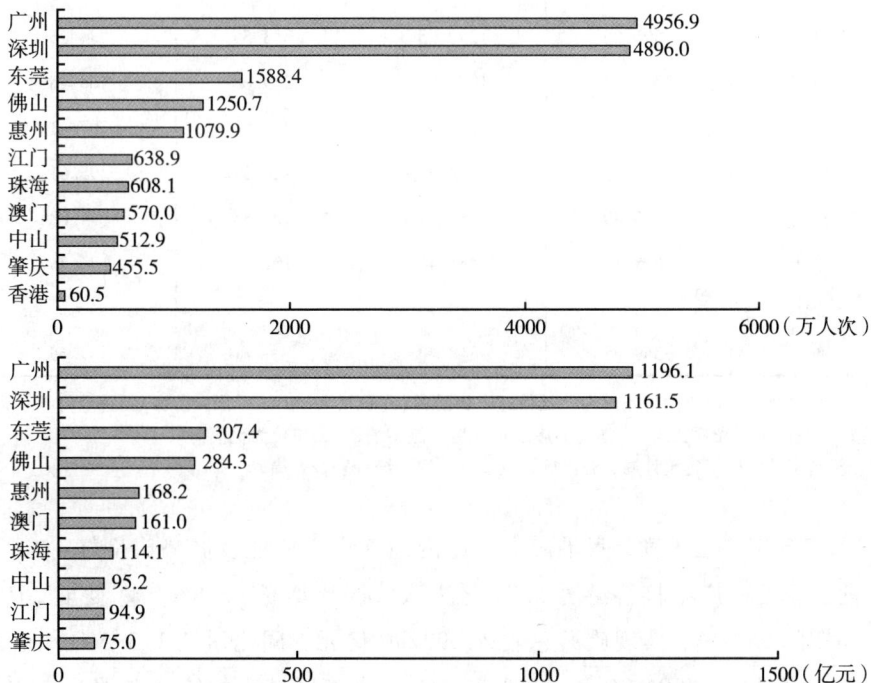

图6 2022年粤港澳大湾区城市旅游人数和旅游收入

① 莫斯其格、陈薇薇：《广州上半年文旅消费总额达1357亿元 同比增长49%》，《广州日报》2023年8月3日。

就广州和深圳两座城市而言，2022 年粤港澳大湾区城市接待旅客数和旅游收入虽远高于其他城市，但与 2021 年相比，旅游收入与接待旅客数均有所下降；粤港澳大湾区其他城市接待游客数和旅游收入远低于广州和深圳，也低于上年同期水平（见表2）。

表 2　2021 年和 2022 年粤港澳大湾区城市接待旅客数与旅游收入

单位：万人次，亿元

城市	接待旅客数		旅游收入	
	2021 年	2022 年	2021 年	2022 年
广州	5795.30	4956.94	1424.21	1196.10
深圳	6364.33	4896.03	1598.98	1161.50
珠海	1004.71	608.08	207.71	114.06
佛山	1596.86	1250.65	333.55	284.25
惠州	1374.42	1079.94	219.60	168.18
东莞	1961.56	1588.44	379.58	307.41
中山	782.1	512.94	129.58	95.61
江门	776.80	638.91	124.83	94.88
肇庆	618.19	455.46	102.71	74.85
香港	—	60.46	—	—
澳门	369.68	248.40	—	181.65

注：接待旅客数中内地城市为"接待过夜旅游者"（包括入境游客及国内游客），香港为"访港人数"，澳门为"留宿旅客"；澳门的旅游收入为"旅游消费"，单位为亿澳元。

资料来源：广东省统计局、香港旅游发展局、澳门统计暨普查局。

2023 年前三季度，粤港澳大湾区内地 9 市文旅业发展势头良好。2023 年前三季度，广东接待游客 5.04 亿人次，同比增长 43.6%，恢复至 2019 年同期的 96.1%；实现旅游总收入 6922.6 亿元，同比增长 113.6%，恢复至 2019 年同期的 94.9%①。2023 年粤港澳大湾区城市的统计数据尚未出，但根据广东省文旅数据估算，内地 9 市文旅业将呈现良好发展态势，各地

---

①　数据来自广东省文化和旅游厅。

文旅经济逐渐恢复发展。

自2023年以来，香港和澳门文旅经济恢复速度较快，访港游客不断增多，第三季度访港游客数量和过夜旅客数量均是第一季度的两倍多（见表3）。香港和澳门文旅经济快速复苏，在访港、澳旅游消费的带动下，港澳经济发展态势良好。香港旅游发展局数据显示，2023年7月访港旅客数量约为360万人次，环比上升31%；日均旅客数量为11.6万人次，前7个月访港旅客共有约1650万人次，其中内地旅客约1308万人次[①]。

表3　2023年前三季度香港接待旅客数

单位：万人次

时间	访港旅客	内地访港游客	过夜旅客	内地过夜旅客
第一季度	441.4751	336.1187	234.0375	167.1779
第二季度	846.9128	674.9563	423.7460	311.9310
第三季度	982.9665	918.2968	518.6397	416.7890

澳门特区政府发布的《2023年财政年度施政报告》明确提出，要做强文旅会展商贸产业，加快建设澳门文旅会展产业的延伸区、拓展区。据澳门统计暨普查局数据，2023年第一季度澳门举办会展活动208场，同比增长1.1倍；与会者（入场观众）达19.9万人次，增加20.5%[②]。同时，访澳游客数量不断增加，留宿游客、参团旅客数呈现增长态势，特别是第三季度的参团旅客数量是第一季度的3倍多；澳门特区政府旅游局的数据显示，2023年1~6月入境旅客累计1164.6万人次，日均超6.4万人次，恢复至2019年日均值的59.6%[③]。值得注意的是，2023年澳门旅游消费不断增加，但旅客人均消费呈现下降态势（见表4）。

---

① 《前7个月内地访港旅客约1308万人次》，《广州日报》2023年8月12日，第A1版。
② 《粤澳深度合作　文旅会展互促向好》，广东省人民政府港澳事务办公室，2023年8月4日，http://hmo.gd.cn/ygahz/content/post_4231236.html。
③ 孙飞、陆芸、刘刚：《粤港澳大湾区协同发展观察："相互奔赴"暖消费　共绘优质生活圈》，《人民日报海外版》2023年8月31日。

表4 2023年前三季度澳门接待旅客数与旅游消费情况

时间	旅游消费 （百万澳门元）	留宿游客 （万人次）	入境游客 （万人次）	旅客人均消费 （澳门元）	参团旅客数 （万人）
第一季度	14978	263.8753	494.8358	3027	14.6484
第二季度	17482	342.9070	669.7519	2610	29.1318
第三季度	19597	416.8977	828.2291	2366	44.0164

总体而言，粤港澳大湾区旅游业发展态势良好，核心城市旅游业绩较好，旅游业的恢复发展也为湾区经济注入了强大的新动能，宜居宜业宜游的优质生活圈正在形成。

4. 粤港澳三地深化合作，人文湾区建设成效初显

粤港澳文脉相亲、语言相通，具有共同的岭南文化基因，合作历史悠久。伴随粤港澳大湾区的建设，三地政府联合推动运行规则衔接、机制对接和政策协调，不断深化文化和旅游交流合作，机制运转顺畅，发展成效明显。粤港澳三地克服新冠疫情带来的不利影响，共同推动落实《粤港澳大湾区文化和旅游发展规划》11个专栏36类项目，共同推动粤港澳大湾区世界级旅游目的地建设，促使三地文化和旅游合作越发紧密。

一是推进文化遗产保护，共同探索文化遗产保护利用方式，联合开展跨界重大文化遗产保护，加大对粤剧、龙舟、醒狮、武术、凉茶等三地共有项目的保护力度，联合开展集非遗演出、展览展示、非遗市集、非遗手工体验等于一体的活动，不断增强文化遗产的生命力。

二是文化相融，民心相通，粤港澳大湾区相关部门以文化为纽带，推进文艺交流合作向纵深发展，涌现出一批文艺精品力作。粤港澳大湾区艺术精品巡演、粤港澳大湾区青年周、粤港澳大湾区艺术节等文艺盛事也加快了"人文湾区"建设步伐。如2023年的粤港澳大湾区文化艺术节整合了三地文化旅游资源，开展湾区文艺精品巡演巡展、"一程多站"文旅推介、各地特色文化展示、文化交流合作论坛等15个板块百余场文艺活动，进一步打造粤港澳大湾区文化形象，为夯实湾区人文基础、深化湾区人文内涵、塑造湾区人文精神、树立湾区文化形象发挥积极作用①。

---

① 《广东文化和旅游工作动态〔2023〕第14期》，2023年9月15日。

三是青年合作交流增多，组织了系列交流研学活动，厚植粤港澳青年的家国情怀，激发他们投身粤港澳大湾区建设的积极性。如由广东省文化和旅游厅、香港特别行政区政府民政及青年事务局、澳门特别行政区政府教育及青年发展局共同主办的粤港澳青年文化之旅，吸引粤港澳三地高校的80名大学生一同探访重要文物古迹和标志性文化旅游设施，参观航天科研和科创交流中心、青年创业基地等，增进了三地青年的交流交往、交心交融①。此外，广州连续6年举办穗港澳青少年文化交流季系列品牌活动，吸引逾10万名青少年参加；香港特区政府分别与故宫博物院和敦煌研究院合作举办"内地专题实习计划"，推动香港青年到内地参与文化及艺术交流；等等。

四是三地加强沟通协调，深化文化旅游合作，联合推介旅游资源，联合策划打造"一程多站"旅游精品线路。如国家文化和旅游部支持、澳门特别行政区政府旅游局主办的第十届澳门国际旅游（产业）博览会，深圳、佛山、惠州、东莞、中山、江门、肇庆等地市文广旅体局和文旅行业协会企业参与，推介现代城市、魅力滨海、美丽乡村、粤菜美食等文化旅游资源和线路产品②，加强国内国际旅游宣传推广。

五是一系列文旅重点项目落地。自《粤港澳大湾区文化和旅游发展规划》实施以来，三地在历史文化资源保护利用、公共文化服务、青少年文化培育等方面的交流合作增多，通过一系列新项目促进文化旅游市场全面复苏。广东省文旅厅充分发挥文旅项目在稳增长促消费中的牵引作用，通过54个文化和旅游重点项目提升旅游业发展水平，其中25个项目位于粤港澳大湾区城市，广州最多，达8个，其次是佛山，有4个，珠海、肇庆、惠州等城市也有大型文旅项目推进（见表5）。

表5　2023年粤港澳大湾区文化旅游重点建设项目

类别	项目名称	建设起止年限	地点
文化中心建设项目	广东美术馆、广东非物质文化遗产展示中心、广东文学馆"三馆合一"	2020~2023	广州市
	广州国际文化中心	2019~2025	广州市
	广东科学中心修缮改造项目	2021~2024	广州市

① 《广东文化和旅游工作动态〔2023〕第11期》，2023年7月31日。
② 《广东文化和旅游工作动态〔2022〕第39期》（总第183期），2022年9月28日。

续表

类别	项目名称	建设起止年限	地点
博物馆	深圳自然博物馆	2022~2025	深圳市
	外贸博物馆和文化总部中心项目	2022~2024	广州市
文化旅游项目	江门赤坎古镇华侨文化展示旅游项目	2015~2023	江门市
	南海九江南国酒镇特色小镇	2020~2023	佛山市
	佛山市有为馆项目	2020~2023	佛山市
	肇庆市哈哈乐田园综合体项目	2022~2023	肇庆市
	珠海横琴长隆国际海洋度假区（二期）	2017~2024	珠海市
	佛山美的·皇朝白鹭湖森林生态旅游度假区	2017~2024	佛山市
	九龙湖"薄区·中旅世界"	2021~2024	广州市
	横琴星艺文创天地	2014~2024	珠海市
	中山华侨城欢乐海岸项目	2020~2024	中山市
	江门市浪漫海岸国际旅游度假项目	2020~2031	江门市
	广东龙门鹿鹰园生态旅游区一期项目	2021~2025	惠州市
	江门鹤山市宅梧镇源林生态乐园项目	2021~2030	江门市
	珠海索卡体育文旅综合产业基地	2020~2025	珠海市
	博罗宏兴茶山休闲谷森林生态旅游区（一期）	2019~2024	惠州市
	奥飞硅谷	2019~2026	广州市
	滨江侨院	2021~2025	江门市
	佛山陌上花开四季花园项目	2019~2024	佛山市
	广州长隆旅游度假区项目	2019~2025	广州市
	广东南湖游乐园改造项目	2022~2024	广州市
	岳山温泉旅游度假区项目	2023~2026	肇庆市

（二）粤港澳大湾区旅游业发展特征

粤港澳大湾区文旅消费需求集中在节假日释放，加快了旅游业的恢复发展；同时，文旅融合程度不断加深，滨海旅游发展迅猛，乡村旅游蓬勃发展，成为新时代粤港澳大湾区旅游业发展的主要特征。

1. 节假日消费逐渐活跃

随着国内疫情管控政策的调整，粤港澳大湾区节假日消费逐渐活跃，大部分城市在节假日期间的消费数据恢复到疫情以前水平，文旅发展综合实力稳步提升。

（1）2023年春节假期，粤港澳大湾区核心城市文旅市场发展强劲

春节期间，粤港澳大湾区城市文旅消费潜力集中释放，广州、深圳等城市位列春节内地旅游热门目的地前10名。其中，深圳共接待游客469.25万人次，旅游收入为31.58亿元，比上年同期分别增长55.14%和56.18%（见表6）；广州的白云山、广州塔、华南国家植物园、北京路等景区和旅游项目的接待情况，超过2019年疫情前的水平；广州5家珠江游企业春节期间游客接待量同比增长近600%，超过2019年同期65%；澳门春节总入境旅客数量较上年同期大幅上升296.90%，为2019年同期的37.5%；访港旅客共16.4万人次，日均2.3万人次[1]，香港和澳门游客数量远超预期。惠州、东莞和中山等地文旅市场强劲回暖，接待游客人次、过夜游客人次等均实现不同程度增长。

表6 2019年和2023年春节期间粤港澳大湾区接待旅客量与旅游收入

地区	2019年春节		2023年春节				备注
	接待旅客数（万人次）	旅游收入（亿元）	接待游客量（万人次）	较上年同期增长（%）	旅游收入（亿元）	较上年同期增长（%）	
广州	1696.27	122.00	983.00	27.60	68.10	25.00	
深圳	735.90	102.03	469.25	55.14	31.58	56.18	
佛山	557.46	25.39	278.19	134.45	—		仅统计全市A级景区数据
江门	—	—	254.93	34.48	14.54	29.47	
中山	154.40	5.50	115.42	68.20	5.91	49.84	
惠州	538.23	18.95	102.68	286.00	—		仅统计全市A级景区数据
东莞	582.00	3.05	70.22	70.68	0.19	123.34	仅统计全市A级景区数据
澳门	120.19	—	45.10	296.90	—		
香港	—	—	16.40	242.66	—		

注：珠海、肇庆无统计数据。

资料来源：香港特区入境事务处、澳门特区旅游局、广州市文化广电旅游局、中山市文化广电旅游局、江门市文化广电旅游体育局、深圳市文化广电旅游体育局、佛山市文化广电旅游体育局、惠州市文化广电旅游体育局、东莞市文化广电旅游体育局。

[1] 《大湾区兔年春节旅游成绩单：多市实现"开门红"，人次收入双增长》，21世纪经济报道，2023年1月31日，https://www.21jingji.com/article/20230131/herald/fe6526b5c6af31829e9fc0ebf65360d4.html。

（2）"五一"假期，粤港澳大湾区城市文旅消费业绩显著增长

2023 年"五一"假期，粤港澳大湾区城市文旅消费业绩显著增长，展现出极强的文旅消费活力与复苏动力（见表 7）。广州、深圳分别位列"五一"国内热门旅游目的地第 5 名与第 10 名，广州全市接待市民游客 1058 万人次，同比增长 54%；实现文旅消费总收入近 104 亿元，同比增长 58%；深圳 5 天共接待游客 518.22 万人次，实现旅游收入 38.85 亿元，同比分别增长 107.80%、114.05%；而香港和澳门亦跻身内地出境游最热目的地前 3 名，4 月 29 日至 5 月 3 日，访港旅客共 72.36 万人次，日均 14.47 万人次，其中，内地访港旅客共 62.55 万人次，占总体访港旅客的 86.44%；澳门"五一"黄金周期间，入境总旅客为 49.20 万人次，内地旅客达 37.60 万人次，酒店平均入住率高达 85%，日均旅客为 9.9 万人次，同比上升 262.5%①。

表 7 2023 年粤港澳大湾区"五一"假期旅游数据

地区	接待游客量（万人次）	较上年同期增长（%）	恢复至 2019 年同期比例（%）	旅游收入（亿元）	较上年同期增长（%）	恢复至 2019 年同期比例（%）	备注
广州	1058.00	54.00	109.00	104.00	58.00	113.00	
深圳	518.22	107.80	116.36	38.85	114.05	110.85	
东莞	350.46	83.36	—	18.59	87.04	—	
惠州	308.21	140.80	106.30	13.99	143.80	105.10	
佛山	220.76	182.85	—	1.07	111.42	—	仅统计 A 级景区数据
珠海	210.13	283.20	108.60	12.69	333.10	111.20	
江门	202.78	158.89	133.93	12.28	173.84	128.90	
中山	133.49	146.90	70.27	7.36	192.06	143.61	
香港	72.36	513.28	34.75	—	—	—	
澳门	49.20	262.27	68.00	—	—	—	
肇庆	43.05	73.24	130.15				仅统计假期前 3 天数据

资料来源：香港特区入境事务处、澳门特区旅游局以及粤港澳大湾区内地 9 市文化广电旅游局。

---

① 《大湾区"五一"旅游答卷亮眼：文旅融合产品受热捧，游客停得更久玩得更有文化》，21 世纪经济报道，2023 年 5 月 6 日，http://xinsanban.10jqka.com.cn/20230506/c646969422.shtml。

珠海等城市文旅经济发展超出预期。2023 年"五一"假期，珠海接待游客 210.13 万人次，比上年同期增长 283.2%，比 2019 年增长 8.6%。实现旅游收入 12.69 亿元，比上年同期增长 333.1%，比 2019 年增长 11.2%[①]，接待游客数和旅游总收入实现了双增长。东莞的鸦片战争博物馆、华阳湖国家湿地公园、广东观音山国家森林公园、隐贤山庄等景区在接待游客数和营业收入等方面增长幅度也较大。

（3）刺激政策有成效，带动湾区旅游经济快速发展

旅游节假日期间，各地政府从文旅活动、精品旅游线路等多方面着手，推出一系列促消费"新举措"，促进文化和旅游市场消费恢复发展。2023 年元旦假期，广州文化广电旅游局整合 1700 多家文旅企业资源，面向全社会陆续发放三轮消费券，面值从 30 元至 1000 元不等，共约 30 万张，共计 2000 万元，极大地激发了广大民众消费的积极性。2023 年元旦假期，广州接待市民游客 272.17 万人次，接待外地游客 130.66 万人次，文旅行业收入超 20 亿元[②]；"五一"期间，广州市文化旅游部门与文旅企业联动，组织策划了 600 多场文旅活动，广州全市 15 家重点景区、9 家红色文化景区、3 个文化特色街区游客接待量均大幅超过 2019 年同期水平，分别为 222 万人次、23 万人次、378 万人次，同比分别上升 273%、165%、158%[③]。在一系列举措的有力推动下，各地文旅市场逐渐恢复发展。

澳门组织了丰富多彩的文旅活动，吸引内地及香港旅客访澳。澳门旅游局开展线上线下宣传攻势，宣传"感受澳门乐无限"月月精彩活动，在热门社交媒体植入澳门丰富多彩的旅游资讯，并持续与电商平台及线上旅行社合作，推出主题优惠产品，吸引大型活动及电视节目落户澳门[④]，提升宣传影响力，竭力扩展客源。2023 年春节黄金周访澳旅客共 45.1 万人次，其中，内地旅客

---

① 《大湾区"五一"旅游答卷亮眼：文旅融合产品受热捧，游客停得更久玩得更有文化》，21 世纪经济报道，2023 年 5 月 6 日，http：//xinsanban.10jqka.com.cn/20230506/c646969422.shtml。

② 《元旦假期广州文旅市场升温 接待游客逾 272 万人次》，"中国新闻网"百家号，2023 年 1 月 2 日，https：//baijiahao.baidu.com/s？id=17539146432379836338&wfr=spider&for=pc。

③ 《大湾区"五一"旅游答卷亮眼：文旅融合产品受热捧，游客停得更久玩得更有文化》，21 世纪经济报道，2023 年 5 月 6 日，http：//xinsanban.10jqka.com.cn/20230506/c646969422.shtml。

④ 《澳门旅游业 力争客源有序复苏》，凤凰网，2023 年 9 月 4 日，https：//news.ifeng.com/c/8SnoeIlBsiD。

达 26.5 万人次，占 58.8%，香港旅客达 16.5 万人次，占 36.6%①。粤港澳大湾区各地政府充分利用节假日黄金周，全方位推广文旅资源，丰富多彩的活动为文旅市场带来较大流量，吸引了众多游客，有力刺激了文旅市场发展，提振了粤港澳大湾区文旅行业的信心。

2. 文旅融合程度不断提升

党的二十大报告明确提出"坚持以文塑旅、以旅彰文，推进文化和旅游深度融合发展"，为新时代粤港澳大湾区旅游发展指明了方向。近年来，在文旅融合的背景下，粤港澳三地很多项目将实现文旅与科技、农业的产业融合，以高品质文化供给推动"文旅+"跨界融合高质量发展，打造世界级旅游目的地。

文化是旅游的灵魂，旅游是文化的载体。近年来，粤港澳大湾区文化软实力逐步增强，文化和旅游持续深度融合，文化产业恢复发展，文化新业态引领作用显著，文旅休闲服务领域呈现强劲复苏势头。2023 年上半年，广州文化产业核心领域规模以上法人单位实现营业收入 1965.16 亿元，同比增长 19.1%，高于全市文化产业平均增速 3.4 个百分点，占全市文化产业营业收入的 76.4%，占比提高 2.2 个百分点，文化核心领域主体地位进一步增强。其中，文化娱乐休闲服务领域营业收入增长最快，同比增长 1.8 倍②，粤港澳大湾区文旅协同发展，经济带动作用显著增强。

同时，粤港澳大湾区旅游产品人文精神内涵不断丰富，岭南文化与旅游业进一步融合，将岭南文化中包含的文学、绘画、书法、音乐、戏曲、工艺、建筑、民俗、饮食、语言等形式与旅游发展结合起来，实施好岭南文化"双创"工程，推进文旅产品创新升级。2023 年春节期间，江门推出了世遗文化深度游、滨海度假休闲游、中医温泉康养游、乡村民宿体验游等精品线路，将承载着粤港澳大湾区共同记忆和文化情感的历史文化资源"串珠成链"，展示岭南文化交融性与特质。春节假期江门共接待游客 254.93 万人次，旅游收入达

---

① 《大湾区兔年春节旅游成绩单：多市实现"开门红"，人次收入双增长》，21 世纪经济报道，2023 年 1 月 31 日，https://www.21jingji.com/article/20230131/herald/fe6526b5c6af31829e9fc0ebf65360d4.html。

② 《广州文化产业提速增长 文娱休闲业恢复势头"劲"》，广州市统计局网站，2023 年 8 月 5 日，http://tjj.gz.gov.cn/stats_newtjyw/sjfb/content/post_9149529.html。

14.54亿元，同比分别增长34.48%和29.47%①，有力带动了地区经济发展。

此外，粤港澳大湾区也涌现了很多文旅新业态，不断满足人民群众对美好幸福生活的追求。如广州市黄埔区积极推动长洲国际慢岛建设，突出建设隆平院士港；佛山市顺德区欢乐海岸PLUS项目将主题商业与旅游、休闲娱乐和文化创意融为一体，开业两年吸引游客超1800万人次；肇庆市有序推进全域旅游，依托国际房车露营基地打造市域房车旅游圈②。同时，整合各种资源要素，扎实推进文化地标建设，通过特色市场牵引产业链价值链，优化文旅消费供应链、服务链，推动研学教育、康养服务、会议团建等文旅需求及日常生活深度融合，不断提升文旅消费的韧性，提升文旅消费性价比和竞争力，进一步释放消费潜力。

3. 滨海旅游和乡村旅游蓬勃发展

由于受到疫情管控的影响，游客更多追求自然生态好的地方，粤港澳大湾区滨海旅游发展势头较快，发展潜力释放；乡村旅游产品依然受到市场欢迎，乡村生态休闲游持续升温。

（1）滨海旅游发展潜力释放

粤港澳大湾区滨海旅游资源丰富，内地9市以珠海长隆海洋王国、深圳华侨城旅游度假区、大小梅沙岛、深圳锦绣中华、大鹏半岛国家地质公园、巽寮国际滨海旅游度假区等为代表的景区是国内滨海旅游的热门打卡地；香港拥有浅水湾、维多利亚港、香港海洋公园等景点，在国际上颇具影响力。珠海万山群岛共有大小岛屿105个，截至2023年5月3日，万山海岛片区共接待游客41.3万人次，同比增长210.9%；过夜游客达21.7万人次，同比增长204.5%；旅游综合收入达2.48亿元，同比增长280.6%。粤港澳大湾区丰富的文旅产品带动了滨海旅游发展。2022年全省海洋旅游业增加值为2599.4亿元，占全省海洋产业增加值的40.08%；14个沿海城市实现旅游总

---

① 《大湾区兔年春节旅游成绩单：多市实现"开门红"，人次收入双增长》，21世纪经济报道，2023年1月31日，https://www.21jingji.com/article/20230131/herald/fe6526b5c6af31829e9fc0ebf65360d4.html。

② 陈熠瑶：《粤港澳齐发力　扮靓休闲湾区——推进落实〈粤港澳大湾区文化和旅游发展规划〉系列报道之三》，《中国旅游报》2022年7月7日。

收入 3580.39 亿元，接待游客 3.43 亿人次①。滨海旅游发展潜力巨大，成为粤港澳大湾区旅游业发展的重要力量。

（2）乡村旅游产品仍受到市场欢迎

江门、中山、珠海和广州等地的乡村腹地文化资源丰富，各地积极探索乡村旅游新路线。东莞已打造全国休闲农业与乡村旅游示范点 2 个、中国美丽休闲乡村 2 个、全省休闲农业与乡村旅游示范镇 9 个、全省休闲农业与乡村旅游示范点 16 个；全市有一定规模（面积在 30 亩以上）休闲农业场所 120 多个，总面积超 2 万亩，2022 年接待游客 600 多万人次，经营主体实现经营收入超 2 亿元②；惠州在"绿水青山就是金山银山"理念指引下，通过将山水、田园、村庄等节点"串珠成链"，巩固提升环罗浮山等 13 条乡村振兴示范带，在山海之间，在城、镇和村之间划定一条发展轴线③；西湖、罗浮山、巽寮国际滨海旅游度假区，南昆山生态旅游区依旧是最受游客喜爱的热门景点，全市 40 家 A 级景区春节假期共接待游客 102.68 万人次，比上年同期增长 286%④。2023 年"五一"黄金周期间，广州乡村游游客达 485 万人次，同比增长近 40%，占接待游客总量的 46%⑤。粤港澳大湾区乡村文旅场景不断丰富，文旅产品供给质量不断提升，带动了乡村旅游市场和地区文旅经济的发展。

二　粤港澳大湾区旅游业发展面临的挑战

随着粤港澳旅游合作程度不断加深，三地游客来往更加频繁和紧密，各个城市景点的吸引力也在不断增强。但是，粤港澳大湾区旅游业在蓬勃发展的同时，也必然面临一些现实问题。

---

① 数据来自广东省文化和旅游厅。
② 《东莞：休闲观光农业加速发展，示范点增至 27 个》，《羊城晚报》2023 年 7 月 26 日。
③ 《惠州大力构建人文湾区，做强文旅大产业》，广东省文化和旅游厅网站，2022 年 10 月 24 日，https://whly.gd.gov.cn/gkmlpt/content/4/4034/mpost_ 4034310.html#2628。
④ 《大湾区兔年春节旅游成绩单：多市实现"开门红"，人次收入双增长》，21 世纪经济报道，2023 年 1 月 31 日，https://www.21jingji.com/article/20230131/herald/fe6526b5c6af31829e9fc0ebf65360d4.html。
⑤ 《大湾区"五一"旅游答卷亮眼：文旅融合产品受热捧，游客停得更久玩得更有文化》，21 世纪经济报道，2023 年 5 月 6 日，http://xinsanban.10jqka.com.cn/20230506/c646969422.shtml。

（一）国际环境日趋复杂产生不利影响

当今世界正处在百年未有之大变局中，国际环境日趋复杂，经济形势经历前所未有的挑战，区域不稳定性不确定性因素明显增多。2023 年 8 月，日本政府不顾国际社会的强烈反对排放核污水，将给粤港澳大湾区旅游业发展带来不利影响。粤港澳大湾区海域面积为 2.01 万平方公里，大陆岸线总长为1479.9 公里，海岛有 1000 多个，海洋资源相当丰富，是国内滨海旅游的重要目的地，各类滨海旅游项目一直深受内地游客喜爱。此次日本核污水排放后，根据国内外研究团队对福岛核污水的扩散过程进行模拟实验的结果，核污水240 天后会到达中国沿岸海域[①]，因此，游客会对去海边游玩的安全性有所顾虑，特别是一些亲水性游玩项目，转而选择其他目的地或可替代的景区，进而导致赴粤港澳大湾区游客减少，同时将对粤港澳大湾区正在发展的、以海上旅游为主的邮轮旅游产生难以预料的影响。另外，核污水的排放对粤港澳大湾区的出境游也将产生负面影响。自从日本排放核污水后，赴日出境游大幅下滑，香港工联会公布的一项最新调查结果显示，51.9%的受访者表示将减少赴日旅游[②]。与此同时，粤港澳大湾区游客赴东南亚的海岛旅游也将深受影响。

（二）区内文旅产业融合程度不深

粤港澳大湾区拥有岭南文化、华侨文化、海洋文化、红色文化等丰富的文旅资源，然而在旅游业发展过程中，对文化的挖掘不够，融合不深，区域内甚至有的景区由于缺乏深度文旅融合难以吸引游客，而没有打出应有的旅游名片，如开平碉楼作为国家 AAAAA 级景区和世界文化遗产，至今没有发挥出与其等级相符的旅游吸引力。一些优秀传统文化的创造性利用和转化仍然没有取得突破，产业化路径仍未打通，有的文化资源即使所开发也是粗放式、低档次的开发，文化传承未能实现经济效益转化。2020 年底颁布的《粤港澳大湾区文化和旅游发展规划》设置 11 个专栏 36 个项目，虽有涉及滨海文化旅游、

---

① 《清华大学团队模拟日本核污水排海：240 天到达我国沿海》，《长江日报》2023 年 8 月23 日。

② 《日本核污染水排海在即，港媒：过半受访香港市民称将减少赴日旅游》，"京报网"百家号，2023 年 6 月 25 日，https://baijiahao.baidu.com/s? id=1769654412570810884&wfr=spider&for=pc。

乡村文化旅游等文旅融合发展的内容，但这些内容仅为文旅融合导向性的建议，并未给出具体的指导细则和建设标准，文旅融合不够深入。由于上述种种原因，一些旅游景区缺乏特色和文化内涵，表现形式单一，游客体验不佳。此外，旅游业与大健康、体育运动等新兴产业融合程度不深，新业态基本处于起步阶段。

（三）区内旅游产业协同发展层次不高

由于"一国两制"的刚性约束，广东、香港和澳门三地在经济、社会、文化等方面的交流融合度不高，旅游业协调发展水平有待提升，给三地城市间文旅资源要素流通带来一定阻碍。粤港澳区域旅游发展的内部差距依旧较大，以广州、深圳、香港和澳门为核心旅游城市的中心—边缘格局突出，外围城市处于相对边缘状态①。广州、深圳、香港和澳门等城市由于经济发展水平较高，在文化交流、旅游经济等方面联系相对比较紧密，文旅要素流动相对频繁；中山、肇庆、江门等城市由于社会经济发展水平不高，文化旅游经济与湾区内其他城市关联度不高。总体而言，在文旅资源的联动共享方面，三地共享程度仍然较低，文旅资源配置效率不高，游艇邮轮多点挂靠业务尚未完全开放，一程多站旅客出入境手续烦琐。在旅游宣传方面，三地也缺乏旅游品牌的合作营销机制，至今仍未打出粤港澳大湾区共同的旅游品牌。即使在广东省内，各个城市之间的旅游产业协调发展程度也不高，有时甚至出现产品同质化导致的恶性竞争现象。

（四）区内旅游产业对外开放水平不高

与世界发达地区的旅游业相比，粤港澳大湾区旅游业发展水平仍然不高，如旅游营商环境、旅游服务质量、旅游市场秩序整治等还需加强建设和发展。粤港澳大湾区的景区景点还需持续讲好中国故事和推广好中国文化。作为"一带一路"的桥头堡，粤港澳大湾区虽然一直积极开拓"一带一路"共建国家和地区新航点，但在开通旅游包机线路方面的速度还不够快、步伐还不够大（如苏浙地区的城市已经与东欧的匈牙利、塞尔维亚等

---

① 孙九霞、肖洪根：《粤港澳区域旅游协同发展：文化融合视角》，《旅游学刊》2023 年第 5 期。

建立了紧密的文旅交流关系）。2013～2022年，广东与共建"一带一路"国家贸易往来日益密切，年进出口额从1.1万亿元增长到2.3万亿元①，但这些贸易以一般贸易为主，文化旅游服务贸易方面占比较小。此外，粤港澳大湾区在文化、旅游与体育、商贸、医疗、教育等产业方面的融合程度仍然不深，一些制约产业间融合的体制机制障碍仍然存在，导致文旅产品对外缺乏影响力。

三 粤港澳大湾区旅游业发展趋势

（一）跨境文旅交流与合作更加紧密

党的二十大报告指出，要发挥香港、澳门优势和特点，巩固提升香港、澳门在文化旅游领域的地位，深化香港、澳门同各国各地区更加开放、更加密切的交往合作②。旅游业是香港经济的主要动力之一，亦是澳门的支柱产业之一。中央政府大力支持内地与港澳加强旅游合作。2023年10月25日，香港特区行政长官李家超在其任内第二份《施政报告》中，提出建设沙头角文化旅游区。深圳市政府与香港特区政府不仅合作计划将沙头角建成特色旅游区，更希望将其打造为国际跨境旅游首选目的地、国际消费中心城市特色引领区、深港融合发展的新典范，拓展和丰富"一国两制"实践③。粤港澳三地在地理上的紧密相邻和交通基础设施的加速联通促进了跨境文化旅游合作与文化交流。2024年，粤港澳大湾区各地将联合推出更多旅游资源和合作项目，形成更具吸引力的旅游产品。例如，三地政府将大力培育"一程多站"湾区旅游新样态，打造粤港澳大湾区文旅消费的新引擎。通过跨境文化之旅让游客在不同城市感受到深厚的历史底蕴和多元的文化风貌，为游客提供更全面、丰富的旅游

---

① 《向海好扬帆 广东乘"一带一路"东风持续扩大开放》，《证券时报》2023年10月13日。
② 《习近平：高举中国特色社会主义伟大旗帜 为全面建设社会主义现代化国家而团结奋斗——在中国共产党第二十次全国代表大会上的报告》，中国政府网，2022年10月25日，https：//www.gov.cn/zhuanti/zggcddescqgbdh/sybgqw.htm。
③ 《文旅融合 潜力无限！深港共绘沙头角合作新蓝图》，"澎湃新闻"百家号，2023年10月26日，https：//m.thepaper.cn/baijiahao_25072502。

体验。随着"港车北上""澳车北上"政策优化，粤港澳大湾区景点游客吸引力将不断提升，4A级以上景区将成为三地游客的首选，更多国际游客将经由港澳进入粤港澳大湾区内地城市进行文旅消费。粤港澳大湾区文旅创新融合不断加深，优质文旅产品供给将不断增加，传统艺术、音乐、舞蹈等文化元素的跨境交流与合作将日益频繁。

（二）生态旅游加速助推旅游业发展

推动绿色发展、促进人与自然和谐共生是中国式现代化的本质要求。习近平总书记指出，"牢固树立和践行绿水青山就是金山银山的理念，把建设美丽中国摆在强国建设、民族复兴的突出位置，推动城乡人居环境明显改善、美丽中国建设取得显著成效，以高品质生态环境支撑高质量发展，加快推进人与自然和谐共生的现代化"①。广东在"1310"具体部署中明确提出，要深入推进绿美广东生态建设，在打造人与自然和谐共生的现代化广东样板上取得新突破，打通绿水青山就是金山银山的有效转化通道，让绿色成为广东的鲜明底色、重要特征。生态旅游将成为推动粤港澳大湾区旅游业未来可持续发展的重要引擎。首先，粤港澳大湾区拥有得天独厚的自然生态资源，包括绵长的海岸线、众多的自然保护区和多样化的生态系统。未来，更多的生态旅游项目将在粤港澳大湾区兴起，如滨海生态旅游项目、森林生态旅游项目等。游客将通过在生态环境中观赏、体验和旅行，享受清新、轻松、舒畅的自然与人和谐相处的气氛，探索和认识自然，陶冶情操。其次，生态旅游将推动粤港澳大湾区旅游业朝高品质、高附加值方向发展。相比传统旅游方式，生态旅游更加注重保护环境和可持续发展。通过引入生态旅游，粤港澳大湾区可摆脱过度依赖传统旅游业窘境，走可持续发展之路。

（三）数字化赋能文旅趋势更加显著

党的十八大以来，粤港澳大湾区数字经济蓬勃发展，数字产业化和产业数字化水平显著提升，数据要素市场体系高效培育，数字经济与实体经济深

---

① 《深入学习贯彻习近平生态文明思想　奋力绘就美丽中国新画卷》，人民网，2023年10月16日，http://theory.people.com.cn/n1/2023/1016/c40531-40095784.html。

度融合，数字治理体系更加成熟，数字经济发展持续处于全国领先水平，为高质量发展注入新动力。2023 年 11 月 21 日，广东省印发实施《"数字湾区"建设三年行动方案》，标志着"数字湾区"建设进入全面实施阶段。"数字湾区"建设旨在从"六通一融"——"要素通""基座通""商事通""产业通""治理通""生活通""数字融湾"着手，将粤港澳大湾区打造成为全球数字化水平最高的湾区。随着粤港澳大湾区数字经济的蓬勃发展，粤港澳大湾区文化旅游业数字化发展趋势将更加显著。数字技术的融入将为游客提供更加丰富、个性化的文化体验，同时推动粤港澳大湾区文化旅游业向更高水平迈进。首先，数字技术将为文化旅游业提供更加便捷、智能的服务。粤港澳大湾区网络基础设施的完善和 5G 技术的推广，为文化旅游业数字化提供了更广阔的发展空间。游客可以通过手机 App 完成门票购买、餐饮预订和交通服务，在游览历史古迹、博物馆或文化遗产时，可以通过智能导览系统获取详细信息、导航路线，实现更为便捷的文化探索。这样的数字服务不仅改善了游客的体验，也有助于推动旅游业整体的数字化升级。其次，虚拟现实（VR）和增强现实（AR）技术等数字技术与文化旅游产业的结合，将为游客提供沉浸式和互动性的文化体验，使文化旅游更富有趣味性和深度。此外，数字技术还将推动文化旅游内容的多样化和个性化。通过大数据分析和人工智能技术，文化旅游服务可以更好地满足游客的兴趣和需求，为其推荐文化活动和景点。例如，通过智能推荐系统，游客可以根据自己的文化兴趣领域定制专属的文化旅游路线，更好地满足不同游客群体的需求。最后，数字技术还将促进粤港澳大湾区各城市之间的文化交流。通过在线文化展览、数字化演艺活动等方式，粤港澳大湾区的文化元素可以更广泛地传播，吸引更多游客关注。

（四）创意文化产业进一步蓬勃发展

2023 年 6 月，广东省委做出"锚定一个目标，激活三大动力，奋力实现十大新突破"的"1310"具体部署，强调要扎实推进文化强省建设，在交出物质文明和精神文明两份好的答卷上取得新突破，不断丰富高品质文化供给，更好满足人民精神文化生活新期待，面向世界讲好中国故事、大湾区故事、广东故事，建设好展示中华民族现代文明的重要窗口。根据《2023 粤港澳大区文化产业投资趋势研究报告》统计，粤港澳大湾区文化产业规模超过 2 万亿元，规模以上文化企业近万家，与科技、金融的融合发展成为文化产业发展的主要方向。在全球文创浪潮的推动下，粤港澳大湾区创意文化产业将进一步蓬勃发展，成为旅游业重要支柱之一。首先，粤港澳大湾区各城市拥有深厚的文化底蕴，为创意产业提供了丰富的创作灵感。2024 年，更多创意文化产业项目将在粤港澳大湾区兴起，例如集文化、艺术、休闲、生活于一体且包含文化展馆、秀场、剧场等多业态的文创产业园区，创意市集，文创化妆品、文创雪糕、文创奶茶、文创服饰等文创商品，数字媒体企业等。其次，创意文化产业将推动粤港澳大湾区城市形象塑造。通过文创产品、艺术展览和创意活动等方式，粤港澳大湾区城市可以打造独特的城市品牌。例如，通过在城市中设置艺术品雕塑、涂鸦墙等增强城市的活力和吸引力，提升市民的文化自豪感，吸引更多游客前来探访，推动文旅融合深度发展。

（五）滨海旅游实现多元化提质升级

习近平总书记在 2023 年 4 月视察广东时做出重要指示，要全面建设海洋强省①。广东省委十三届三次全会亦强调，要全面推进海洋强省建设，在打造海上新广东上取得新突破，构建科学高效的海洋经济发展格局，做大做强做优海洋牧场、海上能源、临港工业、海洋旅游等现代海洋产业，为广东改革发展注入源源不断的"蓝色动力"。广东拥有 4084.48 公里大陆海岸线、41.93 万平方公里海域和 1963 个海岛，得天独厚的海洋资源为海洋旅游业发展提供了良好的资源条件。2024 年，粤港澳大湾区将加快提质打造滨海旅游带，大力发展邮轮旅游、游艇旅游、海岛旅游等多元滨海旅游产品，滨海旅游发展将取得新突破。港珠澳大桥旅游已于 2023 年 12 月开通试运营。港珠澳大桥是连接粤港澳三地的超级工程、粤港澳大湾区的地标性建筑、伶仃洋上的亮丽风景线，其旅游的开通将进一步推动粤港澳大湾区滨海旅游业发展，助力粤港澳大湾区世界级旅游目的地建设。深圳盐田正努力通过建成世界级山海乐享胜地，

---

① 《习近平在广东考察时强调：坚定不移全面深化改革扩大高水平对外开放　在推进中国式现代化建设中走在前列》，新华社，2023 年 4 月 13 日，https：//www.gov.cn/yaowen/2023-04/13/content_ 5751308. htm？eqid＝eac44d1f000c36cc00000006646dc655。

令人向往、世界知名顶级酒店集群，"买全球、卖全球"世界级深港融合购物商圈等五大行动，打造"世界级滨海旅游目的地"①。

（六）乡村旅游开创融合发展新格局

广东省委在深入学习贯彻习近平总书记视察广东重要讲话、重要指示精神的基础上，明确了"1310"具体部署，强调深入实施"百县千镇万村高质量发展工程"，在城乡区域协调发展上取得新突破。乡村旅游为推动粤港澳大湾区乡村振兴建设提供了契机。2024年，粤港澳大湾区将继续夯实乡村旅游业发展基础，推动乡村旅游发展，切实将"青山"转变为"金山"，助力乡村振兴②。落实顶层设计，加快培育"文旅+""+文旅"新业态、新模式、新产品，打造丰富优质的文化旅游产品，推动文旅深度融合发展。筑牢乡村旅游基础设施底座，推动乡村各项旅游配套建设，打造宜居宜业宜游乡村旅游新环境。加快普通国省道、农村公路，连接交通枢纽、中心镇、旅游景区公路建设，提升乡村旅游路线的通行能力、服务水平，改善通行环境。鼓励和支持乡村文化旅游人才培养，加强乡村旅游文化从业人员培训，提升服务乡村旅游产业发展能力。大力培育50个乡村旅游重点镇，打造一批乡村旅游集聚区，推动乡村旅游资源向产品转化，推出多元化主题的乡村旅游产品，丰富乡村旅游市场供给，加大对乡村旅游产品的展示与宣传推介力度，提升乡村旅游产品的知名度和影响力。推动乡村旅游融合发展，为乡村旅游注入新活力。充分发挥"食在广东"的重大影响力，将粤菜美食点纳入乡村旅游线路，大力推广粤菜乡村美食，带动乡村旅游发展。加强乡村文创品牌与包装创意设计，丰富乡村旅游产品的文化内涵及价值。

四 粤港澳大湾区旅游业发展建议

习近平总书记在考察广东时指出，"使粤港澳大湾区成为新发展格局的战

---

① 《打造"世界婚庆之都" 争当湾区"空海游"首选地》，"南方日报"百家号，2023年9月22日，https://baijiahao.baidu.com/s? id=1777701622524019112&wfr=spider&for=pc。

② 《省文化和旅游厅关于省政协十三届一次会议第20230082号提案答复的函》，广东省文化和旅游厅网站，2023年7月19日，https：//whly.gd.gov.cn/open_ newzxta/content/post_ 4221093.html。

略支点、高质量发展的示范地、中国式现代化的引领地"①。这是以习近平同志为核心的党中央着眼新时代推进中国式现代化大局赋予粤港澳大湾区的新定位。粤港澳大湾区作为中国建设世界级城市群和参与全球竞争的重要空间载体，始终坚持以建设美丽湾区为引领，高质量的绿色发展已成为粤港澳大湾区的强大竞争力。在新发展格局中推进粤港澳大湾区世界级旅游目的地建设，要以深化国内改革和互联互通为基础，持续推动粤港澳大湾区世界级旅游目的地发展。聚焦构建宜居宜业宜游优质生活圈，破解体制机制存在差异、区域发展不平衡不充分、当下国际市场开拓和与国际接轨等难题，把握区域旅游集聚发展的虹吸效应持续增强、粤港澳大湾区旅游业率先复苏等带来的新机遇，凝心聚力从机制体制、资源利用、产品重构等方面入手，构建粤港澳大湾区建设世界级旅游目的地新格局。

（一）深化文旅融合，打造文旅融合发展新高地

文化和旅游融合发展是以习近平同志为核心的党中央立足党和国家事业全局、把握文化和旅游发展规律做出的战略决策。大力推动文化和旅游的深度融合，是推进粤港澳大湾区世界级旅游目的地建设、提升区域文化创新力的内在要求和必然选择。

1. 健全体制机制，为文化和旅游深度融合提供制度保障

在政策支持和引领方面，积极研究制定有关文旅融合的扶持政策，特别是在财政、金融、用地和人才保障等方面拿出真招实招，为文化和旅游融合发展提供政策支撑。结合《粤港澳大湾区文化和旅游发展规划》，根据各地实际情况编制具体的文旅融合实施细则，并谋划设计一批重要的文旅融合工程、重点项目、重大举措，推动文化和旅游融合发展规划落实落地。积极响应文化和旅游部、自然资源部、住房城乡建设部联合发布的《关于开展国家文化产业和旅游产业融合发展示范区建设工作的通知》，鼓励各地启动文旅融合发展示范区申报建设。

---

① 《习近平在广东考察时强调 坚定不移全民深化改革扩大高水平对外开放 在推进中国式现代化建设中走在前列》，"新华网"百家号，2023年4月13日，https：//baijiahao.baidu.com/s？id=1763052913682821686&wfr=spider&for=pc。

2.深挖文化内涵,把文化资源优势转化为产业发展优势

高度重视地方史料文献的搜集与学术文化的开展及利用,三地要打破区域、行业、业态之间的障碍,通过多元参与文化资源转化,系统整合文化资源,有针对性地开展系统性的粤港澳大湾区文脉整理研究与传播,加大"人文湾区"建设力度,促进三地旅游资源跨区域流动,持续推进深度发掘粤港澳大湾区区域文化价值并注入时代内涵,加强传统文化资源保护传承,提升旅游体验。加强湾区海丝文化、华侨文化、红色文化等各类文化遗产的活化利用,针对覆盖湾区内各个城市的44条文化遗产游径进行创新开发,而非简单展示,要将文化内容、文化符号、文化故事融入各类景区景点。各地在开展历史文化遗产游径建设过程中,要着力推动各条游径实现可持续、高质量发展。

3.创新文旅融合,增加优质文旅产品供给促进文旅消费

当前,面对需求收缩冲击,提振文旅消费的动力在于打造更多文旅融合发展新模式、新业态和新产品。在消费模式、消费场景创新方面,要积极推广"文旅+夜经济",拓展消费新空间,形成一批富有鲜明地方特色的夜间旅游集聚空间;赋予文化机构,如文化馆、图书馆、展览馆等旅游功能,积极推动"沉睡"文化资源向旅游目的地转化。在业态创新方面,要依托岭南文化、红色文化,积极开发具有湾区特色的文旅产业新业态、新模式、新产品,如"体育赛事+文旅""音乐+旅游""文艺演出+旅游""会议展览+旅游""康养医疗+旅游"。在产品创新和服务创新方面,依托粤港澳大湾区各种数字技术赋能文旅产业、优化产品内容、提升游客体验,为粤港澳大湾区文旅融合创新发展提供强劲动力。

(二)加强协同合作,打造区域协调发展示范地

粤港澳大湾区建设是中国区域协调发展战略的重要组成部分。作为一个存在不同体制的区域,粤港澳大湾区创建区域协调发展示范区在国内有着典型的示范作用,各个城市要主动融入区域协调发展大局,加速补齐短板,完善城市旅游功能,加快推动区域高质量发展。

1.加强基础设施建设,加快畅通城市群交通网络

打破粤港澳大湾区东强西弱极不平衡的交通格局,积极依托"百县千

镇万村高质量发展工程"，加快补齐珠江西岸交通基础设施建设的短板，增加更多高效便捷的航空、铁路和公路运输服务基础设施。加速城市群之间的轨道互联互通，扎实推进城际铁路线路的规划建设工作，助推佛山、东莞、珠海、中山等广州周边城市中心区与广州中心区实现 30 分钟快速互联。扎实推动深中通道、黄茅海跨海通道的建设工作，力争尽早完成连接珠江口东西两岸的桥梁隧道。推动广东沿海港口，如广州港、深圳港与香港港共同建设世界级港口群，实现港口设施互联互通，提高一体化信息联通与联运协作契合度。

2. 加强分工合作，全方位提升旅游协同发展水平

完善旅游业差异化发展格局，改善重复建设和同质竞争的旅游产业结构，强化城市群之间的旅游分工合作。一方面要实现差异化发展，珠三角城市要利用自身历史文化遗迹丰富和自然资源丰富的优势，重点发展文化历史旅游和自然生态旅游，打造一批展示岭南文化、红色文化、海洋文化丰富内涵的时尚创意文化遗产和艺术精品，打造一批国家级的森林、温泉、滨海旅游景区；香港、澳门要发挥其在多元文化共存、东西方文化交流方面的优势，重点发展购物旅游、会展旅游、邮轮旅游、美食旅游等。另一方面要加强城市群之间的旅游规划合作，联合开发跨区域的文化和旅游产品，推出一程多站的"大湾区人文地标游"精品旅游路线，将三地著名的人文地标串联起来，结合三地的特色景区、酒店、节事活动等，以景区专线、旅游专列、邮轮游艇专线等加快三地交通的深度融合，共同提升粤港澳大湾区综合旅游竞争力。

3. 推进合作平台建设，健全共商共建共管共享新体制

重点抓好横琴、前海、南沙和河套四大湾区协同发展合作平台的建设和发展工作，加强艺术交流、丰富高品质文旅服务供给、促进滨海文化旅游发展，共同抓好合作平台区域内文旅项目的落实与落地、产业协同发展行动、市场一体化行动、公共服务质量提升行动、行业监管体系完善行动、人才培养和交流等，不断探索健全合作区共商共建共管共享新体制[①]。共建智慧旅游平台，面向世界推广粤港澳大湾区旅游资源，利用物联网、大数据、云计算、人工智能等新一代信息技术，打造面向国际的多语言的全域大湾区智慧旅游平台，实现

---

① 《京津冀共推文旅协同发展》，《中国旅游报》2023 年 9 月 12 日。

湾区内旅游资讯，如机票、车票、酒店入住率、美食地图、演艺、展会等信息的实时共享①。

（三）扩大对外开放，打造旅游改革开放引领地

广东是改革开放的排头兵、先行区和试验地，高水平对外开放是广东推进中国式现代化的鲜明特质。粤港澳大湾区打造中国式现代化引领地，必须坚持扩大高水平对外开放，塑造更大范围、更宽领域、更深层次对外开放格局。

1. 紧跟国家战略，坚定不移推进旅游业高水平对外开放

粤港澳大湾区要紧紧围绕深化与"一带一路"共建国家和地区在更大范围、更广领域、更深层次的友好交流与合作，抓住国家近期对法国、德国、意大利、荷兰、西班牙、马来西亚6国试行单方面免签政策的契机，深化与"一带一路"共建国家和地区的务实合作，继续深耕欧美等发达国家市场，坚持"迎进来、走出去"相结合的旅游对外开放策略。一方面，积极在这些国家以及其他友好国家做好旅游推介工作，争取吸引更多游客到粤港澳大湾区旅游，讲好湾区故事，讲好中国故事；另一方面，要积极推动湾区内游客和有实力的旅游企业与这些国家以及其他友好国家的旅游企业开展合作交流，共同设计旅游产品和路线，增加往来这些国家的旅游航班。粤港澳大湾区要积极凭借自身外贸优势，同时发挥香港作为国际金融中心、国际贸易中心、国际航运中心三大中心的地位，澳门作为享誉全球国际旅游休闲中心、面向葡语国家文明交流的平台等优势，大力拓展粤港澳大湾区旅游业对外开放的广度和深度，提升粤港澳大湾区旅游国际化水平。

2. 深化合作交流，打造高能级国际创新合作平台

依托广州和深圳两市已经入选国家对外文化出口基地的优势，以及粤港澳大湾区雄厚的经济实力、全方位的政策支持、深厚的文化底蕴与丰富的旅游资源，发挥粤港澳大湾区的内外贸易循环功能，构建文旅产业扶持体系，提升粤港澳大湾区文化贸易水平，致力将粤港澳大湾区打造成中国对外文化贸易的桥头堡。发挥港澳和横琴、前海、南沙等重大合作平台的

---

① 《全国人大代表冼汉迪：打造智慧旅游平台，向世界推广大湾区》，"南方新闻网"百家号，2023年3月4日，https://baijiahao.baidu.com/s? id=1759440278454450421&wfr=spider&for=pc。

先行先试作用,对标高标准经贸协议的规则、规制、管理、标准,提升参与国际循环的质量和水平。积极举办粤港澳大湾区文旅产业发展论坛、展览和学术研讨会等活动,邀请国内外旅游企业和专业人士参与,分享交流经验。利用互联网和数字科技,加强与友好国家和地区的信息交流,共同开发旅游市场和旅游产品,全力打造粤港澳大湾区旅游对外开放新格局。

3.优化营商环境,积极引进国际旅游企业(品牌)和人才

积极吸引和利用外商投资,是推进高水平对外开放、构建开放型经济新体制的重要内容。进一步优化外商投资环境,加大文旅市场秩序整治力度,营造市场化、法治化、国际化一流营商环境。鼓励符合条件的外国旅游投资者在粤港澳大湾区设立投资性公司、地区总部等。加大重点领域引进外资力度,如以建设世界级旅游目的地为导向,结合粤港澳大湾区滨海旅游的优势,加大力度引进如国际旅游联盟集团等知名企业落地粤港澳大湾区,开展旅游、航空、邮轮母港等合作项目;积极引进一批全球顶级酒店品牌和度假村品牌,提升过夜旅游接待品质;谋划对接多个国际职业体育赛事和业余精品赛事,带动户外运动与休闲旅游、海洋产业融合发展,不断拓展国际市场。积极引进一大批全方位、高素质、具备专业文旅知识体系和运营实战经验的国际旅游人才和专业化文旅运营团队,为建设粤港澳大湾区世界级旅游目的地提供人才储备。

(四)坚持生态优先,打造绿色低碳旅游先行地

建设世界级湾区,离不开良好的生态环境支撑。人与自然和谐共生的现代化是中国式现代化的鲜明特征,要深入贯彻落实全国生态环境保护大会精神,以绿美广东战略引领和制造业当家的战略部署为契机,以建设绿色低碳旅游先行区为目标,共同打造粤港澳大湾区特色生态环境共同体。

1.加强三地合作,守护湾区生态环境

积极推进三地在生态环境保护工作方面建立更加完善、紧密、务实的协调工作机制,制定湾区生态环境保护规划,系统推进生态优美、蓝色清洁、健康安全、绿色低碳、治理创新、开放共享等"六个湾区"重点建设任务。深入推进环境污染防治和发展方式转型,打造"无废"湾区;持续打好近岸海域等区域污染防治攻坚战,同时针对日本核污水排放情况,加强海洋辐射环境监

测，打造"清洁"湾区；积极探索粤港澳大湾区绿色低碳发展的新方式和新路径，引导生产、生活方式向绿色低碳转型，营造全社会参与的氛围，控制温室气体排放，构建覆盖三地的空气监测网络①；扎实推进"林长制""河长制"，切实抓好生态安全建设，持续推进自然保护地的优化整合，为建设世界级旅游景区积蓄强劲力量。

2. 推进低碳发展，加快构建低碳旅游景区

积极倡导低碳旅游和生态旅游，广泛宣传环保理念，在旅游景区开发和建设方面，始终贯彻"绿色青山就是金山银山"理念，为游客营造绿色、低碳、生态的旅游环境，鼓励景区积极创建粤港澳大湾区旅游低碳实践区，如景区内采用太阳能光伏发电系统、智能照明系统等节能设施，景区的摆渡巴士要实现清洁能源车全覆盖，为游客提供新能源车充电桩等。在景区运营方面，注重科技赋能，构建景区智慧导览平台，一方面开展生态环境最佳承载力测算，另一方面根据游客不同的旅游需要，提供多样化景区路线指南和导览系统。三地要联合出台低碳景区评价标准以及低碳景区管理办法，鼓励各地积极参与低碳景区建设。

3. 构建激励监督体系，推动湾区旅游业低碳发展

低碳景区的构建，离不开激励和监督机制的完善。在构建激励体系方面，政府要出台相关的激励政策和措施，激励旅游企业参与低碳旅游先行地的创建工作，如在财政税收方面，对自觉参与低碳旅游发展的旅游企业给予奖励或税收优惠和补贴，而对拒绝采用低碳旅游管理模式的旅游企业予以一定的处罚。在构建监督体系方面，政府要制定相关管理办法和评价标准，完善监督体系，细化岗位职责，并设立监督平台，督促旅游企业和个人践行低碳经济理念。

---

① 《"绿美广东"助力，粤港澳大湾区打造高水平特色生态建设体系》，中新网，2023年10月16日，http://www.gd.chinanews.com。

B.17
2023年广东海洋强省建设报告

广东省哲学社会科学省社会科学院海洋强国建设重点实验室课题组*

摘 要： 广东海洋经济总量连续28年居全国首位，在全国海洋经济发展总体格局中具有举足轻重的地位，是贯彻实施海洋强国战略的主战场之一。2023年，广东全面推进海洋强省建设，围绕海洋经济做大做强，千亿元万亿元级海洋产业集群成型成势持续发力，"蓝色动力"成为广东发展新引擎。2024年，广东将成为国家战略部署的主要承载省，海洋强省建设面临新的机遇和挑战。广东要着力推进海洋政策创新与体制改革，突出深蓝和陆海统筹特色，全力拓展蓝色经济空间，奋力打造"海上新广东"，为落实海洋强国战略做出广东贡献。

关键词： 海洋强省 海洋产业集群 海上新广东

习近平总书记2023年4月视察广东时做出重要指示："要加强陆海统筹、山海互济，强化港产城整体布局，加强海洋生态保护，全面建设海洋强省。"① 广东省委十三届三次全会强调，要全面推进海洋强省建设，在打造海上新广东上取得新突破，做大做强做优海洋牧场、海上能源、临港工业、海洋旅游等现代海洋产业。广东海岸线长度、海岛数量、海洋产业总产值均居全国第一，在全国海洋经济发展总体格局中举足轻重，是贯彻实施海洋强国战略的主战场之一。2023

---

* 课题组成员：向晓梅，经济学博士，二级研究员，广东省社会科学院副院长，研究方向为产业经济、海洋经济；胡晓珍，经济学博士，广东省社会科学院经济研究所副研究员，研究方向为产业经济、海洋经济；何颖珊，经济学博士，广东省社会科学院经济研究所助理研究员，研究方向为海洋经济；童玉芬，经济学博士，广东省社会科学院经济研究所助理研究员，研究方向为产业经济。
① 《"在推进中国式现代化建设中走在前列"——习近平总书记考察广东纪实》，新华网，2023年4月15日，http://www.xinhuanet.com/2023-04/15/c_1129525066.htm？platform=win。

年，广东全面推进海洋强省建设，构建科学高效的海洋经济发展格局，在建设更具国际竞争力的现代海洋产业体系上取得新突破，为广东发展注入源源不断的"蓝色动力"。展望2024年，随着《区域全面经济伙伴关系协定》（RCEP）的深入实施，南海开发成为国家战略，广东也将成为国家战略部署的主要承载省，加快推进海洋强省建设机遇与挑战并存。

一 广东海洋强省建设现状

广东作为海洋大省，濒临南海，拥有丰富的海洋资源。广东海岸线曲折绵长，大陆海岸线长4114.4公里，占全国海岸线的1/5，海域总面积达41.93万平方公里，占全国海域面积300万平方公里的14%，是陆地国土面积的2.3倍；岛屿众多、港湾优良、沿海滩涂广布、文化底蕴丰厚，为海洋强省建设提供了有利条件。党的二十大以来，广东以全面建设海洋强省为目标，加快推动海洋经济高质量发展，海洋经济发展水平总体稳居全国前列，成为拉动地区经济增长的重要"引擎"，为广东在推进中国式现代化建设中走在前列做出重要贡献。

（一）广东海洋强省建设成效显著

2023年，面对国内外复杂严峻的经济形势，广东立足资源禀赋和发展基础，围绕海洋经济做大做强、海洋产业能级提升、海洋创新动能转换、海洋中心城市建设、海洋生态保护、海洋文化繁荣、海洋开放合作等方面不断发力，海洋强省建设呈现持续向好发展态势，整体实力和竞争力显著提升。

1. 海洋经济总量领跑全国，拉动地区增长效应明显

2022年，广东海洋生产总值（GOP）达1.8万亿元，较2021年下降9.6%，占GDP的14.0%，占全国GOP的19.1%（见表1），海洋经济总量连续28年居于全国首位，海洋经济综合实力保持全国领先。广东海洋经济"引擎"作用持续发力，GOP保持较快增长，增速高于GDP增速1.84个百分点，对地区经济增长的贡献率达到20.9%，拉动地区经济增长0.74个百分点，是广东经济社会高质量发展的重要支撑。

表1　2012～2022年广东海洋经济规模指标

年份	GOP（亿元）	单位海岸线GOP（亿元/公里）	GOP占GDP比重（%）	广东GOP占全国GOP比重（%）
2012	10506.6	2.5	18.4	20.9
2013	11283.6	2.7	18.2	20.6
2014	13229.8	3.4	19.5	21.8
2015	14443.1	3.5	19.8	22.0
2016	15968.4	3.9	19.8	22.9
2017	17725.0	4.3	19.8	23.1
2018	19325.6	4.7	19.9	23.2
2019	21059.0	5.1	19.6	23.6
2020	17245.0	4.2	15.6	21.6
2021	19941.0	4.8	16.0	22.1
2022	18033.4	4.4	14.0	19.1

资料来源：课题组根据历年《广东海洋经济发展报告》整理。

2. 海洋产业蓬勃发展，现代海洋产业体系初步建立

（1）三次产业结构持续优化

2022年，广东海洋经济三次产业增加值占海洋生产总值比重分别为3.0%、31.9%、65.1%，产业结构为"三二一"模式。2012～2022年，海洋第一产业增加值占海洋生产总值比重稳中有升，海洋第二产业增加值占海洋生产总值比重总体先降后升，海洋第三产业增加值占海洋生产总值比重总体先升后降，产业结构更趋优化（见图1）。

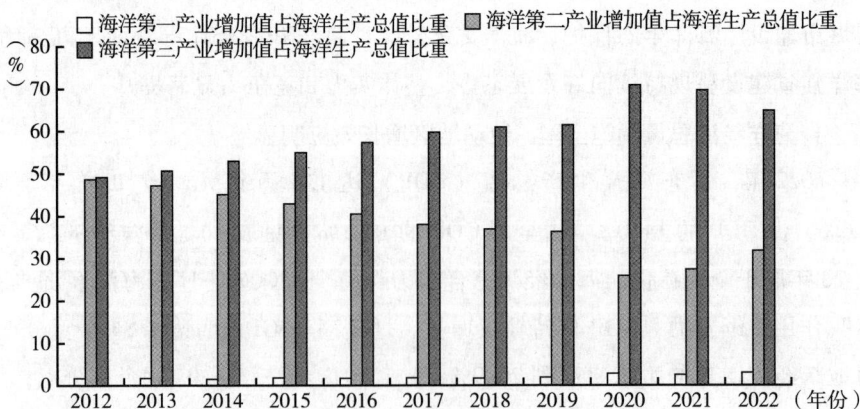

图1　2012～2022年广东海洋三次产业结构指标

资料来源：课题组根据历年《广东海洋经济发展报告》整理。

（2）海洋新兴产业发展势头强劲

2022 年，广东海洋新兴产业增加值为 210.8 亿元，增速达 18.5%，占海洋产业增加值比重提高到 4.4%，带动海洋产业结构不断优化。其中，广东海洋电力业增加值为 64.9 亿元，同比增长 44.2%，占海洋生产总值比重为 1.0%。新增海上风电装机容量 140 万千瓦，累计建成投产装机约 791 万千瓦，占全国海上风电装机容量的 26%，位居全国第二，海上风电全产业链集群加速崛起；广东海洋生物医药业增加值为 67.8 亿元，同比增长 16.9%，占海洋生产总值比重为 1.1%（见表 2）。

表 2　2012~2022 年广东海洋传统优势产业与新兴产业结构指标

单位：%

年份	传统优势产业				新兴产业			
	海洋渔业增加值占比	海洋交通业增加值占比	滨海旅游业增加值占比	海洋油气化工业增加值占比	海洋船舶工业增加值占比	海洋生物医药业增加值占比	海洋电力业增加值占比	海水利用业增加值占比
2012	7.3	18.9	35.4	28.6	4.5	0.0	0.2	0.1
2013	7.2	19.3	37.0	27.1	3.7	0.1	0.2	0.1
2014	6.6	17.8	36.3	20.6	3.8	0.1	0.2	0.1
2015	6.8	12.7	48.2	18.4	3.5	0.1	0.2	0.1
2016	6.9	15.0	47.3	17.1	3.2	0.1	0.3	0.1
2017	6.3	15.5	52.3	19.1	2.7	0.1	0.3	0.1
2018	6.7	10.6	50.6	19.9	0.7	0.1	0.3	0.1
2019	7.3	10.8	52.5	20.6	0.9	0.1	0.3	0.1
2020	11.6	16.8	54.2	13.5	1.0	1.0	0.5	0.1
2021	10.5	19.6	50.4	15.5	0.9	1.0	0.8	0.1
2022	9.3	16.1	40.1	28.0	0.9	1.1	1.0	1.4

资料来源：课题组根据历年《广东海洋经济发展报告》整理。

（3）海洋优势产业大项目带动效应显现

广东把引进大项目、落实大项目、推动大项目建设作为推动海洋优势产业发展的着力点，助力海洋优势产业加速发展。2022 年，国内重化工领域首个外商独资项目、总投资 100 亿欧元的巴斯夫（广东）一体化基地项目全面建设、首套装置投产；恒力（惠州）PTA 项目投运，埃克森美孚惠州乙烯一期项目生产装置进入全面建设阶段，中海壳牌三期惠州乙烯项目填海工程动工建设；中石油广东石化炼化一体化项目建成投产；茂名烷烃资源综合利用项目一期建成试车。珠海长隆国际海洋度假区（二期）等百亿元级滨海文旅大项目稳步推进，广州番禺、汕头南澳国家级渔港经济区项目加快建设。一批标志性、引领性大项目陆续落地、建设、达产，为海洋产业积蓄了强大发展势能。

（4）产业融合发展快速推进

2022年，广东积极探索"海上风电+海洋牧场+海水制氢""蓝色能源+海上粮仓"等融合发展新模式，阳西青洲岛风电融合海域国家级海洋牧场项目获批，入选农业农村部第五批国家级海洋牧场示范区；省内首台商业化半潜式深远海智能养殖旅游平台签约建造，"海上风电+海水淡化""海上风电+波浪能"等项目加快落地，"海洋旅游+"产业融合发展新业态不断涌现。

（5）"链主"企业加速集聚

2022年，广东瞄准世界500强、中国500强、民营500强及行业龙头企业，聚焦海洋产业延链、补链、强链关键环节，大力引进和培育产业链"链主"企业，企业竞争力不断增强，涌现出明阳智能、南海海缆、珠江钢管、中集集团、海斯比、南方石化、茂名石化、省旅游控股集团、岭南国际集团等本土龙头企业，先后引进了中铁、中石油、中海油等大型国企，巴斯夫、埃克森美孚、陶氏化学等跨国公司纷纷加速布局广东。

3. 海洋科技成果丰硕，整体创新能力进一步增强

（1）海洋科技创新平台载体加速建设

广东聚焦海洋科技领域存在的突出问题以及急需的核心关键技术，着力推动实验室、工程技术研究中心、技术创新中心等创新平台建设，为海洋科技创新提供重要支撑。省部共建的国家海洋综合试验场正式落户珠海。南方海洋科学与工程广东省实验室（广州）获批国家级科研项目9项，成功实验国际首套"升"级多序列保真采水—多级过滤—长周期培养一体化装置。南方海洋科学与工程广东省实验室（珠海）获批国家级科研项目12项，获批建设"伶仃洋海洋牧场野外科学观测科研站"。南方海洋科学与工程广东省实验室（湛江）建成国内首套50千瓦级海洋温差能发电系统及实验测试平台，"湛江湾一号"、"海塔一号"、游弋式养殖工船等深远海养殖平台加快建设。截至2022年底，广东建有覆盖海洋生物技术、海洋防灾减灾、海洋药物、海洋环境等领域的省级以上涉海科技创新平台超过 145 个,其中包括省实验室 1 个、省重点实验室 11 个、省级工程技术研究中心 41 个、省海洋科技协同创新中心 1 个①。

(2)海洋科技产出成果显著增加

近年来,广东设立省级促进经济高质量发展专项(海洋经济发展)和省重点领域研发计划"海洋高端装备制造及资源保护与利用"重点专项,支持六大海洋产业开展关键核心设备和"卡脖子"技术攻关,形成了一批具有自主知识产权的海洋科技成果。2022 年,广东在海洋渔业、海洋可再生能源、海洋油气及海底矿产开发利用、海洋药物等领域专利公开数为 19375 件(见图 2)。省级促进经济高质量发展专项(海洋经济发展)资金 2.95 亿元,支持海洋电子信息、海上风电、海洋工程装备、海洋生物、天然气水合物、海洋公共服务等 36 个项目关键核心技术攻关,已验收的项目申请专利 161 件,获得软件著作权授权 33 项。全省建有覆盖海洋生物技术、海洋防灾减灾、海洋药物、海洋环境等领域的省级以上涉海科技创新平台 56 个。

(3)"智慧海洋"建设深入推进

广东充分利用数字技术的优势,深入实施"智慧海洋"工程,积极推动 5G 网络应用向海延伸,加速数字技术和海洋产业融合创新,引领海洋产业向信息化、数字化、智能化转型升级。成功开发数字渔船系统、智能池塘养殖系统,海洋渔业领域产业链数字化管控初步实现。全面推动 5G 智慧港口建设,国际远洋船舶流通效率和港口运作效率持续提升。汕头中澎二海上风电场、大唐南澳勒门海上风电场、外罗风电场等区域实现 5G 连片覆盖,海上风电产业智能化发展迈上新台阶。

4. 海洋中心城市建设成效显著,辐射带动沿海经济带协同发展

(1)海洋中心城市能级和竞争力全面提升

2022 年,广州、深圳高度重视海洋中心城市建设,围绕航运中心、港口与物流、海洋科技、海洋金融等方面持续发力,全球海洋中心城市建设迈上新台阶。一是国际航运枢纽能级不断提升。2022 年,深圳全年港口货物吞吐量为 27242.72 万吨,比上年下降 2.1%;集装箱吞吐量为 3003.62 万标准箱,同比增长 4.4%,位列全球第四;广州全年港口货物吞吐量为 6.56 亿吨,比上年

---

① 《广东海洋经济发展报告(2023)》。

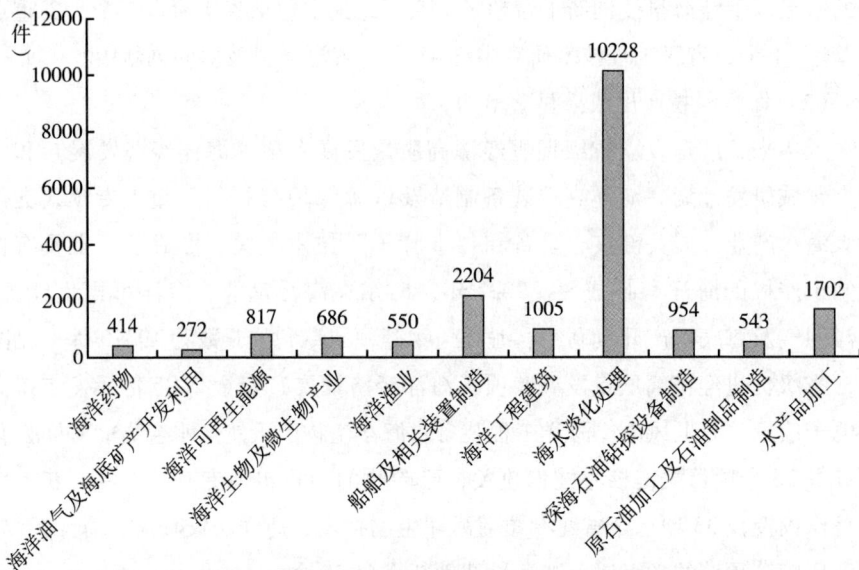

图 2 2022 年广东主要海洋领域专利公开数

资料来源:《广东海洋经济发展报告（2023）》。

增长 0.71%；集装箱吞吐量为 2486 万标准箱，增长 1.6%，位列全球第六。二是海洋科技创新平台加快建设。广州深海领域重大科技基础设施群建设工作稳步推进，冷泉生态系统大科学装置进入国家科研立项阶段，超深水科考船——大洋钻探船实现主船体贯通。深圳海洋创新载体加速落地。截至 2022 年底，深圳累计建有涉海创新载体 74 个，其中国家级 4 个、省级 22 个。三是海洋金融服务提质增效。广州拥有航运交易所、广州航运供应链金融服务等重大平台，2022 年累计发行 60 亿元航运企业债券，成功设立 50 亿元的海洋产业引导基金。深圳推动设立国际海洋开发银行，国开行深圳分行、进出口银行深圳分行合计向涉海企业提供贷款超千亿元①。

（2）海洋中心城市辐射带动能力不断增强

广东充分发挥广州、深圳两大全球海洋中心城市建设的核心引擎功能，加快推动汕头、湛江两个省域副中心城市建设，扎实推进广州与湛江、深圳与汕

---

① 《广东海洋经济发展报告（2023）》。

490

头"双核+双副中心"深度合作机制，以汕头、湛江为极点，辐射带动沿海经济带协同发展。2022年，包括广湛、广汕高铁等在内的区域性交通项目建设稳步推进，广州南沙港、汕头港广澳港区、湛江港等沿海经济带重大涉海基础设施加快建设。广湛产业转移合作园、深圳汕头协同创新科技园等重大合作平台加速建设，广深海洋产业加速向东西两翼转移，广湛、深汕"飞地""飞海"等海洋产业合作新模式初步形成。

5.海洋生态持续改善，海洋综合治理体系逐步健全

（1）海洋生态整治修复成效显著

一是红树林保护修复稳步推进。湛江雷州、江门台山万亩级红树林示范区创建工作加快推进，全国首份金融支持红树林生态保护文件正式出台，首个"国字号"河流型红树林湿地公园在阳江建成。截至2022年底，广东新营造红树林1219公顷，修复红树林321.6公顷。二是近岸海域污染治理持续推进。探索推广"三池两坝"等海水养殖污染治理新技术，开展港口船舶污染治理专项整治行动，深化入海河流污染治理，珠江口邻近海域水质全面提升。2022年，广东149个地表水国考断面水质优良比例为92.6%，全面消除劣V类断面，近岸海域水质优良面积比例为89.7%，珠江口11个国控河流入海断面水质为优良。三是海岸线综合整治加快推进。严格落实自然岸线保护，持续实施自然岸线保护修复工程，海洋生态保护基底进一步夯实。截至2022年底，广东整治修复海岸线累计长度为5.7公里（含岛岸线）①。

（2）海洋绿色低碳发展亮点纷呈

2022年，广东强化水产绿色健康养殖示范推广，推进各类渔业健康养殖示范基地建设，海洋渔业加速向绿色高效转型。以海上风电为代表的海洋清洁能源产业蓬勃发展，海洋能源绿色低碳转型进入全面加速期。临海油气化工产业突出生态环保导向，加强石化产业综合整治和绿色改造升级，持续降低生产耗能和污染排放，绿色低碳发展正加快实现。积极响应国家"双碳"计划，加快新能源动力船舶研发制造，船舶海工产业逐步向绿色化升级。深入推进海洋碳汇项目开发与交易工作，红树林、海草床、珊瑚礁、盐沼等蓝碳生态系统修复项目加快建设，积极探索以近海海洋牧场和深远海养殖为重点的碳汇渔业

---

① 《广东海洋经济发展报告（2023）》。

养殖新模式，生态系统"蓝碳增汇"能力进一步提升。开展红树林蓝碳增汇量调查监测与试点评估工作，探索形成适用于全省红树林碳汇能力调查监测、评估与核算的方法体系以及红树林碳汇项目开发指引，夯实"蓝碳增汇"基础支撑。修订印发《广东省碳普惠交易管理办法》，完善蓝碳交易机制落地应用，探索建立广东蓝碳交易中心①。

（3）海洋综合治理能力稳步提升

一是海洋防灾减灾能力持续增强。全力做好海洋灾害防御工作，粤闽桂琼四省区海上渔船防台风协同机制初步建立，2022年度广东省地质与自然灾害综合防御演练顺利开展，建立起广东海洋灾害风险数据库和南海动态感知预警平台，成功举办多场海洋防灾减灾宣传教育活动。二是海洋经济管理决策水平进一步提升。建成海洋经济运行监测与评估常态化工作机制，2019～2021年广东海洋生产总值核算工作有序推进，在全国率先启动省级近海海底基础数据调查，海洋信息化新格局加速形成②。

6. 海洋文化遗产保护迈上新台阶，海洋文化公共服务进一步夯实

（1）海洋文化遗产保护水平不断提升

广东充分挖掘海洋文化资源，开展国家海洋文化遗产调查和海洋考古工作，全面掌握海洋文化遗产状况，南海一号水下文化遗产考古挖掘工作持续推进。着力实施海岛人文古迹、古港口遗址、海战遗址、海防遗址等重要海洋遗址遗迹抢救和保护工程，加大对涉及海洋的文物藏品、出水文物的保护力度，开展涉海古籍和海洋档案的研究、抢救和修复工作，海洋文物保护能力进一步提升。保护和传承海洋民俗、海洋生产生活方式、海洋节庆等海洋非物质文化遗产，深入挖掘其文化内涵。加强海洋文化遗产保护技术研发，推动海洋文化遗产保护和现代信息技术有效结合，海洋文化遗产探测与保护技术水平进一步提升。

（2）海洋文化公共服务能力持续提升

广东实施海洋文化公共基础设施建设工程，海洋博物馆、海洋科技馆、海岛博物馆、涉海图书馆和涉海档案馆等海洋文化场馆加快建设。举办多场海洋主题宣教活动，加快推进海洋知识"进学校、进教材、进课堂"，举办海洋知识竞

---

① 《广东海洋经济发展报告（2023）》。
② 《广东海洋经济发展报告（2023）》。

赛、青年学生海洋文化公开课、海洋大讲堂、海洋文化辩论赛等文化活动，继续推进海洋意识教育基地的建设和发展，关心海洋、认识海洋、经略海洋的良好社会氛围加速形成。实施海洋文化艺术精品创作工程，形成一批海洋题材的影视艺术、表演艺术等具有广东海洋文化特色的原创艺术精品，海洋文化公共服务和产品供给质量进一步提升。继续办好多场海洋嘉年华、海洋博览会、开渔节、海洋美食节、帆船赛、马拉松、音乐节等海洋文化节庆赛事，与东盟、南亚等的海上丝绸之路共建国家开展人文交流活动，海洋文化交流传播日益深化。

7. 开放合作不断拓展，海洋高水平开放新格局初步形成

（1）海洋对外贸易总体向好发展

广东加快优化对外开放格局，打好外贸、外资、外经、外包、外智"五外联动"组合拳，合作共赢的蓝色伙伴关系进一步深化。2022年，广东对"一带一路"共建国家进出口总额约为2.25万亿元，同比增长10.3%，位居全国前列。广东对RCEP成员国进出口总额为2.4万亿元，同比增长3.8%，占同期广东外贸总额的29.2%。中国（广东）自由贸易试验区进出口总额为5351亿元，同比增长27.8%。

（2）港口群国际影响力进一步提升

2022年，广东沿海港口货物吞吐量为17.55亿吨（见图3），完成沿海港口集装箱吞吐量6429万标准箱，稳居全国首位[①]。广东先后开通496条国际集装箱班轮航线，航线网络覆盖世界主要贸易港口。缔结友好港口89对，其中与"一带一路"共建国家缔结友好港口50对。广州港开通"湘粤非"国际海铁联运通道、中欧班列等通道，通往全球100多个国家和地区的400多个港口。深圳港全年国际班轮航线达到302条。广东拥有广州、湛江、深圳、珠海、东莞等5个亿吨大港，深圳港、广州港分别列2022年全球集装箱港口吞吐量第四位、第六位。

（二）千亿元级万亿元级海洋产业集群成型成势

根据《广东省海洋经济发展"十四五"规划》，广东迈向海洋强省的主要任务之一是以打造海洋产业集群为抓手，构建具有国际竞争力的现代海洋产业体系，其中将重点打造海上风电、海洋油气化工、海洋工程装备、海洋旅游以

---

① 《广东海洋经济发展报告（2023）》。

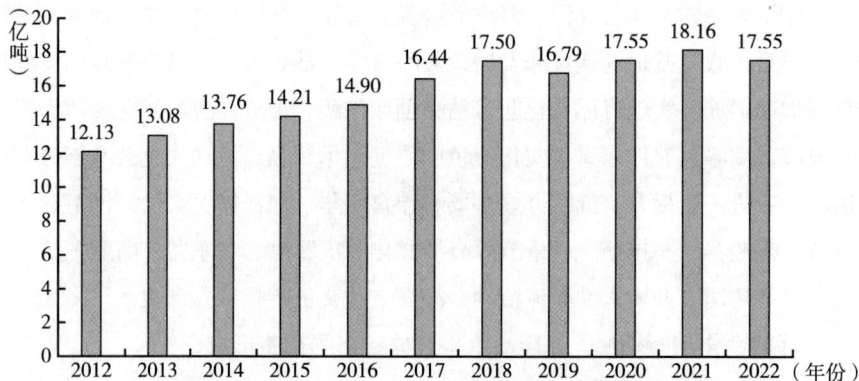

图3 2012~2022年广东沿海港口货物吞吐量

资料来源：课题组根据历年《广东海洋经济发展报告》整理。

及现代海洋渔业等5个千亿元级万亿元级产业集群。历经多年发展，广东海洋产业实现从小到大、从大到强的蝶变，千亿元级万亿元级海洋产业集群从无到有、再到发展至5个，彰显了广东海洋产业发展的强大实力。截至2022年，广东已经初步形成海洋清洁能源、船舶与海洋工程装备、海洋生物三大千亿元级产业集群，以及海洋油气化工、海洋旅游两大万亿元级产业集群。

1. 海洋清洁能源产业集群在阳江、汕尾、揭阳集聚，全产业链生态体系基本形成

海洋清洁能源产业是广东加快建设新型能源体系、实现"双碳"目标的关键领域。海洋清洁能源包括海上风电、核能、波浪能、潮汐能、氢能等。作为能源消费大省和全国首批低碳试点省份，广东积极推动以海上风电为代表的海洋清洁能源产业发展，千亿元级海洋清洁能源产业集群初见雏形，发展进入全面加速期①。

从产业规模来看，广东海洋电力业增加值稳步增长（见图4），2022年新增海上风电装机容量140万千瓦，累计建成投产装机约791万千瓦，占全国海

① 《广东省发展和改革委员会 广东省能源局 广东省科学技术厅 广东省工业和信息化厅 广东省自然资源厅 广东省生态环境厅关于印发广东培育新能源战略性新兴产业集群行动计划（2021—2025年）的通知》，广东省能源局网站，2020年9月25日，http://drc.gd.cn/snyj/tzgg/content/post_3167461.html。

上风电装机容量的 26%，位居全国第二；新增完成投资约 236 亿元，累计完成投资约 1610 亿元；项目年发电量约 157 亿千瓦时，同比增长 302.6%①。同时，核能、波浪能、潮汐能、氢能等能源利用加快推进，建成大亚湾、岭澳、台山、阳江、太平岭等多个核电站。

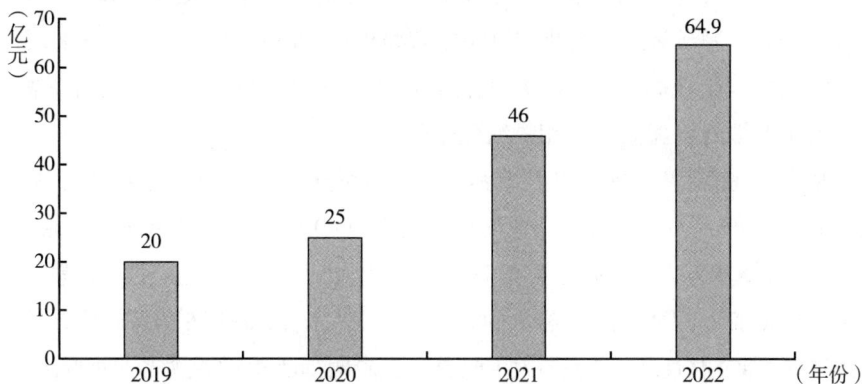

图 4　2019~2022 年广东海洋电力业增加值

资料来源：课题组根据历年《广东海洋经济发展报告》整理。

从产业链来看，广东海洋清洁能源产业集群依托明阳智能、金风科技、上海电气等多家海上风电整机制造龙头企业，带动风电研发、装备制造及服务业快速发展，初步形成集研发、装备制造、施工安装、运营维护于一体的海上风电全产业链。

从区域分布来看，广东海洋清洁能源产业集群初步形成"中心辐射、东西呼应"的空间格局。在珠三角地区，以广州、中山为中心形成了海上风电研发服务基地。在粤西地区，阳江 2022 年已建成 350 万千瓦海上风电场，650万千瓦风电建设项目正持续推进，成为目前国内规模最大、产业链最全的风电产业制造基地。在粤东地区，形成了汕头海上风电创新产业园、汕尾海上风电工程基地、揭阳海上风电运维基地等产业集聚区，产业集群渐成规模。

从产业创新能力来看，广东已建立多个海上风电相关科研中心以及创新平台，其中阳江设立了国家级海上风电装备公共检测检验与技术服务平台。2022

---

① 《广东海洋经济发展报告（2023）》。

年，广东海洋可再生能源申请专利数为 241 件，其中风力发电机组、逆变器等研发制造全国领先。

2. 海洋旅游产业集群在广州、深圳、珠海集聚，占广东海洋经济的一半

海洋旅游产业是广东海洋经济的传统优势产业和支柱产业，主要包括海洋旅游主导产业（海洋旅游餐饮业、海洋旅游住宿业、旅游交通运输业、海洋旅游游览业、海洋旅游购物业、海洋旅游娱乐业、海洋旅游综合服务业）、海洋旅游相关产业（海洋旅游设施设备制造业、海洋旅游研究与教育业、海洋旅游资源保护与管理业）等相关细分行业。

从产业规模来看，2022 年广东海洋旅游业增加值为 2599.4 亿元（见图 5），同比下降 9.9%，占全省海洋产业增加值比重为 40.08%；14 个沿海城市旅游接待人数为 175.4 万人次，同比下降 41.7%[①]。尽管近年遭受新冠疫情的严重冲击，广东海洋旅游产业发展出现了很大的波动，但总体来说，在广东海洋经济结构中，海洋旅游产业支柱性地位并没有发生改变，目前千亿元级海洋旅游产业集群已经形成，但与省委、省政府提出建立海洋旅游万亿元级产业集群的要求尚有一定差距。

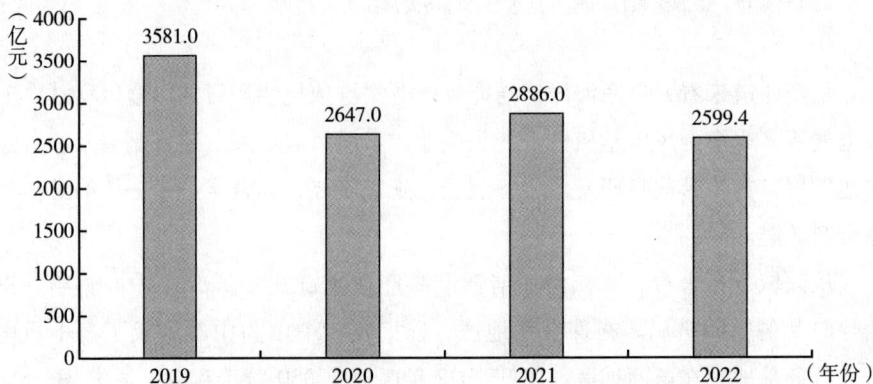

图 5　2019~2022 年广东海洋旅游业增加值

资料来源：课题组根据历年《广东海洋经济发展报告》整理。

从产业链来看，广东海洋旅游产业链加速形成与重构。近年来，广东沿海各地市不断提升海洋旅游产业配套服务水平，"吃、住、行、游、购、娱"产

[①] 《广东海洋经济发展报告（2023）》。

业链不断完善。截至 2022 年，全省创建了 35 家滨海（海岛）类 A 级旅游景区、8 家滨海主题的省级以上旅游度假景区。同时，产业链从服务业向制造业加快延伸，形成了以珠海、中山、江门为中心的游艇制造基地，"海洋旅游+"产业融合新业态不断涌现。

从区域分布来看，广东海洋旅游活动主要集中在经济发展相对发达的珠三角地区，特别是广州市和深圳市，旅游总收入占比共计达到了 50% 以上，呈现一定的垄断态势。粤东和粤西海洋旅游产业集聚程度则相对较低，主要集中于汕头及湛江两市。虽然沿海经济带东西两翼多拥有较好的生态资源，具备海洋旅游发展的天然基础，但受限于交通基础设施、区域经济水平等因素，海洋旅游发展相对粗放，市场化程度相对较低。

从产业创新来看，广东邮轮旅游、游艇旅游、海岛旅游等产业新业态蓬勃发展。在邮轮旅游方面，广东以广州、深圳为核心，积极推动邮轮旅游发展，稳居中国邮轮产业"第一梯队"。在游艇旅游方面，初步形成以广州、深圳、珠海为核心，汕头、湛江、中山、东莞、江门、阳江、茂名、惠州、汕尾等游艇俱乐部群为支撑的滨海游艇旅游黄金海岸带。珠海横琴岛、深圳大鹏半岛、阳江海陵岛、汕头南澳岛、汕尾红海湾海岛、江门上下川岛等多个海岛的旅游持续升温。

3. 海洋石化产业集群在茂名、湛江、揭阳、惠州集聚，世界级沿海石化产业带加速崛起

海洋石化产业是广东省的重要支柱产业之一，资金、技术、人才密集，产业关联度高，产业链条长，在现代海洋产业体系中占有重要地位。海洋石化产业主要包括石油加工业、化学原料和化学制品制造业、化学纤维制造业、橡胶和塑料制品业等 4 个行业大类中的相关细分行业。近年来，广东海洋石化产业规模持续扩大，成为中国重要的石化基地之一[①]。

从产业规模来看，2022 年广东海洋油气化工业增加值为 1817.5 亿元（见图6），海洋原油、天然气产量分别为 1884.6 万吨和 124.4 亿立方米。南海东部油田年产油气首次突破 2000 万吨油当量，较上年增产超过 220 万吨油当量。

---

① 《广东省工业和信息化厅　广东省发展和改革委员会　广东省科学技术厅　广东省生态环境厅　广东省商务厅　广东省应急管理厅关于印发广东省发展绿色石化战略性支柱产业集群行动计划（2021—2025 年）的通知》，广东省人民政府网站，2020 年 10 月 9 日，http：//www.gd.gov.cn/zwgk/jhgh/content/post_ 3097822.html。

其中，深水油气产量超过 920 万吨油当量，占总产量的 46%。全省海洋化工业增加值为 706.9 亿元，同比增长 5.3%，整体呈现生产规模稳步扩大的发展趋势①。

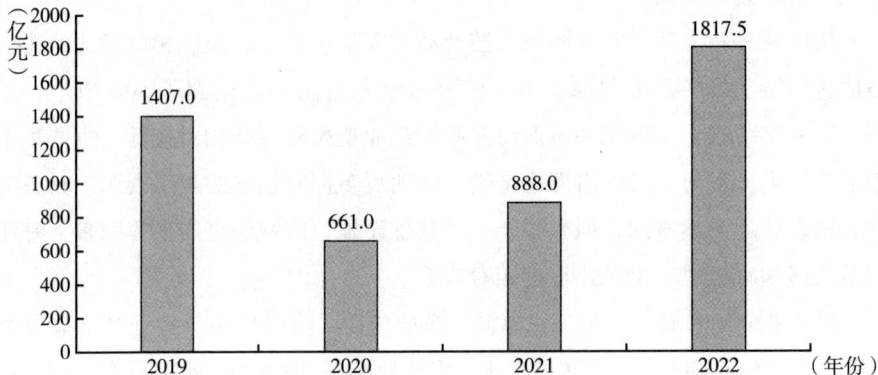

图 6   2019~2022 年广东海洋油气化工业增加值

资料来源：课题组根据历年《广东海洋经济发展报告》整理。

从产业链来看，广东海洋石化产业集群依托巴斯夫、埃克森美孚、陶氏化学、中海油、中石化等龙头企业，形成了比较完整的从上游原油开采、炼油、乙烯生产到下游合成材料、精细化工、橡胶加工的产业链结构。

从区域分布来看，广东海洋油气石化产业高度集聚，已经形成较大规模的五大产业基地，即茂名石化基地、湛江石化基地、广州石化基地、惠州石化基地、汕潮揭石化基地，自西而东连点成片，形成"一体两翼"的产业格局，即以粤中（广州石化基地）为中心带动粤西（茂名石化基地、湛江石化基地）和粤东（惠州石化基地、汕潮揭石化基地）产业齐发展的格局。

4. 船舶与海洋工程装备产业集群在广州、深圳、珠海、中山集聚，"广东造"海工重器创多项纪录

船舶与海洋工程装备作为高技术战略性产业，是构建现代化海洋产业体系的重要基础，也是建设制造强省、海洋强省的有力支撑。广东珠三角地区是中国三大造船基地之一，船舶与海洋工程装备制造业具有深厚的发展根基，在全

---

① 《广东海洋经济发展报告（2023）》。

国占有重要地位①。

从产业规模来看，2022 年广东海洋船舶工业增加值为 55.3 亿元（见图 7），同比增长 6.3%。造船完工量为 249.9 万载重吨，同比增长 7.7%，增幅高于全国水平 12.3 个百分点②，产业规模扩大趋势明显。

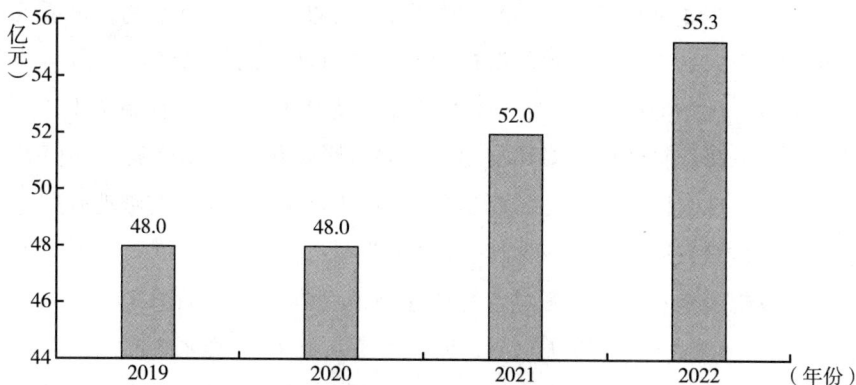

图 7　2019～2022 年广东海洋船舶工业增加值

资料来源：课题组根据历年《广东海洋经济发展报告》整理。

从产业链来看，广东依托中船防务、中集集团、招商重工、广船国际、三一重工、珠江钢管等一批综合竞争力强的龙头企业，形成覆盖设计研发、装备制造、装备配套和应用服务等环节的全产业链发展格局。

从区域布局来看，广东船舶与海洋工程装备产业发展借助资源优势与区位优势，初步形成了珠三角、粤东、粤西三大临海工业集群。在珠三角地区，形成了以广州、深圳、珠海、中山等为代表的四大聚集性船舶工业发展基地。在粤西地区，以阳江为核心的海上风电产业集群初具雏形；茂名依托石化产业积极布局海洋工程装备产业；在粤东地区，正在形成以汕头和汕尾为代表的海上风电开发装备产业集群。

从产业创新来看，广东自主设计建造的可燃冰开采装备"蓝鲸号"代表了世界海洋钻井平台设计建造的最高水平；深圳孖洲岛建造的造岛神器"天

---

① 《广东省工业和信息化厅　广东省发展改革委　广东省科学技术厅　广东省商务厅　广东省市场监督管理局关于印发广东省培育高端装备制造战略性新兴产业集群行动计划（2021—2025 年）的通知》，广东省人民政府网站，2020 年 10 月 9 日，http：//www.gd.gov.cn/zwgk/jhgh/content/post_ 3097933.html。

② 《广东海洋经济发展报告（2023）》。

鲸号"装机功率和疏浚能力均居亚洲第一、世界第三；4000 吨级海洋科考重器"大洋号"代表了中国船舶工业和大洋调查科技的最高水平。

5.海洋生物产业集群在广州、深圳、湛江、珠海集聚，现代化海洋牧场建设全面提速

海洋生物产业是指以海洋生物资源为开发对象，运用现代生物技术手段将海洋生物资源开发为海洋药物、海洋保健品和海洋食品等海洋生物商品的产业，主要分为海洋渔业、海洋水产品加工业以及海洋药物和生物制品业三个核心产业。广东海洋自然资源禀赋突出，发展海洋生物产业集群的条件得天独厚。近年来，广东以推进现代化海洋牧场建设为牵引，全产业链带动海洋生物产业集群高质量发展，着力打造"粤海粮仓"①。

从产业规模来看，广东海洋生物产业规模稳步扩大（见图 8）。2022 年，广东海洋渔业增加值为 538.1 亿元，同比增长 0.9%；海洋水产品加工业增加值为 63 亿元，同比增长 0.8%；海洋药物和生物制品业增加值为 67.8 亿元，同比增长 16.9%②。截至 2022 年底，广东共有 15 个国家级海洋牧场示范区，所占海域面积超 12.5 万公顷。

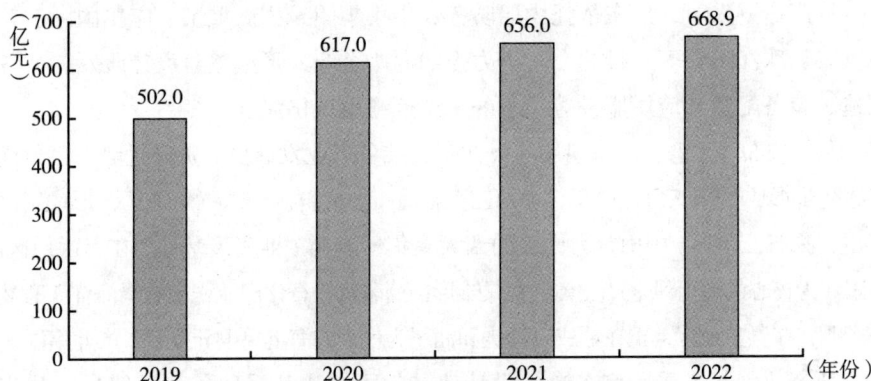

图 8　2019~2022 年广东海洋生物产业增加值

资料来源：课题组根据历年《广东海洋经济发展报告》整理。

---

① 《广东省科学技术厅　广东省发展和改革委员会　广东省工业和信息化厅　广东省卫生健康委员会　广东省市场监督管理局关于印发广东省发展生物医药与健康战略性支柱产业集群行动计划（2021—2025 年）的通知》，广东省人民政府网站，2020 年 10 月 9 日，http://www.gd.gov.cn/zwgk/jghg/content/post_ 3097870.html。

② 《广东海洋经济发展报告（2023）》。

从产业链来看，广东省海洋生物产业集群具有完善的渔业捕捞、种苗繁育、健康养殖、海洋生物新种质资源挖掘等产业的上游产业链，有成熟的海产品精深加工和海洋生物活性物提取技术，海洋医用食品、海洋功能性食品、化妆品与精细化工产品、生物材料等中游产业链，以及海洋药物和生物制品流通与应用的下游产业链。

从区域分布来看，广东海洋渔业和海洋水产品加工业对地理自然资源较为依赖，沿海岸线呈现相对分散态势；海洋药物和生物制品业属于高新技术领域，主要集中在广州、深圳、珠海等珠三角地区。

从产业创新来看，广东依托中山大学、中国科学院南海海洋研究所、广东海洋大学等科研单位，在水产种苗繁育和研发、海洋功能生物资源挖掘、海洋天然产物和海洋药物研发、海洋微生物新型生物酶和海洋蛋白肽的生物制品研发，以及海藻和鱼油等海洋水产品精深加工领域处于国内领先地位，部分技术接近或达到国际先进水平。

（三）当前广东海洋强省建设存在的问题

1. 海洋经济增速放缓，海洋经济优势地位有弱化风险

2022 年，广东海洋生产总值（1.8 万亿元）虽居全国首位，但面临山东（1.63 万亿元）、福建（1.2 万亿元）、浙江（1.04 万亿元）等省的追赶压力；海洋生产总值同比增长 5.4%，落后于福建（9.1%）、山东（7.6%）、江苏（7.4%），与浙江（5.4%）持平；占全国海洋生产总值的 19.1%，比 2021 年下降 3 个百分点，2012 年以来占比首次跌破 20%，海洋经济全国领先优势有所减弱；海洋生产总值占 GDP 比重为 14.0%，比 2021 年下降 2 个百分点，落后于福建（23.0%）、上海（22.0%）、山东（18.6%）（见表3）。

表3 2022 年广东与部分省市海洋经济规模指标对比

单位：亿元，%

地区	海洋生产总值	海洋生产总值增速	海洋生产总值占 GDP 比重	占全国海洋生产总值比重
广东	18033.4	5.4	14.0	19.1
山东	16302.9	7.6	18.6	17.2
福建	12000.0	9.1	23.0	13.3

地区	海洋生产总值	海洋生产总值增速	海洋生产总值占 GDP 比重	占全国海洋生产总值比重
浙江	10499.0	5.4	13.3	11.7
上海	9792.4	1.8	22.0	10.3
江苏	9046.2	7.4	7.4	10.0

资料来源：《广东海洋经济发展报告（2023）》、各省市《2022 年海洋经济统计公报》。

2. 海洋新兴产业发展不充分，产业链关键环节缺失

一是广东海洋新兴产业发展相对滞后，产业支撑力亟待加强。如 2022 年海洋电力业和海洋生物医药业占广东海洋产业增加值比重仅分别为 1.0% 和 1.05%。与山东、江苏等省份相比，广东海洋新兴产业未形成规模优势。2022 年，山东海洋电力业和海洋生物医药业增加值分别是广东的 1.82 倍、2.55 倍；江苏海洋电力业和海洋生物医药业增加值分别是广东的 1.36 倍、1.2 倍（见表4）。二是高端装备制造基础薄弱。广东海洋清洁能源、船舶和海工装备、海洋油气石化的核心设备和关键零部件自给率和配套本地化率较低，产业链关键环节高度依赖长三角、山东等地以及国外，产业链自主可控能力不强，断链风险较大。如深圳中集海工生产的造价 8 亿美元的"蓝鲸一号"钻井系统、发电机组、控制系统等核心部件全部依赖进口，占总造价的 60%。海上升压站主变压器等电气一次主设备、控制保护等二次设备均需外省企业供货。

表4 2022 年广东与部分省市海洋新兴产业增加值对比

单位：亿元，%

地区	海洋电力业增加值	海洋电力业增加值增速	海洋生物医药业增加值	海洋生物医药业增加值增速
广东	64.9	44.2	67.8	16.9
山东	118.4	12.7	173.1	8.1
江苏	88.5	18.0	76.0	10.9
上海	8.2	26.2	1.4	-26.3

资料来源：《广东海洋经济发展报告（2023）》、各省市《2022 年海洋经济统计公报》。

3. 海洋优势产业发展层次偏低，产业链延伸拓展不够

一是海洋优势产业融合化发展不足。广东"海洋牧场+""海洋旅游+"

等新业态发展处于起步阶段，产业融合发展模式和路径尚处于探索阶段。与山东、辽宁等省份相比，广东"海洋牧场+"发展相对滞后，现代化海洋牧场全产业链发展模式亟待完善。2022年，山东、辽宁国家级海洋牧场示范区的数量分别是广东的4.5倍和2.5倍（见图9）。其中山东是全国首个也是唯一的现代化海洋牧场建设综合试点省，海洋牧场综合经济收入超过2500亿元。广东"海洋旅游+"新业态尚未得到充分发展，海洋旅游产业多样化融合发展亟待加强。二是产业精深加工水平较低。广东海洋渔业、海洋油气化工业等产业链条较短，产业精深加工延伸能力不足。海洋渔业以养殖、捕捞为主，海洋产品加工的重要方向和前沿领域链条较短，在海洋保健食品、化妆品、生物医药等领域应用相对不足。海洋油气化工业存在"油头"大"化尾"小的问题，高端化学品、化工新材料品种和产量均有待增加。

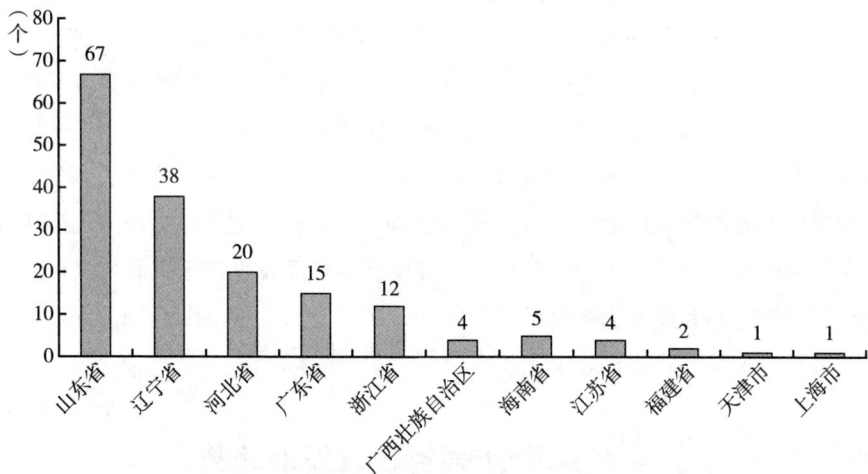

图9　2022年全国海洋牧场示范区各地区分布情况

资料来源：课题组根据国家农业农村部公布的八批国家级海洋牧场示范区名单整理。

4. "深蓝科技"发展滞后，未能适应产业向深远海发展的需要

海洋清洁能源、海洋油气石化、海洋牧场等产业发展空间亟须向深远海拓展，但广东对深远海科技布局与投入不足，深远海装备技术水平与世界领先水平存在较大差距。一是深远海科技创新平台能级不高。广东深远海科技创新平台建设起步较晚，缺少国家级创新平台，与山东存在较大差距。山东拥有中国第

一个国家深海基地，以及国家深海基因库、国家深海大数据中心、国家深海标本样品馆等"三大平台"。截至2023年，广东尚未有国家级海上风电创新平台。二是深远海装备技术水平亟待提升。深远海漂浮式海上风力发电设备、深海油气资源开发装置、深远海养殖平台等高端装备的自主研发和设计方面还较弱，核心配套产品和零部件基本上都依赖进口。如以漂浮式风机、柔性直流输电为代表的深远海风电技术和建设能力与国际先进水平差距明显，深海智能养殖网箱技术亟待突破，应用于南海深水油气开发的水下生产系统核心部件仍需进口。

5. 空间分布失衡，区域协同联动亟待增强

一是"珠三角强，东西两翼弱"的失衡格局仍未改变。广东80%的涉海法人单位集中于珠三角地区，海洋生产总值约占广东的八成以上；而粤东、粤西7市海域面积虽占广东的69%、大陆海岸线占广东的64%，但涉海法人单位仅占20%。二是海洋产业区域协同联动效能不足。沿海各地市海洋产业存在同质化、无序竞争等问题，区域间产业合作层次低、统筹与合作机制有待完善，缺乏海洋产业合作示范园区等平台载体。受制于体制机制的差异性，粤港澳三地在海洋经济发展涉及的人、商、物、资金和信息流通等方面存在一定的障碍，缺乏海洋产业链整合与跨区域海洋产业合作、布局优化等的协调与资源合理配置，粤港澳整体海洋经济协同发展效率较低。三是近浅海与深远海协同开发格局尚未形成。广东绝大部分海洋开发利用活动发生在近岸海域，可利用岸线、滩涂空间和浅海生物资源日趋减少，近岸过度开发问题突出，但海岛、深远海开发不足问题也比较突出。

二 广东海洋强省建设发展趋势

2024年，广东"蓝色经济"持续发力，"海上新广东"建设加速推进，对加快海洋科技创新步伐、提高海洋资源开发利用能力、培育壮大海洋战略性新兴产业形成利好，有利于进一步突出深蓝和陆海统筹特色，持续提升广东经略海洋的综合能力。

（一）以"海上新广东"进一步拓展蓝色经济空间

海洋是集多种资源于一体的立体资源库，随着海洋经济的快速发展和沿海开发强度的加大，海域资源和空间资源的局限性会逐渐转变为硬约束，海域空间发展思路逐渐从近海向深远海、从平面化向立体化转变，形成"全域化"发展趋势。广东海洋强省建设秉承"全域化"发展思路，跳出"就海论海"的思维局限，大力拓展深远海开发空间，全域化打造"海上新广东"。着力推进"海洋—海岛—海岸"立体开发，构建以海岸带、海岛链和自然保护地为支撑的"一带一链多点"海洋生态安全格局。探索"飞地""飞海"试点、共建海洋产业园区等双向合作模式，进一步丰富海洋立体空间利用方式，加强珠三角与粤东、粤西两翼海洋联动发展，延伸海洋经济腹地，带动粤东、粤西、粤北发展，引领广东从"陆地"走向"海洋"，拓展海洋经济的地理空间。

（二）以陆海统筹加速产业融合与区域协同

立足陆地和海洋两个视角，推进海洋产业融合发展与区域协同发展是海洋强省建设的重点路径，以集群化产业布局、网络化协同创新、群体性技术突破为特征的融合发展成为广东海洋强省建设加快推进的重要方向。产业层面，依托海洋牧场建设，推动海洋传统产业优化升级，延伸产业链条，促进三产融合发展，全力打造一产优、二产强、三产活的现代海洋产业体系。区域层面，立足各区域海洋经济的资源禀赋、产业基础和比较优势，统筹推动海洋产业区域联动、协同发展。加快广州海洋创新发展之都、深圳全球海洋中心城市建设，释放广深极点带动效应，引领广东14个沿海城市海洋经济协同发展，加强与港澳及"一带一路"共建国家海洋合作，推动与周边国家海洋城市互利共赢。

（三）以"制造业当家"推动海洋产业体系高级化

数字经济时代，海洋发展呈现数字化和智能化特征，海洋领域相关的海洋通信网络、海底数据中心、海底光纤电缆系统等海洋新型基础设施快速发展，"互联网+海洋""AI+海洋"等新技术、新业态、新载体不断催生。作为制造业大省，广东把握世界科技革命大势，依托陆域制造业的良好基础，加强信息化智慧化赋能，促进陆海产业链融合对接，大力推进数字化、网络化和智能化技术应用，对传统海洋产业进行全方位、全链条改造，推动海洋制造迈向高端。面向深海大洋资源开发，积极培育具有全球竞争力的海洋经济创新链，加快推进核心设备国产化、智慧化，推动形成覆盖科研开发、总装建造、设备供应、技术服务的海洋制造业全产业链体系，促进海洋制造业由集聚发展向集群发展全面跃升，构筑广东海洋"制造业当家"新格局。

（四）以培育红树林牵引蓝碳经济形成新赛道

以红树林培育为核心，以蓝碳元素培育、全产业链布局、交易市场建设、技术创新驱动、体制机制创新为重点，激活改革、开放、创新"三大动力"，推动蓝碳资源修复保护与生态价值实现有机结合，加快蓝碳经济发展步伐、抢跑海洋经济新赛道，是广东全面推进海洋强省建设的新增长点。广东坚持生态化发展，系统布局蓝碳增汇工程，加强蓝碳生态系统保护修复，夯实蓝碳经济生态本底。建设粤港澳大湾区碳汇交易市场，持续开展蓝色碳汇交易试点，推动蓝碳经济价值实现。聚焦蓝碳元素培育、海洋生态修复等基础环节着力强链，聚焦碳捕捉、碳吸收和碳交易等关键环节着力补链，聚焦蓝碳资源经济价值实现等重点环节着力延链，全产业链打造蓝碳产业。围绕蓝碳发展核心技术和标准体系，打造蓝碳科技创新基地，完善蓝碳科技发展体系，加快前瞻性、颠覆性蓝碳增汇技术研发布局。制定蓝碳经济发展路线图，创新蓝碳经济体制机制，完善蓝碳资源调查评估监测体系，为蓝碳经济高质量发展提供制度保障。

（五）以平台与示范区建设打造海洋强省广东样板

发展平台和载体在集聚海洋高端要素、实现海洋高端发展方面具备改革创新优势。广东海洋强省建设加快平台化发展，以四大平台和四大示范区建设为重要抓手，发挥特色和制度创新优势，从海洋科技创新、高端要素融合、制度改革、开放合作等方面集聚能量。依托横琴、前海、南沙、河套四大平台，与港澳在海洋高端产业、科技创新、海洋金融、航运服务、生态环境、国际仲裁等领域深度合作，打造全面深化改革创新试验平台和高水平对外开放门户枢纽。以产业链条为牵引，集聚海洋产业资源，加快建设海洋高端产业集聚示范区、海洋科技创新引领示范区、粤港澳大湾区海洋经济合作示范区、海洋生态文明建设示范区，为广东"走在全国前列"提供有力支撑。

三 加快广东海洋强省建设的对策建议

2024年，广东着力聚焦体制机制改革，构建科学高效的海洋经济发展格局，做大做强做优现代海洋产业，强化涉海基础设施、海洋科技、海洋生态等支撑保障，加快海洋强省建设，为海洋强国建设提供示范。

（一）推动政策创新与体制改革，强化海洋强省建设制度保障

1. 完善陆海统筹推进全域化管理的顶层设计

进一步提升广东省海洋工作领导小组的运行效能，建立更强有力的陆海统筹工作机制，坚持全域支持、全域参与、全域行动，统筹规划推进海洋强省建设。从省级层面统筹区域海洋发展，支持沿海各地市立足本地资源禀赋、区位优势和产业基础推进海洋强市建设。强化陆地与海洋功能布局的有效衔接，统筹考虑全域空间利用和功能用途划定，促进陆海资源配置与要素流通。

2. 创新海洋资源开发与集约用海的管理模式

落实国家海域使用规划管理政策，深化资源科学配置与管理，探索集约围填海开发管理模式，对用海项目进行科学论证和统一规划。健全和完善用海项目会审制度，大力推进集约用海，强化海陆联动协调发展。继续探索开展凭海域使用权证书按程序办理项目基本建设手续试点工作，做好不动产权证与海域使用权证的衔接，完善用海招挂拍制度，加强养殖用海和旅游用海的管理。合理设定围填海面积指标，严格控制自然岸线使用，鼓励支持自然岸线恢复修复工作，认真落实海洋功能区划管控指标。建立海洋经济与管理数据"一张图"，大力推进广东海洋空间资源数据库的建设，完善海域地图及专题图制作，构建覆盖全省的海洋空间资源综合监管"一张图"大平台。创新空间资源管理体制机制，实现海洋空间资源数据监测常态化，实现"以图管海、动态监管"目标。

3. 探索海域使用权立体分层设权，率先突破用地用海政策

优先安排符合国土空间规划、海洋生态红线等管控要求的重大项目、重大平台用地用海需求，探索海域使用权立体分层设权，积极盘活低效利用的海域和岸线资源。统筹管理海上自由航道，优先保障海洋牧场、海工装备、海洋清

洁能源等产业及其岸基配套设施建设所需港口岸线资源和海域使用权。实施海岸线分类分段精细化管控和有偿使用制度，积极推进海域使用权集中连片流转。按照"科学、适度、适时、有序"的基本原则，有计划地进行围填海和近海岛屿的科学开发，促进沿海滩涂资源和近海岛屿资源的可持续利用，保障国家和省级重点建设项目的用海。

4.健全海洋环境综合治理体系，加强海洋生态系统保护修复

建立"流域+沿海+海域"协同的海洋环境综合治理体系，提升海洋生态系统碳汇增量。针对红树林等重要蓝碳资源开展调查、保护和修复，巩固碳汇存量。挖掘蓝碳新资源，优化海域生物群落结构。加快蓝色碳汇的碳生态立体监测系统建设，严格控制生态红线区和海洋保护区等的开发强度。加强海岸带生态系统保护修复，开展滨海湿地生态修复，增加红树林种植面积，开展海草床生态修复，推进珊瑚礁人工繁育和生态修复。

5.创新海洋资金筹措机制，加大蓝色金融支持力度

加大政策性金融支持力度，加强财税补贴，加大生态修复投入力度，积极争取国家财政资金支持，持续增加全省单位面积、单位岸线的财政投入。探索设立省海洋经济创新发展基金，创新信贷资金投入方式，完善海洋投融资风险分担机制，采取银团贷款、组合贷款、联合授信等模式，为海洋核心企业和配套中小企业融资提供支持，缓解中小企业融资难、融资贵问题。推动设立专营性海洋金融机构。支持深圳设立国际海洋开发银行，积极申请设立海洋发展银行、航运保险公司等专业性法人机构，加快培育地方性融资租赁公司、金融租赁公司和融资担保公司等机构。

（二）拓展蓝色经济空间，构建海洋强省建设陆海统筹、内外畅通发展格局

1.打造环珠江口"黄金内湾"，带动三大都市圈协同发展

加快推进广州海洋创新发展之都、深圳全球海洋中心城市建设，形成环珠江口"科技—产业—金融"高水平循环，构建以广深港、广珠澳科技创新走廊为主轴，以港深莞、广佛、澳珠为极点，其他城市协同支撑的"两廊三极多节点"创新发展格局，协同推进大湾区世界级海洋经济带、黄金旅游带、文化创意产业带发展。

2. 促进珠三角与东西两翼海洋联动发展

探索科研、孵化前台在大湾区，生产、转化后台在粤东粤西两翼的"飞地""飞海"试点，以及共建海洋产业园区等合作模式，加快汕头、湛江两个省域副中心城市海洋经济发展，培育壮大汕尾、阳江两个珠三角辐射东西两翼的战略支点，"串珠成链"打造世界级沿海城市带、产业集聚带、滨海旅游带。

3. 依托四大合作平台推动粤港澳大湾区海洋经济高质量发展

以横琴粤澳深度合作区、前海深港现代服务业合作区、南沙深化面向世界的粤港澳全面合作区、河套深港科技创新合作区为重点，继续加强与港澳在海洋高端产业、科技创新、海洋金融、航运服务、生态环境、国际仲裁等领域的深度合作，加快建设现代海洋服务业集聚区和海洋高端产业基地，打造全面深化改革创新试验平台和高水平对外开放门户枢纽。

4. 构建通江达海、连内接外、畅通高效的陆海运输网络

高标准建设广州、深圳国际枢纽港，支持粤港澳合作开发深水港区，建设世界一流港口群。以汕头港、湛江港为重点，提升粤东、粤西港口群综合服务能力，打造海路运输的重要节点和区域性航运物流中心。充分发挥珠江—西江黄金水道作用，拓展内河驳船运输网络，大力推进珠江口跨江跨海通道等项目建设，积极布局建设泛珠三角地区无水港，促进沿海主要港口与中欧班列、西部陆海新通道等高效衔接。强化海港、空港和陆路交通枢纽集散、中转等功能，畅通国内国际双循环的陆海通道。

（三）打造世界级产业集群，夯实海洋强省建设产业根基

1. 针对重点优势产业环节着力强链

船舶与海洋工程装备产业集群着力做大做强绿色智能船舶、深远海养殖平台、无人艇等产业链环节。海洋清洁能源产业集群聚焦海上风电装备制造，加快形成集整机制造与叶片、电机、轴承等关键零部件制造，大型钢结构、海底电缆等加工于一体的高端装备制造产业链供应链。重点扶持广东本土整机制造"链主"企业，配置一批深远海示范项目资源至"链主"企业，率先推动深远海示范化开发。

2. 聚焦产业链供应链短板和弱项着力补链

海洋清洁能源产业集群着力引进或鼓励收购海上升压站、施工船机运维设备等海上风电产业链企业，大力发展港口出运与海上风电施工安装，培育海上风电融资租赁和保险行业。海洋生物产业集群着力加强深远海养殖技术、海洋生物医药及基因工程技术攻关，加速科技创新成果转化。海洋油气化工产业集群加快发展高端聚烯烃、电子化学品等产品，积极布局形状记忆高分子材料、金属-有机框架材料等新产品开发。

3. 围绕上下游高附加值环节着力延链

船舶与海洋工程装备产业集群着力向中高端海工产品延伸，重点发展深海油气资源勘探开发装备，支持海工专业软件、特殊材料等"卡脖子"技术与装备的攻关与进口替代。海洋清洁能源产业集群着力加快运维技术设备研发制造和专业队伍建设，推动运维服务专业化。海洋油气化工产业集群大力发展工程塑料、电子化学品等中下游高端精细化工产品和化工新材料。海洋生物产业集群着力培育一批涵盖生产加工、冷链、仓储、流通、营销、进出口等环节的水产预制菜示范企业。

4. 围绕"海洋牧场+""海上风电+"着力融链

依托港口码头、海洋渔业和海上风电等优势产业，推动风渔结合实现集约用海，探索"海上风光电+海洋牧场+制氢储能+生态旅游"融合发展模式。推行"龙头企业+合作社+渔户+科研单位"相结合的海洋牧场运营模式，着力拓展从岸基、滩涂、浅海、岛礁到深海、远海的开发空间和立体生态牧渔模式，培育集资源养护、生态旅游、产业融合于一体的现代化海洋牧场综合体。以海洋牧场为载体，在湛江、深圳、阳江推广红树林种植和生态养殖耦合模式，研发支撑蓝碳生态系统的关键装备技术并实现应用，提升海洋牧场蓝碳价值，打造"粤海粮仓+蓝色能源""海洋牧场+蓝碳经济"样板区域。

（四）实施"深蓝科技"战略，为海洋强省建设注入新动能

1. 着力核心技术攻关，提升海洋科技创新能力

深入开展海洋气象学、物理海洋学、海洋化学、海洋生物学、海洋地质学等基础科学研究。围绕南海开发保护需求，聚焦海洋空间利用、生物技术、生命健康、天然气水合物、深海矿产资源勘探开发等科技前沿，实施一批具有前

瞻性、战略性的重大海洋科技项目，在若干重要领域跻身世界先进行列。进一步加强海洋基础调查、海洋空间资源承载能力、海洋生态修复技术、空天地海通信技术等领域研究，强化支撑管理决策咨询能力。实施启动应急专项和国产替代专项，聚焦海洋电子信息、高端装备、生物种育、深海科技等前沿领域关键核心技术突破。积极参与深海和极地关键技术与装备、海洋环境安全保障与岛礁可持续发展等国家重点研发计划。

2. 加快海洋科研基础设施建设，优化海洋科技资源配置

围绕大湾区建设综合性国家科学中心，合理有序布局海洋重大科技基础设施。推进天然气水合物钻采船（大洋钻探船）、海底科学观测网南海子网、冷泉生态系统、极端海洋科考设施等建设，打造重大科技基础设施群。构建高水平多层次海洋实验室体系，争取在海洋科学领域新建国家重点实验室，继续推进热带海洋环境国家重点实验室建设，培育建设企业类国家重点实验室及省部共建国家重点实验室，加快推进南方海洋科学与工程广东省实验室建设，打造海洋科技创新国家实验室预备队。支持建设中国科学院南海生态环境工程创新研究院、广东智能无人系统研究院等一批前沿科学交叉研究和高水平海洋科研机构。支持工程（技术）研究中心和企业技术中心等海洋创新平台建设。以政府为主导，联合涉海科研院所、高校和其他单位，成立广东省一体化海洋信息服务平台或联盟，加强海洋信息的获取、集成、应用和共享。

3. 完善产学研用融合发展生态，促进海洋科技成果高效转化

加快构建产学研用融合发展生态，加快海洋科技成果转移转化，打造从科技研发到成果转化的全链条创新体系。发挥沿海特色资源优势，建设一批海洋产业集聚区和海洋科技成果高效转化基地，推动一批短中期见效、有力带动产业结构优化升级的重大涉海科技成果转化应用。充分利用海洋经济发展专项，支持海洋电子信息、海上风电、海工装备、海洋生物、天然气水合物、海洋公共服务等海洋六大产业成果转化。推动军民在海洋高端装备等先进制造领域融合，促进军民融合装备产业水平大幅提升。促进海洋创新链和产业链精准对接，加快科研成果从样品到产品再到商品的转化。充分利用中国海洋经济博览会、中国国际高新技术成果交易会等平台，推动海洋知识产权和科技成果产权交易。强化海洋科技成果转移转化市场化服务，完善海洋科技成果转化金融服务体系，扶持培育涉海中介服务机构和专业化技术交易平台。

4. 强化企业创新主体地位，激发企业创新活力

提升涉海企业技术创新能力，推动产业链上中下游、大中小微海洋企业融通创新，鼓励龙头企业牵头组建创新联合体，承担海洋领域国家重大科技项目。培育一批核心技术能力突出、集成创新能力强的创新型领军涉海企业。培育创新型民营企业，支持民营骨干企业承担国家及省、市重大和重点海洋科技攻关项目。遴选一批高成长涉海中小企业，在政策服务方面给予重点支持，推动其成为细分行业领域的"专精特新"企业。发挥企业家在科技攻关方向、技术路线确定、发展模式创新、商业模式创新中的引领作用，鼓励企业家积极探索和开展创新活动。

（五）深化开放合作，构建海洋强省建设高水平开放新格局

1. 基于粤港澳大湾区建设战略框架，深化与港澳的海洋合作

整合粤港澳资源配置，推进粤港澳在海洋高端产业、科技创新、生态环境、国际仲裁等领域深度合作。建立粤港澳海洋合作常态化机制，探索建立粤港澳大湾区海洋领域联席会议协调机制、海洋科技创新战略框架、科技创业合作框架、标准体系合作机制。定期、不定期组织召开联席会议，协调解决跨区域基础设施互联互通、产业分工与区域布局、优质生活圈建设等领域的重大问题和民生问题。探索建立广州、深圳与香港、澳门直接对话协商机制，建立制度化、常态化的议事机制和决策机制。充分发挥行业协会和社会组织的中介作用，建立和完善多种形式的合作沟通与交流机制。

2. 加强与国内沿海地区的海洋合作

加强与海南、广西、福建等周边省区的合作交流，强化海洋基础设施互联互通，推进生产要素自由流动，促进泛珠三角区域海洋经济协调联动发展。推动海域海岛监视监测、海洋综合试验场等重大科技攻关项目合作，跨区域开展海洋清洁能源、海工装备、蓝色碳汇等产业链供应链共构和市场及交易平台共建等。推动广州港与海南港在产业协同、资源共享、技术创新、互联互通等方面的合作，实现"港港联运"。深化湛江港与海南港口的战略合作，继续推进琼州海峡港航一体化。加快琼州海峡经济带建设，强化海洋交通运输、海洋旅游、海洋生物制药、海洋能源开发、海工装备制造、海洋公共服务等产业合作。加强与北部湾海洋产业的对接，重点推进钢铁石化、生物医药、滨海旅游、特色海产品加工等领域深度合作；与北部湾经济区共同开拓东南亚市场，

积极探索建设中国—东盟海洋合作区。支持湛江打造西部陆海新通道主出海口，探索构建对接西南腹地省区物流运输和交流合作平台。统筹陆海交通基础设施建设，加强港口资源整合，携手共建粤闽浙沿海城市群和"21世纪海上丝绸之路"支点。

3.积极参与全球海洋治理

依托海洋积极扩大开放，发挥沟通国内国际双循环相互促进的通道桥梁作用，深化海洋领域国际交流合作。一是充分利用RCEP等自由贸易协定优惠条款，开拓蓝色合作新空间。鼓励广东涉海企业"走出去"，积极参与海洋产业园区建设；加强与国外重要港口的物流合作，拓展国际航线网络，共建友好港口、临港物流园区；支持涉海企业在印度尼西亚、马来西亚等东盟国家建立一批以海水养殖、远洋渔业加工、新能源与可再生能源、海洋生物制药、海洋工程技术、环保产业和海洋旅游等领域为重点的海洋经济示范区、海洋科技合作园；协助太平洋岛国渔业升级，建设一批集生产、冷藏加工、远洋渔船补给和服务保障平台等于一体的远洋渔业多功能综合服务基地；逐步拓展欧美国家航线，加快与欧盟开展海洋科技、海上清洁能源、海洋生态环保等蓝色经济合作。二是主动对接与"一带一路"共建国家和地区的合作项目，完善"前港、中园、后城"的合作模式。鼓励粤港澳涉海企业联盟"拼船出海"，积极参与共建国家海洋科技园区建设；与周边国家建立海洋旅游合作网络，促进海洋旅游便利化；鼓励有条件的企业在境外建设一批特色深水网箱养殖产业园区和综合性远洋渔业基地。三是积极落实海洋命运共同体理念，当好国家参与全球海洋治理的先行区和主力军。推动中国海洋经济博览会朝专业化、市场化、国际化、品牌化方向发展，将其打造成为中国海洋领域对外开放合作、共赢共享的第一平台。加强在海洋生物多样性保护、海洋预报减灾、海洋微塑料防治等低敏感领域的国际合作，深化海上安全执法、打击海上犯罪、海上联合搜救等领域合作，推动构建多层次的蓝色伙伴关系，提供辐射全球的海洋公共服务产品。积极引进国际海洋事务机构落户广东，主动参与国际海洋事务的交流合作。

（六）完善海洋基础设施，奠定海洋强省建设数字化转型基石

1.提升港口航运综合服务功能

加快广州南沙和新沙、深圳盐田和大铲湾、珠海高栏等重要港区专业化码

头和深水泊位建设，推动西部港区出海航道建设，加快"智慧港口+绿色港口+集疏运体系+航运服务"发展。大力发展多式联运，促进海铁联运与内陆港共建互融，服务"双循环"交通网络。建设国际海员培训、认证和服务基地，发展为全球海员资源配置中心，推进粤港澳大湾区国际航运服务一体化。

2. 发挥智慧工程在海洋新基建领域的功能

以人工智能系统、5G等高新技术赋能现代港口、海洋防灾减灾、监视监测、动态监管工程。建设覆盖海洋的通信网，推动深港共建"海底光缆+国际海洋数据交换中心"，打造超低时延、超大宽带通信枢纽，提升海洋信息实时采集传输能力。加强海洋信息基础平台建设，推进海洋地理信息数据资源建设，构建海洋测绘基准服务网络，建设海洋大数据中心。建设覆盖"天、空、岸、海、潜"的立体化海洋信息体系，提供"感知、传送、应用、管控"等功能，实现"全时域态势感知、全海域网络覆盖、全方位信息服务、全业务综合应用、全体系安全管控"，构建"智慧海洋"，全力支撑海洋环境观测、海洋生态保护、海上维权、海域管理、海洋开发、应急处置等海洋活动。

3. 完善综合管理配套设施体系

加快推进重点海洋产业公共服务平台建设，结合智能船舶、水下机器人、水下通信等海洋产业发展海试需求，建设海洋工程装备检测、海洋生物产业化中试技术研发和海洋材料环境试验等公共服务平台。加快建设数据直报的海洋经济运行监测评估系统，实现全覆盖、全时空、全天候、全要素、全生命周期海洋监测，为制定海洋经济政策提供支撑。加强海洋监管公务码头及执法船艇、直升机等配套基础设施建设。开展核电站等重点保障目标常规性观测，提升海洋灾害预警能力。

Abstract

In 2023, Guangdong deepened its study and implementation of the spirit of the Party's 20th National Congress and the important speeches and instructions by President Xi Jinping during his inspection tour of Guangdong. Guangdong Province steadfastly has been regarding high-quality development as the primary task and overarching goal of modernization construction, implementing the whole framework of new development concept fully and accurately, serving and integrating into the new development situation. Focused on the specific deployment of the Provincial Party Committee's "1310" plan and implimentating the spirits of Guangdong Conference of High-Quality Development, Guangdong made new achievements in various aspects such as implementing the "High-Quality Development Project for Hundreds of Counties, Thousands of Towns and Ten Thousand Villages", advancing the construction of the Guangdong-Hong Kong-Macao Greater Bay Area in depth, building a modern industrial system, achieving high-level self-reliance and self-improvement in science and technology, promoting coordinated development between urban and rural areas, comprehensively advancing the construction of a strong maritime province, deeply promoting ecological construction to make Guangdong more beautiful and ecologically friendly, solidly promoting the construction of a culturally strong province, ensuring people's livelihoods, and building the rule-by-law governing and safety of Guangdong. The overall economy has been improved, and the foundation for high-quality development continued to be strengthened, thus laying a solid foundation for the new stage of modernization construction.

Looking forward to 2024, Guangdong will resolutely shoulder the political responsibilities endowed by the role as a major economic province to activate the "three major drivers" of reform, opening up and innovation. At the same time, It will consolidate and enhance the positive trend of economic recovery, vigorously drive the "three engines", continuously optimize the pattern of coordinated urban and rural development, and effectively prevent and eradicate various risks in key areas. It is estimated that the gross domestic product (GDP) of Guangdong will grow by about 5% in 2024, with a total amount of 14.3 trillion yuan. It is recommended to focus on deepening cooperation among Guangdong, Hong Kong, and Macao, putting the priority on the manufacturing industry, strengthening scientific and technological innovation, implementing the "High-Quality Development Project for Hundreds of Counties, Thousands of Towns, and Ten Thousand Villages" in depth, building a brand-new Guangdong with stronger maritime resources, accelerating green transformation, consolidating cultural self-confidence and self-improvement, highlighting the people's livelihood-orientation and fortifying security defenses.

Keywords: Chinese-Style Modernization; Specific Deployment of Provincial Committee "1310"; High-Quality Development; "High-Quality Development Project for Hundreds of Counties, Thousands of Towns, and Ten Thousand Villages"

Contents

I General Report

Abstract: In 2023, faced with a complex domestic and international situations, Guangdong Province solidly promoted major strategic tasks such as the construction of the Guangdong-Hong Kong-Macao Greater Bay Area, the "Hundred Thousand Ten Thousand Engineering" project, leading the manufacturing industry, building a strong maritime province, ecological construction to building Green and Beautiful Guangdong, and building a culturally strong province in accordance with the specific requirements of Provincial Party Committee's "1310" deployment. Economic high-quality development has been steadily advanced, the overall social situation remained safe and stable, and various undertakings achieved new progress and results, marking solid strides in Guangdong's practice of Chinese-style modernization. Facing the challenges with economic and social development in 2024, Guangdong must profoundly grasp the greatest political task of promoting Chinese-style modernization and earnestly shoulder the political responsibility as the "major economic province". It should adhere to the overall work principlues of seeking progress while maintaining stability, promoting stability through progress, and breaking new grounds after laying a solid foundation. Guangdong should fully, accurately, and comprehensively implement the new development concept, focus on implementing specific deployment of "1310", coordinate reform and high-level opening-up, coordinate the

517

implementation of strategies to expand domestic demand and deepen supply-side structural reform, promote the integration of urban and rural areas and regionally coordinated development, promote the construction of material and spiritual civilization, and coordinate high-quality development and high-level security. Guangdong must steadfastly promote high-quality economic and social development, advancing the modernization construction of Guangdong steadily.

Keywords: Guangdong; High-Quality Development; Guangdong's Practice of Chinese-Style Modernization; Guangdong-Hong Kong-Macao Greater Bay Area

Ⅱ　Economic Analysis

B.2　Analysis and Forecast of Guangdong's Macroeconomic
　　　Situation from 2023 to 2024

Research Group of Macroeconomic Situation Analysis
and Forecast, Guangdong / 066

Abstract: In 2023, against the backdrop of tightening global conditions and continuous economic recovery domestically, Guangdong continued to intensify efforts in implementing those stablizing policies. The growth rate of fixed asset investment increased slightly from a low index, domestic consumption steadily grew, foreign trade remained relatively stable, and overall prices and employment rates were stable, thus leading to a steady economic recovery. Looking into 2024, some major economic entities are at risk of recession, and the global economy is expected to continue its low-growth trend, posing significant constraints on Guangdong's economic growth. However, the domestic economy is expected to continue its recovery and overall improvement despite various challenges, providing a solid foundation and strong support for Guangdong. It is estimated that in 2024, Guangdong's economic operation will return to a reasonable state, with GDP growth of around 5%; the secondary and tertiary industries will develop steadily, investment will maintain stable growth, the potential for consumption growth will be unleashed, foreign trade will remain basically stable, and overall prices and employment will remain at stable. State. It is necessary to deeply implement the spirit of the Central

Economic Work Conference, adhere to the overall tone of seeking progress while maintaining stability, promote stability through progress, and make breakthroughs after based on a solid foundation. Efforts should be intensified in developing new quality productivity expanding domestic demand, consolidating the foundation of foreign trade and foreign investment, carrying out reforms in key areas, and preventing and resolving risks, promoting the return of macroeconomic operation to a reasonable state, and making new contributions to Chinese-style modernization and the high-quality development of the economy in the "14th Five-Year Plan" period.

Keywords: Macroeconomics; New Quality Productive Forces; Domestic Demand

B.3 Analysis and Forecast of Industrial Development in Guangdong from 2023 to 2024

Research Group of Industrial Development Research,

Guangdong Academy of Social Sciences / 091

Abstract: In 2023, despite multiple pressures generated from continued global economic uncertainty and accelerated restructuring of the global industrial and supply chain, Guangdong anchored its primary task of high-quality development. It adhered to the real economy as the foundation and prioritized the manufacturing industry, continuously promoted the optimization and upgrading of the industrial structure, enhanced the resilience and security of the industrial chain and supply chain, promoted the intelligent, green, and integrated development of industries, resulted in a overall development of industrial sector at a steady pace. In 2024, Guangdong will accelerate the construction of a modern industrial system, focusing on system shaping, transforming its leadership role, innovation-driven development, environmental optimization and deep expansion, enhancing the "intelligence", "greenness", and "value" of Guangdong's industries, and strengthening the resilience and competitiveness of industrial development.

Keywords: Prioritizing Manufacturing Industry; New Industrialization; Modern Industrial System

519

B.4 Analysis and Forecast of Science and Technology Innovation Development in Guangdong from 2023 to 2024

Research Group of Enterprise Research Institute,

Guangdong Academy of Social Sciences / 119

Abstract: In 2023, Guangdong focused on building the innovation ecological chain throughout the process, which includes "basic research + technological breakthrough+result transformation+science and technology finance+talent support". Significant progress was made in the construction of the International Science and Technology Innovation Center in the Guangdong-Hong Kong-Macao Greater Bay Area and the comprehensive national science center. The position of enterprises as innovation entities was further strengthened, the ability to transform scientific and technological achievements was enhanced, and the regional innovation capability ranked first nationwide for seven consecutive years. In 2024, Guangdong faces increasingly fierce global competition in science and technology innovation and opportunities arising from major breakthroughs in basic research. The national effort to promote international scientific cooperation will continue to intensify. Guangdong aims to enhance regional original innovation capacity through major platform construction, break through key core technologies through "four chains fusion", innovate in institutional mechanisms to build new advantages in open innovation, optimize the business environment to create a first-class innovation ecosystem, continuously expand the scale of leading science and technology enterprises, and continuously improve the input-output ratio of innovation. Through these efforts, Guangdong aims to make new breakthroughs in building an industry-leading global innovation center, constructing a province strong in science and technology innovation, and achieving high-level self-reliance and self-improvement in science and technology.

Keywords: Science and Technology Innovation; Full-Process Innovation Ecological Chain; Self-Reliance and Self-Improvement in Science and Technology

B . 5 Analysis and Forecast of Regional Coordinated Development
in Guangdong from 2023 to 2024

Research Group of Economic Research Institute,

Guangdong Academy of Social Sciences / 143

Abstract: In 2023, the economy of cities in Guangdong have been recovering
after the epidemic. Industry became a vital factor affecting economic growth in various
cities and counties. At the municipal level, Jiangmen and Shenzhen ranked among the
best in economic growth during the first three quarters. The "new three major items"
export of Guangzhou and Shenzhen increased greatly, while Dongguan, a major
foreign trade city, withstood the impact brought by foreign trade contraction.
Zhongshan's economy outpaced the provincial average after a painful transformation. At
the county level, forty percent of towns and cities outpaced the provincial average
economic growth rate during the first three quarters. The top one hundred towns
nationwide, such as Boluo, vigorously strove to achieve a regional GDP of one
trillion yuan, and Huilai aimed to become one of the top one hundred economically
strong counties in the country. At the regional level, the Pearl River Delta region
focused on strengthening and supplementign chains and platform construction, and
major projects that made technological breakthroughs in stranglehold fields were
successively launched. The marine industry clusters in eastern and western Guangdong
continued to grow, providing new driving forces for regional development. Northern
Guangdong continued to cultivate green productivity and actively explored new paths
for common prosperity in towns and villages. From a provincial perspective, the
"Hundred Thousand Ten Thousand Engineering" project was launched comprehensively,
creating a new phase of rural revitalization and urban-rural integration in Guangdong.

Keywords: Regional Coordination; Municipal Economy; County Economy;
Hundred Thousand Ten Thousand Engineering

B.6   Analysis and Forecast of Foreign Trade Development
in Guangdong from 2023 to 2024

Research Group of Foreign Trade Situation

Analysis and Forecast, Guangdong / 170

Abstract: In 2023, despite the impacts of weak global economy and intensified international turbulence, Guangdong withstood multiple pressures and made great improvements in foreign trade levels, maintaining resilience and competitiveness in foreign trade development. The scale of foreign trade import and export reached a new high, general trade continued to rise, new trade formats grew vigorously, private foreign trade enterprises remained vibrant both in import and export, and breakthroughs were made in the scale and structure of foreign trade with an increasingly diverse range of global trade partners. The number of large foreign-funded projects and the actual amount of foreign investment ranked among the top in the country, and foreign investment continued to lead nationwide. Looking ahead to 2024, Guangdong will continue to play a leading role in stabilizing and strenghening foreign trade and foreign investment of the country. Efforts will be made to accelerate the high-level opening-up, actively serve and integrate into the new development situation, strengthen reform and innovation, follow high-standard trade rules, create a world-class business environment, optimize the layout of high-quality economic and trade projects, and provide comprehensive support and services for enterprises, to respond to the ups and downs of the global economy with high-quality development of foreign trade.

Keywords: Foreign Trade; High-Level Opening-Up to the Outside World; Trade-Strong Province

B.7   Analysis and Forecast of Financial Situation in Guangdong
from 2023 to 2024

Research Group of Fiscal and Financial Research Institute,

Guangdong Academy of Social Sciences / 189

Abstract: In 2023, With a focus on supporting high-quality economic development and specific deployment of "1310" by financial measure, Guangdong's financial development highlights the high-quality growth points, with further improvement in the comprehensive strength of the financial industry. Financial services significantly boosted the high-quality development of the real economy, and the financial ecological environment continued to be enhanced. However, it is important to note that while Guangdong's financial system maintained a stable state, there were still some potential risks, imbalance in regional allocation of financial resources, the need to enhance the efficiency of financial services for the real economy, and challenges in innovating cross-border financial cooperation mechanisms. In 2024, Guangdong's financial industry should anchor its priorities in supporting the manufacturing industry and implementing projects such as the "Hundred Thousand Ten Thousand Engineering". It should continue to deepen and build an advantageous environment for internationalized financial development, accelerate the construction of a modern financial system, enhance the precision of financial services for high-quality development, strengthen the overall coordination of financial resources and regional balance, promote financial reform, innovation, and promoting opening-up tasks. While promoting higher-level financial openness, it's necessary to maintain financial security and stability and promote the high-quality development of the Guangdong-Hong Kong-Macao Greater Bay Area as an international financial hub.

Keywords: Real Economy; Financial Risks; Financial Openness

B.8 Analysis and Forecast of Agricultural and Rural Economic Development in Guangdong from 2023 to 2024

Research Group of Economic Research Institute, Guangdong

Academy of Social Sciences / 221

Abstract: In 2023, Guangdong made efforts to promote high-quality development in agriculture and rural economy. The scale of agricultural economy reached 889. 229 billion yuan in 2022, ranking fifth in the country and second among coastal provinces. By 2023, Guangdong's total output of agriculture, forestry, animal husbandry and fishing reached 0. 92 trillion yuan with a growth rate of 5. 0%. From 2018 to 2022, Guangdong's grain sowing area and output achieved five consecutive increases, exceeding designed amount of the national task of constructing high-standard farmland. In 2023, Guangdong established 18 provincial-level modern characteristic agricultural industrial parks, one cross-county cluster industrial park, and three national-level modern agricultural industrial parks. From 2013 to 2022, the per capita disposable income of rural residents in Guangdong increased from 11067. 8 yuan to 23597. 8 yuan, with an average annual growth rate of 12. 58%. By September 2023, the income ratio between city and country residents had narrowed to 2. 38 : 1. However, various challenges left for us, such as pressures on ensuring stable food supply, weak innovation driving force, low quality and efficiency, unbalanced development, and the need to improve the interests-interwining mechanisms among peasants and making peasants more wealthy. This report proposes strategies to stabilize food security as a "pillar", ensure stable production and steady supply of agricultural products; promote core technology research, strengthen agricultural science and technology support; construct a modern rural industrial system, promote high-quality development of rural industries; implement the "Hundred Thousand Ten Thousand Engineering" thoroughly, and plan and construct rural revitalization demonstration belts with high standards; accelerate the development and growth of rural business entities, enhance new momentum for agricultural and rural development; promote coordinated development between urban and rural areas, and realize common prosperity for farmers and rural areas.

Keywords: Agricultural and Rural Economy; Strong Agricultural Province; Harmonious and Beautiful Rural Areas

B . 9 Analysis and Forecast of Enterprise Development in Guangdong from 2023 to 2024

Research Group of Enterprise Research Institute, Guangdong

Academy of Social Sciences / 254

Abstract: In 2023, Guangdong adhered to the principle that the real economy is the foundation and the manufacturing industry plays a leading role in national economy. It comprehensively constructed a close and upright relationship between government and enterprises, accelerated the creation of a first-class business environment characterized by marketization, rule of law, internationalization so as to encourage state-owned enterprises, private enterprises. Meanwhile, the enhance business enviroment also had greatly dsipelled fear held by foreign-enterprises, witnessed a steady increase in the number of market entities which ranked first in the country. The effective cultivation of high-quality enterprises has been achieved, with the manufacturing industry playing a leading role. The support role of state-owned enterprises in industrial development has been continuously enhanced, and the private economy accounts for a significant proportion. Transformation and upgrading of enterprises have been accelerated, and the position of enterprises as the main player of innovation has been further strengthened. In 2024, Guangdong's enterprises will face challenges such as sluggish domestic and international demands, continuous adjustment of the global industrial chain, and fiercer competition in technology. It is suggested to further strengthen the position of enterprises as the main body of innovation, enhance the cultivation of high-quality enterprise echelons, promote enterprise transformation and upgrading, and provide a solid foundation for Guangdong's high-quality development with more renowned Guangdong products and enterprises, which contribute to the Guangdong practice of Chinese-style modernization.

Keywords: High-Quality Enterprises; Enterprise Innovation; Business Environment

Ⅲ　Social Analysis

B.10　2023 Guangdong Social Development Report

Research Group of Institute of Sociology and Demography,

Guangdong Academy of Social Sciences / 287

Abstract: In 2023, Guangdong took effective measures to enhance people's well-being and improve their quality of life, solidly promoting common prosperity and deeply implementing the "High-Quality Development Project for Hundreds of Counties, Thousands of Towns, and Ten Thousand Villages". The income gap between urban and rural areas and among regions gradually narrowed, and livelihood projects such as employment, education, healthcare, social security, and elderly care steadily progressed. Achievements in public safety and social governance were outstanding, and public sentiment continued to improve. However, the progress of common prosperity was constrained by imbalances and inefficiencies in development. There were still gaps in basic public services compared to more advanced provinces, and disparities between urban and rural areas and among regions remained significant. In 2024, with the continued economic recovery, social development in Guangdong will maintain an overall positive trend. In the future, efforts should focus on stabilizing employment, promoting common prosperity, and addressing shortcomings in public services to advance social development with high quality.

Keywords: Common Prosperity; Social Development; Livelihood Projects

B.11　2023 Guangdong Population Development Report

Research Group of Institute of Sociology and Demography,

Guangdong Academy of Social Sciences / 321

Abstract: A comprehensive understanding and correct assessment of the new situation in population development are essential for exploring the Guangdong path of supporting China's modernization with high-quality population development. In

2023, Guangdong continued to demonstrate its advantage in population size and abundant labor resources. The natural growth entered the late stage of demographic transition, with birth and death rates reaching a low equilibrium. The level of urbanization continued to steadily increase, and the distribution of human resources and population improved continuously. In 2024, Guangdong will maintain its advantages in population size and structure. Population quality will steadily improve, and population dividends will complement talent dividends to support high-quality development. A systematic approach is needed to plan high-quality population development, improve fertility support policies, actively respond to the trends of declining birth rates and aging, and accelerate the establishment of a modern human resources system with excellent quality, sufficient quantity, optimized structure, and reasonable distribution to support Guangdong's leadership in advancing China's modernization.

Keywords: Population Dividend; Talent Dividend; Declining Birth Rates; Aging Population

B.12　2023 Guangdong Cultural Strong Province Construction Report

Research Group of Institute of Cultural Industry, Guangdong Academy of Social Sciences / 350

Abstract: In 2023, the construction of spiritual civilization gathered the momentum for Guangdong's high-quality development. Public cultural services entered on a new stage, with Lingnan cultural IPs (Intellectual Properties) trending across the internet. Various literary and artistic works won awards which generated the great ultimate vision of the Bay Area with the cultural "concentric circles". The cultural industry maintained its leading role nationwide, especially in digital cultural manufacturing. The animation industry flourished, and the reputation and influence of the Guangdong-Hong Kong-Macao Greater Bay Area as a world-class tourist destination is spreading widely. In 2024, Guangdong will shoulder a new mission in the new era to promote the construction of a culturally strong province. It will strive to lead the country in fully constructing a socialist modern country.

Keywords: Lingnan Culture; Empowerment by Advanced Culture; Cultural Industry

B.13 2023 Green and Beautiful Guangdong Ecological Construction Report

Research Group of Environment and Development Institute,

Guangdong Academy of Social Sciences / 376

Abstract: The ecological construction of Green and Beautiful Guangdong is an important deployment of the Guangdong Provincial Party Committee and Government to support high-quality development with a high-quality ecological environment. 2023 marks the beginning of in-depth promotion of ecological construction in Green and Beautiful Guangdong. The whole province actively carries out ecological construction tailored to local conditions, resulting in remarkable achievements. However, during the process of promoting construction, there are still many difficulties such as inadequate policy understanding, institutional constraints, and insufficient investment. In order to better play the role of green ecological construction, efforts should be made in strengthening departmental coordination, innovating institutional mechanisms, nurturing ecological culture, and guiding public participation, etc., so that the ecological construction in Green and Beautiful Guangdong can achieve greater effectiveness and create a model of harmonious coexistence between man and nature.

Keywords: Green and Beautiful Guangdong; Ecological Construction; Ecological Civilization

Ⅳ Special Topics

B.14 2023 Guangdong Progress in Guangdong-Hong

Kong-Macao Greater Bay Area Construction Report

Research Group of International Issues Institute, Guangdong

Academy of Social Sciences / 397

Abstract: In 2023, Guangdong anchored the new strategic positioning of "One Core, Two Areas", earnestly planned the construction of the Guangdong-Hong Kong-Macao Greater Bay Area, and joined hands with Hong Kong and Macao to continuously achieve new results in the construction of the Greater Bay Area with high standards. The four major cooperation platforms of Hengqin, Qianhai, Nansha, and Hetang have become more perfect, scientific and technological collaboration and industrial cooperation have been comprehensively strengthened, the construction of infrastructure "physical interconnectivity" has been deepened and substantiated,, and regulatory mechanisms "soft connectivity" have continued to broaden and deepen, with high-level opening up advancing towards new dimensions. However, in the process of promoting the construction of the Guangdong-Hong Kong-Macao Greater Bay Area, Guangdong faces issues such as insufficient linkage of the "four major cooperation platforms" and weak foundation of scientific and technological innovation and industrial cooperation. In 2024, based on understanding the domestic and international development environment, Guangdong should promote high-quality coordinated development of the Guangdong-Hong Kong-Macao Greater Bay Area, enhance the innovative linkage development capability of the "four major cooperation platforms", strengthen the collaborative capability of scientific and technological innovation and industrial development, enhance the function of the Greater Bay Area as an international comprehensive transportation hub, and meanwhile create a high-quality living circle for the integration of livelihoods with institutional openness, guiding the Guangdong-Hong Kong-Macao Greater Bay Area towards becoming a world-class bay area and a world-class city cluster.

Keywords: "One Core, Two Areas"; Guangdong-Hong Kong-Macao Cooperation; Coordinated Development

B . 15 2023 Guangdong-Hong Kong-Macao Greater Bay Area
Digital Economy Development Report

Research Group of Economic Research Institute, Guangdong

Academy of Social Sciences / 427

Abstract: In 2023, as the most dynamic digital economy development space in the country, the Guangdong-Hong Kong-Macao Greater Bay Area regards the "Digital Bay Area" as the main battleground for digital development. The foundation of digital industrialization continues to be consolidated, the depth of digital integration accelerates, the marketization of data elements deepens, cross-border government services continue to be optimized, digital trade flourishes, and the construction of the "Digital Bay Area" in the four core cities of Guangzhou, Shenzhen, Hong Kong, and Macao presents new highlights and achievements. However, there are still many bottlenecks and constraints in aspects such as cross-border flow of data elements, deep integration of actual data, expansion of platforms and talent resources, coordinated linkage of industrial clusters, and optimization of industrial ecological environment in the Guangdong-Hong Kong-Macao Greater Bay Area. Anchoring the new mission and positioning of "One Core, Two Areas", in 2024, the Greater Bay Area will comprehensively promote the construction of the "Digital Bay Area", deepen the construction of cross-border element circulation and transaction markets, accelerate the integration of digital technology with real economy, promote the establishment of a world-class digital industry cluster, comprehensively deepen the reform and innovation of the "Digital Government", and help the region become one of the highest globally in terms of digitalization.

Keywords: Digital Bay Area; Digital Government; Integration of Digital Technology with Real Economy; Guangdong-Hong Kong-Macao Greater Bay Area

Contents ↖↘

B.16   2023 Guangdong-Hong Kong-Macao Greater Bay Area
Tourism Development Report

Research Group of Tourism Development Research,

Guangdong Academy of Social Sciences / 453

Abstract: Since 2023, the tourism market in the Guangdong-Hong Kong-Macao Greater Bay Area has been rapidly recovering, with a good overall development trend, active holiday consumption, and continuous improvement in the integration of culture and tourism. Coastal tourism and rural tourism have flourished. In this new historical period, Guangdong should deeply study and implement the spirit of the 19th National Congress of the Communist Party of China and the important spirit of General Secretary Xi Jinping's speeches made during his inspection in Guangdong, anchor the strategic positioning of "One Core, Two Areas", seize the opportunities brought by the "Beautiful Guangdong" strategy and follow the principle of maintaining the dominance of manufacturing industry, and focus on implementing the concrete "1310" work deployment of provincial party committee's to deepen the construction of the Guangdong-Hong Kong-Macao Greater Bay Area. Efforts should be made to promote high-quality tourism development in the Greater Bay Area by deepening the integration of culture and tourism, strengthening collaborative cooperation, expanding opening up, and developing low-carbon tourism. Looking forward to 2024, cross-border cultural and tourism exchanges and cooperation in the Greater Bay Area will become closer, eco-tourism will accelerate sustainable development, the trend of digitization in cultural tourism will become more apparent, the creative cultural industry will further flourish, coastal tourism will achieve diversified improvement in quality, and a new pattern of integrated development will be generated in the rural tourism.

Keywords: Tourism Industry; Regional Coordinated Development; Guangdong-Hong Kong-Macao Greater Bay Area

B.17　2023 Guangdong Marine Strong Province
Construction Report

Research Group of the Key Laboratory of China's Maritime
Development, Guangdong Academy of Social Science,
Guangdong Office of Philosophy and Social Science / 484

Abstract: Guangdong has ranked first in the total marine economy for 28 consecutive years, occupying a pivotal position in the overall pattern of national marine economic development, and is one of the main battlefields for implementing the strategy of building a maritime power. In 2023, Guangdong comprehensively promoted the construction of a strong maritime province. With a focus on broadening and strengthening the marine economy, Guangdong has vigorously developed marine industrial clusters with trillion-yuan output which have accumulated great momentum as as to make the "blue power" into a new driving force for Guangdong's development. In 2024, Guangdong will become a major carrier province for national strategic deployment, facing new opportunities and challenges in the construction of a strong maritime province. Guangdong should focus on promoting marine policy innovation and institutional reform, highlighting the development of maritime affairs and coordinated development of land and sea, vigorously expanding the blue economic space, and striving to create a new Guangdong on the sea, making contribution of Guangdong for the implementation of national maritime development strategy.

Keywords: Maritime Strong Province; Marine Industrial Cluster; Building a Brand-New Guangdong with More Maritime Strength

社会科学文献出版社

皮 书

智库成果出版与传播平台

❖ 皮书定义 ❖

皮书是对中国与世界发展状况和热点问题进行年度监测，以专业的角度、专家的视野和实证研究方法，针对某一领域或区域现状与发展态势展开分析和预测，具备前沿性、原创性、实证性、连续性、时效性等特点的公开出版物，由一系列权威研究报告组成。

❖ 皮书作者 ❖

皮书系列报告作者以国内外一流研究机构、知名高校等重点智库的研究人员为主，多为相关领域一流专家学者，他们的观点代表了当下学界对中国与世界的现实和未来最高水平的解读与分析。

❖ 皮书荣誉 ❖

皮书作为中国社会科学院基础理论研究与应用对策研究融合发展的代表性成果，不仅是哲学社会科学工作者服务中国特色社会主义现代化建设的重要成果，更是助力中国特色新型智库建设、构建中国特色哲学社会科学"三大体系"的重要平台。皮书系列先后被列入"十二五""十三五""十四五"时期国家重点出版物出版专项规划项目；自2013年起，重点皮书被列入中国社会科学院国家哲学社会科学创新工程项目。

皮书网

（网址：www.pishu.cn）

发布皮书研创资讯，传播皮书精彩内容
引领皮书出版潮流，打造皮书服务平台

栏目设置

◆关于皮书

何谓皮书、皮书分类、皮书大事记、
皮书荣誉、皮书出版第一人、皮书编辑部

◆最新资讯

通知公告、新闻动态、媒体聚焦、
网站专题、视频直播、下载专区

◆皮书研创

皮书规范、皮书出版、
皮书研究、研创团队

◆皮书评奖评价

指标体系、皮书评价、皮书评奖

所获荣誉

◆2008年、2011年、2014年，皮书网均
在全国新闻出版业网站荣誉评选中获得
"最具商业价值网站"称号；
◆2012年，获得"出版业网站百强"称号。

网库合一

2014年，皮书网与皮书数据库端口合
一，实现资源共享，搭建智库成果融合创
新平台。

皮书网

"皮书说"
微信公众号

权威报告·连续出版·独家资源

皮书数据库
ANNUAL REPORT(YEARBOOK)
DATABASE

分析解读当下中国发展变迁的高端智库平台

所获荣誉

- 2022年，入选技术赋能"新闻+"推荐案例
- 2020年，入选全国新闻出版深度融合发展创新案例
- 2019年，入选国家新闻出版署数字出版精品遴选推荐计划
- 2016年，入选"十三五"国家重点电子出版物出版规划骨干工程
- 2013年，荣获"中国出版政府奖·网络出版物奖"提名奖

皮书数据库　　"社科数托邦"
微信公众号

成为用户

　　登录网址www.pishu.com.cn访问皮书数据库网站或下载皮书数据库APP，通过手机号码验证或邮箱验证即可成为皮书数据库用户。

用户福利

- 已注册用户购书后可免费获赠100元皮书数据库充值卡。刮开充值卡涂层获取充值密码，登录并进入"会员中心"—"在线充值"—"充值卡充值"，充值成功即可购买和查看数据库内容。
- 用户福利最终解释权归社会科学文献出版社所有。

数据库服务热线：010-59367265
数据库服务QQ：2475522410
数据库服务邮箱：database@ssap.cn
图书销售热线：010-59367070/7028
图书服务QQ：1265056568
图书服务邮箱：duzhe@ssap.cn

社会科学文献出版社　皮书系列
SOCIAL SCIENCES ACADEMIC PRESS (CHINA)
卡号：616736646847
密码：

S 基本子库
SUB DATABASE

中国社会发展数据库（下设 12 个专题子库）

紧扣人口、政治、外交、法律、教育、医疗卫生、资源环境等 12 个社会发展领域的前沿和热点，全面整合专业著作、智库报告、学术资讯、调研数据等类型资源，帮助用户追踪中国社会发展动态、研究社会发展战略与政策、了解社会热点问题、分析社会发展趋势。

中国经济发展数据库（下设 12 专题子库）

内容涵盖宏观经济、产业经济、工业经济、农业经济、财政金融、房地产经济、城市经济、商业贸易等 12 个重点经济领域，为把握经济运行态势、洞察经济发展规律、研判经济发展趋势、进行经济调控决策提供参考和依据。

中国行业发展数据库（下设 17 个专题子库）

以中国国民经济行业分类为依据，覆盖金融业、旅游业、交通运输业、能源矿产业、制造业等 100 多个行业，跟踪分析国民经济相关行业市场运行状况和政策导向，汇集行业发展前沿资讯，为投资、从业及各种经济决策提供理论支撑和实践指导。

中国区域发展数据库（下设 4 个专题子库）

对中国特定区域内的经济、社会、文化等领域现状与发展情况进行深度分析和预测，涉及省级行政区、城市群、城市、农村等不同维度，研究层级至县及县以下行政区，为学者研究地方经济社会宏观态势、经验模式、发展案例提供支撑，为地方政府决策提供参考。

中国文化传媒数据库（下设 18 个专题子库）

内容覆盖文化产业、新闻传播、电影娱乐、文学艺术、群众文化、图书情报等 18 个重点研究领域，聚焦文化传媒领域发展前沿、热点话题、行业实践，服务用户的教学科研、文化投资、企业规划等需要。

世界经济与国际关系数据库（下设 6 个专题子库）

整合世界经济、国际政治、世界文化与科技、全球性问题、国际组织与国际法、区域研究 6 大领域研究成果，对世界经济形势、国际形势进行连续性深度分析，对年度热点问题进行专题解读，为研判全球发展趋势提供事实和数据支持。

法律声明

"皮书系列"（含蓝皮书、绿皮书、黄皮书）之品牌由社会科学文献出版社最早使用并持续至今，现已被中国图书行业所熟知。"皮书系列"的相关商标已在国家商标管理部门商标局注册，包括但不限于LOGO（ ）、皮书、Pishu、经济蓝皮书、社会蓝皮书等。"皮书系列"图书的注册商标专用权及封面设计、版式设计的著作权均为社会科学文献出版社所有。未经社会科学文献出版社书面授权许可，任何使用与"皮书系列"图书注册商标、封面设计、版式设计相同或者近似的文字、图形或其组合的行为均系侵权行为。

经作者授权，本书的专有出版权及信息网络传播权等为社会科学文献出版社享有。未经社会科学文献出版社书面授权许可，任何就本书内容的复制、发行或以数字形式进行网络传播的行为均系侵权行为。

社会科学文献出版社将通过法律途径追究上述侵权行为的法律责任，维护自身合法权益。

欢迎社会各界人士对侵犯社会科学文献出版社上述权利的侵权行为进行举报。电话：010-59367121，电子邮箱：fawubu@ssap.cn。

社会科学文献出版社

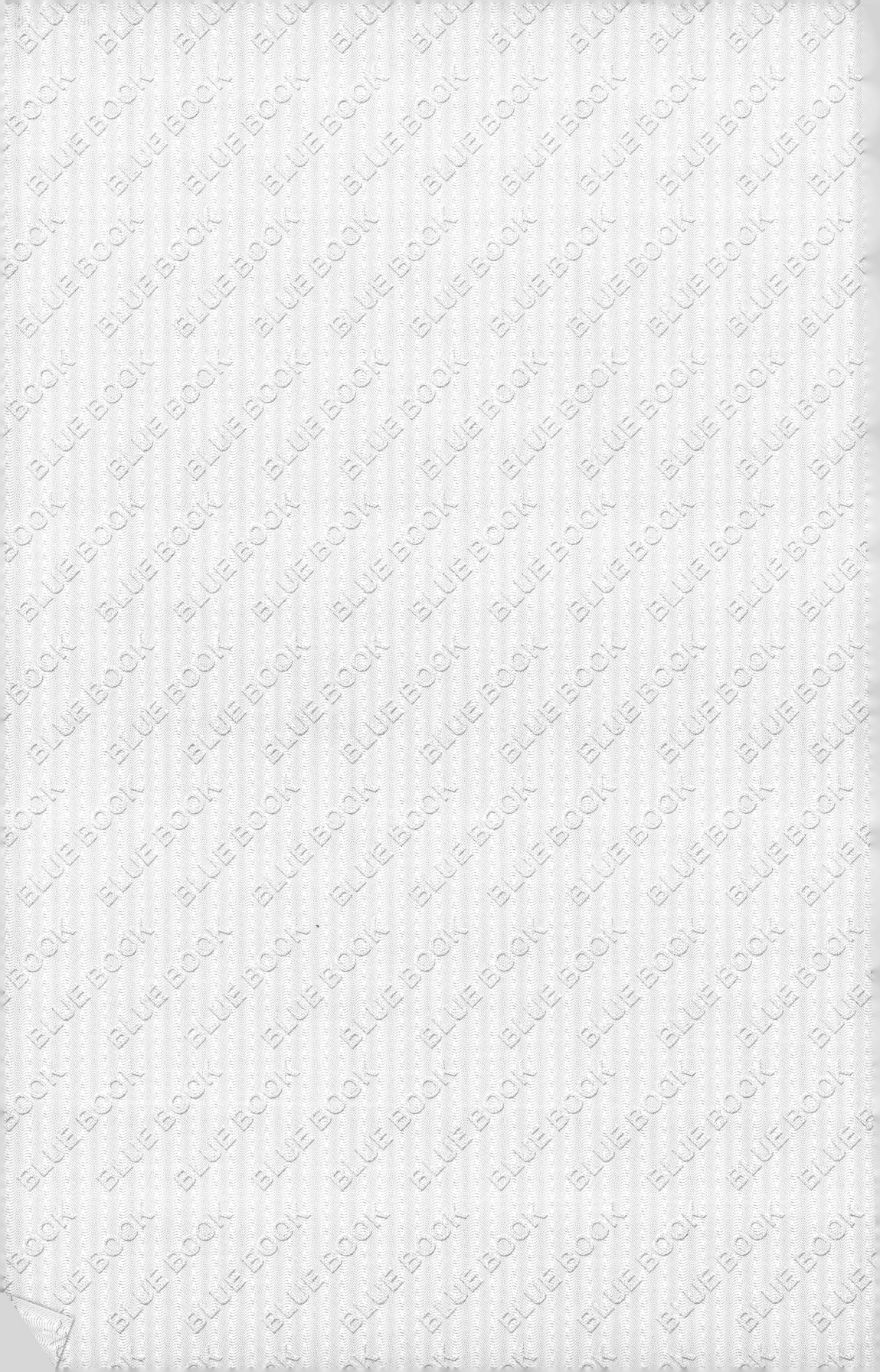